I0214407

STOICORUM VETERUM FRAGMENTA

COLLEGIT

IOANNES AB ARNIM

VOLUMEN IV

QUO INDICES CONTINENTUR

CONSCRIPSIT

MAXIMILIANUS ADLER

LIPSIAE IN AEDIBUS B. G. TEUBNERI MCMXXIV

WIPF & STOCK · Eugene, Oregon

Wipf and Stock Publishers
199 W 8th Ave, Suite 3
Eugene, OR 97401

Stoicorum Veterum Fragmenta Volume
Quo Indices Continentur
Conscript Maximilianus Adler
By Arnim, Hans Von
ISBN 13: 978-1-4982-4038-3
Publication date 12/20/2016
Previously published by
Lissiae In Aedibus B. G. Teubneri, 1903

CAPITUM TABULA.

PRAEFATIO.

Fragmentis Stoicorum veterum collectis indices promissos ad-
iciendi munus Ioannes ab Arnim aliis studiis prohibitus ad me
detulit, quod suscepi ita, ut consilio eius niterer et uterer. Tardius
autem opus confeci quam ipse vellem. Nam multa obstiterunt, im-
primis bellum atrocissimum paxque bello ipsi simillima. Accedebat,
quod qua prelo opus fuit pecunia, manuscripto iam confecto deerat.
Tum communi voluntate ad studia excolenda et proferenda inter se
coniunctas esse societates virorum doctorum cognitum est. Nam hos
indices edendos singulari liberalitate atque munificentia adiuverunt
et *Societas Pragensis ad Germanorum in Bohemia scientias, artes,
litteras promovendas constituta,* cuius sodales Carolus Holzinger, Aloi-
sius Rzach, Henricus Swoboda praeter ceteros huic libro exstiterunt
fautores, et curatores *Legati Perizoniani* Leidenses consilio I. I. G.
Vürtheim, viri doctissimi, et *Academia Vindobonensis*; quibus omnibus
summa gratia pro amplis beneficiis habenda est.

Quattuor genera indicum proponuntur: In primo indice repe-
riuntur et vocabula Stoicorum scholae propria et ceterae voces ad
doctrinam Stoicam illustrandam adhibitae. Alter verba Latina com-
plectitur a Cicerone Seneca aliisque in praeceptis Stoicorum exponen-
dis usurpata. Tertio nomina propria continentur. Quartus index
fontium additus est. Index autem Graecitatis Chrysippeae, linguae
κοινῆς maxime studiis utilis, ne hoc volumen maius fieret, quamquam
iam incohatus erat, tamen receptus non est; sed posthac, si fieri
possit, seorsum in lucem mittetur.

Pragae, mense Martio MCMXXIV.

MAXIMILIANUS ADLER.

ADNOTATIONES AD SINGULOS INDICES.

I. AD INDICEM TERMINOLOGICUM.

1. Nomina philosophorum per compendia notantur, praeterea alia sigla compendiaque adhibentur, quae pag. 1 collecta sunt.

2. Singulis locis nomen philosophi auctoris additum est; Chrysippi nomen semper fere praetermissum in altero et tertio volumine, ubi nullius nomen adscripsi, subaudiendum est, veluti Z. I 47, 23. III 17, 19 prior locus ad Zenonem, alter ad Chrysippum auctorem referendus est.

3. Ubique numero voluminis omisso proximus numerus antecedens supplendus est.

4. Recepta non sunt vocabula a scriptoribus, qui de doctrina Stoica referunt, ex ipsorum ratione cogitandi usurpata aut a Stoicorum philosophia aliena. Frustra igitur exempli gratia s. v. ἐθνικός, ἁπλῶς πιστός argumentum loci Clementis Alexandrini III frg. 515 hoc in indice quaeres, at ἁπλῶς πιστόν s. v. προκόπτων, ἐθνικόν s. v. φαῦλος invenies.

5. Verba ἅπαξ εἰρημένα ad Stoicorum doctrinam pertinentia ad unum omnia huic indici inserta sunt, praesertim ea, quae in Passowii thesauro verborum non leguntur, velut ἀνεπιζήτησία, ἀνταναιρετικός, ἀνυπέραρτος e. c.

II. AD INDICEM LATINUM.

Vocabula Latina, quibus quod verbum Graecum reddatur, dubitari non potest, in primo indice leguntur; quae res in secundo indice hac nota „=" designatur; nonnusquam notis „cf." vel „vid. s. v.", qui legunt, ad Graeca verba notione similia relegantur; sed in re dubia ad Latinam vocem numeri tantum paginarum et versuum huius fragmentorum collectionis adscribuntur.

Voces Graecas, quas Romani e sermone Graecorum sumpserunt, velut „dialectica, physica", in indice Latino omissas esse scias.

III. AD INDICEM NOMINUM PROPRIORUM.

Hoc indice nomina Stoicorum veterum, praeterea ceterorum philosophorum, deinde eorum scriptorum ac poëtarum, qui a veteribus Stoicis laudantur vel impugnantur, conscribuntur. Cetera nomina sive deorum sive hominum a Stoicis commemorata in primo indice reperies.

IV. AD INDICEM FONTIUM.

Omnes fere loci ad editiones recentissimas referuntur, etiam quorum scriptorum I. ab Arnim editionibus antiquioribus usus est; veluti Stobaei Florilegii loci non ex Meiŋekii, sed Hensei editione afferuntur.

PER HAEC COMPENDIA NOTANTUR NOMINA PHILOSOPHORUM:

Ant.	= Antipater Tarsensis	Diog.	= Diogenes Babylonius
Apollod.	= Apollodorus Seleuciensis	Dion.	= Dionysius Heracleota
Apolloph.	= Apollophanes	Eudr.	= Eudromus
Arch.	= Archedemus Tarsensis	H.	= Herillus Carthaginiensis
A.	= Aristo Chius	P.	= Persaeus Citieus
Bas.	= Basilides	Sosig.	= Sosigenes
B.	= Boëthus Sidonius	Sph.	= Sphaerus
Chr.	= Chrysippus	Z.	= Zeno Citieus
Cl.	= Cleanthes Assius	Z. T.	= Zeno Tarsensis
Crin.	= Crinis		

CONSPECTUS NOTARUM AC COMPENDIORUM.

adv.	= adverbium	*imp.*	= impugnat(ur)
cf.	= confer, confera(n)tur	*l.*	= liber, libri
comp.	= compara(n)t, compara(n)tur, comparatio	*opp.*	= oppositum
		pass.	= passim
def.	= definitur, definitio	*quaer.*	= quaerit(ur)
dem.	= demonstrat(ur)	*sc.*	= scilicet
disp.	= disputat(ur)	*scr.*	= scribit, scripsit, scriptum
e.	= exemplum, exempla	*sec.*	= secundum
e. gr.	= exempli gratia	*sq.*	= sequens, sequentes
e. s.	= exempla sequuntur	*St.*	= Stoici
enum.	= enumera(n)tur	*s. v.*	= sub voce
expl.	= explana(n)tur, explicatur, explicatio	*tit.*	= titulus, tituli
		vid.	= videatur
ib.	= ibidem		= est, ἐστίν, εἰσίν, εἶναι
i. e.	= id est		: opponitur, distinguitur
ill.	= illustrat(ur)		

INDEX

VERBORUM, NOTIONUM, RERUM AD STOICAM DOCTRINAM PERTINENTIUM.

A

ἀβλαβής ὼς ἀγαθοὺς ἀ. πάντας εἶναι expl. III 154, 10. 12

ἀγαθόν . ἀγαθά
(καλὸν κἀγαθὸν vid. s. v. καλόν; summum bonum s. v. τέλος)

περὶ ἀ. tit. l. Chr. III 194, 4

ὁ περὶ ἀ. καὶ κακῶν τόπος pars eth. III 3, 2 οὐκ ἔστιν ἐπελθεῖν ἐπὶ τὸν τῶν ἀ. καὶ κακῶν λόγον ἢ ἀπὸ τῆς κοινῆς φύσεως 17, 4—11. 80, 37 τὸν περὶ ἀ. καὶ κακῶν λόγον μάλιστα τῶν ἐμφύτων ἅπτεσθαι προλήψεων 17, 13 bonum non cum ceteris comparando, sed propria vi sua sentitur et appellatur 18, 3 boni notitia collatione rationis facta est 17, 29 φυσικῶς νοεῖται ἀ. τι II 29, 19 τὸ ἀ. λέγεσθαι πλεοναχῶς III 18, 18 τριχῶς προσαγορεύεσθαι 18, 41. 19, 24

ἀ. enum. III 17, 17

def. ἀ. κοινῶς τὸ τὶ ὄφελος, ἰδίως ταὐτὸν ἢ οὐχ ἕτερον ὠφελείας III 18, 27. 19, 22 ἀ. = ἀφ' οὗ συμβαίνει ὠφελεῖσθαι 18, 20. 43. 19, 15. 25 ἀ. = ἀφ' οὗ συμβαίνει τι τῶν ἐν τῷ βίῳ ὠφελεῖσθαι 19, 16 ἀ. = καθ' ὃ συμβαίνει ὠφελεῖσθαι 18, 21. 19, 2. 25 = τὸ οἷον ὠφελεῖν 18, 22. 19, 5 ἴδιον τοῦ ἀ. τὸ ὠφελεῖν, οὐ τὸ βλάπτειν 28, 12 τὸ ἀ. τῷ συμφέροντι ταὐτόν 76, 17

ἀ. = πᾶν ὃ ἐστιν ἀρετὴ ἢ μετέχον ἀρετῆς Z. I 47, 21 e. enum; III 17, 18. 19, 23. 154, 6 πᾶν τὸ ἀ. κατ' ἀρετὴν ἀφώρισται 76, 20 ἡ ἀρετὴ μόνη ἀ. III 165, 21. A. I 83, 31. ἀ. αἱ ἀρεταὶ καὶ τὰ μετέχοντα αὐτῶν Diog. III 218, 14

οὐ μόνον τὰς ἀρετάς, ἀλλὰ καὶ τὰς πράξεις τὰς καλὰς ἀ. καλοῦμεν 26, 24 ἡ πρᾶξις ἡ κατ' ἀρετὴν ἀ. 19, 3. 25 μόνον τὸ καλὸν ἀ. Z. I 47, 3. 6. A. I 84, 36. III 9, 25—10, 32 pass. 11, 24. 31, 25. 135, 25 ταὐτὸν ἀ. τε καὶ καλόν 9, 33. 10, 5. 44, 8. 76, 21 πᾶν ἀ. καλὸν εἶναι Cl. I 127, 5. III 6, 18. 9, 32 μηδὲν αἰσχρὸν εἶναι ἀ. 37, 15 καλὸν λέγουσι τὸ τέλειον ἀ. 20, 20 ᾧ ἔστιν εὖ καὶ κακῶς χρῆσθαι, τοῦτο οὐκ ἔστιν ἀ. 28, 14 e. s.

ἀ. = τὸ δι' αὑτὸ αἱρετὸν Z. I 47, 12. III 18, 12 ἀ. = τὸ τέλειον κατὰ φύσιν λογικοῦ ὡς λογικοῦ 19, 27 nihil esse bonum praeter scientiam H. I 92, 25 τὸ ἀ. καὶ καλὸν εἶναι τὰς ἡδονάς Cl. I 123, 7 ἀ. = τὸ συλλαμβανόμενον πρὸς εὐδαιμονίαν, τὸ συμπληρωτικὸν εὐδαιμονίας III 18, 13

τρία γένη τῶν ἀ., τὰ μὲν περὶ ψυχήν, τὰ δ' ἐκτός, τὰ δ' οὔτε περὶ ψυχὴν οὔτε ἐκτός III 23, 36. 24, 3. 13 ἐξαιροῦσιν τὸ γένος τῶν περὶ τὸ σῶμα ἀ. ὡς μὴ ἀγαθῶν 23, 39 τὰ δ' ἐκτὸς καὶ περὶ σῶμα λεγόμενα ἀ. πλεονεκτήματα μόνον 9, 21 τῶν περὶ ψυχὴν ἀ. τὰ μὲν εἶναι διαθέσεις, τὰ δ' ἕξεις μέν, διαθέσεις δ' οὔ, τὰ δ' οὔτε ἕξεις οὔτε διαθέσεις 25, 8. 20 τῶν ἀ. τὰ μὲν εἶναι ἐν κινήσει, τὰ δ' ἐν σχέσει 26, 27 e. s. τῶν δὲ ἐν σχέσει τὰ μὲν καὶ ἐν ἕξει εἶναι, τὰ δ' ἐν σχέσει μόνον 26, 30 e. s.

τῶν ἀ. τὰ μὲν εἶναι καθ' ἑαυτά, τὰ δὲ πρός τί πως ἔχειν 26, 38 ἀ. τὰ μὲν αὐτὰ καθ' ἑαυτά · τὰ δὲ μετέχοντα τῶν ἀ. 27, 18 τὰ μὲν προηγούμενα ἀ., τὰ δὲ δεύτερα 27, 34 e. s. τῶν ἀ. τὰ μὲν αὐτὰ δι' αὐτὰ αἱρετά, τὰ δὲ δι' ἕτερα 26, 24 τὰ μὲν δι' αὐτὰ αἱρετά, τὰ δὲ ποιητικά 26, 16 τὰ μὲν τελικά, τὰ δὲ ποιητικά, τὰ δ' ἀμφοτέρως ἔχοντα 25, 24 e. s. 25, 35 e. s. 26, 8 e. s. τῶν ἀ. τὰ μὲν εἶναι ἀρετὰς, τὰ δ' οὔ 23, 22 τὰ μὲν ἀναγκαῖα πρὸς εὐδαιμονίαν, τὰ δὲ μή 27, 11 e. s. ἀ. ἀεὶ παρόντα, οὐκ ἀεὶ 24, 41 τῶν ἀ. τὰ μὲν πᾶσι τοῖς φρονίμοις ὑπάρχειν καὶ ἀεί, τὰ δ' οὔ 24, 42. 25, 1 τὰ μὲν ἄμικτα, τὰ δὲ μεμιγμένα 24, 35

non bona esse potuisse, si non essent mala II 335, 34 ἀ. ὑπαρχόντων καὶ κακὰ ὑπάρχειν 340, 5 τὰ ἀ. πρὸς τὰ κακὰ τὴν πᾶσαν ἔχειν διαφορὰν III 21, 27 τὸ διὰ κακοῦ γινόμενον οὐκ ἔστιν ἀ. 36, 21. 28 τῶν ὄντων τὰ μέν ἐστιν ἀ., τὰ δὲ κακά, τὰ δ' ἀδιάφορα 17, 16. 23. 28, 4 e. s.; Diog. III 218, 14 τοιαῦτα τὰ ἀ. ἐστιν τοῖς ἀνθρώποις, ὥστε τὰ κακὰ τῶν ἀνὰ μέσον προτερεῖν 188, 24 ἀ.: προηγμένον 33, 21 τὸ μήτε ἀ. μήτε κακὸν ἀδιάφορον 28, 21. 31, 36 οἰκεῖα: ἀ. 30, 2 ἀξία ἐστὶν περὶ πᾶν ἀ. 30, 28 οὐδὲν τῶν ἀ. εἶναι προηγμένον διὰ τὸ τὴν μεγίστην ἀξίαν αὐτὰ ἔχειν Z. I 48, 11 III 31, 17 διαφέρει τὸ ἀ. τοῦ ἀξίαν ἔχοντος 32, 14

bonum an corpus sit? III 20, 36 et bona corpora esse 21, 6. 22

πάντα τὰ ἀ. ἴσα III, 23, 3. 12. 27, 30 πᾶν ἀ. ἐπ' ἄκρον αἱρετὸν καὶ μήτε ἄνεσιν μήτε ἐπίτασιν δέχεσθαι 23, 4. 140, 36 non bonorum frequentia beatiorem vitam fieri aut magis expetendam aut pluris aestimandam III 15, 21 aestimatio boni genere valet, non magnitudine 18, 7 quomodo possint paria bona esse, si triplex eorum condicio est 27, 23 e. s. ἀ. ὁ χρόνος οὐκ αὔξει προσγινόμενος 14, 1

οὐδὲν ἀ. τοῖς ἀνθρώποις ὑπὸ τῶν θεῶν περιγίνεται III 10, 7 τὰ ἀ. πάντα τῶν σπουδαίων εἶναι κοινά 160, 13. 19 τοῖς σπουδαίοις πάντα τὰ ὑπάρχειν expl. 154, 16 τῶν ἀ. μηδενὸς μετέχειν τοὺς φαύλους 154, 5 πᾶν τὸ ἀ. ἀγα-

θοὺς ποιεῖ 20, 7 τὰ παρακείμενα τοῖς ἀ., ὠφελήματα ὄντα, μόνοις τοῖς σπουδαίοις συμβαίνειν 154, 7

τὸν περὶ ἀ. λόγον συμφωνότατον εἶναι τῷ βίῳ III 17, 13 natura omnes ea, quae bona videntur, sequuntur 106, 44 bonum in eo positum est, ut naturae consentiat 140, 36 bonum = quod esset natura absolutum Diog. III 218, 22 bonum et malum natura iudicatur 77, 15 οὐσία τοῦ ἀ. ἡ εὐλόγιστος ἐκλογὴ τῶν κατὰ φύσιν Ant. III 253, 8 sqq. οὐσία ἀ. χρῆσις οἷα δεῖ φαντασιῶν Z. I 46, 9

τὰ ἀ. καλά Cl. I 127, 5 III 22, 1. 4. 9 σπουδαῖα 21, 43 πρέποντα 21, 43 οἰκεῖα 22, 1 ἀ. δίκαιον Cl. I 127, 4 III 22, 11 τὸ ἀ. ὅσιον Cl. I 127, 4 εὐσεβὲς ib. εὐάρεστον 127, 8 χαρτὸν III 9, 28 οὐ πᾶν ἀ. ἐπίσης εἰς χαρὰν πίπτει 50, 22 quod est bonum, omne laudabile est 11, 5 optabile 11, 11 τὸ ἀ. ὁμολογούμενον Cl. I 127, 9 δέον Cl. I 127, 5 III 20, 14. 22, 6 τὰ ἀ. κοινά 23, 16

τὰ ἀ. ὠφέλιμα Cl. I 127, 6. III 21, 42. 22, 10 εὔχρηστα 21, 43. 22, 9 συμφέροντα 21, 43. 22, 5 λυσιτελῆ 21, 43. 22, 6 ἀ. χρήσιμον· Cl. I 127, 5 III 22, 8 τὰ ἀ. ὀρεκτὰ III 22, 36. 39 βουλητά 22, 35. 40 αἱρετά 9, 26. 11, 12. 17. 22. 10. 13. 35. 39 τὸ ἀ. μόνον αἱρετέον 61, 16 ἀ.: αἱρετέον 61, 12 τὸ ἀ. μόνον ποιητέον 61, 17 ἀ.: ποιητέον 61, 13 τὸ ἀ. μόνον θαρρητέον 61, 17 ἀ.: θαρρητέον 61, 13 τὰ ἀ. πάντα ἐστὶν ὑπομενετὰ καὶ ἐμμενετά 22, 23. 27 αἰσθητὰ τὰ ἀ. 21, 30 μηδὲν ἐκ διεστηκότων εἶναι ἀ. 24, 24. 38, 14

γίνεσθαι τὰ πάθη δι' ὑπόληψιν ἀ. καὶ κακοῦ III 93, 38. 94, 8 περὶ τὸ ἀ. ἐνεστὼς ἢ μέλλον εἶναι ἡδονὴν καὶ ἐπιθυμίαν 94, 17. 22

ἀ. in def. φρονήσεως III 63, 24 ἀ. in def. ἀρετῆς A. I 85, 36

ἀγαθός cf. σοφός, σπουδαῖος

ἐξ ἀνάγκης ἡμᾶς εἶναι· καὶ γίνεσθαι ἀ. ἢ κακοὺς III 165, 16 πᾶν τὸ ἀγαθὸν ἀ. ποιεῖ III 20, 8 ipsam aequitatem et ius ipsum amant 12, 29 μόνον τὸν σοφὸν ἀ. 20, 28 τοὺς ἀ. κατ' οὐδὲν

1*

προέχεσθαι ὑπὸ Διός III 141, 21 πάντως εὐδαιμονεῖν ἀεὶ 14, 9 omnia refert ad beate vivendum 15, 15 ἀβλαβεῖς πάντας εἶναι 154, 10 τῷ ἀ. τὸ τὴν οὐσίαν ἀποβαλεῖν οἰονεὶ δραχμὴν ἀποβαλεῖν καὶ τὸ νοσῆσαι οἷον προσκόψαι 36, 39 ποτὲ μὲν τὰ δύσχρηστα συμβαίνειν τοῖς ἀ. οὐχ ὥσπερ τοῖς φαύλοις κολάσεως χάριν II 338, 4 καὶ ἀνεξέλεκτοί εἰσιν οἱ ἀ. καὶ καταληπτικοὶ ἀξιωμάτων II 42, 13 οὐκ ἐπιεικῆ εἶναι τὸν ἀ. ἄνδρα III 162, 39

ἀγάλλομαι = χαίρειν ἐπὶ καλοῖς III 106, 2

ἀγαπάω τὸ ἀ. μόνων εἶναι σπουδαίων III 161, 13

ἀγάπη def. III 71, 38

ἀγάπησις def. III 72, 8 ἀ. εἶδος βουλήσεως III 105, 23. 34

ἀγένητος τὰς ἀρχὰς εἶναι ἀ. II 111, 5

ἀγεννής τὸν ἀ. δοῦλον εἶναι III 89, 13

ἀγκών ἀπὸ. τοῦ ἐγκεῖσθαι II 47, 15

ἀγνεία def. III 105, 41 ἀ. εἶδος τῆς εὐλαβείας 105, 23

ἀγνοέω μηδὲν ἀ. τὸν σοφὸν II 41, 12 III 150, 15 πάντα ἀ. ὁ φαῦλος 165, 7

ἄγνοια in tit. l. Chr. II 9, 28 def. = μεταπτωτικὴ συγκατάθεσις καὶ ἀσθενής Z. I 20, 11 III 147, 1 scientia: inscientia Z. I 18, 25. 20, 9 H. I 91, 26 τὴν ἀ. εἶναι ἐναντίαν κακίαν τῇ φρονήσει III 166, 29 inter scientiam et inscientiam comprehensionem collocabat Z. I 18, 27. 20, 17 εἶναι μεθόριον ἄ., οὐ τὴν μακρὰν ἀπεληλαμένην ἐπιστήμης, ἀλλὰ τὴν ἐγγὺς καὶ ἀγχίθυρον αὐτῇ III 144, 35 ignorantiam a virtute sapientiaque removebat Z. I 16, 28. 18, 36 ἡ ἀ. φαῦλόν ἐστιν II 41, 16 πᾶσα φαύλου ὑπόληψις ἀ. III 164, 32 κακῶς καὶ ψευδῶς γινωσκόντων καὶ πραττόντων ἡμῶν ὁ βίος διοικεῖται κατὰ ἀ. 60, 30 μία ἡ κακία ἡ ἀ. 60, 33 τῶν κακιῶν τὰς μὲν εἶναι ἀ. τινῶν καὶ ἀτεχνίας, τὰς δ' οὔ. 23, 32. 34 ἀ. in def. μανίας pass.

ἀγνός ἀ. ὑπάρχειν τοὺς σπουδαίους III 157, 26

ἄγονος πῶς ἄ. γίνονται οἱ ἄνδρες II 213, 14

ἄγριος τὸν φαῦλον εἶναι ἄ. expl. III 169, 35

ἀγροικία def. III 169, 34

ἄγροικος καὶ ἄ. εἶναι πάντα φαῦλον III 169, 33

ἀγύμναστος οἱ ἀ. ἔχοντες τὰς φαντασίας II 39, 33

ἀγχίνοια def. III 64, 28. 65, 14. 28. 66, 7 ἀ. ὑποτάττεσθαι τῇ φρονήσει 64, 21. 66, 3

ἀγχίνους ἀ. ὁ σοφὸς II 39, 34 III 161, 3 τῶν σπουδαίων ἄλλους ἄλλων ἀγχινουστέρους γίγνεσθαι 142, 11

ἀγωγή cf. παιδεία περὶ ἀ. tit. l. Cl. I 107, 28 καὶ πρὸς ἀ. παραλαμβάνεσθαι παίδων εἰς ὑποτύπωσιν ἀρετῶν τὴν μουσικὴν Diog. III 228, 28 οἱ ἐν ἀ. γεγονότες III 173, 35 λόγοι τὰς ἀ. ὑγιεῖς ἔχοντες II 84, 23

ἀγωνία def. III 98, 38. 40. 99, 8. 101, 32 εἶδος φόβου 96, 7. 98, 35. 101, 30

ἀδελφή τὸ ἀ. συγγενέσθαι ἀλόγως διαβεβλῆσθαι III 187, 11 τὸν ὁμομήτριον τεκνοποιεῖσθαι ἐκ τῆς ὁμομητρίας 185, 30

ἀδελφός ἀ. τιμᾶν καθῆκον III 135, 1 ἀ. ἀφροντιστεῖν παρὰ τὸ καθῆκον 135, 3 τοὺς σπουδαίους σεβήσεσθαι ἀ. ἐν δευτέρᾳ μοίρᾳ μετὰ τοὺς θεούς 183, 23 καὶ τὸν ὁμομήτριον τεκνοποιεῖσθαι ἐκ τῆς ὁμομητρίας 185, 29

ἄδηλον (opp. φαινόμενον) II 74, 28

ἀδιάβολος ἀ. εἶναι τὸν καλὸν κἀγαθὸν expl. III 153, 6

ἀδιάπτωτος ἀδιαπτώτως πράττειν III 69, 10 ἀ. ἐν ταῖς ὁρμαῖς ἀναστρέφεσθαι 69, 13 ἀ. ἐνέργεια 72, 20

ἀδιάστροφος ἀφορμαὶ ἀ. III 53, 10

ἀδιαφορία de ἀ. cum A. disceptat Chr. III 9, 8 τέλος τὴν ἀ. εἶναι A. I 83, 7. 34 τῇ ἀ. κρίνεσθαι τὰς ψυχὰς εἰς κοινὴν συνουσίαν τοῖς θεοῖς A. I 87, 20 virtutibus exceptis atque vitiis cetera in summa aequalitate ponit A. 84, 35 sq.

ἀδιάφορον cf. οὐδέτερον, μεταξύ.
e. enum. Z. I 47, 24. 59. 9 A. 81, 33
Cl. 132, 13 III 17, 20 Diog. 218, 16
τὸ ἀ. τῶν πρός τι λεγομένων εἶναι
III 34, 22 τὸ ἀ. ἁπλῶς ἀ. A. I 83, 8
διχῶς τὸ ἀ. νοεῖσθαι III 28, 21 e. s.
28, 29 e. s. τὸ ἀ. λέγεσθαι τριχῶς
29, 17 e. s.
ἀ. = τὰ μεταξὺ τῶν ἀγαθῶν καὶ
κακῶν H. I 91, 32. III 17, 24. 28, 19.
Diog. 218, 15. A. I 83, 13 = τὸ μήτε
ἀγαθὸν μήτε κακὸν καὶ τὸ μήτε αἱρε-
τὸν μήτε φευκτὸν III 28, 21 = ᾧ ἔστιν
εὖ καὶ κακῶς χρῆσθαι 29, 28 = τὰ
μήτε πρὸς εὐδαιμονίαν μήτε πρὸς κακο-
δαιμονίαν συνεργοῦντα 28, 30. 29, 24
= τὸ μήτε ὁρμῆς μήτε ἀφορμῆς κινη-
τικόν 28, 22. 29, 2 ἀ. πρὸς ὃ μήτε
ὁρμή, μήτε ἀφορμὴ γίγνεται 29, 18
e. s. πρὸς ὃ ὁρμὴ μὲν καὶ ἀφορμὴ
γίγνεται, οὐ μᾶλλον δὲ πρὸς τόδε ἢ
τόδε 29, 20
est et horum, quae media apella-
mus, grande discrimen III 29, 8 e. s.
τὰ μεταξὺ ἀρετῆς καὶ κακίας ἀ. μὴ
ἔχειν μηδεμίαν παραλλαγήν A. I 79, 7.
83, 13. 84, 35 τῶν ἀ. τὰ μὲν προηγ-
μένα, τὰ δὲ ἀποπροηγμένα III 30, 25
τῶν ἀ. τὰ μὲν εἶναι προηγμένα, τὰ
δ᾽ ἀποπροηγμένα, τὰ δὲ μήτε προηγ-
μένα μήτε ἀποπροηγμένα 29, 31 e. s.
31, 26. 32, 24 expl. alia secundum
naturam, alia naturae esse contraria;
his ipsis alia interiecta et media Z.
I 47, 32 τὰ μὲν τῶν ἀ. ἐκλέγεται, τὰ
δ᾽ ἀπεκλέγεται, τῶν ἑτέρων ἐπίσης
ἐχόντων πρὸς αἵρεσιν καὶ φυγὴν III
29, 5 τὰ μὲν ἀξίαν ἐκλεκτικὴν ἔχειν,
τὰ δ᾽ ἀπαξίαν ἀπεκλεκτικήν, συμβλητι-
κὴν οὐδαμῶς πρὸς τὸν εὐδαίμονα βίον
28, 27 τῶν ἀ. τὰ μὲν πλείω ἀξίαν
ἔχειν, τὰ δ᾽ ἐλάττω· καὶ τὰ μὲν καθ᾽
αὑτά, τὰ δὲ ποιητικά 32, 22 τῶν ἀ.
τὰ μὲν ὁρμῆς κινητικά, τὰ δὲ ἀφορ-
μῆς, τὰ δὲ οὔτε ὁρμῆς οὔτε ἀφορμῆς
29, 11 e. s. τῶν ὄντων τὰ μὲν ἀγαθά,
τὰ δὲ κακά, τὰ δ᾽ ἀ. III 17, 16. Diog.
218, 14 ἀ.: ἀγαθὰ : κακὰ ib. ἀγαθὰ :
ἀ., κατ᾽ εἶδος προηγμένα III 28, 10
ἀ. καὶ προηγμένα : αἱρετὸν καὶ ἀγα-
θὸν 15, 42 εἴ τις βούλεται τὸ μὲν

ἀγαθὸν τῶν ἀ. λέγειν, τὸ δὲ κακὸν
conceditur 33, 22
ἡ ἀρετὴ τὰ μὲν διωθεῖ καὶ ἐκκλίνει
τῶν ἀ., τὰ δὲ αἱρεῖται καὶ ἐκλέγεται
III 57, 18 τὰ ἀ. οὐδὲν εἶναι πρὸς ἡμᾶς
οὐδὲ συνεργεῖν πρὸς εὐδαιμονίαν οὐδὲν
33, 37 ἀ. λέγεσθαι πρὸς τὸ εὐσχη-
μόνως ζῆν, οὐ πρὸς τὸ κατὰ φύσιν
ἔχειν 34, 23 τὴν αἵρεσιν τῶν ἀ. καὶ
φυγὴν ἀπεῖπε Z. I 57, 19 ὅπως ἀδεῆ
καὶ ἀθαύμαστον πρὸς τὰ ἀ. τὴν διά-
θεσιν τῆς ψυχῆς ἔχωσιν οἱ ἄνθρωποι
57, 21 τέλος εἶναι τὸ ἀδιαφόρως ἔχοντα
ζῆν πρὸς τὰ ἀ. A. I 79, 7 περὶ τὰ
μεταξὺ ἀρετῆς καὶ κακίας οἱ πολλοὶ
πτοηθέντες κακοδαιμονοῦσιν A. I 80, 27
in mediis momenta nulla esse A. I
83, 33 nullam rerum differentiam esse
A. H. I 92, 19 non esse ullam causam,
cur aliud alii anteponatur A. I 84, 22
non neglegit ἀ. neque tamen ad finem
summi boni refert H. I 92, 1 τὸ μέσον
καθῆκον παραμετρεῖσθαι ἀ. τισί III
136, 10
ἀδιαφόρως οἱ ἀ. περαίνοντες (sc.
λόγοι) II 83, 23. 86, 41. 87, 41. 88, 21.
def. 88, 24
ἀδιάψευστος τὴν καταληπτικὴν φαν-
τασίαν ἀ. εἶναι Sph. I 141, 6
ἀδίκευσις ἡ ἀ. οὔτε ἕξις οὔτε διά-
θεσις III 25, 19
ἀδικέω τὸ ἀ. ἁμάρτημα III 136, 22
τὸ ἀ. παρανόμημα 71, 12 ὁ καὶ ὁντινοῦν
ἀδικῶν καὶ ἑαυτὸν ἀ. 71, 6. 15 ὁ παρ-
αίτιος γενόμενος αὐτῷ τοῦ ἀ. παρα-
νομεῖ εἰς ἑαυτὸν 71, 13 ὁ ἀδικούμενος
καὶ ὑφ᾽ ὁτουοῦν πᾶς ἑαυτὸν ἀ. 71, 20
μὴ ἀδικεῖσθαι τὸν σπουδαῖον 152, 30. 39
ἀτόπως λέγεσθαι τὸ ἀ. ἑαυτὸν 70, 35
ἀδικία def. III 63, 31 ἀ. ἄγνοια τινῶν
καὶ ἀτεχνία 23, 33 ἀ. διάθεσις ἀναπό-
βλητος 143, 22 ἀ. κακία 23, 30 ἐν ταῖς
πρώταις κακίαις 65, 18 ἀ. κακὸν Z. I
47, 23 III 17, 19. 19, 31
ἡ ἀ. λαμβάνεται ὡς ἂν ἐν πλείοσι
πρὸς ἑαυτοὺς οὕτως ἔχουσιν III 71, 1
εἶναι πρὸς ἕτερον, οὐ πρὸς ἑαυτὸν τὴν
ἀ. 70, 36
ἀ.: ὕβρις III 152, 33 μὴ ἀχρήστως
γεγονέναι πρὸς τὴν δικαιοσύνην τὴν
ἀ. II 339, 30

omnium iniustitiam similem esse III 142, 31 ἴσην ἀ. τὴν Ἀριστείδου τῇ Φαλάριδος 143, 10

οὐ τῷ ἀπὸ τῶν θεῶν φόβῳ τῆς ἀ. ἀποτρέπεσθαι τοὺς ἀνθρώπους III 77, 22

ἀδικοπραγήματα τὰ ἁμαρτήματα ἀ. III 136, 33

ἄδικος, ἄδικον. ἄδικον εἶδος τοῦ αἰσχροῦ III 20, 24 ius et iniuria natura diiudicantur 76, 26 qui ignorat veram legem, is est iniustus 79, 10 οἱ κατ᾿ ἰδίαν ἄ. οὐ συνεστήκασιν ἐκ πλειόνων τοιούτων III 70, 39 καθ᾿ ὅσον πρὸς τοὺς πλησίους ὁ εἷς ἄ. 71, 3 οὐκ ἔστι σωφρονεῖν μὲν, ἀδίκως δὲ ζῆν III 76, 23 non posse eundem esse sapientem et iniustum 73, 19 sq. πάντας ἐπίσης ἀ. τοὺς μὴ σοφοὺς 167, 30

ἀδόξαστος τὸν σοφὸν ἀ. εἶναι Α. I 78, 19

ἀδοξία ἀ. ἀδιάφορον Z. I 47, 25 III 17, 20. 28, 8. Apollod. 261, 10 ἀ. ἀποπροηγμένον ἐπὶ τῶν ἐκτός III 31, 8 ignominiam satis habere causae, quam ob rem reiceretur 31, 34

Ἀδράστεια κόσμος Ἄ. ὅτι οὐδὲν ἔστιν αὐτὸν ἀποδιδράσκειν II 169, 34 τὴν εἱμαρμένην Ἄ. 292, 17

ἀδρός τὸν σπουδαῖον ἀ. Z. I 52, 34. III 150, 7

ἀδυναμία ἀ. κακία III 23, 31 ἀ. οὔτε ἄγνοιά τινων οὔτε ἀτεχνία 23, 34

ἀδυνατέω ἄτονοι καὶ εὔτονοι τῷ δύνασθαι ἡμᾶς ἢ ἀ. III 123, 18

ἀδύνατον ἀ. ἀξίωμα, ὃ μή ἐστιν ἐπιδεκτικὸν τοῦ ἀληθὲς εἶναι II 64, 18 probatio conclusionum, quae dicitur „impossibile" def. II 79, 2 δυνατῷ ἀ. οὐκ ἀκολουθεῖ Cl. I 109, 34 ᾧ ἕπεταί τι ἀ. δυνατόν, καὶ αὐτὸ ἀδύνατον II 118, 36 καὶ δυνατῷ ἀ. ἕπεσθαι II 65, 5

ᾄδω cf. ᾠδός
οὐχ εὑρεθῆναι πρεπωδεστέραν ἐλευθέροις ἄλλην ἄνεσιν καὶ παιδείαν τοῦ τὸν μὲν ἀ. Diog. III 230, 27 τῷ ᾄ. καταπαυθῆναι ἐμφυλίους στάσεις Diog. 232, 21

ἀερώδης ἀήρ II 136, 25 τόνοι ἀ. 148, 1 ἀ. 231, 37

ἀέχεια = στέρησις II 51, 26

ἀήρ cf. ἀκούω
ἀ. = πᾶν τὸ ἀερῶδες II 136, 25
ἀ. στοιχεῖον Z. I 28, 28. II 134, 2 τῶν δραστικῶν στοιχείων II 137, 38 deus aër Z. I 41, 31 Iuno aër Z. I 43, 30 II 314, 32 εἶναι τοῦ Διὸς τὸ εἰς τὸν ἀ. διατετακὸς Ἥραν Diog. III 217, 15 τὸν ἀ. Δία λέγουσιν expl. II 320, 20 τὸν ἐκ τῆς γῆς ἀναθυμιώμενον ἀ. διὰ τὴν ἀνάδοσιν ἀναδωδωναῖον εἶναι Cl. I 121, 20
κοῦφον ὁ ἀ. II 155, 33. 175, 20. 177, 36. 178, 24 ἀβαρὴς Z. I 27, 32 μήτε βάρος ἐξ αὐτοῦ μήτε κουφότητα ἔχει II 143, 35 τείνεται καὶ ὁ ἀ. πῶς ἐπὶ τὸ τοῦ κόσμου μέσον Z. I 27, 32 φύσει ἀνωφερής Z. I 27, 34. II 143, 32. 176, 39. 177, 42 ἐπὶ τὴν ἄνω φορὰν ἔχει τὴν ὁρμὴν καὶ περιδινεῖται 175, 2
λεπτομερὴς II 155, 33 λεπτομερὴς τῷ καταθραύεσθαι ῥᾳδίως εἰς λεπτὰ μόρια 140, 14 πρὸς πᾶσαν ποιότητα καὶ δύναμιν εὐκέραστος ὑπὸ μανότητος 178, 20 ὁ καπνὸς ἀ. εἶδος 141, 36 ἀ. ἐν σῶμα συνεχὲς ἑαυτῷ πάντῃ, μηδαμόθι κενοῦ παραπλοκὴν ἔχον II 139, 45 μὴ συγκεῖσθαι ἐκ θραυσμάτων, ἀλλὰ συνεχῆ δι᾿ ὅλου 140, 8
πῦρ καὶ ἀ. εὔτονα II 155, 33 ἀ. καὶ πῦρ συνέχειν 144, 27 ἀ. καὶ πῦρ αὐτῶν δι᾿ εὐτονίαν ἑκτικὰ καὶ ἄλλοις ἐγκεκραμένα τόνον παρέχειν 146, 34 τὰς ἕξεις ἀέρας εἶναι 147, 39 τοῦ ποιὸν ἕκαστον εἶναι ὁ συνέχων αἴτιος ἀ. 147, 40 τὸ πνεῦμα = ἀ. κινούμενος 152, 33 πῦρ καὶ ἀ. αἴτια τῇ γῇ τῆς σκληρότητος 145, 9
τὸν ἀ. = τὸ ψυχρόν II 180, 9 πρώτως ψυχρόν 140, 36. 41 pass.
ὁ ἀ. φύσει ζοφερός II 140, 35. 178, 8 subniger est, nullam habens luminis a se speciem ideoque ab alio lumine illuminatur II 177, 6 τὸν ἀ. τεταράχθαι, μέχρι ἂν λάβῃ τὸν ἥλιον 177, 10 τῷ ἡλίῳ συμπαρεκτείνεται ὥσπερ τῷ σιδήρῳ τὸ πῦρ 177, 11 φωτὸς ἂν ἐπιψαύσῃ μόνον, δι᾿ ὅλου τρεπόμενος ἐκφωτίζεται 178, 21 τοῖς ἄνω πέρασιν αὐτοῦ προσπιπτούσης τῆς ἡλιακῆς αὐγῆς ὅλος ἀλλοιοῦται 143, 16 τὸν ἀ. τροπῇ καὶ μεταβολῇ κατὰ νύξιν ἢ

ψαῦσιν ἐξηλιοῦσθαι 143,26 τὸν πεφω-
τισμένον ἀ. τῷ διακεκρίσθαι μᾶλλον
ἔχειν ἰσχὺν 234,3 τὸν ἀφώτιστον ἀ.
τῷ κεχαλᾶσθαι μὴ δύνασθαι ὑπὸ τῆς
ὄψεως συνεντείνεσθαι234,5 τὴν ὅρασιν
ἀπὸ τοῦ ἀ. λαμβάνειν τὸ φῶς Z. I 70, 2
τὴν σύστασιν πρὸς τὴν περιφέρειαν
τοῦ κόσμου ποιεῖσθαιΖ. I 27,33 σφαιρι-
κῶς περικεῖσθαι ἔξωθεν τῇ γῇ II 175,25
περικεχύσθαι σφαιρικῶς 168, 26 ἐπει-
δὰν πληγῇ πνεύματι, κινεῖται σφαιρι-
κῶς 140, 10
    ὑπὸ τὴν σελήνην τὴν τοῦ ἀ. σφαῖραν
εἶναι II 169, 8 τὸν ἀ. εἰς τὰ περίγεια
χωρεῖν Cl. I 111, 7
    τὸ ὕδωρ εἰς ἀ. μεταβάλλειν Cl. I
111, 7 δευτέρα χύσις ἐξ ὕδατος εἰς ἀ.
II 136, 24 ἐξ ὕδατος ἀτμιζομένου ἀ.
γίνεσθαι Z. I 28, 19. 32 II 168, 25 τὸ
λεπτομερὲς τοῦ ὕδατος ἀ. γίνεσθαι
143, 39 μετὰ τὸ ὕδωρ ἀ. ἐσφαιρωμένον
176, 28 ἐκ τοῦ ἀ. πῦρ ἐξάπτεσθαι Z. I
28, 19. 32 Cl. I 111, 7 ἀ. ἐκπυρωθεὶς
φλὸξ γίνεται II 140, 26 cf. s. v. αἰθήρ.
πρώτη ἡ ἐκ πυρὸς κατὰ σύστασιν εἰς
ἀ. μεταβολή Z. I 28, 17. 24 II 136, 20
μετὰ τὸν αἰθέρα τὸν ἀ. εἶναι II 175,24.
180, 12 aeri similitudo aetheris et cum
eo summa coniunctio 314, 33
    ἀ. ἐγκέκραται τῷ ὕδατι κατὰ τὴν
πρώτην γένεσιν, καθάπερ καὶ τοῖς
λοιποῖς στοιχείοις II 206,6 ἐξ ὕδατος
γῆς ὑφισταμένης ἀ. ἀναθυμιᾶται 179,32
ὁ ἐκ τῆς γῆς ἀναθυμιώμενος ἀ. Cl. II
32, 11 I 121, 20
    fixae stellae in causa sunt tem-
perantiae aëris II 331, 28
    aër causa respirationis II 331, 30
obnoxius morbo ac corruptioni 183, 5
causa animalibus generationis facien-
dae 331, 29
    ἀ. in def. φωνῆς pass. τὰ πρὸς ἀκοὴν
ἀ. πεπληγμένος πως II 127, 27 ὅταν
ἅμα πολλοὶ φωνῶσι, πολλὰς ἴσχει τὰς
ἑτεροιώσεις 23, 10
    αἱ ἐτήσιοι ὧραι παθήματα ἀ.II 202,11
ἀήττητος ὁ σπουδαῖος ἀ. III 150,10
ὁ σοφὸς ὑπὸ τῆς τύχης ἀ. P. I 99, 22
in def. εὐψυχίας III 64, 39. 66, 19 et
pass.
ἀθεώρητος ἀ. ἀρετή III 48, 7

Ἀθηνᾶ περὶ τῆς Ἀ. tit. i. Diog. III
217, 10. 80
    Ἀ. οἷον Ἀθηνᾶν εἰρῆσθαι II 258, 22
III 217, 24
    Ἀ. καλοῦσι κατὰ τὴν εἰς αἰθέρα διά-
τασιν τοῦ ἡγεμονικοῦ τοῦ θεοῦ II 305,21
τοῦ Διὸς τὸ εἰς τὸν αἰθέρα διατετακός
Ἀ. Diog. III 217, 17
    Ἀ. = φρόνησις Diog. III 235, 1 μῆ-
τιν οὖσαν καὶ οἷον φρόνησιν ἐκ τῆς
κεφαλῆς γενέσθαι τοῦ Διὸς II 256, 13.
Diog. III 217, 19 ἐν τῷ στήθει γεγο-
νέναι φρόνησιν οὖσαν II 258, 19. III
217, 20 expl. τὰς προσηγορίας τῆς Ἀ.
καὶ τὰ φορήματα τῇ φρονήσει συνοι-
κειοῖ II 258, 25 τὴν πρώτην ἔννοιαν
τὴν Ἀ. II 320, 5
ἀθλητικός ἡ τῆς μουσικῆς πρὸς τὰς
ἀ. ἐνεργείας συνεργία Diog. III 225, 32
Ἀθρηνᾶ Ἀθηνᾶν οἷον Ἀ. εἰρῆσθαι
II 258, 22 III 217, 24
ἀθρόως ὅρεξις ἀ. ῥεπτική III 108, 7
ὁρμὴ ἀ. φερομένη 130, 13 ἀ. προσπί-
πτειν 131,23
ἀθυμία def. III 100, 35. 101, 16
αἰδέομαι al.: αἰσχύνεσθαιΙΙΙ107,21.33
αἰδημοσύνη def. III 64, 33 al. ὑπο-
τάττεσθαι τῇ σωφροσύνῃ 64, 22
Ἅιδης τὸν σκοτεινὸν ἀέρα Ἀ.II 315,20.
esse inferos et sedes piorum ab im-
piis esse discretas Z. I 40, 15
ἀΐδιος ἀ. ἡ κινοῦσα τὴν ὕλην δύ-
ναμις II 113, 10 ἀ. ἡ ὕλη 114, 26
αἰδώς def. III 101, 34. 105, 40 al.:
αἰσχύνη 101, 36 al. εἶδος τοῦ φόβου
101, 29 εἶδος τῆς εὐλαβείας 105, 23
pudorem rubor consequitur 99, 17
αἰθήρ cf. πῦρ.
    al. παρὰ τὸ αἴθειν εἰρημένος II197,31
al. οὐκ ἀποτρέπονται πῦρ ὀνομάζειν
II 185, 12 ἀνωτάτω τὸ πῦρ, ὃ δὴ al.
καλεῖσθαι 180, 10 aetheriam naturam,
id est igneam, quae ex se omnia
gigneret 313, 18
    τὸν al. θεὸν εἶναι Z. I41, 30 II 316, 1
B. III 265, 5 πρῶτον θεὸν II 192, 8
summus deus, mente praeditus, qua
omnia regantur Z. I 41,33 certissimum
deum Cl. I 120, 24. 121, 5. 11 ἐπὶ μιᾶς
τῆς τοῦ al. οὐσίας διατελεῖν τὸν Δία
καὶ τὴν πρόνοιαν II 312, 38 εἶναι τοῦ

Διὸς τὸ εἰς τὸν αἰ. διατετακὸς Ἀθηνᾶν
Diog. III 217, 17 II 305, 22
aether elementorum possidet principatum II 312, 18 ὁ αἰ. καθαρώτατος
καὶ εἰλικρινέστατος καὶ πάντων εὐκινητότατος 194, 6 ἐκ τοῦ ἀέρος τὸν αἰ.
ἐξῆφθαι ἀραιότατον ὄντα καὶ εἰλικρινέστατον 168, 26 λεπτυνομένου τοῦ ἀέρος
ὁ αἰ. περιέχεται κύκλῳ 179, 33 ἀποτελεῖν ἀπολεπτυνόμενον τὸν διάπυρον
αἰ. πῦρ 143, 40
    τὸν αἰ. ἡγεμονικὸν τοῦ κόσμου II
192, 8. 194, 6. 15 ἡ τοῦ πυρωθέντος
κόσμου οὐσία εἰς τὸν λεπτότατον ἀναλυθήσεται αἰ. 188, 23 τὸν αἰ. τὴν ὅλην
περιάγειν τοῦ κόσμου φοράν 194, 7
περιφέρεσθαι τὸν αἰ. 168, 17 περιφέρεσθαι ἐγκυκλίως 168, 29
    τὸν αἰ. ἔξωθεν εἶναι, σφαιρικὸν σχῆμα ἔχοντα II 175, 23 τοῦ αἰ. τὸ μὲν
αὐγοειδὲς οὐρανὸν γεγονέναι, τὸ δὲ
πυκνωθὲν ἄστρα 198, 11 ἐν τῷ αἰ. τὰ
ἄστρα καθίδρυται 168, 29 ἐν τῷ αἰ.
πρώτην τὴν τῶν ἀπλανῶν σφαῖραν
γεννᾶσθαι, εἶτα τὴν τῶν πλανωμένων
180, 11
    εὔλογον καὶ ἐν τῷ αἰ. ζῴων ὑπάρχειν
φύσιν II 303, 18
αἷμα τρέφεσθαι ἐξ αἵ. τὴν ψυχὴν
Z. I 38, 32. Cl. 118, 1 αἱ. εἶναι τὴν
ψυχὴν Diog. III 216, 27
αἱμύλος ὁ σπουδαῖος αἰ. III 161, 2
αἵρεσις αἰ. tit. l. Chr. II 5, 19 κατὰ
τῶν αἰ. l. Ant. III 257, 32
    αἰ. = βούλησις ἐξ ἀναλογισμοῦ III
41, 32 = πρόσκλισις δογμάτων II 37, 8
κατηγορημάτων αἰ. γίνονται III
22, 39
    ὁπόσα οὐδενὸς ἄλλου ἕνεκεν εἰς
εὔλογον αἴ. ἔρχεται, δι' αὐτὰ αἱρετὰ
III 26, 16 τὸ καλὸν καὶ ἀγαθὸν τοὺς
ἀνθρώπους ἐπισπᾶται πρὸς τὴν αὐτοῦ
αἵ. 11, 32 τὸ ἀγαθὸν αἵ. εὔλογον κινεῖ
22, 15 τὸ ἀγαθὸν, καθ' ὃ ἀνυπόπτως
εἰς αἵ. ἔρχεται, ἀρεστόν 22, 16 τὰ
ἀδιάφορα ἐπίσης ἔχειν πρὸς αἵ. καὶ
φυγὴν 29, 7 ἀφιέναι τῇ ὡς ἔτυχεν ἐπικλίσει τῆς διανοίας δεῖν τὴν αἵ. 41, 37
ἡ ἰσχὺς περὶ τὰς αἰ. καὶ ἐκκλίσεις
σωφροσύνη Cl. I 129, 2
    ἑταιρία = φιλία καθ' αἵ. III 27, 5

αἱρετέος διαφέρειν τὸ αἱρετὸν καὶ
τὸ αἰ. III 22, 19
    αἰ. ὠφέλημα πᾶν, ὃ θεωρεῖται παρὰ
τὸ ἔχειν τὸ ἀγαθὸν III 22, 20. 36 αἱρούμεθα τὸ αἰ. 22, 21 e. s.; 22, 38
    αἰ.: ποιητέον : θαρρητέον : ἀγαθὸν
III 61, 12 τὰ ποιητέα καὶ αἰ. ἐστὶν καὶ
ὑπομενετέα καὶ ἀπονεμητέα καὶ ἐμμενητέα 72, 36 σωφροσύνην φρόνησιν
ἐν αἰ. Z. I 49, 32
αἱρετικῶς ὁ ἐνάρετος τὰ μὲν αἰ.
ποιεῖ III 72, 37
αἱρετός περὶ τῶν δι' αὐτὰ αἰ. tit. l.
Chr. III 194, 38 περὶ τῶν μὴ δι' αὐτὰ
αἰ. 195, 9
    αἰ. = τὸ ὁρμῆς αὐτοτελοῦς κινητικὸν
III 32, 12 = ὃ αἵρεσιν εὔλογον κινεῖ
22, 15
    διαφέρειν τὸ αἰ. καὶ τὸ αἱρετέον
III 22, 19 τὸ αἰ. οὐχ αἱρούμεθα, ἀλλ'
εἰ ἄρα, ἔχειν αὐτὸ αἱρούμεθα 22, 22
cur ἡ ἀρετὴ αἰ. III 50, 5 σωφροσύνη
= ἐπιστήμη αἰ. καὶ φευκτῶν καὶ οὐδετέρων A. I 85, 37 III 63, 26 qui habet
exactum iudicium de fugiendis petendisque, scit, quid sibi faciendum sit
A. I 82, 15
    τὸ ἀγαθὸν αἰ. III 22, 13. 16. 20. 41
πᾶν ἀγαθὸν ἐπ' ἄκρον αἰ. 23, 4 πᾶν
ἀγαθὸν αἰ. expl. 22, 10 τὸ ἀγαθὸν αἰ.,
τὸ δ' αἰ. ἀρεστόν III 9, 26. 11, 8. 11. 18
    διττῶς λέγεσθαι τὰ δι' αὐτὰ αἰ.
Diog. III 219, 32 ὁπόσα οὐδενὸς ἄλλου
ἕνεκεν εἰς εὔλογον αἵρεσιν ἔρχεται, δι'
αὐτὰ αἰ. III 26, 17 omne honestum
propter se expetendum III 8, 14. 12, 2
ius et omne honestum sua sponte expetendum 12, 28 aequitatem per se
expetendam A. I 82, 7 τῶν ἀγαθῶν
τὰ μὲν δι' αὐτὰ αἰ., τὰ δὲ ποιητικὰ
III 26, 17 μήτε τῶν ἀρετῶν τινα δι'
αὐτὴν αἰ. εἶναι III 8, 32
    διαφέρειν αἰ. καὶ ληπτὸν III 32, 11. 20
τὰ αὐτὰ πράγματα ληπτὰ καὶ οὐχ αἰ.
30, 2 διαφέρει τὸ καθ' αὑτὸ αἰ. τοῦ
καθ' αὑτὸ ληπτοῦ 32, 14
    ἀδιάφορον τὸ μήτε αἰ. μήτε φευκτὸν
III 28, 21 μήτ' ὑγίειαν μήτ' εὐεξίαν etc.
αἰ. 35, 28 ἕκαστον τῶν ἀδιαφόρων
προστιθέμενον τῇ ἀρετῇ τὸ ὅλον αἱρετώτερον τῷ σπουδαίῳ ποιεῖ 15, 41

αἱρέομαι s. v. αἱρετόν

αἱρέω ὁ αἱρῶν λόγος s. v. λόγος;
λόγος αἱρεῖ ποιεῖν τὰ καθήκοντα III
135, 1

αἶσα οὐκ ἔστι μὲν αἶ., οὐκ ἔστι δὲ
νέμεσις II 295, 29

αἰσθάνομαι αἰσθάνεσθαι οὐκ ἔστι
μὴ καταληπτικῶς II 27, 11 διαδίδοσθαι
τὴν ἐκ τοῦ προσπεσόντος ἔξωθεν ἐγ-
γενομένην τῷ μορίῳ κίνησιν εἰς τὴν
ἀρχὴν τῆς ψυχῆς, ἵν᾿ αἶ. τὸ ζῷον Z. I
41, 11 κατὰ τὴν εἱμαρμένην αἰ. τὰ
ζῷα II 295, 18 οἰκειώσεως πάσης καὶ
ἀλλοτριώσεως ἀρχὴ τὸ αἰ. Z. I 48, 37

αἴσθησις περὶ αἰ. tit. l. Cl. I 106, 36
εἰς διαβολὴν τῶν αἰ. ἔγραψε Chr. II
33, 34 cf. 34, 10
	τὸν περὶ φαντασίας καὶ αἰ. λόγον
προτάττουσι II 21, 5
	quattuor significationes vocabuli II
26, 35 πολλαχῶς ἡ αἰ. λέγεται II 230, 33
	αἰ. = ἀντίληψις δι᾿ αἰσθητηρίου ἢ
κατάληψις Z. I 19, 6 II 230, 32 Z. I 18, 23
= αἰσθητικῇ φαντασίᾳ συγκατάθεσις II
27, 6 αἰ. εἴσθεσίς τις οὖσα II 150, 13
	πέντε αἱ εἰδικαὶ αἰ. II 230, 40 quo-
modo efficiatur αἰ. expl. 236, 37 ἕκαστον
τῶν αἰσθητικῶν ὀργάνων ἀλλοιωθῆναι
χρὴ πάντως, ἵνα αἰ. γένηται II 232, 4
τὰς αἰ. ἐν τῷ ἡγεμονικῷ γίνεσθαι II
231, 2. 29 αἱ πέντε αἰ. μέρος τῆς
ψυχῆς Z. I 39, 22 τὸ αἰσθητικὸν μέρος
τῆς ψυχῆς ἀρχὴ καὶ πηγὴ τῶν κατὰ
μέρος αἰ. A. I 86, 36 οὗ αἱ αἰ. τελευ-
τῶσιν, ἐκεῖ τὴν φανταστικὴν ψυχὴν
εἶναι II 228, 9 τῆς ψυχῆς ἡ αἰ. μέρος
οὖσα σῶμά ἐστιν II 220, 9 σωμάτων
τὰς αἰ. 230, 37 μεταξὺ τοῦ πνεύματος
ὄντων κενωμάτων ἐνεποδίζοντο ἂν ὑπ᾿
αὐτῶν αἱ αἰ. II 172, 42
	singuli sensus unum quiddam sen-
tiunt, hic colores, sonus alius II 232, 5.
235, 38 sensus iunctos esse e quadam
quasi impulsione oblata extrinsecus
Z. I 17, 14 τὴν κοινὴν αἰ. ἐντὸς ἀφὴν
προσαγορεύουσιν II 230, 38
	πρῶτος τῆς ἀναγραφῆς (sc. in ta-
bulam rasam) τρόπος ὁ διὰ τῶν αἰ.
II 28, 16 συναθροίζεσθαι τὸν λόγον
ἀπὸ τῶν αἰ. καὶ φαντασιῶν περὶ δε-
κατέσσερα ἔτη Z. I 40, 37

πᾶσα νόησις ἀπὸ αἰ. γίνεται ἢ οὐ χω-
ρὶς αἰ. II 29, 21 ἡ αὐτὴ δύναμις κατ᾿ ἄλλο
μέν ἐστι νοῦς, κατ᾿ ἄλλο δὲ αἰ. II 230, 17
πᾶσαν κατάληψιν ᾐρτῆσθαι τῶν αἰ. II
33, 30 πᾶσα αἰ. συγκατάθεσις καὶ κατά-
ληψις 26, 39 αἰσθητικῇ φαντασίᾳ συγ-
κατάθεσις 27, 5 sensus ipsos adsensus
esse 27, 1 αἰ. κριτήριον ἀπολείπει
B. III 265, 3 κριτήριον αἰ. καὶ πρό-
ληψιν II 33, 9
	τὰς αἰ. εἶναι ἀληθεῖς II 27, 30 sensus
natura certi III 55, 22 sensibus fidem
tribuebat Z. I 18, 29 munitur a Chr.
fides eorum II 12, 25 παρὰ τὰς φύσεις
ἄλλα γίνεσθαι ἄλλοις ὁρατὰ καὶ ἀκου-
στὰ II 101, 3 ἀλλὰ καὶ παρὰ τέχνας
καὶ τριβάς 101, 22 multa falsa esse
longeque aliter se habere ac sensibus
videantur II 27, 26. 29 studiose omnia
conquisivit contra sensus Chr. 34, 10
	sensibus eadem omnia comprehen-
duntur III 84, 25 οὗ ἂν ἀναμειχθῶσι
δύο αἰ., περὶ μὲν τὸ ὑποκείμενον συμ-
φωνεῖν, περὶ δὲ τὴν παρεπομένην
ἡδονήν τε καὶ λύπην διαφωνεῖν Diog. III
223, 4
	αἰ. πρῶτον κατὰ φύσιν III 34, 29
κατὰ μετοχὴν αἰ. μὴ πεπηρωμέναι 34, 31
τῶν αἰ. ἔστιν ἃς ἀποβαλὼν ὁ σοφὸς
οὐδὲ ζῆν ὑπομένει III 174, 9 προσ-
χρῆται ταῖς αἰ. ἡ ἀρετὴ πρὸς τὰς
ἰδίας ἐνεργείας 16, 5 φρονίμη αἰ.
ἀγαθὸν πᾶσι τοῖς φρονίμοις καὶ ἀεὶ
ὑπάρχον 24, 43: αἰ. ἄφρων 25, 5 τὰ
μὲν αὐτοφυοῦς αἰ. δεῖσθαι, τὰ δ᾿ ἐπι-
στημονικῆς e. s. Diog. III 222, 35
	neque praeteritorum meminit sensus
ullus, nec suspicatur futura II 236, 2
τὸ μὲν μνήμην ταῖς αἰ. περιάπτειν
κατηδέσθη, τὸ δ᾿ ἀναλογίας μετέχειν
προσεδέξατο Apolloph. I 90, 24
	πρός τι ἡ αἰ. II 132, 46 αἰ. τὸν
ὢν οὐκ ἄνευ λόγον ἔχουσιν III 16, 2

αἰσθητήριον cf. αἴσθησις
	περὶ αἰ. tit. l. Sph. I 139, 27
	αἴσθησις λέγεται καὶ ἡ περὶ τὰ αἰ.
κατασκευὴ II 26, 37
	τὰ πέντε αἰ. II 226, 21. 227, 28
	αἰ. = πνεύματα νοερὰ ἀπὸ τοῦ ἡγε-
μονικοῦ ἐπὶ τὰ ὄργανα τεταμένα II
230, 35

πνεύματα ἀπὸ τοῦ ἡγεμονικοῦ διατείνει ἄλλα κατ' ἄλλα ai. II 226, 9 εἰς τὸ ἡγεμονικὸν συντείνει τὰ ai. πάντα 246, 2 τὸ μέρος τὸ ἡγούμενον τῆς ψυχῆς τυποῦσθαι δύναται ἀπὸ τῶν ὄντων διὰ τῶν ai. Z. I 39, 12 τὸ τῆς ψυχῆς μέρος τι (τὸ αἰσθητικὸν) μετά τινος τῶν ai. κινεῖσθαι A. I 86, 35 αἰσθητικαὶ αἱ δι' ai. λαμβανόμεναι φαντασίαι II 24, 16 τὸ ai. ἀλλοιωθῆναι χρή, ἵνα αἴσθησις γένηται 232, 4 ἵνα αἰσθητικὴ φαντασία γένηται δεῖ συνδραμεῖν τό τε ai. etc. 26, 22 ὅμοιον τοῖς ai. καὶ ἐπὶ τῶν τεχνῶν συντέτευχεν 101, 25

ai. ὁλοκληρία οὐδὲν πρὸς ἡμᾶς III 33, 38 ai. ἀρτιότης κατὰ φύσιν 34, 16 ai. ἐπιμελεῖσθαι καθῆκον ἄνευ περιστάσεως 135, 9 τὸν σοφὸν οὐ παραπαίειν κατά τι τῶν ai. 147, 19 virtus extendit se usque ad sensus e. s. 49, 38 **αἰσθητικός**   τὸ ἡγεμονικὸν = τὸ πρῶτον ai. II 231, 7   μέρη τῆς ψυχῆς πέντε τὰ ai. 226, 15. 21. 23. 30   τὸ τῆς ψυχῆς μέρος τι μετά τινος τῶν αἰσθητηρίων κινεῖσθαι, ὃ ai. καλεῖ A. I 86, 35 τὸ ai. ἀρχὴ καὶ πηγὴ τῶν κατὰ μέρος αἰσθήσεων 86, 36   nihil sensuale sine anima II 229, 20

οὐκ ἐξ ai. τῶν πρώτων ἀναγκαῖον εἶναι τὸ ai. expl. II 139, 7 ai. αἱ δι' αἰσθητηρίων λαμβανόμεναι φαντασίαι II 24, 16   ἵνα ai. φαντασία γένηται δεῖ πέντε συνδραμεῖν 26, 20 ai. φαντασίᾳ συγκατάθεσις = ἡ αἴσθησις 27, 5 ai. ἀναθυμίασις Z. I 39, 4 **αἰσθητόν**   πρῶτα : δεύτερα ai. II 27, 32 ἵνα αἰσθητικὴ γένηται φαντασία δεῖ συνδραμεῖν καὶ τὸ ai. II 26, 22 τὴν ἄλογον τῆς ψυχῆς δύναμιν ἀντιληπτικὴν γίνεσθαι τῶν ai. II 230, 25 κατὰ περίπτωσιν νοεῖται τὸ ai. 29, 12 τὸ ἐκτὸς ὑποκείμενον ai. οὔτε ὅλον ἐστὶν οὔτε μέρος 27, 42   ea, quae sentiuntur, composita sunt, utpote corpora 235, 37 ἔνια ὑποκεῖσθαι τῶν ai. ὡς ἀληθῆ, ἔνια δὲ μὴ ὑπάρχειν II 27, 25   τῶν ai. τινα ἀληθῆ κατ' ἀναφορὰν τὴν ἐπὶ

τὰ παρακείμενα νοητὰ 63, 15   οὐ πᾶν ai. βέβαιον εἶναι Z. I 19, 9 νοητὸν : ai. II 28, 2 τοὐλάχιστον ai. οὐκ ἐπιλείψειν ἐπιὸν τῷ μεγίστῳ II 151, 22 ai. τἀγαθὰ καὶ τὰ κακὰ III 21, 29. 31, 40   τὰ πάθη ai. 21, 32 **αἶσχος**   τοῦ σώματος ai. def. III 121, 29 ai. ἀδιάφορον III 28, 8. Apollod. 261, 9   μὴ φευκτὸν 35, 30 ἀποπροηγμένον ἐπὶ τῶν σωματικῶν 31, 7 **αἰσχροκέρδεια**   ἀνύπαρκτον τὴν ai. III 168, 14 **αἰσχρόν**   cf. καλόν τέτταρα εἴδη τοῦ ai. III 20, 24 honesta ac turpia natura diiudicantur III 76, 27. 77, 17   μηδὲν ai. εἶναι ἀγαθὸν 37, 15   πᾶν ai. κακὸν 6, 18 πάντα τὰ κακὰ ai. 22, 2   malum = turpe A. I 83, 35. 84, 37 Cl. 130, 27 III 10, 41. 12, 6. 44, 8   turpes actiones oriuntur ex vitiis 12, 8   turpia per se esse fugienda 12, 3   τὸ ai. ψεκτὸν II 296, 1. 297, 17   τὴν ψυχὴν φέρεσθαι πρὸς τὸ ai. ὑφ' ἡδονῆς III 111, 31 nihil esse turpe dictu Z. I 22, 19. 34 **αἰσχρός**   ai. εἶναι τοὺς νέους, φαύλους γ' ὄντας καὶ ἀνοήτους III 181, 5 τοὺς ἐρασθέντας ai. παύεσθαι καλῶν γενομένων 181, 9 **αἰσχύνη**   def. III 98, 35. 41. 99, 1. 101, 34   ai. εἶδος φόβου 96, 8. 98, 34. 101, 29   ai. : αἰδώς 101, 36   ai. ἐμφαίνειν τὸ ἐφ' ᾧ γίνεται 96, 12 **αἰσχύνομαι**   αἰδεῖσθαι : ai. III 107, 21. 33   τῆς ψυχῆς ai. ἐρυθρὸν γίνεται τὸ σῶμα Cl. I 117, 13 **αἰτία**   ai. = λόγος αἰτίου II 118, 5 nec id, sine quo quippiam non fit, causa est, sed id, quod cum accessit, id, cuius est causa, efficit necessario II 287, 30 ἅπαν τὸ ὂν ai. δεῖσθαι συνεκτικῆς εἰς τὸ εἶναι II 144, 36   ἡ οὐσία ὑπό τινος ai. ὀφείλει κινεῖσθαι 112, 40 μηδὲν ἀναιτίως γίνεσθαι, ἀλλὰ κατὰ προηγουμένας ai. 264, 7 ai. in def. εἱμαρμένης II 264, 22 pass.

αἴτιον εἶναί τι αἴ. dem. II 118,8
τὸ αἴ. = δι' ὃ Z. I 25,25 II 118,3.
120,21 αἴ. : δι' ὃ II 120,21 expl.
αἴ. κυρίως λέγεται τὸ παρεκτικόν τινος
ἐνεργητικῶς II 119,34 τῷ ποιεῖν τὸ
αἴ. νοεῖται II 168,3 τὸ μὴ κωλῦον
οὐκ ἔστιν αἴ. 122,12
prima et generalis causa ratio fa-
ciens i. e. deus II 120,17 αἴ. σπέρμα,
φύσις, ψυχή, θεός 118,8 sq.
τῶν αἴ. τὰ μὲν προκαταρκτικά, τὰ
δὲ συνεκτικά, τὰ δὲ συνεργά II 119,
45 sq. 121,24 sq. προκαταρκτικά, συν-
αίτια, ἑκτικά, συνεκτικά 273,18 cau-
sarum aliae sunt perfectae et princi-
pales, aliae adiuvantes et proximae
opp. 282,35 sq. προηγούμενα αἴ.
281,22 τὸ μὲν δραστήριον, τὸ δὲ
παθητόν 111,19
τὸ πρῶτον αἴ. κινητόν II 119,12
ἀχώριστον ὑφεστάναι τῆς ὕλης II
112,15 τὸ ποιητικὸν αἴ. ἐν τῇ ὕλῃ
112,8
τὸ αἴ. σῶμα Z. I 25,26 ὂν καὶ σῶμα
II 118,3 πάντα τὰ αἴ. σωματικά·
πνεύματα γὰρ II 119,18 τὸ μὲν σῶμα
κυρίως αἴ., τὸ δ' ἀσώματον καταχρη-
στικῶς 119,41 σῶμα σώματι ἀσω-
μάτου αἴ. 119,20 οὐ δὲ αἴ. κατη-
γόρημα Z. I 25,26 τὰ οὐ ἐστιν αἴ.,
ἐνέργειαι οὖσαι, ἀσώματοί εἰσιν Arch.
III 262,32 τὰ αἴ. τὰ μὲν κατηγορη-
μάτων αἴ. λεχθήσεται, τὰ δ' ἀξιωμάτων
Arch. III 263,3
αἴ. : συμβεβηκός Z. I 25,27 τὰ αἴ.
τοῖς ἀποτελουμένοις ὁμοούσια II 128,18
ἕκαστον τῶν γινομένων αἴ. προκατα-
βεβλημένον ἔχειν 281,23. 282,33 τὸ
ἐξ ἀνάγκης γινόμενον κατὰ τὴν τῶν
αἴ. ἀκολουθίαν 280,5 αἴ. ἐπιπλοκή
273,41 ἐπ' ἄπειρον εἶναι τὰ αἴ., ὡς
μήτε πρῶτον εἶναι μήτε ἔσχατον 274,25
εἰ πολλὰ κατὰ σύνοδον ἑνὸς αἴ. 120,31
ἀλλήλων οὐκ ἔστι τινὰ αἴ. ἀλλήλοις
δέ 121,4 τὸ αὐτὸ τῶν ἐναντίων αἴ.
121,15 τῶν αὐτῶν αἴ. περιεστηκότων,
οὐχ οἷόν τε ποτὲ μὲν οὕτως, ποτὲ δ' ἄλ-
λως γενέσθαι II 273,23. 279,22. 290,37
αἰτιῶδες ἀξίωμα def. II 68,23 πότε
ἀληθὲς γίγνεται 70,29 πότε ψεῦδος
70,33

αἰτιωδῶς τὸ ἀσώματον καταχρηστι-
κῶς αἴτιον καὶ οἷον αἴ. II 119,41
αἰών = ἀεὶ ὄν II 47,29
ἀκάθαρος οἱ φαῦλοι ἀ. III 165,43
ἀκάρδιος ἐξηγεῖται τοὔνομα τὸ ἀ.
Chr. II 249,8
ἀκαρτέρητος κακὸν ἀ. III 131,18
ἀκαταγώνιστος ὁ σπουδαῖος ἀ.
III 150,10
ἀκατάληκτος ἀ. ἡ τομή II 158,25
ἀκατάληπτος cf. φαντασία
ἀ. φαντασία def. II 21,17 pass. 26,32
προπίπτειν καὶ ἁμαρτάνειν ἀ. συγκατα-
τιθεμένους III 42,37 ὁ σοφὸς οὐ τὸ
παράπαν ἀ. τινὶ συγκατατίθεται 146,30
ὁ ἀπρόπτωτος ἀνέλκυστος ὑπὸ φαν-
τασίας ἀ. II 40,13.15
ἀκαταστασία αἴτια ἀ. III 99,31
ἡ τοῦ σώματος ἀ. 121,15
ἀκατάστατος ἀ. ὁρμαί III 166,30
ἀκαταστρόφως τὴν τοῦ παντὸς δι-
οίκησιν ἀ. γίνεσθαι II 273,16
ἀκέραιος ὁ σοφὸς ὑπὸ τῆς τύχης
ἀ. P. I 99,23
ἀκίβδηλος ἀ. τοὺς σπουδαίους III
163,24
ἀκινητέω def. II 161,43 μένειν .
ἡσυχάζειν : ἀ. : ἀκινητίζειν 161,35
ἀκινητίζω def. II 161,43 κινού-
μενα τε καὶ ἀ. 118,24 μένειν : ἡσυ-
χάζειν : ἀκινητεῖν : ἀ. 161,35
ἀκίνητος μὴ εἶναι κινοῦν ἀ. II 119,
14 ἡ οὐσία ἀ. ἐξ αὐτῆς 112,40
ἀκοή cf. ἀκούω
ἀ. = πνεῦμα διατεῖνον ἀπὸ τοῦ ἡγε-
μονικοῦ μέχρις ὤτων II 227,30. 238,36
ἀερῶδες τὸ τῆς ἀ. ὄργανον, αἰσθητι-
κὸν ἐσόμενον τῶν κατὰ τὸν ἀέρα ψό-
φων II 231,37 τὰ πρὸς ἀ. ἀέρα πε-
πληγμένον πως εἶναι 127,25 ἡ κατὰ
τὴν ἀ. αἴσθησις καταφερομένη περὶ
τὴν διάνοιαν 242,33 τῆς ἀ. ὀξυτέραν
εἶναι τὴν ὄρασιν 203,15
τῶν πρὸς ἀ. ἐπιτερπῶν ἀπείργει
τοὺς πολίτας Chr. III 180,10
ἀκολασία = ἄγνοια αἱρετῶν καὶ
φευκτῶν καὶ οὐδετέρων III 63,30 ἀ.
ἄγνοιά τινων καὶ ἀτεχνία 23,33 ἀ.
πάθος 110,41 ἀ. κακόν Z. I 47,23
III 17,19 ἐν ταῖς πρώταις κακίαις III

65, 18 μὴ ἀχρήστως γεγονέναι πρὸς τὴν ἐγκράτειαν II 339, 29

ἀκολασταίνω ἀ. ἁμάρτημα III 136, 22 μηδ' ἀ. ἀεὶ τὸν φαῦλον 58, 3

ἀκόλαστος λόγος ἀ. Ζ. I 50, 12

ἀκολουθέω εἰ τὸ Α, τὸ Β = ἀ. τῷ Α τὸ Β II 85, 3 ἀ. τῷ πρώτῳ τὸ δεύτερον ἐν συνημμένῳ 71, 10 ἀληθεῖ ψεῦδος οὐκ ἀ. 82, 1 δυνατῷ ἀδύνατον ἀ. sec. Chr., negant Cl. et Ant. II 93, 3 sq.

τῇ φύσει ἀ. Cl. I 126, 30

ἀκολουθητικός ἕξεις ἀ. τῷ αἱροῦντι λόγῳ III 93, 28 ὁ σπουδαῖος ἀ. τῷ νόμῳ καὶ τῷ ἄρχοντι 158, 14. 27

ἀκολουθία ἀ. ἔννοιαν ἔχων II 74, 7 ἀ. φύσεως ζῆν III 4, 17 ἡ τῶν αἰτίων ἀ. Ζ. I 27, 19 II 266, 9. 280, 5. 295, 24

ἀκόλουθος πρὸς τὸ περὶ ἀ. tit. l. Chr. II 5, 20

τὰ ἀ. (opp. μαχόμενα) λόγῳ γινώσκομεν II 43, 15

αἰτιῶδες εἰς ἀ. λήγει 70, 30 sq.

τὸ ἀ. ἐν τῇ ζωῇ Ζ. I 55, 7. 14 III 134, 13. 20 ἀ. ἐν τῷ βίῳ Ζ. I 55, 17 III 72, 18. 134, 23

ἀκολούθως ἀ. τῇ φύσει ζῆν Ζ. I 45, 34. 55, 16. III 3, 30. 4, 15—22. 36, 5

ἄκοσμος quis sit ἄ. III 82, 21 ἄ. εἶδος τοῦ αἰσχροῦ 20, 25

ἀκούω cf. ἀκοή

τοῦ πνεύματος μὴ δι' ὅλου τοῦ κόσμου ὄντος συμφυοῦς, οὐχ οἷόν τ' ἂν ἦν ἀ. II 172, 41 ἀ. ἡμᾶς τοῦ μεταξὺ ἀέρος πληττομένου σφαιροειδῶς, εἶτα κυματουμένου 234, 23

ἀκρασία ἐν ταῖς ὑπὸ τὰς πρώτας κακίαις III 65, 19

ἀκρατής ἀ. αἱ καταστάσεις τῶν ἐμπαθῶν III 127, 3

ἄκρος πᾶν ἀγαθὸν ἐπ' ἄ. αἱρετόν III 23, 4 ὁ ἐπ' ἄ. προκόπτων vid. s. v. προκόπτω

ἀκροχολία εὐεμπτωσία III 102, 35

ἀλάστωρ ὁ ἄξιος ἀλᾶσθαι II 47, 5

ἀλγέω ἀ. μὲν τὸν σοφόν, μὴ βασανίζεσθαι δέ III 152, 9

ἀλγηδών dolor indifferens III 39, 35. 44, 13 ἀποπροηγμένον 29, 37. 31, 33 μὴ φευκτὸν καὶ βλαβερὸν 35, 30 ma-

lum Dion. I 95, 17 malum non est III 10, 35. 39, 16 vacuitas doloris non est bonum A. I 85, 2 in ea satis esse causae, quam ob rem quibusdam anteponeretur III 31, 30 ἀ. ὡς κακὸν πιθανὴν προβάλλειν φαντασίαν 55, 10. 39 ὁ ἀλόγιστος ταῖς ἀ. ὑποπίπτει 169, 22 in dolore pro remedio erit obstinatio animi A. I 81, 25 εὐλόγως ἐξάξειν ἑαυτὸν τοῦ βίου τὸν σοφόν, ἂν ἐν σκληροτέρᾳ γένηται ἀ. III 187, 35

ἀλεκτρυών III 177, 4

Ἀλέξανδρος Priami filius, exemplum fati inevitabilis II 270, 39

ἀλήθεια ἀ. = λόγος = εἱμαρμένη II 264, 22 ἀ. = ἐπιστήμη πάντων ἀληθῶν ἀποφαντική II 42, 23 διαφέρει τἀληθοῦς οὐσίᾳ τε καὶ συστάσει καὶ δυνάμει 42, 18 σῶμά ἐστιν dem. 42, 23 συστηματική τε καὶ πλειόνων ἄθροισμα 42, 28

οὐδὲν οὕτως πειστικὸν ὡς ἀ. Diog. III 237, 7

ὁ τὴν ἀ. ἔχων σοφός II 42, 33 τὴν αὐτὴν εἶναι ἀ. ἀνδρὸς καὶ θεοῦ III 59, 19

κριτήριον τῆς ἀ. vid. s. v. κριτήριον

ἀληθεύω εἰ ὁ αὐτὸς ἅμα ἀ. καὶ ψεύσεται II 106, 37 μόνος ὁ σοφὸς ἀ. III 164, 32

ἀληθής τὸ ἀ. = τὸ ὑπάρχον καὶ ἀντικείμενόν τινι II 63, 16

τὴν ἀλήθειαν διαφέρειν τοῦ ἀ. οὐσίᾳ τε καὶ συστάσει καὶ δυνάμει II 42, 19 τὸ ἀ. ἀσώματον 42, 21 ἀξίωμα ib. μονοειδὲς καὶ ἁπλοῦν 42, 27 οὐ πάντως ἐπιστήμης ἔχεται 42, 30

ἀ. in def. διαλεκτικῆς pass. πρὸς τὴν τῶν ἀ. εὕρεσιν δεῖ χρῆσθαι τῇ διαλεκτικῇ II 39, 18 τὸ ἀ. καὶ τὸ ψεῦδος διαγιγνώσκεσθαι ὑπὸ τῆς διαλεκτικῆς 39, 29 sapientem posse falsa a veris distinguere 34, 24 μόνος ὁ σοφὸς ἐπιστήμην ἔχει τοῦ ἀ. βεβαίαν III 164, 33

ἀ. ἀληθοῦς μᾶλλον οὐκ ἔστιν III 141, 25 ἐπ' ἀληθεῖ ἀ. ἕπεται II 81, 36 ἀ. ψεῦδος οὐκ ἀκολουθεῖ 82, 1 ἔστι τι δυνατόν, ὃ οὔτ' ἔστιν ἀ. οὔτ' ἔσται Cl. I 109, 34 οὐ πᾶν παρεληλυθὸς ἀ. ἀναγκαῖόν ἐστιν Cl. I 109, 35. 110, 6 οὐκ ἐξ εὐθείας τὰ αἰσθητὰ ἀ., ἀλλὰ κατ' ἀναφορὰν τὴν ὡς ἐπὶ τὰ παρακείμενα τούτοις νοητὰ II 63, 15 ἀ. φαντασίαι II 25, 15 ἀ. in def. ἀξιώματος

ἀληθορκέω ἀ.: εὐορκεῖν II 63, 28
ἄληπτος καθ' αὑτὰ ἄ.: ποιητικὰ τῶν καθ' αὑτὰ ἀ. III 35, 3 πάντα τὰ παρὰ φύσιν ἄ. 34, 34
ἀλλοιόω ἀψάμενον ἀ. τὸ μεταβάλλον II 133, 29 θερμότης καὶ ψυχρότης ὅλην ἀ. δύναται τὴν οὐσίαν 133, 35 τὸ παθητικὸν δύναται αἰσθητικὸν γενέσθαι, μεταβάλλον καὶ ἀ. 139, 8 ὁ ἀὴρ ὅλος ἀ. 143, 17 ἕκαστον τῶν αἰσθητικῶν ὀργάνων ἀ. χρὴ πάντως, ἵνα αἴσθησις γένηται 232, 4
τέχναι ἀ. ὑπὸ τῆς ἀρετῆς III 26, 31
ἀλλοίωσις = ἡ κατὰ ποιότητα μεταβολὴ II 161, 4 εἶδος κινήσεως III 105, 7 ὑπὸ τοῦ θερμοῦ μάλιστα γίνεσθαι II 135, 16
περὶ τῆς καθ' ὅλην τὴν οὐσίαν ἀ. II 161, 9 οὐσία = τὸ πάσας δεχόμενον τὰς ἀ. 114, 36 ἀ. ἐν τῇ ψυχῇ ἡ φαντασία 22, 23
ἀλλοιωτός τὸ στοιχεῖον ἀ. δι' ὅλου II 133, 25
ἀλλότριος τῷ ἀστείῳ ἀ. οὐδὲν III 168, 34
ἀλλοτριόω alienari animal ab interitu iisque rebus, quae interitum videantur afferre III 44, 19 οὐκ ἀ. εἰκὸς αὐτῷ τὸ ζῷον 43, 6 πρὸς ἃ μὲν ἀδιάφορα ἀ., πρὸς ἃ δὲ οἰκειοῦν ἡμᾶς τὴν φύσιν 35, 30
ἀλλοτρίωσις οἰκειώσεως πάσης καὶ ἀ. ἀρχὴ τὸ αἰσθάνεσθαι Ζ. Ι 48, 36 μηδεμίαν ἀ. εἶναι φύσει πρὸς πόνον III 54, 30
ἀλογία ἡ τῆς λύπης ἀ. III 118, 26 ἡ τοῦ πάθους ἀ. 118, 32
ἀλογιστία ἡ ἐν τοῖς πάθεσιν ἀ. III 129, 33 e. praeced.
ἀλόγιστος = φαῦλος III 169, 21
ἄλογος notio vocis ἄ. III 126, 20 διττὸν τὸ ἄ., παρὰ τὸν αἱροῦντα λόγον, τῶν ζῴων τὰ μὴ λογικὰ 91, 20 ἄ. ζῷα s. v. ζῷον
ἀ. = ἀπειθὲς τῷ λόγῳ III 94, 25 = ἀπειθὲς τῷ λόγῳ καὶ ἀπεστραμ-

μένον τὸν λόγον 113, 27 = χωρὶς λόγου καὶ κρίσεως 113, 16
τὸ ἡγεμονικὸν μηδὲν ἔχειν ἄ. ἐν ἑαυτῷ Ζ. Ι 50, 9 III 111, 22 τὸ ἡγεμονικὸν λέγεσθαι ἄ., ὅταν τῷ πλεονάζοντι τῆς ὁρμῆς παρὰ τὸν αἱροῦντα λόγον ἐκφέρηται Ζ. Ι 50, 9. III 111, 22 οὐκ εἶναι τὸ παθητικὸν καὶ ἄ. διαφορᾷ τινι καὶ φύσει ψυχῆς τοῦ λογικοῦ διακεκριμένον Ζ. Ι 50, 5. III 111, 18 in def. πάθους pass. ἄ. συστολὴ καὶ ἔπαρσις III 92, 23
ἡ ἄ. δύναμις ἀντιληπτικὴ τῶν αἰσθητῶν II 230, 25
ἀ. φαντασίαι II 24, 21 ἡ ἄ. φορὰ καὶ ἀπεστραμμένη τὸν λόγον III 125, 12
ἀλόγως ἀ. φέρεσθαι = κατὰ τὴν τοῦ λόγου ἀποστροφὴν III 113, 29. 126, 29
ἀλυπία τελικὸν ἀγαθόν III 25, 38 ἀ. καὶ εὐταξία αἱ αὐταὶ τῇ σωφροσύνῃ 27, 7
ἄλυπος ἀ. ὁ σοφὸς III 110, 23 τὸ ἀγαθὸν ἀ. Cl. Ι 127, 7
ἄλυσις τὰ δεύτερα πράγματα δίκην ἀ. τοῖς πρώτοις συνηρτῆσθαι II 273, 32 rudentis explicatio 272, 35 ἐμπέπλεκται ἀλλήλοις ἀ. δίκην 274, 19
ἀλυσιτελής πάντα τὰ κακὰ ἀ. III 22, 2
ἁμαρτάνω cf. διαμαρτάνω
τοὺς προστιθεμένους τῇ ἑτέρᾳ διαφόρων φαντασιῶν καὶ μὴ ἐπέχοντας ἀ. II 291, 10 προπίπτειν καὶ ἀ. ἀκαταλήπτοις συγκατατιθεμένους III 42, 37 τοῦ κατὰ τὸν βίον ἀ. ἐν τοῖς περὶ τῶν ἀγαθῶν τε καὶ κακῶν γνώσεώς τε καὶ κτήσεως καὶ φυγῆς αἱ μοχθηραὶ δόξαι συνίστανται III 41, 21
ἀ. μᾶλλον καὶ ἧττον οὐκ ἔστιν III 141, 40 ὁ πλεῖον καὶ ὁ ἔλαττον ἀ. ἐπίσης οὐκ εἰσὶν ἐν τῷ κατορθοῦν 141, 29 τοὺς φαύλους ἀεὶ ἀ. ἐν ἅπασιν Ζ. Ι 52, 30 ὁ μέσος οὔτε ἀ. οὔτε κατορθοῖ III 139, 39 πᾶς ὁ λυπούμενος ἢ φοβούμενος ἀ. 119, 26 πᾶς ὁ ἀ. παρ' ἑαυτὸν ἀ. III 71, 16 πᾶς ὁ ἀ. βλάπτει ἑαυτὸν καὶ ἀδικεῖ 71, 17 πάντας ἀ. παρὰ τὴν ἰδίαν κακίαν 162, 37 τὰ πράγματα διὰ τὸν ἐν ἡμῖν λόγον δύναται ἁμαρτανόμενα κακῶς πράττεσθαι 140, 28

μὴ συγγνώμην ἔχειν τοῖς ἀ. III 162, 39
ἁμάρτημα e. enum. III 136, 22
ἀ. = ἐνέργημα κατὰ κακίαν III 166, 7
= τὸ παρὰ τὸν ὀρθὸν λόγον πραττό-
μενον 108, 40. 136, 16 = πᾶν τὸ παρὰ
τὸ καθῆκον ἐν λογικῷ γινόμενον
136, 9. 16 = νόμου ἀπαγόρευμα 140, 8
non in posteris et in consequentibus,
sed in primis continuo peccata sunt
III 137, 12
    ἀρχὴ πολλῶν ἀ. ἡ περὶ τέλους ὑπό-
ληψις ψευδὴς III 9, 19   τὸ δοξάζειν
τῶν ἀ. αἴτιον 147, 30 εἰ ἀσθενὴς συγ-
κατάθεσις ἀ. disp. 41, 2 sq.
peccata partim tolerabilia esse, par-
tim nullo modo Z. I 55, 34   peccata,
quae sunt in effectu: peccata sine
effectu e. s. III 137, 8
    πάντα τὰ ἀ. τέλεια III 142, 3   ἀ.
ἁμαρτήματος μᾶλλον οὐκ ἔστιν 141, 27.
142, 2 ἴσα πάντα τὰ ἀ. Z. I 54, 13.
15. 17 sq. P. I 100, 4. III 119, 22. 141, 24.
142, 21. 32. 38 ἄνισα τὰ ἀ. Heraclides
III 258, 15 ἴσα πάντα τὰ ἀ., οὐκέτι
δ' ὅμοια 141, 31   peccata non haben-
tur communia 23, 15
    τὰ ἀ. τῶν βλαμμάτων ἐστίν III 71, 16
οὐ ποιητέα II 297, 14 αἰσχρά 297, 16
prave facta, i. e. peccata, in malis
actionibus ponebat Z. I 55, 23 ἀδικο-
πραγήματα καὶ ἀνομήματα etc. III 136,
33 πᾶν ἀ. ἀσέβημα III 166, 3 ἀπάρε-
στον θεοῖς 166, 8 omne peccatum im-
becillitatis et inconstantiae est 142, 28
inter recte factum atque peccatum
officium et contra officium media loca-
bat Z. I 55, 22
    ἡ ἀπαγόρευσις περὶ ἀ. γίνεται III
139, 37
ἁμαρτητικός ὁ κακὸς φύσει ἀ. διὰ
κακίαν γενόμενος III 26, 20 ἀ. ὢν καὶ
κατὰ τὰς πράξεις διαμαρτάνει 26, 22
ἐν τῇ κρίσει τὸ ἀ. 119, 30   πρᾶξις ἀ.
139, 5
ἁμαρτία πᾶσαν ἀ. κατὰ διάψευσιν
πράττεσθαι III 142, 1 μὴ ἀ. ἁμαρτίας
ὑπερέχουσαν εἶναι 141, 17
ἁματαιότης def. II 39, 25
ἀμέθοδος λόγοι οὓς ἀ. ὀνομάζουσιν
II 83, 19 οἱ ἀμεθόδως περαίνοντες
λόγοι 87, 4. 10. 13. 20 τοὺς ἀ. περαινον-

τας ὁμοίους τοῖς κατηγορικοῖς συλ-
λογισμοῖς 87, 30
ἀμερῆ τὰ (= ἄτομοι) προφέρουσι
τοῖς τῶν ἀ. προϊσταμένοις τὸ μήτε
ὅλοις ὅλων ἀφὴν εἶναι μήτε μέρεσι
μερῶν II 159, 19
ἀμεριαῖος ἀ. εὐδαιμονία III 14, 11
ἀ. φρόνησις 50, 20
ἄμεσος τὰ ἀ. II 50, 5 ἀμέσως 50, 3. 12
ἀμετάθετος II 264, 26. 265, 18; in
def. ἐπιστήμης
ἀμετάπτωτος ἀγαθῶν μέγιστον τὸ
ἀ. ἐν ταῖς κρίσεσι· μὴ δεῖσθαι τούτου
τὸν ἐπ' ἄκρον προκόπτοντα III 145, 1
οὐδὲν οὕτως πειστικὸν ὡς ἡ περὶ τῶν
πραγμάτων ἀ. ἐμπειρία Diog. III 237, 8
τέχναι γενόμεναι ἀ. III 26, 33   ἕξις
φαντασιῶν δεκτικὴ ἀ. ὑπὸ λόγου 27, 2
ἐπιστήμη ἀ. ὑπὸ λόγου 147, 12 κατά-
ληψις ἀ. ὑπὸ λόγου in def. ἐπιστήμης
λόγος ἀ. in def. ἀρετῆς.
ἄμικτος ἄ. ἀγαθὰ III 24, 36 = ἀ-
πλοῦν 24, 40
ἀμίς III 36, 38. 37, 2
Ἄμμων (deus) = τὸ δεκτικὸν πνεῦμα
II 319, 31
ἀμνησίκακος τὸ ἀ. τῶν παιδίων
III 128, 13
ἀμοιβή ἡ ἀ. τοῦ δοκιμαστοῦ = ἀξία
III 30, 8. 32 δεύτερον εἶδος φιλίας τὸ
κατ' ἀ. 181, 34
ἄμορφος τὰς ἀρχὰς εἶναι ἀ. II 111, 6
ἄμπωτις ἀ. καὶ πλημμυρίδες κατὰ
τὰς τῆς σελήνης αὐξήσεις καὶ φθίσεις
γίνονται II 302, 27. 347, 21
    τῶν δοκούντων παραδόξων ἄ. τὸν
σοφὸν οὐ θαυμάζειν III 163, 8
ἀμφιβολία περὶ ἀ. tit. l. Sph. I
140, 17 περὶ ἀ., περὶ τῶν τροπικῶν
ἀ., περὶ συνημμένης τροπικῆς ἀ. tit.
l. Chr. II 6, 24. 25. 26 sq.
    ὀκτὼ διαφοραὶ τῶν ἀ. II 46, 5 sq.
ἀμφίβολος ἀ. διάλεκτοι II 56, 3.
58, 3 omne verbum natura ambiguum
II 45, 29 μὴ ἀ. τὰς λέξεις λέγειν 107, 31
τὸ ἀμφιβόλως λεγόμενον διευκρινεῖν
39, 30
ἀναβαίνω φασὶν ἀ. τινῶν τὸν θυμόν
II 242, 20
ἀναβάλλομαι οὐκ ἀ. (: ὑπερτίθεσθαι)
ποτὲ τὸν σπουδαῖον οὐδὲν III 163, 29

ἀναβολή ἡ ἀ. ἔκπτωσίν τινα τῶν προσηκόντων ἔργων ἐμποιεῖ III 163, 36

ἀναγκάζω ἀναγκάζεσθαι = ἄκοντά τι ποιεῖν III 88, 43   τὸν σπουδαῖον οὐκ ἔστιν ἀ. 88, 40   ὁ σοφὸς οὔτε ἀ. ὑπό τινος οὔτε ἀ. τινά 150, 10

ἀναγκαῖος ἄλλο τι τοῦ ἀναγκαίως γινομένου τὸ γινόμενον ἐξ ἀνάγκης II 280, 2

ἀ. τὸ ἀεὶ ἀληθές II 279, 32   πᾶν παρεληλυθὸς ἀληθὲς ἅ. 93, 1. 276, 40   οὐ πᾶν παρεληλυθὸς ἀληθὲς ἀ. Ant. III 248, 37

ἀξίωμα, ὃ ἀληθὲς ὂν οὐκ ἔστιν ἐπιδεκτικὸν τοῦ ψεῦδος εἶναι II 64, 19   omne, quod ita disiunctum sit, quasi „aut etiam aut non" necessarium 72, 19   τὸ ἀξίωμα τὸ „ἔσται αὔριον ναυμαχία" ἀληθὲς μὲν εἶναι δύνασθαι, οὐ μέντοι καὶ ἀ. 279, 31

ἀ. λόγοι (i. e. conclusiones) II 78, 3   τῶν ἀγαθῶν τὰ μὲν ἀ. πρὸς εὐδαιμονίαν, τὰ δὲ μὴ III 27, 11 e. s.   τῶν κακῶν τὰ μὲν ἀ. πρὸς κακοδαιμονίαν, τὰ δὲ οὔ 27, 14 e. s.   τὰ μεταξὺ . . . ἀ. ἢ περιστατικά 27, 22   cur ἡ ἀρετή ἀ. 50, 6   κατὰ τὴν τῶν ὅλων οἰκονομίαν ἀ. II 269, 4

ἀνάγκη ἀναγκαίως : ἐξ ἀ. II 280, 3   ἀ. = ἀνίκητος αἰτία καὶ βιαστικὴ II 284, 11   τὸ ἐξ ἀ. γινόμενον οὐ τὸ γινόμενον βίᾳ, ἀλλὰ τὸ κατὰ τὴν τῶν αἰτίων ἀκολουθίαν 280, 3   λόγος = ἀ. Z. I 42, 25. 29 II 264, 22   εἱμαρμένη = Ἀ. II 292, 17   τὸν Δία εἱμαρμένην καὶ ἀ. 315, 9   κατὰ ἀ. : καθ' εἱμαρμένην : κατὰ προαίρεσιν 281, 8   πάντα ἐξ ἀ. γίνεσθαι II 271, 9. 15   τὰ καθ' εἱμαρμένην μὴ ἐξ ἀ. γίγνεσθαι 279, 27   in adsensibus necessitatem improbat Chr. II 282, 33   „ἔσται μὲν ναυμαχία", οὐκ ἐξ ἀ. 279, 35   ἐξ. ἀ. ἡμᾶς εἶναι καὶ γίνεσθαι ἀγαθοὺς ἢ κακούς III 165, 16

ἄναγνος τοὺς φαύλους ἀ. III 165, 43

ἀνάγωγος ὁ ἄφρων ἀ. III 158, 29

ἀναζωγράφησις in tit. Chr. II 9, 23

ἀναθυμίαμα τὸν ἥλιον ἔξαμμα ἐκ τοῦ τῆς θαλάσσης ἀ. II 196, 24

ἀναθυμίασις terrae, maris, aquarum vapores a sole excitantur II 183, 12   ὠκεανοῦ ἢ γῆς τὴν ἀ. ὁ ἥλιος ἐπινέμεται Cl. I 112, 28 II 196, 42   ἀ. εἰς πῦρ μεταβάλλουσα II 179, 29   τρέφεσθαι τοὺς ἀστέρας ἐκ τῆς ἐπιγείου ἀ. II 201, 17   ex terra vapores ad quid utiles? 331, 15   ψυχὴ = ἀ. αἰσθητικὴ Z. I 39, 4 expl. II 217, 29   ψυχῆς φύσις ἀ. II 229, 36   τοῦ στερεοῦ σώματος εἶναι τὴν ψυχὴν ἀ. Z. I 38, 27. 29 Cl. 117, 31. 33   ἀ. αἵματος χρηστοῦ τὸ ψυχικὸν πνεῦμα II 218, 5   τὸ κινοῦν τὸν ἄνθρωπον τὰς κατὰ προαίρεσιν κινήσεις ψυχική τις ἐστιν ἀ., πᾶσα δὲ ἀ. ἐκ τῆς τροφῆς ἀνάγεται Diog. III 216, 20   in def. θυμοῦ, ἀ. τῆς χολῆς III 101, 44

ἀναθυμιάομαι ἐκ τοῦ ὕδατος ἀὴρ ἀ. II 179, 32   ὁ ἐκ τῆς γῆς ἀ. ἀὴρ Cl. I 121, 19   ὁ θυμὸς ἐκ τῆς καρδίας ἀ. II 240, 5

ἀναίτιος τὸ ἀ. ὅλως ἀνύπαρκτον εἶναι καὶ τὸ αὐτόματον II 282, 13   βιαζομένους τῷ ἀ. τὴν φύσιν 282, 9   ἀ. κίνησις II 273, 12   εἰ ἀ. ἔστι κίνησις 275, 24

ἀναιτίως μηδὲν ἀ. γίγνεσθαι II 264, 6. 273, 8   ὅμοιον τὸ ἀ. τῷ γίνεσθαί τι ἐκ μὴ ὄντος 273, 14

ἀναλαμβάνω ἀ. = discere II 20, 12

ἀναλλοίωτος οὐσία τὸ ἀ. κατὰ τὸν ἴδιον λόγον II 114, 37

ἀναλογία κατ' ἀ. νοεῖται τινα e. s. II 29, 13   αὐξητικῶς ἢ μειωτικῶς 29, 14   collatione rationis boni notitia facta est III 17, 29

ἀναλογισμός def. II 89, 36

ἀνάλυσις ἀ. συλλογισμῶν in tit. Chr. II 7, 5. 12. 18   ἀναπόδεικτοι χρείαν ἔχοντες ἀ. II 81, 29   χύσις ἢ ἀ. II 136, 14. 28 pass.

ἀναλύω οἱ διὰ δύο τροπικῶν πῶς ἀ. συλλογισμοί II 83, 22

ἀναμάρτητος ἀ. εἶναι τοὺς σοφοὺς II 41, 24 III 148, 19

ἀναμέσον τὰ cf. μέσος II 41, 15. 18

ἄναμμα ὁ ἥλιος ἄ. νοερόν Cl. I
112, 16 II 196, 9. 32. 36
ἄνανδρος cf. δειλός
Diog. III 224, 18
ἀνάνετος τὰς διαθέσεις ἀ. II 129, 38
III 141, 13
ἀναπηρτισμένως μὴ ἀ. μηδ᾽ ἀμφι-
βόλους τὰς λέξεις λέγειν II 107, 29
ἀναπνέω ᾧ ἀ., τούτῳ ἐσμὲν ἔμπνοι
II 219, 43
ἀναπνοή ἡ ἀ. γίνεται διὰ ψῦξιν τῆς
ἐμφύτου θερμασίας II 215, 12 ἡ πρὸς
τὸν ἀέρα διὰ τῆς ἀ. ἐπιμιξία καινὴν
ἀεὶ ποιεῖ τὴν ἀναθυμίασιν 229, 39
ἀναπόβλητος cf. ἀποβλητός
ἀ. ἡ ἀρετή Cl. I 129, 25. 28
ἀναπόδεικτος ἀ. συλλογισμοί in tit.
Chr. II 7, 11. 18 ἀ. = ὑποθετικοὶ συλ-
λογισμοί II 77, 15 ἀ. τῷ μὴ χρῄζειν
ἀποδείξεως 79, 42. 80, 23 ἁπλοῖ : οὐχ
ἁπλοῖ ἀ. def. 81, 26 παρὰ τῷ Χρυ-
σίππῳ πέντε ἀ. enum. expl. 79, 43
80, 28. 82, 21 τρίτος ἀ. 71, 33 οἱ ἐκ
κατηγορικῶν προτάσεων οὐ πρῶτοι
82, 14 ἀ. ὁ διάλληλος λόγος 90, 32
ἀναστρέφομαι III 67, 7. 69, 14
ἀναστροφή τινὰ μέλη τὴν διάνοιαν
ἐντείνειν πρὸς τὴν ὁμειλίαν καὶ τὴν
ἁρμόττουσαν ἀ. Diog. III 228, 26 ὀρθὴ
ἀ. ἔρωτος 229, 9
ἀναστρόφως ἀ. ἐκφέρειν = inverso
ordine II 71, 4
ἀνατολή = ὑπεροχὴ ἄστρου ὑπὲρ
γῆς II 200, 21
ἀνατροπή τῶν δογμάτων III 125, 2
ἀνατροφή γεγονέναι πολλοὺς κα-
κοὺς παρὰ τὰς ἀ. III 56, 17
ἀναφής τὸ κενὸν ἀ. II 172, 8
ἀναφορά cf. ἀνενεκτικῶς
II 63, 16 III 3, 19. 17, 9
ἀναχώρησις ἡ ἐξ αὐτοῦ ἀ. γίγνεται
διὰ τὴν τοῦ λόγου ἀποστροφὴν III
125, 20
ἀνδρεία ἀ. = ἐπιστήμη τῶν ὑπο-
μενετέων III 70, 19. 22 == ἐπιστήμη
ὑπομενετέων καὶ οὐχ ὑπομενετέων
καὶ οὐδετέρων 64, 6 = ἡ ἰσχὺς καὶ
τὸ κράτος, ὅταν ἐν τοῖς ὑπομενετέοις
ἐγγένηται Cl. I 129, 1 = φρόνησις
ἐν ὑπομενετέοις Z. I 49, 33 = adfectio
animi legi summae in perpetiendis

rebus obtemperans Sph. I 141, 28 III
70, 20 = ἐπιστήμη ὧν χρὴ θαρρεῖν
ἢ μὴ θαρρεῖν III 60, 37 ἐπιστήμη ἀ.,
ὅταν τὰ μὲν θαρρῇ, τὰ δὲ φεύγῃ A.
I 86, 1 = ἐπιστήμη δεινῶν καὶ οὐ
δεινῶν καὶ οὐδετέρων III 63, 28. 65, 25.
67, 26. 37 = scientia rerum formido-
losarum contrariarumque aut omnino
neglegendarum, conservans earum
rerum stabile iudicium Sph. I 141, 29. 31
ἀ. ἐπιστήμη καὶ τέχνη III 23, 27
γίνεσθαι περὶ τὰς ὑπομονὰς 64, 18.
73, 3 ἀ. προηγουμένως μὲν πᾶν, ὃ
δεῖ ὑπομένειν, κατὰ δὲ τὸν δεύτερον
λόγον τὰ ὑπὸ τὰς ἄλλας ἀρετὰς 69, 14
ἀ. ἀρετή Z. I 49, 22. III 23, 24 τῶν
πρώτων ἀρετῶν 64, 16. 65, 6 παρὰ τὸν
ἀνδρεῖον ἀ. ἀρετὴν τίθεσθαι 60, 6 μίαν
οὖσαν τὴν ἀρετὴν ἀ. λέγεσθαι A. I
86, 6. 21 τὸ κατ᾽ ἀ. πραττόμενον κατόρ-
θωμα III 73, 16 ἐπὶ ἀ. diversas τὰς
πράξεις σπουδαίου καὶ φαύλου 138,
5 sq.

ἀ. ἀγαθὸν Z. I 47, 22 III 8, 35. 17, 18
animal esse III 75, 13 τῆς ἀ. ἔστιν
αἰσθέσθαι 21, 36

εἰς γυμνάσιον τῶν τῆς ἀ. ἐν ἡμῖν
σπερμάτων δεδόσθαι ἡμῖν τὸ λεόν-
των καὶ ἄρκτων γένος II 337, 11
ἀνδρεῖον cf. ἀνδρῶδες
εἶδος τοῦ καλοῦ III 20, 22
ἀνδρεῖος παρὰ τὸν ἀ. ἀνδρείαν
ἀρετὴν τίθεσθαι III 60, 6 ὁ σοφὸς
μόνος ἀ. 150, 43. 159, 36 δειλῶν ἡγε-
μὼν ὁ ἀ., ἃ δεῖ ὑπομένειν καὶ ἃ μὴ
σαφῶς ἐκμαθὼν 159, 31 fortem virum
aegritudine numquam affici 151, 4
ἀνδριάς ἀρετὴ = τελείωσις ὥσπερ
ἀνδριάντος III 48, 6 ἡ τῶν ἀ. ἀνά-
θεσις ἐπαινουμένη πρὸς τῶν πολλῶν
ὡς ἀγαθὸν 55, 12
ἀνδρίζομαι οὐκ ἀεὶ ἀ. τὸν ἀστεῖον
III 57, 40 οὐκ ἔστι ἀ. μέν, στέρεσθαι
δέ ποτε δικαιοσύνης 76, 23
ἀνδρῶδες (opp. ἄνανδρον) ἡ μου-
σικὴ ἐπιφαίνει τὸ ἀ. Diog. III 224, 18
ἀνεικαιότης def. II 39, 23 τιμῶμεν
τὴν ἀ. 40, 8
ἀνελεγξία def. II 39, 24
ἀνελεύθερος πᾶς, ὅστις εἰς δόξαν
βλέπει Cl. I 128, 6

ἀνέλκυστος ὑπὸ φαντασίας ἀκαταλήπτου II 40, 13
ἀνελλιπής τὸ ἀ. III 68, 10 ἀνελλιπῶς 68, 4
ἀνεμέω ἀ. τινάς φαμεν τὰ φανέντα αὑτοῖς II 243, 30
ἄνεμος οἱ ἄ. = ἀέρος ῥύσεις II 202, 22. 27
ἀνέμπτωτος ἀπαθῆ τὸν σοφὸν διὰ τὸ ἀ. εἶναι III 109, 13
ἀνενεκτικῶς III 35, 1
ἀνενεργησία II 36, 12
ἀνεξαπάτητος ὁ σοφός II 41, 24
ἀνεξέλεκτος οἱ ἀγαθοὶ ἀ. II 42, 12
ἀνεόρταστος τούς φαύλους ἀ. expl. III 165, 43
ἀνεπαίσθητον φύσει οὐκ ἔστι III 21, 38
ἀνεπιδεής ὁ εὐδαίμων III 16, 27
ἀνεπίδεκτος ὁ θεὸς ζῷον κακοῦ παντὸς ἀ. II 305, 15
ἀνεπιζητησία III 105, 38
ἀνεπιστημοσύνη = ἄγνοια III 60, 33
ἀνεπίτατος τὰς διαθέσεις ἀ. II 129, 38 III 141, 13
ἄνεσις cf. ἀνίημι
πᾶν ἀγαθὸν μήτε ἄ. μήτε ἐπίτασιν δέχεσθαι III 23, 4 τινὰς ἕξεις ἐπιδέχεσθαι ἐπίτασιν καί ἄ. 141, 9
ἀ. τῆς λύπης III 117, 20
οὐχ εὑρεθῆναι πρεπωδεστέραν ἐλευθέροις ἄλλην ἀ. καί παιδείαν τοῦ ᾆσαι, κιθαρίσαι, χορεῦσαι Diog. III 230, 26
ἄνευ τὸν ὧν οὐκ ἄνευ λόγον ἔχουσιν αἰσθήσεις III 16, 3 homines vicem obtinere eorum, sine quibus agi non potest II 272, 27 e. s.
ἄνευρος κατὰ μεταφορὰν ἀ. τινὰς λέγομεν III 123, 25
ἀνήμερος ὁ φαῦλος III 169, 37
ἀνήρ cf. ἄνθρωπος
πῶς ἄγονοι οἱ ἄ. II 213, 15 ἡ γυνὴ τὴν αὑτὴν καί φύσιν καί ἀρετὴν ἔχει τῷ ἀ. III 59, 34
οὐκ εἶναι ἄ. τέλειον τὸν μὴ πάσας ἔχοντα τὰς ἀρετὰς III 73, 32
ἄνθεξις III 123, 21
ἄνθραξ = πῦρ ἐν οὐσίᾳ γεώδει II 187, 2 φλόξ καί ἀ. εἴδηπυρός 140, 29 γῆ ἐκπυρωθεῖσα ἀ. γίνεται 140, 27

ἀνθρώπειος οὐκ ἄλλους τὰ. ἐπίστασθαι, ἄλλους τὰ θεῖα III 153, 27
ἀνθρωποβορέω δεῖν ἀ. III 186, 1 pass.
ἀνθρωποβορία ἀ. praecepit Z. I 59, 29. 32. 36. 60, 1 Cl. 132, 6
ἀνθρωπόμορφος τὸν θεὸν μὴ εἶναι ἀ. II 305, 17
ἄνθρωπος cf. ζῷον
περὶ ἀ. φύσεως tit. l. Z. I 45, 20
περὶ ἀ. χρήσεως tit. l. Dion. I 93, 23
totum genus humanum aliquando esse coepisse et aliquando desiturum esse II 181, 18 conversionibus caelestibus exstitisse quandam maturitatem serendi generis humani 210, 40 τοὺς πρώτους ἀ. μὴ ἐκ συνουσίας γεγονέναι, ἀλλ᾽ ἀπὸ γῆς 211, 6 primos h. ex solo, adminiculo divini ignis genitos Z. I 35, 22 καί ἡμᾶς μετὰ τὸ τελευτῆσαι πάλιν εἰς ὃ νῦν ἐσμεν καταστήσεσθαι σχῆμα II 189, 31 τοῦ σοφοῦ μετὰ τῆς θυγατρὸς μόνης καταλελειμμένου, παντὸς τοῦ τῶν ἀ. γένους διεφθαρμένου, εἰ καθηκόντως ὁ πατήρ συνελεύσεται τῇ θυγατρὶ ὑπὲρ τοῦ μὴ ἀπολέσθαι τὸ πᾶν τῶν ἀ. γένος III 185, 12
ὅταν γεννηθῇ ὁ ἄ., ἔχει τὸ ἡγεμονικὸν μέρος τῆς ψυχῆς ὥσπερ χάρτην εὐεργον εἰς ἀπογραφὴν II 28, 13 καί ἐφ᾽ ἡμῶν τινα φυτοειδῶς γίγνεται III 43, 15 ἄρχεσθαι τοὺς ἀ. τελειότητος περὶ τὴν δευτέραν ἑβδομάδα II 215, 7 εὐθὺς γενόμενον πρὸς αὑτὸν οἰκειοῦσθαι τὸν ἄ. III 44, 31. 34 nihil quicquam carius pensiusque nobis quam nosmet ipsi 43, 35 conciliari sibi non tanquam animali, sed rationali 44, 41 hominem natum ad nihil esse aliud quam honestatem Z. I 46, 28 ad virtutem nasci A. I 80, 35 III 51, 22. 33 πάντας ἀ. ἀφορμὰς ἔχειν ἐκ φύσεως πρὸς ἀρετήν Cl. I 129, 18 διαστρέφεσθαι δὲ III 56, 20 ἔχειν ἀφορμὰς παρὰ τῆς φύσεως καί πρὸς τὴν τοῦ καθήκοντος εὕρεσιν καί πρὸς τὴν τῶν ὁρμῶν εὐστάθειαν etc. III 65, 1
hominis constitutionem rationalem esse III 44, 41 in h. proprium est ratio II 302, 4 III 7, 23. 48, 20 solus

ratione utitur II 236, 11 *ἅ. ἐκάλει μόνην τὴν ψυχὴν* Cl. I 123, 7 summum bonum homini constituit, ut nihil esse praeter animum videretur III 7, 25 *δύο γένη τῶν ἀ. εἶναι, τὸ μὲν τῶν σπουδαίων, τὸ δὲ τῶν φαύλων* Ζ. I 52, 26 *τῶν ἀ. οἱ πλεῖστοι κακοί* III 165, 22 omnes h. insanos et stultos III 166, 41 quidam, ut Hercules et Liber, ad servandum genus hominum natura incitantur III 84, 7. *οὐκ ἀίδιος ἅ.* Ζ. I 31, 37 h. corporalis III 20, 40 continuum esse corpus h. III 38, 7 *δύο ἕκαστος ἡμῶν ἐστι ὑποκείμενα, τὸ μὲν οὐσία, τὸ δὲ ποιότης* II 214, 30 *ἀναγκαῖον, ὡς ἂν ποτ' ἔχομεν, ἔχειν ἡμᾶς* II 269, 5 homines vicem obtinere eorum, quae dicuntur, sine quibus agi non potest 272, 27

homines natos esse communitatis causa et societatis suae III 83, 40. 90, 27 communis h. inter h. commendatio est naturalis 83, 30 *τὸ κοινωνικὸν οὐ περιγέγραπται ὥσπερ ἀπὸ τῶν ἀλόγων ζῴων, οὕτω καὶ ἀπὸ τῶν ἀγροικοτέρων ἀ.* 85, 5 societas h. per se expetenda 12, 39 ut conservetur h. erga h. societas, et emolumenta et detrimenta communia esse 23, 6 h. sociale animal 134, 10 *πόλις = σύστημα ἀ.* II 327, 32 hominum inter h. iuris esse vincula III 90, 24 nusquam erit humanitas, nisi prius h. aliquis II 179, 22

κοινωνία ἀ. καὶ θεοῖς πρὸς ἀλλήλους διὰ τὸ λόγου μετέχειν II 169, 28 eadem est in dis, quae humano in genere, ratio II 327, 11. 328, 5 III 48, 20. 83, 5 *ὅσα ἡμῖν καὶ τοῖς θεοῖς προσπίπτει, ταῦτα ἐννοήματα* II 28, 27 *τὰς αὐτὰς εἶναι ἀρετὰς τῶν ἀ. καὶ τῶν θεῶν* Cl. I 129, 9 sq. III 58, 32. 59, 2 *pass.* *τοὺς ἀ. τῆς αὐτῆς τοῖς θεοῖς πολιτείας μετέχειν* III 81, 39 *pass.* 83, 9 inter h. et deos communio legis et iuris 83, 8

ἀ. εἰς θεοὺς μεταβαλεῖν II 315, 24 deos esse etiam h. eos, qui immortalitatem essent consecuti 316, 4

φιλεῖται πρὸς τοῦ θεοῦ ὁ ἀ. II 326, 7 in deos caerimonias religionesque ea

coniunctione, quae est h. cum deo conservandas III 84, 37

mundus quasi communis deorum atque h. urbs II 328, 10 deorum et h. causa factum esse mundum II 328, 6. 330, 41. III 90, 26 h. causa mundum esse fabricatum II 307, 43. 328, 9. 334, 11 III 165,19

πάντων σχεδὸν τῶν ἐπιγείων ζῴων καὶ σωματικῇ καὶ ψυχικῇ διαθέσει προέχει ὁ ἄ. Cl. I 120, 5 ratione antecedit animalia III 48, 20 *οὐχὶ τῷ προφορικῷ λόγῳ διαφέρει τῶν ἀλόγων ζῴων, ἀλλὰ τῷ ἐνδιαθέτῳ· οὐδὲ τῇ ἁπλῇ μόνον φαντασίᾳ* II 43, 18. 74, 4 h. nihil iuris cum bestiis III 89, 27. 90, 25 *ἡμῶν χάριν τὰ ζῷα πεποιῆσθαι* II 332, 28. 333, 3. III 165, 19

οἱ ἄ. ὑπὸ τοῦ μέλους καταπραϋνόμενοι Diog. III 234, 30

ἀνία *def.* III 99, 42. 100, 9. 31. 101, 15. *εἶδος λύπης* III 96, 10. 99, 37

ἀνίημι *cf.* ἄνεσις *τὰς ἕξεις ἐπιτείνεσθαι καὶ ἀ.* II 129, 38 *pass.* III 141, 13 *νεῦρα ἀ.* III 123, 24 *παθητικὴ φλεγμονὴ ἀ.*118, 30.

ἄνισος II 160, 7

ἀνόητος *τοὺς ἀ. δούλους εἶναι καὶ ἃ μὴ ἔξεστιν αὐτοῖς ταῦτα ποιεῖν* III 87, 4 *πλούτῳ καὶ ὑγιείᾳ καὶ ῥώμῃ σώματος κακῶς χρῶνται* 29, 43 *οἱ προκόπτοντες ἀ. διαμένουσιν* 144, 1

ἀνοίκειος *τὰ κακὰ πάντα ἀ.* III 22, 2

ἄνολβος *ἀ. ὁ ἀπαίδευτος* III 169, 14

ἀνόμημα *τὰ ἁμαρτήματα ἀ.* III 136,34

ἀνομογενής *λόγοι ἐξ ἀ. συνεστῶτες* II 81, 31

ἀνομολογία *περὶ ἀ.* tit. l. Chr. III 194, 9

ἀνομολογούμενον III 125, 7

ἄνομος III 82, 21

ἀνόσιος *οὐδὲ οἱ φαύλως περὶ τῶν θείων ὑπειληφότες οὐκ ἀ., οὐδὲ τοὺς ἀ. οἷόν τε φίλους εἶναι θεοῖς* III 153, 35 *οἱ φαῦλοι ἀ.* 165, 43. 166, 25

ἀντακολουθέω *τὰς ἀρετὰς ἀ. ἀλλήλαις* III 72, 30. 73, 30. 74, 24 Apollod. 261, 13.

ἀντακολουθία *τῶν ἀρετῶν* II 121, 7 *ὁ μίαν ἔχων ἀρετὴν πάσας ἔχει διὰ τὴν ἀ.* III 67, 44

ἀνταναιρετικός III 64, 27
ἀντανακλάω ἡ φωνὴ ἀ. II 128, 8
ἀνταπόδοσις χάριτος III 169, 39
ἀντιδιαίρεσις def. Diog. III 215, 3
ἀντίδικος τὰ πρὸς τοὺς ἀ. pars orationis II 96, 5
ἀντικείμενον = τὸ πλεονάζον ἀποφάσει II 51, 13. 70, 7 = σὺν τῷ τὴν ἀπόφασιν προτετάχθαι τοῦ ἑτέρου 70, 16 = ὧν τὸ ἕτερον τοῦ ἑτέρου ἀποφατικὸν 70, 21

τὰ ἀποφατικῶς ἀ. II 51, 6 ἀ. τοῦ λήγοντος 80, 6. 9 τοῦ ἡγουμένου 80, 7. 10 τοῦ λοιποῦ 80, 12. 15

ἀδύνατον τῶν αὐτῶν περιεστώτων γίνεσθαι τὰ ἀ. II 279, 22 μὴ δύνασθαι οὐ πράξει τις πρᾶξαι τὸ ἀ. 286, 29

ἀντίκειμαι II 53, 14. 16. 23. 29. 31. 38 54, 1. 8. 10. 17. 19. 33. 35. 55, 3. 4. 27. 29. 33. 37. 56, 17. 19. 26. 28. 34. 36. 58, 10. 12. 18. 20
ἀντιλέγω περὶ τῶν ἀντιλεγομένων tit. l. Sph. I 140, 10
ἀντιληπτικὸς ἀ. δύναμις τῆς ψυχῆς A. I 86, 33
ἀντίπαλος cf. πολέμιος III 148, 9
ἀντιπαρεκτείνω αἱ ψυχαὶ δι' ὅλων τῶν σωμάτων ἀ. II 153, 11 σώματα ἀλλήλοις δι' ἀλλήλων ἀ. 154, 33 οὐσίαι καὶ ποιότητες ἀ. 154, 20 pass. εἰς πέλαγος ὀλίγος οἶνος βληθεὶς ἀ. 157, 38
ἀντιπαρέκτασις ἀ. δι' ὅλων II 153, 6 σωμάτων ὅλων δι' ὅλων ἀ. 154, 22 ψυχῆς καὶ σώματος 153, 10 πυρὸς καὶ σιδήρου 153, 9 ὑγρῶν δι' ὅλων ἀ. 153, 13
ἀντιπαρήκω σῶμα διὰ σώματος ἀ. II 153, 12 δύο ἔχει τὰς ἀ. ἀλλήλαις δυνάμεις ἡ ψυχὴ 230, 23
ἀντιπεπονθότα ἀ. κατηγορήματα def. II 59, 21
ἀντιστρέφω περὶ ἀ. λόγων tit. l. Chr. II 6, 37
ἀντιστροφὴ ἀξιωμάτων II 64, 26
ἀντιτυπὴς ἡ ὕλη II 115, 16
ἀντιτυπία in def. σώματος II 127, 7 pass. τόπος χωρὶς ἀ., τοῦτο γὰρ ἴδιον σώματος 162, 31
ἀντίφασις ὁ ἐξ ἀ. διαιρετικὸς συλλογισμὸς II 87, 43

ἀνύβριστος τὸν σοφὸν ἀ. εἶναι expl. III 152, 29
ἀνύπαρκτος τὸ ἀναίτιον ὅλως ἀ. II 282, 14 αἱ ἰδέαι ἀ. Z. I 19, 25 ἡ ἐπιχαιρεκακία III 168, 10. 13 τὸ ἀχάριστον 168, 18
ἀνυπαρξία Ant. III 252, 20
ἀνυπέραρτος ἕξις ἀ. ἐν δαπάναις III 66, 41
ἀνυπέρβατος in def. ἐγκρατείας III 64, 34. 65, 12. 67, 20
ἀνυπομενετέος ἀνυπομενετὰ : ἀ. III 22, 31
ἀνυπομενετός ἀ.: ἀνυπομενετέα III 22, 30
ἀνυπομόνητος III 131, 13
ἀνυπόπτως III 22, 16. 171, 8
ἀνυπόπτωτος cf. ἀμετάπτωτος in def. ἐπιστήμης H. I 91, 27
ἀνυπόστατος II 117, 16
ἄνω ἀ. ἐν τῷ κόσμῳ τὸ ἀπὸ τοῦ μέσου πρὸς τὰ πέρατα II 176, 6. 20 = τὸ ἀπὸ τοῦ μέσου σημείου τοῦ κόσμου εἰς τὸ κύκλῳ πάντη 169, 10 ἀ. καὶ κάτω μέρη τοῦ τόπου 162, 2
ἀνωμαλία περὶ τῆς κατὰ τὰς λέξεις ἀ. tit. l. Chr. II 6, 10 περὶ ἀ. scr. Chr. II 45, 22. 26
ἀνωφελής ὅσα ἐκτὸς ἀρετῆς ἀ. . πάντα III 137, 19 ἀ. καὶ ἀδιάφορα τὰ κατὰ φύσιν καὶ τὰ ἐκτὸς 36, 42 τὰ αὐτὰ πράγματα ἀ. μὲν, εὔχρηστα δὲ 30, 2
ἀνωφερής τὸ πῦρ ἀ. καὶ τὸν ἀέρα II 143, 31
ἀξία cf. προηγμένον
περὶ τε τῆς πρώτης ἀ. καὶ τῶν πράξεων pars eth. III 3, 4
τὴν ἀ. λέγεσθαι τριχῶς Ant. III 30, 7. 251, 33 vis vocis expl. a Diog. III 30, 14. 219, 24 χρῆσθαι ἐνίοτε τῷ ὀνόματι τῆς ἀ. ἀντὶ τοῦ ἐπιβάλλοντος Diog. III 30, 21
ἀ. = σύμβλησις πρὸς τὸν ὁμολογούμενον βίον III 30, 28 = μέση τις δύναμις ἢ χρεία συμβαλλομένη πρὸς τὸν κατὰ φύσιν βίον 30, 29 = ἀμοιβὴ δοκιμαστοῦ 30, 32
ἀ., ἡ περὶ ἀδιάφορα οὐ γίνεται, ἀλλὰ περὶ μόνα τὰ σπουδαῖα III 30, 19 ἡ ἐκλεκτικὴ ἀ. expl. Ant. III 30, 9. 251, 35

2*

τῶν ἀ. ἐχόντων τὰ μὲν ἔχειν πολλὴν ἀ., τὰ δὲ βραχεῖαν Z. I 48, 3. III 31, 10 ἀρετὴ ἀνυπέρβλητον ἔχει ἀ. III 50, 1 τὰ ἀγαθὰ τὴν μεγίστην ἀ. ἔχειν Z. I 48, 11. III 31, 17 διαφέρει τὸ ἀγαθὸν τοῦ ἀ. ἔχοντος 32, 14 aestimatio boni genere valet, non magnitudine III 18, 7

τῶν ἀδιαφόρων τὰ μὲν πλείω ἀ. ἔχειν, τὰ δ᾽ ἐλάττω III 32, 23 τὰ μὲν τῶν ἀδιαφόρων ἀ. ἐκλεκτικὴν ἔχειν 28, 27. 31, 27 τὰ πολλὴν ἔχοντα ἀ. προηγμένα λέγεσθαι Z. I 48, 6 III 31, 12 προηγμένα = τὰ ἱκανὴν ἀ. ἔχοντα III 29, 33 e. s. 31, 38 = τὰ ἔχοντα ἀ. 30, 26. 31, 2 res „bonas" aestimabiles haberi et ad naturam accommodatas Z. I 55, 28 πάντα τὰ κατὰ φύσιν ἀ. ἔχειν Z. I 47, 34 III 30, 6 aestimabile = quod aut ipsum secundum naturam sit, aut tale quid efficiat, ut selectione dignum sit 35, 4 valetudinem aestimatione aliqua dignam III 15, 28 bonorum frequentia vita non pluris aestimanda 15, 23 μὴ ἀ. ἔχειν τὴν ἡδονὴν ἐν τῷ βίῳ Cl. I 130, 19 in def. δικαιοσύνης Cl. I 129, 1 III 30, 22. 63, 28

ἀξιέραστος def. III 180, 26 ὁ ἀ. καλός· μόνος δὲ ὁ σοφὸς ἀ. III 156, 6 τὸν σοφὸν ἐρασθήσεσθαι τῶν ἀ. 164, 5 **ἀξιόλογος** ἀ. προκοπὴ III 51, 37 **ἄξιος** III 50, 1 **ἀξίωμα** περὶ ἀ. tit. l. Chr. II 5, 6 περὶ τῶν οὐχ ἁπλῶν ἀ. tit. l. Chr. 5, 7 περὶ ἀορίστων ἀ. 5, 12 συντελικὰ ἀ. 5, 15

ἀ. = ἀποφαντικὸς λόγος II 61, 1. 44. 64, 10 = τὸ ἀποφαντὸν ὅσον ἐφ᾽ ἑαυτῷ 63, 1 = λεκτὸν αὐτοτελὲς ἀπόφαντον ὅσον ἐφ᾽ αὑτῷ 63, 10 = ὃ ἐστιν ἀληθὲς ἢ ψεῦδος 48, 26. 60, 42. 62, 25. 41 pass.

ὅμοιον ἀξιώματι def. II 61, 13. 62, 5 πλείονα ἢ ἀξιώματα expl. 61, 36 μεταπίπτοντα ἀπεριγράφως 67, 17 πιθανὸν ἀ. def. 64, 13 εὔλογον ἀ. def. 64, 23

τῶν ἀ. τὰ μὲν ἁπλᾶ, τὰ δ᾽ οὐχ ἁπλᾶ II 59, 4. Arch. III 263, 6 e. s. Crin. 268, 27 τῶν ἁπλῶν τινὰ μὲν ὡρισμένα, τινὰ δὲ ἀόριστα, τινὰ δὲ μέσα II 66, 38 τῶν οὐχ ἁπλῶν τὰ μὲν συνημμένα, τὰ δὲ παρασυνημμένα

59, 4 τῶν ἀ. τὰ μὲν ἀληθῆ, τὰ δὲ ψευδῆ 59, 6 δυνατά, ἀδύνατα 59, 6. 64, 16 ἀναγκαῖα, οὐκ ἀναγκαῖα 59, 7. 64, 16 εὔπορα, ἄπορα 59, 8

ἁπλᾶ def. II 65, 37. 66, 30 οὐχ ἁπλᾶ def. 66, 1. 33. 70, 36 δυνατὰ def. 64, 17 ἀδύνατα def. 64, 18 ἀναγκαῖα def. 64, 19 οὐκ ἀναγκαῖα def. 64, 22 ὡρισμένα def. 66, 39 ἀόριστα def. 66, 16. 40 μέσα def. 67, 2

τὸ ἀ. λεκτὸν II 42, 22 σύνθετον τὸ αὐτοτελὲς ἀ. 64, 6 πᾶν ἀ. ἢ ἀληθὲς ἢ ψευδὲς II 264, 13 εἶναι συγκαταθέσεις ἀ. τισι III 40, 29 qua condicione ἀληθὲς τὸ ἀόριστον II 67, 9 qua condicione τὸ ὡρισμένον 67, 11

οἱ ἀγαθοὶ καταληπτικοὶ ἀ. II 42, 13 τὰ αἴτια τὰ μὲν κατηγορημάτων· αἴτια, τὰ δ᾽ ἀ. Arch. III 263, 4 εἰ ἀναίτιος ἔστι κίνησις, οὐ πᾶν ἀ. ἢ ἀληθὲς ἢ ψεῦδος II 275, 24

ἀ. e. ἀ. II 57, 14. 16 ἀ. τινα ἔχειν καὶ ἀξίαν III 30, 20 **ἀξιωματικός** ἐκφορὰν ἔχον ἀ. II 61, 13 ἀ. ὁ σπουδαῖος Z. I 53, 10 III 150, 17 **ἄοικος** ὁ φαῦλος ἀ. III 170, 14 **ἀόργητος** III 110, 22 **ἀόριστος** περὶ τῶν ἀ. ἀξιωμάτων tit. l. Chr. II 5, 12 περὶ τῆς διαφορᾶς τῶν ἀ. tit. l. Chr. 5, 13 μὴ δεῖν τέμνειν τὰ ἀ. tit. 7, 41 τὰ κατὰ τῆς τομῆς τῶν ἀ. tit. Chr. 8, 1 περὶ τῶν ἐξ ἀ. καὶ ὡρισμένου λόγων tit. 8, 15

ἀ. ἀξίωμα def. II 66, 16. 40 πότε ἀληθὲς γίγνεται 67, 9 infinitae coniunctiones II 277, 8 infinita conexa ib. **ἀπαγόρευμα** τὸ ἁμάρτημα νόμου ἀ. III 140, 9 **ἀπαγόρευσις** πρόσταξις: ἀ.: ἐντολὴ καὶ παραίνεσις III 139, 36 ἡ ἀ. περὶ ἁμαρτημάτων γίνεται καὶ πρὸς φαῦλον 139, 37 **ἀπαγορευτικός** ὧν οὐ ποιητέον III 77, 39 pass. **ἀπαγορεύω** λέγειν: προστάσσειν: ἀ. II 49, 2 ἀ. τὰ ἁμαρτανόμενα 295, 32 τῷ τελείῳ ἀ. οὐχὶ δεῖ III 140, 1 ὁ νόμος πολλὰ τοῖς φαύλοις ἀ. 140, 9 ὁ μέσος οὐχ ἁμαρτάνει, ὡς ἀ. ἄν τινα αὐτῷ 139, 39

ἀπάθεια περὶ ἀ. tit. l. Dion. I 93, 19
τὰς ἀρετὰς ἐν ἀ. εἶναι III 48, 31 εὔ-
ροια καὶ ἀ. III 35, 12
ἀπαθής ἀ. τὸν σοφὸν III 109, 12
ὁ σοφὸς ὑπὸ τῆς τύχης ἀ. P. I 99, 23
εἶναι ἀ. καὶ τὸν φαῦλον, ἐν ἴσῳ λεγό-
μενον τῷ σκληρῷ καὶ ἀτέγκτῳ III
109, 13 σύμφωνά ἐστι τῇ φύσει τὰ
ἀ. με ποιοῦντα III 35, 13
ἀπαίδευτος cf. φαῦλος
τοὺς ἀ. μόνῃ τῇ μορφῇ τῶν θηρίων
διαφέρειν Cl. I 116, 29 ἄνολβος ὁ ἀ.
III 169, 14 ὁ ἀ. ἄλλους αἰτιᾶται τῆς
αὑτοῦ κακοδαιμονίας : προκόπτων : πε-
παιδευμένος III 145, 6 ὁ ἀ. καὶ ἐν
πλούτῳ καὶ ἐν πενίᾳ ταράττεται (: πε-
παιδευμένος) A. I 89, 21
ἀπαλλαγή κακῶν III 27, 36
ἀπαξία cf. ἀξία
τὴν ἀ. τριχῶς λέγεσθαι III 30, 12
Ant. III 251, 38
πάντα τὰ παρὰ φύσιν ἀ. ἔχειν III
30, 7 τὰ δὲ τῶν ἀδιαφόρων ἀ. ἀπ-
εκλεκτικὴν ἔχειν 28, 27
τῶν ἀ. ἐχόντων ἃ μὲν ἔχειν πολλὴν
ἀ., ἃ δὲ βραχεῖαν Z. I 48, 4 III 31, 11
τὰ πολλὴν ἔχοντα ἀ. ἀποπροηγμένα
λέγεσθαι Z. I 48, 6. III 31, 13. 32, 26
ἀποπροηγμένα τὰ ἱκανὴν ἀ. ἔχοντα
III 29, 33 e. s. ἀποπροηγμένα τὰ ἀ.
ἔχοντα 30, 27
ἀπαράβατος ἀ. ἐπισύνδεσις II 265,
37 εἱρμὸς ἀ. 266, 1 ἀ. ἐπιπλοκή 293, 31
ἀπαραβάτως πάντα διοικεῖ ἀ. II
169, 34 τὰ καθ' εἱμαρμένην, καίτοι
ἀ. γιγνόμενα μὴ ἐξ ἀνάγκης γίγνεσθαι
279, 27
ἀπαράλλακτος ἀ. ἔσεσθαι κατὰ
περίοδον τοῖς ἀπὸ τῶν προτέρων
περιόδων πάντας II 190, 31 δια-
κόσμησιν πάντ' ἀ. ἔχουσαν ὡς πρὸς
τὴν προτέραν 190, 39 κατὰ περιόδους
ταυτότητας καὶ ἀ. τοῖς ἰδίως ποιοῖς
κόσμους 191, 9 indissimiles sibi mun-
dos evenire 191, 14
ἀδύνατον κατὰ πάντα ἀ. τινα εὑ-
ρεθήσεσθαι φαντασίαν II 26, 1
ἀπαραλλαξία ἀ. ἀρετῇ ὑποτεταγ-
μένη τῇ ἀνδρείᾳ III 73, 7 ἀ. (sc.
φαντασιῶν) defendunt Academici, im-
pugnant Stoici II 34, 33

ἀπαρεμπόδιστος ἡ τοῦ κόσμου
διοίκησις II 297, 9
ἀπαρέμφατον II 60, 15
ἀπάρεστος πᾶν ἁμάρτημα ἀ. θεοῖς
III 166, 8
ἀπαρτιζόντως τὸ μήτε ὑπερβάλλειν
μήτε ἐνδεεῖν II 75, 36
ἀπαρτίζω ἀ. κατὰ τὴν ἐκφοράν
II 128, 39 sq.
ἀπαρτισμός κατ' ἀ.·(opp. κατὰ πλά-
τος) II 164, 25
ἀπάτη cf. ἐξαπατάω
ἀ. ἀπάτης μᾶλλον οὐκ ἔστιν III
141, 26 εἶναί τινας ἀ., αἳ βλάπτουσι μὲν
ἡμᾶς, χείρονας δ' οὐ ποιοῦσιν 110, 30
ἀπειθής τὸ ἄλογον ἴσον τῷ ἀ. τῷ
λόγῳ III 94, 27 τὸ ἀ. τῷ λόγῳ οὐχ
ἧττον ἐπὶ τῆς ἡδονῆς καταγίνεται
129, 16 ὁρμὴ ἀ. in def. πάθους
92, 6. 11. 93, 36 pass. τὸ λογικὸν ζῷον
ἀπειθῶς τῷ λόγῳ ὠθούμενον 113, 24
ἄπειρος τὸ ἀ. οὔτε ἀρχὴν οὔτε μέσον
οὔτε τελευτὴν ἔχει II 171, 34 οὐκ
ἔστι ἐν τῷ ἀ. τὸ μὲν ἄνω, τὸ δὲ
κάτω 171, 37 τῶν ἀ. οὐδέν ἐστι πλέον
οὐδ' ἔλαττον 159, 4
τοῦ κόσμου κενὸν ἐκτὸς ἀ. II 171, 34.
Apollod. III 260, 27 ὁ χρόνος ἐστὶν
ἄ., ὡς ὁ πᾶς ἀριθμὸς ἄ. λέγεται εἶναι
Apollod. III 260, 19 ἡ ἄ. καλουμένη
ὕλη II 86, 42 οὔτε σῶμα ἐξ ἀ. σω-
μάτων συνέστηκεν οὔτε γραμμὴ II
158, 18 τὰ σώματα εἰς ἀ. τέμνεσθαι
158, 15 τομὴ εἰς ἄ. Apollod. III
259, 19 αἱ ἰδέαι τῶν ἀ. ἐν πέρασιν
ὡρισμένοις· τὴν γένεσιν περιλαμβά-
νουσι II 124, 3
ἀπεκλέγομαι cf. ἐκλέγομαι
τὰ δὲ τῶν ἀδιαφόρων ἀ. III 29, 6
ἀ. τὰ παρὰ φύσιν in def. τέλους
Ant. III 252, 38 pass.
ἀπεκλεκτικός ἀπαξία ἀ. III 28, 27
ἀπεκλογή τὰ μεταξὺ ἀρετῆς καὶ
κακίας ἀδιάφορα λέγεσθαι πρὸς ἐκ-
λογὴν καὶ ἀ. III 28, 27 in def. τέ-
λους Diog. III 219, 12
ἀπελεύθερος τοὺς ἀ. δούλους ἔτι
εἶναι III 86, 24
ἀπέμφασις II 36, 12
ἀπεπιστήμων ἡ διὰ τοῦ ἀ. πρᾶξις
κακοπραγία III 138, 11

ἀπέραντος τετραχῶς γίγνεσθαι τὸν ἀ. λόγον II 79, 13 ἀ. λόγος (opp. περαντικός) def. 77, 21
ἀπεριγράφως = ἐν ἀπεριγράφῳ χρόνῳ II 67, 18. 27
ἀπερίεργος ὁ σπουδαῖος ἀ. III 161, 3
ἀπερίπτωτος τοὺς σοφοὺς ἀ. ἁμαρτήματι III 148, 20
ἀπερισπάστως III 136, 12
ἀπέριττος ἕξις ἀ. III 68, 10 ἀπερίττως 68, 4
ἀπέχομαι ἀποσχέσθαι δυσθανατώσης γραὸς laude non dignum III 50, 36. 51, 3 ἐγκρατεύεται οὐχ ὁ θανατιώσης γραὸς ἀ., ἀλλ᾽ ὁ Λαΐδος καὶ Φρύνης ἀπεχόμενος 67, 22
ἀπίθανος ἀ. φαντασίαι II 25, 6 sqq.
ἀπιστέω οὐκ ἀ. ὁ σοφὸς III 147, 9
ἀπιστία def. III 147, 10 ἡ ἀ. φαῦλόν ἐστιν II 41, 17
ἄπιστος πάντας ἐπίσης ἀ. τοὺς μὴ σοφοὺς III 167, 30
ἀπλανῆ τῶν ἀ. ἀκατάληπτον τὸ πλῆθος II 168, 31 τὰ ἀ. τετάχθαι ἐπὶ μιᾶς ἐπιφανείας 168, 34 συμπεριφέρεσθαι τῷ ὅλῳ οὐρανῷ 195, 29 ἐν τῷ αἰθέρι πρώτην τὴν τῶν ἀ. σφαῖραν γεννᾶσθαι 180, 11 fixae stellae nutriuntur 331, 6 in causa sunt temperantiae aëris 331, 27 οὐσίαν θεοῦ τὴν τῶν ἀ. σφαῖραν B. III 265, 8
ἄπλαστος ὁ σπουδαῖος ἀ. III 160, 5. 161, 4 expl. 163, 27
ἀπλοῦς τὰ ἀ. μόνον ἐστὶν ἐναντία II 50, 20 ἀ. ἀξιώματα def. II 65, 37 τῶν ἀξιωμάτων τὰ μὲν ἀ., τὰ δ᾽ οὐχ ἀ. Arch. III 263, 7
    ἀ. ἀναπόδεικτοι : οὐχ ἀ. II 81, 26
    ἀ. ἡ ὕλη (opp. σύγκριμα) II 115, 40
    ἀ. ἀγαθὸν = ἄμικτον III 24, 40
    ὁ σπουδαῖος ἀ. III 161, 3
ἀπὸ ἀφ᾽ ἑαυτοῦ κινεῖν : ἐξ ἑαυτοῦ : δι᾽ ἑαυτοῦ II 161, 30 ἀφ᾽ οὗ συμβαίνει ὠφελεῖσθαι III 18, 20—19, 25 pass.
ἀποβάπτω ἀ. εἰς νοῦν Z. I 23, 12
ἀποβλητός cf. ἀναπόβλητος
    τὴν ἀρετὴν ἀ. III 56, 40 οὐκ ἀ. 57, 22
ἀποδεικτικός ὁ ἀ. λόγος τοῦ ἀληθοῦς διαφέρει τῷ τὴν ἐπιφορὰν ἐκ-

καλύπτεσθαι ὑπὸ τῶν λημμάτων II 78, 26
ἀπόδειξις τὸ εἶναι ἀ. probatur II 89, 20 sq. = λόγος διὰ τῶν μᾶλλον καταλαμβανομένων τὸ ἧττον καταλαμβανόμενον περαίνων II 34, 27. 77, 6 = λόγος δι᾽ ὁμολογουμένων λημμάτων κατὰ συναγωγὴν ἐπιφορὰν ἐκκαλύπτων ἄδηλον 89, 9 τῷ γένει σημεῖόν ἐστιν 74, 11
    ἀ. ἐν ἁρμονικῇ πλείστας εἶναι Diog. III 233, 20
ἀποδεκτέος ἀποδεκτὸν : ἀ. III 22, 35 τὰ ὠφελήματα ἀ. 22, 37
ἀποδεκτικῶς οἱ σπουδαῖοι πρὸς ἀλλήλους ἀ. διακεῖσθαι III 160, 25
ἀποδεκτός ἀποδεκτέον : ἀ. III 22, 35 ἀ. τἀγαθά 22, 36
ἀποδιαληπτός II 126, 21
ἀποδίδωμι τὸ ἀποδιδόμενον πρᾶγμα (= definiendum) II 74, 41
ἀπόδοσις ὅρος ἡ τοῦ ἰδίου ἀ. II 75, 19
ἀποδοχή παρὰ ἀνθρώπων ἐκτὸς προηγμένον III 33, 4
ἀποθνήσκω cf. θάνατος
    nasci et mori fatis dant II 281', 42 τοὺς τελευτῶντας ζῴοις παραβάλλειν χρῆναι Z. I 59, 29 τοὺς ἀποθανόντας κατεσθίειν κελεύει Z. I 60, 1. Chr. III 186, 4. 9 pass.
ἄποιος ἀ. οὐσία ἡ ὕλη Z. I 24, 7. Cl. 110, 27. II 111, 10. 16. 114, 35. 38. Arch. III 263, 22 ἀ. σῶμα II 115, 23. 116, 26 ἀ. οὐχ ὅτι πάσης ἐστέρηται ποιότητος, ἀλλ᾽ ὅτι πάσας ἔχει 126, 40
ἀποκαθίσταμαι Z. I 32, 27. II 190, 11 pass.
ἀποκατάστασις ἀπὸ τῆς φύσεως μόνης εἰς αὐτὴν πάλιν γίνεται ἡ ἀ. II 184, 35 γίνεσθαι τὴν ἀ. τοῦ παντὸς οὐχ ἅπαξ, ἀλλὰ πολλάκις 190, 19
ἀποκρίνομαι τὸ ἀ. οὐκ ἀεὶ καθήκει III 135, 13 ἀ. οὔτε κατόρθωμα, οὔτε ἁμάρτημα 136, 25
ἀπόκρισις περὶ ἀ. tit. l. Chr. II 5, 31. 33
    ἄφρων ἀ. οὔτε πᾶσι τοῖς ἄφροσιν ὑπάρχει οὔτ᾽ ἐν παντὶ καιρῷ III 25, 6 ὁ ἐν ἐρωτήσει καὶ ἀ. δεινός II 41, 35
ἄπολις ὁ φαῦλος ἀ. III 170, 14

Ἀπόλλων τὸν ἥλιον Ἀ. Diog. III
217, 12 de nomine Ἀ. Cl. I 123, 16
II 319, 41 de cognomine Lycius Cl.
I 123, 19. Ant. III 249, 23 Λοξίας
Cl. I 123, 25. 27. 31 Λεσχηνόριος Cl.
I 123, 35 sq.
fabulam draconis ab Ap. interempti
expl. Ant. III 250, 34
ἀπολογία in def. τοῦ κατορθώματος
III 70, 10 in def. τοῦ καθήκοντος III
134, 20 pass.
ἀπολογισμός in def. τοῦ καθή-
κοντος III 134, 13 pass.
ἀπολύω μηδὲν εἶναι ἐν τῷ κόσμῳ
ἀπολελυμένον II 273, 9
ἀπομνημόνευμα ἀ. Κράτητος ἠθικά
tit. l. Z. I 62, 32 ἀ. tit. l. A. I 75, 20
l. P. I 97, 3
ἀπονέμησις τὴν δικαιοσύνην γίνε-
σθαι περὶ τὰς ἀ. III 64, 18 ἔχειν τὸν
ἄνθρωπον ἀφορμὰς παρὰ τῆς φύσεως
πρὸς τὰς ἀ. 65, 3
ἀπονεμητέος αἱρετέα : ὑπομενετέα :
ἀ. : ἐμμενητέα III 72, 36 τὴν δικαιο-
σύνην φρόνησιν ἐν ἀ. Z. I 49, 26. 32
ἡ δικαιοσύνη περὶ τὰ ἀ. III 64, 2 pass.
ἀπονεμητικός ἀ. in def. δικαιο-
σύνης III 30, 23. 63, 27 pass. ὁ ἐν-
άρετος τὰ μὲν ἀπονεμητικῶς ποιεῖ
72, 37
ἀπονία τὴν ἀ. οὐδὲν εἶναι πρὸς
ἡμᾶς οὐδὲ συνεργεῖν πρὸς εὐδαιμονίαν
οὐδὲν III 33, 38 ἀ. καθ᾽ ἑαυτὸ ληπτὸν
34, 37 μαίνεσθαι τοὺς τὴν ἀ. ἐν μηδενὶ
ποιουμένους 33, 30
ἀποπροάγω cf. προάγω
III 31, 9, 33 pass. A. I 83, 16
ἀποπροηγμένον cf. προηγμένον
Ζήνων ταύτας τὰς ὀνομασίας θέ-
μενος πρῶτος III 31, 13
= ὃ ἀδιάφορον ὃν ἀπεκλεγόμεθα
κατὰ προηγούμενον λόγον Z. I 48, 9.
III 31, 31 = τὰ πολλὴν ἀπαξίαν
ἔχοντα Z. I 48, 6. III 31, 13. 32, 24
= τὰ ἱκανὴν ἀπαξίαν ἔχοντα III 29, 33
e. s. = τὰ ἀπαξίαν ἔχοντα Z. I 48, 20.
III 30, 26
ἀ. περὶ ψυχήν, περὶ σῶμα, ἐκτὸς
III 33, 5; e. enum. 31, 5
μὴ τὰ λεγόμενα ἀποπροῆχθαι κατ᾽
ἀνάγκην ὑπάρχειν ἀ. A. I 83, 17 μὴ

εἶναί τινα ἀδιάφορα φύσει ἀ. A. I 83, 14
ἀναγκαῖον εἶναι τῶν προηγμένων τὴν
ἐκλογὴν ποιεῖσθαι παρὰ τὰ ἀ. Z. I
48, 17 relationes suis quaeque mo-
mentis distinctae divisaeque III 44, 11
incommoda inter reiecta sunt III 23, 13
ἄπορος περὶ τῶν ἀ. tit. l. Cl. I 108, 3
περὶ τῶν ἀ. διαλεκτικῶν tit. l. Chr.
II 8, 19 ἀ. λόγοι II 90, 35 ἄπορα 63, 23
ἀ. ἐν κατηγορίᾳ = κροκοδειλίτης 93, 32
ἀπόσπασμα σπέρμα = ψυχῆς μέρος
καὶ ἀ. Z. I 36, 3. 13. 18
ἀποστατικῶς οἱ φαῦλοι πράττουσιν
ἀ. III 124, 4
ἀποστερέω ἀ. οὐκ ἔστι δικαίως,
ἀλλ᾽ ἀπὸ μοχθηρᾶς πρόεισιν ἕξεως
III 85, 10
ἀποστηματικός II 245, 23
ἀποστρέφομαι οἱ ἐν τοῖς πάθεσιν
ὄντες ἀ. τὸν λόγον III 94, 36 ἡμᾶς
πολλάκις ἀ. τὸν λόγον 95, 12 φορᾷ
ἀπεστραμμένη τὸν λόγον 125, 13 τὸ
ἄλογον ἀ. τὸν λόγον 113, 28
ἀποστροφή ἡ παραλλαγὴ γίγνεται
διὰ τὴν τοῦ λόγου ἀ. III 125, 21 ὁ
πλεονασμὸς γίνεται κατὰ τὴν τοῦ λόγου
ἀ. 130, 11 ἄλογόν φαμεν κατὰ τὴν
τοῦ λόγου ἀ. 126, 32
ἀποσυμβαίνω συμβαίνειν καὶ ἀ.
II 133, 16
ἀποτελεστικός II 149, 2
ἀποτροπή περὶ τῶν καθηκόντων
προτροπῶν καί ἀ. pars eth. III 3, 5
ἀποτυφλόω III 129, 20. 33
ἀποφαίνομαι II 53—58 pass.
ἀπόφανσις II 59, 29. 31. 36 ἀ. ὡρισ-
μένη 60, 3 ποιεῖν ἀ. 60, 3. 5
ἀποφαντικός def. II 61, 29 ἀ. λόγος
= ἀξίωμα 61, 44
ἀποφαντόν II 31, 31. 62, 42
ἀπόφασις τὴν ἀ. προτετάχθαι δεῖ
τοῦ ἑτέρου II 70, 17 οὐδὲν τῶν κατὰ
ἀ. λεγομένων οὐδενί ἐστιν ἐναντίον
II 50, 29
ἀποφάσκω II 53, 27. 33. 55, 17. 57,
11. 18. 58, 1. 14 ἀποφάσκων (scil. λόγος)
tit. l. Chr. II 8, 7. 8
ἀποφατικός περὶ ἀ. tit. l. Chr. II 5, 9
solum abdicativum, cui negativa parti-
cula praeponitur II 66, 26 μόνα τὰ ἀ.
τοῖς καταφατικοῖς ἀντικεῖσθαι 51, 8

ἀ. ἀξιώματα II 55, 3. 4. 66, 7. 69, 23
ἀ. συμπεπλεγμένον 69, 2. 71, 34. 81, 16
ἀ. συμπλοκή 69, 2. 80, 11 negationes
infinitarum coniunctionum 277, 8   ἡ
τῶν ἀ. ὑπεξαίρεσις 84, 32
ἀποχράω ἡ ἀρετή ἀ. III 50, 10
ἀπράγμων ἀ. τοὺς σπουδαίους III
163, 37 expl. 176, 28
ἀπρεπής τὰ κακὰ πάντα ἀ. III 22, 2
ἀ. κίνησις 64, 33
ἀπρόληπτος μηδὲν τῷ σοφῷ ἀ.
προσπίπτειν III 149, 30. 36
ἀπροπτωσία = ἐπιστήμη τοῦ πότε
δεῖ συγκατατίθεσθαι καὶ μὴ II 39, 22
= διάθεσις ἀσυγκατάθετος πρὸ κατα-
λήψεως 40, 9
ἀπρόπτωτος ὁ. ἀ. def. II 40, 12
ἀπροπτώτως ἀκοῦσαι III 50, 36
ἅπτομαι cf. ψαύω
μηδενός ἅ. μηδὲν II 159, 14 ἅ. μὲν
ἀλλήλων τὰ σώματα, μηδενὶ δ' ἅ. ib.
ἀρατικόν II 31, 32. 58, 39. 60, 41.
61, 31. 44
ἀράχνης II 288, 4
ἀργός ἀ. λόγος II 277, 32. 278, 19
ἀργύριον φιλαργυρία ὑπόληψις τοῦ
τὸ ἀ. καλὸν εἶναι III 110, 40
ἀρεστός τὸ αἱρετὸν ἀ., τὸ δ' ἀ.
ἐπαινετόν III 9, 27. 11, 8 πᾶν ἀγαθὸν
ἀ. 22, 14. 16 ἡ ἀρετὴ ἀ. 49, 44 expl.
ἀρετή περὶ ἀ. tit. l. Cl. I 107, 14
Chr. II 9, 42 ὅτι ἡ αὐτὴ ἀ. ἀνδρὸς
καὶ γυναικὸς tit. l. Cl. I 107, 36 περὶ
τοῦ ποιὰς εἶναι τὰς ἀ. tit. l. Chr. II
9, 41 περὶ τῆς διαφορᾶς τῶν ἀ. tit.
l. Chr. II 9, 40
περὶ ἀ. pars ethic. III 3, 3 τρεῖς,
φυσικὴν ἠθικὴν λογικὴν ἀ. τὰς γενικω-
τάτας εἶναι II 15, 6 τὴν ἀ. τριχῶς
λέγεσθαι III 19, 23
ἀ. enum. Z. I 47, 21. 49, 22
ἀ. = τὰς αὐτὰς τῷ ἡγεμονικῷ μέρει
τῆς ψυχῆς III 75, 3 ἀ. = ἡ αὐτὴ τῇ
διανοίᾳ κατ' οὐσίαν 75, 10 = τοῦ ἡγε-
μονικοῦ τῆς ψυχῆς διάθεσίς τις καὶ
δύναμις γεγενημένη ὑπὸ λόγου, μᾶλ-
λον δὲ λόγος οὖσα αὐτὴ ὁμολογούμε-
νος καὶ βέβαιος καὶ ἀμετάπτωτος Z. I
50, 1. III 48. 8. 111, 14 = animus quo-
dammodo se habens III 75, 19 = per-
fecta ratio 77, 4 = recta ratio 48, 10

= τελειότης τῆς ἑκάστου φύσεως 58, 34.
61, 38 = τὸ τέλειον κατὰ φύσιν λογι-
κοῦ ὡς λογικοῦ 19, 28 = διάθεσις ψυ-
χῆς σύμφωνος αὐτῇ περὶ ὅλον τὸν
βίον 48, 17. 63, 34. 72, 12 = habitus
consentiens vitae 48, 12 = διάθεσις
ὁμολογουμένη 11, 37. 48, 4. 8 = περὶ
ὅλον τὸν βίον τέχνη 49, 7. 148, 42 =
honeste vivere 5, 41
ἀ. τις κοινῶς παντὶ τελείωσις e. s.
III 48, 6 arboris et equi virtus, quae
dicitur 76, 31 ἐρωτικὴ ἀ. 180, 27.
Diog. 229, 7. 230, 16 συμποτικὴ 74,
18. 180, 27
quattuor virtutum unaquaeque ele-
mentum sortita est ex his tribus: ex
habitudine, habendo et habere III
68, 15 ἀ. πᾶσαι διαθέσεις II 129, 42.
III 25, 10. 21 αἱ κατ' ἀ. ἐνέργειαι οὔτε
ἕξεις οὔτε διαθέσεις 25, 11
τὰς ἀ. ἐπιστήμας εἶναι II 30, 36 τέχ-
νας 30, 41. III 51, 20 τῶν ἀ. τὰς μὲν
ἐπιστήμας τινῶν καὶ τέχνας, τὰς δ' οὔ
III 23, 26 τὰς μὲν συνεστηκέναι ἐκ
θεωρημάτων, ἄλλας οὐκ ἔτι τέχνας
οὔσας, ἀλλὰ δυνάμεις τινὰς 68, 22
μηδεμίαν ἀ. εἶναι δύναμιν 61, 33 ἀ.
ἀθεώρητος : θεωρηματικὴ e. s. 48, 7
ἡ ἀ. καὶ θεωρητικὴ καὶ πρακτικὴ
49, 4
διδακτὴν εἶναι Cl. I 129, 21. III
52, 17
ἀναπόβλητον Cl. I 129, 25. 28. III
57, 31 τὸν σπουδαῖον διὰ παντὸς τοῦ
βίου χρῆσθαι ταῖς ἀ. Z. I 49, 19. 52, 28.
Cl. I 129, 28 ἀ. πᾶσι τοῖς φρονίμοις
ὑπάρχειν καὶ ἐν παντὶ καιρῷ III 24, 43
οὐκ ἀπόβλητον οὔτε ὕπαρ, οὔτε ὄναρ
57, 22 οἷόν τε τὴν ἀ. ἔχοντα καὶ ἐν
ληθάργῳ καὶ ἐν μελαγχολίᾳ γενέσθαι
57, 13 ἀποβλητὴν διὰ μέθην καὶ με-
λαγχολίαν 56, 39. 57, 7
ἀ. σῶμα II 221, 1. 230, 2. III 21, 23.
75, 3 virtus non tantum in me in-
tellectu est, extendens se usque ad
sensus aliaque instrumenta partialia
III 49, 36 πᾶσα ἀ. ζῷον 75, 9. 20. 40 τῶν
ἀ. ἔστιν αἰσθέσθαι 21, 36 προσχρῆται
ταῖς αἰσθήσεσιν πρὸς τὰς ἰδίας ἐνερ-
γείας 16, 5
ποιὰς εἶναι τὰς ἀ. III 62, 22 pass.

κατὰ τὸ ποιὸν ἰδίᾳ ποιότητι συνίστα-
σθαι 60, 4
τῶν ἀ. τὰς μὲν εἶναι πρώτας, τὰς
δὲ ταῖς πρώταις ὑποτεταγμένας e. s.
III 64, 14. 65, 5 πρώτας τέτταρας 64,
15. 65, 6 αἱ ὑποτεταγμέναι enum. 64,
19. 73, 5
μία ἀ. ἡ ἐπιστήμη III 60, 31 μία,
ἐπιστήμη ἀγαθῶν καὶ κακῶν A. III
60, 15. 61, 39 I 85, 36 μία κατὰ δύ-
ναμιν A. I 86, 19 μία ἡ φρόνησις
Apolloph. I 90, 20 ἀ. οὐ πολλαί Z. I
49, 28 πολλὰς ἐπιστήμας τε καὶ ἀ.
εἶναι III 61, 35 πλείονας εἶναι ἀ.
III 63, 20. 75, 2 πλείονας ἢ τέττα-
ρας Cl. I 129, 15 Ant. III 253, 25
πλείονας κατὰ διαφορὰς Z. I 49, 21
ἑτέρας καὶ διαφερούσας ἀλλήλων 49,
23 διαφέρειν ἀλλήλοιν τοῖς κεφαλαίοις
III 69, 7 κεφαλαιοῦσθαι ἑκάστην περὶ
τι ἴδιον κεφάλαιον III 73, 2 οὐκ ἐν
τῇ πρός τι σχέσει γίνεσθαι τὸ πλῆ-
θος τῶν ἀ., ἀλλὰ ἐν ταῖς οἰκείαις
οὐσίαις ὑπαλλαττομέναις κατὰ τὰς
ποιότητας 63, 2 μιᾶς ἀ. σχέσεις τὰς
ἄλλας εἶναι A. I 85, 33 τῇ μὲν οὐσίᾳ
μίαν ἐποίει καὶ ὑγίειαν ὠνόμαζε, τῷ
δὲ πρός τί πως διαφόρους καὶ πλείο-
νας A. I 86, 9 μίαν οὖσαν τὴν ἀ.
ὀνόμασι πλείοσιν ὀνομάζεσθαι κατὰ
τὴν πρός τι σχέσιν A. III 62, 37 οὐ
πολλὰς, ἀλλὰ κατὰ τὸ πρός τί πως
ἔχειν A. I 79, 15 μία ἀ., ταῖς δὲ πρὸς
τὰ πράγματα σχέσεσι κατὰ τὰς ἐνερ-
γείας διαφέρειν δοκοῦσα Z. I 49, 27
ἑκάστη ἀ. συνωνύμως καλουμένη μόνον
τοῦ καθ᾽ ἑαυτὴν ἀποτελέσματος αἰτία
A. I 86, 4. 25 ἡ ἀ. ἐν πλείοσι θεωρίαις
γινομένη ἢ ἐν ἐλάττοδιν II 337, 23
εἶναι τῶν ἀ. τὰ θεωρήματα κοινὰ III
69, 4. 72, 32
omnes virt. in ratione ponebat Z.
I 49, 16 τὸ ἡγεμονικὸν διόλου τρεπό-
μενον καὶ μεταβάλλον κακίαν τε γίνε-
σθαι καὶ ἀ. Z. I 50, 8 III 111, 21
τὴν ἀ. τοῦ ἡγεμονικοῦ τῆς ψυχῆς διά-
θεσίν τινα καὶ δύναμιν γεγενημένην
ὑπὸ λόγου, μᾶλλον δὲ λόγον οὖσαν
αὐτὴν ὁμολογούμενον καὶ βέβαιον καὶ
ἀμετάπτωτον Z. I 50, 1. III 48, 8. 111,
14 mundi est propria virtus II 193,

39 in virtutibus solis inesse scien-
tiam et sapientiam II 35, 36
omnia, quae essent aliena firmae
et constantis adsensionis a virtute
removebat Z. I 16, 30. 18, 38 τὰς ἀ.
ἐφ᾽ ἡμῖν εἶναι II 287, 7. ubi virtus,
si nihil situm est in ipsis nobis? 35, 19
κατὰ τὴν τῶν ὅλων οἰκονομίαν ἀναγ-
καῖον καὶ περὶ τὴν ἀ. ἔχειν ἡμᾶς, ὡς
ἄν ποτ᾽ ἔχωμεν 269, 8
ἄγει πρὸς ἀ. ἡμᾶς ἡ φύσις Z. I
45, 22. Cl. 125, 21 φύσει πάντες πρὸς
ἀ. γεννώμεθα Z. I 46, 28. A. 80, 34.
III 51, 22. 32 πάντας ἀνθρώπους ἀφ-
ορμὰς ἔχειν ἐκ φύσεως πρὸς ἀ. Cl.
I 129, 18 ἅπαντας ἀνθρώπους εἰς
ἀρετῆς κτῆσιν ἐπιτηδείως ἔχειν III
56, 20 v. hominibus per consilium
naturae gignitur II 336, 26 πρὸς
τὰς ἀ. τὴν ἀξιόλογον προκοπὴν ἐκ
φύσεως προϋπάρχειν III 51, 37 οὐ
φύσει τὴν ἀ. γεννώμεθα 52, 22
ἡ ἀ. ψιλῶς οὐδέν ἐστι πρὸς τὸ ζῆν
ἡμᾶς 189, 8 οὐ τὴν ἀ. κατέχειν ἐν
τῷ ζῆν 188, 3. 189, 40
περὶ τὴν τῶν κατὰ φύσιν καὶ οἰ-
κείων ἐκλογὴν ἡ ἐνέργεια τῆς ἀ. καὶ
περὶ τὴν ἔκκλισιν τῶν τούτοις ἐναν-
τίων III 190, 26 ἡ φύσις τῆς τῶν
οἰκείων ἐκλογῆς ἕνεκεν τὴν ἀ. παρα-
λαμβάνει 46, 23 τὸ κατ᾽ ἀ. ζῆν = κατ᾽
ἐμπειρίαν τῶν φύσει συμβαινόντων
ζῆν 3, 27 ἀ. ἐστιν περὶ τὴν ἐκλογὴν
τῶν κατὰ φύσιν 16, 15 virtutem rerum
selectione exspoliavit A. I 84, 13
τὰ μεταξὺ ἀ. καὶ κακίας ἀδιάφορα
λέγεσθαι III 28, 26 ἀ. καὶ κακίας
οὐδὲν εἶναι μεταξὺ A. I 84, 19. Cl.
129, 17. III 143, 16 ἡ ἀ. τὰ μὲν διω-
θεῖ τῶν ἀδιαφόρων, τὰ δὲ ἐκλέγεται
III 57, 18 δίχα κειμένων ἀ. τε σὺν προ-
ηγουμένοις καὶ ἀ. μόνης, μηδέποτ᾽ ἂν
τὸν σοφὸν τὴν κεχωρισμένην ἑλέσθαι
46, 14
ἡδονή: αἱ ἀ. Cl. I 125, 29 sq. 126,
34 ἀναιρεῖσθαι τὰς ἀ. ἁπάσας, ἂν
τὴν ἡδονὴν ἢ τὴν ὑγίειαν ἀγαθὸν ἀπο-
λίπωμεν III 8, 1. 37, 20 τῆς ἡδονῆς
ἐμφαινομένης τέλους μὴ εἶναι τῶν ἀ.
τινα δι᾽ αὐτὴν αἱρετὴν 8, 32 virtutem
nullam requirere voluptatem 13, 28

ad virtutes esse dux pecunia potest, continere autem non potest Diog. III 218, 29

ipsam etiam virtutem esse earum rerum, quae secundum naturam sunt III 32, 18 τὸ κατ' ἀ. ζῆν ἀεὶ καθήκει 135, 13 ἀ. ἀγαθὰ 26, 23 διὰ παντὸς ἔστι ἀ. καλῶς χρῆσθαι 29, 29 ἡ ἀ. μόνη ἀγαθόν A. I 81, 31. 83, 31. III 165, 21 ἀγαθὰ αἱ ἀ. καὶ τὰ μετέχοντα αὐτῶν Z. I 47, 21. III 6, 17. Diog. 218, 14 πᾶν τὸ ἀγαθὸν κατ' ἀ. ἀφώρισται III 76, 20 περὶ ψυχὴν ἀγαθὰ εἶναι τὰς ἀ. 23, 40. 24, 5. 14 ἀγαθὰ ἀεὶ παρόντα 24, 41. 43 τῶν ἀγαθῶν τὰ μὲν εἶναι ἀ., τὰ δ' οὔ 23, 22 τῶν ἐν σχέσει ἀγαθῶν τὰς μὲν καὶ ἐν ἕξει εἶναι, οἷον τὰς ἀ. 26, 30 εἰ μόνην ῥητέον τὴν γενικὴν ἀ. ἀγαθὸν ὑπάρχειν 19, 12 αἱ ἀ. πᾶσαι καὶ ποιητικὰ ἀγαθὰ καὶ τελικὰ 25, 27, 39

ἀ. καὶ τὸ μετέχον ἀ. εἶναι καλὸν III 6, 17. 9, 31 virtus = honeste vivere 5, 41. 11, 4

τὴν ἀ. δι' αὑτὴν αἱρετὴν III 11, 37 sq. 12, 32. 13, 12 sq. praeter virtutes non esse rem ullam expetendam A. I 84, 31 omnis virtus intra se perfecta III 137, 32 in una virt. omnia esse A. I 84, 13 quae proficiscuntur a virtute, susceptione prima, non perfectione recta sunt iudicanda III 137, 12 εἰ ἔστιν κατορθώματα, ἔστιν ἀ. II 295, 35 τὸ κατ' ἀ. ζῆν ἀεὶ καθήκει III 135, 13 non virt. usum modo, sed ipsum habitum per se esse praeclarum Z. I 49, 18 ipsam virt. esse pro praemio III 13, 2 v. esse nulla potest, nisi erit gratuita 8, 2

ἑκάστῃ ἀ. συμβέβηκεν εἶναι καὶ ἀρχὴν καὶ τέλος III 53, 2 nulla in re nisi in virtute propensionem ad summum bonum adipiscendum esse Z. I 47, 8 πάσας τὰς ἀ. τέλος ἔχειν τὸ αὐτὸ III 69, 4 πάσας ποιεῖσθαι τέλος τὸ εὐδαιμονεῖν 69, 25 πασῶν τῶν ἀ. τὸ τέλος εἶναι τὸ ἀκολούθως τῇ φύσει ζῆν 64, 44 ὁμολογουμένως τῇ φύσει ζῆν = κατ' ἀ. ζῆν Z. I 45, 22 τέλος ἐν τῷ κατ' ἀ. ζῆν III 5, 41. 6, 9. 19

ἐν τῷ κατ' ἀ. βιοῦν μόνον ἐστὶν τὸ εὐδαιμόνως Z. I 46, 22. 38. 47, 13. III 13, 10. 34, 10 ἡ τῆς ψυχῆς ἀ. εὐδαιμονία III 14, 36 ἀναγκαῖα ἀγαθὰ πρὸς εὐδαιμονίαν τὰς ἀ. πάσας 27, 12 κατὰ σύγχρησιν τῶν ἑκάστων ἀ. γίγνεται τὸ εὐδαιμόνως ζῆν A. I 86, 26 τὸν τὴν ἀ. ἔχοντα εὐτυχῆ εἶναι III 155, 32 ὁ τὴν ἀ. ἔχων ἐπίσης τῷ Διὶ μακαρίως ζῇ 190, 15 ἡ ἀ. αὐτάρκης πρὸς εὐδαιμονίαν Z. I 46, 33. 37. III 13, 17. 24. 28. 29. 16, 37. 172, 10. 190, 12. Ant. 252, 33 ἀρκεῖν πρὸς τὸ μακαρίως βιῶναι τὸν οἰκειοῦντα πρὸς ἀ. λόγον A. I 80, 26 εἰ ἡ ἀ. αὐτάρκης πρὸς εὐδαιμονίαν III 57, 15 ἡ τοῦ εὐδαίμονος ἀ. expl. 4, 5

ἀ. ἀχώριστοι ἀπ' ἀλλήλων Z. I 49, 17. 23 III 69, 6. 75, 2 τὰς ἀ. ἀντακολουθεῖν ἀλλήλαις καὶ τὸν μίαν ἔχοντα πάσας ἔχειν III 67, 44. 69, 6. 72, 30. 73, 29. Apollod. III 261, 13 ita nexas et cohaerentes, ut qui unam non habuerit, omnibus careat III 73, 35 τὸν κατὰ μίαν ὁτιοῦν ἐνεργοῦντα κατὰ πάσας ἐνεργεῖν 69, 7. 73, 31 πάντα ποιεῖν τὸν σοφὸν κατὰ πάσας τὰς ἀ. 148, 23 πάσας τὰς ἀ. τὰ πασῶν βλέπειν καὶ τὰ ὑποτεταγμένα ἀλλήλαις 69, 17 qui generalem, habet et speciales, qui speciales, et generalem v. 48, 14 αἱ ἀ. ἀλλήλαις αἴτιαι διὰ τὴν ἀντακολουθίαν II 121, 7 εἰ καὶ ἀντακολουθοῦσιν ἀλλήλαις αἱ ἀ., ἀλλὰ τῇ ἰδιότητι διαφέρουσιν III 74, 24

μὴ ἀ. ἀρετῆς ὑπερέχουσαν εἶναι III 141, 17 τὰς ἀ. μὴ ἐπιδέχεσθαι ἐπίτασιν καὶ ἄνεσιν II 129, 42. 130, 30. III 141, 8 αὔξεσθαι τὰς ἀ. καὶ διαβαίνειν 52, 42 quamquam negant v. crescere, tamen fundi et dilatari putant 142, 19

quattuor ἀριθμοὶ τῆς ἀ. III 52, 11 ἀκαρεῖ χρόνου ἐκ τῆς φαυλότητος εἰς οὐκ ἔχουσαν ὑπερβολὴν ἀ. διάθεσιν μεταβάλλει ὁ σοφὸς 144, 8 οἱ πελάζοντες ἀ. τῶν μακρὰν ὄντων οὐχ ἧττόν εἰσιν ἐν κακίᾳ 143, 42 τὸ ἄλλους παρ' ἄλλους εὖ πεφυκέναι πρὸς ἀ., τελειότητα κατ' ἀ. οὐδ' ἡντινοῦν τῶν ἀμεινόνων φύντων κατηγορεῖ 52, 31 ὅσα ἐκτός ἀ., ἐὰν μὴ προσγένηται τὸ πέρας, ἀνωφελῆ πάντα 137, 19   ἐν ὀλίγοις γίνεσθαι τὰς μελέτας τῶν κατὰ τὰς ἀ. Diog. III 221, 20 αἱ τέλειοι ἀ. μόνου τοῦ τελείου κτήματα III 140, 22 πάντα ποιεῖν τὸν σοφὸν κατὰ πάσας τὰς ἀ. 148, 23. 166, 11 τὰς τέχνας τὰς ἐν τῷ σπουδαίῳ ἀλλοιωθείσας ὑπὸ τῆς ἀ. οἱονεὶ ἀ. γίνεσθαι 26, 31 οἱ τὰς ἀ. ἔχοντες οὐκέτι τῶν ἀντικειμένων κακιῶν ταῖς ἀ. δεκτικοί II 287, 3 τὸν σπουδαῖον διὰ παντὸς τοῦ βίου χρῆσθαι ταῖς ἀ. Z. I 52, 28. Cl. 129, 28 πᾶσιν τοῖς πράγμασι καλῶς χρῆται ἡ ἀ. III 49, 25. 28 διὰ παντὸς ἀρετῇ καλῶς ἔστι χρῆσθαι 29, 29 οὐδὲν εἶναι ἀ. ὄφελος ὀλιγοχρονίου 50, 28 ἀ. πᾶσι τοῖς φρονίμοις ὑπάρχειν καὶ ἐν παντὶ καιρῷ 24, 43 τὰς ἀ. ἐν ἀπαθείᾳ εἶναι 48, 31 v. laudabiles eos efficit, in quibus est 48, 9 τοὺς ἐπαίνους ἀλλοτριώσεσθαι κατά τινα τῶν συμβαινόντων ἀπ᾽ ἀ. 50, 32. 51, 2. 7 εἰ τῆς ἀ. ἕνεκεν ποριστέον τῷ σοφῷ 172, 9 πῶς εὔλογος ἐξαγωγὴ τῷ τὴν ἀ. ἔχοντι disp. 190, 13 sq.   τὸν σοφὸν ἐπ᾽ ἀ. παρορμήσειν 175, 5 μήτε προτετράφθαι τινὰ τῶν φαύλων μήτε προτρέπειλ πρὸς ἀ. 170, 32 μηδὲ τὴν κατ᾽ ἀξίαν ποιεῖσθαι δόσιν τῆς ἀ. τῶν φαύλων τινὰ 171, 11

ὁ θεὸς ἀ. οὐ δίδωσιν ἀνθρώποις III 51, 25 οὐδὲν τῶν ἄλλων ζῴων πλὴν ἀνθρώπου ἀ. ἐπιδεκτικόν 165, 22 v. praeter hominem ac deos in nullo alio genere 58, 33 τὴν αὐτὴν ἀ. εἶναι θεῶν καὶ ἀνθρώπων Cl. I 129, 9. 11 sq. III 36, 10. 58, 32. 37 pass. πάσαις ταῖς ἀ. συμπεπληρωμένον ὁ θεός Cl. I 120, 16 ὁ τὴν ἀ. ἔχων ἐπίσης τῷ Διὶ μακαρίως ζῇ III 190, 15 τὴν αὐτὴν ἀ. τῶν γυναικῶν καὶ τῶν ἀνδρῶν 59, 35

διὰ τί τὴν ἀ. λέγουσιν ἀγαθὸν III 49, 43 καλὸν 50, 3 σπουδαῖον 50, 1 πολλοῦ ἄξιον 49, 44 αἱρετὸν 50, 5 συμφέρον 50, 4 χρήσιμον 50, 4 λυσιτελὲς 50, 7 ἐπαινετὸν 50, 2 ἀρεστὸν 49, 44 ἀναγκαῖον 50, 6 αὔταρκες 50, 9 ἀνενδεὲς 50, 9 ἀποχρῶν 50, 10

virtutum cognitio confirmat percipi et comprehendi multa posse II 35, 34 si natura confirmatura ius non erit, v. omnes tollentur III 84, 32 πρῶτον εἶδος φιλίας τὸ κατ᾽ ἀ. III 181, 33 τὴν μουσικὴν πρὸς ἀγωγὴν παραλαμβάνεσθαι παίδων εἰς ὑποτύπωσιν ἀ. Diog. III 228, 29 ἡ περὶ μουσικὴν φιλοτεχνία οἰκείως διατιθέναι πρὸς πάσας ἀ. Diog. 234, 11 virtus: artes Diog. 218, 36

Ἄρης (deus) ἀναίρην εἶναι τὸν Ἄ. II 319, 36 κατὰ τοῦ πολέμου τετάχθαι καὶ τῆς τάξεως καὶ ἀντιτάξεως 315, 13 Ἄ. τῶν βλαπτόντων θεῶν εἶναι 300, 24 (stella) sphaera II 169, 4

ἄρθρον μέρος λόγου II 45, 2. 10. Ant. III 247, 24 def. Diog. III 214, 3 μετὰ ἄ. τοὺς ὅρους προφέρομεν II 50, 22

ἀριθμός ὁ πᾶς ἀ. ἄπειρος λέγεται εἶναι Apollod. III 260, 19 πάλιν πάντα ταῦτα γίνεσθαι κατ᾽ ἀ. II 189, 37 μηκέτι τὴν αὐτὴν ψυχὴν καὶ σῶμα εἶναι κατ᾽ ἀ. 189, 41 πότερον εἰς εἰμὶ τῷ ἀ. ὁ νῦν (sc. ἐν τῇ παλιγγενεσίᾳ) καὶ τότε 191, 2 quattuor ἀ. virtutis III 52, 11 κατορθώματα omnes numeros virtutis continent 4, 41 κατόρθωμα = καθῆκον πάντας ἐπέχον ἀ. 136, 15 alia peccata plures, alia pauciores numeros officii praeterire Z. I 55, 35

ἀριστοκρατία πολιτείαν ἀρίστην τὴν μικτὴν ἔκ τε δημοκρατίας καὶ βασιλείας καὶ ἀ. III 175, 27

ἁρμή παράθεσις καθ᾽ ἁ. II 154, 12 τῶν καθ᾽ ἁ. συγκειμένων 154, 31

ἁρμονικός αὐτὴν καθ᾽ ἑαυτὴν τὴν σύνεσιν τοῦ ἁ. πρὸς τὴν παιδείαν χρήσιμον Diog. III 221, 30 ὅρους καὶ διαιρέσεις καὶ ἀποδείξεις ἐν ἁρμονικῇ πλείστας εἶναι Diog. 233, 20

ἁρμόττω τῷ φαύλῳ οὐδὲν ἁ. III 169, 3 τὸ ἡρμοσμένον καὶ ἀνάρμοστον τῆς ἐπιστημονικῆς αἰσθήσεως δεῖσθαι Diog. III 222, 36

ἀρνητικόν (sc. ἀξίωμα) def. e. s. II 66, 11

ἀρρενομιξία ἀδιάφορον τὴν ἀ. Z.
I 59, 9. Cl. 132, 13
ἀρρηνότης ἀρετὴ def. III 66, 28
ἀρρώστημα ἀ. = νοσήματα μετ᾿
ἀσθενείας III 103, 2. 5. 104, 9 def.
104, 31 τὸ κατὰ ψυχὴν ἀ. λέγεσθαι
ἀπὸ τῆς πρὸς σῶμα ἀναλογίας 121, 2
ἀ. ἐπὶ τοῦ σώματος enum. 103, 3
ἀ. ἐπὶ τῆς ψυχῆς enum. 103, 4 : 103, 2.
104, 7 aegrotationes partes vitiosi-
tatis 104, 20 oriuntur ex libidine et
ex laetitia 103, 34 difficilius evelli
posse quam vitia 105, 11 οὐκ ἐν τῷ
κρίνειν ἀγαθὰ ἕκαστα λέγεται ἀ., ἀλλὰ
κατὰ τὸ ἐπὶ πλέον ἐκπεπτωκέναι πρὸς
ταῦτα τοῦ κατὰ φύσιν 130, 22 μηδέπω
ἀ. τὴν περὶ τῶν χρημάτων εἶναι δόξαν
ὡς ἀγαθῶν, ἀλλ᾿ ἐπειδάν τις αὐτὰ μέ-
γιστον ἀγαθὸν νομίζῃ 130, 33 εἰς ἀ.
τὰ παιδία οὐκ ἐμπίπτειν 128, 1 τὰ
ἀ. ἕξεις μόνον e. s. 25, 17 οὐκ ἀναγ-
καῖα κακά 27, 17
ἀρτάω II 273, 7
Ἄρτεμις δεικνὺς ὅτι σελήνη ἡ Ἄ.
καὶ τὰ περὶ τόκους εἰς αὐτὴν ἀνα-
φέρων II 212, 39 τὴν σελήνην Ἄ.
Diog. III 217, 13
ἀρτιότης ἀ. προηγμένον ἐπὶ τῶν
σωματικῶν III 31, 4 δι᾿ αὐτὸ καὶ δι᾿
ἕτερα προηγμένον 31, 30. 32, 33. 37
αἰσθητηρίων ἀ. κατὰ φύσιν εἶναι 34, 16
πρῶτον κατὰ φύσιν 34, 29. 45, 10 τὴν
ἀ. (sc. τῆς ψυχῆς) δύναμιν, ἐκ τῆς
ἀσκήσεως περιγιγνομένην 68, 26
ἀρχή ἀ. = εἰς ὃ διέλῃ τις κατ᾿
ἐπίνοιαν αὐτὸ τὸ ἐλάχιστον II 135, 1
ἀ. : στοιχεῖον II 111, 4. 134, 43 τὰς ἀ.
εἶναι ἀγενήτους καὶ ἀφθάρτους 111, 5
ἀσωμάτους καὶ ἀμόρφους 111, 6 οὐκ
ἐξ ἀνάγκης ὁμογενεῖς τοῖς πράγμασιν
II 134, 37 ἀ. τῶν ὅλων δύο, τὸ ποιοῦν
καὶ τὸ πάσχον Z. I 24, 5. Cl. 110, 25.
II 111, 8. Arch. III 263, 21 θεὸν καὶ
ἄποιον ὕλην Z. I 24, 10. 12. 18. Cl.
111, 6. II 111, 16. 112, 28. cf. 307, 33
ὁ περὶ ἀ. λόγος τὴν πίστιν λαμβάνει
ἐκ τοῦ σῶμα χωρεῖν διὰ σώματος II
156, 14
    τὴν ἀ. τῆς ψυχῆς = τὸ ἡγεμονικόν
II 245, 27
    ἀ. τῶν καθηκόντων III 30, 3 τῆς

δικαιοσύνης ἀ. ἡ ἐκ τοῦ Διὸς καὶ ἡ
ἐκ τῆς κοινῆς φύσεως 80, 35
ἡ ἀ. = νόμιμος ἀνθρώπων διοίκησις
III 81, 21 = πρόνοια ἀνθρώπων κατὰ
νόμον 81, 21
ἀρχικός ὁ ἀ. τουτέστιν ὁ εἰδὼς
ἄρχειν, μόνος ἄρχων, εἰ καὶ μὴ ἔχει
τὰ ὄργανα τῆς ἀ. ἐπιστήμης III 159, 4
τοὺς σοφοὺς ἀ. εἶναι 158, 9 ἀστείοις τὴν
ἀ. ἐπιστασίαν κατανέμουσιν e. s. 158, 23
ἄρχω ἀ. λέγεσθαι τὸν ἔχοντα τὴν
βασιλικὴν ἐπιστήμην III 159, 15 ἐγνω-
κέναι δεῖν τὸν ἄ. περὶ ἀγαθῶν καὶ κα-
κῶν 158, 38 ὁ ἀρχικὸς μόνος ἄρχων
159, 5 μόνος ἄρχων ὁ σπουδαῖος
159, 10 οὔτε ἄ. οὔτε ἄρχεσθαι οἷός
θ᾿ ὁ ἄφρων 158, 28
ἀσέβεια περὶ ἀ. tit. l. P. I 96, 29
ἡ ἀ., κακία οὖσα, ἄγνοια θεῶν θερα-
πείας III 157, 10 ἀ. οὐ τεταγμένη
κατὰ τὴν ἐνέργειαν, ἀλλὰ ἡ τῇ εὐσε-
βείᾳ ἐναντία ἕξις 166, 12 τὸ παρὰ
τὴν βούλησίν τι πράττεσθαι τοῦ θεοῦ
ἀ. ἐστὶ τεκμήριον 166, 5 τὸ κατὰ ἀ.
πεπραγμένον ἀσέβημα 166, 13
ἀσέβημα def. III 166, 8. 13 πᾶν
ἁμάρτημα ἀ. εἶναι 166, 4
ἀσεβής πάντας τοὺς ἄφρονας ἀ.
III 157, 10
ἄση def. III 100, 10. 36 εἶδος τῆς
λύπης 96, 10
ἄσημος II 45, 13
ἀσθένεια ἐπὶ τοῦ σώματος ἀ. καὶ
ἐν ψυχῇ συνίσταται III 120, 32 ἡ τοῦ
σώματος ἀ. def. 121, 28 ἀδιάφορον
28, 8. Apollod. 261, 9 ἀποπροηγμένον
ἐπὶ τῶν σωματικῶν 31, 7 παρὰ φύσιν
34, 17 Chr. αἰτιᾶται τῶν πραττομένων
οὐκ ὀρθῶς ἀ. τῆς ψυχῆς 123, 1 φαύ-
λους ὄντας ὑπ᾿ ἀ. συγκατατίθεσθαι ταῖς
ψευδέσι φαντασίαις 42, 31 omne pecca-
tum imbecillitatis et inconstantiae est;
haec vitia in omnibus stultis aeque
magna sunt 142, 28 ἀ. οὔτε ἄγνοιά
τινων οὔτε ἀτεχνία 23, 34 ἀ. : ἰσχύς
123, 3 ἀ. in def. ἀρρωστήματος
ἀσθενέω καὶ κατὰ ψυχήν τινας ἀ.
III 121, 1
ἀσθενής ἀ. συγκατάθεσις III 41,
8. 24 ἀ. ὑπόληψις 92, 22 οἱ φαῦλοι
ἀ. πράττουσιν 124, 5

ἄσκησις περὶ ἀ. tit. 1. H. I 91, 9.
Dion. 93, 20 ἡ φιλοσοφία ἄ. ἐπι-
τηδείου τέχνης II 15, 5 ἀρεταὶ δυνά-
μεις ἐκ τῆς ἀ. περιγιγνόμεναι III 68, 25
θεραπεία οἰήσεως ἡ ἀ. τῆς ψυχῆς III
133, 19 πρὸς ἡδονήν, λύπην, φόβον,
ἐπιθυμίαν πολλῆς δεῖ τῆς ἀ. A. I
85, 19
ἀσμενισμός def. III 97, 43. 98, 6
εἶδος τῆς ἡδονῆς 96, 6
ἀσπάζομαι τὸ ἀ. μόνων εἶναι σπου-
δαίων III 161, 13
ἀσπάλαξ ὄψεως ἐστέρηται II 51, 35
ἀσπασμός def. III 105, 33 εἶδος
βουλήσεως 105, 23
ἄσπλαγχνος II 249, 15
ἀστεῖος cf. σοφός, σπουδαῖος, πε-
παιδευμένος
ὁρῶν τῶν τοῦ ἀ. tit. 1. Chr. II 8, 33
ἀ. κρίσις III 72, 16 ἀ. σύστημα III 81, 1
τὴν πίστιν ἀ. ὑπάρχειν 147, 10 ἡ αὐτο-
πραγία ἀ. 176, 29
ὑπάρκτους τοὺς ἀ. II 40, 18 πάντα
φρονίμως ποιεῖ ὁ ἀ. III 88, 36 τῷ ἀ.
ἀλλότριον οὐδὲν III 168, 34 τὰ πάθη
ταῖς τῶν ἀ. οὐκ ἐγγίγνεται ψυχαῖς
III 116, 29 ἐλεύθερος ὁ ἀ. III 88, 36.
89, 6 ἀ. τὴν ἀρχικὴν κατανέμουσιν
ἐπιστασίαν III 158, 23 οὐ μεθύει Z. I
55, 3 οὐκ ἐπ' ἀλλοτρίοις κακοῖς χαίρει
III 168, 11 εὐτεκνεῖ μόνος ὁ ἀ. 156, 26
οὐκ ἀεὶ ἀνδρίζεται 58, 1
ἀστήρ cf. ἄστρον, ἀπλανῆ, πλανώ-
μενα, κομήτης.
ἀ.: ἄστρον II 124, 25 οἱ ἀ. ἐκ θα-
λάσσης ἀνάπτονται II 179, 33 τρέ-
φονται ἐκ τῆς ἐπιγείου ἀναθυμιάσεως
201, 18 terrae, maris, aquarum va-
poribus aluntur 183, 11 refundunt
eadem 183, 14 stellae natura flammeae
183, 11 ἐκ πυρὸς θείου καὶ ἀιδίου
200, 15 αὐγοειδεῖς 219, 10 congruere
stellas et radios inter se committere;
hac societate luminis existere imagi-
nem stellae longioris Z. I 35, 9 σφαιρι-
κοί 200, 12. 19 κωνοειδεῖς Cl. I 114,
5 sq. ἀπὸ ἀνατολῶν ἐπὶ δυσμὰς φέ-
ρεσθαι πάντας τοὺς ἀ. Cl. I 114, 1. 3
κατά τινας τῶν ἀ. ἐπιτολὰς καὶ δύσεις
μεταβολαὶ τοῦ περιέχοντος γίνονται
II 302, 28

οἱ ἀ. ζῷα λογικὰ καὶ σπουδαῖα II
200, 37 pass. αὐγοειδεῖς τε ἅμα καὶ
ξηροὺς ὄντας ἄκραν σύνεσιν ἔχειν
219, 10 τὸν κόσμον εἶναι πόλιν καὶ
πολίτας τοὺς ἀ. 194, 17 οἱ ἀ. θεοί II
30, 19. 187, 9. 306, 24. 315, 23. 316, 3
τοὺς ἀ. ἀεὶ θέοντας θεοὺς προσηγό-
ρευσαν 300, 20. sine labore ac de-
fatigatione est eorum circumactio
201, 10 καὶ οἱ ἀ., θεοὶ ὄντες, πρὸς
τὴν ἑαυτῶν φθορὰν συνεργοῦσι τῷ
ἡλίῳ Cl. I 114, 29 τὸ περιττοὺς ἢ
ἀρτίους εἶναι τοὺς ἀ. ἀδιάφορον III
29, 19
ἀστραπή def. Z. I 33, 33 II 202, 29.
203, 11. 20. 28
ἄστρον cf. ἀστήρ
τὸ ἄ. ἐκ διεστώτων καὶ ὡρισμένων
II 124, 25 σφαιροειδῆ τὰ ἄ. 196, 12
ἐν τῷ αἰθέρι καθίδρυνται 168, 29 ori-
untur in aethere Cl. I 113, 25 τοῦ
αἰθέρος τὸ πυκνωθὲν ἄ. γεγονέναι II
198, 12 ἀπὸ τῆς γῆς τρέφεσθαι II
178, 29. 196, 11 ali aquis, alia dulci-
bus, alia marinis Cl. I 112, 20. II 139, 24.
sidera nutrienda ex mari magno II
332, 2 τὴν σελήνην καὶ τὰ λοιπὰ ἄ.
τὸν ἥλιον ἐξομοιώσειν πάντα ἑαυτῷ
καὶ μεταβαλεῖν εἰς ἑαυτὸν Cl. I 114, 27
astra animantia esse Cl. I 113, 25
τῶν ἄ. ἕκαστον νοερὸν καὶ φρόνιμον.
πυρινὸν δὲ πυρὸς τεχνικοῦ Z. I 34, 22
τὰ ἄ. θεῖα καὶ ἔμψυχα II 168, 30 a.
vim divinam tribuit Z. I 43, 13. Cl.
120, 29 ex astrorum ordine in animis
hominum notiones deorum informatas
esse Cl. I 119, 24. 30
ἀστρονομία τέχνη θεωρητικὴ III
49, 3
ἀσυγκατάθετος μήτε πράττειν μήτε
ὁρμᾶν ἀσυγκατατέτως III 42, 25. Ant.
246, 37 τούς τι τῶν δεόντων ἀ. γνώ-
μῃ πράττοντας μὴ κατορθοῦν III 139, 33
διάθεσις ἀ. in def. ἀπροπτωσίας II 40, 9
ἀσυλλόγιστος ἀ. τρόπος in tit. 1.
Chr. II 7, 3 ἡ τοῦ ἑπομένου πρόσ-
ληψις ἐν τοῖς συνεχέσιν ἀ. 88, 9 ἀ.
λόγοι def. 77, 30 e. s.
ἀσυμμετρία σώματος νόσος ἡ ἀ.
τῶν ἐν αὐτῷ θερμοῦ καὶ ψυχροῦ, ξηροῦ
καὶ ὑγροῦ III 121, 16 pass.

ἀσύμφορος   τὰ κακὰ πάντα ἀ.
III 22, 2
ἀσυμφωνία   ἡ ἔχθρα ἀ. III 166, 16
ἀσυνθετέω   II 63, 34
ἀσφαλὴς   κατάληψις III 26, 41
ἀσχημάτιστος   ἡ οὐσία ἀ. κατὰ τὸν
ἴδιον λόγον II 114, 39. 115, 29
ἀσχήμων   πρᾶξις III 123, 32
ἀσώματος   cf. λεκτά
    τὰ ἀ. ἐν ἐπινοίαις ὑφιστάμενα ψι-
λαῖς II 166, 9 τῶν ἀ. τὰ μὲν τέλεια,
τὰ δ' ἀτελῆ 58, 38 τῶν ἀ. τέσσαρα
εἴδη· λεκτόν, κενόν, τόπος, χρόνος
117, 20 ἀ. τὰς ἀρχὰς 111, 6 τὸ „τί"
καὶ κατ' ἀ. κατηγορούμενον 117, 7
τὸ ἀξίωμα ἀ. II 63, 18 ἀ. τὸ κενὸν
Z. I 26, 28 τὸ ἀ. οὔτε ποιεῖν τι πέ-
φυκεν οὔτε πάσχειν II 123, 31 κατα-
χρηστικῶς αἴτιον καὶ οἷον αἰτιωδῶς
119, 41 σῶμα σώματι ἀσωμάτου αἴτιον
119, 20 οὐδὲν ἀ. συμπάσχει σώματι,
οὐδὲ ἀ. σῶμα Cl. I 117, 11. II 219, 38
μὴ οἷόν τε κοινὸν εἶναι σύμπτωμα
σωμάτων καὶ ἀ. II 126, 24 οὐδὲν ἀ.
ἀπὸ σώματος χωρίζεται II 219, 26. 30. 40
οὐδὲ γὰρ ἐφάπτεται σώματος ἀ. 219,
27. 31 τῶν ἀ. ἀσωμάτους εἶναι τὰς
ποιότητας 128, 15 τῶν ἀ. φαντασίαι
οὐκ αἰσθητικαί 24, 18 τὸ ἀ. ἄπειρον
163, 8
    μηδὲν εἶναι ἀ. Bas. III 268, 8
ἀτακτήματα   τὰ ἁμαρτήματα ἀ. III
136, 34
ἀταραχία   ἀ. = nihil timere nec
cupere III 109, 20 τὴν ἀ. τῆς ψυχῆς
summum bonum 109, 19 qui summum
bonum dicant id esse, si vacemus
omni molestia, eos nomen voluptatis
fugere, sed in vicinitate versari 7, 30
ἀτάραχος   μονὴ III 26, 29
ἀτελὴς   (opp. τέλειος) τῶν ἀσωμά-
των τὰ μὲν τέλεια, τὰ δ' ἀ. II 58, 38.
59, 9
    τὰ μέσα τῶν καθηκόντων ἐφαρ-
μόττει καὶ τοῖς ἀ. III 140, 23 ἀ. ὄντας
εἶναι φαύλους Cl. I 129, 20 ἀ. βίος
καὶ κακοδαίμων III 154, 20
ἀτερπία   τελικὸν κακὸν III 26, 3
ἀτεχνία   περὶ τέχνης καὶ ἀ. tit. l.
Chr. II 9, 39 ἡ ἀ. τῶν ἀναμέσον II
41, 17 ἀποπροηγμένον ἐπὶ τῶν ψυχι-

κῶν III 31, 6 τῶν κακιῶν τὰς μὲν
εἶναι ἀγνοίας τινῶν καὶ ἀ., τὰς δ' οὔ
III 23, 32. 34 ἀναγκαῖον κατὰ τὴν τῶν
ὅλων οἰκονομίαν ἔχειν ἡμᾶς περὶ τὰς
ἀ., ὡς ἄν ποτ' ἔχωμεν II 269, 9
ἄτεχνος   ἀ. εἶναι τοὺς σοφοὺς οὐ
ῥητέον II 41, 6 ἀ. φαντασίαι 24, 24
τὰ ἔργα διορίζεσθαι τῷ ἀπὸ τεχνικῆς
διαθέσεως ἢ ἀπὸ ἀ. γίγνεσθαι III
139, 11
Ἄτλας   Α. ἀκάματος καὶ ἀκοπίατος
πρόνοια Cl. I 124, 37 ὀλοόφρων 125, 2. 4
ἄτομος   περὶ τῶν ἀ. tit. l. Cl. I
110, 29 πρὸς τὰς ἀ. καὶ τὰ εἴδωλα
tit. l. Sph. I 139, 26
    τὸ „ἐγώ" καὶ „σύ" ἐπὶ τῶν ἀ.
λέγεσθαι II 92, 1
ἀτονία   καὶ ἐπὶ τοῦ σώματος ἀ. καὶ
ἐν ψυχῇ III 120, 32 ἡ τοῦ σώματος ἀ.
def. 121, 28 Chr. αἰτιᾶται τῶν πραττο-
μένων οὐκ ὀρθῶς ἀ. τῆς ψυχῆς 123, 1
ὁ ἐν τῇ ψυχῇ τόνος λέγεται ὡς εὐ-
τονία καὶ ἀ. 123, 19 ἀ.: εὐτονία 123, 3
ἄτονος   οἱ ἐπὶ τοῦ σώματος λέγονται
τόνοι ἄ. καὶ εὔτονοι εἶναι III 123, 17
καὶ κατὰ ψυχήν τινας λέγομεν ἀ.
121, 1
    γῆ καὶ ὕδωρ παχυμερῆ καὶ ἄ. ὄντα
II 155, 34 ἀ. τὸ τῆς θηλείας σπέρμα
Sph. I 141, 23
Ἄτροπος   Ἄ. κατὰ τὸ ἄτρεπτον καὶ
ἀμετάθετον τοῦ μερισμοῦ II 265, 18
ὡς ποιοῦσαν τὸ ἀποκληρωθὲν ἀμετά-
τρεπτον 319, 25 ὅτι ἀμετάθετος ὁ
καθ' ἕκαστα διορισμός 264, 26 ἡ εἱ-
μαρμένη Ἄ. 292, 16
ἄτυφος   ἀ. τὸν σοφὸν III 163, 21
αὐγοειδὴς   οἱ ἀστέρες αὐ. II 219, 10
τὸ αὐ. πνεῦμα τοῖς ὀφθαλμοῖς ἐπι-
πέμπεται 231, 20
αὐγὴ   ἀ. τρίτον τι πυρὸς εἶδος II
142, 40 ἀ. = τὸ ἀποστελλόμενον ἐκ
φλογὸς συνεργὸν ὀφθαλμοῖς εἰς τὴν
τῶν ὁρατῶν ἀντίληψιν 187, 5 ἐκ τῆς
ὁράσεως προχεῖσθαί τινα εἰς τὸ σκότος
αὐ. 234, 9
    μεταβάλλειν τὸν κόσμον εἰς αὐ. II
186, 32 ὑπὸ τῆς ἡλιακῆς αὐ. ὁ ἀὴρ
ἀλλοιοῦται 143, 16 ὅσον λείπεται πρὸς
λεπτομέρειαν ἀὴρ αὐ., τοσοῦτον ἀτμὸς
ἀέρος 232, 18

αὐδή φωνὴ : διάλεκτος : αὐ. def. II
44, 15. 19
αὐθάδης ὁ ἄφρων αὐ. III 158, 29
αὐθέκαστος τὸ ἀγαθὸν αὐ. Cl. I
127, 6
αὐλέω III 149, 5
αὐλητής ὁ αὐ. : ὁ σοφὸς III 148, 39
αὐλητικός ἡ αὐ. : ἀρετὴ III 49, 24
αὐξάνω περὶ αὐξανομένου tit. l. Chr.
III 194, 22
αὔξη τὰς αὐ. μὴ γίνεσθαι πολλαχοῦ
ἐν ταῖς κράσεσιν II 157, 22
αὔξησις ὁ περὶ αὐ. λόγος expl. II
214, 21 αὐ. : μείωσις 114, 26 ταῖς τῶν
ζῴων διὰ τῆς τροφῆς αὐ. χρῶνται
πρὸς κατασκευὴν τοῦ σῶμα διὰ σώ-
ματος χωρεῖν 210, 3
αὐξητικῶς bonum non accessione
neque crescendo sentimus bonum III
18, 3
αὔξω cf. αὐξάνω
αὔξεσθαι τὰς ἀρετὰς III 52, 42
αὐστηρία ἀρετὴ def. III 66, 38
αὐστηρός notio expl. III 162, 21.
26. 30 αὐ. πάντας τοὺς σπουδαίους
162, 20 τὸ ἀγαθὸν αὐ. Cl. I 127, 6
αὐτάρκεια ἀρετὴ def. III 67, 3. 68, 5
αὐτάρκης notio expl. II 186, 5 ὁ
κόσμος αὐ. ib. τὴν ἀρετὴν αὐ. πρὸς
εὐδαιμονίαν Z. I 46, 33. III 13, 17. 16,
37. 50, 9. 57, 15. 172, 9. 190, 12. Ant.
252, 33
αὐτοδιακονία III 177, 38
αὐτοκίνητος ἔστι τις καθ᾽ ἑαυτὴν
αὐ. δύναμις II 113, 6 τὸ πῦρ αὐ., τάχα
δὲ καὶ αἱ πηγαί 287, 40
αὐτόματος ἡ τύχη καὶ τὸ αὐ. def.
II 281, 35 κατὰ προαίρεσιν : κατὰ τύχην :
κατὰ τὸ αὐ. 281, 9 λέγειν τινὰς αὐ.
νοσεῖν, ὅταν ἄδηλος ᾖ αὐτοῖς ἡ αἰτία
τῆς νόσου 281, 37 τὸ αὐ. ὅλως ἀνύπ-
αρκτον εἶναι 282, 14
αὐτοπραγία ἡ αὐ. ἀστεῖόν ἐστιν
III 176, 29 ἐλευθερία = ἐξουσία αὐ.
III 86, 32. 146, 8 δουλεία = στέρησις
αὐ. 86, 32
αὐτοτελής ὁρμὴ αὐ. III 32, 12
συνεκτικὰ αἴτια συνωνύμως καὶ αὐ.
καλεῖται II 120, 3
αὐτοτελές (sc. λεκτόν) II 31, 32.
48, 25. 58, 30. 61, 26 δέκα γένη 62, 17

αὐτοφυής αὐ. αἴσθησις Diog. III
222, 35 pass.
ἀφέλεια ἀρετὴ def. III 68, 8
ἀφελής ὁ σπουδαῖος ἀ. III 161, 3
ἀφή = πνεῦμα διατεῖνον ἀπὸ τοῦ
ἡγεμονικοῦ μέχρις ἐπιφανείας II 227, 32
= τὸ διῆκον τῆς ψυχῆς εἰς ὅλην τὴν
σάρκα 238, 37 τὴν κοινὴν αἴσθησιν
ἐντὸς ἀ. προσαγορεύουσιν 230, 39
ἀφθαρσία cf. κόσμος
ἀ. κόσμου II 174, 10. B. III 265, 23
ἄφθαρτος τὰς ἀρχὰς ἀ. II 111, 5
τοὺς θεοὺς ἀ. εἶναι Ant. III 249, 13. 19
ἀφίημι τὰς καταλήψεις ἀ. II 90, 5
ἀφιλαρύνω III 43, 13
ἀφορμή cf. ὁρμή
ἀ. διχῶς λέγεσθαι III 40, 14 def.
40, 11 = λόγος ἀπαγορευτικός 42, 7
ἀδιάφορον τὸ μήτε ὁρμῆς μήτε ἀ.
κινητικὸν III 28, 22. 29, 2 τῶν ἀδια-
φόρων τὰ μὲν ὁρμῆς κινητικά, τὰ δὲ
ἀ., τὰ δὲ οὔτε ὁρμῆς οὔτε ἀ. 29, 11
e. s. ἀδιάφορα λέγεσθαι οὐ πρὸς
ὁρμὴν καὶ ἀ. 34, 25
ἡ φύσις ἀ. δίδωσιν ἀδιαστρόφους
III 53, 10 πάντας ἀνθρώπους ἀ. ἔχειν
ἐκ φύσεως πρὸς ἀρετὴν Cl. I 129, 18.
III 65, 1 ἀ. ἔχειν εἰς τὸ ἀληθὲς εἶναι
II 64, 24
ἀφραίνω ἀ. ἁμάρτημα III 136, 22
τοὺς φαύλους πάντας ἀ. 166, 25
Ἀφροδίτη Ἀ. παθῶν θεὸς II 300, 26
de dea Cl. I 124, 6
(stella) sphaera II 169, 5
ἀφρόνευσις ἡ ἀ. οὔτε ἕξις οὔτε
διάθεσις III 25, 19
ἀφροσύνη = ἄγνοια ἀγαθῶν καὶ
κακῶν καὶ οὐδετέρων II 50, 18. III
63, 29 = ἄγνοια ὧν ποιητέον καὶ οὐ
ποιητέον καὶ οὐδετέρων III 63, 29.
66, 1 def. III 73, 27
ἀ. ἄγνοιά τινων καὶ ἀτεχνία III
23, 33 ἕξις II 49, 36 κακία III 23, 30
ἐν ταῖς πρώταις κακίαις III 65, 18
ἀ. κακόν Z. I 47, 23. III 17, 19. 19, 31
ἀ. μόνη κακόν III 19, 41 ἀ. ἔστιν
αἰσθέσθαι III 21, 34
ἄφρων cf. φαῦλος
ἀ. = οἱ τοῦ ποῖα δεῖ ποιεῖν, ποῖα
δ᾽ οὔ, τι ἀγνοοῦντες III 65, 43 ἀγνο-
οῦσι τὰ καθ᾽ αὐτοὺς πράγματα 153, 32

ἀ.: κατόρθωμα 139, 26 κατὰ παραγγέλματα βιοῦν μηδένα τῶν ἀ. 171, 3 μηδένα τῶν ἀ. ἕτοιμον πρὸς τὸ φιλοσοφεῖν 170, 35 πάντας ἐπίσης ἀ. τοὺς μὴ σοφοὺς 167, 31 τοὺς ἄ. ἐπίσης πάντας ἄ. 142, 6 εἶναί τινας ἐν αὑτοῖς διαφορὰς 142, 8 τοὺς ἄ. δυστυχεῖς εἶναι dem. 153, 32 τῶν κακῶν τὰ μὲν πᾶσι τοῖς ἄ. ὑπάρχειν καὶ ἀεὶ 25, 3. 5 sq. πᾶς τις ἄ. σύνεστιν ἡδέως τῇ ἑαυτοῦ κακίᾳ 171, 16 πάντας τοὺς ἄ. ἀσεβεῖς 157, 10 πάντα θεοῖς ἐχθρὸν 166, 15 οὔτε ἄρχειν οὔτε ἄρχεσθαι οἷός τ᾽ ὁ ἄ., αὐθάδης ὢν καὶ ἀνάγωγος 158, 28 ἀ. πολιτεία οὐκ ἔστιν οὐδὲ νόμος Diog. III 241, 35
λυσιτελεῖ ζῆν ἄ. μᾶλλον ἢ μὴ βιοῦν, κἂν μηδέποτε μέλλῃ φρονήσειν III 188, 22 τὴν τῶν ἀ. ψυχὴν ἐπιμένειν πρὸς ποσούς τινας χρόνους II 223, 21 τὴν τῶν ἀ. ψυχὴν ἀσθενεστέραν ἀμαυρὸν σύγκριμα γίνεσθαι II 223, 26
τὸ ἄ. εἶδος τοῦ αἰσχροῦ III 20, 25 ὁ ἄ. ἄνθρωπος ποιητικὸν μόνον κακὸν 25, 31
ἄ. αἴσθησις III 25, 5 ἄ. ὁρμὴ 25, 5

ἄ. ἐρώτησις 25, 32 ἄ. ἀπόκρισις 25, 6 ἄ. πατρὶς καὶ ἄ. φίλος 24, 19
ἄφυῖα ἀποπροηγμένον ἐπὶ τῶν ψυχικῶν III 31, 6
ἄφωνα τὰ ἄ. enum. Diog. III 213, 17
ἀχαριστέω οὐδὲ ἀ. οἱ φαῦλοι οὐδ᾽ οἱ νοῦν ἔχοντες III 168, 18
ἀχαριστία quia Charites Iovis filiae, parum se grate gerere sacrilegium II 318, 2
ἀχάριστος ἀνύπαρκτον τὸ ἀ. III 168, 19 τὸν φαῦλον εἶναι ἀ. 169, 39
ἄχθος def. III 99, 41. 100, 8. 24. 101, 11. 20 εἶδος λύπης 96, 9. 99, 37. 101, 19
ἄχος def. III 100, 9. 25. 101, 20 ἀ. εἶδος λύπης 96, 10. 101, 19
ἀχώριστος τὸ αἴτιον ἀ. τῆς ὕλης II 112, 15. 20 τὰς ἀρετὰς ἀ. εἶναι III 69, 6. 75, 3
ἀψικορία def. III 97, 8
ἄψις τὸ ποιοῦν πελάσει τινὶ ποιεῖ καὶ ἄ. II 119, 28
ἄψυχος τὰ ἄ. κατὰ μετάθεσιν κινεῖται II 205, 4 ἐξ ἑαυτῶν κινεῖται 287, 42

B

βάθος def. II 123, 8 τὸ β. σῶμα εἶναι 127, 14
βαθύς β. τινάς φαμεν διὰ τὸ μηδὲν ἐφικνεῖσθαι καταβῆναι αὐτῶν II 243, 23. 31
βάναυσος etymol. II 47, 25
βαρβαρισμός ὁ β., κακία λόγου, def. Diog. III 214, 20
βάρος β. εἶναι σώματος ἴδιον II 115, 40 οὐ πάντως σῶμα β. ἔχειν Z. I 27, 31 ἐπὶ τὸ μέσον τοῦ κόσμου τὴν φορὰν ἔχει τὰ β. ἔχοντα Z. I 27, 29 περὶ τὸν μέσον τόπον ἀντερείδει τὰ βάρη ῥέποντα II 195, 7
βαρυθυμία εἶδος τῆς λύπης def. III 100, 40
βαρύς β. ὃ νεύει εἰς μέσον II 178, 25 πᾶν σῶμα ἐμβριθὲς εἰς τὸ αὐτὸ συννεύει καὶ πρὸς τὸ αὐτοῦ μέσον ἀντερείδει 195, 12 ἔστιν ἴδιος τοῦ κού-

φου καὶ τοῦ β. τόπος 162, 15 γῆ καὶ ὕδωρ β. 175, 19. 34. 177, 36. 155, 34.
βασανίζω ἀλγεῖν μὲν τὸν σοφὸν, μὴ βασανίζεσθαι δὲ III 152, 9
βασιλεία περὶ β. tit. l. P. I 96, 26. Cl. 107, 33. Sph. 139, 34
    def. III 158, 35. 159, 1 ἡ β. εἶδος ἀρχικῆς ἐπιστασίας 158, 24 μόνῳ τῷ σοφῷ κατανέμεται 158, 24. 159, 23 β. τὸν σοφὸν ἑκουσίως ἀναδέχεσθαι, χρηματιζόμενον ἀπ᾽ αὐτῆς 173, 24 ὁ χρηματισμὸς ὁ ἀπὸ β. προηγούμενος 172, 16. 174, 19
    πολιτείαν ἀρίστην τὴν μικτὴν ἐκ τε δημοκρατίας καὶ β. καὶ ἀριστοκρατίας 175, 27
βασιλεύς β. λέγεσθαι τὸν ἔχοντα τὴν βασιλικὴν ἐπιστήμην III 159, 15 μόνον τὸν σοφὸν β. 81, 31. 158, 35 pass. Diog. 241; 36 ὁ σοφὸς συμ-

βιώσεται β. 173, 18. 26 στρατεύσεται μετὰ β. 173, 26 καταγέλαστος ὁ πορισμὸς ὁ ἀπὸ β. 172, 11

βασιλεύω καί β. ποτὲ τὸν νοῦν ἔχοντα III 173, 17 κἂν αὐτὸς β. μὴ δύνηται ὁ σοφός, συμβιώσεται βασιλεῖ 173, 26 β. καὶ πλουτοῦντες: ὁ ἀγαθός 36, 37

βασιλικός ἡ β., ἀρετὴ def. III 65, 31. 74, 19 ὁ ἔχων τὴν β. ἐπιστήμην ἄρχων καὶ βασιλεὺς 159, 16 ὁ β. βίος προηγούμενος 172, 15 β. ὁ σπουδαῖος Z. I 53, 10 μόνος ὁ σπουδαῖος β. III 150, 17. 159, 1

βέβαιος τὸ ἀμετάπτωτον ἐν ταῖς κρίσεσι καὶ β. III 145, 1 σύστημα ἐξ ἐπιστημῶν τεχνικῶν ἐξ αὐτοῦ ἔχον τὸ β. 27, 1 λόγος β. καὶ ἀμετάπτωτος Z. I 50, 3 III 111, 16 in def ἀρετῆς pass.

βία β. τις ἔξωθεν τῶν ὀργιζομένων III 128, 27

βιάζω βιάζεσθαι οὐκ ἔστι δικαίως, ἀλλ' ἀπὸ μοχθηρᾶς πρόεισιν ἕξεως III 85, 9 ὁ σπουδαῖος οὔτε β. ὑπό τινος οὔτ' αὐτὸς β. τινά 150, 11

βίαιος ὁρμὴ β. καὶ πλεονάζουσα III 93, 25 β. φορά 95, 12 τὰ πάθη βιαίως προωθεῖν 95, 4

βίος cf. ζάω, ἐξαγωγή περὶ βίων tit. l. Chr. III 194, 24 ζωή: β. Z. I 55, 17 βίων τριῶν ὄντων, θεωρητικοῦ καὶ πρακτικοῦ καὶ λογικοῦ, τὸν τρίτον αἱρετέον III 173, 4 τρεῖς προηγουμένους β. εἶναι, τὸν βασιλικόν, τὸν πολιτικόν, τὸν ἐπιστημονικὸν 172, 15 ὅσοι ὑπολαμβάνουσι φιλοσόφοις ἐπιβάλλειν μάλιστα τὸν σχολαστικὸν β. ἀπ' ἀρχῆς, διαμαρτάνειν 176, 16 φαίνεται ὁ κατὰ τὴν ἡσυχίαν β. ἀκίνδυνόν τι καὶ ἀσφαλὲς ἔχειν 176, 33 οὐδὲν τὸν σχολαστικὸν β. τοῦ ἡδονικοῦ διαφέρειν 176, 14 οὐκ ἀγαθοῖς καὶ κακοῖς δεῖ παραμετρεῖσθαι τὸν β., ἀλλὰ τοῖς κατὰ φύσιν καὶ παρὰ φύσιν III 188, 20 in vita sibi quemque petere, quod pertineat ad usum, non iniquum est 173, 13 οὔτε μονὴν ἐν τῷ β. τοῖς ἀγαθοῖς, οὔτ' ἐξαγωγήν τοῖς κακοῖς δεῖ παραμετρεῖν, ἀλλὰ τοῖς μέσοις κατὰ φύσιν

188, 7 ὁ β.: μακρὸν συμπόσιον 190, 38 inscientia vita expetitur 55, 38

ὁ β. διοικεῖται κατὰ ἐπιστήμην, κατὰ ἄγνοιαν III 60, 29 vita agenda est certo genere quodam, non quolibet 4, 34 πρὸς ἀρετὴν ὁ κατὰ φύσιν β. σπεύδει 53, 4 τέχναι δύνανται συνεργεῖν πρὸς τὸν κατὰ φύσιν β. 33, 2 ὁ κατὰ φύσιν β.: ἀξία 30, 30 ἡ ἀρετὴ ἄγει ἡμᾶς πρὸς τὸν ὀρθὸν β. 49, 44 ἀρετὴ περὶ ὅλον τὸν β. τέχνη 49, 7. 148, 42 ὁ κατ' ἀρετὴν β. τέλος 6, 19 τὸν σπουδαῖον ταῖς περὶ τὸν β. ἐμπειρίαις χρώμενον πάντ' εὖ ποιεῖν Z. I 52, 30 ὁ ὁμολογούμενος β. τέλος III 3, 24 ὁμολογούμενος β.: ἀξία 30, 28 ὁ β. ὁ σπουδαῖος = σύστημα λογικῶν πράξεων III 72, 19 = τῶν ὑπὸ τοῦ λόγου διδασκομένων ἀδιάπτωτος ἐνέργεια 72, 19

honesta vita = beata III 10, 28 ὀρθὸς β. = εὐδαιμονία A. I 86, 27. Cl. 126, 23 εὐδαιμονία = εὐδαίμων β. Cl. I 126, 23. III 6, 14 εὔροια β. = εὐδαιμονία III 4, 5. 6, 11. 18, 15 pass. ὁ τοῦ προκόπτοντος β. οὔπω εὐδαίμων 137, 46 τέλειον τοῖς σπουδαίοις εἶναι τὸν β. καὶ εὐδαίμονα 154, 19 τῶν φαύλων τὸν β. ἀτελῆ καὶ κακοδαίμονα 154, 20 μήτε κακίας ὑπερβολὴν ἀπολείπειν μήτε κακοδαιμονίας τὸν β. 167, 23 τὰ ἀδιάφορα οὐδαμῶς ἀξίαν συμβλητικὴν πρὸς τὸν εὐδαίμονα β. ἔχειν 28, 28 μὴ ἀξίαν ἔχειν τὴν ἡδονὴν ἐν τῷ β. Cl. I 130, 19 bonorum frequentia v. beatiorem non fieri III 15, 22 non magis expetenda v. beata, si sit longa, quam si brevis 141, 1 sapientis vitam non beatiorem fore, si ampulla aut strigilis accedat 15, 38 πρὸς πλεῖστα ἐπὶ τοῦ β. χρησιμεύειν τὴν μουσικὴν Diog. III 234, 10

βιόω cf. ζάω ἐν τῷ κατ' ἀρετὴν β. μόνον ἐστὶ τὸ εὐδαιμόνως III 34, 10 κατὰ παραγγέλματα β. μηδένα τῶν ἀφρόνων 171, 3 λυσιτελεῖ ζῆν ἄφρονα μᾶλλον ἢ μὴ β. 188, 22

βλαβερός πάντα τὰ κακὰ β. III 21, 1 τὰ παρὰ φύσιν μὴ φευκτὰ καὶ β. 35, 29

βλάβη   β. = κίνησις ἢ σχέσις κατὰ
κακίαν III 19, 39   β. ὥσπερ κακία καὶ
ἡ φαύλη πρᾶξις 19, 35   κακὸν = β.
ἢ οὐχ ἕτερον βλάβης 19, 35   τὸν σπου-
δαῖον ἀπηλλάχθαι πάσης κακίας καὶ
β. 19, 39. 152, 36   ἐχθρὸς καὶ αἱ ἀπ᾽
αὐτοῦ γινόμεναι β. ποιητικὰ κακὰ
26, 2 in def. ὕβρεως 152, 30
βλάμμα   τὰ παρακείμενα τοῖς κακοῖς,
ἅπερ ἐστὶν ὧν οὐ χρή, β. III 154, 9   τὸ
ἁμάρτημα τῶν β. ἐστι 71, 16 detrimenta
communia hominibus 23, 7 paria 23, 9
βλαπτικός   ὁ φαῦλος β. ἄνθρωπος
III 169, 36
βλάπτω   cf. ὠφελέω
β. = κινεῖν ἢ ἴσχειν κατὰ κακίαν
III 28, 17   prima conciliatione τὰ β.
διωθεῖται 43, 8   quae nocent, mala
sunt 23, 11   οὐδέτερα, ὅσα μήτε
ὠφελεῖ μήτε β. 28, 6   quod malum
est, nocet; quod nocet, deteriorem
facit 39, 15   τινὰς φόβους, λύπας,
ἀπάτας β. μὲν, χείρονας δ᾽ οὐ ποιεῖν
110, 31   β. ἑαυτὸν παρὰ τὴν ἀξίαν =
ἑαυτὸν ἀδικεῖν 71, 17. 20   ὁ βλαπτό-
μενος ὑφ᾽ ἑτέρου ἑαυτὸν β. καὶ παρὰ
τὴν ἀξίαν ἑαυτὸν β. 71, 19   τὸν βλά-
πτοντα καὶ ἑαυτὸν β. 160, 21   μήτε
ἀδικεῖσθαι μήτε β. τὸν σπουδαῖον 152,
31   οἱ ἀγαθοὶ ἀβλαβεῖς κατ᾽ ἀμφότερα,
οὔτε β. οἵους τε ὄντας οὔτε βλάπτε-
σθαι 154, 10 sapientissimum esse, qui
mavult perire, ne noceat 85, 1
βλίτυρι   τὸ β. ἄσημον II 45, 13
βολβοφακῆ   III 178, 33
βουκολέομαι   οὐ β. τὸν σοφὸν III
147, 14
βουλεύομαι   καὶ τοὺς β. τῷ φαινο-
μένῳ συγκατατίθεσθαι II 286, 32

βουλευτός   φρόνησις πρὸς τὰ β.
III 67, 34
βουλή   περὶ β. tit. l. Cl. I 107, 24
βούλησις   cf. προαίρεσις
β. = εὔλογος ὄρεξις III 41, 33. 105,
20. 27. 107, 3   β. εἶδος εὐπαθείας 105, 17
τῆς β. εἴδη 105, 22. 30   β. ἐναντία τῇ
ἐπιθυμίᾳ 105, 20   cupiditas : voluntas
106, 33 sq. 107, 2
κατηγορημάτων αἱ β. γίνονται III
22, 40 actio recta non erit, nisi recta
fuerit voluntas; ab hac enim est actio.
Rursus voluntas non erit recta, nisi
habitus animi rectus fuerit; ab hoc
enim est v. III 139, 27   non rei ad-
missae quantitatem, sed admittentis
vol. spectant 142, 39   β. οὐκ εἶναι ἀρε-
τὴν 23, 25   vol. in solo esse sapiente
107, 3
nostrarum voluntatum causas non
esse naturales et antecedentes II 275, 13
non esse sub necessitate nostras v.
II 291, 30
ἡ τοῦ ὅλου διοικητοῦ β. III 4, 7
βουλητέος   βουλητὸν : β. III 22, 34
τὰ ὠφελήματα β. 22, 36   βούλεσθαι τὰ
β. 22, 38
βουλητός   β. : βουλητέον III 22, 34
β. τἀγαθὰ 22, 35. 41
βραβευτής   ὁ σοφός III 175, 16
βραδύνοια   ἐν ταῖς ὑπὸ τὰς πρώ-
τας κακίαις III 65, 19
βρέφος   τὸ β. ἐν τῇ γαστρὶ φύσει
τρέφεσθαι, καθάπερ φυτὸν II 222, 18
βροντή   def. Z. I 33, 35 II 202, 29.
203, 12. 22. 27
βωμός   ἀφεκτέον εἶναι τοῦ πρὸς β.
οὐρεῖν III 187, 22

Γ

γαμέω   τὸ γ. μέσον καθῆκον III
134, 27   γ. τὸν σοφὸν Z. I 62, 20 III
172, 19 expl. ducendam uxorem sa-
pienti, ne Iovem Gamelium et Geneth-
lium violet III 183, 3
γάμος   cf. μνηστεία, γυνή
περὶ γ. tit. l. P. I 96, 28. Ant. III
254, 23

γ. ἀδιάφορον III 39, 2. 4   οἰκεῖον
τοῖς σπουδαίοις καὶ τὸ συγκαταβαίνειν
εἰς γ. 158, 5. 33   περὶ γ. disp. Ant. III
254, 25 sqq. ζημία ἀγαμίου, ὀψιγαμίου,
κακογαμίου A I 89, 36
ἐν τοῖς γ. τὴν μουσικὴν παρέχειν
χρείαν Diog. III 225, 13
γαστριμαργία   def. III 97, 19

Γάτις : Ἀταργάτις Ant. III 257, 13
γενεά = triginta anni Z. I 37, 26
γένεσις τοῦ κόσμου II 180, 24
γενικός τὸ γ. νοητόν, τὸ εἰδικὸν
αἰσθητόν II 28, 1 τὸ γενικώτατόν
ἐστιν ὃ γένος ὃν γένος οὐκ ἔχει Diog.
III 214, 31 e. s. γενικώτερον τοῦ ὄντος
II 117, 7 τὸ γενικώτατον τῶν ὄντων
117, 38
γ. ἀρετὴ III 19, 12. 48, 12 γενικω-
τάτην εἶναι τὴν ὁρμὴν πολλῶν εἰδῶν
40, 23
γενναῖος ὁ πρὸς ἀρετὴν καλῶς
γεγονὼς γ. III 89, 11 ὁ γ. εὐγενής
89, 12
γενναιότης περιγίνεσθαί τι πρὸς
γ. διὰ μουσικῆς Diog. III 226, 17
γέννησις aliquod fuit principium
generandi animalium Z. I 35, 16
γεννητικός cf. σπερματικός
τὸ γ. μόριον ψυχικόν φασι II 234, 29
γένος ὅρων τῶν κατὰ γ. tit. l. Chr.
II 8, 36 in tit. Chr. 9, 7. 10
γ. = πλειόνων καὶ ἀναφαιρέτων ἐν-
νοημάτων σύλληψις Diog. III 214, 23
τὸ τῶν ἀνθρώπων γ. s. v. ἄνθρωπος
γέρας def. III 149, 25 τιμὴ = γ.
ἀξίωσις ib.
γεῦσις = πνεῦμα διατεῖνον ἀπὸ
τοῦ ἡγεμονικοῦ μέχρι γλώττης II 227,
31 = τὸ διῆκον τῆς ψυχῆς εἰς γλῶτταν
238, 37
γεωμετρία γ. τέχνη θεωρητικὴ III
49, 3 γ.: φιλοσοφία II 31, 19
γῆ γ. στοιχεῖον Z. I 28, 28 II 134, 2
τῶν παθητικῶν στοιχείων ἐστὶν II
137, 39 γ. καὶ ὕδωρ συνέχεσθαι 144, 27
τὴν γ. δεῖσθαι τοῦ συνέξοντος 145, 2
πνευματικῆς μετοχῇ δυνάμεως τὴν
ἑνότητα διαφυλάττειν 146, 32 δύο ὑπο-
κείμενα βαρέα, γ. καὶ ὕδωρ 175, 19.
178, 24 γ. καὶ ὕδωρ βαρέα καὶ κατω-
φερῆ 175, 34. 177, 36 παχυμερῆ καὶ
βαρέα καὶ ἄτονα 155, 34 γ. τὸ ξηρὸν
ἐσχάτως σῶμα 144, 4. 180, 9
ἀπὸ γ. ἄρξασθαι τὴν γένεσιν τοῦ
κόσμου II 180, 24 τρίτη μεταβολὴ τοῦ
ὕδατος εἰς γ. 136, 22 τὸ παχυμερὲς
τοῦ ὑγροῦ συστὰν ἀποτελεῖται γ. Z. I
28, 31 II 143, 40 ὕδωρ ὑφίστασθαι καὶ
γ. συνίστασθαι Z. I 28, 17 ἐκ τοῦ ὑγροῦ

τὴν ὑποστάθμην γ. γεγενῆσθαι Z. I
29, 18. 21. 24 ὑποστάθμην πάντων τὴν
γ. II 180, 12 τὴν γ. ἐν ὕδατι εἶναι
176, 27
πρώτη χύσις γ. εἰς ὕδωρ II 136, 23
τὴν γ. μεταβάλλειν εἰς ὕδωρ Cl. I 111, 7
γ. ἐκπυρωθεῖσα ἄνθραξ γίνεται II 140,
27 terra longo opere consumpta ger-
minationem non ulterius prae se fert
182, 41 t. corruptione aquarum caenosa
reddita II 178, 16. 182, 42
τὴν γ. μίαν καὶ πεπερασμένην II
195, 20 σφαιροειδῆ 195, 23. 196, 12
figuram t. per providentiam factam
fuisse globosam 330, 36 γῆ περὶ τὸ
μέσον σημεῖον τοῦ κόσμου κειμένη
Z. I 27, 30. 29, 24. II 169, 9. 176, 34.
177, 36. 180, 12. 27. 183, 33. 330, 32
τὸ πῦρ ἐν τῷ μέσῳ τοῦ κόσμου εἶναι,
ἀλλ᾽ οὐ τὴν γ. Arch. III 264, 5 ἡ γ.
κέντρου τάξιν καὶ μέγεθος ἐπέχουσα
II 175, 27. 176, 26 τῇ δυνάμει μεγί-
στη, αὐτὴ τὸ πλεῖστον τῆς οὐσίας ὑπ-
άρχουσα 178, 31 ἡ ὅλη γ. ἔχει βάρος
Z. I 28, 1 ἡ γ. πάντων ὑπέρεισμα
II 168, 18 συνερείδει πανταχόθεν αὐτῇ
τοῖς μέρεσι 178, 12 inferior est 176, 29
τελευταία σφαῖρα ἡ τῆς γ. 169, 9
γ. οὐκ εἶναι τὴν σελήνην, ὅτι τῆς
κάτω χώρας ἀφέστηκε 195, 18 τὴν
τῆς γ. σφαῖραν μόνην ἑστάναι 175,
29. 36. 196, 12 παρὰ τὴν θέσιν διὰ τὸ
τὴν μέσην ἔχειν χώραν ἐπὶ τοῦ τόπου
τούτου μένειν Z. I 28, 2 τοῦ κόσμου
τὸ ὑπομένον τὴν γ. II 168, 17 τὴν
ἐπὶ τὸ μέσον φορὰν αἴτιον εἶναι τῆς
γ. μονῆς ἐν τῷ κόσμῳ Z. I 27, 30
ἄνευ βάσεως διαμένει, τὸν κατὰ φύσιν
τόπον ἔχουσα, τὸν μέσον II 195, 4
ἀναπέμπει τροφὴν τῷ οὐρανῷ καὶ
τοῖς ἄστροις 178, 28
rite disposita sectio terrae pro habi-
tatione hominum, proque spatio ad
usum deorum II 331, 44 γῆ : νῆσοι :
ἤπειροι 168, 22 ζῶναι τῆς γ. πέντε
195, 24 τὸ μὲν λίθος αὐτῆς, τὸ δὲ
μεταλλευτόν τι σῶμα, τὸ δὲ ἡ γεωργου-
μένη γ. 144, 10 τὰ μὲν ἐλώδη τῆς γ.
οἰκήσιμα γίνεται διὰ ξηρότητα, τὰ δὲ
συμμέτρως ἔχοντα ἀοίκητα διὰ τὴν
τῆς ξηρότητος ἐπίτασιν 183, 23

3*

τὴν γ. ἡγεμονικὸν εἶναι τοῦ κόσμου
II 194, 5   θεὸν εἶναι 30, 19. 306, 24
θεὸν εἶναι, οὐ τὴν ἀνασκαπτομένην
οὐσίαν, ἀλλὰ τὴν διήκουσαν ἐν αὐτῇ
δύναμιν 320, 8 διὰ τῆς γ. αὐτῆς τὸν
νοῦν κεχωρηκέναι καθ᾽ ἕξιν 192, 10
ἡ γ. μήτηρ διὰ τὸ δέχεσθαι τὰ σπέρ-
ματα καὶ τίκτειν 300, 18   τὰ ξύλα
πάντα καὶ καρπῶν μόρια πολλὰ καὶ
ζῴων γεώδη τὴν οὐσίαν εἶναι 144, 17
γῆρας τὸ γ. γίνεσθαι διὰ τὴν τοῦ
θερμοῦ ἔλλειψιν II 215, 26   γ. κατὰ
φύσιν ἔχον III 24, 38
γίγνομαι   οἰκειούμεθα πρὸς αὐτοὺς
εὐθὺς γενόμενοι III 43, 24. 34. 44, 16. 33
pass. nasci et mori fatis dant II 281, 42
ἔξω γ. ἑαυτῶν III 129, 19
γιγνώσκω καλῶς ἅπαντα γινωσκόν-
των ἡμῶν ὁ βίος διοικεῖται κατὰ ἐπι-
στήμην, κακῶς δὲ καὶ ψευδῶς γ. κατὰ
ἄγνοιαν III 60, 28
γλυκύς τὸ γ. καὶ πικρὸν διαφορὰς
μὲν ἔχει, οὐ μέντοι καθ᾽ αὑτά ἐστι
τοιαῦτα, ἀλλὰ πρός τι II 132, 32
γλῶττα γ., τὸ τῶν χυμῶν διαγνω-
στικὸν ὄργανον, ἐκ τῆς ὑγροτέρας ἰδέας
τοῦ σώματος II 231, 39
γνώριμος οἱ γ. ἐκτὸς ἀγαθά III
24, 6
γνωριμότης φιλία ἐγνωσμένων III
27, 4
γνῶσις γ. ἀγαθὸν αὐτὸ δι᾽ αὐτὸ
αἱρετὸν III 26, 25   τοῦ κατὰ τὸν βίον
ἁμαρτάνοντος ἐν τοῖς περὶ ἀγαθῶν
καὶ κακῶν γ. καὶ κτήσεως αἱ μοχθηραὶ
δόξαι συνίστανται 41, 22
γνωστικός cf. σοφός, σπουδαῖος
πράσσεταί τινα καὶ πρὸς τῶν μὴ
γ. ὀρθῶς, ἀλλ᾽ οὐ κατὰ λόγον III
138, 5   πᾶσα πρᾶξις γ. κατόρθωμα
139, 3   γ.: πιστός ib.
γοητεία γ. ὑπὸ τὴν ἡδονὴν ὑπά-
γονται III 96, 7 def. 98, 4. 6
γονεῖς γ. προηγμένων τῶν ἐκτὸς
III 33, 3   γ. τῶν ἐκτὸς ἀγαθῶν εἶναι
23, 41 inter bona esse parentes bonos
24, 30   γ. τιμᾶν καθῆκον 135, 1   γ.
ἀμελεῖν παρὰ τὸ καθῆκον 135, 2 pa-
rentes violare peccatum, quod est in
effectu 137, 9   τὸ τιμᾶν τοὺς γ. κοινὸν
τοῦ τε σπουδαίου καὶ μὴ σπουδαίου,

τὸ δὲ ἀπὸ φρονήσεως τιμᾶν τοὺς γ.
ἴδιον τοῦ σοφοῦ 139, 15 καὶ γ. σεβή-
σεσθαι τοὺς σπουδαίους ἐν δευτέρᾳ
μοίρᾳ μετὰ τοὺς θεοὺς 183, 22
   natura liberi a parentibus amantur
III 83, 19 ὅμοιοι γινόμεθα τοῖς γ. οὐ
μόνον κατὰ τὸ σῶμα, ἀλλὰ καὶ κατὰ
τὴν ψυχὴν Cl. I 116, 33. 117, 8. 16
parentes animos teneros et rudes in-
ficiunt et flectunt III 55, 25 sq. ad-
mirationem nobis parentes auri argen-
tique fecerunt 56, 3   ἀπογενομένων
τῶν γ. ταφαῖς χρηστέον ταῖς ἁπλου-
στάταις 186, 42
γόος γ. εἶδος λύπης def. III 100, 39.
101, 14
γράμμα τριχῶς λέγεται τὸ γ. Diog.
III 213, 14   τὰ εἰκοσιτέσσαρα γ. Diog.
213, 13
γραμματική γ. = ἀνάπτυξις τῶν
παρὰ ποιηταῖς καὶ συγγραφεῦσιν II
31, 25 ostendit, quemadmodum quod-
que poëta finxerit verbum, confinxerit,
declinarit Cl. I 109, 6   γ.: φιλοσοφία
II 31, 25
γραμματικός ἀγαθὸς γ. ὁ σοφός
Diog. III 241, 32
γραμμή def. Apollod. III 259, 27
γ., τοῖς σώμασι προσεοικός, εἰς ἄπει-
ρον τέμνεται II 158, 17   πάσης γ.
μέρος εἶναι γ. Apollod. III 260, 13
γραῦς ἐγκρατῶς ἀποσχέσθαι δυσ-
θανατώσης γ. laude non dignum III
50, 36. 51, 3. 9   ἐγκρατεύεται οὐχ ὁ
θανατώσης γ. ἀπεχόμενος, ἀλλ᾽ ὁ
Λαΐδος 67, 22
γραφεῖον γ. κρατεῖν οὔτε καθῆκον
οὔτε παρὰ τὸ καθῆκον III 135, 6
γραφική ἡ γ. et γυμναστικὴ : ἡ
μουσικὴ Diog. III 222, 7
γυμναστικός ἡ τῆς μουσικῆς πρὸς
τὰς γ. ἐνεργείας συνεργία Diog. III
225, 32   ἡ γ. et ἡ γραφικὴ : ἡ μου-
σική Diog. 222, 5
γυναικομανής γ. III 130, 26 κα-
λοῦσι τοὺς φιλόγυνας γ. 167, 8
γυναικομανία εἶδος τῆς μανίας
III 167, 6
γυνή cf. θήλεια
περὶ γ. συμβιώσεως tit. l. Ant. III
254, 3

τὴν γ. τὴν αὐτὴν φύσιν καὶ ἀρετὴν
ἔχειν τῷ ἀνδρὶ III 59, 34 φιλοσοφη-
τέον καὶ ταῖς γ., ἐμφερῶς τοῖς ἀνδρά-
σιν 59, 29. 36 κοινὰς εἶναι τὰς γ. δεῖν
παρὰ τοῖς σοφοῖς Z. I 62, 17. 19. III
183, 9 περὶ γ. γαμετῆς disp. Ant. III
254, 27 sq. γ. ἐσθίειν κελεύουσιν ἀπο-
θανούσας 186, 18 Ζήνων οὐδεπώποτε
γ. ἐχρήσατο I 58, 36
διὰ τί γ. συνουσιάζουσα οὐ συλλαμ-
βάνει II 213, 10 πῶς στεῖραι γίνονται
αἱ γ. 213, 14 ἐν ταῖς πανσελήνοις
εὐτοκώταται γίγνονται αἱ γ., κατὰ δὲ
σκοτομηνίας δύστοκοι 212, 36. 40

Δ

δαιμόνιον δ. φαῦλα II 338, 32 ἀφα-
νίζει τὸ δ. P. I 99, 4
δαίμων δ. ὑπάρχειν οὐσίας ψυχικὰς
II 320, 27 εἰ διαμένουσιν αἱ ψυχαί, δ.
αἱ αὐταὶ γίνονται 224, 10 τοὺς δ. ἐρ-
ρωμενεστέρους ἀνθρώπων γεγονέναι,
τὸ δὲ θεῖον οὐκ ἀμιγὲς ἔχοντας 320, 36
εἶναί τινας δ. ἀνθρώπων συμπάθειαν
ἔχοντας 320, 29 ἡ συμφωνία τοῦ παρ'
ἑκάστῳ δ. πρὸς τὴν τοῦ ὅλου διοικη-
τοῦ βούλησιν III 4, 6 φαύλους δ. ἀπέ-
λιπε Chr. II 321, 5 τὸν ὑπὸ σελήνην
οἰκοῦσι τόπον 321, 14 τροφῇ χρῶνται
τῇ ἀπὸ γῆς ἀναθυμιάσει 321, 16
δάκτυλος τὸ προτεῖναι τὸν δ. ὡδὶ
ἢ ὡδὶ ἀδιάφορον III 28, 24 τὸ ἐκτεῖναι
τὸν δ. ἢ συστεῖλαι ἀδιάφορον 29, 3
μήτε προῆχθαι μήτε ἀποπροῆχθαι 29, 34
bonae famae causa ne digitum quidem
porrigendum esse 37, 36 οὐδ' ἂν τὸν
δ. καθήκοι προτεῖναι χάριν ἀμεριαίας
φρονήσεως 50, 19. 25 ἀνδρείως τὸν δ.
προτεῖναι quis laudabit? 50, 35 ἂν εἰς
σοφὸς ὁπουδήποτε τὸν δ. προτείνῃ
φρονίμως, οἱ σοφοὶ πάντες ὠφελοῦν-
ται 160, 28 οὐδὲ τὸν δ. ὡς ἔτυχε σα-
λεύειν τῷ σοφῷ ὁ λόγος ἐπιτρέπει 183, 18
δειλαίνω οὐκ ἀεὶ δ. τὸν φαῦλον
III 58, 1
δειλία = ἄγνοια δεινῶν καὶ οὐ δει-
νῶν καὶ οὐδετέρων III 63, 32 δ.
ἄγνοιά τινων καὶ ἀτεχνία 23, 33 δ.
κακία 23, 30 κακία ψυχῆς : ἀνδρεία
60, 37 δ. ἐν ταῖς πρώταις κακίαις 65, 18
ἴσην δ. τὴν Βρασίδου τῇ Δόλωνος
143, 10 δ. κακὸν Z. I 47, 23. III 17, 19.
19, 31 δ. ἔστιν αἰσθέσθαι 21, 34
δειλόν τὸ δ. εἶδος τοῦ αἰσχροῦ III
20, 25 ἡ μουσικὴ ἐπιφαίνει τὸ ἄνανδρον
Diog. III 224, 18

δεῖμα def. III 98, 35. 43. 99, 2 δ.
ὑπὸ τὸν φόβον ὑπάγεται 96, 8. 98, 34
δειμός III 123, 28
δεινός δ. ἐν λόγοις ὁ σοφός II 39, 34
in def. δειλίας III 63, 32 in def.
φόβου 95, 19 in def. δικαιοσύνης 63, 28
pass.
δεῖξις II 65, 13. 66, 39. 67, 12
δεισιδαιμονία περὶ δ. tit. l. Ant.
III 257, 12 δ. def. III 98, 43. 99, 13. 29
εἶδος φόβου 96, 8
δεκτικός ἕξις φαντασιῶν δ. III 27, 2
ψυχὴ φαντασιῶν ψευδῶν δ. 34, 19
σῶμα τραυμάτων δ. 34, 20
δεξιός δ. τοῦ κόσμου τὰ πρὸς ἄρ-
κτον II 176, 15
δέομαι δ. μὲν τὸν σοφόν, μὴ προσ-
δέχεσθαι δὲ III 152, 10 sapientem
nulla re egere et tamen multis illi
rebus opus esse; contra stulto nulla
re opus est, sed omnibus eget 169, 10
τὸν φαῦλον οὐδενὸς δ. 168, 29 οὐ δ.
μὲν, ἐνδέονται δὲ οἱ φαῦλοι 169, 7
δέον τὸ δ. πολλάκις δεόντως οὐκ
ἐνεργεῖται III 138, 23 τούς τι τῶν δ.
ἀσυγκαταθέτῳ γνώμῃ πράττοντας μὴ
κατορθοῦν 139, 33 τὸ ἀγαθὸν δ. Cl. I
127, 5 πᾶν ἀγαθὸν δ., ὅτι συνέχει ἐν
οἷς χρὴ III 22, 6 quod bonum est,
utique necessarium; quod necessarium
est, non utique bonum 20, 14
δέος def. III 98, 43. 99, 3. (16) ὑπὸ
τὸν φόβον ὑπάγεται 96, 8
δεσπόζω ὁ σπουδαῖος οὔτε δ. οὔτε
δεσπόζεται III 150, 12
δεσποτεία δ. φαύλη οὖσα: δουλεία
III 86, 34
δεύτερος τὰ μὲν προηγούμενα ἀγα-
θά, τὰ δὲ · δεύτερά ἐστιν, ὅσα περι-
έχει κακῶν ἀπαλλαγὴν III 27, 34

δηγμός δ.: λύπη III 107, 26
μυίας δ. 51, 4
δημοκοπέω τὸ δ. εἰς σπουδαίους
οὐ πίπτει III 158, 7
Δημήτηρ Δ. καλοῦσι κατὰ τὴν εἰς
γῆν διάτασιν τοῦ θεοῦ II 305, 24 Δ.
γῆ ἢ τὸ ἐν αὐτῇ πνεῦμα 315, 17.
316, 7 Δ. καὶ Κόρη τὸ διὰ τῆς γῆς
καὶ τῶν καρπῶν διῆκον πνεῦμα 319, 31
Δ. τῶν ὠφελούντων θεῶν εἶναι 300, 23
τροφὴν εὑροῦσαν θεὸν νενομίσθαι P. I
99, 8
δημιουργέω τὸν θεὸν διὰ πάσης
τῆς ὕλης δ. ἕκαστα Z. I 24, 8. Cl. 110, 28
δημοκρατία πολιτείαν ἀρίστην τὴν
μικτὴν ἐκ δ. καὶ βασιλείας καὶ ἀριστο-
κρατίας III 175, 27
δῆμος ὁ δ. ἀστεῖόν τι σύστημα III
81, 1 μὴ κατὰ πόλεις μηδὲ κατὰ δ.
οἰκῶμεν, ἀλλὰ πάντας ἀνθρώπους
ἡγώμεθα δημότας Z. I 61, 2
δῆξις τὰς ἐπὶ ταῖς κρίσεσιν ἀλόγους
δ. εἶναι τὰ τῆς ψυχῆς πάθη Z. I 51, 24
τὰς δ. in affectibus τὸ μᾶλλον καὶ τὸ
ἧττον δέχεσθαι III 119, 30
διά δι' ὅ : ἐξ οὗ : ὑφ' οὗ II 162, 22
δι' ἑαυτοῦ κινεῖν : ἐξ ἑαυτοῦ : ἀφ' ἑαυ-
τοῦ 161, 27 κριτήριον ὡς δι' οὗ 33, 21
διαβαίνω αὔξεσθαι τὰς ἀρετὰς καὶ
δ. III 52, 42
διαβάλλω μόνους τοὺς φαύλους καὶ
διαβάλλεσθαι καὶ δ. III 153, 10
διαβολή def. III 153, 8 κακουργό-
τερον οὐδὲν δ. Cl. I. 132, 15. δ. 132, 17
διαγωγή διαμαρτάνειν ὑπονοοῦντας
δ. τινος ἕνεκεν δεῖν τὸν ὅλον βίον
διελκύσαι III 176, 17
διαζευκτικός πρὸς τοὺς Ἀμεινίου
δ. (sc. λόγους) tit. l. Chr. II 7, 24
δ. σύνδεσμος = ἤτοι II 68, 21 de
modo concludendi ἐν τοῖς δ. συλλογισ-
μοῖς 88, 4
διάθεσις ἕξις : δ. III 141, 12 τὰς
δ. ἀνεπιτάτους εἶναι καὶ ἀνανέτους
II 129, 38. III 141, 13 ἔστι τῆς ψυχῆς
μέρη, δι' ὧν συνέστηκεν ἡ ἐν τῷ λόγῳ
δ. III 122, 4 αἱ κατὰ ἕξιν ἢ δ. μετα-
βολαὶ τῆς ψυχῆς Z. I 50, 8 δ. αἱ
ἀρεταί II 129, 42. III 25, 10 ἡ ἀρετὴ
= δ. τις καὶ δύναμις τοῦ ἡγεμονικοῦ
Z. I 50, 2 ἡ ἀρετὴ = δ. ὁμολογουμένη

III 11, 37. 48, 4 pass. = δ. ψυχῆς σύμ-
φωνος αὑτῇ περὶ ὅλον τὸν βίον III
48, 17. 63, 34. 72, 12 τὰ ἔργα διορίζε-
σθαι τῷ ἀπὸ τεχνικῆς δ. ἢ ἀπὸ ἀ-
τέχνου γίγνεσθαι III 139, 11 τὸν σο-
φὸν ἕκαστον τῶν πραττομένων ἀπὸ
ἀρίστης δ. πράττειν 139, 18 τὸν σο-
φὸν ἀπὸ ἕξεως καὶ δ. εὐλογίστου εὐ-
λόγιστον 138, 22 καὶ τὸ ψεῦδος ἀπὸ
ἀστείας δ. προφέρεσθαι II 42, 34 φρο-
νίμη δ. III 11, 34. 36
τὰς σπουδαίας δ. = Διοσκούρους Z. I
43, 34 τῶν περὶ ψυχὴν ἀγαθῶν τὰ
μὲν εἶναι δ., τὰ δὲ ἕξεις μὲν, δ. δ'
οὔ, τὰ δ' οὔτε ἕξεις οὔτε δ. III 25,
8. 20 e. s. item de malis 25, 13 e. s.
τὰς τέχνας μὴ εἶναι δ. II 129, 44
ὅμοιοι τοῖς γονεῦσι γινόμεθα κατὰ τὴν
ψυχὴν ταῖς δ. Cl. I 117, 9 τῶν οἰ-
κείων. οὐκ ἔξωθεν, ἀλλ' ἐν ἡμῖν ἔχο-
μεν τὰς αἰτίας Diog. III 222, 12
διαθέω διὰ τῆς ὕλης δ. τὸν τοῦ
παντὸς λόγον Z. I 24, 31
διαιρέομαι πρὸς τοὺς μὴ δ. tit.
l. Chr. II 6, 23
διαίρεσις περὶ τῶν δ. tit. l. Chr.
II 9, 8. 10
def. Diog. III 215, 1 e. s. ἡ τέλειος
δ. συντάξει τοῦ καθολικοῦ διενήνοχε
II 75, 5 δ. ἐν ἁρμονικῇ πλείστας εἶναι
Diog. III 233, 19
ἡ ὕλη δ. καὶ σύγχυσιν ἐπιδεχομένη
κατὰ μέρη II 114, 27
διαιρετικός de modo concludendi
ἐν τοῖς δ. συλλογισμοῖς II 88, 4 ὁ
ἐξ ἀντιφάσεως δ. συλλογισμός 87, 43
ἐν τοῖς ἐξ ἐναντίων δ. : ἐξ ἀντικει-
μένων 88, 39
διαιρετός δι' ὅλων δ. τὴν ὕλην II
115, 7
διαιτάω οὐ δ. τὸν σοφόν III 147, 14
διακεκριμένον II 75, 17
διάκενος δ. ἑλκυσμός II 22, 6. 25, 1
διακοσμέω rerum naturae dispo-
sitorem atque artificem universitatis
λόγον Z. I 42, 23 τὸ πῦρ ἄνωθεν
ἄρχεσθαι δ. τὸ ὅλον Cl. I 111, 20
ἐκπυροῦσθαι τὸν κόσμον, εἶτ' αὖθις
πάλιν δ. Z. I 27, 16
διακόσμησις δ. = τῶν δ' στοι-
χείων ἰσονομία II 187, 30 κόσμον λέ-

γουσι τὴν δ. 168, 9 qualis sit δ. 176, 25 quomodo fiat ἡ τοῦ ὅλου δ. expl. Z. I 28, 16. Cl. 111, 21 πάλιν ἐκ πυρὸς τοιαύτην ἀποτελεῖσθαι τὴν δ. οἷα πρότερον ἦν Z. I 32, 6. 9. Cl. 115, 3. II 183, 43. 184, 14 κατὰ περιόδους τὴν αὑτὴν διασώζεσθαι τοῦ κόσμου δ. II 184, 22. 190, 39 κατὰ τὴν δ. γενητὸν καὶ μεταβλητὸν τὸν κόσμον II 169, 18. 19 φθειρόμενον τὸν κατὰ τὴν δ. κόσμον II 182, 8 ὁ θεὸς ἐπὶ μέρους γίνεται τῆς οὐσίας, ὅταν δ. ᾖ 310, 31 μένει ἡ τῆς δ. ποιότης ἐπ᾽ ἐλάττονος οὐσίας τῆς τοῦ Διός 186, 37
διακρίνω τὸ φῶς ἀὴρ διακρινόμενος II 142, 36 τὸ φῶς διακριτικὸν τοῦ ἀέρος 143, 9
διαλανθάνω cf. διαλεληθώς
ὁ διαλεληθώς, αὑτὸς ἑαυτὸν οὑδέπω κατείληφε γεγονὼς σοφός III 144, 12 γίνεσθαι δὲ καὶ δ. τινὰ σοφόν 144, 24. 31
διαλέγομαι τὸ δ. ἐν συντομίᾳ κείμενον κἂν τῷ λαμβάνειν καὶ διδόναι λόγον II 95, 32 τοῦ αὑτοῦ εἶναι ὀρθῶς δ. καὶ διαλογίζεσθαι 39, 35 τὰ πρὸς τὰ ἐναντία δ. 38, 32 pass.
τὸ δ. μέσον καθῆκον III 134, 27
διαλεκτικὴ περὶ δ. tit. l. Cl. I 108, 4 in tit. Chr. II 5, 1. 9, 32. 34 τέχνη δ. tit. l. Sph. I 140, 15 l. Chr. II 5, 2. Diog. III 215, 13. Crin. 269, 2 δ. μέρος τῆς φιλοσοφίας Cl. I 108, 11 cum ethicis et physicis coniungenda II 38, 18 τὸ λογικὸν μέρος τῆς φιλοσοφίας II 15, 10 τυγχάνει περὶ σημαίνοντα καὶ σημαινόμενα II 38, 5
= ἐπιστήμη τοῦ ὀρθῶς διαλέγεσθαι II 18, 25. 41, 32. III 65, 37 = ἐπιστήμη τοῦ εὖ λέγειν expl. II 38, 11 sollertia disputandi 33, 14 = ἐπιστήμη ἀληθῶν καὶ ψευδῶν καὶ οὑδετέρων 18, 26. 38, 3. 7 habet rationem, ne cui falso assentiamur neve captiosa probabilitate fallamur III 69, 29
δ. : ῥητορικὴ Z. I 21, 33. II 95, 33 ἀναγκαίαν εἶναι καὶ ἀρετὴν II 39, 21 a corporis sensibus ducendam II 33, 14 μὴ πρὸς ἡμᾶς εἶναι τὰ διαλεκτικά A. I 79, 21 τὴν δ. ὡς σο-

φίσματα λύειν δυναμένην ἐκέλευε παραλαμβάνειν Z. I 16, 17 de ratione disserendi etsi a Chr. maxime est elaboratum, tamen a Z. minus multo quam ab antiquis I 16, 6
διαλεκτικός πρὸς· τοὺς δ. tit. l. A. I 75, 24 ὅροι δ. tit. l. Chr. II 4, 40 περὶ τῶν ἀντιλεγομένων τοῖς δ. tit. l. Chr. II 9, 35 μόνος ὁ σοφὸς δ. II 38, 15. 39, 39. III 164, 18 ἀγαθὸς δ. ὁ σοφός Diog. III 241, 31 διαλεκτικῶς ποιεῖ ὁ σοφός III 180, 22
διάλεκτος def. Diog. III 213, 10 δ. def. : φωνή : αὐδή II 44, 15 ἀμφίβολοι δ. II 56, 3. 58, 3. 6. 8
διαλεληθώς (sc. λόγος) in tit. Chr. II 8, 12 sophisma 90, 36
διάλληλος δ. λόγος II 90, 30
διαλογίζομαι τοῦ αὑτοῦ εἶναι ὀρθῶς διαλέγεσθαι καὶ δ. II 39, 35
διαλογισμός τοὺς δ. ἐν τῇ καρδίᾳ εἶναι II 242, 6. 17 ὅθεν ὁ λόγος ἐκπέμπεται, ἐκεῖσε δεῖ τὸν δ. γίγνεσθαι 244, 16
διάλογος in tit. l. A. I 75, 14. H. 91, 20 συμποτικοὶ δ. tit. l. P. I 101, 3. 23 δ. ἐρωτικοί tit. l. Sph. I 140, 5
διαλύω cf. ἀνάλυσις
δ. : συνίσταμαι II 136, 10 pass. — δ. τὸν ψευδόμενον λόγον II 7, 39
διαμαρτάνω οἱ δ. ψόγον καρποῦνται III 58, 17 οὑδένα τῶν ἀστείων οὔθ᾽ ὁδοῦ δ. οὔτ᾽ οἰκίας οὔτε σκοποῦ 147, 17
διαμονή δ. ὑλικὴ II 206, 7 ἡ τῶν σωμάτων δ. 206, 12
διανοέομαι πῶς ἕκαστα λέγομεν καὶ δ. tit. l. Chr. II 9, 24 ἡμᾶς δ. κατὰ τὴν καρδίαν II 250, 29. 33 ἀπὸ τῆς διανοίας δεῖ δ. 250, 33
διανόημα II 255, 39
διανοητικός δ. μόριον τῆς ψυχῆς = διάνοια II 226, 22
διάνοια vid. διαστροφή
τὸ ἡγεμονικὸν μέρος τῆς ψυχῆς καλεῖται δ. Z. I 50, 6. III 75, 9. 111, 19 δ. σῶμα III 75, 5
οὑκ ἄλλη μὲν πηγὴ λόγου, ἄλλη δὲ δ. II 244, 11 τὴν δ. λόγου πηγὴν II 228, 17 λόγος ἀπὸ δ. χωρεῖ Z. I 40, 30.

Diog. III 215, 32. 216, 4 ἀπὸ τῆς δ.
δεῖ λέγειν καὶ ἐν ἑαυτῷ λέγειν II 250, 32
ἐκλαλητικὴ ὑπάρχουσα, ὃ πάσχει ὑπὸ
τῆς φαντασίας, τοῦτο ἐκφέρει λόγῳ
II 21, 10
οὐκ ἐν τῷ ἐγκεφάλῳ ἐστὶν ἡ δ.
Z. I 40, 31. Diog. III 215, 33 ἔσται μά-
λιστα πως περὶ τὴν καρδίαν Diog. III
216, 9 ἡ κατὰ τὴν ἀκοὴν αἴσθησις
καταφερομένη περὶ τὴν δ. II 242, 33
ταὐτόν ἐστι. καὶ αἴσθησις, οὐ κατὰ
ταὐτὸ δέ II 230, 12 δ. κατὰ φύσιν ἔχου-
σα ad αἴσθησιν pertinet 26, 23 αἱ διὰ
τῆς δ. φαντασίαι τῶν ἀσωμάτων 24, 18
τὸ αὐτὸ τῆς ψυχῆς μέρος διόλου
τρεπόμενον καὶ μεταβάλλον ἐν τοῖς
πάθεσι κακίαν τε γίνεσθαι καὶ ἀρετὴν
Z. I 50, 6 III 111, 19 τὰ κατὰ τὴν δ.
πάθη II 240, 2 ἡ περὶ τὴν δ. γιγνομένη
ταραχή 240, 37 νήφουσα δ. III 138, 18
ὑπὸ λοιδορίας κινεῖσθαι τὴν δ. II 243, 21
τὴν λογικὴν ὁρμὴν εἶναι φορὰν δ.
ἐπί τι τῶν ἐν τῷ πράττειν III 40, 10
τὴν ὁρουσιν φορὰν δ. ἐπί τι μέλλον 40,
13 ἡ ὡς ἔτυχεν ἐπίκλισις τῆς δ. 41, 37
ὀξύτης δ. προηγμένον περὶ ψυχὴν
III 32, 42
κινητικὸν μᾶλλον τῆς λογιστικῆς δ.
τὸ ᾀδόμενον πόημα Diog. III 227, 31
διαπίπτω III 33, 25
διάρροια εὐεμπτωσία τοῦ σώματος
III 103, 8 σώματα ἐπιτήδεια εἰς δ.
ἐμπίπτειν 116, 33
διάρτησις κατὰ δ. γίγνονται ἀπέραν-
τοι λόγοι II 79, 15
διασαφητικός ὁ „ἤ“ σύνδεσμος II
71, 38
διασαφοῦν τὸ μᾶλλον ἢ ἧττον (sc.
ἀξίωμα) II 59, 5 def. 68, 25. 28
διάστασις ἐπὶ τῶν κατὰ δ. (sc. σω-
μάτων) μηδὲν εἶναι ἐκτὸς II 129, 13
τὸ δ. οὐκ ἔχον 151, 19 αἱ τρεῖς δ.,
μῆκος βάθος πλάτος 162, 30
διαστατός τὸ τριχῇ δ. κοινὸν σώ-
ματος καὶ κενοῦ καὶ τόπου II 162, 33
διάστημα ἄθρουν μεριστὸν ἀνύειν
δ. II 160, 16 λόγῳ θεωρητὰ δ. 161, 14
δ. ὁ τόπος II 163, 31 δ. κινήσεως
ὁ χρόνος 164, 15
διαστρέφομαι δ. τὸ λογικὸν ζῷον
III 53, 8 ἀνθρώπους ὑπὸ τῶν οὐ κα-

λῶς ζώντων 56, 21 ὑπὸ τῆς ἡδονῆς
56, 22
διαστροφή διττὴν τῆς δ. τὴν αἰτίαν,
ἐκ κατηχήσεως τῶν πολλῶν ἀνθρώ-
πων, ἐξ αὐτῆς τῶν πραγμάτων τῆς
φύσεως III 53; 16. 55, 2 τὰς περὶ
ἀγαθῶν καὶ κακῶν ἐγγίνεσθαι τοῖς
φαύλοις δ. διὰ τὴν πιθανότητα τῶν
φαντασιῶν καὶ τὴν κατήχησιν 55, 8
γεγονέναι πολλοὺς κακοὺς διὰ τὰς δ.
56, 17 ὑπείκει ἐκ τῆς δ. ἀφροσύνη
170, 31 ἐκ δ. ἐκκρουόμενοι τοῦ σεμ-
νοῦ II 290, 16 ἐκ τῶν ψευδῶν ἐπι-
γίγνεσθαι τὴν δ. ἐπὶ τὴν διάνοιαν,
ἀφ' ἧς πολλὰ πάθη III 99, 30 τὰ
πάθη τοῦ λόγου δ. 93, 18
διάτασις ἡ εἰς αἰθέρα τοῦ θεοῦ δ.
II 305, 22
διατείνω πνεῦμα δ. II 226, 8 in
def. φωνῆς Z. I 41, 6 pass. τοῦ Διὸς
τὸ διατετακός Diog. III 217, 15 τὸ
καθῆκον καὶ εἰς ζῷα δ. III 134, 14. 21
ἡ χάρις εἰς τὰ μέσα δ. III 168, 21. 31
in def σπερματικοῦ II 227, 34
διατίθημι cf. διάθεσις
τὸ δ. λευκαντικῶς ἢ γλυκαντικῶς
II 30, 10
διατριβή διατριβαί tit. l. Z. I 59, 11.
P. I 97, 1. Cl. I 107, 39. Sph. I 139, 29
περὶ σοφίας δ. tit. l. A. I 75, 16 ἐρω-
τικαὶ δ. tit. l. A. 75, 17
διαφέρω ἀξιώματα δ. διὰ τοῦ „εἰ“
συνδέσμου II 70, 40 τὸ δ. τῶν πρός
τι λεγομένων εἶναι III 34, 22
διαφοιτάω πῦρ καὶ ἀέρα γῆς καὶ
ὕδατος δ. II 155, 32 ὁ δ. τῆς ὕλης
θεός 308, 10
διαφορά ἡ ποιότης δ. οὐσία II
126, 20 κατὰ δ. τὰ κατά τι εἶδος
χαρακτηριζόμενα 132, 26 τὰ πρός τί
πως ἔχοντα ἀντιδιαιροῦσι τοῖς κατὰ
δ. 132, 24 τῇ γνώσει τῶν δ. αἱ τέχναι
συνίστανται II 76, 6 τὰ ἀγαθὰ πρὸς
τὰ κακὰ τὴν πᾶσαν ἔχειν δ. III 21, 26
διαφορούμενος cf. διφορούμενος
ἀξίωμα δ. II 65, 38. 66, 2. 70, 37
δ. λόγοι 86, 41 πότερον εἷς εἰμι ἢ
διαφοροῦμαι 191, 2
διαφωνέω τοὺς φαύλους δ. πρὸς
ἀλλήλους III 160, 17 πρὸς τοὺς θεοὺς
166, 17

διαφωνία τῶν φιλοσόφων dubitationis argumentum II 36, 23

διαχέω ἡ θερμότης δ. τὴν αἴσθησιν τοῦ ἁπτομένου, καθάπερ ἡ λαμπρότης τοῦ ὁρῶντος II 141, 9 γῇ διαλυομένη καὶ δ. 136, 23

διάχυσις def. III 97, 40 ὑπὸ τὴν ἡδονὴν τάττεται 97, 37 τὰς ἐπὶ ταῖς κρίσεσιν ἀλόγους δ. εἶναι τὰ τῆς ψυχῆς πάθη Z. I 51, 25 τὰς δ. τὸ μᾶλλον καὶ τὸ ἧττον δέχεσθαι III 119, 31 δ. 116, 6

διαψεύδομαι δ. = ψευδέσι φαντασίαις εἴκειν II 291, 11 ὁ σπουδαῖος οὐ δ. III 150, 15 μὴ μᾶλλον ἄλλο ἄλλου δ. II 43, 1

διαψευστικῶς δ. τὸ ψεῦδος λέγειν III 148, 6

διδακτός δ. τὴν ἀρετήν Cl. I 129, 21. III 52, 17

διδασκαλία τῷ νηπίῳ δ. χρεία III 140, 3

διδάσκαλος γραμμάτων δ. βουλομένου στίχους ὅτι πλείστους ὑπὸ τὸ αὐτὸ διανόημα τάξαι II 255, 38

διδάσκω = τί ἀσκῶ II 47, 17 propensi sumus ad docendum III 84, 4

δίδυμος πῶς δ. γίνεται II 213, 6

διεζευγμένον (sc. ἀξίωμα)
περὶ ἀληθοῦς δ. tit. l. Chr. II 5, 17 def. II 68, 20 expl. 71, 22 in divisione ἀξιωμάτων 59, 5 δ. ἀξιώματα: αἱ κατὰ διαίρεσιν προτάσεις 71, 21. 31 in quarto et quinto ἀναποδείκτῳ 80, 14. 18 πότε ἀληθὲς γίγνεται 72, 7. 19 ἀληθὲς τὸ ἐξ ἀντικειμένων δ. 119, 9 πότε δ. ψεῦδος γίγνεται 72, 10 δύο γίγνεσθαι συλλογισμοὺς κατὰ τὸ δ. 71, 32

διεξάγω Z. I 44, 34. II 265, 28

διεξαγωγή ἡ φύσις κατὰ λόγον πάλιν τὴν αὐτὴν δ. ποιεῖται II 184, 36

διέξοδος μίαν τῶν πάντων τεταγμένην εἶναι δ. II 265, 20 ἡ τοῦ λόγου δ. 250, 28 τὸ λέγειν ἐν δ. θεωρούμενον 95, 33

διέρχομαι cf. ἔρχομαι, διήκω
σῶμα ὅλον δι' ὅλου τινὸς ἑτέρου δ. Z. I 28, 21 τὸν Δία ὅλον δι' ὅλης τῆς ὕλης δ. II 116, 12

διήγησις def. Z. I 23, 29 pars orationis II 96, 5

διήκω πνεῦμα δ. δι' ὅλου τοῦ κόσμου II 306, 21 διὰ πάντων 137, 30. 145, 17 τὴν ἕξιν δι' ὅλων τῶν σωμάτων δ. 155, 23. 157, 7 τὸ πνεῦμα διὰ πάσης τῆς οὐσίας 154, 8 δι' ἡμῶν καὶ τῶν ζῴων III 90, 14 καὶ διὰ τῶν εἰδεχθῶν Z. I 42, 21
τὸν θεὸν δ. διὰ πάσης τῆς ὕλης Z. I 42, 19 II 112, 29 διὰ τῶν τεσσάρων στοιχείων II 137, 16 τὸ μέρος τοῦ θεοῦ τὸ δ. διὰ πάντων II 305, 18 διὰ πάντων δ. τὴν πρόνοιαν τοῦ θεοῦ Z. I 41, 24
τὴν ψυχὴν δ. δι' ὅλου τοῦ κόσμου Cl. I 111, 9 τὴν ψυχήν, τὴν φύσιν, τὴν ἕξιν δι' ὅλου τοῦ σώματος δ. II 155, 25 sq.
τὸ ἀφ' ἡγεμονικοῦ πνεῦμα ἐπὶ τὰς αἰσθήσεις δ. II 26, 37 in def. σπερματικοῦ 239, 2

διΐσταμαι σῶμα ἐκ διεστώτων II 124, 8. 14. 22. 302, 21. III 38, 9 μηδὲν ἐκ δ. ἀγαθὸν III 24, 24. 38, 14

δικάζω περὶ τοῦ δ. tit. l. Cl. I 107, 26. Chr. III 195, 17

δίκαιον τὸ cf. δίκαιος, δικαιοσύνη
τὸ δ. φύσει εἶναι καὶ μὴ θέσει III 76, 4. 7. 84, 14. 157, 39 φυσικῶς νοεῖται δ. τι II 29, 19 ius et iniuria natura diiudicantur III 76, 26
νόμον εἶναι κανόνα δ. καὶ ἀδίκων III 77, 37 a lege ducendum iuris exordium 78, 8 ius lex constituit una 79, 8 lex: ius 78, 29
ius datum est omnibus III 78, 30 est unum ius, quo devincta est hominum societas 79, 8 hominum inter homines iuris esse vincula 90, 25 inter homines et deos communio iuris 83, 8 μηδὲν εἶναι ἡμῖν δ. πρὸς τὰ ἄλλα ζῷα 89, 28. 90, 25 πρὸς τὰ ἄλογα 91, 15 πρὸς τὰ φυτὰ καὶ τοὺς λίθους 90, 17
τὸ δ. εἶδος τοῦ καλοῦ III 20, 22 πᾶν δ. καλόν 76, 12. 16 et ius et omne honestum sua sponte expetendum 12, 28 si natura confirmàtura ius non erit, virtutes omnes tollentur 84, 31 τὸ καλὸν καὶ τὸ ἀγαθὸν δ. 76, 21 πᾶν ἀγαθὸν δ. Cl. I 127, 4. III 22, 11 πᾶν δ. ἀγαθόν III 76, 16 πᾶν δ. συμ-

φέρον 76, 18   numquam aequitatem
ab utilitate posse seiungi 76, 11   μεῖ-
ζον ἀγαθὸν τὸ καλὸν καὶ τὸ δ. τῆς
ἡδονῆς 8, 16
δικαιοπραγέω   τὸ δ. κατόρθωμα
III 134, 25. 136, 20
δικαιοπράγημα   πᾶν κατόρθωμα
καὶ δ. III 73, 15. 136, 28
δικαιοπραγία   δ. ἀγαθὸν καθ᾽ ἑαυτό
III 26, 39
δίκαιος   qui ius commune cum ge-
nere humano conservaret, eum iustum
III 90, 30   ὁ δ. ἰσότητος ἐν τοῖς ἀπο-
νεμητέοις ἀρρεποῦς στοχαζόμενος 159,
31   μόνον τὸν σοφὸν δ. 81, 31. 159, 36
numquam iustus, qui stultus 73, 19 sq.
ὁ αὐτὸς δ. καὶ εὐδαίμων Cl. I 127, 22
παρὰ τὸν δ. δικαιοσύνην ἀρετὴν τίθε-
σθαι III 60, 7
δικαιοσύνη   περὶ δ. tit. l. Chr. III
195, 20. 34. 39. 43
   δ. = ἐπιστήμη ἀπονεμητικὴ τῆς ἀξίας
ἑκάστῳ III 63, 27   ἀπονεμητικὴ τῶν
κατ᾽ ἀξίαν 64, 8 = ἐπιστήμη ἀγαθῶν
καὶ κακῶν, ὅταν τὸ κατὰ ἀξίαν ἑκάστῳ
νέμῃ A. I 86, 2 = ἕξις ἀπονεμητικὴ
τοῦ κατ᾽ ἀξίαν ἑκάστῳ III 30, 22. 65, 24.
Diog. 219, 28 = φρόνησις ἐν ἀπονεμη-
τέοις Z. I 49, 26. 32 = ἡ ἰσχὺς καὶ τὸ
κράτος, ὅταν περὶ τὰς ἀξίας ἐγγένηται
Cl. I 129, 2 = ἡ ἀρετὴ κοινωνήμασι
καὶ συμβολαίοις ὁμιλοῦσα τοῖς πρὸς
ἑτέρους A. I 86, 15 quid aliud iustitia
est quam iniustitiae privatio II 335, 39
alienum esse a iustitia, detrahere quid
de aliquo, quod sibi assumat III 85, 16
δ. ἀρετή Z. I 49, 23. III 23, 23 δ.
παρὰ τὸν δίκαιον ἀρετὴν τίθεσθαι III
60, 7 μίαν οὖσαν τὴν ἀρετὴν δ. λέγε-
σθαι A. I 86, 6. 21 δ. τῶν πρώτων ἀρε-
τῶν εἶναι III 64, 16. 65, 6 προηγου-
μένως μὲν τὸ κατ᾽ ἀξίαν ἑκάστῳ
σκοπεῖν, κατὰ δὲ τὸν δεύτερον λόγον
καὶ τὰ ὑπὸ τὰς ἄλλας ἀρετάς III 69, 16
γίνεσθαι περὶ τὰς ἀπονεμήσεις 64, 18
περὶ τὰ ἀπονεμητέα 64, 1
   δ. ἐπιστήμη καὶ τέχνη III 23, 27
διάθεσις ἀναπόβλητος 143, 22 οὐκ ἔστιν
ἀνδρίζεσθαι μέν, στέρεσθαι δέ ποτε δ.
76, 24 iustitia intra se perfecta 137, 31
per se expetenda et colenda A. I 82, 7.

III 12, 32. 36 omnino esse non potest,
nisi ipsa per se expetitur III 85, 19
minime propter utilitates adsciscitur
85, 17 omnes viri boni aequitatem
amant 12, 30
   δ. ἀγαθὸν Z. I 47, 21. III 17, 18 εἰ
τῆς ἡδονῆς τέλους οὔσης ἀναιρεῖται
ἡ δ. III 8, 24 sq. ἀγαθοῦ τῆς ἡδονῆς
ἀπολειπομένης, τέλους δὲ μή, σῴζε-
σθαι τὴν δ. 8, 13 sq. ἀναιρεῖσθαι τὴν
δ., ἂν τὴν ἡδονὴν ἀγαθὸν ἀπολίπωμεν
III 37, 18 si voluptatem sequaris, ruit
iustitia 8, 1
   τῆς δ. ἀρχὴ καὶ γένεσις ἐκ τοῦ Διὸς
καὶ ἐκ τῆς κοινῆς φύσεως III 80, 35
nos ad iustitiam esse natos 84, 13.
85, 16 τὴν οἰκείωσιν ἀρχὴν δ. Z. I 48, 37
οὐκ ἔστι τις ἡμῖν δ. πρὸς τὰ ἄλογα
τῶν ζῴων 90, 15   τὴν δ. ἀσύστατον
γίνεσθαι, εἰ πᾶσι τοῖς ζῴοις λόγου
μέτεστιν 91, 2
   μὴ ἀχρήστως γεγονέναι πρὸς τὴν
δ. τὴν ἀδικίαν II 339, 30
δικαίωμα   δ. μόνα τὰ ἀπὸ δικαιο-
σύνης : κατορθώματα III 136, 32
δικανικόν   τὸ δ. μέρος ῥητορικῆς
II 96, 2
δικαστής   μὴ δεῖν δ. ἔλεον ἐλεεῖν III
109, 44
δικαστικός   δ. ἀρετὴ def. III 67, 9.
81, 27 τοὺς σοφοὺς δ. εἶναι 158, 9
δίκη   τὸν Δία εὐνομίαν καὶ δ. II 315, 10
διοιδέω   χόλος ὀργὴ δ. III 96, 16. 39
διοικέω   cf. εἱμαρμένη
   ἐξ εἱμαρμένης τὰ πάντα δ. Z. I 24, 35
ὑπέρευ, καθάπερ ἐν εὐνομωτάτῃ πο-
λιτείᾳ 27, 21   in def. εἱμαρμένης II
169, 33. 264, 19 pass. φύσει δ. τόνδε
τὸν κόσμον II 264, 7   ὑπὸ τοῦ πνεύ-
ματος τὰ πάντα δ. II 137, 30   ὁ βίος
δ. κατὰ ἐπιστήμην III 60, 29 πλῆθος
ἀνθρώπων ὑπὸ νόμου δ. III 81, 1. 16
διοίκησις   Ζεὺς τῆς τῶν ὄντων δ.
καθηγεμών III 4, 4   providentia nihil
praetermisit pertinentium ad certiorem
utilioremque dispensationem Chr. Cl. I
124, 32   τὸν κόσμον ἔχειν δ. ἀΐδιον
II 273, 1 ἀκώλυτος καὶ ἀπαρεμπό-
διστος ἡ τοῦ κόσμου δ. II 297, 9 ἡ
τοῦ κόσμου δ. III 17, 7 ἡ ἀρχὴ νόμιμος
ἀνθρώπων δ. III 81, 21

διοικητής ὁ τοῦ ὅλου δ. III 4, 7
διοικητικός ἡ εἱμαρμένη, τάξει τοῦ
παντός δ. II 264, 15
διομαλίζω III 139, 22. 25
Διόνυσος Δ. ἀπὸ τοῦ διανύσαι co-
gnominatum Cl. I 124, 20 τὸ γόνιμον
πνεῦμα καὶ τρόφιμον Δ. εἶναι II 319, 30
Liberum patrem, quia omnium parens
sit II 306, 4 διὰ τὰς εἰς τὸν κοινὸν
βίον εὐεργεσίας θεὸν γενέσθαι 300, 33
θεοὺς νενομίσθαι τὰ τρέφοντα καὶ
ὠφελοῦντα ὡς Δ. P. I 99, 9
διόρθωσις ψυχῆς III 81, 30
διορθωτικός ἐπιστήμη δ. τῶν ἁ-
μαρτανομένων III 81, 27
Διόσκουροι τοὺς ὀρθοὺς λόγους
καὶ σπουδαίας διαθέσεις Δ. Ζ. I 43, 34
ἀγαθούς τινας εἶναι δαίμονας II 303, 14
διὰ τὰς εἰς τὸν κοινὸν βίον εὐεργεσίας
θεοὺς γενέσθαι 300, 33
διφορούμενος cf. διαφορούμενος
οἱ δ. λόγοι II 87, 42. 88, 6. 21
διχόνοια ἡ ἔχθρα δ. III 166, 16
διψάω III 108, 1. 5
διωθέω cf. ἀδιάφορον
in mediis rebus est aliud sumendum,
aliud reiciendum III 136, 3. 12 ἡ ἀρετὴ
τὰ μὲν δ. τῶν ἀδιαφόρων 57, 18 τὰ
βλάπτοντα δ. 43, 9 vivere reicientem,
quae essent contra naturam 5, 43. 6, 6
Δίων ἀρετῇ οὐχ ὑπερέχειν τὸν Δία
τοῦ Δ. III 58, 37 κατάληψις πταρνυ-
μένου Δ. 51, 14
Διώνη II 329, 12
δίωξις ἐπιθυμία δ. ἀγαθοῦ III 95, 20
δόγμα πιθανὰ λήμματα εἰς τὰ δ.
tit. 1. Chr. II 8, 32
δ. = κατάληψις λογική II 37, 10
εὐκρασία τῶν ἐν τῇ ψυχῇ δ. III 68, 29
οὐ περιεργάζεσθαι ἐν τῷ καιρῷ τῆς
φλεγμονῆς τῶν παθῶν τὸ προκατα-
λαβὸν τὴν ψυχὴν δ. III 125, 1. 3
δοκέω οὐ δ. τι τῷ σοφῷ II 40, 23.
III 147, 26
δόκησις def. II 40, 23
δοκιμαστής τὴν ἀμοιβὴν τοῦ δ.
ἀξίαν λέγεσθαι III 30, 8. expl. 30, 16. 32.
Diog. 219, 21
δοκιμαστικός οἱ σπουδαῖοι πρὸς
ἀλλήλους δ. διακεῖσθαι III 160, 25
δοκιμαστός πᾶν ἀγαθὸν δ. III

22, 14 probandum etiam laudabile
11, 9 ἀρετὴ δ. ἀνυπόπτως 49, 44
δόξα
διττὰς εἶναι δ., τὴν μὲν ἀκατάληπτῳ
συγκατάθεσιν, τὴν δὲ ὑπόληψιν ἀσθενῇ
III 147, 4 δ. = ἀσθενὴς καὶ ψευδὴς
συγκατάθεσις Ζ. I 20, 6. II 29, 37 =
imbecilla adsensio III 93, 7
τὴν δ. ἐν τῷ λογιστικῷ μόνῳ συν-
ίστασθαι III 115, 33 ex inscientia
exsistere opinionem, quae esset im-
becilla et cum falso communis Ζ. I
18, 26 δ. μεταπτωτική II 41, 10 τοῦ
κατὰ τὸν βίον ἁμαρτάνοντος ἐν τοῖς
περὶ ἀγαθῶν καὶ κακῶν γνώσεως αἱ
μοχθηραὶ δ. συνίστανται III 41, 23
τὰς δ. ἀλλοτρίους τῆς τοῦ σοφοῦ
διαθέσεως III 147, 5 ἐν μόνοις τοῖς
φαύλοις καθεστάναι II 30, 1
τὰ πάθη δ. III 92, 21. 93, 14 per-
turbationes opinione fieri 93, 1. 14 pass.
ἐπὶ πάντων τῶν παθῶν παραλαμβά-
νεσθαι τὴν δ. ἀντὶ τῆς ἀσθενοῦς ὑπο-
λήψεως 92, 22 in affectibus τὴν δ.
αὐτὴν ἔχειν τὸ ἀτάκτως κινητικόν
95, 38 sq. ἐν τῷ χρόνῳ μαλάττεται
τὰ πάθη, κἂν αἱ δ. μένωσι 117, 17 sq.
duae perturbationes ex opinione boni
93, 38 duae ex o. malorum 93, 43
λύπη δ. πρόσφατος κακοῦ παρουσίας
95, 17. 30 ἡδονὴ δ. πρόσφατος ἀγαθοῦ
παρουσίας 95, 21. 32 metus opinio im-
pendentis mali 93, 43. 95, 33 libido
venturi boni 95, 34 caput esse in
consolando detrahere illam opinionem
maerenti 132, 23
περὶ δ. tit. 1. Cl. I 107, 22. Sph.
140, 13
δ. = ἡ ἐπὶ τῶν ἀσπούδων δόκη-
σις : κλέος III 38, 41
ἡ δ. ἀδιάφορον Ζ. I 47, 24. A. I
81, 33. III 17, 20. 28, 31 προηγμένον
III 29, 37. 31, 30 προηγμένον ἐπὶ τῶν
ἐκτός III 31, 5 δι' ἕτερα ληπτόν 35, 2
μὴ πρὸς δ. δρα, ἐθέλων σοφὸς γε-
νέσθαι Cl. I 127, 36 ἀνελεύθερος πᾶς
ὅστις εἰς δ. βλέπει Cl. I 128, 6 οὕτω
πολιτεύεσθαι τὸν σοφὸν ὡς καὶ τῆς
δ. οὔσης ἀγαθοῦ III 175, 9
δοξάζω τὸ μὴ δ. τὸν σοφὸν tit. 1.
Chr. II 9, 27

τὸ δ. = κοινῶς ἀκαταλήπτοις φαν-
τασίαις εἴκειν II 291, 12 = ψευδεῖ
συγκατατίθεσθαι III 147, 27 δ. ἀφρο-
σύνης καὶ τῶν ἁμαρτημάτων αἴτιον
147, 30 αἴτιον τῶν παθῶν III 95,
37 sq. οὐ δ. τὸν σοφὸν Z. I 16, 32.
17, 7. 35. Sph. I 141, 10. II 34, 22. 40, 21
III 147, 1. 27. 40
δοξομανής καλοῦσι τοὺς φιλοδό-
ξους δ. III 167, 7
δόσις def. III 30, 14. Diog. 219, 19
τὴν δ. καὶ τιμὴν ἀξίαν λέγεσθαι 30, 8
σπουδαῖον τὴν δ., ἐπιστήμην οὖσαν
171, 12 μὴ ποιεῖσθαι τὴν κατ᾿ ἀξίαν
δ. τῆς ἀρετῆς τῶν φαύλων τινά 171, 11
δουλεία δ. = ἄγνοια ὧν τε ἔξεστι
καὶ ὧν μὴ III 87, 6 στέρησις αὐτο-
πραγίας 86, 32 καὶ ἄλλην δ. τὴν ἐν
ὑποτάξει, καὶ τρίτην τὴν ἐν κτήσει
τε καὶ ὑποτάξει ib. οὐχ αἱ ὑπηρεσίαι
μηνύματα δ. 87, 8 τὴν κατ᾿ ἀλήθειαν
δ. κακὸν 155, 15 τελικὸν κακόν 26, 3
δοῦλος ἄνθρωπος ἐκ φύσεως δ.
οὐδείς III 86, 19 δ. μὴ ὡς φύσει δ.,
ἀλλ᾿ ὡς μισθωτοί 86, 20 οὐχ ἡ πρᾶσις
ἀποφαίνει τὸν πραθέντα δ. 87, 25
δ. : οἰκέτης 86, 23 οὐ πράσει καὶ ὠνῇ
τὸν δ., ἀλλὰ τῇ γνώμῃ τῇ ἀνελευθέρῳ
86, 29 τοὺς φαύλους δ. εἶναι 86, 31
διὰ τὴν ὑποπτωτικὴν διάθεσιν 155, 18
τοὺς ἀνοήτους δ. εἶναι καὶ ἃ μὴ ἔξ-
εστιν αὐτοῖς, ταῦτα ποιεῖν 87, 4 δ. τὸν
ἀγεννῆ 89, 13 τοὺς ἀπελευθέρους
86, 24 servus perpetuus mercenarius
86, 12 etiam s. beneficium dat 86, 14
et servis philosophandum esse 59, 29
δραστήριος δ. αἴτιον: παθητόν II
111, 19
δραστικός δ. ποιότητες II 133, 40
δ. στοιχεῖα 137, 38 δραστικώτατον τὸ
θερμόν 135, 10
δραχμή τὸ τὴν οὐσίαν ἀποβαλεῖν
οἱονεὶ δ. ἀποβαλεῖν III 36, 35. 40 δύο δ.
ἀπαράλλακτοι in expl. ὁρμῆς et ἐπι-
κλίσεως 29, 21. 175, 23 δύο δ. 41, 38
δρομεύς οἱ ὀργιζόμενοι : δ. III
128, 23 δύο δ. ad illustr. ἐπίκλισιν
175, 15
δρόμος cf. τρέχω, στάδιον
III 123, 21
δρόσος def. II 202, 40

δύναμαι ἄτονοι καὶ εὔτονοι τῷ δ.
ἡμᾶς ἢ ἀδυνατεῖν III 123, 17
δυναμικός ἐρωτήματα δυναμικώ-
τερα τῶν Μεγαρικῶν II 90, 11
δύναμις δ. = ἡ πλειόνων ἐποιστικὴ
συμπτωμάτων III 49, 12. 16
δ. διὰ τῆς ὕλης πεφοιτηκυῖα II 113, 2
ἔστι τις καθ᾿ ἑαυτὴν αὐτοκίνητος 113, 6
ἐν τῇ ὕλῃ εἶναι τὴν δ. μορφοῦσαν
308, 17 ἀΐδιος ἡ κινοῦσα τὴν ὕλην δ.
113, 10 εἱμαρμένη = δ. κινητικὴ τῆς
ὕλης Z. I 44, 36. 45, 1 ἡ δ. τῆς ὕλης
ἐστὶν ὁ θεός II 308, 37 ὁ θεὸς προσονο-
μάζεται κατὰ τὰς δ. 305, 19
τὰς δ. τῆς ψυχῆς ὡς ἐν ὑποκειμένῳ
ποιότητας συμβιβάζουσι II 225, 41 ἔνιαι
μὲν διακρίνονται διαφορότητι τῶν ὑπο-
κειμένων σωμάτων, ἔνιαι δὲ ἰδιότητι
ποιότητος περὶ τὸ αὐτὸ ὑποκείμενον
II 226, 7 μίαν εἶναι δ. τῆς ψυχῆς III
61, 35 μηδεμίαν εἶναι τῆς ψυχῆς δ. ἢ
ἐπιθυμητικὴν ἢ θυμοειδῆ III 112, 16.
115, 22 ἡ ψυχὴ δύο ἔχει δ., τὴν μὲν
λογικήν, τὴν δὲ ἄλογον II 230, 23.
255, 15 intimus est motus animae vis
rationabilis II 236, 6 διοικεῖσθαι ἡμᾶς
ὑπὸ τριῶν δ. Cl. I 130, 8
ἀρεταὶ δ. III 68, 25 δ. in def. ἀρετῆς
Z. I 50, 2. III 111, 15 pass., enum. II
235, 32 ἐπιστήμη ἕξις, ἥν φασι ἐν
τόνῳ καὶ δ. κεῖσθαι III 27, 3
τῇ δ. οὐκ ἴσον, κατὰ τὸ ποσὸν δε
II 157, 3
δυνατός, όν. περὶ τῶν δ. tit. l. Chr.
II 5, 22 scr. Cl. II 93, 16. Ant. III
248, 32. Arch. 263, 13
δ. = πᾶν τὸ ἐπιδεκτικὸν τοῦ γενέ-
σθαι II 64, 42 = ὃ ὑπ᾿ οὐδενὸς κω-
λύεται γενέσθαι II 279, 15 = ὃ οὔτ᾿
ἔστιν ἀληθὲς οὔτ᾿ ἔσται Cl. I 109, 34.
II 93, 11. Ant. III 248, 35 quae non
sint futura, posse fieri II 276, 31 τὸ
„ἔσται" οὐ κωλύεται εἶναι ἀληθές, κἂν
δ. ἢ τὸ μὴ γενέσθαι II 64, 43. 278, 39
δυνατῷ ἀδύνατον ἕπεσθαι II 65, 5. 93,
12 δ. ἀδύνατον οὐκ ἀκολουθεῖ Cl. I 109,
34. II 93, 3 sq. μὴ ἀναιρεῖσθαι πάντων γι-
νομένων καθ᾿ εἱμαρμένην τὸ δ. II 279, 14
δ. ἀξίωμα τὸ ἐπιδεκτικὸν τοῦ ἀληθὲς
εἶναι II 64, 17 δ. λόγοι (i. e. conclu-
siones) 78, 2

δυσαπόσχετος III 67, 21
δυσγένεια ἀδιάφορον III 28, 8.
Apollod. 261, 10 ἀποπροηγμένον
31, 8
δυσδιόριστος II 91, 14
δυσθυμία def. III 100, 22 δ.: θυμός
102, 27 δ. τελικὸν κακὸν 26, 4 ἐπι-
γέννημα τῆς κακίας 19, 33
δύσις = κρύψις ἄστρου ὑπὸ γῆν
II 200, 23 = ἡ ἅμα ἡλίῳ δ. 200, 25
δυσμένεια def. III 97, 6
δύσνοια def.. III 97, 7
δυσπραγία def. III 109, 44

δυστυχία τοὺς φαύλους ἐπ᾽ ἄκρον
ἥκειν δ. III 166, 26
δυσυπομένητος III 67, 25
δυσφορία def. III 100, 38
δυσφροσύνη ἐπιγέννημα τῆς κακίας
III 19, 33
δυσχέρανσις def. III 100, 28
δυσχρήστημα incommoda com-
munia, non paria III 23, 9 inter reiecta
sunt 23, 13
δύσχρηστος πάντα τὰ κακὰ δ. III
22, 1 ποτὲ μὲν τὰ δ. συμβαίνειν τοῖς
ἀγαθοῖς II 338, 4

E

ἔαρ def. II 201, 29. 33
ἑαυτοῦ etc. vid. s. praeposit. κατά,
ἐν etc.
ἐγκατάλειμμα ὑπομένον ἀπὸ τῶν
αἰσθητῶν II 24, 2
ἐγκεκαλυμμένος (sc. λόγος) in
tit. Chr. II 8, 11 qualis sit docetur
90, 37. 94, 5
ἐγκέφαλος οὐκ ἐν τῷ ἐ. ἐστὶν ἡ
διάνοια Z. I 40, 31. Diog. III 215, 33
ἐγκράτεια def. III 64, 34. 65, 12.
67, 20. 66, 40. 93, 28. Cl. I 128, 36
τῶν ἀγαθῶν ἐστιν III 8, 35 ὑπο-
τάττεται τῇ σωφροσύνῃ 64, 23 τὸ κατ᾽
ἐ. πραττόμενον κατόρθωμα 73, 16 μὴ
ἀχρήστως γεγονέναι πρὸς τὴν ἐ. τὴν
ἀκολασίαν II 339, 29
ἐγκρατεύομαι III 67, 22. 68, 1
ἐγκρατής III 149, 17
ἐγκρίνω περὶ τοῦ ἐ. τοὺς ἀρχαίους
τὴν διαλεκτικήν tit. l. Chr. II 9, 32
ἐγκύκλιος τὰ ἐ. παιδεύματα : φιλο-
σοφία A. I 78, 27. 34 τὰς ἐ. λεγο-
μένας τέχνας ἐπιτηδεύματα μέν, ἐπι-
στήμας δ᾽ οὔ III 72, 23 εὐχρηστεῖν
καί τὰ ἐ. μαθήματα III 184, 19 τὴν
ἐ. παιδείαν ἄχρηστον Z. I 60, 28
ἐγκωμιαστικόν μέρος ῥητορικῆς
II 96, 3
ἐγκώμιον τὰ ἐ. διὰ τῆς μουσικῆς
παιδεύειν Diog. III 225, 10
ἐγχείρησις def. III 41, 31
ἐγχρονίζομαι III 117, 27. 118, 30
ἐγώ II 237, 34. 245, 20

ἔθος περὶ βαρβαρικῶν ἐ. tit. l. Dion.
I 93, 27
κατὰ τὴν συγγυμνασίαν τὸ ἔ. III
51, 22 οἱ ἐν ἔ. ποιοῖς γεγονότες
173, 35
εἰδικός τὸ εἰδικώτατον def. Diog.
III 214, 32 τὸ εἰ. αἰσθητόν : γενικόν
II 28, 2 αἱ εἰ. ἀρεταί III 19, 13. 48, 15
εἰδοποιέω II 126, 22. 130, 8. 13.
148, 2. 308, 13
εἶδος περὶ εἰ. καὶ γενῶν l. Chr. II
9, 7. 10
def. Diog. III 214, 29 = ἰδέα II
123, 34 μέρη τοῦ ξῴου σώματος ὄντος
τό τε εἰ. καὶ ἡ ὕλη, ὥστε καὶ σώ-
ματα II 220, 6
φυσικόν, ἠθικόν, λογικὸν εἰ. II 15, 19
ἑκάστη τῶν ἐπ᾽ εἰ. ἀρετῶν ἀγαθόν
III 19, 17 εἴδη τοῦ καλοῦ III 20, 22
τοῦ αἰσχροῦ 20, 24 ἀδιάφορα κατ᾽ εἰ.
προηγμένα 28, 10 τὰ πάθη σὺν τοῖς
εἰ. 21, 32 οἱ ἐχθροὶ σὺν τοῖς εἰ. 24, 11
ἐν εἰ. 40, 6. 24
καταληπτὸν τὸ ἦθος ἐξ εἰ. Z. I 50,
18. Cl. 137, 19 ἡ μοχθηρία τοῦ ἤθους
ἀναπίμπλησι τὸ εἰ. III 181, 13 νέοι,
ἐμφαίνοντες διὰ τοῦ εἰ. τὴν πρὸς
ἀρετὴν εὐφυΐαν Z. I 59, 5. III 180, 15.
Apollod. 261, 24
εἰκαιότης II 39, 32
εἰκῇ εἰ. γίγνεσθαι τὰς κατὰ τὰ πά-
θη κινήσεις III 127, 26 sq.
εἰκός III 146, 23

46   Index verborum, notionum, rerum ad Stoicam doctrinam pertinentium.

εἴκω εἴ. ἐξ ἑαυτῶν τῇ φαντασίᾳ II
286, 16   ἀδήλοις, ψευδέσιν, ἀκατα-
λήπτοις εἴ. II 291, 10   τὸ εἴ. ἀδυνα-
μία ψυχῆς πρὸς κολάσεις προσποιου-
μένη χρηστότητα III 163, 5   εὐθὺς ὁρ-
μᾶν μὴ εἴ. μηδὲ συγκαταθεμένους 42,
27 sq.
εἱμαρμένη cf. τὸ ἐφ᾽ ἡμῖν
περὶ εἰ. tit. l. Chr. III 196, 7. B.
III 265, 17
εἰ. εἰρομένη τις II 265, 12 = αἰτία
τῶν ὄντων εἰρομένη Z. I 44, 33. II
265, 27 = εἴρουσα τὰς ἑκάστων ἀνελ-
λιπῶς καὶ ἀδιαστάτως αἰτίας II 265, 6
= εἱρμὸς αἰτιῶν, τουτέστι τάξις καὶ
ἐπισύνδεσις ἀπαράβατος 265, 36. 266,
1. 10 = series inplexa causarum 305,
39 = συμπλοκὴ αἰτιῶν τεταγμένη 284,
12 = ἡ τῶν λόγων καὶ τῶν αἰτιῶν
ἐπιπλοκὴ καὶ ἀκολουθία Z. I 27, 20
= λόγος καθ᾽ ὃν τὰ μὲν γεγονότα γέ-
γονε, τὰ δὲ γινόμενα γίνεται, τὰ δὲ
γενησόμενα γενήσεται II 264, 20. 266,
18 = quod ex omni aeternitate verum
fuit II 266, 14. 22 = κυριωτάτη αἰτία
273, 35 = αἰτία ἀνίκητος καὶ ἀκώ-
λυτος καὶ ἄτρεπτος 292, 15 ἄναρχος
καὶ ἀτελεύτητος II 265, 5 = ὁ τοῦ
παντὸς λόγος Z. I 24, 31. 42, 24. 29
= ὁ τοῦ κόσμου λόγος II 264, 18
= λόγος καθ᾽ ὃν ὁ κόσμος διεξάγεται
Z. I 44, 33. II 265, 27 = λόγος τῶν
ἐν τῷ κόσμῳ προνοίᾳ διοικουμένων
II 264, 19 = τοῦ Διὸς λόγος 270, 1.
292, 13 = ὁ Διὸς νοῦς 267, 36 = δύνα-
μις κινητικὴ τῆς ὕλης κατὰ ταὐτὰ καὶ
ὡσαύτως Z. I 44, 36. 45, 1 = κίνησις
ἀΐδιος συνεχὴς καὶ τεταγμένη II 265,
30 = φυσική τις σύνταξις τῶν ὅλων
293, 29
ἡ εἰ. τὴν πίστιν λαμβάνει ἐκ τοῦ
σῶμα διὰ σώματος χωρεῖν II 156, 13
ἡ οὐσία τῆς εἰ. δύναμις πνευματική,
τάξει τοῦ παντὸς διοικητικὴ 264, 15
εἰ. εἶναι καὶ γένεσιν ἐξ ἧς πάντα δι-
οικεῖται καὶ πάσχει Z. I 24, 34 = ὁ κόσ-
μος καθ᾽ ὅσον εἰρομένῳ λόγῳ πάντα
διοικεῖ II 169, 33 χρωμένη ἁπάντων
τῇ οἰκείᾳ φύσει πρὸς τὴν τοῦ παντὸς
οἰκονομίαν 273, 27 εἰ. : κόσμου διοίκη-
σις 297, 8   ἡ εἰ. θεός II 267, 32. 305,

39. Ant. III 249, 22 Ζεὺς II 267, 42.
315, 9 ἡ εἰ. καὶ ἡ φύσις θεός 273, 25
ἕν τε θεὸς καὶ νοῦς καὶ εἰ. Z. I 28,
22. II 179, 35 καὶ πρόνοια καὶ φύσις
Z. I 44, 37. 45, 2 ἡ κοινὴ φύσις =
εἰ. καὶ πρόνοια καὶ Ζεὺς II 269, 13
εἰ. = ἀλήθεια, αἰτία, φύσις, ἀνάγκη
II 264, 22   = Ἄτροπος, Ἀδράστεια,
Ἀνάγκη, Πεπρωμένη 292, 16 = τὸ
κατηναγκασμένον 265, 30. 34. 266, 25. 27
δύναμις τῆς εἰ. ἀνίκητος καὶ ἀνεκ-
βίαστος καὶ περιγενητικὴ ἁπάντων II
64, 44 καθ᾽ εἰ. τὰ πάντα γίνεσθαι Z. I
44, 31. II 265, 24. 266, 29. 267, 11. 272,
6. 29. 279, 14. B. III 265, 15 pass. si
omnia quae fiunt, causis fiunt ante-
gressis, fato omnia fiunt II 275, 28
omnia fato fieri causis antecedentibus
= non causis perfectis et principali-
bus, sed causis adiuvantibus et proxi-
mis 283, 2 πάντα τὰ καθ᾽ εἰ. κατὰ
τάξιν καὶ ἀκολουθίαν γίγνεσθαι II 266,
9 τὰ καθ᾽ εἰ. γιγνόμενα καὶ κατὰ πρό-
νοιαν γίγνεται 268, 16. 280, 14 quae
ex providentiae auctoritate, fataliter
quoque provenire, nec tamen quae
fataliter, ex providentia Cl. I 125, 13
τὸ πάντα γίγνεσθαι καθ᾽ εἰ. ἐκ τοῦ
μαντικὴν εἶναι δείκνυσι Chr. II 270, 21
fata denuntiativa et condicionalia 279, 1
ὁ τῶν δυνατῶν λόγος πρὸς τὸν τῆς
εἰ. μαχόμενος II 64, 39 καθ᾽ εἰ. γίγνε-
ται, οἷς τὰ ἀντικείμενα ἀδύνατόν ἐστιν
ἢ εἶναι ἢ γενέσθαι 298, 7 τῶν καθ᾽
εἰ. γινομένων οὐ κεκώλυται τὰ ἀντι-
κείμενα γενέσθαι 279, 16
τὴν εἰ. χρῆσθαι πᾶσι τοῖς γεγονόσι
καὶ γινομένοις καθ᾽ εἰ. II 296, 14 ἕκα-
στον τῶν συνεστώτων φύσει καθ᾽ εἰ.
εἶναι τοιοῦτον, ὁποῖόν ἐστι 295, 15
ducunt volentem fata, nolentem tra-
hunt Cl. I 118, 26. 119, 7 τὴν εἰ.
ποιεῖν τινα τοιαῦτα, ἃ χωρὶς βίας οὐ
πείσεται τοῖς αἰτίοις II 280, 9 τὰ γι-
γνόμενα καθ᾽ εἰ., καίτοι ἀπαραβάτως
γιγνόμενα, μὴ ἐξ ἀνάγκης γίγνεσθαι
279, 26 nasci et mori fatis dant, media
omnia fortunae 281, 42 ἃ μὲν εἶναι
κατ᾽ ἀνάγκην, ἃ δὲ καθ᾽ εἰ., ἃ δὲ κατὰ
προαίρεσιν 281, 9 necessitas fati ge-
nera ipsa et principia causarum mo-

vet, impetus vero consiliorum voluntas cuiusque propria moderatur 294, 20 περιειλῆφθαι τὸ παρ᾽ ἡμᾶς ὑπὸ τῆς εἱ. 293, 4 ἡ εἱ. χρῆται ζῴῳ ὡς ζῴῳ, εἰ δὲ ὡς ζῴῳ καὶ ὡς ὁρμητικῷ 296, 14 τὰς διὰ τῶν ζῴων ὑπὸ τῆς εἱ. γινομένας κινήσεις ἐπὶ τοῖς ζῴοις εἶναι 285, 33 διὰ τοῦ τὸ καθ᾽ ὁρμὴν ἐνεργεῖν τὰ ζῷα τηρεῖν ἐν τῷ ἄπαντα γίνεσθαι καθ᾽ εἱ. καὶ τὸ ἐφ᾽ ἡμῖν εἶναί τι τηρεῖν 296, 22 animorum nostrorum motus esse ministeria decretorum fatalium 272, 25 δεδόσθαι τῷ ζῴῳ καθ᾽ εἱ. τὸ συγκατατίθεσθαι 290, 25 ἡ εἱ. ποιεῖ φαντασίας ἀγωγοὺς ἐπὶ τὴν συγκατάθεσιν 291, 6 ὅπως πληρωθῇ τὸ τῆς εἱ. δρᾶμα, φαντασίαν ὁ θεὸς τῷ Λαΐῳ παρέσχεν 271, 32
εἶξις τὰ πάθη τοῦ ἡγεμονικοῦ εἱ. III 111, 35
εἰρήνη primum bonum III 27, 25
εἱρμός εἱ. αἰτιῶν II 265, 36. 266, 1. 10. 280, 7 διοίκησις κατὰ εἱ. καὶ τάξιν προϊοῦσα 273, 1 προδιατέτακται ἑκάστῳ κινήματι τῶν ἐφ᾽ ἡμῖν καὶ τὸ κατὰ τὸν εἱ. τῶν ἐσομένων συμβησόμενον 289, 31 voluntas dei series causarum 268, 13 ὁ ἄνωθεν εἱ. 273, 41
εἴρω εἱμαρμένη = εἰρομένη τις II 265, 12 εἱμαρμένη εἴρουσα τὰς ἑκάστων αἰτίας 265, 6 εἰρομένῳ λόγῳ 169, 33
εἰρωνεύομαι III 161, 4
εἷς cf. ἕν
εἷς ὁ κόσμος vid. s. v. κόσμος etc.
εἰσάγω II 39, 6. 41, 5
εἰσαγωγή περὶ τῆς εἰς τὰς ἀμφιβολίας εἱ. tit. l. Chr. II 6, 28. 30 οἱ πρὸς εἱ. τρόποι 7, 16 ἡ εἰς τὸν ψευδόμενον εἱ. 7, 34. 35 εἱ. τῆς περὶ ἀγαθῶν καὶ κακῶν πραγματείας III 196, 17
εἰσαγωγικός συλλογισμοὶ εἱ. tit. l. Chr. II 7, 15
ἕκαστος τὰ καθ᾽ ἕ. μόνα εἶναι II 123, 26. 29
ἔκγονος πῶς γίνεται ἡ πρὸς τοὺς γεννήσαντας ὁμοιότης τῶν ἐ. II 211, 38 οἰκειούμεθα πρὸς αὐτοὺς εὐθὺς γενόμενοι τὰ ἕ. ἑαυτῶν III 43, 24
ἔκκειμαι III 6, 14
ἐκεῖσε ἐ. ἀντὶ τοῦ ἐκεῖ II 244, 38

ἔκθεσις περὶ ἐ. tit. l. Chr. II 7, 32
ἐκθετικόν II 62, 4
ἐκκαλυπτικός ἐ. τοῦ λήγοντος II 72, 31. 73, 18 ἐ. τὸ πρῶτον τοῦ δευτέρου 73, 22
ἐκκαλύπτω τὴν ἐπιφορὰν ἐ. ὑπὸ τῶν λημμάτων II 78, 38 λόγος ἐπιφορὰν ἐ. ἄδηλον 89, 10
ἐκκλίνω ἡ ἀρετὴ τὰ μὲν ἐ. τῶν ἀδιαφόρων III 57, 18 τοὺς σπουδαίους ἐ. τὸ πράττειν τι παρὰ τὸ καθῆκον 163, 38
ἔκκλισις ἐ. λόγος ἀπαγορευτικός III 42, 7 ἐ. in def. εὐλαβείας 42, 8. 105, 19 pass. in def. φόβου 95, 19. 39 pass. in def. σωφροσύνης Cl. I 129, 2
ἐκκρούω III 95, 3
ἐκλαλητικός ἐ. ἡ διάνοια II 21, 10
ἐκλέγομαι τὰ μὲν τῶν ἀδιαφόρων ἐ., τὰ δὲ ἀπεκλέγεται III 29, 6 τὰ σωματικὰ καὶ τὰ ἐκτὸς τῆς ἀρετῆς ἕνεκα εἶναι, ὅπως ἐ. 46, 27 προηγμένον, ὃ ἀδιάφορον ὂν ἐ. κατὰ προηγούμενον λόγον Z. I 48, 8. III 31, 15 εὐλογίστως ἐ. III 32, 12 ἐ. in def. τοῦ τέλους III 5, 43. 6, 5. Ant. 252, 38. Arch. 264, 23 proprium sapientis officium recte eligere III 47, 6 ἀδιάφορος ἡ κτῆσις τῶν ἐκλεγομένων καὶ οὐ συντείνουσα πρὸς τὸ τέλος 46, 19 διὰ τὴν τούτων ἔνδειαν, ἃ δεῖ ἐ., οὐ διὰ τὸ ἀδυνατεῖν ἐ. ὁ ἀρετὴν ἔχων ἑαυτὸν ἐξάγει ποτὲ 190, 29
ἔκλειψις ἐ. ἡλίου : σελήνης Z. I 34, 9. 30. II 196, 13
ἐκλεκτικός ἀξία ἐ. III 28, 27. 30, 9. Ant. 251, 35 ὁδὸς ἐ. τῶν ἐν ταῖς τέχναις οἰκείων πρὸς ἀρετὴν 26, 36 ὁ θεός με ἐ. ἐποίησεν 46, 9
ἐκλογή τὰ μεταξὺ ἀρετῆς καὶ κακίας ἀδιάφορα, οὐ μὴν πρὸς ἐ. καὶ ἀπεκλογὴν III 28, 26 ἀναγκαῖον τὴν τῶν προηγμένων ἐ. ποιεῖσθαι παρὰ τὰ ἀποπροηγμένα Z. I 48, 16. III 31, 22 οἰκείωσις : ἐ. : καθῆκον III 45, 16 ἡ φύσις τῆς τῶν οἰκείων ἐ. ἕνεκεν τὴν ἀρετὴν παραλαμβάνει 46, 23 περὶ τὴν τῶν κατὰ φύσιν καὶ οἰκείων ἐ. ἡ ἐνέργεια τῆς ἀρετῆς 190, 26 prima naturae sub sapientis dilectum cadunt 189, 37 ἡ ἀρετὴ = περὶ τὴν ἐ. τῶν κατὰ φύσιν

III 16, 15 virtutem rerum selectione exspoliat A. I 84, 14 inter eas res, quae ad vitam degendam pertinerent, nullum delectum adhiberi oportere 84, 28 si selectio nulla sit ab iis rebus, quae contra naturam sint, earum rerum, quae sint secundum naturam, fore ut tollatur omnis prudentia III 46, 3 *ἡ εὐλόγιστος ἐ. τῶν πρώτων κατὰ φύσιν ἀγαθόν* 46, 29 electionem laude et culpa non carere 47, 5 *εὐλόγιστος ἐ. τῶν κατὰ φύσιν expl.* Ant. III 253, 9 *sqq. εὐλογιστεῖν ἐν τῇ τῶν κατὰ φύσιν ἐ. in def. τέλους* Diog. III 219, 12 *pass.*

ἐκλύω III 123, 29. 33

ἐκούσιος *αἱ τῶν σπουδαίων ἐ. πράξεις ἐπαινεταὶ πᾶσαι* III 168, 3 *βιαζομένους τὸ παρ᾽ αὐτοῖς ἐ. μὴ κατορθοῦν* 139, 34 *βασιλείαν τὸν σοφὸν ἑκουσίως ἀναδέχεσθαι* 173, 25

ἐκπίπτω III 130, 22

ἔκπληξις *def.* III 98, 36. 40. 99, 4. 26. 101, 31 *εἶδος φόβου* 96, 8. 98, 34. 101, 30

ἐκπυρόω *cf. ἐξαιθερόω κατά τινας εἱμαρμένους χρόνους ἐ. τὸν σύμπαντα κόσμον* Z. I 27, 15 *μεταβάλλειν τὸν κόσμον ἐ. εἰς φλόγα* Cl. I 114, 36

ἐκπύρωσις = *ἡ εἰς πῦρ ἀνάλυσις τῶν ὅλων* II 184, 10 *ἐ. γίνεσθαι τοῦ ὅλου* 183, 27 *κατὰ περίοδον ἐ. τοῦ παντὸς γίνεσθαι* 190, 38 fore aliquando, ut omnis hic mundus ardore deflagret 30, 21 *γίνεται κατὰ τὸν τῆς εἰς ἄλληλα πάντων μεταβολῆς λόγον* 187, 21 *ἐπικρατήσαντος τοῦ ἰσχυροτέρου τῶν ἄλλων στοιχείου τὴν ἐ. ἔσεσθαι* 185, 9 *κατὰ τὴν τοῦ θεοῦ δυναστείαν ἐπικρατήσαντος τῶν ἄλλων* 187, 29 *ὁ κόσμος φθαρτὸς κατ᾽ ἐ.* II 181, 5 *τῇ ἐ. τὴν τοῦ κόσμου ψυχὴν διεφθάρθαι, τὸν δὲ κόσμον μένειν* 131, 24 *καὶ οἱ ἀστέρες πρὸς τὴν ἑαυτῶν φθορὰν συνεργοῦσι τῷ ἡλίῳ, συνεργοῦντές τι πρὸς τὴν ἐ.* Cl. I 114, 30 *τὰ στοιχεῖα κατὰ τὴν ἐ. φθείρεσθαι* II 111, 5 umore consumpto mundus ignescit 183, 17. 39 *ἐ. secuturam κατακλυσμοὺς* 186, 26 *ἐν τῇ ἐ. τὴν οὐσίαν ἐκχεῖσθαι* 171, 28 *εἰς κενὸν κατὰ τὴν*

ἐ. ἀναλύεται ὁ κόσμος 186, 27 *ἐν τῷ πυρὶ ἡ ὕλη καὶ ὁ θεὸς σῴζονται μόνοι* 308, 43 *ὅταν ἐ. ᾖ, ὁ θεὸς ἡγεμονικὸν ἔχει τὴν ὅλην οὐσίαν* 310, 30 *τὸν Δία ἀναχωρεῖν ἐπὶ τὴν πρόνοιαν* 312, 36 Iuppiter resoluto mundo et dis in unum confusis paulisper cessante natura adquiescit sibi cogitationibus suis traditus 313, 3 *οὐ πάσας τὰς ψυχὰς ἐπιδιαμένειν μέχρι τῆς ἐ.* Cl. I 118, 4 *τὰς τῶν σοφῶν ψυχὰς ἐπιμένειν μέχρι τῆς ἐ.* II 223, 20. 27. 34. 224, 29 *οὐ μένει τὰ κακὰ ἀεὶ ἐν ταὐτῷ διὰ τὴν πρόνοιαν τὰ ἐπὶ γῆς κατακλυσμοῖς καὶ ἐ. καθαίρουσαν* 337, 32 *διὰ τῆς ἐ. ἀνίστασθαι πάλιν τοὺς αὐτοὺς ἐπὶ τοῖς αὐτοῖς* Z. I 32, 19 *ὅπως περὶ τῆς τοῦ παντὸς ἐ. δοξάζουσιν οἱ Στ.* II 184, 2 *Ζήνωνα ἐπισχεῖν περὶ τῆς ἐ.* Z. T. III 209, 31 *Διογένης, ἡνίκα νέος ἦν συνεπιγραψάμενος τῷ δόγματι τῆς ἐ., ὀψὲ τῆς ἡλικίας ἐνδοιάσας ἐπισχεῖν* Diog. III 215, 20 *τὰς ἐ. τοῦ κόσμου κατέλιπεν* B. III 265, 22

ἐκρήγνυμι III 96, 18. 40

ἔκτασις *ἐ. τῶν ὄγκων ἐν ταῖς δι᾽ ὅλου κράσεσι* II 157, 31

ἐκτείνω II 227, 26

ἐκτικός *ἐ. πνεῦμα = ἕξις* II 205, 20 *ἐ. αἴτια* 273, 19 *ἀέρα καὶ πῦρ αὐτῶν εἶναι ἐ.* 146, 35 *αἱ μέσαι πράξεις προσλαμβάνουσι τὸ ἐ.* III 138, 2

ἐκτόν *χωρίζουσι τὰς ἕξεις ἀπὸ τῶν ἐ.* II 150, 44 *τὰς ποιότητας ἐ. λέγοντες* 129, 11 *ἐπὶ τῶν ἡνωμένων μόνων ἐ. ἀπολείπουσι* 129, 12 *τὰ μὲν ἐ. περὶ ἡμᾶς, τὰ δὲ ἐνεργήματα ἐκτὸς* 128, 28

ἐκτός *τὰ ἐ. ἀνωφελῆ καὶ ἀδιάφορα* III 37, 1 *ἀδιάφορα* 190, 16 *τὰ πλεῖστα τῶν ἐ. ἀδιάφορα* 29, 27 *τὰ ἐ. τῆς ἀρετῆς ἕνεκα εἶναι, ὅπως ἐκλέγηται καὶ περιποιῆται* 46, 26 *τῶν προηγμένων τὰ μὲν ἐ. εἶναι* 32, 41 *προηγμένα ἐπὶ τῶν ἐ. enum.* 31, 5. 33, 3 *ἀποπροηγμένα ἐπὶ τῶν ἐ. enum.* 31, 8. 33, 6 *τῶν ἐ. οὔτε προηγμένα οὔτε ἀποπροηγμένα def.* 33, 11 *τὰ περὶ ψυχὴν πλείονα τὴν ἀξίαν ἔχειν τῶν περὶ σῶμα καὶ τῶν ἐ.* 33, 15

τὰ ἐ. ἀγαθά III 23, 38. 40. 24, 6. 14.
26. τὰ οὔτε περὶ ψυχὴν οὔτε ἐ. ἀγαθά
23, 38. 42. 24, 6. 14. 16 τὰ ἐ. κακά 24,
8. 10. 19 τὰ οὔτε περὶ ψυχὴν οὔτε ἐ.
κακά 24, 9. 11. 21
τὰ ἐ. ἐναντιοῦται πρὸς τὸ ἀληθὲς
εἶναι II 64, 17
ἐκτυπόω II 128, 5
ἐκφέρομαι (ἐκφερόμενος) cf.
ἔκφορος
τὸ ἡγεμονικὸν ἐ. III 111, 24 ὁρμὴ
ἐ. 92, 6 κινήσεις ἐ. 130, 9 οἱ ἐν
τοῖς πάθεσιν ὄντες 94, 29. 114, 8. 127, 4
ἐκφεύγω III 92, 19
ἐκφλογίζω Cl. I 111, 16
ἐκφορά κατὰ τὸ ὑποκείμενον ὡρισ-
μέναι ἐ. l. Chr. II 6, 3 ἑνικαὶ καὶ πλη-
θυντικαί ἐ. l. Chr. 6, 8
ἐ. ἔχον ἀξιωματικήν II 61, 13
ἐκφορικόν τὰ νοήματα ἐ. καλοῦσι
II 77, 10
ἔκφορος ἐ. κίνησις III 130, 6
ἐλαιόω II 153, 21. 36
ἐλάχιστος περὶ ἐ. tit. l. Sph. I
139, 25
ἐλεγκτικός ὁ „ἦ“ σύνδεσμος ἐ.
II 72, 1
ἔλεγχος tit. l. Z. I 15, 6
ἐλεημοσύνη εὐκαταφορία τῆς ψυ-
χῆς III 103, 8
ἐλεήμων τοὺς σοφοὺς ἐ. μὴ εἶναι
III 163, 3
ἔλεος def. Dion. I 96, 9. III 99, 38.
100, 7. 15. 101, 10. 21. 106, 2. 109, 43.
110, 8 ἐ. εἶδος λύπης III 96, 9. 99,
37. 101, 20 ἐ. ἐμφαίνειν τὸ ἐφ' ᾧ γί-
νεται 96, 12 φυσικὰς φορὰς ἐκτρεπο-
μένων ὁ ἔ. γίνεται 102, 17 ἐ. ἀδυνα-
μία ψυχῆς πρὸς κολάσεις προσποιου-
μένη χρηστότητα 163, 5 morbus ani-
mi Z. I 52, 13 vitium animi III 110,
2 inter vitia et morbos ponit Z. I
52, 11 neminem misericordem esse
nisi stultum et levem Z. I 52, 16 sa-
pientem non misereri III 109, 28. 110,
7 misericordiam de homine sustulisse
St. 109, 24 μὴ δεῖν ἰατρὸν ἢ δικαστὴν
τὸν ἐ. ἐλεεῖν 109, 45
ἐλευθερία περὶ ἐ. tit. l. Cl. I 107, 19
ἐ. = ἐπιστήμη τῶν ἐφειμένων καὶ
τῶν κεκωλυμένων III 87, 5 = ἐξουσία

αὐτοπραγίας 86, 31 τὴν κατ' ἀλήθειαν
ἐ. ἀγαθόν 155, 15 τελικὸν ἀγαθόν
25, 38
ἐναργεστάτη πίστις ἐ. ἡ ἰσηγορία
III 88, 10
ἐλευθεριότης ἀρετή def. III 67, 6
ἐλεύθερος τοὺς φρονίμους ἐ. εἶναι
καὶ ἐξεῖναι αὐτοῖς ποιεῖν, ὡς ἐθέλουσι
III 87, 3 μόνον τὸν σοφὸν ἐ. Z. I
53, 20. 54, 4. III 86, 30. 88, 37. 89, 6.
8. 146, 8. 155, 16 pass. ὅσοι μετὰ
νόμου ζῶσιν ἐ. III 87, 44 τοὺς φίλους
τῶν θεῶν ἐ. 87, 31 τὸν εὐγενῆ ἐ. 89, 13
τὴν μουσικὴν ταχθῆναι ἕνεκα τῆς
τῶν ἐ. παιδείας Diog. III 224, 29.
230, 26
ἑλκυσμός διάκενος ἐ. τὸ φαντα-
στικόν II 22, 6 φαντασία τῶν ἐν
ἡμῖν παθῶν διάκενος ἐ. καλεῖται 25, 1
ἕλκω II 22, 10. 40, 14
ἔλλειψις κατ' ἐ. ἀπέραντος γίνεται
λόγος II 79, 33
ἑλληνισμός ἀρετὴ τοῦ λόγου def.
Diog. III 214, 13
ἐλλιπές (sc. λεκτόν) : πλῆρες II 31,
30 : τέλειον 59, 29 : αὐτοτελές 48, 25.
58, 30
ἐμβριθής cf. βαρύς
ἔμβρυον μέρος τῆς γαστρὸς τὸ ἔ.,
οὐ ζῷον II 213, 26 φυτῶν τρόπον
ἐμπεριαυξανόμενα καὶ μέρη νομιζό-
μενα τῶν κυούντων 213, 37 ἅμα ὅλον
γίνεσθαι τὸ ἔ. 213, 24 πῶς τρέφεται
τὰ ἔ. 213, 21 τρέφεσθαι μὲν καὶ αὔξε-
σθαι, ὁρμὴν δὲ καὶ ἀφορμὴν οὐκ ἔχειν
213, 30
ἐμμενετέος αἱρετέα, ὑπομενετέα,
ἀπονεμητέα, ἐ. III 72, 36 τὰ ὠφε-
λήματα ἐ. 22, 25. 29 ἡ ἰσχύς, ὅταν ἐν
τοῖς ἐ. ἐγγένηται, ἐγκράτειά ἐστιν Cl.
I 128, 36
ἐμμενετός τὰ ἀγαθὰ πάντα ἐ. III
22, 24. 27
ἐμμενητικός III 64, 35. 73, 1
ἐμπαθής III 125, 16
ἐμπειρία = τὸ τῶν ὁμοειδῶν φαντα-
σιῶν πλῆθος II 28, 18 οὐδὲν οὕτως
πειστικὸν ὡς ἡ περὶ τῶν πραγμάτων
ἀμετάπτωτος ἐ. Diog. III 237, 8
τὸ κατ' ἀρετὴν ζῆν = κατ' ἐ. τῶν
φύσει συμβαινόντων ζῆν III 3, 28. 5, 13.

20. 24. 42. 6, 4 ὁ σοφὸς ταῖς περὶ τὸν βίον ἐ. χρώμενος Ζ. I 52, 31. III 149, 18. 150, 3

ἐμπίπτω III 116, 33

ἔμπνους ᾧ ἀναπνέομεν, τούτῳ ἐσμὲν ἐ. II 219, 43

ἐμπρόσθιος II 176, 12

ἔμφασις ἐ. τῶν φαντασιῶν αἱ ὡς ἂν ἀπὸ ὑπαρχόντων γινόμεναι II 24, 20

ἔμφυτος ἐ. προλήψεις III 17, 14

ἔμψυχος ἀφ' ἑαυτῶν κινεῖται τὰ ἔ. II 288, 1

ἐν οἱ οὐκ ἐν ἑαυτοῖς ὄντες III 125, 18

ἕν cf. εἷς
τὸ ἓν πλῆθος II 160, 12 ἐξ ἑ. πάντα γίνεσθαι καὶ ἐκ πάντων ἓν συγκρίνεσθαι Cl. I 111, 27

ἐναντίος cf. μαχόμενον
περὶ τῶν ἐ. tit. l. Chr. II 9, 9. 11
ἐ. = ὅσα ἐν τῷ αὐτῷ γένει πλεῖστον ἀλλήλων διαφέρει II 49, 23   nullum contrarium est sine contrario altero 335, 37   ἐ. : ἀντικείμενα 51, 6. 88, 39 ἕξεις ἐ. ὑπέλαβον καὶ τὰ κατηγορήματα καὶ τὰς μεσότητας 49, 35 οἱ εἰς τἀναντία λόγοι 89, 42

ἐναντίωσις κατ' ἐ. νοεῖταί τινα II 29, 17 ἐπὶ τῶν ἕξεων, σχέσεων, ἐνεργειῶν ἡ ἐ. θεωρεῖται 50, 7

ἐναπομάσσω in def. τῆς καταληπτικῆς φαντασίας Ζ. I 18, 8. II 21, 17. 25, 34. 42

ἐναποσφραγίζω in def. καταληπτικῆς φαντασίας Ζ. I 18, 8. II 21, 16. 25, 35. 42

ἐναποτυπόω in def. καταληπτικῆς φαντασίας Ζ. I 18, 10

ἐνάρετος cf. σπουδαῖος
τὸν ἐ. θεωρητικὸν καὶ πρακτικὸν τῶν ποιητέων III 72, 34 φρόνιμον καὶ ἀνδρεῖον καὶ δίκαιον καὶ σώφρονα 72, 37 ἐπίσης τῷ Διὶ μακαρίως ζῶν ὁ ἐ. 190, 15
ἐ. πολιτεία III 81, 19 adv. A. I 86, 29

ἔναρθρος ἐ. φωναὶ II 43, 19. 74, 5

ἐνδεής III 177, 29

ἐνδέομαι οἱ φαῦλοι οὐ δέονται μέν, ἐ. δὲ III 169, 7

ἐνδέχομαι ἔσται μὲν τάδε τινά, ἐ. δὲ καὶ ἑτέρως γενέσθαι II 280, 26 τὸ δυνατὸν καὶ ἐ. 279, 15 ἐνδεχο-

μένως : ἐξ ἀνάγκης 279, 36 οὐκ ἀναιρεῖται τὸ ἐ. τινὰ γίνεσθαι 279, 37

ἐνδιάθετος vid. λόγος
ἐ. λόγος : προφορικός II 43, 13. 74, 6

ἐνδίδωμι III 123, 29

ἐνδοτικός ἔστι τις ἐπιτελεστικὴ κατάστασις καὶ ἐ. III 123, 23 τοὺς φαύλους πράττειν ἐ. 124, 5

ἕνεκα οὗ ἕνεκα πάντα πράττεται = τέλος III 3, 16. 6, 8 αὐτὸ οὐδενὸς ἕ. 3, 17. 6, 8

ἐνέργεια αἱ ἐ. σώματα καὶ ζῷα II 230, 10 ἀσώματοι Arch. III 262, 32 ἐ. : ποιὰ et ποιότητες II 51, 4 τὰς ποιότητας λέγουσι ἐ. II 114, 40 ἐπὶ τῶν ἐ. ἡ ἐναντίωσις θεωρεῖται 50, 7 στερήσεις ἐ. 52, 31 ἡ ὕλη ἐπιδεκτικὴ τῶν τοῦ ποιοῦντος ἐ. 115, 4 ἀδιάπτωτος ἐ. = ὁ σπουδαῖος βίος III 72, 21 εὔλογον τὸ τὸν φρόνιμον τὰς κατὰ τὸν λόγον καὶ τὴν φρόνησιν ἐ. ἐνεργεῖν 57, 37 εἰ προσχρῆται ταῖς αἰσθήσεσιν ἡ ἀρετὴ πρὸς τὰς ἰδίας ἐ. 16, 5 τὰς ἐπαινετὰς ἐ. περὶ ψυχὴν ἀγαθά 24, 5 τὰς ψεκτὰς ἐ. περὶ ψυχὴν κακά 24, 10 αἱ κατ' ἀρετὰς ἐ. οὔτε ἕξεις οὔτε διαθέσεις 25, 11. 22 αἱ κατὰ κακίας ἐ. οὔτε ἕξεις οὔτε διαθέσεις 25, 18 αἱ ἐ. αἱ χρηστικαὶ τῶν ἀρετῶν ἀγαθὰ ἀναγκαῖα 27, 13 ἀναγκαῖα κακὰ αἱ ἐ. αἱ ἀπὸ τῶν κακιῶν 27, 16

ἐνεργέω τὰ μὲν τῶν ζῴων ἐ. μόνον, τὰ δὲ πράξει τὰ λογικὰ II 295, 18 ἃ διὰ τῶν νεύρων ἐ. III 123, 22 εἰ ἐ. κατὰ ἀρετὴν ὁπωσοῦν ἐχουσῶν τῶν αἰσθήσεων 16, 8

ἐνέργημα τῶν ἐ. τὰ μὲν καθ' ὁρμήν, τὰ δ' οὔ II 295, 5 τῶν ἐ. τὰ μὲν κατορθώματα, τὰ δ' ἁμαρτήματα, τὰ δ' οὐδέτερα III 136, 18 sq. ἐ. in def. τοῦ καθήκοντος 134, 16 pass.; in def. τοῦ κατορθώματος 134, 25 pass. τὰ ἐκτὰ περὶ ἡμᾶς, τὰ δὲ ἐ. ἐκτός II 128, 29 ἐ. τὸ ἐφ' ἡμῖν ἐστι II 295, 4 ὕπτια ὄντα ἐ. ἐστιν 59, 21

ἐνεργητέος φρόνησις ἐν ἐ. Ζ. I 49, 26

ἐνέστηκα τὸ ἀξίωμα ἐ. II 73, 34. 36

ἐνεστώς τὸν ἐ. ἐνεστῶτα παρατατικὸν ὁρίζονται expl. II 48, 6 ἐ. τὸ

μὲν μέλλον, τὸ δὲ παρεληλυθός 165,
30. 41 ἐ. μὴ εἶναι χρόνον 164, 25.
165, 38 μόνον ὑπάρχειν τὸν ἐ. 164,
26. 165, 35 τὸν ἐ. πεπερασμένον 166, 3
ἔνθερμος πνεῦμα ἐ. III 75, 6
ἐνιαυτός ὁ ἐ. σῶμα II 198, 2 ὁ
ἥλιος ποιεῖ ἐ. Cl. I 112, 3 vim di-
vinam tribuit annis annorumque mu-
tationibus Z. I 43, 14
ἡ ἀνάστασις ἐκείνη ποιοῦσα ἐ. τὸν
μέγιστον II 184, 34 ὁ μέγας ἐ. ἐκ
πέντε καὶ ἐξήκοντα καὶ τριακοσίων
ἐ. Diog. III 215, 23
ταὐτὸν δύναται ἀνδρὶ σπουδαίῳ μία
ἡμέρα πολλοῖς ἐ. III 14, 16
ἐνικός περὶ τῶν ἐ. καὶ πληθυντι-
κῶν ἐκφορῶν tit. l. Chr. II 6, 8
ἐ. ἀξίωμα II 99, 2
ἐννόημα ἐ. = φάντασμα διανοίας
λογικοῦ ζῴου expl. II 28, 23 sq. = φάν-
τασμα διανοίας οὔτε τὶ ὂν οὔτε ποιόν,
ὡσανεὶ δέ τι ὂν καὶ ὡσανεὶ ποιόν Z.
I 19, 20. 28. Diog. III 214, 26 μήτε
σῶμα, μήτε ἀσώματον II 117, 12 φαν-
τάσματα : ἐ. II 28, 27 ἐ. : ἰδέαι Z. I
19, 22. 28. II 123, 21
ἐννοηματικὸς ὅρος II 75, 39
ἔννοια περὶ τῶν ἐ. l. Chr. II 9, 25
ἡ ἐ. = φαντασία τις II 229, 35 αἱ
ἐ. = ἀποκείμεναί τινες νοήσεις 229,
42 ἐνέργειαι τῆς ψυχῆς 228, 31
αἱ μὲν φυσικῶς γίνονται, αἱ δὲ διὰ
διδασκαλίας II 28, 19 a corporis sen-
sibus notiones animus concipit 33, 15
ab iis propagatur discendi docendi-
que ratio 33, 17 a comprehensioni-
bus notiones rerum in animis impri-
muntur Z. I 18, 34 notitias rerum
sine adsensione non posse constare
II 35, 17 εἰς τὸ ἡγεμονικὸν μίαν
ἑκάστην τῶν ἐ. ἐναπογράφεται ὁ
ἄνθρωπος II 28, 15 ὁ λόγος ἐ. τινων
καὶ προλήψεων ἄθροισμα 228, 23
περὶ τὴν δευτέραν ἑβδομάδα ἐ. γίνεται
καλοῦ καὶ κακοῦ 215, 10 quid ho-
mo intelligentiam vel notionem ca-
piens profecerit III 45, 21 ἀκολου-
θίας ἐ. ἔχων II 74, 7 πόθεν ἐλάβο-
μεν θεῶν ἐ. 299, 13. 300, 5 τὰς φυ-
σικὰς ἐ. αἰτιῶνται ὅτι οἷόν τε ζητεῖν
καὶ εὑρίσκειν 32, 34

τὰς κοινὰς ἐ. κριτήρια τῆς ἀληθείας
ἡμᾶς παρὰ τῆς φύσεως λαβεῖν II 154,
29 τὰς κοινὰς ἐ. περὶ καλῶν καὶ
αἰσχρῶν οὐ πάντως ἀπολωλεκέναι III
51, 41
ἐνόχλησις cf. ὄχλησις
def. III 99, 41 εἶδος τῆς λύπης
99, 37
ἐνόω cf. ἡνωμένος
ἡνῶσθαι τὴν ὕλην II 152, 19 τὴν
σύμπασαν οὐσίαν 154, 7 τὸ πᾶν
πνεύματος διήκοντος δι᾽ αὐτοῦ 145,
16 σώματα ἀλλήλοις δι᾽ ὅλων 155, 19
ἐνσκιρόω δόξα ἐ. III 102, 38
ἔνστημα ταῖς κατὰ μέρος φύσεσι
ἐ. πολλὰ γίνεσθαι II 268, 30
ἐντείνω Diog. III 228, 25
ἐντολή πρόσταξις : ἀπαγόρευσις : ἐ.
III 139, 36
ἔντονος Cl. I 115, 26
ἐντός II 41, 29
ἐνύπνιον περὶ ἐ. scr. Chr. III 196,
45 a dis hominibus dispertiri somnia
II 343, 37. 344, 1
ἔνωσις ἡ τοῦ παντὸς ἐ. καὶ συμ-
πάθεια II 156, 15 ἡ εἰς τὸ εἴσω κίνη-
σις ἐ. ἀποτελεστική 149, 2 διεστῶ-
σαι οὐσίαι καὶ μηδεμίαν ἔχουσαι ἐ.
129, 21
ἐξ ἐξ ἑαυτῶν κινεῖσθαι : δι᾽ ἑαυτοῦ :
ἀφ᾽ ἑαυτοῦ II 161, 25
ἐξ οὗ, οἷον ὕλη : ὑφ᾽ οὗ : δι᾽ ὃ 162, 21
ἐξάγω εὐλόγως ἐ. ἑαυτὸν τοῦ ζῆν
τὸν σοφόν III 35, 33. 187, 33 pass.
ἐξαγωγή εὔλογος ἐ. III 187 sqq.
πέντε τρόποι εὐλόγου ἐ. 190, 37 sq. ad
principia naturalia referri excessum
e vita 189, 30 οὐ δεῖν τὴν ἐ. τοῖς
κακοῖς παραμετρεῖν, ἀλλὰ τοῖς μέσοις
κατὰ φύσιν 188, 8 pass. τὴν ἐ. τὴν
ἐκ τοῦ βίου τοῖς σπουδαίοις καθηκόν-
τως γίγνεσθαι 187, 36 pass. (μὴ εἶναι
εὔλογον ἐ. III 16, 37)
ἐξαιθερόω vid. ἐκπυρόω
ἐ. πάντα κατὰ περιόδους II 184, 4
ἐξαλλάττω II 40, 28
ἔξαμμα ἐ. νοερὸν ὁ ἥλιος II 196, 25
ἐξαπατάω cf. ἀπάτη
ἐ. οὐκ ἔστι δικαίως, ἀλλ᾽ ἀπὸ μο-
χθηρᾶς πρόεισιν ἕξεως III 85, 9 ὁ
σοφὸς οὔτ᾽ ἐξαπατᾶται οὔτ᾽ ἐ. ἄλλον

4*

150,14 οἱ ἐξηπατημένοι : ἀποστρεφό-
μενοι τὸν λόγον 94, 36
ἐξελέγχω μὴ ἐξελέγχεσθαι σπου-
δαίων εἶναι II 40, 27
ἐξεργαστικός III 64, 40 pass.
ἐξηγητικός II 50, 22
ἕξις περὶ ἔ. tit. l. Sph. I 140, 9. Chr.
II 9, 38. III 197, 1
ἔ. = πνεῦμα σώματος συνεκτικόν
II 124, 20 = πνεῦμα ἀναστρέφον ἐφ'
ἑαυτό 150, 2 τὰς ἔ. ἀέρας εἶναι 147, 39
ἡ οὐσία ἔ. ἔχει τὴν συνέχουσαν II
172, 1 τὴν ἔ. ἐν τοῖς συνεχομένοις
ὑπὸ ἔ. δι' ὅλων τῶν σωμάτων διήκειν
155, 29. 157, 7 τρόπον ἔ. πνευματι-
κῆς ἐλλοχᾷ δι' ὅλης ἄχρι περάτων
τεταμένον (τὸ πῦρ) 187, 3 ὁ θεὸς ἔ.
Z. I 42, 14
ἔ. : φύσις : ψυχή II 302, 36 ἔ. πνεῦμα
τὸ συνέχον τοὺς λίθους 205, 21 ἔ.
μετέχουσιν οἱ λίθοι 205, 5 λίθοι καὶ
ξύλα 149, 36. 302, 37 τὰ ἐν ἡμῖν ὀστᾶ
149, 37
ἐν σῶμα ὑπὸ μιᾶς ἔ. συνέχεσθαι
II 156, 3 ἡνωμένα σώματα ὑπὸ μιᾶς
ἔ. κρατεῖται 124, 19. 302, 19 ἐπί τινα
ὑπόστασιν ἐλθεῖν μιᾶς ἔ. 129, 15 ἔ.
οὐκ ἔστιν ἐν διεστώσαις οὐσίαις 129, 20
ἔ. ἑκταί II 129, 31 ἔ. : τὰ ἑκτά
150, 44
τὰς ἔ. ταῖς ἐξ ἑαυτῶν ἐνεργείαις
χαρακτηρίζεσθαι II 130, 7 τὰ ἐπιτη-
δεύματα ἔ. III 25, 10 τὰς ἔ. οὕτως
ὑφεστηκέναι, ὥστε ἀφεθείσας δια-
μένειν δύνασθαι II 130, 21 τὰ ὑπὸ
ἔ. κρατούμενα οὐδεμίαν ἀξιόλογον
μεταβολὴν ἀναδέχεται 302, 40 τὰς ἔ.
ἐπιτείνεσθαι δύνασθαι καὶ ἀνίεσθαι II
129, 37 τινὰς μὲν ἐπιδέχεσθαι ἐπί-
τασιν καὶ ἄνεσιν, τινὰς δὲ μή III 141, 7
ἡ ἔ. πρός τί ἐστιν II 132, 46 κυ-
ριώτατα ἐπὶ τῶν ἔ. ἡ ἐναντίωσις θεω-
ρεῖται 49, 35 ἡ κατὰ ἔ. καὶ στέρη-
σιν ἀντίθεσις 52, 1 ἔ. καὶ στερήσεως
εἰς ἄλληλα μὴ γίνεσθαι μεταβολήν
52, 17
αἱ κατὰ ἔ. ἡ διάθεσιν μεταβολαὶ
τῆς ψυχῆς Z. I 50, 8 ἔ. ὁρμητικὴ καὶ
ἰδίως ὁρμὴ λέγεται III 40, 15 οἱ νή-
πιοι παῖδες οὐκ ἀπὸ λογικῆς ἔ. πολλὰ
πράττουσιν· ὧν οἱ λογικοὶ 138, 19 καὶ

ὁ φαῦλος ἔνια δρᾷ τῶν καθηκόντων
οὐκ ἀφ' ἔ. καθηκούσης 138, 16 τὸν
σοφὸν εἶναι ἀπὸ ἔ. εὐλογίστου 138, 22
ἔ. in def. ἐπιστήμης pass., in def.
τέχνης pass., in def. δικαιοσύνης pass.
ἔ. ἀκολουθητικαὶ τῷ αἱροῦντι λόγῳ
93, 28 ὅλης τῆς λογικῆς ἔ. ἀποβολὴν
γίνεσθαι 57, 9 τὴν μουσικὴν τὴν ἔ.
ποιήσειν ἁρμονικωτάτην καὶ ῥυθμικω-
τάτην Diog. III 221, 32 τὴν φιλο-
μουσίαν καὶ φιλογραμματίαν ἐν ταῖς
σπουδαίαις ἔ. καταλείπουσιν III 72, 25
τὰς σπουδαίας ἔ. περὶ ψυχὴν ἀγαθά
III 24, 5 τὰς κακίας σὺν ταῖς μο-
χθηραῖς ἔ. περὶ ψυχὴν κακά 24, 9
τῶν περὶ ψυχὴν ἀγαθῶν τὰ μὲν δια-
θέσεις, τὰ δὲ ἔ. μὲν, διαθέσεις δ' οὔ,
τὰ δ' οὔτε ἔ. οὔτε διαθέσεις 25, 8. 20
item de malis 25, 13 τῶν ἐν σχέσει
ἀγαθῶν τὰ μὲν καὶ ἐν ἔ. εἶναι οἷον
τὰς ἀρετάς 26, 30 ἔ., καθ' ἣν ἐπι-
μονοί εἰσιν ἐπὶ τῶν καθηκόντων, προ-
ηγμένον περὶ ψυχήν 32, 42
ἐξίσταμαι III 125, 16. 129, 7. 19
ἐξουσία ἔ. αὐτοπραγίας III 86, 31.
def. 146, 8
ἐξυγραίνω ἔ. τὸ πᾶν Cl. I 111, 18
ἔξω ἔ. γινόμεθα ἑαυτῶν III 129, 19
ἔξωθεν τὰ ἔ. πράγματα III 53, 9
ἔ. ἐπέρχεται ταῖς ψυχαῖς ἡ κακία 56,
26 τὰ ἔ. : ἐφ' ἡμῖν II 288, 17. 290, 20
ἑορτάζω τὸ ἔ. μόνου τοῦ σοφοῦ
εἶναι III 157, 32. 165, 44 τῶν φαύλων
οὐδεὶς ἔ. 157, 37
ἑορτή def. III 165, 44 ἔ. ψυχῆς ἡ
ἐν ἀρεταῖς εὐφροσύνη τελείαις 157,
32 μόνος ὁ σοφὸς τὴν τοιαύτην ἔ.
ἑορτάζει 157, 33 οἱ σοφοὶ ἅπαντα
τὸν βίον ἔ. ἄγουσι 157, 36
ἐπαγγέλλομαι ἔ. τὸ τοιοῦτον ἀξίω-
μα ἀκολουθεῖν τῷ πρώτῳ τὸ δεύτερον
II 71, 9 οἱ νοῦν ἔχοντες οὐκ ἔ. ποιή-
σειν ἀγαθούς, καὶ ταῦτ' ἐν ἐνιαυτῷ
III 176, 5
ἐπαινετός τὸ ἀρεστὸν ἔ., τὸ ἔ. καλόν
III 9, 27. 11, 9. 12. 18 quod laudabile
est, omne est honestum 11, 6. 9 τὰ
ἔ. τιμῆς ἄξια II 296, 8. 297, 20
τὸ καλὸν = τὸ ἔ. παρεχόμενον τοὺς
ἔχοντας III 20, 26 τὸ καλὸν ἔ. II
296, 1. 297, 17 πᾶν ἀγαθὸν ἔ. III

22, 14 cur ἡ ἀρετή ἐ. 50, 2 virtus
laudabiles efficit eos, in quibus est
48, 9 ἐ. ἐνέργειαι 24, 5 αἱ τῶν
σπουδαίων ἑκούσιοι πράξεις ἐ. πᾶσαι
168, 3
ἐπαινέω περὶ τῶν ἐπαινουμένων
tit. 1. Dion. I 93, 26
  ἐ. II 297, 20
ἔπαινος οἱ ἔ. παρακολουθοῦσιν τοῖς
ἐνεργοῦσι καὶ δρῶσι III 58, 15 μενόν-
των ἁμαρτημάτων καὶ κατορθωμάτων
καὶ ἔ. μένουσι καὶ ψόγοι II 295, 23
κατορθοῦντες ἔ. καρποῦνται III 58, 61
ἀγαθὸν ἐ. ἄξιον III 20, 26
ἐπαίρομαι III 95, 22. 110, 28
ἐπακολουθητικός : προηγούμενος
II 114, 31
ἔπανδρος προσοχὴ ἔ. III 26, 30
ἐπαπορητικὸν sc. πρᾶγμα def. II
61, 17. 62, 9
ἔπαρσις τὸ κινητικὸν συστολῆς ἀ-
λόγου ἢ ἐ. III 92, 23 τὰς ἐπὶ ταῖς
κρίσεσιν ἀλόγους ἐ. εἶναι τὰ τῆς ψυ-
χῆς πάθη Z. I 51, 24 gestientis ani-
mi elatio voluptaria III 93, 13 ἄλο-
γος ἔ. in def. ἡδονῆς pass. εὔλογος
ἔ. in def. χαρᾶς pass.
ἐπαφρόδιτος ὁ σπουδαῖος ἐ. III
161, 2
ἐπέκεινα II 159, 10. 17
ἐπέλευσις II 282, 15
ἐπέρεισις ἐ. δεδέηται τὸ ποιεῖν II
119, 33 γίνεται τῷ φωτί, διότι σῶμα
II 142, 30
ἐπέρχομαι III 56, 26
ἐπέχω καὶ ὁ δογματικὸς ἐ. II 37, 13
εἰ ἐ. καὶ μὴ συγκαταθησόμεθα III 16, 11
ἐπί τῶν παθῶν τὰ μὲν ἐμφαίνειν
τὸ ἐφ' ᾧ γίνεται III 96, 12
ἐφ' ἡμῖν ἐ. ἡ. εἶναι τὸ γινόμενον
καθ' ὁρμὴν δι' ἡμῶν II 285, 3 ἐν τῷ
σῴζεσθαι τὴν καθ' ὁρμὴν τῶν ζῴων
ἐνέργειαν σῴζεσθαι καὶ τὸ ἐ. ἡ. 295, 1
παραλελοιπότες τὸν λόγον, ἐν τῇ ὁρ-
μῇ τὸ ἐ. ἡ. τίθενται 286, 21 ὅτι αἱ
κινήσεις δι' ὁρμῆς καὶ συγκαταθέσεως
γίνονται, ἐ. τοῖς ζῴοις εἶναι λέγονται
285, 38 τὸ ἐ. ἡ. ἐν τῷ φαντασίας
προσπεσούσης εἶξαί τε ἐξ ἑαυτῶν τῇ
φαντασίᾳ καὶ ὁρμῆσαι ἐπὶ τὸ φανέν
286, 15 in nostra potestate sita ad-

sensio II 35, 15   perturbationes III
93, 2 ut sit aliquid in nostra pote-
state, in eo, qui nulli rei adsentietur,
non erit II 35, 17 ὁ θέλων μηδὲν
εἶναι ἐ. ἡ., ἀναιδῶς ἐρεῖ μὴ αὐτὸς
θέλειν μηδὲ αὐτὸς συγκατατίθεσθαι
289, 14 τὸ ὑποπεσεῖν τόδε τι τῶν
ἔξωθεν φαντασίαν ἡμῖν κινοῦν τοιάνδε
ἢ τοιάνδε, οὐκ ἐ. ἡ. 288, 17 τὰ μὲν
ἔξωθεν οὐκ ἐ. ἡ., τὸ δὲ οὕτως ἢ ἐναν-
τίως χρήσασθαι αὐτοῖς 290, 20 ἄτο-
πον τὸ μὴ λέγειν τὰς ἀρετὰς καὶ τὰς
κακίας ἐ. ἡ. 287, 6 ubi virtus, si
nihil situm in ipsis nobis? 35, 19
τὸ ἐ. ἡ. τι εἶναι καθ' εἱμαρμένην
II 298, 9 τὸ ἐ. ἡ. καὶ τὸ καθ' εἱμαρ-
μένην σῴζεται 290, 25. 298, 10 τὰς
διὰ τῶν ζῴων ὑπὸ τῆς εἱμαρμένης
γινομένας κινήσεις ἐπὶ τοῖς ζῴοις
εἶναι 285, 33 περιειλῆφθαι τὸ παρ'
ἡμᾶς ὑπὸ τῆς εἱμαρμένης 293, 4 quae
in nostra potestate posita, omnia
certe ex initio disposita atque de-
creta 272, 4 τὸ ἐ. ἡ. οὐκ ἀπολελυ-
μένον τοῦ παντός 291, 38 τὸ ἐξ
ἡμῶν συγκαθειμάρθαι τῇ τῶν ὅλων
διοικήσει 292, 28
τὰς αἰτίας τῶν πραγμάτων πῇ μὲν
ἐ. ἡ., πῇ δὲ οὐκ ἐ. ἡ. Z. I 45, 5 πράτ-
τεται τινὰ τῶν ἐ. ἡ. ἀκόλουθα τοῖς
προγενομένοις οὐκ ἐ. ἡ. II 291, 36
σῴζεσθαι καὶ τὸ τοιοῦτον ἐ. ἡ., ὃ δυνα-
τὸν ὑφ' ἡμῶν γενέσθαι τε καὶ μὴ 295, 10
μὴ ταῦτα εἶναι ἐ. ἡ., ὧν καὶ τὰ ἀντι-
κείμενα δυνάμεθα 286, 42 καθ' οὓς
ἐ. ἡ. ἐστιν, οὗ καὶ τὸ ἀντικείμενον ἐ.
ἡ., κατὰ τούτους οὐδέν ἐστιν ἐ. ἡ.
298, 2
ἐπιβάλλω οἱ καλούμενοι ἐ. καὶ ἐπι-
βαλλόμενοι II 85, 35 sq.
αἱ ἐ. τάσεις τῆς φωνῆς II 96, 16
χρῆσθαι ἡμᾶς ἐνίοτε τῷ ὀνόματι τῆς
ἀξίας ἀντὶ τοῦ ἐ. III 30, 21. 24
ὕψος ἐ. ἀνδρὶ γενναίῳ Z. I 52, 36
ἡ ἰσχὺς ἐ. τῷ σπουδαίῳ Z. I 53, 1
ἐπιτελεῖν τὰ ἐ. Cl. 128, 34
ἐπιβολή def. III 41, 30 ἔρως ἐ.
φιλοποιΐας 96, 18. 29. 97, 2 expl. 97,
33. 164, 3. 10. 180, 18 pass. οὐ παρὰ
τὴν ἐ. γίνεσθαί τι περὶ τὸν σπουδαῖον
149, 28

ἐπιγέννημα ἐ. τῆς ἀρετῆς III 19,
29 τῆς κακίας 19, 32 ἡδονὴ ἐ. 43, 11
ἐπιγεννηματικόν III 137, 5. 11
ἐπιδεκτικός τοῦ ἀληθὲς εἶναι II
64, 17 τοῦ γενέσθαι 64, 42 ἀρετῆς
καὶ κακίας III 165, 22
ἐπιδέξιος ὁ σπουδαῖος ἐ. III 160, 41
ἐπιδεξιότης III 60, 10
ἐπιδοτική III 27, 9
ἐπιείκεια ἀδυναμία ψυχῆς πρὸς
κολάσεις προσποιουμένη χρηστότητα
III 163, 5 clementia def. 71, 22 sq.
ἐπιεικής τὸν ἀγαθὸν ἄνδρα οὐκ
εἶναι ἐ. III 162. 39. expl. 40
ἐπιθυμέω de nomine ἐ. III 108, 4
τυγχάνειν ὧν ἐπεθ. 92, 19 ἀποτυγ-
χάνειν 20 πᾶς ὁ ἐ. ἁμαρτάνει 119, 26
φωναὶ τῶν ἐ. 125, 27. versus Cl. I 130, 16
ἐπιθυμητικός μηδεμίαν εἶναι τῆς
ψυχῆς δύναμιν ἐ. III 112, 16. 115, 23
τὸ ἐ. περὶ τὴν καρδίαν εἶναι II 251,
13. 35 τὸν ἔρωτα τῆς ἐ. εἶναι δυνά-
μεως III 112, 38
ἐπιθυμία = ἄλογος ὄρεξις III
95, 20. 26. 96, 22. 107, 4. 115, 35. 116,
17 = ὄρεξις ἀπειθὴς λόγῳ 95, 36.
108, 41 = ὄρεξις ὡς φαινομένου
ἀγαθοῦ 94, 10 = immoderata appe-
titio opinati magni boni 93, 40 = δίω-
ξις προσδοκωμένου ἀγαθοῦ 95, 20. 34
= ὄρεξις ἀθρόως ῥεπτικὴ πρὸς τὸ
τυγχάνειν 108, 7 = πάθος περὶ ἀγα-
θὸν μέλλον 94, 23 opinio boni futuri
94, 19 = δόξα καὶ κρίσις πονηρά
111, 32 κατηγόρημα 97, 29
ἐ. εἴδη enum. III 96, 3. 22. 36 quid
sit αἴτιον τῆς ἐ. 95, 37
τὰς ἐ. περὶ τὸν θώρακα γίνεσθαι
II 241, 2. 242, 5. 16. 250, 22
ἐ. πάθος Z. I 51, 34. 35. III 126, 27
τῶν πρώτων παθῶν III 92, 16 πρὸς
τὸ φαινόμενον ἀγαθόν 92, 17 ἐπὶ
τοῖς προσδοκωμένοις ἀγαθοῖς συμ-
βαίνει 94, 10 effrenatam adpetentiam
efficit 93, 7 ἐξείη ἂν αὐτοῖς τὸ ἐπιὸν
ποιεῖν ἀκολουθοῦσι τῇ ἐ. 126, 18
τὴν ἐ. αὐτὴν φαύλην εἶναι καὶ μόνοις
τοῖς φαύλοις ἐγγίνεσθαι III 108, 6
in omnibus stultis invenitur 107, 5
in libidine esse peccatum etiam sine
effectu 137, 10 morbi et aegrota-

tiones oriuntur ex libidine 103, 35
ἡ θεραπεία τῷ θυμῷ τὴν ἐ. ἐπάγει,
τῇ δ᾽ ἐ. τὸν θυμόν 133, 11 πρὸς ἐ.
πολλῆς δεῖ τῆς ἀσκήσεως καὶ μάχης
A. I 85, 19 πλούσιος, εἰ τῶν ἐ. πένης
Cl. I 137, 17
βούλησις : ἐ. III 105, 20. 106, 33 sq.
107, 5 προθυμίας τὰς ἐ. ὑποκορίζον-
ται 107, 27
ἐπικλίνω III 175, 24
ἐπίκλισις III 41, 37 expl. 175, 22
ἐπικοσμέω III 20, 27
ἐπικρατέω ἀξιώματα, ἐν οἷς σύν-
δεσμοι ἐ. II 70, 38 ἐ. ὁ ἀὴρ 202, 14
τὸ πῦρ ἐ. 185, 8. 202, 15 ὁ θεός
187, 29
ἐπικράτησις ἐ. αἰθέρος II 185, 11
ἐπιλογισμός def. II 89, 38
ἐπίλογος pars orationis II 96, 6
μονομερῆ τὸν ἐ. 96, 11
ἐπιλυπία ἕξεις μόνον τὰς εὐκατα-
φορίας, οἷον τὴν ἐ. III 25, 16 ἐ. εὐ-
εμπτωσία 102, 34   differt anxietas
ab angore 103, 14
ἐπίμονος III 32, 42
ἐπινέμομαι τὸ πῦρ φθείρειν πάντα
καὶ ἐ. II 310, 7
ἐπίνοια cf. ἔννοια
ἐ. = ἐναποκειμένη νόησις II 29, 30
οὐδέν ἐστιν εὑρεῖν κατ᾽ ἐ., ὃ μὴ ἔχει
τις κατὰ περίπτωσιν ἐγνωσμένον 29, 26
ἐπιορκέω εὐορκεῖν : ἐ. def. Cl. I
131, 27 ψεύδεσθαι ἐν ὅρκοις : ἐ. II
62, 26 : ψευδοκρεῖν 63, 28
ἐπιπλοκή ἡ τῶν αἰτίων πρὸς ἄλ-
ληλα ἐ. II 273, 41 ἀπαράβατος οὖσα
293, 31
ἐπισπάομαι III 11, 32
ἐπισπαστικός III 46, 14
ἐπίσταμαι cf. ἐπιστήμη
ἐπιστασία ἡ ἀρχικὴ ἐ. III 158, 24
ἐπίστασις μέση πρᾶξις μὴ κατ᾽ ἐ.
κατορθουμένη III 139, 4
ἐπιστήμη περὶ ἐ. tit. l. Cl. I 107,
32. 132, 32. Chr. II 9, 28
ἐ. = κατάληψις ἀσφαλὴς καὶ ἀμε-
τάπτωτος ὑπὸ λόγου Z. I 20, 10. 13 sq.
II 39, 26. III 26, 41 == comprehensio
rerum stabilis et immutabilis II 35, 36
= si ita erat comprehensum, ut con-
velli ratione non posset Z. I 18, 25.

20, 9 = ἀσφαλὴς καὶ βεβαία καὶ
ἀμετάθετος ὑπὸ λόγου κατάληψις II
29, 37. 30, 22. 34 = ἕξις ἐν φαντασιῶν
προσδέξει ἀμετάπτωτος ὑπὸ λόγου
Z. I 20, 15. II 39, 26 = ἕξις ἐν φαντα-
σιῶν προσδέξει ἀνυπόπτωτος ὑπὸ
λόγου H. I 91, 27 = ἕξις φαντασιῶν
δεκτικὴ ἀμετάπτωτος ὑπὸ λόγου III
27, 1 = σύστημα ἐξ ἐ. τοιούτων, οἷον
ἡ λογικὴ III 26, 42 = σύστημα ἐξ ἐ.
τεχνικῶν ἐξ αὐτοῦ ἔχον τὸ βέβαιον
26, 43

visum : comprehensio : scientia Z. I
20, 3 πᾶσα ἐ. πῶς ἔχον ἐστὶν ἡγε-
μονικόν II 42, 24 γινώσκουσα ἡ ψυχὴ
χωρὶς τοῦ πράττειν τἀγαθὰ καὶ κακὰ
σοφία ἐστὶν καὶ ἐ. A. I 86, 4 ἀστεῖον
τὴν ἐ. ἀμετάπτωτον ὑπὸ λόγου III
147, 12 αἱ ἐ. τὸ ἀμετάπτωτον καὶ
βέβαιον ἔχουσι II 229, 44 ἐ. = βε-
βαίας ἔχειν καταλήψεις II 95, 30

τὴν ἀρετὴν μίαν, ἐ. ἀγαθῶν καὶ
κακῶν A. I 85, 36 μία ἀρετὴ ἡ ἐ.
III 60, 32 ἐ. = φρόνησις Z. I 49, 33
πολλὰς ἐ. καὶ ἀρετὰς εἶναι III 61, 35
τῶν ἀρετῶν τὰς μὲν ἐ. καὶ τέχνας,
τὰς δ᾽ οὔ III 23, 26 ἐ. ἀγαθὸν ἄμικτον
24, 36 ἁπλοῦν 24, 40 ἀγαθὸν καθ᾽
ἑαυτό 26, 39

τὴν ἐ. τέλος H. I 92, 7. 10. 19. 25.
27. 34. 93, 2. 4 τοῖς τέλος ἡγουμένοις
τὴν ἐ. ἀνομολογεῖ Chr. III 9, 4 τέλος
τὴν ἐ., ὅπερ ἐστὶ ζῆν ἀεὶ πάντα ἀνα-
φέροντα πρὸς τὸ μετ᾽ ἐ. ζῆν H. I
91, 25 ἐ. καθ᾽ ἣν ὁμολογουμένως
βιωσόμεθα II 39, 4 καλῶς ἅπαντα
γινωσκόντων καὶ πραττόντων ἡμῶν
ὁ βίος διοικεῖται κατὰ ἐ. III 60, 29
ἐ. : ἐπιτηδεύματα III 72, 24

ἡ ἐ. ἐν σοφῷ μόνῳ φυομένη II
95, 30 πᾶσα κατάληψις ἐν τῷ σοφῷ
τὸ ἀσφαλὲς ἔχουσα, εὐθύς ἐστιν ἐ. καὶ
ἀγαθὸν μέγα III 51, 15 ἐν μόνοις
ὑφίσταται τοῖς σοφοῖς II 29, 41. III
147, 37 scientiam tribuunt nulli nisi
sapienti Z. I 19, 33. 20, 5 καὶ ἄρχοντα
καὶ βασιλέα λέγεσθαι τὸν ἔχοντα τὴν
βασιλικὴν ἐ. III 159, 16

πρός τι ἡ ἐ. II 132, 46 ἐ. κριτή-
ριον II 33, 7. B. III 265, 3 τὰ ὑπὸ

τῶν ἐ. τικτόμενα ἐντὸς λόγῳ ἐκ-
φέρεται διὰ τοῦ στόματος II 258, 1
Μοῦσαι = παιδευτικαὶ ἐ. Diog. III
234, 38

ἐπιστημονικός τὸ ἐ. εἶδος τοῦ
καλοῦ III 20, 23 ὁ ἐ. βίος προηγού-
μενος 172, 15 ἐ. αἴσθησις Diog. III
222, 35 pass.

ἐπιστήμων ἐ. def. II 30, 37 πᾶσα
ἡ διὰ τοῦ ἐ. πρᾶξις εὐπραγία III
138, 10

ἐπιστολαί tit. l. A. I 75, 25. 76, 4.
Sph. 140, 18

ἐπισύνδεσις ἐ. ἀπαράβατος ἡ εἱ-
μαρμένη II 265, 37. 266, 2 ἐ. τῶν
αἰτίων 274, 16

ἐπίτασις ἕξεις τινὰς καὶ ποιοὺς
ἐπιδέχεσθαι ἐ. καὶ ἄνεσιν III 141, 9
τὰ μέσα ἐμπεριλαμβανόμενα τῶν ἐ.
142, 12 ἀγαθὸν μήτε ἄνεσιν μήτε
ἐ. δέχεσθαι 23, 4 τὰς ἐ. τῶν παθῶν
οὐ γίνεσθαι κατὰ τὴν κρίσιν 119, 28
ἐπιτείνω ἕξεις δύνανται ἐ. καὶ
ἀνίεσθαι II 129, 37. III 141, 12 pass. —
intrans. II 250, 17

ἐπιτελεστικός ἐ. κατάστασις III
123, 23

ἐπιτερπής III 180, 10

ἐπιτευκτικός III 64, 30 pass.

ἐπιτηδείως III 56, 21

ἐπιτηδειότης III 51, 36

ἐπιτήδευμα def. III 72, 27 τὰ ἐ.
ἕξεις μόνον καὶ οὐ διαθέσεις 25, 11. 22
τῶν ἐν ἕξει ἀγαθῶν εἶναι 26, 34
ἀγαθὰ οὐκ ἀναγκαῖα πρὸς εὐδαιμονίαν
27, 14 ἐπιστῆμαι : ἐ. 72, 24

ἐπιτήδευσις ἡ φιλοσοφία ἐ. σο-
φίας II 15, 11 ἐ. λόγου ὀρθότητος
III 72, 14

ἐπιτολή = ἄστρου ἅμα ἡλίῳ ἀνατολή
II 200, 25

ἐπιφάνεια def. Apollod. III 259, 26
τὰς ἐ. μήτ᾽ ἴσας εἶναι μήτ᾽ ἀνίσους
II 160, 6 ἡ ἐ., τοῖς σώμασιν προσ-
εοικός, εἰς ἄπειρον τέμνεται II 158, 17
πάσης ἐ. μέρος ἐ. εἶναι Apollod. III
260, 13 συναφὴ κατὰ τὰς ἐ. II 153, 3
φυλάττειν τὴν οἰκείαν ἐ. 158, 5

ἐπιφέρω III 95, 37. 40

ἐπιφορά περὶ τῶν ἐ. l. Chr. II 7, 1
expl. Crin. III 269, 16 = συμ-

πέρασμα II 77, 14. 79, 17 pass. σύ-
στημα ἐκ λημμάτων καί ἐ. 77, 5
ἐπιχαιρεκακία def. III 97, 38. 98,
3. 5. 9 εἶδος τῆς ἡδονῆς 96, 6. 97, 37
ἐμφαίνειν τὸ ἐφ' ᾧ γίνεται 96, 12
ἀνύπαρκτον εἶναι 168, 10. 13 ἐ.: φϑό-
νος 102, 15 quid sit consilium eorum,
qui ἐ. afficiuntur 102, 15 non cadit
in sapientem Dion. I 95, 37 iratum
necesse est alieno malo gaudere
Dion. I 95, 36
ἐπίχαρις ὁ σπουδαῖος ἐ. III 161, 2
ἐπιχειρέω II 39, 12
ἐποιστικός δύναμις = ἡ πλειόνων
ἐ. συμπτωμάτων III 49, 12. 16
ἕπομαι ἐ. = ἀκολουθεῖν (logice) II
81, 36 τὸ ἐ. II 88, 9
ἐποχή contra ἐ. disp. II 36, 28 sq.
οἱ ἐ. ἄγοντες περὶ πάντων 39, 2
ἐραστής III 125, 36
ἐράω τὸ ἐ. αὐτὸ μόνον ἀδιάφορον:
ὁ ἔρως III 180, 32 ἀδιάφορον ἀρ-
ρενομιξίαν Z. I 59, 9 ἐ. τὸν νοῦν
ἔχοντα III 180, 32 δεῖ μὴ τῶν σω-
μάτων, ἀλλὰ τῆς ψυχῆς ἐ. Z. I 59, 2
τὸν σοφὸν ἐ. τῶν ἀξιεράστων III
164, 5 τῶν νέων τῶν ἐμφαινόντων
διὰ τοῦ εἴδους τὴν πρὸς ἀρετὴν εὐ-
φυΐαν Z. I 59, 4. III 180, 14. Apollod.
261, 23
quomodo se gerant οἱ ἐ. III 126, 3
φωναὶ τῶν ἐ. 125, 26 οἵας φορὰς
καὶ οἱ ἐρώμενοι ἀξιοῦσι πρὸς ἑαυτοὺς
ἔχειν τοὺς ἐραστάς 125, 35 ὥσπερ
ἄκαιρον ἐπιτιμητὴν ἐν τῷ ἐ. ἀπο-
κλίνουσι τὸν λόγον 126, 13
ἐργάζομαι III 33, 32
ἔργον πάντα κοινὰ εἶναι καὶ πάν-
των τὰ ἔ., διορίζεσθαι δὲ τῷ ἀπὸ
τεχνικῆς διαθέσεως ἢ ἀπὸ ἀτέχνου
γίνεσθαι III 139, 11 ἔ. κατὰ τὰς
ἀρετὰς ὄντων οἰκείων, ἔστι τὰ προ-
ενεχθέντα καὶ τούτων 50, 33 τὸ κα-
λὸν τὸ εὖ πεφυκὸς πρὸς τὸ ἴδιον ἔ.
20, 27
Ἐρινύες τῶν βλαπτόντων θεῶν
εἶναι 'Ε. II 300, 24
ἔριον III 129, 21
ἔρις def. III 97, 12 ἔ. εὐκαταφορία
103, 9
Ἑρμῆς tit. l. H. I 91, 18

μετὰ τὴν τοῦ Ἄρεος σφαῖραν εἶναι
τὴν τοῦ 'Ε. II 169, 5
'Ε. = λόγος, ἐπαγαγὼν τὴν μουσι-
κήν Diog. III 235, 1 Mercurius, quia
ratio penes illum numerusque et
ordo II 306, 7 quod de Merc. refer-
tur, reducas ad rationem 316, 25
'Ε. τῶν ὠφελούντων θεῶν 300, 23
ἔρχομαι cf. διέρχομαι, διαφοιτάω
ὁ ὀρϑὸς λόγος διὰ πάντων ἔ. III
4, 3 ὁ νόμος διὰ πάντων ἔ. Z. I
43, 2
ἔρως cf. ἐρωτικός, ἐράω
περὶ 'Ε. tit. l. Cl. I 107, 18. Chr.
III 197, 6 περὶ ἔ. tit. l. P. I 96, 31
ἔ. = ἐπιβολὴ φιλοποιΐας διὰ κάλλος
ἐμφαινόμενον III 96, 18. 29. 97, 2. 33.
164, 3. 10. 180, 18 pass. = ἐπιθυμία
σωματικῆς συνουσίας 96, 43 = ἐπιθυ-
μία φιλίας 97, 1
ἔ. σφοδροὶ ὑπὸ τὴν ἐπιθυμίαν ὑπά-
γονται III 96, 5. 23 τὸν ἔ. τῆς ἐπι-
θυμητικῆς εἶναι δυνάμεως 112, 38
ἔμφασις κάλλους ἐπαγωγὸν τοῦ ἔ.
181, 10 ἔ. ἐπιθυμία τις καὶ οὐχὶ περὶ
σπουδαίους 96, 28 τὸν ἔ. οὔτε ἐπι-
θυμίαν εἶναι οὔτε τινὸς φαύλου πρά-
ματος 180, 33 pass. τὸν ἔ. μὴ εἶναι
συνουσίας, ἀλλὰ φιλίας 180, 18 pass.
θήρα τις ὁ ἔ. εὐφυοῦς μειρακίου πρὸς
ἀρετὴν 181, 14
'Ε. ὁ παθῶν θεός II 300, 26 τὰ
τῶν ἐρώντων πάθη περὶ τὸν θώρακα
φαίνεται γινόμενα 250, 22 τὸ ἐρω-
τικὸν πάθος οὐχ ὅσιον, ἀλλὰ ταρα-
χῶδες Diog. III 225, 18
ne amores quidem sanctos a sa-
piente alienos esse III 164, 7
βοηθεῖται διὰ μουσικῆς ὁ ἔ. Diog.
III 225, 21 μέλη συνεργεῖν πρὸς
ὀρϑὴν ἀναστροφὴν ἔ. 229, 9 ἡ μου-
σικὴ δύναται παραμυθεῖσθαι τὰς ἐν
ἔ. δυσπραξίας 230, 13
ὁ 'Ε. θεός, συνεργὸς ὑπάρχων
πρὸς τὴν τῆς πόλεως σωτηρίαν Z. I
61, 16
ἐρωτάω τὸ ἐ. οὔτε κατόρθωμα οὔτε
ἁμάρτημα III 136, 25 οὐκ ἀεὶ καθή-
κει 135, 13
σχήματα ἐν οἷς ἡ. οἱ λόγοι II 81, 20

ἐρώτημα def. II 61, 1 ἐ.: πύσμα 62, 18 ἐ. τῶν ἀσωμάτων τελείων 58, 39 Μεγαρικὰ ἐ. 90, 9. 14 ἐ. 31, 31
ἐρώτησις περὶ ἐ. 1. Chr. II 5, 27 περὶ ἐ. καὶ πεύσεως tit. 1. Chr. 5, 29 ἐ. καὶ ἀπόκρισις II 41, 35 ἄφρων. ἐ. τελικὸν μόνον κακὸν III 25, 32
ἐρωτικός cf. ἔρως, ἐράω ἐ. διατριβαί tit. 1. A. I 75, 17 ἐ. τέχνη Cl. 107, 20 διάλογοι ἐ. Sph. 140, 5 ἐ. ἐπιστολαί Chr. III 197, 4 ὁ ἐ. διχῇ λέγεται def. III 180, 23 ἐ. εἶναι τὸν σοφόν 161, 34. 164, 4. 9. 180, 22
ἡ ἐ. def. III 180, 30 τὴν ἐ. παραλαμβάνουσιν εἰς τὰς ἀρετάς 180, 27 ἀρετὴν ἐ. εἶναι Diog. III 229, 7 τῷ τὸ μέλος συμβάλλεσθαι πρὸς τὴν ἐ. ἀρετὴν προσηκόντως καὶ μίαν τῶν Μουσῶν 'Ερατὼ ὠνομάσθαι Diog. 230, 16 ἐ. φιλία ἐξ ἔρωτος 27, 7
ἐσθίω cf. ἀνθρωποβορέω οὐ γὰρ μόνον ἀξιοῦσι τοὺς τετελευτηκότας ἐ., ἀλλὰ καὶ τὰς αὐτῶν σάρκας III 186, 10 καὶ τέκνα καὶ φίλους καὶ πατέρας καὶ γυναῖκας ἐ. 186, 18 pass.
ἐσθλότης παρὰ τὸν ἐσθλὸν ἐ. ἀρετὴν τίθεσθαι III 60, 8
ἐσόμενον (sc. ἀξίωμα) ἐσομένων ἐ. μέχρι εἰς ἄπειρον II 97, 31
'Εστία in deorum numero 'E. non habet Z. I 43, 22
ἔσχατον cf. τέλος τὸ ἔ. τῶν ὀρεκτῶν τέλος λέγουσι III 3, 26 unum ultimum bonorum 6, 35 τὴν εὐδαιμονίαν τὸ ἔ. τῶν ὀρεκτῶν 6, 30. 16, 27
ἐταίρα cf. χαμαιτύπη οὐκ ἄτοπον τὸ ἐ. συνοικεῖν ἢ τὸ ἐξ ἐ. ἐργασίας διαζῆν III 187, 26
ἐταιρία def. III 27, 5
ἐτεροίωσις cf. ἀλλοίωσις ἐ. ψυχῆς ἡ φαντασία II 23, 5
ἔτερος III 18, 28 pass. 19, 35 sqq. 129, 34. Cl. I 126, 23
ἐτυμολογία στοιχεῖα τῆς ἐ. II 44, 42
ἐτυμολογικός περὶ τῶν ἐ. 1. Chr. II 9, 13. 14

εὖ τὸ εὖ ζῆν = τὸ κατὰ φύσιν ζῆν = καλῶς ζῆν III 6, 17
εὐαισθησία εὐ. προηγμένον III 31, 30 προηγμένον περὶ σῶμα 33, 2 καθ' ἑαυτὸ ληπτόν 34, 37 δι' αὐτὸ καὶ δι' ἔτερα προηγμένον 32, 37
εὐανάληπτος III 89, 23
εὐαπαντησία εὐ. ἀρεταί III 60, 10
εὐαποκριτικός ὁ διαλεκτικός II 42, 3
εὐαποσείστως II 90, 7
εὐαρέστησις ἡ τῶν σοφῶν πρὸς τὰ συμβαίνοντα εὐ. II 264, 11
εὐάρεστος τὸ ἀγαθὸν εὐ. Cl. I 127, 8
εὐάρμοστος ὁ σπουδαῖος εὐ. πρὸς πλῆθος ἀνθρώπων III 161, 1
εὐβουλία περὶ εὐ. tit. 1. Cl. I 107, 11 def. III 64, 25. 65, 15. 27. 67, 33 τῇ φρονήσει ὑποτάττεται 64, 21. 66, 3. 73, 5
εὐγένεια περὶ εὐ. tit. 1. Diog. III 220, 40 def. III 89, 23 εὐ. ἰσοτιμίας περίτηγμα καὶ διάξυσμα 85, 28 ἀδιάφορον 28, 7. Apollod. 261, 8 προηγμένον ἐπὶ τῶν ἐκτός 31, 5 δι' ἔτερα προηγμένον 32, 36
εὐγενής μηδὲν διαφέρειν ὅτου παρὰ πατρὸς γεγονὼς τυγχάνῃς, εὐ. ἢ μὴ III 85, 30 nemo altero nobilior, nisi cui rectius ingenium 85, 23 τὸν γενναῖον εὐ. 89, 12 τὸν σοφὸν μόνον εὐ. 155, 21. 40 τὸν εὐ. ἐλεύθερον 89, 13
εὐγηρέω τὸ εὐ. déf. III 156, 29 εὐ. μόνον τὸν σπουδαῖον 156, 28
εὐγηρία def. III 24, 38 ἡ εὐ. ἀγαθὸν μεμιγμένον 24, 36. 40
εὐγνωμοσύνη ἀρετὴ def. III 67, 10 ἔπεται τῇ δικαιοσύνῃ 73, 6
εὐγνώμων III 176, 11
εὐδαιμονέω cf. εὐδαίμων τέλος εἶναι τὸ τυχεῖν τῆς εὐδαιμονίας, ὅπερ ταὐτὸν τῷ εὐ. Cl. I 126, 25. III 6, 15 εὐ. = τὸ κατὰ φύσιν διάγειν III 6, 25 = τὸ εὖ ζῆν ib. = τὸ ἔσχατον τῆς φυσικῆς ὀρέξεως 6, 29 παρὰ τὸν πλείονα χρόνον οὐδὲν μᾶλλον εὐ. III 14, 6 ἐνδέχεται χωρὶς τῶν ἀδιαφόρων εὐ. 29, 1 ἀδιάφορα

τοιαύτην εὐφυΐαν προσφερόμενα, ὥστε
εἰ μὴ λαμβάνοιμεν, μὴ ἂν εὖ. 136,11
πάντως εὖ. ἀεὶ τῶν ἀνθρώπων τοὺς
ἀγαθούς 14, 8 τοῖς εὖ. γίνεταί ποτε
καθῆκον ἐξάγειν ἑαυτούς 188, 9 εὖ.
in def. τέλους Ant. III 253, 15 pass.
εὐδαιμόνημα πάντα κατορθώματα
εὖ. III 136, 29
εὐδαιμονία cf. βίος, βιόω, εὐδαι-
μονέω, εὐδαίμων, ζάω
εὖ. = εὔροια βίου Z. I 46, 16. 18.
Cl. I 126, 20. 26. III 6, 11. 18, 15 = εὐ-
δαίμων βίος Cl. I 126, 23. III 6, 13
= ὁ ὀρθὸς βίος A. I 86, 28 = ἡ τῆς
ψυχῆς ἀρετή III 14, 38 = τὸ ζῆν
κατὰ φύσιν καὶ ὁ κατὰ φύσιν βίος
III 16, 29 = τὸ εὖ ζῆν καὶ ἡ εὐ-
ζωία ib.
τὴν εὖ. σκοπὸν ἐκκεῖσθαι, τέλος
δ' εἶναι τὸ τυχεῖν τῆς εὖ. Cl. I 126, 24.
III 6, 14 εὖ. τὸ ἔσχατον τῶν ὀρεκτῶν
16, 27 οὐσία τῆς εὖ. ἡ εὐλογιστία περὶ
τὰς ἐκλογὰς τῶν ἀξίαν ἐχόντων Ant.
III 253, 19 στοιχεῖα τῆς εὖ. ἡ φύσις
καὶ τὸ κατὰ φύσιν Z. I 46, 14 beata
vita secundum naturam A. I 81, 30
ἐν διαθέσει ὁμολογουμένῃ εἶναι τὴν
εὖ. III 11, 39 τὸ ἀκολουθίᾳ φύσεως
ζῆν τέλος εὖ. III 4, 17 αἱ κοιναὶ περὶ
εὖ. ἔννοιαι αὐτάρκειαν αὐτὴν ζωῆς
τίθενται 16, 26
beata vita in una virtute posita
Z. I 46, 22. 38. 47, 2. 13 ἡ φρόνησις
οὐχ ἕτερον τῆς εὖ., ἀλλ' εὖ. III 13, 36
τὴν εὖ. περιγίνεσθαι διὰ τῆς φρονή-
σεως III 70, 8 vitam beatam virtute
sola effici III 14, 22. 15, 5—18 αἱ ἀρε-
ταὶ ἀπογεννῶσι τὴν εὖ. καὶ συμπλη-
ροῦσι, μέρη αὐτῆς γινόμεναι III 25, 28
αὐτάρκης ἡ ἀρετὴ πρὸς εὖ. Z. I 46,
34. 36. 38. III 13, 18 sqq. 16, 37. 172, 10.
190, 12. Ant. III 252, 33 ἀρκεῖν πρὸς
τὸ μακαρίως βιῶναι τὸν οἰκειοῦντα
πρὸς ἀρετὴν λόγον A. I 80, 25 ratio
recta felicitatem hominis implevit III
48, 24 prudentia ad vitam beatam
satis est 15, 2
τὰ ἀδιάφορα οὐδὲν συνεργεῖ πρὸς
εὖ. III 34, 1. 12 in def. τῶν ἀδια-
φόρων 28, 30. 29, 24 τὰ προηγμένα
πρὸς εὖ. οὐ συμβάλλεσθαι Z. I 48, 15

minus ad beatam vitam pertinet multi-
tudo corporis commodorum III 15, 24
si ad illam vitam, quae cum virtute
degatur, ampulla aut strigilis accedat,
sumpturum sapientem eam vitam po-
tius, nec beatiorem tamen ob eam
causam fore III 15, 37 μηδὲν κωλύειν
πρὸς εὖ. τὰ ἔξωθεν 154, 2
ἀγαθὸν = τὸ συμπληρωτικὸν εὖ. III
18, 14 τῶν ἀγαθῶν τὰ μὲν ἀναγκαῖα
πρὸς εὖ., τὰ δὲ· μή 27, 11 καθὸ αἱ
ἀρεταὶ ἀποτελοῦσι τὴν εὖ., ποιητικά
ἐστιν ἀγαθά, καθὸ δὲ συμπληροῦσιν,
τελικά 25, 40 ἡ εὖ. σπουδαίας πατρί-
δος καὶ σπουδαίου φίλου, τῶν ἐκτὸς
ἀγαθῶν 24, 16
bonorum frequentia vitam beatio-
rem non fieri III 15, 21 τὴν τῶν
ἀγαθῶν εὖ. μὴ διαφέρειν τῆς θείας
εὖ. 14, 10 κατὰ μηδὲν αἱρετωτέραν
τὴν τοῦ Διὸς εὖ. τῆς τῶν σοφῶν 14, 13
τῷ προκόπτοντι ἐπιγίνεσθαι τὴν εὖ.,
ὅταν αἱ μέσαι πράξεις προσλάβωσι τὸ
βέβαιον 138, 1
εὐδαιμονικός III 29, 1. 49, 29
εὐδαίμων cf. εὐδαιμονία, βίος, ζάω
εὖ. = ὁ κεκοσμημένος τὴν ψυχὴν
ἐναρέτως A. I 86, 28 negant sine vir-
tute effici quemquam beatum III 13, 10
ἡ τοῦ εὖ. ἀρετὴ def. III 4, 5 ὁ σπου-
δαῖος εὖ. Z. I 53, 8. III 154, 3 εὖ.
μάλιστα III 150, 16 τοὺς φρονίμους
εὖ. III 15, 1. 153, 31 fortis beatus
15, 3 δίκαιος = εὖ. Cl. I 127, 22 qui
sine tristitia est beatus III 15, 1. 4
ita sapientem b. fore, nihil aliud alii
ullo momento anteponentem A. H.
I 92, 20
τὸν τοῦ προκόπτοντος βίον οὐκ
εἶναι πω εὖ. III 137, 46 bonorum fre-
quentia vita beatior non fit 15, 23
εὖ. τὸν τὰς Πριαμικὰς συμφορὰς ὑπο-
μένοντα 153, 39 ἀνεπιδεῆ τὸν εὖ.
16, 27
εὐδοξία ἀδιάφορον III 28, 7. Apollod.
261, 8 bonae famae causa, detracta
utilitate, ne digitum quidem porri-
gendum esse III 37, 33. Diog. 219, 3
ipsam propter se praepositam et su-
mendam 37, 38. Ant. 252, 24

εὐεμπτωσία def. III 102, 33 εὐ.
ἐπὶ τοῦ σώματος : ἐπὶ τῆς ψυχῆς
103, 7 γίνεσύαι εὐ. καὶ εἰς ἔργα τῶν
παρὰ φύσιν 102, 35
εὐέμπτωτος III 110, 22
εὐεξία καὶ ἐπὶ τοῦ σώματος εὐ.
καὶ ἐν ψυχῇ III 120, 33 εὐ. σώματος
def. 121, 22 προηγμένον ἐπὶ τῶν σω-
ματικῶν 31, 4 μήϑ᾽ αἱρετὸν μήτ᾽ ὠφέ-
λιμον 35, 27
εὐεπιτήδευμα πάντα κατορϑώματα
εὐ. III 136, 29
εὐεργεσία τῶν εὐ. ἔστιν αἰσϑέσϑαι
III 21, 35
εὐεργετέω τὸ εὐ. κατόρϑωμα III
136, 20
εὐεργέτημα cf. χάρις
    beneficium voluntas efficit Cl. I
131, 8 sq.   multum a beneficio distat
negotiatio 131, 2
εὐεργέτης οἱ φαῦλοι οὐδ᾽ εὐ. ἔχου-
σιν οὐδ᾽ εὐ. ἀμελοῦσι III 168,᾽17
εὐεργετικός III 149, 26
εὐερωτητικός ὁ διαλεκτικὸς εὐ.
II 42, 3
εὐζωΐα εὐ. ἀγαϑὸν μεμιγμένον III
24, 36 def. 24, 38 = εὐδαιμονία 16, 30
εὐθανατέω εὐ. μόνον τὸν σπου-
δαῖον III 156, 28 def. 29
εὐθεῖα (= nominativus) εἰ πτῶσις
ἡ εὐ. II 47, 31 sq.
    sc. γραμμή = ἡ εἰς ἄκρον τεταμένη
II 149, 27 κίνησις εὐ. II 160, 30.
Apollod. III 260, 5
εὐθυμία def. III 105, 38 εἶδος χαρᾶς
105, 24
εὐθυρρημονέω ὁ σοφὸς εὐ. Z.
I 22, 28
εὐκαίρημα πάντα κατορϑώματα εὐ.
III 136, 29
εὐκαιρία opportunitas non fit maior
productione temporis III 140, 32 omne
bonum opport. finitur 141, 4 oppor-
tunitatis est beate vivere 190, 2
εὔκαιρος ὁ σπουδαῖος εὐ. III 161, 3
εὐκάρδιος εὐ. τινες καϑάπερ εὔ-
ψυχοι II 247, 26
εὐκαταφορία ἕξεις μόνον αἱ εὐ.
e. s. III 25, 15 εὐεμπτωσία εὐ. εἰς
πάϑος 102, 33 εὐ. τῆς ψυχῆς enum.
103, 8

εὐκλεής ὁ σπουδαῖος οὐκ ἔνδοξος,
ἀλλ᾽ εὐ. III 156, 41
εὐκοινωνησία def. III 64, 41 ὑπο-
τάττεται τῇ δικαιοσύνῃ 64, 24
εὐκολία ἀρετή def. III 68, 10
εὐκρασία ἡ τοῦ σώματος ὑγίεια =
εὐ. τῶν ἐν τῷ σώματι ϑερμῶν καὶ
ψυχρῶν III 68, 27. 38. 121, 19 εὐεξία
σώματος ἡ ἀρίστη εὐ. ϑερμοῦ καὶ
ψυχροῦ 121, 23 ἡ τῆς ψυχῆς ὑγίεια
= εὐ. τῶν ἐν τῇ ψυχῇ δογμάτων 68, 28
εὔκρατος εὐ. φύσις ἡ ὑγρὰ καὶ
ϑερμή II 215, 34
εὐκτικόν II 31, 31 expl. 61, 32
= ἀρατικόν 61, 44
εὐλάβεια = εὔλογος ἔκκλισις III
42, 7. 99, 24. 105, 18. 29. 107, 11 ἔκ-
κλισις σὺν λόγῳ 67, 42 εὐ. εἶδος
εὐπαϑείας 105, 17 εὐλαβείας εἴδη
105, 24. 39 τὴν εὐ. ἐναντίαν τῷ φόβῳ
105, 18 φόβος : εὐ. 106, 35. 107, 11. 22
ἡ εὐ. παράκειται τῇ σωφροσύνῃ 67, 42
in solo sapiente 107, 12
εὐλαβέομαι τὸ εὐ. σοφῶν ἴδιον,
οὐ φαύλων III 42, 9 φοβηϑήσεσϑαι
μὲν τὸν σοφὸν οὐδαμῶς, εὐ. δὲ 105, 19
εὐλαβητέος εὐ.: εὐλαβητά III 22, 30
εὐλαβητικός III 64, 34
εὐλαβητός εὐ.: εὐλαβητέα II 22, 30·
εὐλογιστέω in def. τέλους Diog.
III 219, 11. 15. 17
εὐλογιστία def. III 64, 26. 66, 5
ὑποτάττεται τῇ φρονήσει 64, 21. 66, 3
εὐ. περὶ τὰς ἐκλογάς Ant. III 253, 20
εὐλόγιστος τὸν σοφὸν εὐ. ἀπὸ
ἕξεως καὶ διαθέσεως εὐ. III 138, 21
εὐ. ἐκλογή 46, 29. Ant. 253, 9 pass.
ληπτόν, ὃ εὐ. ἐκλεγόμεϑα 32, 12
εὔλογος εὐ. ἀξίωμα def. II 64, 23
διαφέρειν τὴν καταληπτικὴν φαντα-
σίαν τοῦ εὐ. Sph. I 141, 6. 16 τὸ εὐ.
κἂν ἄλλως ἀποβαίνειν 141, 6
αἵρεσις εὐ. III 22, 15 sq. 26, 18 εὐ.
ἀπολογία vid. s. v. ἀπολογία. εὐ. ἀπο-
λογισμός 134, 13 probabilis ratio
135, 29 sq. εὐ. ἐξαγωγή s. v. ἐξαγωγή
εὐλόγως : ἀλόγως III 126, 31 εὐ.
22, 17 εὐ. ἐξάγειν τοῦ ζῆν 35, 33.
187, 33 pass.
εὐμένεια def. III 105, 32 εἶδος
βουλήσεως 105, 22

ἐπιγέννημα τῆς ἀρετῆς 19, 30   ἑορτὴ
ψυχῆς ἡ ἐν ἀρεταῖς εὐ. τελείαις 157, 32
εὐ. οὔτε πᾶσι τοῖς φρονίμοις ὑπάρχει,
οὔτε ἀεί 25, 2   εὐ. τελικὸν μόνον
ἀγαθόν 25, 26. 38   ἀγαθὸν ἐν κινήσει
26, 28   ἀγαθὸν οὐκ ἀναγκαῖον πρὸς
εὐδαιμονίαν 27, 14
εὐφυής   εὐ. πρὸς ἀρετὴν III 89, 17.
181, 14
εὐφυΐα   περὶ εὐ. tit. l. Cl. I 107, 15
def. III 89, 21   εὐ. προηγμένον περὶ
ψυχὴν 31, 3. 32, 42   δι' αὐτὸ προηγ-
μένον 32, 36   εὐ. ψυχῆς πρὸς ἀρετὴν
ὑπεράγει τῆς τοῦ σώματος 33, 17   νέοι
ἐμφαίνοντες διὰ τοῦ εἴδους τὴν πρὸς
ἀρετὴν εὐ. 180, 15
ἀδιάφορα τοιαύτην εὐ. προσφερό-
μενα, ὥστε εἰ μὴ λαμβάνοιμεν, μὴ ἂν
εὐδαιμονεῖν 136, 11
εὐχαριστία   ἀρετὴ def. III 67, 12
εὐχρήστημα   commoda communia,
non paria III 23, 9   inter praeposita
sunt 23, 13   minus ad beatam vitam
pertinet multitudo corporis commo-
dorum 15, 24

εὐχρηστία   εἰς τὰ μέσα διατείνει
III 168, 30
εὔχρηστος   πᾶν ἀγαθὸν εὐ. III 21,
43. 22, 8   ὅτι τὴν χρείαν ἐπαινετὴν
ἀπεργάζεται 22, 8   τὰ αὐτὰ πράγματα
ἀνωφελῆ μέν, εὐ. δέ 30, 3   τὰ εὐ. :
εὐδαιμονία 35, 15
εὐψυχία   def. III 64, 38. 66, 19. 23
ὑποτάττεται τῇ ἀνδρείᾳ 64, 23. 66, 13
εὐώνυμος   εὐ. τὰ πρὸς μεσημβρίαν
II 176, 15
ἐφίημι   ἐπιστήμη τῶν ἐφειμένων
III 87, 5
ἔχθρα   def. III 166, 16
ἐχθρός   ἐκτὸς κακὰ τοὺς ἐ. σὺν τοῖς
εἴδεσιν III 24, 10   ὁ ἐ. ποιητικὸν μόνον
κακόν 25, 31. 26, 2   οὐχ ἕτερον βλάβης
ὁ ἐ. 19, 37   τοὺς φαύλους ἐ. ἀλλήλων
160, 18   πάντα τὸν ἄφρονα θεοῖς ἐ.
166, 15 sq. Diog. III 233, 12
ἔχω   cf. ἕξις
εἰς τὸ πῶς ἔ. ἀναφέρειν τὸ ἐ. II
132, 13
πρός τί πως ἔ. vid. s. v. πρός τί πως
τὸ κατὰ φύσιν ἔ. vid. s. v. κατὰ
φύσιν

Z

ζάω   cf. βίος
ἀδιάφορον τὸ ζ. III 172, 9   μὴ ἀγα-
θόν 39, 9   τὸ εὖ ζ. ἀγαθόν, τὸ κακῶς
ζ. κακόν, τὸ ζ. οὔτε ἀγαθὸν οὔτε κακόν
39, 11   τὸ ζ. οὐδὲν εἶναι πρὸς ἡμᾶς
οὐδὲ συνεργεῖν πρὸς εὐδαιμονίαν οὐ-
δέν 33, 38   ἡμᾶς ὑπὸ τῆς φύσεως
πρὸς τὸ ζ. οἰκειοῦσθαι 39, 7   Ζῆνα
ὠνομάσθαι παρ' ὅσον τοῦ ζ. αἴτιος II
169, 32. 305, 20. 312, 21. 315, 5
quid signif. secundum naturam vi-
vere expl. III 5, 22 sqq. 6, 3 sq. ὁμολο-
γουμένως ζ. = τὸ κατὰ φύσιν ζ. 6, 9
= κατ' ἐμπειρίαν τῶν κατὰ τὴν ὅλην
φύσιν συμβαινόντων ζ. 5, 13 sqq. ὁμο-
λογουμένως τῇ φύσει ζ. 4, 12. 153, 15
ἀκολούθως τῇ φύσει ζ. 4, 15 sq. 36, 5
ψυχὴν εἶναι κυριωτέραν τοῦ σώματος
καὶ πρὸς τὸ κατὰ φύσιν ζ. 33, 14   τὸ
κατὰ φύσιν ζ. = καλῶς ζ. = εὖ ζ.

6, 16   τὸ ζ. κατὰ φύσιν καὶ ὁ κατὰ
φύσιν βίος = εὐδαιμονία 16, 28   τὸ
κατὰ φύσιν διάγειν = εὖ ζ. = εὐδαι-
μονεῖν 6, 24   ὃς ἂν μὴ κατὰ φύσιν ζ.,
οὐδὲ εὐδαιμόνως 43, 28   beate vivere
= convenienter naturae 190, 3   εὐσχη-
μόνως ζ. = εὐδαιμόνως 34, 24   beate
vivere = honeste v. 11, 3
τοῖς λογικοῖς τὸ κατὰ λόγον ζ.
ὀρθῶς γίνεται κατὰ φύσιν III 43, 19
πασῶν τῶν ἀρετῶν τὸ τέλος τὸ ἀκο-
λούθως τῇ φύσει ζ. 64, 44   τὸ κατ'
ἀρετὴν ζ. = κατ' ἐμπειρίαν τῶν φύσει
συμβαινόντων ζ. 3, 27   τέλος ὑπάρχειν
ἐν τῷ κατ' ἀρετὴν ζ. 6, 9   τέλος = ζ.
ἀεὶ πάντα ἀναφέροντα πρὸς τὸ μετ'
ἐπιστήμης ζ. H. I 91, 25   τὸ κατ' ἀρε-
τὴν ζ. ἀεὶ καθήκει III 135, 13   honeste
= cum virtute vivere 11, 4   virtus
ad beate vivendum se ipsa contenta

13, 29 *pass.* opportunitatis esse beate vivere 190, 3 *τὸ κατὰ κακίαν ζ.* = *κακοδαιμόνως ζ.* 14, 19 sapientes semper feliciter, absolute, fortunate vivere III 153, 16. 24 vivere otioso licet 174, 31 *εἰ τοῦ ζ. ἕνεκεν ποριστέον τῷ σοφῷ* 172, 8 *οὔτε τὴν ἀρετὴν κατέχειν ἐν τῷ ζ. οὔτε τὴν κακίαν ἐκβάλλειν* 188, 3 *τοῖς φαύλοις καθήκει μένειν ἐν τῷ ζ.* 189, 7 *λυσιτελεῖ ζ. ἄφρονα μᾶλλον ἢ μὴ βιοῦν, κἂν μηδέποτε μέλλῃ φρονήσειν* 188, 22 *μονὴ ἐν τῷ ζ. vid. s. v. μονή*

Ζεύς *περὶ τοῦ Δ.* tit. 1. Chr. III 196, 1 hymnus Cl. I 121, 34

(stella) *μετὰ τὴν τοῦ Κρόνου σφαῖραν εἶναι τὴν τοῦ Δ.* II 169, 4

Ζῆνα ὠνομάσθαι παρ' ὅσον τοῦ ζῆν αἴτιος II 305, 20. 312, 21. 315, 5 *Δία ὅτι δι' αὐτὸν τὰ πάντα* 312, 22. 32 *δι' ὃν τὰ πάντα* 305, 20. 312, 22. 315, 5 Iovem caelum Z. I 43, 30 *Δ. τὸν αἰθέρα* II 312, 18. 315, 16. 316, 5 = aetherem *i. e.* ignem 313, 6 *ὁ Z. τῇ αὑτοῦ φύσει χρώμενος ἐν μέγα πῦρ καὶ συνεχές* 308, 25 = *ὁ περὶ τὴν γῆν ἀὴρ* 315, 19 = *ὁ διὰ πάντων διήκων ἀὴρ* 320, 21

Z. ὁ κόσμος, ἐπειδὴ τοῦ ζῆν αἴτιος II 169, 32 *τὸν κόσμον τῷ Διὶ τὸν αὐτὸν ὑπάρχειν ἢ περιέχειν τὸν Δία* Diog. III 217, 11 *τὸν κόσμον πεποιηκέναι τὸν Δ.* II 115, 37 *τὸν πόλεμον τὸν Δ.* 192, 25 *οὐ ποιητὴν τὸν Δ., ἀλλ' ὅλον δι' ὅλης τῆς ὕλης διεληλυθότα πάντων δημιουργὸν γεγονέναι* 116, 12 *εἶναι τοῦ Δ. τὸ μὲν εἰς θάλατταν διατετακὸς Ποσειδῶνα, τὸ δ' εἰς τὸν ἀέρα ῞Ηραν, τὸ δ' εἰς τὸν αἰθέρα Ἀθηνᾶν* Diog. III 217, 14 *Z. ἄρρην, Z. θῆλυς* Diog. 217, 18 *ὁ Z. πᾶν χρῆμα γεγονὼς καὶ γινόμενος ἐν ταῖς μεταβολαῖς* II 308, 27 *οὐκ ἔστιν ὅ,τι μὴ καὶ τῶν αἰσχίστων γίνεται* 311, 30 *Z. χείρων τοῦ μυθολογουμένου Πρωτέως* 311, 25

ὁ Z. ἀίδιος II 309, 22 *οὐδένα τῶν θεῶν ἄφθαρτον οὐδ' ἀίδιον πλὴν μόνου τοῦ Δ.* Cl. I 121, 27 *ὅταν ἐκπύρωσις γένηται, μόνον ἄφθαρτον*

τὸν Δ. II 312, 37 *τοῦ Δ. τὰ μέρη ἄφθαρτα* 309, 24 *εἰς Δ. πάντας καταναλίσκεσθαι τοὺς ἄλλους θεούς* Cl. I 121, 27 II 309, 29 *τὸν Δ. αὔξεσθαι, μέχρις ἂν εἰς αὐτὸν ἅπαντα καταναλώσῃ* II 185, 44 *μένει ἡ ποιότης ἐπ' ἐλάττονος οὐσίας τῆς τοῦ Δ.* 186, 36 Iuppiter resoluto mundo et dis in unum confusis paulisper cessante natura adquiescit sibi cogitationibus suis traditus 313, 3 *Z. ἀναχωρεῖ ἐπὶ τὴν πρόνοιαν* 312, 37

ἓν θεὸς καὶ νοῦς καὶ εἱμαρμένη καὶ Z. Z. I 28, 23. II 179, 36 *Z.* = *κοινὴ πάντων φύσις καὶ εἱμαρμένη καὶ ἀνάγκη* II 315, 8 *ἡ κοινὴ φύσις* = *εἱμαρμένη καὶ πρόνοια καὶ Z.* 269, 14 *ἐοικέναι τῷ ἀνθρώπῳ τὸν Δ. καὶ τὸν κόσμον, τῇ δὲ ψυχῇ τὴν πρόνοιαν* 312, 35 *Z.* = *εἱμαρμένη* 267, 42. 305, 38 = *ἡ πεπρωμένη* Cl. I 118, 24 *Διὸς νοῦς* = *εἱμαρμένη* II 267, 36 *Δ. λόγος* = *εἱμαρμένη* 270, 1. 292, 13 *μηδὲν ἴσχεσθαι μηδὲ κινεῖσθαι ἄλλως ἢ κατὰ τὸν τοῦ Δ. λόγον* 270, 1. 292, 12 *λόγος* = animus Iovis Z. I 42, 25. 29 *Z.* = *ὁ ἅπαντα διοικῶν λόγος* II 315, 3 = *καθηγεμὼν τῆς τῶν ὄντων διοικήσεως* Z. I 43, 2. III 4, 3 = *ἡ τοῦ ὅλου ψυχή* II 315, 4 = *ὁ κοινὸς νόμος* Z. I 43, 2 lex vera = ratio recta summi Iovis III 78, 24 *Z.* = *νόμος* II 316, 8. 36 = *εὐνομία καὶ δίκη* 315, 10 = *ὁμόνοια καὶ εἰρήνη* 315, 10

ἐκ τοῦ Δ. ἀρχὴν ἔχειν τὴν δικαιοσύνην καὶ τὸν περὶ ἀγαθῶν καὶ κακῶν λόγον III 80, 36 *τὰ κακὰ ἀπονέμεται κατὰ τὸν τοῦ Δ. λόγον* II 338, 7 *οἱ ἀγαθοὶ πάντες κατ' οὐδὲν προέχονται ὑπὸ τοῦ Δ.* III 141, 22 *ἀρετῇ οὐχ ὑπερέχειν τὸν Δ. τοῦ Δίωνος, ὠφελεῖσθαί τε ὁμοίως ὑπ' ἀλλήλων* 58, 37 *μηδὲ τὴν ἀμεριαίαν διαφέρειν τῆς τοῦ Δ. εὐδαιμονίας* 14, 11 *ἐπίσης τῷ Δ. μακαρίως ζῶν ὁ ἐνάρετος* 190, 15 *κατὰ μηδὲν αἱρετωτέρα μήτε σεμνοτέρα ἡ τοῦ Δ. εὐδαιμονία τῆς τῶν σοφῶν ἀνδρῶν* 14, 13 *τῷ Δ. προσήκει σεμνύνεσθαι ἐπ' αὐτῷ καὶ τῷ βίῳ* 141, 19 *Z. τῶν ὠφελούντων θεῶν* II 300, 23 *Z. Δω-*

δωναῖος = ἀναδωδωναῖος expl. Cl. I
121, 18
Iovem, qui deus appelletur, in
deorum numero non habet Z. I 43, 22
Ἥρας καὶ Δ. γάμος II 189, 19. 314, 3
ἐκ τῆς τοῦ Δ. κεφαλῆς τὴν Ἀθηνᾶν
γενέσθαι II 256, 20 πρῶτον μὲν Μή-
τιδι συγγενομένου τοῦ Δ., δεύτερον
δὲ Θέμιδι 256, 23 γενομένης ἔριδος
τῷ Δ. καὶ τῇ Ἥρᾳ 256, 25 πρὸς τῷ
τοῦ Δ. αἰδοίῳ φύρων τῆς Ἥρας τὸ
πρόσωπον 314, 16. 20 dūcendam uxo-
rem sapienti, ne Iovem Gamelium
et Genethlium violet III 183, 3

ζῆλος def. III 99, 39. 100, 4. 18.
101, 4 εἶδος λύπης 96, 9. 99, 37

ζηλοτυπία def. III 99, 40. 100, 6.
21. 101, 8 εἶδος λύπης 96, 9. 99, 37
ἡ ἐπὶ μοιχείᾳ ζ. παρὰ τοῖς σοφοῖς
περιαιρεθήσεται 183, 12

ζημία τρέπεται καὶ δουλοῦται ἡμᾶς
III 123, 29

ζητέω εἰ οἷόν τε ζ. quaer. II
32, 31

ζήτησις περὶ ζ. tit. l. Chr. II
5, 31
def. II 32, 18. 24 quarendi initium
ratio attulit 32, 23

ζωγράφος Diog. III 227, 19

ζωδιακός ὁ ζ. λοξός II 196, 22
ὁ ἥλιος λοξὴν τὴν πορείαν ποιεῖται
διὰ τοῦ ζ. κύκλου 196, 1

ζώδιον ἥλιον καὶ σελήνην φέρεσθαι
φορὰν ἐναντίαν τῷ κόσμῳ ζ. ἐκ ζ.
μεταβαίνοντας Z. I 34, 29

ζωή ἡ ζ. θερμὴ καὶ ὑγρά II 215,
30 μηδὲν παρὰ τὸ πνεῦμα τὴν ζ.
τίθενται 146, 20 τὸ ἡγεμονικὸν τῆς
ψυχῆς ζ. 225, 24
ζ.: βίος Z. I 55, 15 ζ. ἀδιάφορον
Z. I 47, 24. III 17, 20. 27, 21. 28, 6.
Diog. 218, 16. Apollod. 261, 8 προ-
ηγμένον III 31, 4 ζ. ἀντὶ θανάτου
αἱρούμεθα 30, 11 contemnendam esse
pro laude 38, 44 τοῖς καθήκουσι καὶ
τοῖς παρὰ τὸ καθῆκον παραμετρεῖσθαι
τὴν ζ. 188, 5 in def. τοῦ καθήκοντος
Z. I 55, 7. 14. III 134, 13 pass. ἀκό-
λουθον ἐν ζ.: ἐν βίῳ III 134, 20 sqq.

ζώνη ζ. ἐπὶ τῆς γῆς πέντε enum.
II 195, 24 — solis meatus a plaga,
quae usta dicitur, non recedit Cl. I
112, 24 ὑπὸ τὴν διακεκαυμένην ζ.
ὑποκεχύσθαι μεταξὺ τῶν τροπικῶν
τὸν ὠκεανόν I 113, 29

ζῷον περὶ ζ. tit. l. Ant. III 251, 12
ζ. = οὐσία ἔμψυχος αἰσθητική II
191, 37
κατὰ μῖξιν ἐκ τῶν στοιχείων τὰ ζ.
Z. I 28, 33. II 180, 21 διὰ τῶν τετ-
τάρων στοιχείων συνέστηκε II 136, 31
ἐν τοῖς ζ. πῦρ τεχνικόν Z. I 34, 26
ἄνευ τοῦ συμφύτου πνεύματος μὴ
δύνασθαι τὰ ζ. εἶναι II 220, 1 ἡνω-
μένα καὶ συμφυᾶ σώματα τὰ ζ. II
124, 11 τοῦ ὅλου μέρη τὰ ζ. Cl. I
111, 24
aliquod fuit principium generandi
animalium Z. I 35, 16 ἡ φύσις τὰ
σώματα τῶν ζ. συνίστησι II 329, 34
φυσική τις σωτηρίας ἕνεκεν τῶν ζ.
κατασκευή II 206, 30 animalium semen
ignis is, qui anima ac mens Z. I 35,
31 οὐ ζ. τὸ ἔμβρυον II 213, 26 τὸ
γενόμενον ζ. ἀτελὲς τῷ ποσῷ, τέλειον
δὲ τῷ ποιῷ 213, 42 ἕκαστον ζ. εὐ-
θὺς γενόμενον πρὸς αὑτὸ οἰκειοῦσθαι
III 44, 30 an esset animalibus con-
stitutionis suae sensus 44, 35 τὴν
πρώτην ὁρμὴν τὸ ζ. ἴσχειν ἐπὶ τὸ
τηρεῖν ἑαυτό III 43, 1 secundum
irrevocabilem operationem eliciunt ex
propria constructione proprietates
naturales II 209, 14

φύσις ἡ διοικοῦσα τὸ ζ. δύναμις
II 328, 25 totum animal vivere 220, 28
inter inanimem et animal hoc maxime
interest, quod animal agit aliquid
35, 13 τὰ μὲν τῶν ζ. ἐνεργήσει μό-
νον, τὰ δὲ πράξει 295, 18 ἐν ἑαυτοῖς
ἔχει τὴν αἰτίαν τοῦ κινεῖσθαι τὰ ζ.
287, 38 πᾶν ζ., ὡς ζ. κινούμενον,
κινεῖσθαι τὴν καθ’ ὁρμὴν κίνησιν 285, 27
τοῖς ζ. τὸ κατὰ φύσιν τῷ κατὰ τὴν
ὁρμὴν διοικεῖσθαι III 43, 17 τὸ ζ. τοῦ
μὴ ζ. δυσὶ προέχει, φαντασίᾳ καὶ ὁρμῇ
II 229, 13 ἔν τισι τῶν ζ. φαντασίαι
γίνονται ὁρμὴν προκαλούμεναι 288, 2
κατὰ τὴν εἱμαρμένην καὶ αἰσθήσεται

τὰ ζ. καὶ ὁρμήσει 295, 18 τῷ ζ. τὸ
συγκατατίθεσθαι καὶ ὁρμᾶν καθ᾽ εἱμαρ-
μένην δεδόσθαι 290, 28 τὸ ὁρμῆσαι
καὶ συγκατατίθεσθαι ἐπὶ τῷ ζ. εἶναι
286, 8. 14 φυσικῶς τὸ καλὸν καὶ ἀγα-
θὸν ἐπισπᾶται ζ. πρὸς τὴν αὑτοῦ αἵρε-
σιν III 11, 32 ζ. οὐδὲν ἄλλο μετὰ
τὴν φανταστικὴν φύσιν πεπιστευμένον
II 288, 6

πᾶν ζ. ὑπὸ φύσεως ἅμα καὶ ψυχῆς
διοικεῖται II 205, 32 τὰ χερσαῖα καὶ
τὰ πτηνὰ συγγενῆ τῷ ἀέρι τὴν ψυχὴν
κεκτημένα 206, 3 οὐ μετέχειν τοῦ
λόγου τὰ ζ. Cl. I 116, 6 οὐ σοφία
οὐδὲ λόγος ἐν αὐτοῖς II 206, 30 καὶ
ἐπὶ τὰ ζ. διατείνει τὰ καθήκοντα Z.
I 55, 8 ζ. φύσει πολιτικόν III 63, 25.
77, 38 τὰ ζ. ὑπὸ τοῦ μέλους κατα-
πραϋνόμενα Diog. III 234, 30

οὐκ ἀΐδιόν τι ζ. Z. I 31, 37 natu-
rali spiritu recedente moritur animal
Z. 38, 11. 22 ἐν τῇ ἐκπυρώσει φθεί-
ρεσθαι τὰ ζ. II 186, 22

προνοουμένη ἡ φύσις, ὅπως ἂν μὴ
ζ. τι γένος ἀφανισθείη μηδενός II
329, 46 fruges ac fructus animantium
causa generatos 333, 3 animantes
autem hominum ib. τὰ ἀγριώτατα
τῶν ζ. γυμνασίου ἕνεκα γεγονέναι τῷ
λογικῷ 337, 7 πολλὰ τῶν ζ. ἕνεκα
κάλλους ἡ φύσις ἐνήνοχε 334, 20 diffe-
rentiae animantium corpore : animo
III 7,, 21

ἄλογον ζῷον νοῦς ἐν τοῖς ἀ. ζ.
ἢ ὅλως οὐκ ἔστιν ἢ τελέως ἀσθενής
A. I 86, 37 ὁ ἄνθρωπος οὐ τῷ προ-
φορικῷ λόγῳ διαφέρει τῶν ἀ. ζ., ἀλλὰ
τῷ ἐνδιαθέτῳ II 43, 18. 74, 4 habent
etiam muta vim animae principalem,
non tamen rationabilem II 236, 7 καὶ
τοῖς ἀ. ζ. μεταδεδώκασι τῆς τοῦ ση-
μείου νοήσεως 207, 16 pass. ἀ. ζ.
nihil agit intellectu 209, 35 οὐδὲν
τῶν ἀ. ζ. οὔτε τὸ θυμοειδὲς οὔτε τὸ
ἐπιθυμητικὸν ἔχει 255, 26 τὰς τῶν
ἀ. ζ. ψυχὰς συναπόλλυσθαι τοῖς σώ-
μασι 223, 24

ἡ ἐν τοῖς ἀ. ζ. γινομένη ὁρμή III
40, 8 τὰ ἄ. ζ. ὁρμῆς καὶ φαντασίας,

φύσεως καὶ ἕξεως μετέχει II 205, 6
τοῖς ἀ. ζ. ὅσα προσπίπτει φαντάσματα
μόνον ἐστί II 28, 26 ζ. ἄ. οὔτε ἀρετῆς
οὔτε κακίας μετέχει III 90, 35. 165, 22
οὐκ ἐν τοῖς ἀ. ζ. πάθη συνίστασθαι
III 114, 27. 127, 24 καὶ τὰ ἄ. ζ. ἐν-
εργεῖ τι ἀκολούθως τῇ ἑαυτῶν φύσει
Z. I 55, 16 καὶ εἰς τὰ ἄ. ζ. διατείνει
τὸ καθῆκον Z. I 55, 15. III 134, 14. 21
in bestiis perspici φιλοστοργίαν III
83, 24

τὸ κοινωνικὸν περιγέγραπται ἀπὸ
τῶν ἀ. ζ. III 85, 4 πολιτείας οὐδὲν
ἐν τοῖς ἀ. ἔστιν εὑρεῖν 89, 41 homini
nihil iuris cum bestiis 89, 28. 90, 25.
91, 15 οὐκ ἔστι τις ἡμῖν δικαιοσύνη
πρὸς τὰ ἄ. ζ. 90, 15 τὴν θείαν φύσιν
μέχρι τῶν ἀ. ζ. ἐκτείνειν τὸ πρὸς τὰ
λογικὰ μίμημα 90, 2 bestiis homines
uti ad utilitatem suam posse sine
iniuria 90, 27

λογικὸν ζῷον τὸ λ. ζ. φύσιν ἔχειν
προσχρῆσθαι εἰς ἕκαστα τῷ λόγῳ καὶ
ὑπὸ τούτου κυβερνᾶσθαι III 95, 10
τὸ λ. ζ. ἀκολουθητικὸν φύσει τῷ λόγῳ
113, 21 οὐ πέφυκε κινεῖσθαι, κατὰ
τὴν ψυχήν, ἀλλὰ κατὰ τὸν λόγον
113, 32 γεγονέναι ὑπὸ τῆς φύσεως
πρὸς θεωρίαν καὶ πρᾶξιν 173, 6

quomodo rationale animal agat III
40, 17 ἡ ἐν τοῖς ἀλόγοις ζ. γινομένη
ὁρμή : ἡ ἐν τοῖς λ. 40, 8 τὰ μὲν
τῶν ζ. ἐνεργήσει μόνον, τὰ δὲ λ.
πράξει II 295, 18 τὸ λ. ζ. ἀπειθῶς
τῷ λόγῳ ὠθούμενον ἐπὶ πλεῖον III
113, 24 διαστρέφεσθαι III 53, 8 τὸ
καθῆκον ἐπὶ τῶν λ. ζ. def. Z. I 55, 17.
III 134, 22 ἄλογα ζ.: λ. ζ. Z. I 55, 15 sq.
λ. ζ. in def. ἁμαρτήματος III 136, 17
pass.

τὸ γαμεῖν καὶ παιδοποιεῖσθαι ἀκο-
λουθεῖν τῇ τοῦ λ. ζ. καὶ κοινωνικοῦ
καὶ φιλαλλήλου φύσει III 172, 20 παρὰ
φύσιν τῷ λ. ζ. τὸ μοιχεύειν 183, 15
προηγουμένως γίνεται τὸ λ. ζ., διὰ
τὴν αὑτοῦ χρείαν κτήνη καὶ τὰ ἀπὸ
τῆς γῆς φυόμενα II 333, 23 τὰ ἀγριώ-
τατα τῶν ζ. γυμνασίου ἕνεκα γεγο-
νέναι τῷ λ. ζ. 337, 7

Η

ἥ „ἤ“ σύνδεσμος σημαίνει τρία ΙΙ
71, 36

ἡγεμονικός ἡ. ἀξιώματα = τρο-
πικὰ ΙΙ 82, 9
τὸ ἡγεμονικόν περὶ τοῦ τῆς ψυχῆς
ἡ. tit. l. Diog. III 215, 28
τὸ ἡ. = τὸ λογιστικόν μόριον τῆς
ψυχῆς ΙΙ 228, 13 = τὸ λογιστικόν
226, 24 = λογισμός 227, 25 = δια-
νοητικόν 226, 22 = διάνοια Ζ. Ι 50, 6.
III 75, 8. 111, 19
τὸ ἡ. τὸ ἀνώτατον τῆς ψυχῆς μέρος
ΙΙ 227, 24 τὸ κυριώτατον τῆς ψυχῆς
228, 1 μέρος τῆς ὀκταμεροῦς ψυχῆς
Ζ. Ι 39, 21
τὸ ἡ. σῶμα ΙΙ 42, 25 ζῷον III 75, 8
πνεῦμα ΙΙ 30, 43 πνεῦμα ἢ λεπτο-
μερέστερόν τι πνεύματος Cl. Ι 108, 28
ἀπὸ τοῦ ἡ. ἑπτὰ μέρη τῆς ψυχῆς
ἐκπεφυκότα καὶ ἐκτεινόμενα εἰς τὸ
σῶμα ΙΙ 227, 25 anima sensus velut
ramos ex principali parte tamquam
trabe pandit ΙΙ 235, 35 principale:
aranea 236, 12 πνεύματα ἀπὸ τοῦ
ἡ. διατείνειν τὰ μὲν εἰς ὀφθαλμούς,
τὰ δὲ εἰς ὦτα 226, 8 · τὸ ἡ. βλέπει
δι' ὀφθαλμῶν καὶ ἀκούει δι' ὤτων
231, 23. 232, 26 φωνῆς πηγὴ τὸ
κυριεῦον τῆς ψυχῆς μέρος 244, 14
ambulationem esse spiritum a princi-
pali usque in pedes permissum Cl.
Ι 118, 17 ipsum principale ΙΙ 227, 42
sentire mentem perinde ut eam pepu-
lerit spiritus 233, 2 παθόντος τοῦ
περὶ τὸν δάκτυλον ψυχικοῦ πνεύματος,
μεταδόντος δὲ τῷ ἐφεξῆς καὶ τούτου
ἄλλῳ, ἕως οὗ πρὸς τὸ ἡ. ἀφίκοιτο
231, 32 intimae deliberationis pro-
prium cuiusque sensus intelligere
passionem 236, 3
tabula rasa ΙΙ 28, 13 τὸ μέρος τὸ
ἡγούμενον τῆς ψυχῆς ἀπὸ τῶν ὄντων
τυποῦσθαι Ζ. Ι 39, 11 ἀλλάττοντας
ἀεὶ τύπους δέχεται ΙΙ 229, 1 φαντα-
σία = τύπωσις ἐν ἡ. ΙΙ 24, 6 ἡ φαν-
τασία γίνεται κατ' αὐτὸ τὸ ἡ. 230, 33
ὁρμῶμεν κατὰ τοῦτο τὸ μέρος καὶ
συγκατατιθέμεθα τούτῳ καὶ εἰς τοῦτο
συντείνει τὰ αἰσθητήρια πάντα ΙΙ 246, 1

ἡ. τὸ ποιοῦν τὰς φαντασίας καὶ συγ-
καταθέσεις καὶ αἰσθήσεις καὶ ὁρμάς
227, 24 ἔχειν πᾶσαν ψυχὴν ἡ. τι ἐν
αὐτῇ, ὃ ζωὴ καὶ αἴσθησίς ἐστι καὶ
ὁρμὴ 225, 23 τὸ ἡ. ἐν ταὐτῷ φαντα-
σίαν, συγκατάθεσιν, ὁρμὴν, λόγον συν-
είληφε 226, 12. 36
τὸ ἡ. ὅθεν ὁ λόγος ἀναπέμπεται ΙΙ
228, 1. 244, 10 = τὸ φαντασιούμενον
καὶ μεμνημένον καὶ λογιζόμενον 231, 25.
232, 13 τὸ ὅλον τὸ τῶν ἀνθρώπων
ἡ. λογικόν III 115, 25 τὸ αὐτὸ τῆς
ψυχῆς μέρος, τὸ ἡ., διόλου τρεπόμενον
καὶ μεταβάλλον ἐν τοῖς πάθεσι καὶ
ταῖς κατὰ ἕξιν μεταβολαῖς, κακίαν τε
γίνεσθαι καὶ ἀρετὴν Ζ. Ι 50, 6. III 111, 19
τὰς ἀρετὰς τὰς αὐτὰς τῷ ἡ. μέρει τῆς
ψυχῆς καθ' ὑπόστασιν III 75, 3 τὴν
ἀρετὴν τοῦ ἡ. τῆς ψυχῆς διάθεσιν καὶ
δύναμιν Ζ. Ι 50, 2. III 111, 15 in def.
ἀρετῆς pass. ἔστι καλὴ ἢ αἰσχρὰ ψυχὴ
κατὰ τὸ ἡ. μόριον, ἔχον οὕτως ἢ οὕτως
III 122, 4 τὸ ἡ. φρόνησιν εἶναι, διὸ
καὶ Μῆτιν καλεῖσθαι Diog. III 217, 19
κἀκεῖ τὴν Ἀθηνᾶν γεγονέναι φρόνησιν
οὖσαν 217, 20 τὸ ἡ. μηδὲν ἔχειν
ἄλογον ἐν ἑαυτῷ, λέγεσθαι δὲ ἄλογον.
III 111, 22 εἶναι τὰ πάθη πάντα τοῦ
ἡ. τῆς ψυχῆς 92, 13 τὰ πάθη ὅλου
τοῦ ἡ. ῥοπὰς καὶ εἴξεις καὶ συγκατα-
θέσεις καὶ ὁρμὰς καὶ ὅλως ἐνεργείας
τινὰς ἐν ὀλίγῳ μεταπτωτὰς 111, 35
τὸ ἡ. εἶναι ἐν καρδίᾳ ΙΙ 228, 3 pass.
235, 20. 236, 15. 25. 239, 3. 37. 241, 24.
246, 42. Diog. III 216, 16 τὸν ἐν τῇ
καρδίᾳ πόρον στιγμιαῖον, ὅπου τὸ ἡ.
συστέλλουσι τῆς ψυχῆς ΙΙ 230, 5 ἐν
τῷ περὶ τὴν καρδίαν πνεύματι τὸ ἡ.
228, 5 περὶ τὸν θώρακα 242, 29 ἐν
τῷ στήθει ΙΙ 258, 19. Diog. III 217, 20
ἐν τῇ κεφαλῇ Diog. III 217, 19
τὸ ἡ. θεός ΙΙ 315, 7. 31 τὸ ἡ. τοῦ
κόσμου ὁ οὐρανός 194, 14 ὁ αἰθὴρ
192, 8. 194, 6 τὸ καθαρώτατον τοῦ
αἰθέρος 194, 15 ἡ πυρώδης καὶ θερμὴ
οὐσία 307, 5 ὁ ἥλιος Cl. Ι 112, 1 ἡ
γῆ ΙΙ 194, 5. Arch. III 264, 1 ·

ἡγούμενον ἡ. ἐν συνημμένῳ expl.
ΙΙ 71, 3.

70, 24. 27 77, 13. 80, 3. 7. 10
ἥδομαι ἤ.: χαίρειν III 107, 22. 34
διαχεῖται τὸ θερμὸν τοῖς ἤ. εἰς ἅπαν
τὸ σῶμα II 234, 39
ἡδονή περὶ ἤ. tit. l. Dion. I 93, 21.
Cl. I 108, 1. 127, 21. Chr. III 197, 22
περὶ τοῦ καλοῦ καὶ τῆς ἤ. l. Chr. II
10, 3 μὴ εἶναι τὴν ἤ. τέλος 10, 4
μὴ εἶναι τὴν ἤ. ἀγαθόν 10, 5
ἤ. = ἄλογος ἔπαρσις III 95, 21
= ἔπαρσις ἄλογος ψυχῆς 98, 30. 107, 9
= ἔπαρσις ψυχῆς ἀπειθὴς λόγῳ 95, 43.
108, 42. 110, 27 = δόξα πρόσφατος
ἀγαθοῦ παρουσίας 115, 30 = opinio
boni praesentis 94, 19. 22 = δόξα
πρόσφατος ἀγαθοῦ παρουσίας, ἐφ' ᾧ
οἴονται δεῖν ἐπαίρεσθαι 95, 21. 32
= ὅταν ὡς ἐπὶ παροῦσι τοῖς ἀγαθοῖς
κινῆται ἡ ψυχή 94, 9 = ἄλογος ἔπαρ-
σις ἐφ' αἰρετῷ δοκοῦντι ὑπάρχειν 97,
36. 116, 5 voluptas gestiens = praeter
modum elata laetitia, opinione prae-
sentis magni alicuius boni 93, 38
= sublatio animi sine ratione, opi-
nantis se magno bono frui 98, 17
αἴτιον τῆς ἤ. τὸ δοξάζειν πρόσφατον
ἀγαθὸν παρεῖναι III 96, 1 τὴν χα-
ρὰν ἐναντίαν τῇ ἤ. 105, 18 ἤ.: χαρά,
τέρψις, εὐφροσύνη 106, 9 voluptas:
gaudium 106, 34 sqq. 107, 9
μηδεμία οἰκείωσις φύσει πρὸς ἤ.
III 54, 30 πρὸς ἤ. γίνεσθαι τὴν πρώ-
την ὁρμὴν τοῖς ζῴοις refellitur 43, 9
voluptas habet quiddam simile naturali
bono 55, 35 in principiis naturalibus v.
non esse ponendam 37, 5 κατὰ φύσιν
μὲν εἶναι τὴν ἤ., οὐχὶ δὲ καὶ ἀξίαν
ἔχειν Arch. III 264, 26 ἡ φύσις στοχά-
ζεται ἤ. II 328, 17 μήτε κατὰ φύσιν
τὴν ἤ. εἶναι μήτ' ἀξίαν ἔχειν ἐν τῷ
βίῳ Cl. I 130, 19
ἤ. ἀδιάφορον Z. I 47, 25. 48, 28. III
17, 21. 28, 6. 44, 13. 172, 9. Diog. 218,
16. Apollod. 261, 8 ἀδιάφορον καὶ
προηγμένον III 37, 8 οὔτε προηγμένον
οὔτ' ἀποπροηγμένον περὶ σῶμα 33, 10
οὐ τὴν ἤ. ἀγαθόν 37, 13. 29 μεῖζον
ἀγαθὸν τὸ καλὸν καὶ τὸ δίκαιον τῆς
ἤ. 8, 16 ἤ.: αἱ ἀρεταὶ Cl. I 125, 28 sqq.
III 8, 5 ἀναιρεῖσθαι τὰς ἀρετὰς ἀπά-
σας, ἂν τὴν ἤ. ἀγαθὸν ἀπολίπωμεν

III 37, 20 voluptatem si sequare,
virtutes ruunt 7, 35 virtutem nullam
requirere voluptatem 13, 28 quae
voluptate quasi mercede aliqua ad
officium impellitur, non est virtus 8, 3
τὸ ἀγαθὸν καὶ καλὸν εἶναι τὰς ἤ.
Cl. I 123, 7 τὸν τῆς ἤ. καὶ ἀρετῆς
μεσότοιχον διορύττει A. I 70, 17
ἤ. ὡς ἀγαθὸν πιθανὴν προβάλλειν
φαντασίαν III 55, 10. 36. 56, 37 animis
tenduntur insidiae a voluptate 55, 30
voluptas illecebra turpitudinis 55, 35
εὐδοκήσας τῷ γαργαλισμῷ καὶ τῷ λείῳ
τῆς ἤ. II 288, 29 διαστρέφεσθαι ἡμᾶς
ὑπὸ τῆς ἤ. III 56, 23 τὴν ψυχὴν
φέρεσθαι πρὸς τὸ αἰσχρὸν ὑφ' ἤ. 111, 32
ἡ πάντα διαλυμηναμένη ἤ. 178, 16
εἶναι καὶ αἰσχρὰς ἤ. 37, 15
de voluptate fine bonorum III 7, 28
τέλος τὴν ἤ. Dion. I 93, 9. 94, 20. 95, 23
τῆς ἤ. ἐμφαινομένης τέλους virtutes
per se quidem non expetendae, bonum
tamen manere possunt III 8, 30 ἀγα-
θοῦ τῆς ἤ. ἀπολειπομένης, τέλους δὲ
μή, σῴζοιμεν ἂν τὴν δικαιοσύνην 8,
13 sq. εἰ τέλος ἐστὶν ἡ ἤ., πρὸς κακοῦ
τοῖς ἀνθρώποις τὴν φρόνησιν δεδόσθαι
Cl. I 126, 33
ἐπιγέννημα ἤ. III 43, 11 ἤ. ἐπι-
γίνεσθαι, ὅταν τυγχάνωμεν, ὧν ἐπε-
θυμοῦμεν ἢ ἐκφύγωμεν, ἃ ἐφοβούμεθα
92, 19 δι' αἰσθήσεως δεχόμεθα τὴν
παρεπομένην ἑκάστῳ τῶν αἰσθητῶν
ἤ. Diog. III 223, 2
beatam esse vitam, non quae se-
cundum volupt. A. I 81, 31 ἤ. μόνῳ
τῷ φαύλῳ προσγίνεται, σπουδαίῳ
οὐδενί III 98, 31 τοὺς σπουδαίους οὐ
πρὸς ἤ. ὁμιλεῖν, οὔτε παρ' ἄλλων τὰ
πρὸς ἤ. προσδέχεσθαι 162, 21 οὐδὲν
ἤ. ἕνεκα πράξειν τοὺς πολίτας 177, 10
εἰ ἤ. ἕνεκα ποριστέον τῷ σοφῷ 172, 9
ἤ. πάθος Z. I 51, 34. 35 πάθη, ἃ
ὑπὸ τὴν ἤ. ὑπάγεται enum. III 96, 6.
97, 37. 42 ἡ ἤ. τῶν πρώτων παθῶν
ἐστιν 92, 16 ἐξ ἀλόγου πάθους, παρὰ
φύσιν ἐπαιρούσης καὶ μετεωριζούσης
ἤ. 95, 24 τὸ σεσοβημένον καὶ ἀπειθὲς
τῷ λόγῳ οὐχ ἧττον ἐπὶ τῆς ἤ. κατα-
γίνεται 129, 17 καὶ τοῖς ἤ. ἀγαθὸν
καὶ τέλος τιθεμένοις ἀνομολογούμενόν

ἐστι πᾶν πάθος 125, 4 laetitia pro-
fusam hilaritatem efficit 93, 6 morbi
et aegrotationes oriuntur ex laetitia
103, 35
πρὸς ἡ. πολλῆς δεῖ τῆς ἀσκήσεως
καὶ μάχης Α. I 85, 18
divitias non eam modo vim habere,
ut quasi duces sint ad voluptatem,
sed etiam uti eam contineant Diog.
III 218, 27 τὰ σύμπαντα συνίστασθαι
ἐξ ἡ. Diog. III 219, 8

ἡδονικός οὐδὲν τὸν σχολαστικὸν
βίον τοῦ ἡ. διαφέρειν III 176, 14

ἥδω III 108, 4. 115, 39. 116, 19

ἠθικός ἠθική tit. l. Apollod. III
261, 11. 19. 25 περὶ τῆς ἡ. διατάξεως
l. Sph. I 139, 30 ἡ. ζητήματα l. Chr.
III 197, 25 ἡ. θέσεις H. I 91, 21. Chr.
II 8, 31 ἡ. στοιχείωσις l. Eudr. III
268, 14 ἡ. σχολαί l. P. I 102, 14 ὑπο-
γραφὴ τοῦ λόγου τοῦ ἡ. l. Chr. II
8, 30
τὸ ἡ. μέρος φιλοσοφίας Cl. I 108,
11. II 15, 8. Diog. III 212, 19 ἡ. μέρος
τῆς φιλοσοφίας = τὸ κατησχολημένον
περὶ τὸν ἀνθρώπινον βίον II 15, 9
τῶν μερῶν τῆς φιλοσοφίας τὸ ἡ.
τάττεσθαι δεύτερον II 16, 38. 17, 7.
Apollod. III 259, 11 τρίτον II 17, 4.
Arch. III 262, 19. Eudr. 268, 17 τὸ
ἡ. μέρος τῆς φιλοσοφίας dispertitur
III 3, 1. Z. T. 209, 26. Diog. 218, 10.
Ant. 251, 29. Apollod. 261, 6. Arch.
264, 13
μόνον τὸν ἡ. τόπον τῆς φιλοσοφίας
εἶναι πρὸς ἡμᾶς A. I 79, 13. 20 μόνα
τὰ ἡ. δεῖ φιλοσοφεῖν A. 79, 27. 80, 16
cum fructibus horti comp. II 15, 24.
16, 7. 13 ἡ. ἀρετή def. III 74, 16

ἦθος ἡ. πηγὴ βίου, ἀφ' ἧς αἱ κατὰ
μέρος πράξεις ῥέουσι Z. I 50, 15
ὅμοιοι τοῖς γονεῦσι γινόμεθα κατὰ
τὴν ψυχὴν τοῖς ἦ. Cl. I 116, 34. 117, 9
καταληπτὸν τὸ ἦ. ἐξ εἴδους Z. I 50,
18. Cl. 137, 19 ἡ μοχθηρία τοῦ ἦ.
ἀναπίμπλησι τὸ εἶδος III 181, 13 τῶν
διθυραμβικῶν τρόπων ἐπιφαινόμενα
ἦ. Diog. III 222, 23

Ἠλέκτρα sophisma II 94, 5

ἠλίθιος vid. s. v. φαῦλος

ἥλιος ἡ. = ἄναμμα νοερὸν τὸ ἐκ
θαλάσσης Cl. I 112, 17 = ἄναμμα νο-
ερὸν ἐκ τοῦ θαλάσσης ἀναθυμιάματος
Z. I 35, 1 = τὸ ἀθροισθὲν ἔξαμμα
νοερὸν ἐκ τοῦ θαλάττης ἀναθυμιάματος
II 196, 24. 32 pass.
ὁ ἦ. πῦρ εἰλικρινές II 136, 33.
196, 2 igneus Cl. I 113, 14 solis
ignis similis eorum ignium, qui sunt
in corporibus animantium Cl. I 113, 23
τὸν ἦ. ζῷον ὄντα πύρινον II 199, 26
ἄστρον νοερὸν καὶ φρόνιμον, πύρινον
δὲ πυρὸς τεχνικοῦ Z. I 34, 22 γεγο-
νέναι ἔμψυχον, τοῦ ὑγροῦ μεταβάλ-
λοντος εἰς πῦρ νοερὸν II 223, 8 ἔμ-
ψυχος ὁ ἦ. πύρινος ὢν καὶ γεγενη-
μένος ἐκ τῆς ἀναθυμιάσεως εἰς πῦρ
μεταβαλούσης II 179, 29 sol animans
Cl. I 113, 24
ali solem aquis Cl. I 112, 20. II
139, 24 τρέφεσθαι ἐκ τῆς μεγάλης
θαλάττης II 196, 9. 331, 1 Oceani
humoribus Cl. I 113, 14 κατὰ τὸ διά-
στημα τῆς ὑποκειμένης τροφῆς διέρ-
χεσθαι τὸν ἥλιον Cl. I 112, 24. 27. II
196, 41 cur se sol referat nec longius
progrediatur Cl. I 112, 21 ὠκεανός
ἐστιν ἡ γῆ, ἧς τὴν ἀναθυμίασιν ἐπι-
νέμεται Cl. I 112, 22. 27. II 196, 42
ὁ ἦ. ἐκ θαλάττης ἀνάπτεται καὶ τρέ-
φεται II 197, 28 ἐκ θαλάσσης ἀν-
άπτεται 179, 33 ex nubibus flagrantia
solis accenditur 197, 5
ὁ ἦ. σφαιροειδής II 196, 2. 25. 28. 30.
198, 8. 200, 13 μείζων τῆς γῆς 196, 2.
198, 6. 199, 26 μετὰ τὴν τῆς Ἀφρο-
δίτης σφαῖραν εἶναι τὴν τοῦ ἦ. 169, 5
τὸν ἦ. δύο φορὰς φέρεσθαι Z. I 34, 27
λοξὴν τὴν πορείαν ποιεῖσθαι διὰ τοῦ
ζωδιακοῦ κύκλου II 196, 1 ἐκλείπειν
ἐπιπροσθούσης αὐτῷ σελήνης Z. I
34, 9. II 196, 13 ἡ. ἔκλειψιν γίνεσθαι
περὶ τὰς συνόδους Z. I 34, 11. 30
ἡγεμονικὸν τοῦ κόσμου ὁ ἦ. Cl. I
112, 1. 5. 7. 9 μέγιστον τῶν ἄστρων
ὑπάρχει καὶ πλεῖστα συμβάλλεται
πρὸς τὴν τῶν ὅλων διοίκησιν 112, 1
ἡμέραν κ.ὶ ἐνιαυτὸν ποιεῖ καὶ τὰς
ἄλλας ὥρας I 112, 3. II 202, 5 τὸν
ἀέρα φύσει ψυχρὸν ὄντα τῇ μὲν ἀλε-
αίνει, τῇ δὲ καταφλέγει II 197, 36

efficit, ut omnia floreant Cl. I 113, 22 πλῆκτρον τὸν ἤ. καλεῖ Cl. I 112, 30 τὴν σελήνην καί τὰ λοιπὰ ἄστρα τὸν ἤ. ἐξομοιώσειν πάντα ἑαυτῷ καί μεταβαλεῖν εἰς ἑαυτὸν Cl. I 114, 28 ὁ ἤ. γενητός II 309, 20 θεός 30, 19. 315, 22. 316, 3 = Ἀπόλλων Diog. III 217, 12 δᾳδοῦχος Cl. I 123, 9

ἡμεῖς vid. s. v. ἄνθρωπος. ἐφ' ἡμῖν s. v. ἐπί. πρὸς ἡμᾶς s. v. πρός etc.

ἡμέρα ἡ. σῶμα II 197, 43 ὁ ἥλιος ἡ. ποιεῖ Cl. I 112, 3 ταὐτὸν δύναται ἀνδρὶ σπουδαίῳ μία ἡ. πολλοῖς ἐνιαυτοῖς III 14, 16

ἡμιδουλεία II 284, 27

ἡμίφωνον : φωνῆεν, ἄφωνον II 31, 33

ἡνωμένος cf. ἑνόω
ἡ. σώματα ὅσα ὑπὸ μιᾶς ἕξεως κρατεῖται II 124, 19. 302, 18 ἡ. ἡ οὐσία 115, 8. 35 ἐπὶ τῶν ἡ. μόνων ἑκτὰ ἀπολείπουσι 129, 12 ἐπὶ τῶν ἡ. συμπάθειά τίς ἐστι 302, 34 ἡ. σώματα τὰ ζῷα 124, 10

ἤπειρος καί τὰς ἡ. περιέχεσθαι πελάγεσι μεγάλοις II 168, 24

Ἥρα "Η. καλοῦσι κατὰ τὴν εἰς ἀέρα διάτασιν τοῦ θεοῦ II 305, 22 τοῦ Διὸς τὸ εἰς τὸν ἀέρα διατετακὸς "Η. Diog. III 217, 15 Iuno = aër Z. I 43, 30. II 313, 7. 316, 24 aër interiectus inter mare et caelum 314, 31
"Η. καί Διὸς γάμος = generatio mundi II 189, 17. 314, 3 ὕλη ἡ "Η. 314, 29 πρὸς τῷ τοῦ Διὸς αἰδοίῳ φύρων τῆς "Η. τὸ πρόσωπον 314,

16. 19 "Η. ἐγέννησε δι' ἑαυτῆς τὸν "Ηφαιστον 256, 26
"Η. τῶν ὠφελούντων θεῶν εἶναι II 300, 23 Iunonem, quae dea appelletur, in numero deorum non habet Z. I 43, 22

Ἡρακλῆς 'Η. = τὸ πληκτικὸν καί διαιρετικὸν πνεῦμα II 319, 31 = ὁ ἐν τοῖς ὅλοις τόνος Cl. I 115, 16 H., quia vis eius invicta sit II 306, 6 διὰ τὰς εἰς τὸν κοινὸν βίον εὐεργεσίας 'Η. θεὸν γενέσθαι 300, 33

ἡρεμέω ἡ. καί ἡσυχάζειν ζῴων συμπτώματα II 161, 41 μένειν : ἡ. : ἀκινητεῖν 161, 35

ἤρως ἡ. = τὰς κεχωρισμένας ψυχὰς τῶν σωμάτων II 320, 27 = τὰς ὑπολελειμμένας ψυχὰς τῶν σπουδαίων 320, 31

ἡσυχάζω ἡ. expl. II 91, 20 μένειν : ἠρεμεῖν : ἡ. : ἀκινητεῖν 161, 35 ἡ. ὁ σοφός 91, 16 ἡ. καί ἠρεμεῖν ζῴων συμπτώματα 161, 41 ἡσυχάζων (sc. λόγος) in tit. Chr. II 8, 10

ἡσυχία εὔτακτος ἡ. ἐν σχέσει ἀγαθὸν III 26, 29

ἡσύχιος ὁ σοφὸς ἡ. III 161, 22

ἡσυχιότης def. III 161, 23

ἧττον τὸ μᾶλλον καί τὸ ἡ. III 141, 8. 40

Ἥφαιστος "Η. καλοῦσι κατὰ τὴν εἰς τὸ τεχνικὸν πῦρ διάτασιν τοῦ θεοῦ II 305, 23 "Η. = πῦρ Z. I 43, 30. II 315, 14. 316, 23 "Η. = τέχνη II 258, 22 ὑπὸ 'Η. τὴν Ἀθηνᾶν γεγονέναι, διότι τέχνη γίνεθ' ἡ φρόνησις Diog. III 217, 23

Θ

θάλαττα mare deum esse II 30, 19 Neptunum Z. I 43, 30 τοῦ Διὸς τὸ μὲν εἰς τὴν θ. διατετακὸς Ποσειδῶνα Diog. III 217, 15 extensum mare hominum deorumque commodo II 330, 41
ἄναμμα νοερὸν τὸ ἐκ θ. etc. vid. s. v. ἥλιος

θάνατος cf. ἀποθνήσκω

περὶ θ. tit. l. Sph. I 140, 14
θ. = ἄνεσις παντελὴς τοῦ αἰσθητικοῦ πνεύματος II 215, 20 = χωρισμὸς ψυχῆς ἀπὸ σώματος 185, 45. 219, 25. 33 ἡ ψυχὴ ὡς σῶμα ἔξεισιν ἐκ τοῦ σώματος Z. I 39, 32 consito spiritu digresso animal emoritur I 38, 12. 21 ὁ θ. ψυχρὸς καί ξηρός II 215, 29 κατ' ἐναντίωσιν ἐνοήθη θ. II 29, 17

mors non est malum Z. I 48, 32 *ϑ.*
ἀδιάφορον Z. I 47, 24. III 17, 20. 28, 7.
60, 33. Diog. 218, 16. Apollod.
261, 9 non sic indifferens, quomodo utrum
capillos pares habeas III 29, 9 *ἀπο-*
προηγμένον 31, 7 *ζωὴν ἀντὶ ϑ. αἱρού-*
μεϑα 30, 11 *τοῖς καϑήκουσι καὶ τοῖς*
παρὰ τὸ καϑῆκον παραμετρεῖται ὁ ϑ.
188, 5 inscientia mors fugitur, quasi
dissolutio naturae 55, 37

θαρραλεότης *def.* III 64, 36. 66, 16
ὑποτάττεται τῇ ἀνδρείᾳ 64, 23. 66, 13

θαρρέω *ἀνδρεία = ἐπιστήμη ὧν χρὴ*
ϑ. ἢ μὴ ϑ. III 60, 38

θαρρητέον *ϑ.* : *αἱρετέον* : *ποιητέον* :
ἀγαϑόν III 61, 13 *τὸ ἀγαϑὸν μόνον*
ϑ. 61, 17

θάρρος = θάρσος *def.* III 70, 26
ϑ. οὐκ εἶναι ἀρετὴν 23, 25 *τελικὸν*
μόνον ἀγαϑόν 25, 26. 37 *τὸ ϑ. περὶ*
τὴν καρδίαν γίνεται II 248, 18

θαυμάζω *τὸν σοφὸν οὐδὲν ϑ. τῶν*
δοκούντων παραδόξων III 163, 7

θαυμαστικόν *πλεονάζον τῷ ϑαύ-*
ματι παρὰ τὸ ἀξίωμα II 62, 28

θέατρον mundus : *ϑ.* III 90, 31 *ὅτι*
τῆς πρὸς τὸ ϑεῖον τιμῆς ἕνεκα συν-
τέτακται ἡ σπουδαζομένη μουσική,
σημαίνειν τὸ ὄνομα τοῦ ϑ. Diog. III
224, 31

θεῖος *οἳ τἀνϑρώπεια ἐπίστανται, καὶ*
τὰ ϑ., οἱ δὲ τῶν ϑ. ἐπιστήμονες ὅσοι
III 153, 28 *οὐδὲ οἳ τὰ σφέτερα πράγ-*
ματα ἀγνοοῦσι, τὰ ϑ. ἴσασι, οὐδὲ οἱ
φαύλως περὶ τῶν ϑ. ὑπειληφότες οὐκ
ἀνόσιοι 153, 34 *ἄμεινον τὰ ποιητικὰ*
καὶ τὰ μουσικὰ τοῦ λόγου τοῦ τῆς
φιλοσοφίας ἐξαγγέλλειν τὰ ϑ. Cl. I
109, 12 *sq.* *τοὺς κατόχους τῶν ϑ. τε-*
λεστὰς ἔλεγε Cl. 123, 10 *τὴν ἔννομον*
καὶ σπουδαζομένην μουσικὴν ἕνεκα
τῆς πρὸς τὸ ϑ. συνταχϑῆναι τιμῆς·
καὶ αὐτὰ σημαίνειν τὰ ὀνόματα· ϑεω-
ρεῖν, ϑεατήν, ϑέατρον Diog. III 224, 28

θέλησις *def.* III 41, 33

θέμα *ϑ. = ὑποϑετικοὶ συλλογισμοὶ*
II 77, 15. 26 *πρῶτον καὶ δεύτερον ϑ.*
83, 24 *τὸ ϑ. τὸ δεύτερον καλούμενον*
86, 42 *τὸ τρίτον ϑ. expl.* 85, 22. 28 *διὰ*
τοῦ τρίτου ϑ. ἢ τετάρτου συλλογισμοὺς
ἀναλύουσι 83, 26 *ἐκ τοῦ συνϑετικοῦ*

ϑεωρήματος ἐποίησαν τὸ δεύτερον ϑ.
καὶ τρίτον καὶ τέταρτον 86, 20

θεολογικός *ϑ. μέρος τῆς φιλοσο-*
φίας Cl. I 108, 12

θεός *ὅτι ἔστι ϑ. dem.* Cl. I 120, 18
ϑ. σῶμα Z. I 41, 27. II 306, 41 *pass.*
310, 27. 30. 38 *σωματοειδὴς* II 306, 33
σῶμα τὸ καϑαρώτατον Z. I 41, 24. II
306, 38 *ϑ. = σῶμα, πνεῦμα ὂν νοερὸν*
II 112, 31 = *πνεῦμα νοερὸν καὶ πυ-*
ρῶδες II 299, 11 *σῶμα πνευματικὸν*
καὶ αἰϑερῶδες μάλιστα κατὰ τὸ ἡγε-
μονικὸν αὐτοῦ 311, 12 aether summus
deus, mente praeditus Z. I 41, 33
aether Z. I 41, 30. 31. Cl. 120, 25. 121, 5
aër et aether Z. 41, 31 ignis Z. I
40, 14 *πῦρ νοερόν* II 307, 2. 6. 310, 6
ϑ. = πῦρ τεχνικὸν ὁδῷ βαδίζον ἐπὶ
γένεσιν κόσμου 306, 20
ϑ. τὸ ποιοῦν II 111, 10 *pass.* Arch.
III 263, 23 *οὐχ ὡς στοιχεῖον, ἀλλ᾽ ὡς*
τὸ ποιοῦν II 113, 14 *ὁ ϑ. τοῦ ποιεῖν*
αἴτιος Z. I 24, 11 *ἀρχὴ τῶν πάντων*
Z. 41, 23 *ἀρχὰς τὸν ϑ. καὶ τὴν ὕλην*
Z. I 24, 10. 13. 18. Cl. 111, 6 II 111,
16. 112, 28 *pass.* *τὴν ὕλην σύγχρονον*
τῷ ϑ. Z. 24, 34 *ϑ. = ἡ κινοῦσα τὴν*
ὕλην δύναμις II 113, 11 deum hoc
esse quod silva sit vel etiam quali-
tatem inseparabilem deum silvae Z. I
25, 5 = *ὕλη πῶς ἔχουσα* II 115, 22
ὁ ἐξ ἁπάσης τῆς οὐσίας ἰδίως ποιός
II 168, 5. 169, 21
ὁ ϑ. διήκει διὰ τῶν στοιχείων II
137, 16 *διὰ τῆς ὕλης* 112, 29. 156, 16
διὰ πάσης οὐσίας Z. I 42, 12 sic per
materiam transit quomodo mel per
favos Z. I 42, 2. 3. II 307, 18 velut
semen per membra genitalia Z. I 25, 6
πάντα διήκει Z. 42, 34 *διήκει διὰ τοῦ*
κόσμου καὶ τῆς ὕλης II 308, 3 *μέ-*
μικται τῇ ὕλῃ II 112, 29 *ὡς ἡ ψυχὴ*
τῷ σώματι 308, 36 *τὸν ϑ. ἐν τῇ ὕλῃ*
εἶναι 112, 8 *pass.* *μένειν ἐν τῇ ὕλῃ*
ὁποία ποτ᾽ ἂν ᾖ 309, 6 *καὶ διὰ τῆς*
ἀτιμοτάτης ὕλης διήκειν Z. I 42, 19
ϑ. πνεῦμα διῆκον καὶ διὰ τῶν εἰδε-
χϑῶν Z. 42, 21
ὁ ϑ. δημιουργὸς τῆς διακοσμήσεως
II 168, 7 *διὰ πάσης τῆς ὕλης δη-*
μιουργεῖ ἕκαστα Z. I 24, 8. Cl. 110, 28.

II 111, 11. Arch. III 263, 23 δημιουρ-
γὸς τῶν ὅλων II 305, 18 ἀπογεννᾷ
τὰ τέσσαρα στοιχεῖα II 180, 4 κατ᾽
ἀρχὰς καθ᾽ αὑτὸν ὢν τρέπει τὴν πᾶ-
σαν οὐσίαν δι᾽ ἀέρος εἰς ὕδωρ Z. I
28, 24. II 179, 37 ὁ ϑ. σπερματικὸς
λόγος ὢν τοῦ κόσμου ὑπολείπεται ἐν
τῷ ὑγρῷ Z. I 28, 26. II 180, 2 ma-
teriam primam non generavit sempi-
terne, sed per eam caelum et terram
Cl. I 114, 19 συστέλλεται καὶ πάλιν
ἐκτείνεται μετὰ τῆς κτίσεως II 187, 25
ἀναλίσκει εἰς ἑαυτὸν τὴν ἅπασαν οὐ-
σίαν καὶ πάλιν ἐξ αὑτοῦ γεννᾷ II
168, 8 αὐτὸν τὸν ϑ. εἰς πῦρ ἀναλύ-
εσϑαι 187, 17
    κόσμος ϑ. Cl. I 120, 21. II 315, 30
ὅλος ὁ κόσμος = ϑ. II 169, 14 ϑ. πνεῦ-
μα διῆκον δι᾽ ὅλου τοῦ κόσμου 306, 21.
307, 8. 17. 310, 18 deus positus extra
mundum 307, 12 οὐσίαν ϑ. τὸν ὅλον
κόσμον καὶ τὸν οὐρανόν Z. I 43, 6. II
305, 26 οὐσίαν ϑ. τὴν τῶν ἀπλανῶν
σφαῖραν B. III 265, 8 astris vim di-
vinam tribuit, tum annis, mensibus
Z. I 43, 14
    εἷς ὁ ϑ. Z. I 43, 12 unus naturalis
deus 43, 9 unus deus, cui nomina
variantur pro actibus et officiis II
313, 33 = πνεῦμα μεταβάλλον εἰς ὃ
βούλεται II 299, 11 ὁ ϑ. τρεπτὸς καὶ
δι᾽ ὅλων ἀλλοιωτὸς καὶ μεταβλητός
310, 39. 43 πολλαῖς προσηγορίαις προσ-
ονομάζεται Z. I 28, 23. II 179, 36. 305,
19. 306, 22 ἓν εἶναι ϑ. καὶ νοῦν καὶ
εἱμαρμένην καὶ Δία Z. I 28, 22. II 179,
35 deus pertinens per naturam cuius-
que rei, per terras Ceres, per maria
Neptunus, alii per alia II 316, 30
    formam dei intellegi non posse A.
I 87, 5 ϑ. οὐκ ἔχει μορφὴν II 299, 11.
311, 35 οὐκ ἀνϑρωπόμορφος 305, 17.
311, 36 nec cor nec caput habet 312, 6
ἰδίαν ἔχει μορφὴν τὸ σφαιροειδές 312,
11 rotundus 312, 5
    utrum deus animans necne A. I
87, 6 = ζῷον ἀϑάνατον λογικὸν τέ-
λειον etc. II 305, 15 = ζῷον μακάριον
καὶ ἄφϑαρτον Ant. III 249, 13
    ὁ ϑ. ἀΐδιος Z. I 24, 8. Cl. 110, 28.
II 111, 11. Arch. III 263, 23 τὸν ϑ. μὴ

φϑαρῆναι παρὰ τὸ μηδὲν εἶναι τὸ
φϑεῖρον αὐτόν II 310, 40. 311, 14
    ὁ ϑ. ἡ τοῦ κόσμου ψυχή Cl. I 120,
38. Diog. III 216, 33 totius naturae
menti atque animo tribuit nomen dei
Cl. I 120, 22. 121, 4
    λόγος = ϑ. Z. I 42, 25. 29. 30. Cl.
120, 30. 121, 5. II 111, 10 pass. ratio
faciens = deus II 120, 19 ϑ. = ὁ ἐν
τῇ ὕλῃ λόγος Z. I 24, 7. Cl. 110, 27 =
σῶμα νοερὸν καὶ νοῦς ἐν ὕλῃ II 113,
17 τὸ ποιοῦν ὁ ἐν τῇ ὕλῃ λόγος, ὁ
ϑ. Arch. III 263, 23 rationem quan-
dam per omnem naturam rerum per-
tinentem vi divina esse affectam Z. I
42, 32 vim divinam in ratione esse
positam II 315, 29 est prima homini
cum deo rationis societas III 83, 5
ϑ. ὁ νοῦς Z. I 40, 5 = νοῦς κόσμου
πύρινος Z. I 42, 8. 9 mens modo ani-
mus, modo aether, plerumque ratio
deus Cl. I 121, 5 ὁ ϑ. ποῦ μὲν νοῦς,
ποῦ δὲ ψυχή, ποῦ δὲ φύσις, ποῦ δὲ
ἕξις Z. I 42, 13
    ϑ. ἡ εἱμαρμένη Ant. III 249, 22
deus = prima omnium causa, ex qua
ceterae pendent II 306, 1 causarum
ordinem et quandam conexionem dei
tribuunt voluntati II 268, 5. 13 deter-
minatam cognitionem attribuentes deo
admiserunt necessitatem 271, 39 si
deus cuncta scit, scit quoque dubiam
illam naturam 271, 43 μὴ δύνασϑαι
τὸν ϑ. εἰδέναι πάντα 340, 19 αἰσϑή-
σεων αὐτῷ δεῖ· μὴ γὰρ δύνασϑαι
ἑτέρως ἀντιλαμβάνεσϑαι 311, 37
    deus mundi opifex et providens II
111, 31 προνοητικὸς κόσμου καὶ τῶν
ἐν κόσμῳ 305, 16 ὁ ϑ. ὁ τὰ ὅλα διοικῶν
118, 18 gubernatoris vice intra id
quod regit semper manet 308, 6
ψυχή ἐστι καὶ φύσις ἀχώριστος τῶν
διοικουμένων 308, 4 διὰ πάντων διή-
κει ἡ πρόνοια τοῦ ϑ. Z. I 41, 24 ϑ.
προνοεῖ τῶν ἀνϑρώπων II 169, 30
visa quaedam mitti a deo II 26, 11
    σπουδαῖος ὁ ϑ. III 166, 20 πάσαις
ταῖς ἀρεταῖς συμπεπληρωμένος Cl. I
120, 17 κακοῦ παντὸς ἀνεπίδεκτος
Cl. I 120, 17. II 305, 16 lenis, tran-
quillus, propitius, beneficus conser-

vator II 325, 26 εὐεργετικὸς καὶ χρη-
στός II 169, 31 εὐποιητικὸς ἀνθρώ-
πων Ant. III 249, 13 ipse deus sibi
lex Z. I 43, 5 μόνον καὶ πάντα τὸν
σοφὸν ἐπιστήμην ἔχειν τῆς τοῦ ϑ.
ϑεραπείας III 146, 7 τὸ παρὰ τὴν
βούλησίν τι πράττεσθαι τοῦ ϑ. ἀσέ-
βεια III 166, 4 ὁ ϑ. κολάζει τὴν κακίαν
II 338, 2 φϑορᾶς ἀρχὰς δίδωσι 338, 15
ἀρετὴν οὐ δίδωσιν ἀνθρώποις III 51,
25 ψευδεῖς ἐμποιεῖ φαντασίας III 42, 28
θεοί
περὶ ϑ. tit. l. Cl. I 107, 6. Chr. III
197, 9. Ant. 249, 11
τῶν φυσικῶν ἔσχατος ὁ περὶ τῶν
ϑ. λόγος II 17, 1
εἰσὶν ϑ. Z. I 41, 19 Z. syllogism. εἰσὶν
ἄρα ϑ. expl. Diog. III 217, 2 οὐκ ἔστι
μὲν κόσμος, οὐκ εἰσὶν δὲ ϑ. II 297, 10
εἰσὶ ϑ., ὅτι εἰσὶ βωμοί II 304, 40 εἰ
μὴ εἰσὶ ϑ., οὐκ ἔστιν εὐσέβεια 304, 17
si di sunt, est divinatio 343, 19 sq.
quattuor de causis in animis homi-
num informatas esse d. notiones Cl. I
119, 11 οἱ ϑ. μυστικὰ σχήματα καὶ
κλήσεις ἱεραί Cl. I 123, 8
usitatas perceptasque cognitiones
d. tollit Z. I 43, 21 παιδαριωδῶς πλάτ-
τεσθαι ϑ. ἀνθρωποειδεῖς II 315, 18.
Diog. III 217, 13 in d. sensum non
esse A. I 87, 5 fingit formam quan-
dam et speciem d. Cl. I 120, 28 vulgi
d. elementa Z. I 43, 15. 31 ϑ. = αἰθέρια
ζῷα II 303, 20 τοὺς ἀστέρας ἀεὶ θέον-
τας ϑ. προσηγόρευσαν 300, 20 οἱ ϑ.
ἀέρων ἕξεις καὶ ὑδάτων καὶ πυρὸς
ἐγκεκραμέναι δυνάμεις 311, 17 τὴν
οὐσίαν ἔχουσι τῇ ὕλῃ συμμεμιγμένην
II 112, 16 μὴ εἶναι ϑ. ἄρρενας μηδὲ
θηλείας 315, 11 cum in actu sunt,
mares sunt, feminae cum patiendi
habent naturam 313, 34
κόσμος : ϑ. II 297, 10 οὐδεὶς τῶν
ϑ. πλὴν τοῦ πυρὸς ἄφθαρτος 309, 15
οὐδεὶς ἄφθαρτος οὐδ' ἀίδιος πλὴν
μόνου τοῦ Διός Cl. I 121, 26 οἱ ἄλλοι
ϑ. γενητοί, ὁ δὲ Ζεὺς ἀίδιος II 309, 21
οἱ ἄλλοι ϑ. φθαρτοί 309, 24 pass. οἱ
ἄλλοι ϑ. ἅπαντες γεγονότες καὶ φθα-
ρησόμενοι ὑπὸ πυρός Cl. I 121, 30 εἰς
τὸν Δία καταναλίσκονται οἱ ἄλλοι ϑ.

Cl. 121, 28 resoluto mundo di in
unum confusi II 313, 3 ἡ τῶν ϑ.
περίοδος καὶ ἀποκατάστασις 190, 27
τροφῇ οἱ ἄλλοι ϑ. χρῶνται 313, 23
mundum regi numine deorum III
81, 39 d. numini parere omnia II 346,
36 mundum d. consilio et providentia
administrari 327, 15 ἄτοπον τὸ λέγειν
τοὺς ϑ. ἀγνοεῖν τι τῶν ἐσομένων
271, 7. 272, 2
mundum esse communem urbem
hominum et deorum III 81, 40
κοινωνίαν ὑπάρχειν τοῖς ἀνθρώποις
καὶ ϑ. διὰ τὸ λόγου μετέχειν II 169,
28 eadem in dis, quae humano in
genere ratio 327, 11 ὅσα ἡμῖν καὶ
τοῖς ϑ. προσπίπτει, ἐννοήματά ἐστι
II 28, 27 d. consilium, rationem, pru-
dentiam habent maiora 327, 13 di
quodcunque faciunt, in eo nihil prae-
ter ipsam faciendi rationem sequun-
tur 325, 4 τὴν αὐτὴν ἀρετὴν εἶναι
ϑ. καὶ ἀνθρώπων Cl. I 129, 10 sq. III
58, 32. 59, 2 pass. τοὺς ἀνθρώπους
τῆς αὐτῆς τοῖς ϑ. μετέχειν πολιτείας
III 82, 19. 83, 9. 12 pass. inter homines
et d. communio legis et iuris III 83, 8
μίαν εἶναι κοινὴν πολιτείαν τῶν κα-
θαρῶν ψυχῶν πρὸς τοὺς ϑ. A. I 87, 11
di animantes, rationis compotes inter
se quasi civili conciliatione et socie-
tate coniuncti II 327, 7
τοὺς ϑ. διὰ τὴν τῶν θνητῶν σω-
τηρίαν τὰς οἰκείας ἐνεργείας ἐνεργεῖν
II 324, 11 τὸ τέλος καὶ τἀγαθὸν τῶν
ϑ. εἶναι ἐν τῇ τῶν θνητῶν τάξει καὶ
προνοίᾳ 324, 19 εἰ εἰσὶν ϑ., εἰσὶν ἀγα-
θοί 297, 11 οὐκ αἰσχροῦ οὐδενὸς παρ-
αίτιοι οἱ ϑ. 326, 36 dei benefici ge-
nerique hominum amici 343, 6 natura
dis causa benefaciendi 324, 8 non
idcirco non optume nobis a dis esse
provisum, quod multi eorum beneficio
perverse uterentur 341, 7 eam vim
deorum esse, ut etiamsi quis morte
poenas sceleris effugerit, expetantur
eae poenae a liberis, a posteris 339, 11
di iniuriam facere nequeunt 324, 9
gratiam in deo esse, iram non esse
325, 9 minora di neglegunt 339, 4. 8
τοὺς ϑ. οἰκειοῦσθαι τῇ ἀρετῇ καὶ τοῖς

ἐπίτηδες τὸ λογικὸν ζῷον πρὸς ϑ.
καὶ πρᾶξιν III 173, 6
θήλεια cf. γυνή
τὰς ϑ. ὕλην ὑγρὰν προίεσϑαι, οὐ
μὴν σπερματικήν Ζ. Ι 36, 26 τὸ τῆς
ϑ. σπέρμα ἄγονον 36, 29
θήρα ϑ. τις ὁ ἔρως εὐφυοῦς μειρα-
κίου πρὸς ἀρετήν III 181, 14 ἡ ἐρω-
τικὴ ἐπιστήμη νέων ϑ. εὐφυῶν 180, 30
θηρευτικός ὁ σπουδαῖος ϑ. III
160, 41
θηρίον τὰ ϑ. συμμέτρως τῇ χρείᾳ
τῶν ἐκγόνων ᾠκειῶσϑαι πρὸς αὐτὰ
II 206, 19 πρὸς τὰ ϑ. δεῖν ἀποβλέ-
πειν III 187, 13
θηριώδης ὁ φαῦλος ϑ. ἄνϑρωπος
III 169, 36
θησαυρισμός μνήμη ϑ. φαντασιῶν
II 23, 20
θνητός : φϑαρτός II 309, 38
θόρυβος def. III 98, 37. 41. 99, 12
εἶδος φόβου 96, 8. 98, 34
θρῆνος τοὺς ϑ. ἰατρεύειν τὴν λύπην
Diog. III 225, 24
θρίξ τὸ σῶμα καϑάπερ ὄνυξ ἢ τ.
οὐδὲν πρὸς ἡμᾶς III 187, 1 οὐδεμίαν
ἐπιστροφὴν ποιεῖσϑαι καϑάπερ ὄνυχος
ἢ τ. 187, 9 τὸ ἀρτίας ἔχειν ἐπὶ τῆς
κεφαλῆς ἢ περιττὰς ἀδιάφορον 28, 23.
29, 3. 9. 14. 19 nullus pilus talis, qualis
alius II 35, 1
θυγάτηρ ϑ. μίγνυσϑαι ἀδιάφορον
III 185, 8 δεῖν μίγνυσϑαι τοῖς πα-
τράσι τὰς ϑ. 185, 18. 37 οὐ κακῶς
τεκνοποιεῖσϑαι τὸν πατέρα ἐκ τῆς ϑ.
185, 29 ὁ σοφὸς μετὰ τῆς ϑ. μόνης

κατα λελειμμένος παντὸς τοῦ τῶν ἀν-
ϑρώπων γένους διεφϑαρμένου 185, 11
Θυέστης tit. l. P. I 96, 30
θυμοειδής τὸ λογιστικὸν καὶ τὸ ϑ.
περὶ τὴν καρδίαν εἶναι. II 251, 8. 17. 34
ϑ. δύναμιν τῆς ψυχῆς μὴ εἶναι III
112, 16. 115, 23 ὁ χόλος τῆς ϑ. δυ-
νάμεως 112, 39
θυμός = ζέσις τοῦ κατὰ τὴν
καρδίαν θερμοῦ II 235, 13 = ζέσις
τοῦ περὶ καρδίαν αἵματος ἐξ ἀναϑυ-
μιάσεως τῆς χολῆς III 101, 44 ἐκ
τῆς καρδίας ἀναϑυμιώμενος καὶ ᾠϑού-
μενος ἐκτός II 240, 5 συναισϑανό-
μεϑα τοῦ ϑ. καϑ᾿ ὃν ἡ καρδία τέτακται
τόπον ib. ϑ. ἐμφυσῶν τὸ πρόσωπον
240, 7 ἀναβαίνει τινῶν 242, 21
ϑ. = ὄρεξις ἀντιτιμωρήσεως III 101,
46 = ὀργὴ ἐναρχομένη 96, 15. 34. 38.
97, 24 εἶδος ὀργῆς 96, 4 ὑπὸ τὴν
ἐπιθυμίαν ὑποτάττεται 96, 23 quando
et ut nascatur 102, 4 εἴδη τοῦ ϑ.
101, 48 ϑ. : δυσϑυμία 102, 26 καὶ ϑ.
τινὰς φέρεσϑαι 125, 13 ἀφαιρεῖται
τοὺς λέοντας τὸν ϑ.̓ Chr. II 255, 25
ἡ θεραπεία τῷ ϑ. τὴν ἐπιθυμίαν ἐπ-
άγει καὶ τῇ ἐπιθυμίᾳ τὸν ϑ. III 133, 11
Λογισμὸν Θ. διαλεγόμενον inducit
Cl. I 129, 35
θυσία ἔμπειρον περὶ τὰς ϑ. τὸν
σοφόν III 157, 6. 29
θυτικός τὸ ϑ. εἶδος τῆς μαντικῆς
III 157, 17
θύω ϑ. οἱ σπουδαῖοι θεοῖς III
157, 26

I

Ἰάπετος = πάντα τὰ κοῦφα, ἃ
ἀφιέμενα πίπτει ἄνω Ζ. Ι 28, 10
ἰατρική = περὶ τὸ νοσοῦν σῶμα
τέχνη III 120, 16 ἡ τῶν σωμάτων ἰ.
μέσον 184, 31
ἰατρός ὁ περὶ τὰ σώματα ἰ.: ὁ τῆς
ψυχῆς ἰ. III 120, 19 ὁ ἰ. τῶν παϑῶν
καὶ τῆς ἑκάστῳ οἰκείας θεραπείας
ἐντὸς εἶναι δεῖ ib. ἄριστος αὐτοῦ ἰ.
ὁ σπουδαῖος 164, 28 μὴ δεῖν ἰ. τὸν
ἔλεον ἐλεεῖν 109, 44 τὸ τῷ κάμνοντι

μὴ ἀληθεῦσαι τὸν ἰ., οὐ καθῆκον
δεόντως ἐνεργεῖται 138, 28
ἰδέα αἱ ἰ. = ἐννοήματα ἡμέτερα
Ζ. Ι 19, 28. II 123, 21 ἰ. : ἐννοήματα
Ζ. Ι 19, 21 οὐδ᾿ ἐννοήματά εἰσιν αἱ
ἰ. Cl. I 111, 2 τὰς ἰ. ἀνυπάρκτους
εἶναι Ζ. Ι 19, 24 εἰ ἡ ἰ. „τόδε τι"
ῥηθήσεται II 91, 25 αἱ ἰ. τῶν ἀπεί-
ρων ἐν πέρασιν ὡρισμένοις τὴν γέ-
νεσιν περιλαμβάνουσι II 124, 2
ἴδιος περὶ ἰ. tit. l. Cl. I 108, 2

K

καθαριότης ἀρετή *def.* III 68, 7
κάθαρσις = ἡ φθορὰ καὶ ἡ ἑτέ-
ρου ἐξ αὐτῆς γένεσις II 184, 28 κ. τοῦ
κόσμου 184, 26
καθείμαρται II 292, 31
καθῆκον περὶ τοῦ κ. tit. l. Z. I
14, 31. Cl. 107, 10. Sph. 139, 31. Chr.
III 197, 34
de officiis vitae *disp.* Chr. cum A.
III 9, 14 ἀκόλουθος τῷ λόγῳ τῷ περὶ
τῶν προηγμένων ὁ περὶ τοῦ κ. τόπος
134, 19 τὸ κ. κατωνομάσθαι οὕτως
ὑπὸ πρώτου τοῦ Z. 134, 15 ἀπὸ τοῦ
κατά τινας ἥκειν κατωνομάσθαι Z. I
55, 10 III 134, 15 officiorum genera
duo, rationes tripertitae III 138, 34
κ. = ὃ πραχθὲν εὔλογον ἴσχει ἀπο-
λογισμόν Z. I 55, 6. III 134, 12 = ὃ
πραχθὲν εὔλογον ἀπολογίαν ἔχει Z.
I 55, 14. 18. III 135, 28 = ὅσα λόγος
αἱρεῖ ποιεῖν III 134, 31 = τὸ ἀκόλου-
θον ἐν ζωῇ Z. I 55, 7. 14 ἐπὶ τῶν
λογικῶν ζῴων = τὸ ἀκόλουθον ἐν βίῳ
Z. I 55, 17. III 72, 18. 134, 23 = τὸ
ἀκόλουθον ἐν ζωῇ, ὃ πραχθὲν εὔλο-
γον ἀπολογίαν ἔχει III 134, 20
τοῦ κ. ἀρχὴ ἡ φύσις καὶ τὸ κατὰ
φύσιν III 134, 5 a principiis natura-
libus omnia proficisci off. 45, 1. 135,
17 *sq.* 189, 29 ex natura petit agendi
principium i. e. off. Z. I 47, 15 ἔχει ὁ
ἄνθρωπος παρὰ τῆς φύσεως ἀφορμὰς
πρὸς τὴν τοῦ κ. εὕρεσιν III 65, 1 off.
homini a prima conciliatione nascendi
sumuntur 134, 8 primum est off., ut
se conservet in naturae statu homo
45, 14. 138, 40 τὸ κ. ἐνέργημα ταῖς
κατὰ φύσιν κατασκευαῖς οἰκεῖον 134,
16 esse earum rerum, quae secun-
dum naturam sunt 32, 17
officium : recte factum III 5, 28.
135, 41 κ. τέλειον = κατόρθωμα
134, 23. 135, 41. 136, 9. inter recte
factum et peccatum officium et contra
off. media locabat Z. I 55, 22 off.
nec in bonis ponitur, nec in malis
III 135, 26 off. servata praetermissa-
que media putabat Z. I 55, 24 πα-
ραμετρεῖσθαι τὰ μέσα κ. ἀδιαφόροις

τισὶ III 136, 9 τὰ αὐτὰ πράγματα
οὐδὲν μὲν πρὸς ἡμᾶς, ἀρχαὶ δὲ τῶν
κ. III 30, 3 a rerum dilectu ad off.
inventionem aditus A. I 84, 8. H.
92, 31 inventionem off. sustulit A. *ib.*
H. I 92, 26. 31 ἔστι καὶ ἐν τοῖς μέσοις
τι κ. III 135, 15 τὰ μέσα τῶν κ.
ἐφαρμόττει καὶ τοῖς ἀτελέσι·140, 22
off. inchoatum cadere in nonnullos in-
sipientes potest 5, 29 καὶ ὁ φαῦλος ἔνια
δρᾷ τῶν κ., οὐκ ἀφ᾽ ἕξεως καθηκούσης
138, 16 ὁ ἐπ᾽ ἄκρον προκόπτων ἅπαν-
τα πάντως ἀποδίδωσι τὰ κ. 137, 44
οὐχ ἁπλῶς τὸ εὖ πράττειν, ἀλλὰ τὸ
πρός τινα σκοπὸν καὶ κατὰ λόγον
κ. 139, 7 τὴν φρόνησιν περὶ τὰ κ.
γίνεσθαι 64, 16 τὸ μὴ κ. ἔστιν ὅτε
δρᾶται καθηκόντως 138, 24 εἰ οἱ σο-
φοὶ τοῖς φαύλοις κατορθώματα προσ-
τάττουσιν ἢ μέσα 140, 19 τὰ κ. καὶ
ἐπὶ τὰ φυτὰ καὶ ζῷα διατείνει 134, 14
καὶ εἰς τὰ ἄλογα τῶν ζῴων 134, 21
πάντα τὰ κ. ἐπιτελοῦντα ζῆν τέλος
Arch. III 264, 17 *pass.* secundum na-
turam vivere = off. media omnia aut
pleraque servantem vivere III 5, 27
τῶν καθ᾽ ὁρμὴν ἐνεργουμένων τὰ
μὲν κ., τὰ δὲ παρὰ τὸ κ., τὰ δὲ οὔτε
κ. οὔτε παρὰ τὸ κ. III 134, 30 μέσα
κ. *enim.* 134, 27 τῶν κ. τὰ μὲν ἀεὶ
καθήκει, τὰ δ᾽ οὐκ ἀεὶ e. s. 135, 12
τὰ μὲν κ. ἄνευ περιστάσεως, τὰ δὲ
περιστατικὰ e. s. 135, 7
τὸ παρὰ τὸ κ. *def.* Z. I 55, 14. III
134, 20. 135, 2 e. s. πᾶν τὸ παρὰ τὸ
κ. ἐν λογικῷ γινόμενον = ἁμάρτημα
III 136, 8 τοὺς σπουδαίους ἐκκλίνειν
τὸ πράττειν τι παρὰ τὸ κ. 163, 38
τῶν παρὰ τὸ κ. τὰ μὲν ἀεὶ οὐ
καθήκει, τὰ δ᾽ οὐκ ἀεὶ 135, 14 τῶν
παρὰ τὸ κ. τὰ μὲν ἄνευ περιστάσεως,
τὰ δὲ περιστατικὰ 135, 11
οὔτε κ. οὔτε παρὰ τὸ κ. *def.* e. s.
III 135, 4
φαντασία ὁρμητικὴ τοῦ κ. III 40, 5
ἕξις, καθ᾽ ἣν ἐπίμονοί εἰσιν ἐπὶ τῶν
κ. 32, 42
καθήκω *vid. s. v.* καθῆκον

III 95, 43. 96, 2   ἕξις καθήκουσα
138, 16
καθολικόν (sc. ἀξίωμα)
κ. tit. l. Z. I 14, 38
τὸ κ. τῶν ἐπὶ μέρους περιληπτικόν
II 74, 40   τὸν ὅρον τῇ συντάξει δια-
φέρειν τοῦ κ. 74, 35   ἡ τέλειος διαί-
ρεσις συντάξει τοῦ κ. διενήνοχε 75, 5
κακία vitium = inconstantia III
77, 9 vitiositas habitus aut adfectio
in tota vita inconstans et a se ipsa
dissentiens 104, 14   ἡ κ. λογικόν ἐστι,
μᾶλλον δὲ λόγος ἡμαρτημένος 188, 33
inest animo pravis opinionibus ma-
litia contracta A. I 82, 19   τὸ αὐτὸ
τῆς ψυχῆς μέρος, ὃ καλοῦσι διάνοιαν
καὶ ἡγεμονικόν, διόλου τρεπόμενον κ.
γίνεσθαι καὶ ἀρετήν Z. I 50, 8. III
111, 21   λόγος ἀπαλλοτριῶν κ. A. I
80, 26   τῶν ἄλλων ζῴων πλὴν ἀν-
θρώπου κ. οὐδὲν ἐπιδεκτικόν III 165,
22 ἄγνοιαι αἱ κ. ὧν αἱ ἀρεταὶ ἐπι-
στῆμαι III 65, 20   μία κ. ἡ ἄγνοια
60, 32   κ. πᾶσαι διαθέσεις 25, 15 ad-
fectiones manentes 104, 21
   κ. σῶμα II 230, 2. III 21, 5. 23   τῶν
κ. ἔστιν αἰσθέσθαι III 21, 35   ἔξωθεν
ἐπέρχεται ταῖς ψυχαῖς ἡμῶν τὸ σύμ-
παν τῆς κ. 56, 27   ἀπορία τῆς κατὰ
τὴν κ. γενέσεως 54, 38
   τῶν κ. αἱ μὲν πρῶται, αἱ δὲ ὑπὸ
ταύτας III 65, 17 e. s.   γίνεσθαι τὸ
πλῆθος τῶν κ. ἐν ταῖς οἰκείαις οὐσί-
αις ὑπαλλαττομέναις κατὰ τὰς ποιό-
τητας 63, 3   τῶν κ. τὰς μὲν ἀγνοίας
τινῶν καὶ ἀτεχνίας, τὰς δ᾽ οὔ 23, 32
πᾶσα κ. κακόν III 25, 4   ἡ κ. μόνη
κακόν A. I 81, 32. III 165, 21   κακὸν
πᾶν ὅ ἐστι κ. ἢ μετέχον κ. Z. I 47, 23.
Diog. III 218, 15   τῶν κακῶν τὰ μὲν
κ., τὰ δ᾽ οὔ III 23, 29   αἱ κ. περὶ
ψυχὴν κακά 24, 9   αἱ κ. καὶ ποιητικὰ
καὶ τελικὰ κακά 25, 33   καθὸ μὲν
ἀποτελοῦσι τὴν κακοδαιμονίαν, ποι-
ητικά· καθὸ δὲ συμπληροῦσι, τελικά
25, 33. 26, 5   οὐσία κακοδαιμονίας ἡ
κ. 14, 17. 22   ἀναγκαῖα κακὰ αἱ κ. πᾶ-
σαι καὶ αἱ ἐνέργειαι αἱ ἀπ᾽ αὐτῶν
27, 16   αἱ κατὰ κ. ἐνέργειαι οὔτε ἕξεις
οὔτε διαθέσεις 25, 18   οὔτε περὶ ψυ-
χὴν οὔτε ἐκτὸς οἱ τὰς κ. ἔχοντες 24, 11

βλάβη κ. 19, 35   αἱρετέον. αἱρετόν: κ.
22, 26 εὐλαβητὸν, εὐλαβητέον: κ. 22, 31
αἱ κ. φευκταί III 8, 37   μηδεμία δι᾽
αὑτὴν φευκτή, ἀλλὰ ἀναφέρεσθαι δεῖ
πρὸς τὸν ὑποκείμενον σκοπόν 8, 33
nulla res praeter virtutes et vitia aut
expetenda aut fugienda A. I 84, 31
μηδὲν μέσον ἀρετῆς καὶ κ. A. I 84, 19.
Cl. 129, 17. III 143, 16   οὐδὲ οἱ πελά-
ζοντες ἀρετῇ τῶν μακρὰν ὄντων ἧττόν
εἰσιν ἐν κ. III 143, 43   μὴ κ. κακίας
ὑπερέχειν 141, 16   vitia crescere ne-
gant, fundi et dilatari putant 142, 19
μήτε κακίας ὑπερβολὴν ἀπολείπει μήτε
κακοδαιμονίας ὁ βίος 167, 22   τὸ κατὰ
κ. ζῆν = κακοδαιμόνως ζῆν 14, 19   ὁ
μίαν ἔχων κ. πάσας ἔχει 166, 11   πᾶσα
κ. πᾶσι τοῖς ἄφροσιν ὑπάρχον καὶ ἀεί
25, 4
   turpes actiones oriuntur e vitiis III
12, 8   ἁμαρτητικὸς διὰ κ. γενόμενος
26, 21   πᾶς φαῦλος ὅσα ποιεῖ, κατὰ
κ. ποιεῖ 166, 10   πᾶς ἄφρων σύνεστιν
ἡδέως τῇ ἑαυτοῦ κ. 171, 16   stultus
omnia vitia habet, sed non in omnia
natura pronus 165, 33   non sic omnia
vitia esse in omnibus, quomodo in
quibusdam singula eminent, sed malum
ac stultum nullo vitio vacare 165, 36
τὸν φαῦλον διὰ παντὸς τοῦ βίου
χρῆσθαι ταῖς κ. Z. I 52, 29   οὐδ᾽ ἐν
χρόνῳ πολλῷ μέρος ἀφεῖλε κ. ὁ σοφός,
ἅμα πᾶσαν ἐξαίφνης ἐκπέφευγε III
144, 10   ὁ σοφὸς τὴν κ. ἐφέξει 175, 5
ipsa turpitudo deterret ab iniuriosa
facinorosaque vita 12, 16
   vitium corporis def. III 104, 10   vi-
tium: morbus et aegrotatio 104, 12
morbi et aegrotationes partes vitio-
sitatis 104, 20   aegrotationes morbos-
que animorum difficilius evelli quam
summa illa vitia, virtutibus contraria
105, 12
   vitium ad naturam referendum III
77, 9   dum virtus hominibus per con-
silium naturae gignitur, vitia ibidem
per adfinitatem contrariam nata sunt
II 336, 27   ἡ κ. γίνεται κατὰ τὸν
τῆς φύσεως λόγον καὶ οὐκ ἀχρήστως
πρὸς τὰ ὅλα 339, 16   ἀναγκαῖον κατὰ
τὴν τῶν ὅλων οἰκονομίαν καὶ περὶ

τὴν κ. ἔχειν ἡμᾶς, ὡς ἄν ποτ᾽ ἔχομεν 269, 9 κ. καθόλου ἆραι οὔτε δυνατὸν οὔτ᾽ ἔχει καλῶς ἀρθῆναι 340, 11 ψέξειας ἄν αὐτὴν ἐφ᾽ ἑαυτῆς τὴν κ., τοῖς δ᾽ ἄλλοις οὐκ ἄχρηστός ἐστι 339, 35

τὰς κ. ἐφ᾽ ἡμῖν II 287, 7 ὁ θεὸς κολάζει τὴν κ. 338, 2

τὴν κ. οὐκ ἐκβάλλειν ἐκ τοῦ ζῆν III 188, 3 ἡ. κ. οὐδέν ἐστι πρὸς τὸ δεῖν ἡμᾶς ἀπιέναι 189, 9. 190, 5

κακοβουλία ἐν ταῖς ὑπὸ τὰς πρώτας κακίαις III 65, 19

κακοδαιμονέω cf. εὐδαιμονέω

περὶ τὰ μεταξὺ ἀρετῆς καὶ κακίας οἱ πολλοὶ πτοηθέντες κ. A. I 80, 27 τοὺς φαύλους κ. III 14, 9 μένειν ἐν τῷ ζῆν γίνεταί ποτε τοῖς κ. 188, 10

κακοδαιμονία οὐσία κ. ἡ κακία III 14, 17. 22 miseriam summam malitia sola posse effici 14, 22 αἱ κακίαι ἀπογεννῶσι τὴν κ. καὶ συμπληροῦσι, μέρη αὐτῆς γινόμεναι 25, 33 αἱ κακίαι καθὸ μὲν ἀποτελοῦσι τὴν κ., ποιητικὰ κακά· καθὸ δὲ συμπληροῦσιν αὐτήν, τελικὰ 26, 5 τῶν κακῶν τὰ μὲν ἀναγκαῖα πρὸς κ., τὰ δ᾽ οὐκ ἀναγκαῖα 27, 14 τὴν τῶν ἀφρόνων φίλων κ. ἐκτὸς κακὸν 24, 19 μήτε κακίας ὑπερβολὴν ἀπολείπει μήτε κ. ὁ βίος 167, 23 τοὺς φαύλους ἐπ᾽ ἄκρον ἥκειν κ. ἁπάσης 166 26

κακοδαιμονικός III 29, 1

κακοδαιμόνως τὸ κατὰ κακίαν ζῆν = κ. ζῆν III 14, 19

κακοδαίμων τὸ αὐτὸν ἑαυτῷ εἶναι κ. οὔτε ἐκτὸς οὔτε περὶ ψυχὴν κακόν III 24, 21

κακόν cf. ἀγαθόν

ὁ περὶ κ. τόπος pars eth. III 3, 3 ubi inserendus sit ὁ τῶν ἀγαθῶν καὶ κ. λόγος 17, 5. 8 τὸν περὶ κ. λόγον μάλιστα τῶν ἐμφύτων ἅπτεσθαι προλήψεων 17, 13 bonum et malum natura iudicatur 77, 16 τὸ κ. λέγεσθαι πλεοναχῶς 18, 22

κ. enum. III 17, 18

κ. = πᾶν ὅ ἐστι κακία ἢ μετέχον κακίας Z. I 47, 22. III 17, 19. Diog. 218, 15 = ἀφ᾽ οὗ συμβαίνει βλάπτεσθαι III 18, 23 = καθ᾽ ὃ συμβαίνει βλάπτεσθαι 18, 24 = τὸ οἷον βλάπτειν

18, 25 = βλάβη ἢ οὐχ ἕτερον βλάβης 19, 34

nihil malum, nisi quod virtuti contrarium A. I 83, 32 nisi quod turpe Z. I 46, 20. 25. A. 83, 36. 84, 37. Cl. 130, 27. III 10, 40. 12, 6. 31, 25. 44, 8 ἡ κακία μόνη κ. III 165, 21 ἀφροσύνη μόνη κ. 19, 41 quod malum est, nocet 39, 15 quae nocent, mala sunt 23, 12 τὰ παρακείμενα τοῖς κ. βλάμματα 154, 8

τῶν ὄντων τὰ μὲν ἀγαθά, τὰ δὲ κ., τὰ δ᾽ ἀδιάφορα III 17, 16. 23. 28, 4. Diog. 218, 14 τοιαῦτα τἀγαθά ἐστι τοῖς ἀνθρώποις, ὥστε τὰ κ. τῶν ἀνὰ μέσον προτερεῖν 188, 25 πᾶν κ. φευκτὸν 22, 14 τὰ κ. βλαβερά, δύσχρηστα, ἀσύμφορα, φαῦλα, αἰσχρά etc. 22, 1 nullum malum gloriosum Z. I 48, 32 τῶν κ. τὰ μὲν κακίαι, τὰ δ᾽ οὔ III 23, 29 τῶν κ. τὰ μὲν περὶ ψυχήν, τὰ δ᾽ ἐκτός, τὰ δ᾽ οὔτε περὶ ψυχὴν οὔτε ἐκτός 24, 8. 18 sq. τῶν περὶ ψυχὴν κ. τὰ μὲν διαθέσεις, τὰ δ᾽ ἕξεις μέν, διαθέσεις δ᾽ οὔ, τὰ δὲ οὔτε ἕξεις οὔτε διαθέσεις 25, 13 τῶν κ. τὰ μὲν ποιητικὰ τῆς κακοδαιμονίας, τὰ δὲ τελικά, τὰ δ᾽ ἀμφοτέρως ἔχοντα 25, 29 e. s. 26, 1 e. s. τὰ μὲν ἀναγκαῖα πρὸς κακοδαιμονίαν, τὰ δ᾽ οὐκ ἀναγκαῖα· 27, 14 e. s. τὰ μὲν πᾶσι τοῖς ἄφροσιν ὑπάρχειν καὶ ἀεί, τὰ δ᾽ οὔ 25, 3

mala sint paria necesse est III 23, 12 τῶν φαύλων πάντα κοινὰ τὰ κ. 160, 20 τοῖς φαύλοις πάντα κ. ὑπάρχειν 154, 16 τὰ παρακείμενα τοῖς κ., μόνοις τοῖς κακοῖς συμβαίνειν 154, 8

περὶ τὸ κ. παρὸν ἢ προσδοκώμενον εἶναι λύπην καὶ φόβον III 94, 18. 23. 99, 18 metus et aegritudo opinione malorum sunt 93, 43 malum dolor Dion. I 95, 17 ὁ σπουδαῖος οὔτε κ. περιπίπτει οὔτ᾽ ἄλλον ποιεῖ κ. περιπίπτειν III 150, 13 τῶν ἀστείων οὐδεὶς ἐπ᾽ ἀλλοτρίοις κ. χαίρει 168, 11

παντὸς κ. ἀνεπίδεκτος ὁ θεός Cl. I 120, 17

περὶ τὴν δευτέραν ἑβδομάδα ἔννοια γίνεται καλοῦ καὶ κ. II 215, 11

ἀγαθῶν ὑπαρχόντων καὶ κ. ὑπάρχει II 340, 6 non bona esse potuisse, si non essent mala 335, 34 τὰ κ. ἀπο-

νέμεται κατὰ τὸν τοῦ Διὸς λόγον
338, 7 οὐ πάντως ἡ τῶν κ. γένεσις
ἀεὶ ἡ αὐτή 337, 16 τὰ κ. οὐ μένει
ἀεὶ ἐν ταὐτῷ διὰ τὴν ἤτοι τηροῦσαν
τὰ ἐπὶ γῆς πρόνοιαν ἢ κατακλυσμοῖς
καὶ ἐκπυρώσεσι καθαίρουσαν 337, 30
ὅταν ἐκπυρώσωσι τὸν κόσμον, κ. οὐδ᾽
ὁτιοῦν ἀπολείπεται 186, 19
κακοποιέω ὁ σπουδαῖος οὔτε κ.
τινα οὔτ᾽ αὐτὸς κ. III 150, 12
κακοποιητικός τοὺς φαύλους κ.
ἀλλήλων III 160, 18
ὁ κακός cf. φαῦλος
    ὁ κ. φύσει διὰ κακίαν ἁμαρτητικὸς
γενόμενος φαῦλος καθέστηκε III 26, 20
ὁ κ. τὴν κακίαν ἑκὼν εἵλετο 26, 21 ἐξ
ἀνάγκης ἡμᾶς εἶναι καὶ γίνεσθαι ἀγα-
θούς ἢ κ. 165, 16 γεγονέναι πολλοὺς
κ. παρὰ τὰς ἀνατροφὰς καὶ τὰς δια-
στροφὰς 56, 17 τῶν ἀνθρώπων οἱ
πλεῖστοι κ. 165, 23 οἱ πάντες κ. καὶ
ἐπίσης ἀλλήλοις τοιοῦτοι 165, 25 πάν-
τας ἐπίσης κ. τοὺς μὴ σοφούς 167, 30
τὰ παρακείμενα τοῖς κ. μόνοις τοῖς κ.
συμβαίνειν 154, 9
κακοπραγία πᾶσα ἡ διὰ τοῦ ἀπ-
επιστήμονος πρᾶξις κ. III 138, 11
κάλλος κ. ψυχῆς: σώματος III 154, 33
κ. τοῦ σώματος = ἡ τῶν μορίων συμ-
μετρία 122, 19. 23. 154, 34 = ἡ ἐν
τοῖς μέλεσι συμμετρία 121, 29 = συμ-
μετρία τῶν μελῶν πρὸς ἄλληλα καὶ
πρὸς τὸ ὅλον 68, 31 = συμμετρία
μερῶν εὐχροία τε καὶ εὐσαρκία 68, 41.
95, 27 κ. ἀδιάφορον 28, 6. Apollod.
261, 8 προηγμένον 29, 36. 31, 4 καθ᾽
ἑαυτὸ ληπτόν 34, 37 μὴ αἱρετὸν μηδ᾽
ὠφέλιμον 35, 27 κ.: ὑγίεια 122, 19
ἔμφασις κ. ἐπαγωγὸς τοῦ ἔρωτος 181, 10
κ. in def. ἔρωτος pass.
    τὸ κ. τῆς ψυχῆς = συμμετρία τοῦ
λόγου καὶ τῶν μερῶν αὐτοῦ πρὸς τὸ
ὅλον καὶ πρὸς ἄλληλα III 68, 33
= opinionum iudiciorumque aequa-
bilitas et constantia cum firmitate et
stabilitate 68, 42 = ἁρμονία δογμά-
των καὶ ἀρετῶν συμφωνία 95, 23 δύ-
ναμις ἐκ τῆς ἀσκήσεως περιγινομένη
68, 26
καλόν περὶ καλῶν tit. l. Cl. I
107, 30 περὶ τοῦ κ. Chr. III 197, 38

περὶ τοῦ κ. καὶ τῆς ἡδονῆς Chr. II
10, 3 in tit. Ant. III 252, 32
    de honesto disp. Chr. contra A.
III 9, 12
    τὸ κ. = τὸ τέλειον ἀγαθὸν ἢ τὸ
τελείως σύμμετρον III 20, 20 = τὸ
ἐπαινετοὺς παρεχόμενον τοὺς ἔχοντας
ἢ ἀγαθοῦ ἐπαίνου ἄξιον 20, 25 = τὸ
εὖ πεφυκὸς πρὸς τὸ ἴδιον ἔργον
20, 26 = τὸ ἐπικοσμοῦν 20, 27
τέτταρα εἴδη τοῦ κ. III 20, 22
    τὸ κ. = τὸ ἀγαθόν III 9, 33. 10, 6.
76, 21 μόνον τὸ κ. ἀγαθόν Z. I 47,
3. 6. A. 84, 36. III 9, 24 sqq. 10, 6. 20
pass. 31, 25. 44, 8. 135, 24 πᾶν κ.
ἀγαθόν III 22, 1. 9. 76, 16 τὸ ἀγαθὸν
κ. Cl. I 127, 5. III 6, 18. 9, 32 πᾶν
ἀγαθὸν κ., ὅτι συμμέτρως ἔχει πρὸς
τὴν ἑαυτοῦ χρείαν III 22, 9 τὸ σε-
μνὸν κ. 9, 28 τὸ κ. δι᾽ αὐτὸ αἱρετόν
III 8, 14. 12, 1. 28 honesti inane no-
men Dion. I 95, 23 κ. αὐθαίρετον
III 51, 25 φύσει αἱρετὸν καὶ ἀπὸ
τῶν ἀλόγων ζῴων 11, 25 ἐπαινετόν
II 296, 1. 297, 17 quidquid honestum,
id utile, nec utile quidquam, quod
non honestum Cl. I 127, 28 ὁ περὶ
ἀγαθῶν καὶ κ. τελείων πόνος κἂν
ὑστερίζῃ τοῦ τέλους ἱκανὸς ἐξ αὐτοῦ
προσωφελῆσαι τοὺς χρωμένους III
137, 17
    τὸ καλὸν κἀγαθὸν = ἡ ἀρετὴ καὶ
τὸ μέτοχον τῆς ἀρετῆς III 6, 17 cur
ἡ ἀρετὴ κ. 50, 3
    omnia honesta ac turpia natura
diiudicantur III 76, 27. 77, 16 facere
omnia ut adipiscamur, quae secun-
dum naturam sunt, id et honestum
et solum per se expetendum et solum
bonum 12, 42 φυσικῶς τὸ κ. καὶ
ἀγαθὸν τοὺς ἀνθρώπους καὶ πᾶν τὸ
γενναῖον ζῷον ἐπισπᾶται πρὸς τὴν
αὐτοῦ αἵρεσιν 11, 31 τὸ κ. μεῖζον
ἀγαθὸν τῆς ἡδονῆς 8, 15 τὸ ἀγαθὸν
καὶ κ. = αἱ ἡδοναί Cl. I 123, 7 ὁ
νόμος προστάτης τῶν κ. τῶν αἰσχρῶν
III 77, 36 οὐδὲν τῶν κ. εἰκῇ καὶ ὡς
ἔτυχε γίνεται II 299, 14 τὸ κ. ἐφ᾽
ἡμῖν III 10, 2
    περὶ τὴν δευτέραν ἑβδομάδα ἔννοια
γίνεται τοῦ κ. II 215, 11

καλός   ὁ ἀξιέραστός ἐστι κ. III
156, 6 οἱ νέοι κ. σοφοὶ ὄντες 181, 6
καλὸς κἀγαθός οὐ φύσει, μαθήσει
δὲ οἱ κ. κ. γίνονται III 52, 30 ἀδιά-
βολος πᾶς ὁ κ. κ. 153, 6   τὸ κ. κ.
III 6, 17. 11, 31
καλῶς cf. ζάω
e virtute = honeste vivere III 5, 41
τὸ κ. ζῆν = τὸ κατὰ φύσιν ζῆν 6, 16
honeste vivere finis bonorum Z. I
46, 3 vid. s. v. τέλος
καλότης παρὰ τὸν καλὸν κ. ἀρετὴ
τίθεται III 60, 9
κανών ὁ νόμος κ. δικαίων καὶ ἀδί-
κων III 77, 37
καρδία τοὔνομα ἔσχηκεν ἡ κ. κατά
τινα κράτησιν καὶ κυρείαν, ὡς ἂν
κρατία λεγομένη II 245, 34   πρώτη
φύεται τῶν τοῦ ζῴου μορίων 214, 3
φλεβῶν καὶ νεύρων ἀρχή 214, 4
ὥσπερ τῆς γενέσεως, οὕτω τῆς δι-
οικήσεως ἡγεμών 214, 10 τὸ ἡγεμο-
νικὸν εἶναι ἐν κ. II 228, 3. 235, 20.
236, 15. 25. 34. Diog. III 216, 17 ἐν τῷ
περὶ τὴν κ. πνεύματι II 228, 5 τοῦ
ψυχικοῦ πνεύματος πλήρης ἡ ἀρι-
στερὰ κοιλία τῆς κ. 246, 13 ἡ διάνοια
μάλιστά πως περὶ τὴν κ. Diog. III
216, 10 ἐκ τῆς κ. ἡ φωνὴ καὶ ὁ
λόγος ἐκπέμπεται II 244, 19   τῇ κ.
καθάπερ ἂν τῇ ψυχῇ χρώμεθα 249, 2
„ἡψάμην σου τῆς κ.“ ὥσπερ τῆς ψυ-
χῆς 248, 33
πάντα τὰ πάθη περὶ τὴν κ. συν-
ίστασθαι Z. I 51, 29. Cl. 130, 14. II
236, 31 ἡ ἐν τοῖς φόβοις πάλσις
τῆς κ. II 247, 36 κ. ἀλγεῖν λέγονται
οἱ κηδόμενοί τινων 247, 27 καὶ μὴ
ἔχειν κ. τινὰς καὶ ἔχειν 249, 13
κάρος ἐν κ. ἀποβολὴν γίνεσθαι
τῆς ἀρετῆς III 57, 7
καρτερία = ἐπιστήμη ἢ ἕξις ὧν
ἐμμενετέον καὶ μὴ καὶ οὐδετέρων
III 65, 13 = ἐπιστήμη ἐμμενετέων
καὶ οὐκ ἐμμενετέων 67, 40 = ἐπι-
στήμη ἐμμενετῶν καὶ οὐκ ἐμμενετῶν
καὶ οὐδετέρων 66, 29 = ἐπιστήμη
ὑπομενετέων καὶ οὐχ ὑπομενετέων ἢ
ἀρετὴ ὑπεράνω ποιοῦσα ἡμᾶς τῶν
δοκούντων εἶναι δυσυπομενήτων 67, 24

= ἐπιστήμη ἐμμενητικὴ τοῖς ὀρθῶς
κριθεῖσι 64, 35. 66, 15
κ. ὑποτάττεται τῇ ἀνδρείᾳ III 64,
23. 66, 13. 67, 40   κ. ἕξις ἀκολουθη-
τικὴ τῷ αἱροῦντι λόγῳ 93, 28 ἀγαθόν
8, 36 τὸ κατὰ κ. πραττόμενον κατόρ-
θωμα 73, 16 tormentorum patientia
secundum bonum, in materia infelici
expressum 27, 26 temperantia in
morbo gravi ib.
κάρφος κ. ἀνελέσθαι ἀδιάφορον
III 28, 25 οὔτε καθῆκον οὔτε παρὰ
τὸ καθῆκον 135, 5
κατά οἱ μὴ κρατοῦντες τῆς κινή-
σεως κ. ἑαυτοὺς οὐ κινοῦνται III
128, 26 τῶν ἀγαθῶν τὰ μὲν κ. ἑαυτά
26, 38 διαφέρει τὸ κ. αὔθ' αἱρετὸν
τοῦ κ. αὐτὸ ληπτοῦ 32, 14 τῶν ἀδια-
φόρων τὰ μὲν κ. αὐτὰ 32, 23. 29
καθ' ὃ συμβαίνει ὠφελεῖσθαι III
18, 21 pass. βλάπτεσθαι 18, 24
καταβαίνω II 242, 24. 243, 12
καταγορευτικόν (sc. ἀξίωμα)
περὶ τῶν κ. tit. l. Chr. II 5, 10
κ. def. II 66, 14
κατακλυσμός ἐκπύρωσις quam
secuturam κ. II 186, 26 ἡ πρόνοια
τὰ ἐπὶ γῆς κ. καὶ ἐκπυρώσεσι καθαί-
ρουσα 337, 31
κατακρημνίζω III 50, 29
καταλαμβάνω αἰσθήσεσι κ. τὰ
καταλαμβανόμενα II 33, 29 sensibus
eadem omnia comprehenduntur III
84, 25 percipi et comprehendi multa
posse II 35, 11. 35 pass. percipi
posse visum Z. I 17, 35 κ. εὐαπο-
σείστως II 90, 7 ἡ ὀργὴ τοῖς κ. ἐπι-
προσθεῖ III 95, 2 sapiens distinguit,
quae non possint percipi ab iis quae
possint II 34, 25
καταληπτικὴ φαντασία s. v.
φαντασία
καταληπτόν visum cum ipsum per
se cerneretur, comprehendibile Z. I
18, 18
κατάληψις in tit. Chr. II 9, 28
similitudo nominis κ. Z. I 20, 2
cum acceptum iam et approbatum
esset visum, comprehensionem appel-
labat, similem iis rebus, quae manu
prehenderentur Z. 18, 20

κ. = καταληπτικῆς φαντασίας συγκατάθεσις II 26, 31. 29, 39. 30, 6 = ἕξις καὶ συγκατάθεσις τῆς διανοίας 37, 11

ὁ περὶ κ. καὶ νοήσεως λόγος οὐκ ἄνευ φαντασίας συνίσταται II 21, 8 visum : comprehensio : scientia Z. I 20, 1 τὰς κ. γίνεσθαι περὶ τὸ ἡγεμονικόν II 30, 42 πᾶσα αἴσθησις κ. II 26, 39 πᾶσαν κ. ἠρτῆσθαι τῶν αἰσθήσεων 33, 30 γίνεσθαι αἰσθήσει μέν, λόγῳ δὲ τῶν δι᾽ ἀποδείξεως συναγομένων 28, 31 fieri sine adsensione non potest 35, 12 αἱ συγκαταθέσεις ὅπως γίνονται μετὰ κ. 41, 26 κ. habent in se quiddam continens veritatem III 45, 34 κριτήριον ἀληθείας II 30, 1 comprehensioni soli credendum esse Z. I 18, 27 ἐν μεθορίᾳ ἐπιστήμης καὶ δόξης τεταγμένη ἡ κ. Z. I 20, 20 inter scientiam et inscientiam collocabat Z. 18, 27 comprehensio neque in rectis neque in pravis Z. I 18, 28. 20, 18 ipsa propter se adsciscenda III 45, 33 κοινὴ τῶν σοφῶν καὶ τῶν φαύλων II 30, 1 πᾶσα κ. ἐν τῷ σοφῷ καὶ μνήμῃ τὸ ἀσφαλὲς ἔχουσα εὐθύς ἐστιν ἐπιστήμη III 51, 14 κ. in def. ἐπιστήμης =. κ. ἀσφαλὴς καὶ ἀμετάπτωτος ὑπὸ λόγου pass. ὁ σοφὸς ἐν πολλαῖς κ. καὶ μνήμαις κ. γεγονώς, ὀλίγας πρὸς αὐτὸν ἡγεῖται III 51, 11 τὸ προπίπτειν πρὸ κ. φαῦλον III 147, 6 πίστις = κ. ἰσχυρά 147, 11 τὸ μέν τι ἔχει ἀκούσιον, τὸ δὲ ἑκούσιον ἡ κ. II 30, 8 οἱ βεβαιοῦντες : ἀναιροῦντες τὴν κ. λόγοι 89, 43

καταναγκάζω II 278, 16. 37 μηδὲν διαφέρειν τοῦ εἱμαρμένου τὸ κατηναγκασμένον 265, 30. 34

καταναλίσκομαι εἰς Δία πάντας κ. τοὺς ἄλλους θεούς Cl. I 121, 27. II 309, 29 ἅπαντα κ. II 185, 44

καταπίνω κ. τὴν χολὴν II 242, 21 σπαράγματα 242, 22 τὸ ῥηθέν 242, 25. 257, 35

κατάπληξις def. III 99, 5. 101, 31 κ. εἶδος τοῦ φόβου 101, 30 τελικὸν κακόν 26, 3

κατάποσις ἡ κ. τῆς Μήτιδος II 256, 28. 257, 36

κατάρρους εὐεμπτωσία τοῦ σώματος III 103, 7

κατασκευή αἱ κατὰ φύσιν κ. III 134, 16 sq. εὐφυὴς ἐκ φύσεως : ἐκ κ. 89, 18 εὐγενὴς ἐκ γένους : ἐκ κ. 89, 24 τὸ ψιλὴν τὴν κ. αἰτιᾶσθαι τῶν ἁμαρτανομένων ἡμῖν παρὰ τὸ ἐναργές ἐστιν II 290, 8 κ., λόγου ἀρετή, def. Diog. III 214, 19

κατάστασις ψυχῆς κ. καὶ σώματος οὔτε παρὰ φύσιν οὔτε κατὰ φύσιν III 34, 19 ἔστι τις ἐπιτελεστικὴ κ. καὶ ἐνδοτικὴ 123, 23 πᾶσαι αἱ κ. ἐν τοῖς πάθεσιν ἀπειθεῖς τῷ λόγῳ 126, 28 ἀκρατεῖς αἱ κ. τῶν ἐμπαθῶν 127, 3

κατάσχεσις φιλία = κ. φιλικὴ πρὸς τῶν πέλας III 24, 26

κατατρεπτικῶς III 34, 36. 35, 1

καταφάσκω II 57, 22. 24

καταφατικός ἀξίωμα κ. II 53, 14. 16. 23. 29. 31. 38. 54, 1. 8. 10. 17. 19. 35. 37. 55, 3. 4. 27. 29. 33. 37. 56, 17. 19. 26. 28. 34. 36. 58, 10. 12. 18. 20. 69, 22 μόνα τὰ ἀποφατικὰ τοῖς κ. ἀντικεῖσθαι II 51, 8 dedicativae propositiones : abdicativae 66, 19

καταχωρισμός κ. πράξεων III 67, 1

κατέχω in def. τοῦ τόπου II 162, 40 pass.

κατηγόρημα περὶ κ. tit. l. Cl. I 108, 6. Sph. 140, 16. Chr. II 5, 34. 37 def. II 59, 12. 31 λεκτὰ τὰ κ. Cl. I 109, 24. Arch. III 263, 2 τῶν ἀτελῶν ἀσωμάτων II 59, 9 ἐν τοῖς ἐλλιπέσι λεκτοῖς 59, 11 κ. ὑπάρχειν λέγεται μόνα τὰ συμβεβηκότα II 164, 28 ἔλαττον ἢ κ. def. 60, 1 ὡς ἐναντία λέγεται τὰ κ. 50, 8 τὰ μὲν τῶν κ. ὀρθά, ἃ δ᾽ ὕπτια, ἃ δ᾽ οὐδέτερα 59, 17 πότε ὀρθὸν καὶ πότε ὕπτιον 60, 20 παρεληλυθότα et παρεληλυθότων παρεληλυθότα 99, 26 ὕπτια et ὑπτίων ὕπτια 99, 34 πληθυντικὰ et πληθυντικῶν πληθυντικά 99, 39 κ. αἴτιον II 119, 22. 121, 8. 10. τὰ αἴτια τὰ μὲν κ. αἴτια, τὰ δ᾽ ἀξιωμάτων Arch. III 263, 3 κ. τὸ φρονεῖν καὶ ἀφραίνειν II 49, 36 τὸ φρονεῖν καὶ σωφρονεῖν ἀσώματα καὶ

κ. III 23, 1   τὰ ὠφελήματα κ. III
22, 36   κ. αἴ τε αἱρέσεις καὶ ὀρέξεις
καὶ βουλήσεις, ὥσπερ αἱ ὁρμαί 22, 39
ὁρμαὶ ἐπὶ κ. III 40, 30   κ. προστάτ-
τεται II 109, 26
κατηγορία   ἀληθεῖς φαντασίαι, ὧν
ἔστιν ἀληθῆ κ. ποιήσασθαι II 25, 17
κατηγορικόν   (sc. ἀξίωμα)
def. II 66, 13 e. s.   οἱ ἐκ κ. προ-
τάσεων συλλογισμοί 82, 14 οἱ κ. συλ-
λογισμοί 87, 30
κατήχησις   ἡ κ. III 55, 9   τῶν
συνόντων 53, 10   τῶν πολλῶν ἀν-
θρώπων 55, 2
κατορθόω   ὁ σπουδαῖος κ. III 26,
22 ἀεὶ ἐν ἅπασι Z. I 52, 29   οἱ κ.
ἔπαινον καρποῦνται III 58, 16   ὁ μέ-
σος οὔτε ἁμαρτάνει οὔτε κ. III 139,
40 οἱ φαῦλοι οὐ δύνανται κ. 140, 10
τοὺς ἄλλο τι τῶν δεόντων ἀσυγκατα-
θέτῳ γνώμῃ πράττοντας ἐθελουσίως
μὴ κ. 139, 33   τοὺς θυμοειδεῖς ἐνίοτε
τὰ αὐτὰ κ. τοῖς ἀνδρείοις 138, 8   τὰ
πράγματα διὰ τὸν ἐν ἡμῖν λόγον
δύναται κ. γίνεσθαι καλῶς 140, 29
ὧν κ. ἡ ὀρθὴ κρίσις ἐξηγεῖται μετὰ
τῆς κατὰ τὴν ψυχὴν εὐτονίας 123, 5
κατὰ τὴν εἱμαρμένην τὰ μὲν ἁμαρ-
τήσεται τῶν ζῴων, τὰ δὲ κ. II 295,
19 πρᾶξις κ. III 139, 4
κατόρθωμα   περὶ κ. tit. l. Chr. III
200, 38
κ. = πάνθ' ὅσα κατὰ τὸν ὀρθὸν
λόγον πράττεται III 136, 21 e. enum.
= ὅπερ πραχθὲν εὔλογον ἔχει τὴν
ἀπολογίαν 70, 10   = τὰ κατ' ἀρετὴν
ἐνεργήματα 134, 24 e. s.   = τὸ κατ'
ἐγκράτειαν ἢ καρτερίαν ἢ φρόνησιν
ἢ ἀνδρείαν πραττόμενον 73, 17   =
τέλειον καθῆκον 134, 24. 135, 40.
136, 14   = καθῆκον πάντας ἐπέχον
τοὺς ἀριθμούς 136, 14
omnes numeros virtutis continet
III 4, 41   quae proficiscuntur a vir-
tute, susceptione prima, non perfec-
tione recta sunt 137, 13   τὴν φρόνη-
σιν κινεῖσθαι ἐν τοῖς κ. 70, 9   recte
facta sola in bonis actionibus Z. I
55, 23   τὸ κ. νόμου πρόσταγμα III
140, 8   ἡ πρόσταξις περὶ κ. γίνεται
139, 38   προστάττεται τὰ κ. II 295, 33

πᾶν κ. εὐνόμημα καὶ δικαιοπράγημα
III 73, 14. 136, 27
ποιητέα τὰ κ. II 297, 14   καλὰ
297, 16   πάντα κ. τέλεια III 142, 3
κ. μεῖζον καὶ ἔλαττον οὐ γίνεται
142, 1   ἐμφαίνει τινὰ τῶν κ. δια-
φορὰν Chr. III 50, 32   recte facta et
peccata non habentur communia
23, 14
κ. contingit sapienti soli III 5, 28
μενόντων ἁμαρτημάτων καὶ κ. ἔπαινοι
μένουσι καὶ ψόγοι II 295, 20   εἰ οἱ
σοφοὶ τοῖς φαύλοις κ. προστάττουσιν
ἢ μέσα III 140, 12
inter recte factum atque peccatum
officium et contra officium media Z.
I 55, 22   κ. : μέσα καθήκοντα III
134, 26   τὸ καθῆκον τελειωθὲν κ.
γίνεσθαι 136, 9   κ. : μέσαι πράξεις
139, 2
οὐ πᾶν κ. εἰς σεμνολογίαν πίπτει
III 50, 23
τῶν κ. τὰ μὲν, ὧν χρή, τὰ δ' οὐ
III 136, 35 e. s.
οὔτε κ. οὔτε ἁμάρτημα e. enum.
III 136, 24
κατόρθωσις   actio recta non erit,
nisi recta fuerit voluntas III 139, 27
crescendi accessionem nullam habet
140, 34   μὴ κ. κ. ὑπερέχουσαν εἶναι
141, 17   πολλῶν κ. ἔστιν αἰσθέσθαι
21, 36
κάτω   ἄνω καὶ κ. μέρη τοῦ τόπου
II 162, 2   τὸ μέσον σημεῖον τοῦ
κόσμου = τοῦ παντὸς ' κ. 169, 10   κ.
ἀπὸ παντὸς τοῦ κόσμου τὸ μεσίτα-
τον 176, 19   τὸ αὐτὸ μέσον καὶ κ.
176, 22   κ. ἐν τῷ κόσμῳ τὰ ἀπὸ
τῶν περάτων πρὸς τὸ μέσον 176, 7
καχεξία   καὶ ἐπὶ τοῦ σώματος κ.
καὶ ἐν ψυχῇ III 120, 33   κ. ἀποπρο-
ηγμένον ἐπὶ τῶν σωματικῶν 31, 7
κενοδοξία   ὑπομνήματα ὑπὲρ κ.
tit. l. A. I 75, 18
κενόν   περὶ κ. tit. l. Chr. III 200,
40. Apollod. 259, 21
τὸ κ. = τὸ οἷόν τε ὑπὸ ὄντος
κατέχεσθαι, μὴ κατεχόμενον δέ II
163, 18. 171, 7. 172, 16   ἡ τοῦ κ.
ἐπίνοια def. 172, 7   τὸ κ. = ἐρημία

σώματος Z. I 26,22 κ. : τόπος : χώρα
Z. I 26, 22. II 163,14
τὸ κ. ἀσώματον Z. I 26, 28. II
117, 21. 172,16 οὐδέν ὑπάρχει ἐν
τῷ κόσμῳ κ. Z. I 26, 21. 27. 32. II
140, 4. 143, 6. 20. 156, 36. 162, 37.
169, 16 ἐκτὸς τοῦ κόσμου κ. ἄπειρον
Z. I 26, 21. 27. 32. II 167, 14. 170, 38.
171, 5. 31. 34. 172,15. 174,32. 188, 24
τὸ κ. ἄπειρον II 163, 5 pass. 186, 27.
Apollod. III 260, 27 κ. ἄπειρον, ἵνα
ὁ κόσμος μὴ ἀπορῇ τοῦ δεξομένου
χωρίου τὴν ἀνάχυσιν II 188, 24 κ.
εἰς ὃ κατὰ τὴν ἐκπύρωσιν ἀναλύεται
ὁ κόσμος 186, 27 κ. οὐκ ἄπειρον,
ἀλλ᾽ ὅσον χωρῆσαι λυθὲν τὸ πᾶν
186, 30 περατοῦται ἐκπληρούμενον
163, 11 κ. εἰς ἄπειρον τέμνεσθαι
158, 17 μὴ κατεσπάρθαι ἐν τοῖς σώ-
μασιν, ἀλλ᾽ εἶναι συνεχῆ Z. I 26, 32
τὸ κ. κεχωρισμένον καὶ ἀθρόον εἶναι
καθ᾽ αὑτὸ περιέχον τὸν οὐρανόν Z. I
26, 16
κ. ἀπολείπουσιν ἐν τῇ τῶν ὄντων
πραγμάτων φύσει II 162, 34 τὸ πᾶν
= τὸ ἐκ τοῦ κόσμου καὶ τοῦ ἔξωθεν
κ. σύστημα II 167, 5 pass. Apollod.
III 260, 26 ὁ θεὸς οὐ γεννήσας τὸ
κ., ἐν τῷ κ. ἔκτισε τὸν κόσμον II
330, 15
οὐχ ὑπάρχει ἐν τῷ κ. διαφορά, ᾗ
τὰ σώματα δευρὶ μᾶλλον ἢ δευρὶ
προσάγεται II 173, 20 ἀὴρ σῶμα
μηδαμόθι κ. παραπλοκὴν ἔχον 139,
45 pass.
κέντρον τὸ κ. τῆς γῆς κατ᾽ ἀνα-
λογίαν ἐνοήθη ἀπὸ τῶν μικροτέρων
σφαιρῶν II 29, 15 ἐπὶ τὸ κ. καὶ τὸ
μέσον τοῦ κόσμου νεύει τὰ σώματα
173, 22
κεράννυμι cf. κρᾶσις, συγκίρναμαι
ἴδιον τῶν κεκραμένων τὸ δύνασθαι
χωρίζεσθαι πάλιν ἀπ᾽ ἀλλήλων II
154, 26 ἔλαττόν ποτε καὶ ἴσον τὸ
ἐξ ἀμφοῖν 151, 38 τὰς οὐσίας κ. δι᾽
ὅλων ἀλλήλαις 151, 9. 14 pass. τὰ
στοιχεῖα κ. δι᾽ ὅλων ἀλλήλων 137, 24
κεκρᾶσθαι ὅλην δι᾽ ὅλου τοῦ σώμα-
τος τὴν ψυχήν Z. I 40, 1
κέρασμα σπέρμα τοῦ σπέρματος
τοῦ τῶν προγόνων κ. Z. I 36, 4. 13. 16

κερατίδες κ. λόγοι sophisma II
90, 36. 92, 14
κεραυνός = ἔξαψις σφοδρὰ
μετὰ πολλῆς βίας πίπτουσα ἐπὶ γῆς
νεφῶν παρατριβομένων ἢ ῥηγνυμένων
Z. I 34, 1. II 203, 22 = σφοδροτέρα
ἔκλαμψις 203, 28 ὅταν ἡ τοῦ πνεύ-
ματος φορὰ σφοδροτέρα γένηται καὶ
πυρώδης, κ. ἀποτελεῖσθαι 203, 16
κέρδος τρέπεται καὶ δουλοῦται
ἡμᾶς III 123, 28 sq.
κεφάλαιον τὰ τῶν ἀρετῶν κ. III
69, 8 sqq. κεφαλαιοῦσθαι ἑκάστην
τῶν ἀρετῶν περί τι ἴδιον κ. 73, 2
κεφαλαιόω III 73, 2
κεφαλαιώδης τὸ ὄνομα τὸ συν-
ῃρημένον = τὸ κ. δηλοῦν II 75, 16
κεφαλή τινὲς τῶν Στ. ὅτι τὸ ἡγε-
μονικὸν ἐν τῇ κ. Diog. III 217, 19
ἡ διάνοια οὐκ ἔστιν ἐν τῇ κ. 216, 9
ὁ λόγος οὐκ ἐκ τῆς κ. ἐκπέμπεται
216, 3 ἡ φωνὴ οὐκ ἐκ τῶν κατὰ
τὴν κ. τόπων ἐκπέμπεται 215, 37 ἡ
κ. λεγομένη, ὃν τρόπον προβάτου κ.
λέγεται II 258, 5
κήλησις def. III 97, 38. 98, 1. 10
ὑπὸ τὴν ἡδονὴν τάττεται 97, 37 '
κιθαρίζω οὐχ εὑρεθῆναι πρεπω-
δεστέραν ἐλευθέροις ἄνεσιν τοῦ κ.
Diog. III 230, 27
κιθαρῳδός III 148, 39
κίνδυνος τὸν σοφὸν μὴ πολιτεύ-
εσθαι, ἐὰν κ. παρακολουθεῖν ὑπολαμ-
βάνῃ χαλεποὺς ἐκ τῆς πολιτείας III
173, 21
κινέω πᾶν τὸ κ. κινεῖσθαι II 119,
15 πᾶν τὸ κ. σῶμα, πᾶν τὸ κινού-
μενον σῶμα 128, 6. 7 τῶν κινουμένων
τὰ μὲν ἐν ἑαυτοῖς ἔχει τὴν τῆς κι-
νήσεως αἰτίαν, ἕτερα δὲ ἔξωθεν
μόνον κ. 287, 34. 288, 37 τὰ μὲν ἐξ
ἑαυτῶν κ., τὰ δὲ ἀφ᾽ ἑαυτῶν 287,
42. 289, 2. 4 κ. ἑαυτὸ πρὸς ἑαυτὸ
καὶ ἐξ ἑαυτοῦ 152, 32 ἐξ ἑαυτοῦ : δι᾽
ἑαυτοῦ : ἀφ᾽ ἑαυτοῦ κ. 161, 25 τὸ
κινούμενον σῶμα ὑφ᾽ ἕνα χρόνον
ἀθρουν μεριστὸν ἀνύειν διάστημα
160, 15
illud, quod movet, prius oportet
videri eique credi II 35, 25 τῇ φαν-
τασίᾳ ὑπόκειται λευκὸν κ. ἡμᾶς 21, 27

καθ' ὁρμὴν καὶ φαντασίαν κ. τὰ ζῷα
205, 2 τὸ κ. τὴν ὁρμὴν = φαντασία
ὁρμητική τοῦ καθήκοντος III 40, 4
κατὰ μετάθεσιν κ. τὰ ἄψυχα II 205, 2
rationale animal specie alicuius rei
inritatum III 40, 18 τὸ κ. τὸν ἄν-
θρωπον τὰς κατὰ προαίρεσιν κινήσεις
= ψυχική τις ἀναθυμίασις Diog. III
216, 19 ὑπὸ τοῦ πνεύματος ἡμᾶς κ.
Ζ. I 38, 5 τὴν ψυχὴν σώματα κ. Ζ. I
38, 7 ὅταν ὡς ἐπὶ παροῦσι τοῖς
ἀγαθοῖς κ. ἡ ψυχή, ἡδονή, ὅταν δὲ
... τοῖς κακοῖς, λύπη III 94, 9 τὸ
ὠφελεῖσθαι = κ. κατ' ἀρετήν III 23, 19
ὠφελεῖν = κ. ἡ ἴσχειν κατ' ἀρετήν ·
βλάπτειν δὲ κατὰ κακίαν 28, 17
κίνημα φαντασίαι λεῖον κ. περὶ
ψυχὴν ἐργαζόμεναι II 25, 7
κίνησις περὶ κ. tit. l. Chr. III
200, 43
    def. II 160, 23 sq. 34. Apollod. III
260, 2
    τὰς πρώτας κ. δύο, τὴν εὐθεῖαν
καὶ τὴν καμπύλην II 160, 30. Apollod.
III 260, 5 κατὰ πᾶσαν κ. ὑπεῖναι τὴν
τοπικήν II 161, 13 περὶ τὸ αὐτὸ γί-
νεσθαι κ. πολλὰς καὶ ἐν τῷ αὐτῷ τόπῳ
Apollod. III 260, 6 πάσης κ. μέρος
κ. Apollod. III 260, 14 τὰς κ. σώματα
εἶναι II 127, 33 κοινὸν τοῦ ποιεῖν
καὶ τοῦ πάσχειν τὰς κ. II 161, 17
τὸ ἀτελὲς ἐπὶ τῆς κ. εἰρῆσθαι, οὐχ
ὅτι οὐκ ἔστιν ἐνέργεια 161, 19
    ἡ περὶ τῆς τονικῆς κ. δόξα II
147, 32. 148, 9. 37 κ. εἰς τὸ εἴσω
ἅμα κινουμένη καὶ εἰς τὸ ἔξω 148,
48 sq. κ. μανωτικὴ καὶ πυκνωτική
149, 8 ἡ εἰς τὸ ἔξω κ. μεγεθῶν καὶ
ποιοτήτων ἀποτελεστική, ἡ δ' εἰς τὸ
εἴσω ἑνώσεως καὶ οὐσίας 149, 1 sq.
    τοῖς σώμασιν ἡ πρώτη κατὰ φύσιν
κ. πρὸς τὸ τοῦ κόσμου μέσον II
173, 31 ὅτε κόσμος ἦν, τότε κ. ἀν-
αγκαῖον εἶναι 179, 14 πρὸς τὴν κ.
τοῦ κόσμου ἁρμοδιώτατον τὸ σχῆμα
σφαιροειδές Ant. III 250, 24 τὸ ἀΐ-
διον τῆς κ. κυκεῶνι παρεικάζει Chr.
II 269, 2 χρόνος = τῆς τοῦ κόσμου
κ. διάστημα in def. χρόνου pass. μη-
κέτι τὸν κόσμον ἕνα μένειν, εἰ ἀν-
αίτιός τις κ. II 273, 13 εἰ ἀναίτιος

ἔστι κ., οὐ πᾶν ἀξίωμα ἢ ἀληθὲς
ἔσται ἢ ψεῦδος 275, 24
    ἐξ αὐτῶν : ἀφ' αὐτῶν : δι' αὐτῶν
κ. II 289, 1 sq. a se ipso est motus
animae 221, 37 σωματοειδεῖς τὰς κ.
τῆς ψυχῆς 221, 28 τὴν κ. τῇ ψυχῇ
τὴν κατὰ τόπον δίδωσι Ζ. I 39, 30
διαδίδοσθαι τὴν ἐκ τοῦ προσπεσόντος ·
ἔξωθεν ἐγγενομένην τῷ μορίῳ κ. εἰς
τὴν ἀρχὴν τῆς ψυχῆς, ἵν' αἴσθηται τὸ
ζῷον Ζ. I 41, 10 πᾶν ζῷον ὡς ζῷον
κινούμενον κινεῖσθαι τὴν καθ' ὁρμὴν
κ II 285, 28
    ἡ ἄλογος ψυχῆς κ. in def. πάθους
pass. κ. ψυχῆς παρὰ φύσιν in def
πάθους pass. ἡ παρὰ φύσιν κ. in
affectibus expl. III 113, 25. 114, 16
τῶν παθῶν τὰ μὲν τὴν ἰδιότητα τῆς
κ. ἐμφαίνει 96, 13 e. s. πᾶσαι αἱ κ.
ἐν τοῖς πάθεσιν ἀπειθεῖς τῷ λόγῳ
καὶ ἀπεστραμμέναι 126, 27 αἱ ἄλογοι
κ. πάθη τε λέγονται καὶ παρὰ φύσιν
εἶναι 127, 18 οἱ κατὰ τὸν λόγον
κινούμενοι κρατοῦσι τῆς τοιαύτης κ.
127, 8. 14 ἡ τῶν σκελῶν κ. τῶν
τρεχόντων πλεονάζει παρὰ τὴν ὁρμήν
114, 8 οἱ τῷ τόνῳ τρέχοντες οὐ
κρατοῦσι τῆς τοιαύτης κ. 127, 6 οἱ
μὴ κρατοῦντες τῆς κ. καθ' ἑαυτοὺς
οὐκ ἂν κινεῖσθαι λέγοιντο 128, 26 ἐπὶ
τῶν ἐκφερομένων κ. ἄν τις πλεονά-
ζουσαν κ. εἴποι 130, 9 ἔκφορος κ.
130, 6 ·
    κ. κατὰ τοὺς σπερματικοὺς λόγους
γιγομένη πρῶτον κατὰ φύσιν III 34,
28 e. s. quidam motus praepositum
per se 32, 31 τῶν ἀγαθῶν τὰ μὲν
ἐν κ., τὰ δ' ἐν σχέσει 26, 28 e. s.
κοσμιότης = ἐπιστήμη πρεπουσῶν καὶ
ἀπρεπῶν κ. 64, 33
    κινητικός δύναμις κ. τῆς ὕλης
in def. εἱμαρμένης Ζ. I 44, 36. 45, 1
τὸ μήτε ὁρμῆς μήτε ἀφορμῆς κ.
ἀδιάφορον III 28, 22. 29, 2 τῶν ἀδια-
φόρων τὰ μὲν ὁρμῆς κ., τὰ δὲ ἀφορ-
μῆς, τὰ δὲ οὔτε ὁρμῆς οὔτε ἀφορμῆς
29, 11 e. s. αἱρετὸν τὸ ὁρμῆς αὐτο-
τελοῦς κ. 32, 12 ὅσα ὁρμῆς κ. κατα-
τρεπτικῶς ἐφ' ἑαυτὰ = καθ' αὑτὰ
ληπτὰ 34, 36 τὰς πρακτικὰς ὁρμὰς
καὶ τὸ κ. περιέχειν 40, 28 τὸ κ.

6*

συστολῆς ἀλόγου ἢ ἐπάρσεως 92, 23
κρίσις κ. ὁρμῆς βιαίου 93, 25 ἐν
πάθεσι τὴν δόξαν αὐτὴν ἔχειν τὸ
ἀτάκτως κ. πρόσφατον 95, 38. 40
κ. μᾶλλον εἶναι τῆς λογιστικῆς
διανοίας τὸ ᾀδόμενον πόημα Diog.
III 227, 30 τὰ μαντευόμενα τῶν οἰ-
κείων ἄνωθεν ἔχειν φύσει τὸ μέλος
κ. τι πρὸς τὰς πράξεις 226, 22
κλαίω e. τῶν κ. ill. ἡ ἄνεσις τῆς
λύπης III 117, 31
κλαῦσις εἶδος λύπης def. III 100,.
41. 101, 13
κλείς III 129, 26
κλέος κ. def. : δόξα III 38, 41 cla-
ritas bonorum virorum secunda opinio
24, 33 laus a bonis reddita 24, 34
cl. quae post mortem contingit, bo-
num esse 24, 32 disp. 38, 1—31
κλέπτω τὸ κ. ἁμάρτημα III 136, 23
κλοπή κ. ἔργον παρὰ φύσιν III
102, 36 τελικὸν μόνον κακόν 25, 32
κ. ἐστιν αἰσθέσθαι 21, 33
Κλωθώ Κ. ὅτι ἡ κατὰ τὴν εἱμαρ-
μένην διανέμησις τοῖς κλωθομένοις
παραπλησίως διεξάγεται II 264, 27
Κ. ὡς ἐπικλώθουσα ἑνὶ ἑκάστῳ τὸ
εἱμαρμένον 319, 23 Κ. παρὰ τὸ συγ-
κεκλῶσθαι καὶ συνείρεσθαι τὰ πάντα
265, 19
κόθορνος III 141, 2
κοινός οὗ τινα τὰ κ. λέγεται II
91, 28 ἀναιροῦσι τῶν κ. φύσιν 123, 29
communia : paria III 23, 5 sqq. πάντα
κ. εἶναι καὶ πάντων τὰ ἔργα III
139, 10 κ. φύσις 4, 9. 80, 36 κ. νό-
μος 4, 2 κ. ἔννοιαι vid. s. v. ἔννοια
κοινωνία cf. ἄνθρωπος
nos ad coniunctionem congregatio-
nemque hominum et ad naturalem
communitatem esse natos III 83, 40
pass. societas hominum per se ex-
petenda 12, 39 a φιλοτεκνίᾳ profecta
communis humani generis societas
83, 20 hominum societas fundamentum
iuris 84, 14. 35 societatis humanae
communio est retinenda 109, 25 si
voluptatem sequaris, ruit communitas
cum hominum genere 8, 1 φιλία κ.
βίου 27, 3

μίαν πολιτείαν τὴν θεῶν πρὸς
ἀλλήλους καὶ τῶν ἀνθρώπων III
82, 8 homini cum deo rationis so-
cietas 83, 5 hominum et deorum
communio legis et iuris 83, 8
κοινωνικός ὁ σπουδαῖος κ. III
160, 34 οὐ τὸ κ. περιγέγραπται ὥσπερ
ἀπὸ τῶν ἀλόγων ζῴων οὕτω καὶ
ἀπὸ τῶν ἀγροικοτέρων ἀνθρώπων
85, 4 τὸ γαμεῖν ἀκολουθεῖ τῇ τοῦ
λογικοῦ ζῴου καὶ κ. φύσει 172, 20
Κοῖος Κ. = ἡ ποιότης Ζ. I 28, 7
ὠνομάσθη ὁ λόγος, καθ' ὃν ποιά
τινα τὰ ὄντα ἐστίν II 318, 28
κολάζω ἃ ψέγομεν κ. II 297, 20
τὸν θεὸν κ. τὴν κακίαν καὶ πολλὰ
ποιεῖν ἐπὶ κολάσει τῶν πονηρῶν 338, 2
ὅπως κολαζομένων τῶν πονηρῶν οἱ
λοιποὶ παραδείγμασι τούτοις χρώμενοι
ἧττον ἐπιχειρῶσι τοιοῦτόν τι ποιεῖν
337, 40
κόλασις = ἐπανόρθωσις II 296, 6.
297, 21 κ. τῶν φαύλων 338, 2. 5. 8
etiamsi quis morte poenas sceleris
effugerit, expetuntur eae poenae a
liberis, a nepotibus, a posteris 339, 12
κολαστική ἡ κ. def. III 81, 29
κομήτης κ. πυρὰ ὑφεστῶτα πά-
χους ἀέρος εἰς τὸν αἰθερώδη τόπον
ἀνενεχθέντος II 201, 22 ἀέρος ἀνημ-
μένου φαντασία Β. III 267, 7 κ. esse
ultra XXXII II 201, 20 cometis ex-
territi homines vim quandam esse
caelestem et divinam suspicati sunt
Cl. I 119, 20
Κόρη vid. s. v. Δημήτηρ
κοσμέω οἱ ἄνθρωποι καὶ οἱ θεοὶ
ὑφ' ἑνὶ θεσμῷ καὶ νόμῳ κεκοσμημένοι
III 82, 18
κόσμιος κ. εἶδος τοῦ καλοῦ III
20, 23 quis sit κ. 82, 20 ὁ σοφὸς
κ. 161, 22 πάντα κ. ποιεῖ ὁ νοῦν
ἔχων 149, 17 ἡ μουσικὴ ἐπιφαίνει
τὸ κ. καὶ τὸ θρασύ Diog. III 224, 18
κοσμιότης def. III 64, 32. 66, 43.
161, 23 ὑποτάττεται τῇ σωφροσύνῃ
64, 22. 73, 6
κοσμοποιέω II 112, 30
κοσμοπολίτης ὁ κ. χρῆται πολι-
τείᾳ, ᾗ καὶ σύμπας ὁ κόσμος III

82, 30   νόμιμος ἀνὴρ κ. 82, 24   κ.
expl. 82, 27
κόσμος   κ. δεῖ ἐπιστρέφεσθαι ἐπὶ
τῶν λόγων II 96, 15
περὶ κ. tit. l. Sph. I 139, 21. Chr.
III 201, 1. Ant. 250, 26. 29. 33
κ. λέγουσι τριχῶς II 168, 5
κ. = σύστημα ἐξ οὐρανοῦ καὶ γῆς
καὶ τῶν ἐν τούτοις φύσεων II 168,
11. 169, 39   = σύστημα ἐξ οὐρανοῦ
καὶ γῆς καὶ τῶν μεταξὺ φύσεων
192, 35   = σύστημα ἐξ οὐρανοῦ καὶ
ἀέρος καὶ γῆς καὶ θαλάττης καὶ τῶν
ἐν αὐτοῖς φύσεων 169, 22   = τὸ ἐκ
θεῶν καὶ ἀνθρώπων σύστημα καὶ ἐκ
τῶν ἕνεκα τούτων γεγονότων 168, 13.
169, 24   = τὸ οἰκητήριον θεῶν καὶ
ἀνθρώπων 169, 23   = διήκουσα ἄχρι
τῆς ἐκπυρώσεως οὐσία 189, 4
ὁ κ. = τὸ ὅλον II 167, 8 pass.   τὸ
πᾶν λέγεται ὅ τε κ. καὶ καθ' ἕτερον
τρόπον τὸ ἐκ τοῦ κ. καὶ τοῦ ἔξωθεν
κενοῦ σύστημα Apollod. III 260, 25
γενητὸς ὁ κ. II 179, 5. 8 pass.
181, 9   πῶς γίνεται ὁ κ. Z. I 28, 30.
II 180, 17   ἐκ τῆς πρώτης οὐσίας
γεγονέναι II 127, 17   ἐκ τῆς πρώτης
ὕλης τὸν κ. πεποιηκέναι τὸν Δία
115, 37   ὑπὸ τοῦ αἰθερίου πυρὸς γέ-
γονε ὁ κ. 116, 36   διόλου πυρώδης
186, 12   ἀεροειδὴς ἡ οὐσία τοῦ κ.
Ant. III 250, 29   ἐκ τῶν τεττάρων
στοιχείων ὁ ὅλος κ. συνίσταται καὶ
εἰς ταῦτα διαλύεται II 136, 10   con-
stat quattuor elementis Cl. I 112, 4
ἀπὸ γῆς ἄρξασθαι τὴν γένεσιν τοῦ
κ. καθάπερ ἀπὸ κέντρου II 180, 25
verno tempore conditus 180, 31.
181, 1
nec quidquam esse praeter hunc
sensibilem mundum Z. I 40, 13   ὁ κ.
πάντα τὰ σώματα ἐμπεριέχει II 169, 40
εἷς ὁ κ. καὶ πάντα τὰ ὄντα ἐν αὐτῷ
περιέχων 272, 39   εἷς ἐστιν ὁ κ. Z. I
27, 5. 7. II 169, 15. 170, 3. 5. 172, 13.
188, 38. III 165, 11. Ant. 250, 23.
Apollod. 260, 32   διὰ τὸ ἡνῶσθαι τὴν
οὐσίαν II 170, 23   ἡνῶσθαι τὸν κ.
172, 18   ὁ κ. οὔτε ἐκ συναπτομένων
οὔτε ἐκ διεστώτων, ἀλλὰ σῶμα ἡνω-
μένον 302, 24   ἕν τι συνέχει τὸν

σύνολον κ. ἅμα τοῖς ἐν αὐτῷ 147, 35
ὑφ' ἑνὸς τόνου συνέχεσθαι τὸν κ.
172, 39   πνευματικὸς τόνος συνέχει
τὸν κ. 147, 29   τὸ πνεῦμα δι' ὅλου
συμφυές 172, 40
σφαιροειδὴς ὁ κ. II 173, 2. 200, 13.
299, 17. Ant. III 250, 23   figura mundi
per providentiam globi in formam
facta II 330, 25
πεπερασμένος ὁ κ. II 169, 15. 170,
28. Ant. III 250, 23. Apollod. 260, 26
οὐδὲν ἐν κ. κενόν II 140, 3. 162, 37.
169, 16. 172, 18. 29. 36   οὐκ ἔνδον τι
κενὸν εἶναι, ἔξωθεν τοῦ κ. ὑπάρχειν
αὐτό 172, 12   ἐντὸς μὲν τοῦ κ. μη-
δὲν εἶναι κενόν, ἔξω δ' αὐτοῦ ἄπει-
ρον Z. I 26, 21. 27. 32. II 171 pass.
174, 32. 188, 24   τὸν κ. ἐκπεπληρῶ-
σθαι πάντα σώμασι II 172, 30   ἄπειρον
κενὸν ἐκτὸς περιέχειν τὸν κ. 174, 32
μένειν τὸν κ. ἐν ἀπείρῳ κενῷ διὰ
τὴν ἐπὶ τὸ μέσον φοράν II 175, 12
ἡ ἐπὶ τὸ μέσον φορὰ αἴτιον τῆς τοῦ
κ. μονῆς ἐν ἀπείρῳ κενῷ καὶ τῆς
γῆς ἐν τῷ κ. Z. I 27, 29   πάντα τὰ
μέρη τοῦ κ. ἐπὶ τὸ μέσον τοῦ κ. τὴν
φορὰν ἔχει Z. I 27, 25. II 175, 13
ἐπὶ τὸ κέντρον τοῦ κ. τὰ σώματα
νεύει πανταχόθεν II 173, 10. 22   ἔχει
καὶ ἄνω καὶ κάτω καὶ τὰς λοιπὰς
σχέσεις 176, 11
μένειν τὸν κ. dem. II 175, 7   μένει
τῆς ἕξεως τῆς αὐτῆς αὐτὸν συνεχού-
σης 174, 35   ἐπὶ τὴν συμμονὴν τὴν
ἑαυτοῦ κινεῖσθαι πέφυκε 173, 26   ὑπὸ
δίνης οὐκ ἂν κινοῖτο 304, 3   μένει
ὁ κ. τῷ ἴσον ἔχειν τὸ βαρὺ τῷ κούφῳ
175, 22   οὐ βάρος ἔχει Z. I 27, 35
ἐν μέσῳ ἵδρυται II 174, 7   εἰς τὴν
ἀφθαρσίαν τῷ κ. συνεργεῖ ἡ τῆς χώ-
ρας κατάληψις 174, 10
τὸν μέν τινα κ. ἀΐδιον, τὸν δέ
τινα φθειρόμενον, τὸν κατὰ τὴν δια-
κόσμησιν II 182, 7   φθαρτὸς ὁ κατὰ
τὴν διακόσμησιν, ἀΐδιος δὲ ὁ παλιγ-
γενεσίαις καὶ περιόδοις ἀθανατιζόμε-
νος 188, 42   τὰς ἐκπυρώσεις καὶ
παλιγγενεσίας καταλιπὼν τὸν κ. ἄ-
φθαρτον ἀπέδειξεν B. III 265, 22   οὐκ
ἀποθνήσκει ὁ κ. II 186, 3   ὁ κ. ἀΐ-
διος, κατὰ δὲ τὴν διακόσμησιν γενη-

τὸς καί μεταβλητός 169, 19   γενητός
καί φθαρτός 179, 9. 181, 9   φθαρτός
ᾶτε γεννητός dem. 181, 46   φθαρτός
κατ᾽ ἐκπύρωσιν 181, 5   τοῦ κ. πάντα
τὰ μέρη φθαρτά, φθαρτός ἄρα ὁ κ.
Z. I 30, 31.   32, 2   ex hoc mundo
quamvis aliqua intereant, tamen ip-
sum perpetuo manere Z. I 32, 15
τῇ ἐκπυρώσει τὴν τοῦ κ. ψυχὴν δι-
εφθάρθαι, τὸν δὲ κ. μένειν II 131, 24
κατά τινας εἱμαρμένους χρόνους ἐκ-
πυροῦσθαι τὸν σύμπαντα κ., εἶτ᾽ αὖθις
πάλιν διακοσμεῖσθαι Z. I 27, 16   κατὰ
περιόδους ἀπαράλλακτοι οἱ κ. II 191,
10. 14   mundum, cum venerit tempus,
arsurum Z. I 32, 12. II 30, 21   μετα-
βάλλει ἐκπυρωθεὶς εἰς φλόγα Cl. I
114, 35   εἰς φλόγα ἢ εἰς αὐγὴν II
186, 33   ἐξαυχμοῦται καί ἐξυδατοῦται
182, 4   umore consumpto mundus
ignescit 183, 17   ἐκ βραχυτέρου ὄγκου
χύσιν ἔχων πολλήν 187, 43   κενὸν
ἄπειρον, ἵνα ὁ κ. μὴ ἀπορῇ τοῦ δε-
ξομένου χωρίου τὴν ἀνάχυσιν 188, 24
εἰς κενὸν κατὰ τὴν ἐκπύρωσιν ἀναλύ-
εται ὁ κ. 186, 27   μήτε αὔξεται μήτε
μειοῦται 184, 23   ὁτὲ μὲν παρεκτεί-
νεται πρὸς πλέονα τόπον, ὁτὲ δὲ
συστέλλεται 184, 24
    κατὰ τὴν φύσιν ὁ σύμπας κ. διοικεῖ-
ται III 82, 25   φύσιν ἔχει τὴν διοι-
κοῦσαν II 170, 30   φύσει διοικεῖται
σύμπνους καί συμπαθὴς ὤν 264, 7
ὑπὸ φύσεως συνέχεται καί διοικεῖται
172, 38   αὐτάρκης ὁ κ. καί τρέφεται
ἐξ αὐτοῦ καί αὔξεται 186, 5   εἰ ἀρίστη
φύσις ἡ τὸν κ. διοικοῦσα, νοερὰ ἔσται
καί ἀθάνατος 303, 7   ὁ κ. ὑπὸ φύ-
σεως διοικούμενος ζωτικῆς καί λογι-
κῆς καί νοερᾶς 272, 39   ὁ κ. φύσις
λογική, οὐ μόνον ἔμψυχος, ἀλλὰ καί
φρόνιμος 188, 10
    ὁ κ. ζῷον II 169, 15   οὐ ζῷον B.
III 265, 18   ζῷον λογικὸν καί ἔμψυ-
χον καί νοερόν II 191, 34. 192, 7
pass. Apollod. III 260 28   λογικόν Z.
I 32, 34. 33, 14   τὸ ὅλον φρόνιμον
καί σοφόν II 186, 19   ὁ κ. νοερὸς
καί ἔμψυχος Z. I 32, 37. 33, 2. 8. 17. 21
προίεται σπέρμα λογικοῦ Z. I 33, 13
natura mundi omnis motus habet

voluntarios conatusque et adpetitiones
sic adhibet ut nos Z. 44, 17   δια-
σπᾶσθαι τὸν κ., εἰ ἀναίτιος εἰσάγοιτο
κίνησις II 273, 10   εἰς σῶμα καί ψυ-
χὴν μετέβαλε 186, 14   mundus sa-
piens, habet mentem 30, 17   beatum
animal Z. I 25, 22   ἡ τῆς τάξεως
παράβασις λύει τὴν εὐδαιμονίαν τοῦ
κ. II 274, 30   ὁ κ. ψυχή ἐστιν ἑαυτοῦ
καί ἡγεμονικόν 186, 12   ἔχει ἡγεμο-
νικὸν τὸν αἰθέρα 192, 8. 194, 6. 15
τὸ πῦρ ἐν τῷ μέσῳ τοῦ κ. ἐστιν,
ἀλλ᾽ οὐχ ἡ γῆ Arch. III 264, 4   ἡγε-
μονικὸν τοῦ κ. ὁ ἥλιος Cl. I 112, 1.
5. 7. 9   τὸ ἡγεμονικὸν ἐν γῇ ὑπάρχει
Arch. III 264, 2
    ἡ τοῦ κ. ψυχή = ὁ θεός Cl. I 120,
38. Diog. III 216, 33   ὁ κ. ἔμψυχος
καί θεός II 315, 6   ὅλον τὸν κ. προσ-
αγορεύουσι θεόν 169, 14   ὁ κ. = θεός
Z. I 25, 22. Cl. 120, 21. II 306, 23
νοερὸς καί θεός II 303, 34. 306, 13
sapiens et deus 194, 2   ὁ θεὸς καθ᾽
ὃν ἡ διακόσμησις γίνεται 168, 14   τῷ
Διί ὁ αὐτὸς ὑπάρχει ἢ περιέχει τὸν
Δία Diog. III 217, 10   οὐσία θεοῦ ὁ
ὅλος κ. Z. I 43, 7   οὐκ ἔστι μὲν κ.,
οὐκ εἰσὶν δὲ θεοί II 297, 10
    καλὸς ὁ κ. II 299, 15   τὸ χρῶμα
τοῦ κ. καλόν· κυανῶδει γὰρ κέχρω-
σται 299, 20   nihil maius nec melius
mundo 327, 15   οὐδὲν κ. κρεῖττον
Z. I 32, 33. 36. 33, 2   est mundo nihil
perfectius, nihil virtute melius: igitur
mundi propria virtus II 193, 38   τέ-
λεον ὁ κ. σῶμα, οὐ τελέα δὲ τοῦ κ.
μέρη 173, 24   μηδὲν ἐγκλητὸν μηδὲ
μεμπτὸν κ. 338, 25   mundi natura
non artificiosa solum, sed plane arti-
fex Z. I 44, 14
    Ζεὺς ὁ κ. καί εἱμαρμένη καί πρό-
νοια II 169, 32   ὁ κ. ἔχει τὴν τῶν
ὄντων διοίκησιν ἀΐδιον κατὰ εἱρμόν
τινα καί τάξιν προϊοῦσαν 272, 40   mens
mundi providentia Z. I 44, 20   κ. προ-
νοίᾳ διοικεῖται III 165, 11   nec fieri
mundum sine divina ratione potuisse
nec constare II 322, 22   regi numine
deorum III 81, 38   deorum consilio
et providentia administrari II 327, 15
nullatenus impedit esse providentiam,

etsi una cum materia mundus ingeni-
tus supponatur Cl. I 114, 22 *πρόνοια*
providet, ut mundus quam aptissimus
sit ad permanendum, ut nulla re egeat,
ut in eo pulchritudo sit atque omnis
ornatus Z. I 44, 22 *λόγος ἡγούμενος*
τῶν ἐν τῷ κ. Cl. I 120, 32 mundus
prudentia ac lege firmatus Z. I 43, 4.
II 322, 24 *οἰκεῖται κατὰ νοῦν καὶ πρό-*
νοιαν II 192, 1
mundus propter nos factus II 331,
43 praeter mundum cetera omnia alio-
rum causa esse generata 333, 1 deo-
rum et hominum causa factus m. 328, 6
m. deorum domus II 301, 30 *ὁ κ. πό-*
λις 169, 26. 194, 16. 327, 31 *ἡ μεγαλό-*
πολις ὅδε ὁ *κ. καὶ μιᾷ χρῆται πολι-*
τείᾳ καὶ νόμῳ ἑνί III 79, 39 *ὁ θεὸς*
ἐν τῷ κενῷ τὴν μεγάλην πόλιν ἔκτισε,
τὸν κ. II 330, 15 sapiente res publica
digna mundus III 175, 1 *ὁ κ. συν-*
πολιτευόμενος θεοῖς καὶ ἀνθρώποις II
192, 23 quasi communis urbs et civi-
tas hominum et deorum III 81, 38. 83,
12 domus aut urbs II 328, 9 mun-
dum domicilium et patriam di nobis
communem secum dederunt III 82, 39
di m. ut communem rem publicam at-
que urbem regentes II 327, 9 *pass.*
πάντα διοικεῖσθαι τὰ κατὰ τὸν κ.
ὑπέρευ, καθάπερ ἐν εὐνομωτάτῃ τινὶ
πολιτείᾳ Z. I 27, 22
ὅλος ὁ κ. δεῖται καθαρσίου, ὅταν
πολλὴ ἡ κακία γένηται ἐν αὐτῷ II
337. 33
τὸν κ. μυστήριον εἶναι Cl. I 123, 10
κότος *def.* III 96, 17. 42. 102, 2 *εἶδος*
ὀργῆς 96, 4
κοῦφος *κ.* = *ὃ νεύει ἀπὸ τοῦ ἰδίου*
μέσου II 178, 24 *ἐστιν ἴδιος τοῦ κ. καὶ*
τοῦ βαρέος τόπος 162, 15
κρᾶσις *ὁ περὶ κ. λόγος ἤρτηται τοῦ*
σῶμα διὰ σώματος χωρεῖν II 156, 11
κ. = *σωμάτων ὑγρῶν δι' ὅλων ἀντι-*
παρέκτασις τῶν περὶ αὐτὰ ποιοτήτων
ὑπομενουσῶν II 153, 12. 28. 31. 154, 19
κ. γίνεσθαι τῇ εἰς ἄλληλα τῶν στοι-
χείων μεταβολῇ, σώματος ὅλου δι'
ὅλου τινὸς ἑτέρου διερχομένου Z. I 28,
20 *τὰς κ. διόλου γίνεσθαι* II 157, 86
τὴν ὅλοις ὅλων ἀφὴν κ. ποιεῖν 159, 20

ἐν τῇ κ. φυλάττει τῶν κιρναμένων
ἕκαστον τὴν οἰκείαν ἐπιφάνειαν 158, 4
οὐ κατὰ μεγάλα μέρη παραλλὰξ ἢ κ.,
οὕτω γὰρ παράθεσιν ἔσεσθαι 221, 14
ἡ τῶν σωμάτων. οὐδὲν ἐνεργείᾳ ἐᾷ
εἶναι τῶν κραθέντων 221, 8
ἄλλοι ἄλλως τὰς κ. γίνεσθαι λέγουσι
II 152, 23 *περὶ κ. πολλὰ τῶν εἰρη-*
μένων ὑπ' Ἀριστοτέλους λέγει Sosig.
III 258, 9 *μάλιστα εὐδοκιμεῖ παρ' αὐ-*
τοῖς ἡ Χρ. περὶ κ. δόξα II 152, 24
κράσπεδον III 36, 39. 37, 2
κρατέω *κ. τῆς κινήσεως* III 127, 5. 7
οἱ μὴ κ. τῆς κινήσεως 128, 25 *ὁ ὑπὸ*
τοῦ πάθους κ. 125, 5 *οὐ κ. ἑαυτῶν*
127, 4. 129, 8
κράτος *ἂν ὁ τόνος ἐν τῇ ψυχῇ ἱκα-*
νὸς γένηται πρὸς τὸ ἐπιτελεῖν τὰ ἐπι-
βάλλοντα, ἰσχὺς καλεῖται καὶ κ. Cl. I
128, 35 *τὸ κ. ὅταν ἐν τοῖς ἐμμενετέοις*
ἐγγένηται, ἐγκράτεια etc. Cl. 128, 36
κρέας *cf. σάρξ* III 187, 4
Κρεῖος = *τὸ βασιλικὸν καὶ ἡγεμονι-*
κόν Z. I 28, 8
κρήνη III 187, 21
κρῖμα *ἐμμένειν τοῖς κ.* III 58, 2 *τὰ*
τῆς φρονήσεως κ. 67, 36
κρίνω *ἡ τῆς ψυχῆς ἰσχὺς* = *τόνος*
ἱκανὸς ἐν τῷ κ. καὶ πράττειν ἢ μή Cl. I
129, 5
κρίσις II 33, 23 sq. *ἀγαθῶν μέγιστον*
τὸ ἀμετάπτωτον ἐν ταῖς κ. καὶ βέβαιον
III 145, 1 *ὧν κατορθοῦσιν ἡ ὀρθή κ.*
ἐξηγεῖται μετὰ τῆς κατὰ τὴν ψυχὴν
εὐτονίας 123, 6 *ἡ σπουδαία πρᾶξις*
= *ψυχῆς ἐνέργεια λογικῆς κατὰ κ.*
ἀστείαν 72, 16 *οὐ πλῆθος ἔχει συν-*
ετήν κ. οὔτε δικαίαν οὔτε καλήν Cl. I
128, 1 *ἡ δόσις κ.* III 30, 14 *κ. in def.*
πάθους pass. perturbationes iudicio
fieri 93, 1 *τὰ πάθη κ.* 110, 38 *τὰ*
πάθη λόγου κ. ἡμαρτημέναι 93, 18 *τὰ*
πάθη δόξαι καὶ κ. πονηραί 111, 83
οὐ πᾶσα κ. πάθος, ἀλλὰ ἡ κινητικὴ
ὁρμῆς βιαίου καὶ πλεοναζούσης 93, 25
οὐ τὰς κ. αὐτὰς τῆς ψυχῆς, ἀλλὰ τὰς
ἐπὶ ταύταις ἀλόγους συστολὰς καὶ ἐπάρ-
σεις = *τὰ πάθη* Z. I 51, 23 *τὰς ἐπι-*
τάσεις τῶν παθῶν οὐ γίνεσθαι κατὰ
τὴν κ., ἐν ᾗ τὸ ἁμαρτητικόν III 119,

30 Ἀχιλλέα ἐξίστασθαι οὐκ ὀλιγάκις ἐκ τῶν κ. 129, 8

κριτήριον τὸ κ. κατὰ γένος φαντασία ἐστίν II 21, 7 κ. τῶν πραγμάτων ἡ καταληπτικὴ φαντασία 21, 15 κ. τῆς ἀληθείας ἡ καταληπτικὴ φαντασία II 22, 29. 33, 3. Ant. III 246, 31. Apollod. 259, 12 κ. τῆς ἀληθείας ἡ κατάληψις II 30, 2 κ. αἴσθησις καὶ πρόληψις 33, 7 νοῦς καὶ αἴσθησις καὶ ὄρεξις καὶ ἐπιστήμη B. III 265, 3 τὰς κοινὰς ἐννοίας κ. τῆς ἀληθείας παρὰ τῆς φύσεως ἡμᾶς λαβεῖν II 154, 29 τὸ μὲν ὡς ὑφ᾽ οὗ, τὸ δὲ ὡς δι᾽ οὗ, τὸ δὲ ὡς προσβολὴ καὶ σχέσις 33, 20 μὴ ἄτοπον τὸ ἑαυτοῦ τι κ. ἀπολείπειν 36, 6

κριτικός πρὸς τοὺς κ. l. Chr. II 9, 19 μόνον τὸν σοφὸν κ. III 164, 19 τῇ κ. παραπλησίαν τινὰ θεωρίαν ἔχειν τοὺς φιλομουσοῦντας Diog. III 233, 31

κροκοδειλίτης (sophisma) = ἄπορος ἐν κατηγορίᾳ II 93, 33

Κρόνος
ὑψηλοτάτη ἡ τοῦ Κ. σφαῖρα II 169, 3 ὄμβρων καταφερομένων πολλῶν τὴν τούτων ἔκκρισιν Κ. ὠνομάσθαι II 319, 4. 8 Κ. ὁ τοῦ ῥεύματος ῥόος 315, 15 Κ.= χρόνος 318, 32. 319, 17 ex se natos comesse fingitur 318, 34. 319, 18

κρύσταλλος = τὸ ἐπὶ τῆς γῆς πεπηγὸς ὕδωρ II 203, 4

κτῆσις κ. σύμμετρος τῶν ἐκτὸς προηγμένων III 33, 3 τὴν κ. διαρριπτεῖν καθῆκον κατὰ περίστασιν 135, 10
οἰκέτης δοῦλος ἐν κ. κατατεταγμένος III 86, 25
ἐν τοῖς περὶ ἀγαθῶν καὶ κακῶν κ. καὶ φυγῆς αἱ μοχθηραὶ δόξαι συνίστανται III 41, 22

κύαθος κ. οἴνου εἰς πέλαγος ἐκχυθείς II 157, 1

κυβερνάω τὸ λογικὸν ζῷον ὑπὸ τοῦ λόγου κ. III 95, 12

κυβερνήτης gubernator aeque peccat, si palearum navem evertit, et si auri III 142, 25

κυβιστάω III 173, 8

Κυθέρεια nomen expl. II 320, 14

κύκλος κ. ἐν τῷ οὐρανῷ πέντε enum. II 196, 18

Κύκλωψ Κ. = αἱ ἐγκύκλιοι φοραί Z. I 34, 5

κυνίζω κ. ὁ σοφός III 162, 27. Apollod. 261, 20

κυνισμός ὁ κ. σύντομος ἐπ᾽ ἀρετὴν ὁδός Apollod. III 261, 21 Cynicorum rationem atque vitam cadere in sapientem III 163, 18 τὸν σοφὸν ἐπιμένειν τῷ κ., οὐ μὴν σοφὸν ὄντα ἐνάρξεσθαι τοῦ κ. 162, 27

Κύπρις Κ. ὀνομασθῆναι παρὰ τὸ κύειν παρέχειν II 320, 13

κυριεύω ἡ ἀπόφασις κ. τοῦ ὅλου ἀξιώματος II 70, 17· τὸ κ. τῆς ψυχῆς μέρος = τὸ ἡγεμονικόν 244, 10. 14. 245, 36
ὁ κυριεύων λόγος Cl. I 109, 26 sq. II 92, 33 περὶ τοῦ κ. tit. l. Cl. I 109, 36. Ant. III 248, 31. Arch. 263, 14

κυρίττων sophisma II 94, 5

κύων ἐγγὺς εἶναι τοῦ λογικοῦ τὸ ἐν τοῖς ἰχνευταῖς κ. ἔργον II 288, 16 ὁ κ., ὅτε ἐκ τοῦ ἴχνους στιβεύει τὸ θηρίον, σημειοῦται 207, 17 ὁ κ., ἐὰν μὲν βούληται ἔπεσθαι, καὶ ἕλκεται καὶ ἕπεται, ἐὰν δὲ μὴ βούληται, πάντως ἀναγκασθήσεται 284, 4

κῶλον def. Arch. III 262, 29

κωλύω κωλύεται ὁ μὴ τυγχάνων ὢν ὀρέγεται III 88, 42 ὁ σοφὸς οὔτε κωλύεται οὔτε κ. 150, 11 τὸν σπουδαῖον οὐκ ἔστι κ. 88, 40
ἐπιστήμη τῶν ἐφειμένων καὶ κ. 87, 6

κῶνος εἰ κ. τέμνοιτο παρὰ τὴν βάσιν ἐπιπέδῳ II 159, 35 κ. ἐξ ἴσων συγκείμενος κύκλων 160, 4

Λ

λαγνεία def. III 97, 21
Λάϊος cf. Οἰδίπους
Λαΐς ἐγκρατεύεται ὁ Λ. ἀπεχόμενος III 67, 23

λαμβάνω τέλος τὸ ἐκλέγεσθαι καὶ λ. τὰ πρῶτα κατὰ φύσιν φρονίμως III 46, 35 in mediis rebus est aliud sumendum, aliud reiciendum 136, 2

λ. καὶ διωϑεῖσϑαι 136, 12 sumpturum sapientem eam vitam potius, quo ampulla et strigilis adiecta sint 15, 39 κατ᾽ ἄδηλόν τινα λόγον λ. 42, 2
λαμπαδία def. II 201, 23
λανθάνω cf. διαλανθάνω
οὐ λ. τὸν σοφόν τι III 147, 8   οὐ λ. ἑαυτόν 150, 15
Λάχεσις ἀπὸ τοῦ λαγχάνειν II 319, 24   παρὰ τὸ λαγχάνειν ἑκάστῳ τὸ πεπρωμένον 265, 17   Λ. ὅτι ὃν κλῆρον λελόγχασιν ἕκαστοι ἀπονέμεται 264, 25
λέγω cf. λεκτόν, ῥηθέν
λ. in tit. Chr. II 6, 17. 18. 19   πῶς ἕκαστα λέγομεν καὶ διανοούμεθα tit. l. Chr. II 9, 24   περὶ λέξεως καὶ τῶν λεγομένων tit. l. Ant. III 247, 26
λ.: διαλέγεσϑαι II 95, 31   λ.: προφέρεσϑαι expl. Diog. III 213, 22 notio loquendi expl. II 44, 10   τὸ εὖ λ. in def. ῥητορικῆς pass. εὖ λ. expl. II 38, 12   τὸ λ. ἐν μήκει καὶ διεξόδῳ θεωρούμενον ῥητορικῆς ἴδιον II 95, 33 bene dicere non potest nisi bonus Cl. I 110, 17. II 95, 21
λ. = τὴν τοῦ νοουμένου πράγματος σημαντικὴν προφέρεσϑαι φωνήν II 48, 28   ἀπὸ τῆς διανοίας δεῖ λ. καὶ ἐν ἑαυτῷ λ. II 250, 28. 32   τὸ λ. οὔτε κατόρθωμα οὔτε ἁμάρτημα III 136, 25 λ.: ἀπαγορεύειν: προστάσσειν II 49, 2 λ. μὲν τὰ πράγματα καὶ σημαίνουσι, οὔτε δὲ ὀμνύουσιν οὔτε προστάττουσι II 106, 2   τὸ διαφέρον καὶ τὸ ἀδιάφορον τῶν πρός τι λεγομένων εἶναι III 34, 22
λεκτόν = σημαινόμενον II 48, 23 = τὸ κατὰ φαντασίαν λογικὴν ὑφιστάμενον 58, 28. 61, 23   τὸ λ. μέσον τοῦ νοήματος καὶ τοῦ πράγματος 48, 34 ἀσώματον 42, 22. 48, 41. 117, 22 ὄντα δ᾽ οὐ λέγουσιν εἶναι τὰ λ. 117, 42 ἀνήρηκε τὴν ὕπαρξιν τῶν λ. Bas. III 268, 6 τὰ λ. κατὰ μετάβασιν νοεῖται II 29, 18 τὸ ἡγεμονικὸν ἐπ᾽ αὐτοῖς φαντασιούμενον, οὐχ ὑπ᾽ αὐτῶν 29, 2   λ. τὰ κατηγορήματα Cl. I 109, 24 Arch. III 263, 2 λ. τὰ διδασκόμενα II 48, 41 τὰ μὲν ἐλλιπῆ, τὰ δὲ αὐτοτελῆ 48, 25. 58, 29. 61, 25   λ. 105, 12. 107, 37

λέξις περὶ λ. tit. l. Z. I 15, 1. Chr. II 6, 9   λ. tit. l. Chr. II 6, 15   περὶ τῆς κατὰ τὰς λ. ἀνωμαλίας Chr. 6, 10 περὶ λ. καὶ τῶν λεγομένων Ant. III 247, 25
λ. def. Diog. III 213, 5   φωνή : λ. Diog. 213, 18   λ. : λόγος Diog. 213, 20   δεῖ τὸν φιλόσοφον εἰς νοῦν ἀποβάπτοντα προφέρεσϑαι τὴν λ Z I 23, 12
λεπτομερής πῦρ καὶ ἀὴρ λ. II 155, 32
λεπτύνω II 155, 8
λευκότης λ. οὔτε προηγμένον οὔτ᾽ ἀποπροηγμένον περὶ σῶμα III 33, 9
λῆγον τὸ λ. ἐν συνημμένῳ II 70, 23. 25. 71, 4 expl. 77, 13. 80, 4. 6. 9
λήθαργος τὸν τὴν ἀρετὴν ἔχοντα ἐν λ. γενέσϑαι III 57, 13   ἐν λ. ἀποβολὴν γίνεσϑαι τῆς ἀρετῆς 57, 7
λήκυθος III 37, 2
λῆμα ἀρετὴ def. III 66, 19
λῆμμα in tit. Chr. II 8, 6. 32   λ. = προτάσεις II 77, 18. 79, 16. 20. 84, 22 pass. e. ill. Crin. III 269, 15   τὸ ἕτερον λ. II 81, 8   τὸ λοιπὸν λ. 81, 10 σύστημα ἐκ λ. 77, 4   ἡ διὰ τῶν λ. συμπλοκή 74, 12
ληπτός λ. = ὃ εὐλογίστως ἐκλεγόμεθα III 32, 12   αἱρετὸν : λ. 32, 11 τὸ καθ᾽ αὑϑ᾽ αἱρετὸν : καθ᾽ αὑτὸ λ. 32, 14   alia sumere, alia expetere 32, 20   τὰ αὐτὰ πράγματα λ. καὶ οὐχ αἱρετά 30, 2   πάντα τὰ κατὰ φύσιν λ. Z. I 47, 34. III 34, 34   τῶν κατὰ φύσιν τὰ μὲν καθ᾽ αὑτὰ λ., τὰ δὲ δι᾽ ἕτερα III 34, 35   quae sunt sumenda, ex iis alia pluris aestimanda, alia minoris Z. I 48, 18
ληρέω III 179, 16. 20
λήρησις III 163, 11
λῆσις def. III 147, 8
λῆψις ἡ εὐλόγιστος ἐκλογὴ καὶ λ. τῶν πρώτων κατὰ φύσιν III 46, 30
λίθος εἶδος τῆς γῆς II 144, 10 τῷ λ. τὸ κατωφερὲς καθ᾽ εἱμαρμένην δεδόσθαι 290, 27   ἕξεως οἱ λ. μετέχουσι 205, 6. 21   καὶ διὰ τῶν λ. πεφοίτηκέ τι πνεῦμα, ὥστε ἡμᾶς αὐτοῖς συνενοῦσϑαι III 90, 16   οὐδὲν ἡμῖν δίκαιον πρὸς τοὺς λ. 90, 17   πρὸς

τοὺς λ. ἐὰν προσπταίωμεν, τιμωρητι-
κῶς προσφερόμεθα 129, 28
λιμός III 177, 17
λιτότης ἀρετή def. III 66, 42
λογική divisio atque argumentum
disciplinae II 43, 4   utrum instru-
mentum sit an pars philosophiae 19, 1
sq. ὕλη μὲν αὐτῆς οἱ λόγοι, τέλος
δὲ ἡ γνῶσις τῶν ἀποδεικτικῶν μεθό-
δων 19, 30 ἀξιώματα καὶ προτάσεις
τὰ ὑποκείμενα ταύτῃ 20, 6 proposi-
tum eius ad conclusiones pertinet
20, 7 ἐπιστήμη = σύστημα ἐξ ἐπι-
στημῶν τοιούτων, οἷον ἡ τῶν κατὰ
μέρος λ. ἐν τῷ σπουδαίῳ ὑπάρχουσα
III 26, 42
λογικόν (μέρος τῆς φιλοσοφίας)
τοῦ κατὰ φιλοσοφίαν λόγου μέρος
τὸ λ. Ζ. I 15, 28. Diog. III 212, 20
τῶν τριῶν γενῶν τῆς φιλοσοφίας
δεῖν τάσσεσθαι πρῶτα τὰ λ. II 16, 37.
17, 3   πρῶτον τὸ λ., δεύτερον τὸ
φυσικόν, τρίτον τὸ ἠθικόν Ζ. I 16, 1.
Arch. III 262, 18. Eudr. 268, 16   τὸ
λ. μέρος εἰς δύο διαιρεῖσθαι ἐπιστή-
μας, εἰς ῥητορικὴν καὶ εἰς διαλεκτι-
κήν II 18, 22 τὸ περὶ τὸν λόγον, ὃ καὶ
διαλεκτικὸν καλοῦσι II 15, 10   τὰ λ.
τῶν ἄλλων ἐστὶ διακριτικὰ καὶ ἐπι-
σκεπτικὰ καὶ μετρητικὰ καὶ στατικά
Ζ. I 16, 9. Cl. 108, 17. II 20, 14 θεω-
ρήματα τοῦ φιλοσόφου γνῶναι τὰ
τοῦ λόγου στοιχεῖα, ποῖόν τι ἕκαστον
αὐτῶν ἐστιν καὶ πῶς ἁρμόττεται
πρὸς ἄλληλα etc. Ζ. I 16, 19   λ. cum
saeptis horti comp. II 15, 25. 16, 7
τὸν λ. τόπον ἀνῄρει A. I 79, 11. 80,
15. 21. 29
λογικός θέσεις λ. tit. l. Chr. II
4, 38   λ. συνημμένα 7, 7
βίων τριῶν ὄντων, θεωρητικοῦ καὶ
πρακτικοῦ καὶ λ., τὸν λ. αἱρετέον
III 173, 5
κατὰ τὸν λόγον προσαγορευόμεθα
λ. Ζ. I 41, 2. II 28, 22 τοῖς λ. τὸ
κατὰ λόγον ζῆν ὀρθῶς γίνεσθαι κατὰ
φύσιν III 43, 18 οὔπω τοὺς παῖδας
ἡ φύσις λ. πεπαίδευκε 138, 19 οἱ
παῖδες πολλὰ πράττουσιν ὧν οἱ λ.
138, 20 ἐν τοῖς λ. μόνοις ὁ νοῦς
φαίνεται A. I 87, 1 ἡ λ. δύναμις

ἰδία τῆς ἀνθρωπείας ψυχῆς II 205, 7
κινεῖσθαι τὴν λ. δύναμιν τῆς ψυχῆς
ὑπὸ τῶν νοητῶν II 230, 25 οὐκ εἶναι
τὸ παθητικὸν καὶ ἄλογον διαφορᾷ
τινι καὶ φύσει ψυχῆς τοῦ λ. διακεκρι-
μένον Ζ. I 50, 5. III 111, 18   τὸ λ.
μόνον εἶναι τῆς ψυχῆς III 63, 7. 16
τὸ ἀγαθὸν = τὸ τέλειον κατὰ φύσιν
λ. ὡς λ. III 19, 27

ἡ ἐν τοῖς λ. γιγνομένη ὁρμὴ III
40, 7   λ. ὁρμή vid. s. v. ὁρμή; λ.
ζῷον s. v. ζῷον etc.
λογισμός τὸ ἡγεμονικόν = λ. II
227, 25   Λ. θυμῷ διαλεγόμενον in-
ducit Cl. I 129, 35 τὰ πάθη ἐκκρούει
τοὺς λ. III 95, 3 ἤδη πρὸ τοῦ λ.
ἔχειν ἅπτεσθαι τὴν μουσικὴν δύναμιν
παιδικῆς ψυχῆς Diog. III 222, 16
λογιστικός τὸ λ. μέρος ψυχῆς II
226, 24 λ. μόριον τῆς ψυχῆς = ἡγε-
μονικόν 228, 13 τὸ λ. καὶ τὸ θυμο-
ειδὲς περὶ τὴν καρδίαν 251, 8. 34
κατὰ τὸ λ. μόνον τῆς ψυχῆς εἶναι
τὴν ἀρετήν III 63, 16 τὴν δόξαν καὶ
τὴν προσδοκίαν ἐν τῷ λ. μόνῳ συν-
ίστασθαι III 115, 34
λόγος περὶ λ. tit. l. Ζ. I 15, 29.
16, 3. Cl. 107, 28. Sph. 140, 11. in tit.
Chr. II 6, 33—8, 23 pass.   περὶ λ.,
περὶ τῆς χρήσεως τοῦ λ. tit. l. Chr.
II 9, 29. 30
λόγος (loqui, lingua, oratio)
λ. = φωνὴ σημαντικὴ ἀπὸ διανοίας
ἐκπεμπομένη Diog. III 213, 8 = φωνὴ
σημαίνουσα ἀπὸ διανοίας ἐκπεμπο-
μένη 216, 5 = ἡ σημαίνουσα ἔναρθρος
φωνή 215, 36 ὁ προφορικὸς λ.: ὁ
ἐνδιάθετος II 43, 15 λ.: λέξις Diog.
III 213, 20 τοῦ λ. μέρη πέντε enim.
Diog. 213, 24 ἀρεταὶ λ. πέντε enim.
214, 11 ὅθεν λ., καὶ φωνὴ ἐκεῖθεν
χωρεῖ Ζ. I 40, 29. Diog. III 215, 32
ὁ λ. οὐκ ἐκ τῆς κεφαλῆς ἐκπέμπεται,
ἀλλὰ κάτωθεν μᾶλλον Diog. 216, 2
ἐκ τῆς καρδίας διὰ φάρυγγος καὶ ἡ
φωνὴ καὶ ὁ λ. ἐκπέμπεται II 244, 19
ἐξ οὗ ὁ λ., ἐκεῖνο τὸ κυριεῦον τῆς
ψυχῆς μέρος II 244, 10 λ. ἀπὸ δια-
νοίας χωρεῖ Ζ. I 40, 30. Diog. III
215, 32. 216, 4   περὶ σολοικιζόντων

λ. tit. l. Chr. II 6,.13 λ. παρὰ τὰς συνηθείας 6, 14
λόγος (notio)
κατὰ τὸν ἴδιον λ. II 114, 37. 39. 115, 2
λόγος (conclusio)
λ. = σύστημα ἐκ λημμάτων καὶ ἐπιφορᾶς II 77, 4 = τὸ συνεστηκὸς ἐκ λήμματος καὶ προσλήψεως καὶ ἐπιφορᾶς Crin. III 269, 12 μὴ μονολημμάτους εἶναι λ. II 84, 10 λ. καὶ τὰ ἀντικείμενα τῶν συμπερασμάτων ἔχειν ἀληθῆ 84, 22 τῶν λ. οἱ μὲν ἀληθεῖς, οἱ δὲ ψευδεῖς 77, 33 οἱ μὲν ἀπέραντοι, οἱ δὲ περαντικοὶ 77, 20 δυνατοὶ καὶ ἀδύνατοι 78, 2 ἀναγκαῖοι καὶ οὐκ ἀναγκαῖοι 78, 3 παρέλκων λ. in tit. Chr. II 7, 13 τάττεσθαι τὸν αὐτὸν λ. ἐν πλείοσι τρόποις tit. l. Chr. 7, 2
λόγος (ratio)
ἡ περὶ λ. πραγματεία = φιλοσοφία II 41, 28 λ. in def. φιλοσοφίας pass. ὁ τῆς φιλοσοφίας λ. s. v. φιλοσοφία vid.; κατὰ τὰ θεωρήματα ὁ λ. III 51, 21 θεωρήματα τοῦ φιλοσόφου γνῶναι τὰ τοῦ λ. στοιχεῖα Z. I 16, 20 ἐντὸς ὄντες τῶν τοῦ λ. μορίων καὶ τῆς συντάξεως αὐτῶν χρησόμεθα ἐμπείρως αὐτῷ II 41, 29 τῇ τοῦ λ. δυνάμει πρὸς τὴν τῶν ἀληθῶν εὕρεσιν δεῖ χρῆσθαι II 39, 16 τῷ ἐνδιαθέτῳ λ. τὰ ἀκόλουθα καὶ τὰ μαχόμενα γινώσκομεν 43, 15
οὐ μετέχει τὰ ζῷα τοῦ λ. Cl. I 116, 6 in homine solo ratio II 302, 4 solus homo ex mortalibus r. utitur II 236, 11 homini tributa animi excellentia III 7, 24 ὁ λ. τοῖς λογικοῖς κατὰ τελειοτέραν προστασίαν δέδοται III 43, 18 r. una praestamus beluis III 84, 22 in homine proprium r.; hac antecedit animalia, deos sequitur III 48, 20 r. perfecta proprium bonum hominis 48, 21 ὁ ἄνθρωπος οὐχὶ τῷ προφορικῷ λ. διαφέρει τῶν ἀλόγων ζῴων, ἀλλὰ τῷ ἐνδιαθέτῳ II 43, 18. 74, 4 λ. ὁ κατὰ φύσιν πᾶσι τοῖς λογικοῖς ὑπάρχων II 41, 31 τὸ λογικὸν ζῷον ἀκολουθητικὸν φύσει τῷ λ. III 113, 22 τοῖς λογικοῖς τὸ

κατὰ λ. ζῆν ὀρθῶς γίνεται κατὰ φύσιν III 43, 19 τὸ λογικὸν ζῷον φύσιν ἔχον προσχρῆσθαι εἰς ἕκαστα τῷ λ. καὶ ὑπὸ τούτου κυβερνᾶσθαι III 95, 11 οὐ πέφυκε τὸ λ. ζῷον κινεῖσθαι κατὰ τὴν ψυχήν, ἀλλὰ κατὰ τὸν λ. 113, 33 ὁ λ. = ἐννοιῶν τινων καὶ προλήψεων ἄθροισμα II 228, 23 ὁ λ. ἐκ τῶν προλήψεων συμπληροῦται κατὰ τὴν πρώτην ἑβδομάδα Z. I 41, 2. II 28, 22 τὰ παιδία οὐδέπω συμπεπλήρωκε τὸν λ. III 128, 2. 7 postea per incrementa aetatis exorta e seminibus suis r. est III 44, 3 μὴ εὐθὺς ἐμφύεται ὁ λ., ὕστερον δὲ συναθροίζεται ἀπὸ τῶν αἰσθήσεων καὶ φαντασιῶν περὶ δεκατέσσερα ἔτη Z. I 40, 37. II 227, 20 δὶς ἑπτὰ ἐτῶν ὁ τέλειος ἐν ἡμῖν ἀποφαίνεται λ. Z. I 40, 33 dociles natura nos edidit et r. dedit imperfectam, sed quae perfici posset III 52, 1 natura, etiam nullo docente, confirmat ipsa per se r. et perficit 52, 5 r. cum adulevit atque perfecta est, nominatur sapientia III 83, 2 iam a nutricibus formandam quam optimis institutis mentem infantium III 183, 37 animis omnes tenduntur insidiae, vel ab iis, qui teneros et rudes inficiunt, vel a voluptate 55, 26
ἐν τῷ ἡγεμονικῷ τὸν λ. συνίστασθαι II 228, 35 ἔστι τῆς ψυχῆς μέρη, δι' ὧν ὁ ἐν αὐτῇ λ. συνέστηκε II 228, 20. III 122, 3
r. ad quandam formam vivendi data III 4, 32 summum bonum id, non ut excellere animo, sed ut nihil esse praeter animum videretur 7, 25 animus perfectus est, nullus autem perfectus aliquo eget III 151, 30 ἀρκεῖ πρὸς τὴν εὐδαιμονίαν ὁ οἰκειῶν πρὸς ἀρετὴν λ., ἀπαλλοτριῶν δὲ κακίας, παρατρέχων δὲ τῶν μεταξὺ τούτων A. I 80, 26 ἡ ἀρετὴ τοῦ ἡγεμονικοῦ διάθεσις καὶ δύναμις γεγενημένη ὑπὸ λ., μᾶλλον δὲ λ. οὖσα αὐτὴ ὁμολογούμενος καὶ βέβαιος καὶ ἀμετάπτωτος Z. I 50, 3. III 111, 16 vid. def. ἀρετῆς. λ. in def. ἐπιστήμης pass.

ἐν τῇ φύσει τοῦ λ. εἰσὶν ἀφορμαὶ
τοῦ θεωρῆσαι τὸ καλὸν καὶ τὸ αἰσ-
χρόν II 288, 10   ἐκλεγόμεθα κατὰ
προηγούμενον λ. III 31, 15   κατ᾽ ἄδη-
λόν τινα λ. λαμβάνομεν III 42, 2
ἀποσπᾷ ὁ λ. ἡμᾶς καὶ ἀποστρέφει
ἁπάντων τῶν προηγμένων 34, 5
ἀποστροφὴ τοῦ λ. vid. s. v. ἀπο-
στροφή
ὁρμὴ = τοῦ ἀνθρώπου λ. προσ-
τακτικὸς αὐτῷ τοῦ ποιεῖν III 42, 5
λ. τεχνίτης ἐπιγίνεται τῆς ὁρμῆς 43,
20   λ. in def. πάθους pass.   πολλάκις
ἀποστρέφεσθαι ἡμᾶς τὸν λ. III 95, 11
τὸ λογικὸν ζῷον πολλάκις ἀπειθῶς
τῷ λ. ὠθεῖται ἐπὶ πλεῖον III 113, 24
λ. πονηρὸς καὶ ἀκόλαστος = πάθος
Z. I 50, 11   πᾶσαι αἱ κινήσεις καὶ
καταστάσεις ἐν τοῖς πάθεσιν ἀπειθεῖς
τῷ λ. III 126, 28   οἱ κατὰ τὸν λ.
κινούμενοι κρατοῦσι τῆς κινήσεως
127, 6   οὐχ ἕτερον τοῦ λ. τὸ πάθος,
ἀλλὰ ἑνὸς λ. τροπὴ ἐπ᾽ ἀμφότερα
III 111, 28   τῆς παθητικῆς φλεγμονῆς
ἀνιεμένης ὁ λ. παρεισδύεται καὶ παρ-
ίστησι τὴν τοῦ πάθους ἀλογίαν 118, 31
διὰ τοῦ λ. μωλύονται αἱ ὁρμαὶ καὶ
τὰ πάθη Cl. I 118, 19   οἱ ἐρῶντες
μακρὰν ἀπέχουσιν ἀπὸ τοῦ λ. III
126, 3   ὥσπερ ἄκαιρον ἐπιτιμητὴν
ἐν τῷ ἐρᾶν ἀποκλίνουσι τὸν λ. 126, 13
τὰ πράγματα διὰ τὸν ἐν ἡμῖν λ.
ἁμαρτανόμενα μὲν κακῶς πράττεται,
κατορθούμενα δὲ καλῶς III 140, 28
οὐδὲ τὸν δάκτυλον ὡς ἔτυχε σαλεύειν
τῷ σοφῷ ὁ λ. ἐπιτρέπει 183, 19
τὸ ποιοῦν = ὁ ἐν τῇ ὕλῃ λ. = ὁ
θεός Z. I 24, 7. Cl. 110, 27. II 111,
10. Arch. III 263, 23   ratio faciens =
deus II 120, 18   διὰ τῆς ὕλης διαθεῖ
ὁ τοῦ παντὸς λ. Z. I 24, 31   κινεῖ
τὴν ὕλην ὁ λ. ἐνυπάρχων καὶ σχημα-
τίζει II 335, 25   ἀποίου δημιουργὸς
ὕλης εἰς λ. 322, 18   ὁ λ. τοῦ θεοῦ,
ὁ μέχρι ἀνθρώπων καταβαίνων, οὐδὲν
ἄλλο ἢ πνεῦμα σωματικόν 310, 24
ratio quaedam per omnem rerum
naturam pertinens vi divina affecta
Z. I 42, 31   ὁ κοινὸς λ. = κοινὴ φύ-
σις II 184, 31   ἡ φύσις ἐπανελθοῦσα
εἰς τὸν λ. 184, 33   οὐδέν ἐστιν ἄλ-

λως γενέσθαι ἤ. κατὰ τὴν κοινὴν
φύσιν καὶ τὸν ἐκείνης λ. II 269, 12. 24
ὁ κοινὸς τῆς φύσεως λ. = εἱμαρμένη
καὶ πρόνοια καὶ Ζεύς 269, 13   rerum
naturae dispositor atque artifex
universitatis λ., quem et fatum et
necessitatem rerum et deum et ani-
mum Iovis nuncupat Z. I 42, 24. 26
λ. ἡγούμενος τῶν ἐν τῷ κόσμῳ Cl. I
120, 31   ὁ τοῦ κόσμου λ. = εἱμαρ-
μένη II 264, 18 pass.   λ. in def. εἱ-
μαρμένης pass.   ὁ τοῦ Διὸς λ. ὁ
αὐτὸς τῇ εἱμαρμένῃ II 292, 13   Ζεὺς
= ὁ πάντα διοικῶν λ. 315, 3   ὁ λ.,
καθ᾽ ὃν διοικεῖται τὸ πᾶν = θεός 273,
26   totius naturae menti atque animo
tribuitur nomen dei Cl. I 120, 22   ratio
deus Z. I 42, 30. Cl. 121, 5
nihil ratione divinius Cl. I 120, 30
nihil melius III 83, 4   nihil prae-
stantius II 302, 4. 328, 5
εἷς ἐστιν ὁ λ. II 327, 18   ἑνὶ λ.
περιλαμβάνεται πᾶν τὸ λογικὸν 328, 1
r. communis omnibus hominibus III
84, 22   eadem in deis, quae humano
in genere r. II 327, 11   est prima
homini cum deo r. societas III 83, 5
κοινωνία ὑπάρχει ἀνθρώποις καὶ θεοῖς
διὰ τὸ λ. μετέχειν II 169, 29   soli r.
utentes homines et di iure ac lege
vivunt 328, 11   λ. = φύσει νόμος II
169, 29   λ. φύσεως προστακτικὸς μὲν
ὧν πρακτέον, ἀπαγορευτικὸς δὲ ὧν
οὐ ποιητέον III 79, 40
cum omnia completa sint mente
divina, contagione divinorum animo-
rum animos humanos commoveri II
346, 20
naturam imitata r. res ad vitam
necessarias sollerter consecuta est
II 334, 17   ὁ λ. ἐπήγαγεν τὴν μουσι-
κὴν Diog. III 235, 2   λ. = Ἑρμῆς
Diog. 234, 38
τὸν ὃν οὐκ ἄνευ λ. ἔχουσιν αἱ αἰσθή-
σεις III 16, 3   οὗ τὸν ὃν οὐκ ἄνευ
λ. ἔχει τὰ κατὰ φύσιν 16, 20   ἀνὰ λ.
pass. e. gratia III 20, 24   κατὰ τὸν
αὐτὸν λ. e. gratia 22, 26   ὁ περὶ ἀγα-
θῶν λ. III 17, 5. 8. vid. s. v. ἀγαθόν
ὁ αἱρῶν λόγος καρτερία καὶ ἐγ-
κράτεια ἕξεις ἀκολουθητικαὶ τῷ αἱ. λ.

III 93, 29   λ. αἱρεῖ ποιεῖν τὰ καθή-
κοντα 135, 1 τὸ ἡγεμονικὸν λέγεται
ἄλογον, ὅταν πρός τι τῶν ἀτόπων
παρὰ τὸν αἱ. λ. ἐκφέρηται Ζ. I 50, 11.
III 111, 24   πάθος = ὁρμὴ ἀπειθὴς
τῷ αἱ. λ. III 92, 11
ὀρθὸς λόγος quibus ratio a na-
tura data, iisdem etiam recta r. data
est III 78, 28   ὁ ὀ. λ. κριτήριον St. I
142, 16 φύσει εἶναι τὸν ὀ. λ. III 76, 5
recta r. et consummata felicitatem
hominis implet III 48, 23   virtus =
r. r. 48, 10. 27 ὀ. λ. in def. ἐγκρατείας
68, 1 αἱ παρὰ τὸν ὀ. λ. ὁρμαί 68, 1
πάνθ' ὅσα κατὰ τὸν ὀ. λ. πράττεται,
κατόρθωμα 136, 21   πάνθ' ὅσα παρὰ
τὸν ὀ. λ. πράττεται, ἁμάρτημα 108, 39.
136, 16. 24 κατὰ ὀ. λ. ἐπιτελεῖ πάντα
ὁ σοφός 148, 41   ὁ μέσος οὐ κατορθοῖ
κατὰ τὴν τοῦ ὀ. λ. πρόσταξιν 139, 40
ὀ. λ. διὰ πάντων ἐρχόμενος, ὁ αὐτὸς
ὢν Διὶ III 4, 3 inter homines et deos
r. r. communis 83, 6 lex vera = r. r.
summi Iovis 78, 24   ὀ. λ. = ὁ κοινὸς
νόμος Ζ. I 43, 2.   III 4, 3   νόμος =
ὀ. λ. προστακτικός μὲν ὢν ποιητέον,
ἀπαγορευτικὸς δὲ ὢν οὐ ποιητέον pass.
in def. νόμου. ὁ τῆς φύσεως ὀ. λ. =
θεσμὸς, νόμος III 82, 31   r. r. neque
probos frustra iubet aut vetat nec
improbos iubendo aut vetando movet
80, 23   οἱ ὀ. λ. = Διόσκουροι Ζ. I 43, 33
σπερματικὸς λόγος cf. σπέρμα
σπ. λ. τοῦ κόσμου II 180, 2 ὁ θεὸς
σπ. λ. τοῦ κόσμου Ζ. I 28, 26 θεὸς =
πῦρ τεχνικὸν ἐμπεριειληφὸς πάντας
τοὺς σπ. λ., καθ' οὓς ἕκαστα καθ' εἱμαρ-
μένην γίνεται II 306, 20   τοὺς σπ. λ.
ἀφθάρτους ἐποίησαν II 205, 29   τοὺς
σπ. λ. τοῦ θεοῦ ἡ ὕλη παραδεξαμένη
ἔχει ἐν ἑαυτῇ 314, 27   mundum per-
petuo manere, quia inhaereant ei ele-
menta, e quibus generantur materiae
Ζ. I 32, 17   τινὲς λ. τῶν μερῶν εἰς
σπέρμα συνιόντες μίγνυνται καὶ αὖθις
διακρίνονται γινομένων τῶν μερῶν Cl.
111, 25
τοὺς πρώτους ἀνθρώπους γεγονέ-
ναι σπ. λ. συστάντων ἐν τῇ γῇ II 211, 6
κίνησις ἢ σχέσις κατὰ τοὺς σπ. λ. γινο-
μένη πρῶτα κατὰ φύσιν III 34, 28 sq.

ψυχὴ = σῶμα κινούμενον κατὰ σπ. λ.
II 218, 3
λογότροπος def. Crin. III 269, 19
λογόφιλος τὸν φαῦλον μὴ εἶναι
φιλόλογον, λ. δὲ μᾶλλον III 171, 4
λυπέομαι οὐ δεῖ λ. III 94, 40 τὸ
λ. ἁμάρτημα 136, 23 maerere pecca-
tum etiam sine effectu 137, 10 πᾶς
ὁ λ. ἁμαρτάνει 119, 25 οὐ λ. ὁ σοφός
Apollod. 261, 17 pass.
λύπη = δόξα πρόσφατος κακοῦ
παρουσίας Ζ. I 52, 9. III 115, 29. 131, 6
= δόξα πρόσφατος τοῦ κακὸν αὐτῷ
παρεῖναι Ζ. I 52, 8. III 131, 5 = opi-
nio mali praesentis Ζ. I 51, 36. III 94,
18. 23 = recens opinio magni mali
praesentis III 93, 44 = δόξα πρόσ-
φατος κακοῦ παρουσίας, ἐφ' ᾧ οἴονται
δεῖν συστέλλεσθαι III 95, 17. 30 = ἄ-
λογος συστολὴ ψυχῆς Apollod. III
261, 18 = συστολὴ ψυχῆς ἀπειθὴς
λόγῳ III 95, 41 = ἄλογος συστολὴ
95, 17. 25. 99, 36. 107, 17 = μείωσις
ἐπὶ φευκτῷ δοκοῦντι ὑπάρχειν 116, 3
μᾶλλον τοῦ μεγάλου κακοῦ ἀνυπομο-
νήτου ἢ ἀκαρτερήτου τὴν λ. ἔδει εἰρῆ-
σθαι δόξαν 131, 14
aegritudo perturbatio animi III 151,
12 τῶν πρώτων παθῶν Ζ. I 51, 33. 35.
III 92, 16 αἴτιον τῆς λ. τὸ δοξάζειν
πρόσφατον κακὸν παρεῖναι, ἐφ' ᾧ καθ-
ήκει συστέλλεσθαι III 95, 42 ἀντὶ λ.
συστολὴν καλοῦσι Στ. 94, 14 λ., ὅταν
ὡς ἐπὶ παροῦσι τοῖς κακοῖς κινῆται
ἡ ψυχή 94, 10 ὅταν ἀποτυγχάνωμεν
ὧν ἐπεθυμοῦμεν ἢ περιπέσωμεν οἷς
ἐφοβούμεθα 92, 20 aegritudo : timor
150, 35 λ. : ὀργή medic. doctrina 102, 27
εἴδη τῆς λ. III 96, 9. 99, 36. 100, 13.
101, 19 aegritudini nulla constantia
opponitur 107, 19
τὰς λ. περὶ τὴν καρδίαν συνίστασθαι
Ζ. I 51, 28. Cl. 130, 13 συναισθανόμεθα
τῶν λ. μάλιστα καθ' ὃν ἡ καρδία τέ-
τακται τόπον II 240, 4 περὶ τὸν θώ-
ρακα II 248, 21 κατὰ τὴν καρδίαν
τὴν κατὰ τὴν λ. ἀλγηδόνα γίνεσθαι
247, 28. 248, 2 οὔτε τῆς λ. οὐκ ἔστιν
ἀλγηδών, οὔτ' ἐν ἑτέρῳ τόπῳ ἢ τῷ
ἡγεμονικῷ γίνεται 248, 22 aegritudo
quasi morsum aliquem doloris efficit

III 93, 5 ἀντὶ λ. δηγμοὺς λέγουσι Στ.
III 107, 26 ἡ λ. ψυχῆς παράλυσις
Cl. I 130, 22 λ. quasi solutio totius
hominis III 132, 20 cur διὰ λ. ἀπο-
θνῄσκουσί τινες II 235, 5
λ. αἰσθητή ἐστιν III 21, 32
περὶ τῆς ἀνέσεως τῆς λ. III 117, 20
τῆς λ. ὡς ἂν ἐμπλησθέντες τινὲς φαί-
νονται ἀφίστασθαι 118, 21 πρὸς λ.
πολλῆς δεῖ τῆς ἀσκήσεως καὶ μάχης
A. I 85, 19 τοὺς θρήνους ἰατρεύειν
τὴν λ. Diog. III 225, 26
λ. οὐκ εἶναι κακίαν III 23, 31 τε-
λικὸν μόνον κακόν 25, 32 πᾶσα λ.
κακὸν τῇ ἑαυτῆς φύσει 101, 22 εἶναί
τινας λ., αἳ βλάπτουσι μὲν ἡμᾶς, χεί-
ρονας δ᾽ οὐ ποιοῦσι 110, 30 non ca-
dit in sapientem aegritudo 150, 43.

151, 5 pass. sapiens ea vacat Dion.
I 96, 2. 14 si sapiens posset in aegri-
tudinem incidere, posset etiam in mi-
sericordiam, invidentiam Dion. I 96, 3
λ. stultorum est III 107, 15 οὔτε πᾶσι
τοῖς ἄφροσιν ὑπάρχει οὔτ᾽ ἐν παντὶ
καιρῷ 25, 6
αἴσθησις, δι᾽ ἧς δεχόμεθα τὴν παρ-
επομένην ἑκάστῳ τῶν αἰσθητῶν ἡδο-
νὴν καὶ λ. Diog. III 223, 3
λύσις (sophismatum) λ. tit. l. Z. I
15, 5 in tit. Chr. II 7, 30. 31. 8, 2. 3. 4
λυσιτελής πᾶν ἀγαθὸν λ., ὅτι λύει
τὰ τελούμενα εἰς αὐτό III 22, 6 πάντα
τἀγαθὰ λ. Cl. I 127, 7. III 21, 43
ἀδιάφορα οὐκ ὠφέλιμα οὐδὲ λ. III
35, 28 cur ἡ ἀρετὴ λ. 50, 7
λυτικός III 156, 32

M

μάθημα εὐχρηστεῖν καὶ τὰ ἐγκύκλια
μ. III 184, 19
μαθηματική ὑπαρκτὴν εἶναι τὴν
μ. ἐπιστήμην Ι[31, 12
μάθησις οὐ φύσει, μ. δὲ οἱ καλοὶ
κἀγαθοὶ γίνονται III 52, 29 θεραπεία
οἰήσεως μ. τοῦ αἰτίου 133, 18
μαθητής ὁ σοφὸς σοφιστεύσει ἐπ᾽
ἀργυρίῳ παρ᾽ ὧν μὲν προλαμβάνων.
πρὸς οὓς δὲ συντιθέμενος τῶν μ. III
174, 23. 175, 32
μαίνομαι μ. πάντες ὅσοι μὴ σοφοὶ
III 165, 26 pass. πᾶς φαῦλος μ. 166,
28 pass.
μακάριος μ. ὁ σπουδαῖος Ζ. I 53, 9.
III 150, 16 μακαρίως ζῆν A. I 80,
26. III 190, 15
μᾶλλον τὸ μ. καὶ τὸ ἧττον III 141,
7. 40
μανθάνω ad discendum propensi
sumus III 84, 3
μανία = ἄγνοια αὐτοῦ καὶ τῶν
καθ᾽ αὑτόν III 166, 28 = ἄγνοια πτοι-
ώδης 166, 31 = ἀφροσύνη 166, 31
= animi mala valitudo A. I 82, 40
τὰ εἴδη τῆς μ. enum. III 167, 5
opinionibus falsis laborat A. I 82, 39
οὐδὲ αἱ ψευδεῖς φαντασίαι, οἷον αἱ
κατὰ μ., ἀπηρτημέναι τῶν διὰ τῆς

αἰσθήσεως κατὰ περίπτωσιν ἡμῖν
ἐγνωσμένων II 29, 24 insania vulgi,
primum quod inter se dissideant, de-
inde quod a semet ipsis mutent sub-
inde proposita III 167, 39 τὴν μ. τοῖς
πλείστοις προσάπτεσθαι 167, 3
μαντεύομαι Diog. III 226, 21
μαντική περὶ μ. tit. l. Sph. I 140,
4. Chr. III 201, 16. Diog. 217, 34. Ant.
249, 27 sqq.
ἡ μ. ὑπὸ τῶν Στ. ἀξιουμένη τιμῆς
III 228, 11 κατὰ τὸν αὐτῶν μόνον
λόγον σῴζεσθαι λέγουσι τὴν μ. II
271, 12 διὰ τὸ βιωφελὲς δοκεῖ ὁ Χρ.
ὑμνεῖν τὴν μ. II 270, 28
μ. = ἐπιστήμη θεωρητικὴ καὶ ἐξη-
γητικὴ τῶν ὑπὸ θεῶν ἀνθρώποις διδο-
μένων σημείων II 304, 33. 342, 13
= ἐπιστήμη θεωρητικὴ σημείων τῶν
ἀπὸ θεῶν ἢ δαιμόνων πρὸς ἀνθρώ-
πινον βίον συντεινόντων III 164, 20
artificiosa divinatio : naturalis II
346, 10 sq. artificiosa genera divi-
nandi def., enum. 346, 5
τὰ ἐπιτηδεύματα, ὡς ἡ μ., ἕξεις
μόνον καὶ οὐ διαθέσεις III 25, 11
τέχνη ἡ μ. διά τινας ἐκβάσεις Ζ. I
44, 29. II 342, 24 τῶν μελλόντων
ἁπάντων θεωρητικὴ καὶ προαγορευ-

τική II 270,²5 demonstrat, proventus iam dudum esse decretos II 272, 22 μ. τῶν ἀδήλων δοκούντων εἶναι τοῖς ἄλλοις γνωστική 281,17 concedit aliquid Chaldaeis, cetera quae profiteantur, negat ullo modo sciri posse Diog. III 217, 37 μ. ὑφεστάναι πᾶσαν, εἰ καὶ πρόνοιαν εἶναι Z. I 44, 28. II 342, 23 τὰ εἴδη τῆς μ. εἶναι περὶ τὸν σπουδαῖον e. enum. III 157, 15

μαντικός μόνος ὁ σπουδαῖος μ. III 157, 13

μάντις μὴ τὰς τῶν μ. προρρήσεις ἀληθεῖς ἂν εἶναι, εἰ μὴ πάντα ὑπὸ τῆς εἱμαρμένης περιείχοντο II 270, 15 μόνος ὁ σοφὸς μ. ἀγαθός III 164, 18

μάχαιρα III 129, 22

μάχη κατὰ τὴν ἐλλιπῆ μ. II 82, 8

μαχόμενον cf. ἐναντίον μ. : ἀντικείμενον II 51, 10 τὰ u. (: ἀκόλουθα) λόγῳ γινώσκομεν 43, 15 μ. 70, 24. 27

μεγαλόπολις μ. ὅδε ὁ κόσμος III 79, 39

μεγαλοπρέπεια def. III 66, 30

μεγαλοπρεπής ἡ μουσικὴ ἐπιφαίνει τὸ μ. Diog. III 224, 17

μεγαλότης παρὰ τὸν μέγαν μ. ἀρετὴν τίθεσθαι III 60, 9

μεγαλοψυχία def. III 64, 37. 65, 10. 66, 17. 26. 67, 28. 41 μ. ὑποτάττεται τῇ ἀνδρείᾳ 64, 23. 66, 13 μ. ἀρετή 23, 24 μέρος ἀρετῆς 13, 20 οὔτε ἐπιστήμη, οὔτε τέχνη 23, 28 αὐτάρκης πρὸς τὸ πάντων ὑπεράνω ποιεῖν 13, 20 ἀναιρεῖσθαι τὴν μ., ἂν τὴν ἡδονὴν ἀγαθὸν ἀπολίπωμεν 37, 19

Μεγαρικὰ ἐρωτήματα s. v. ἐρώτημα

μέγας ὁ σπουδαῖος μ. Z. I 52, 33. expl. 52, 34. III 150, 6

μέγεθος ἡ εἰς τὸ ἔξω τονικὴ κίνησις μ. ἀποτελεστική II 149, 1

μέθη def. III 110, 40. 163, 11 μικρὰ μανία ἡ μ. 180, 2 ἀποβλητὴ ἡ ἀρετὴ διὰ μ. 56, 41

μεθύω τὸ μ. διττόν, ἓν = οἰνοῦσθαι, ἕτερον = ληρεῖν ἐν οἴνῳ III 179, 15 οἰνωθήσεται μὲν, οὐ μ. ὁ σπουδαῖος 163, 14 εἰ μ. ὁ σοφός 179, 15 sqq. ὁ καλὸς κἀγαθὸς ἀνὴρ μ. P. I 100, 13

οὐ μ. ὁ ἀστεῖος Z. I 54, 38. 55, 3 οὐχ οἷον μ. τὸν νοῦν ἔχοντα III 163, 10 καὶ ὁ μ. ἔστιν ὅτε νηφάλια φθέγγεται καὶ ποιεῖ, ἀλλ' οὐκ ἀπὸ νηφούσης διανοίας III 138, 17

μείγνυμι cf. συνέρχομαι μεμιγμένα ἀγαθὰ III 24, 36 μικτά 24, 39 θυγατράσι μ. ἀδιάφορον 185, 8. 36

μείς = τὸ φαινόμενον τῆς σελήνης πρὸς ἡμᾶς II 199, 33

μείωσις μ. : αὔξησις II 114, 26 μ. in def. λύπης III 116, 4

μελαγχολία οἷόν τε τὸν τὴν ἀρετὴν ἔχοντα ἐν μ. γενέσθαι III 57, 13 ἀποβλητὴ ἡ ἀρετὴ διὰ μ. 56, 41. 57, 7

μελανότης οὔτε προηγμένον οὔτ' ἀποπροηγμένον περὶ σῶμα III 33, 10

μελέτη ἐν ὀλίγοις κυρίων γίνεσθαι τὰς μ. τῶν κατὰ τὰς ἀρετάς Diog. III 221, 20

μέλλησις def. III 99, 10

μέλλων, μέλλον τὸν παρῳχημένον καὶ τὸν μ. χρόνον ὑφεστάναι μὲν, ὑπάρχειν δὲ οὐδαμῶς II 164, 27. 165, 34 ἀπείρους εἶναι 166, 3 ἀληθὲς ἢ ψεῦδος ἐν τοῖς εἰς τὸν μ. χρόνον ἀξιώμασι 63, 39 et quae non sint futura, posse fieri 276, 31 ἡ τῶν μ. πρόγνωσις III 184, 32. 35 ex praesensione rerum futurarum in animis hominum informatas deorum notiones esse Cl. I 119, 13 ἀγαθὸν μ. III 94, 22 μ. in def. ὁρμᾶσθαι (?) III 40, 13

μέλος (membrum) ἡ ἐν τοῖς μ. συμμετρία ἢ ἀσυμμετρία κάλλος ἢ αἶσχος III 121, 29 ἂν τῶν μ. ἀποκοπῇ τι μέρος πρὸς τὴν τροφὴν χρήσιμον, ἀναλίσκειν αὐτό 186, 13 τὰ μ. τῆς μουσικῆς τὰ μὲν καλὰ καὶ σώφρονα καὶ ἀνδρεῖα, τὰ δὲ δειλὰ καὶ ἀκόλαστα καὶ αἰσχρὰ Diog. III 221, 23 μὴ μόνον τὰς ψυχὰς διατιθέναι πως, ἀλλὰ καὶ τὰ σώματα 227, 6 sq. εὐχρηστεῖν καὶ πρὸς σύνεσιν 233, 19 τὸ μ. καὶ στάσεων καὶ ταραχῶν καταπαυστικόν 234, 29 ἐπεγείρειν καὶ τὴν διάνοιαν ἐπιτείνειν πρὸς τὴν ὁμειλίαν καὶ τὴν ἁρμόττουσαν ἀναστροφήν 228, 25 διὰ τοῦ μ. πολίτας

ἀντιπαρατεταγμένουςδιαλλαγῆναι 232,
33 συνεργεῖν πρὸς ὀρθὴν ἀναστροφὴν
ἔρωτος 229, 9 πρὸς τὴν ἐρωτικὴν ἀρε-
τὴν 230,15 πρὸς τὴν συμποτικὴν ἀρε-
τὴν 230, 24 τὰ μ. πρὸς θεῶν τιμήν,
οὐ μόνον κοινῶς, οἰκεῖόν τι ἔχειν,
ἀλλὰ καὶ κατὰ τὰς διαφορὰς τῶν δαι-
μόνων 233, 4 τὰ μαντευόμενα ἔχειν
φύσει τὸ μ. κινητικὸν καὶ παραστατι-
κὸν πρὸς τὰς πράξεις 226, 22
πρέπον μ. καὶ ἀπρεπές Diog. 234, 6
ἐν μ. καὶ ῥυθμοῖς πρέπον καὶ ἀπρεπές,
καλὸν καὶ αἰσχρόν 233, 33

μένω cf. μονή
μ. τὸ κατέχον τὸν αὐτὸν τόπον καὶ
καθέξον II 161, 37 καὶ ἐπὶ τῶν ἀσω-
μάτων ἀντὶ τοῦ μὴ κινεῖσθαι 161, 40
τὸ μ.: ἠρεμεῖν : ἀκινητεῖν 161, 35

μερισμός def. Diog. III 215, 9.
Crin. 268, 24

μεριστός ἄθρουν μ. ἀνύειν διάστημα
II 160, 16

μέρος περὶ τῶν μ. tit. l. Chr. III
201, 21
μ. τοῦ λόγου II 31, 27 τὰ τοῦ λόγου
μ. πέντε enum. II 44, 44. Diog. III
213, 25 ἓξ enum. Ant. III 247, 24
οὔτε ἕτερον τοῦ ὅλου τὸ μ. οὔτε τὸ
αὐτό II 167, 15. III 18, 33 μὴ ἀπο-
λείπουσιν ἐλάχιστα μ. σώματος II 159,
16, οὐ παύσεται τὰ μ. τοῦ ὑπολειπο-
μένου μεριζόμενα 159, 5 μηδὲν μ.
ἔσχατον μηδὲ πρῶτον ἀπολείπουσι
159, 22 οὐδὲν τῶν ἐσχάτων μ. ὑπο-
ληπτέον 158, 32
οἰκειούμεθα πρὸς αὐτοὺς εὐθὺς γε-
νόμενοι τὰ μ. III 43, 24
ἔστι τῆς ψυχῆς μ., δι᾽ ὧν ὁ ἐν αὐτῇ
λόγος συνέστηκε III 122, 3 τὸ λογι-
κὸν καὶ τὸ παθητικὸν τὸ αὐτὸ τῆς
ψυχῆς μ. 111, 19 καλὴ ἢ αἰσχρὰ
ψυχὴ κατὰ συμμετρίαν καὶ ἀσυμμετρίαν
τῶν μ. 121, 36
tres philosophiae partes non sepa-
ratae, sed mixtae II 16, 26 quo or-
dine tradendae sint 16, 29. 17, 3 μ.:
μόριον: ὄργανον 19, 3 sqq. τὰ μ. τῆς
φιλοσοφίας τόπους καλεῖ Apollod. III
259, 9 εἴδη Eudr. III 268, 15 τὸ
ἠθικὸν μ. III 3, 1 pass. ἡ τῶν κατὰ

μ. λογική 26, 42 τὰ μ. τῆς φιλοσο-
φίας vid. s. v. φιλοσοφία.

μέσον cf. ἀδιάφορον
ὁρῶν τῶν ἀνὰ μ. tit. l. Chr. II 8, 35
μ. ἀξίωμα τὸ οὔτε ἀόριστον οὔτε
ὡρισμένον II 67, 2
ἡ ἐπὶ τὸ μ. φορά Z. I 27, 28. 33.
28, 4. II 175, 12 ὁ κόσμος ἐν μ. ἵδρυ-
ται II 174, 7 τὸ πῦρ ἐν τῷ μ. τοῦ
κόσμου, οὐχ ἡ γῆ Arch. III 264, 4
γῆ μ. ἁπάντων Z. I 29, 24 γῆ τὴν μ.
χώραν ἔχει Z. 28, 2 τὸν κατὰ φύσιν
τόπον ἔχει ἡ γῆ, τὸν μ. II 195, 4
ἐκφλογισθέντος τοῦ παντὸς συνίζει τὸ
μ. αὐτοῦ πρῶτον Cl. I 111, 17 τὸ
ἔσχατον τοῦ πυρός, ἀντιτυπήσαντος
αὐτῷ τοῦ μ., τρέπεσθαι πάλιν ποιεῖν
εἰς τοὐναντίον τὸ μ. Cl. I 111, 19
μ.: σπουδαῖα, φαῦλα II 50, 36 τὰ
ἀναμέσον II 41, 15. 18 est et horum,
quae media appellamus, grande dis-
crimen III 29, 8 οὐδὲν μέσον εἶναι
ἀρετῆς καὶ κακίας III 143, 15 τοιαῦτα
τἀγαθά ἐστιν τοῖς ἀνθρώποις, ὥστε
τὰ κακὰ τῶν ἀνὰ μ. προτερεῖν III
188, 25 τοῖς κατὰ φύσιν et παρὰ φύσιν
alia interiecta et media Z. I 47, 33
media omnia fortunae dant II 281, 43
ἔστι καὶ ἐν τοῖς μ. τι καθῆκον III
135, 15. 39 in rebus mediis aliquid
agere sapientem 135, 37 τῶν μ. ἐστὶ
τὸ θέλειν τὰ καλὰ καὶ τὸ τρέχειν ἐπὶ
τὰ καλὰ III 143, 35 τὰ μ. τὰ ἐμπερι-
λαμβανόμενα τῶν ἐπιτάσεων συμβαι-
νουσῶν 142,12 μ. καθήκοντα vid. s. v.
καθῆκον, μ. πρᾶξις s. v. πρᾶξις, μ.
τέχνη s. v. τέχνη

μέσος ὁ μ., ὁ μήτε φαῦλος μήτε
σπουδαῖος, οὔτε ἁμαρτάνει οὔτε κατορ-
θοῖ III 139, 38

μεσότης λόγοι μεταπίπτοντες πρὸς
τὴν μ. tit. l. Chr. II 7, 23
μ. μέρος λόγου Ant. III 247, 25
τὰς μ. ἐναντίας εἶναι e. s. II 50, 1

μεταβάλλω cf. μεταβολή, τρέπω
τὴν οὐσίαν μ. οἷον εἰς σπέρμα τὸ
πῦρ Z. I 32, 4. 8. Cl. 115, 1. II 183, 42.
184, 13 μ. ὁ κόσμος εἰς φλόγα Cl. I
114, 35 τὸ πῦρ μ. εἰς ἑαυτὸ τὴν
τροφήν Z. I 34, 24 ὁ ἥλιος μ. εἰς

ἑαυτὸν πάντα τὰ ἄστρα Cl. I 114, 28
ἡ γῆ μ. εἰς ὕδωρ Cl. I 111, 7
τὸ ἡγεμονικὸν διόλου τρεπόμενον
καὶ μ. ἐν τοῖς πάθεσι Z. I 50, 7. III
111, 20
ὁ σοφὸς οὐ μ. III 147, 23
μετάβασις κατὰ μ. νοεῖται τὰ λεκτὰ
καὶ ὁ τόπος II 29, 18
μ. in def. κινήσεως II 160, 34
μεταβατικός τῇ μ. φαντασίᾳ ὁ
ἄνθρωπος τῶν ἀλόγων διαφέρει II
43, 20. 74, 7
μεταβλητός δι' ὅλων μ. ἡ ὕλη II
115, 6. 116, 21
μεταβολή πάσας δέχεται ἡ οὐσία
τὰς μ. καὶ ἀλλοιώσεις II 114, 36 πρώτη,
δευτέρα, τρίτη μ. 136, 20 ἡ μ. κατὰ
τὴν τῶν ποιοτήτων ἀμοιβὴν γίνεται
135, 6 ἡ κρᾶσις γίνεται τῇ εἰς ἄλ-
ληλα τῶν στοιχείων μ. Z. I 28, 20
τὴν τῶν στοιχείων μ. χύσεσι καὶ πιλή-
σεσιν ἀναφέρουσι II 134, 12 μ. πυρὸς
εἰς ἀέρα 142, 3 ἡ τοῦ ὅλου μ. καὶ
φθορά 183, 26 pass.
μ. in def. κινήσεως II 160, 24 pass.
τὸ ἡγεμονικὸν διόλου τρεπόμενον
καὶ μεταβάλλον ἐν τοῖς πάθεσι καὶ
ταῖς κατὰ ἕξιν ἢ διάθεσιν μ. Z. I 50, 8.
III 111, 21 ἡ μ. τῶν παθῶν 119, 1
μετάδοσις μ. χάριτος III 170, 1
μεταδοτική μ. καὶ ἐπιδοτικὴ =
χρηστότης III 27, 9
μετάθεσις κατὰ μ. νοεῖται τινὰ e. s.
II 29, 16 κατὰ μ. κινεῖται τὰ ἄψυχα
205, 3
μεταλαμβάνω τὸ μ.: προσλαμβα-
νόμενον II 85, 16. 86, 26 sq.
μετάληψις περὶ μ. tit. l. Cl. I
133, 4. 6 αἱ εἰς τὰς ἰσοδυναμούσας
λέξεις μ. II 85, 2.
μέταλλα ὑπὸ φύσεως καὶ ψυχῆς
συνέχεται καὶ τὰ μ. II 287, 39 τὰ
ἐκκοπέντα τοῦ μ. ὑπὸ ἕξεως μόνης
συνεχόμενα 288, 40
μεταλλαγή κίνησις μ. κατὰ τόπον
ἢ σχῆμα II 160, 25 pass.
μεταλλευτόν τὸ μ. εἶδος τῆς γῆς
II 144, 10
μεταμέλεια def. III 100, 32. 149, 20
numquam sapientem poenitentia subit

149, 33 ὁ φαῦλος παρ' ἕκαστα μ.
συνεχόμενος 149, 20
μετανοέω οὐ μ. ὁ νοῦν ἔχων III
147, 21
μετάνοια τὴν μ. ἔχεσθαι ψευδοῦς
συγκαταθέσεως III 147, 22
μεταξύ ἀδιάφορα τὰ μ. ἀρετῆς καὶ
κακίας III 28, 25 τὰ μ. τῶν ἀγαθῶν
καὶ κακῶν 17, 24. 28, 19 quae in
medio sunt, neque honesta neque
turpia, neque bona neque mala 44, 9
ἄνευ τῶν μ., ἃ ὕλης ἐπέχει τάξιν,
οὔθ' αἱ ἀγαθαὶ οὔθ' αἱ κακαὶ συνίσταν-
ται πράξεις 27, 20 ἐπιστήμη δεινῶν
καὶ οὐ δεινῶν καὶ τῶν μ. 67, 27. 38
in def. ἀνδρείας pass. μ. in def.
κόσμου II 192, 36
μεταπείθω μεταπεισθῆναι οὐ σπου-
δαίων εἶναι II 40, 28
μεταπίπτω λόγοι μ. tit. l. Chr.
II 7, 22
ἀξιώματα μ. ἀπεριγράφως II 67, 17
in falsum e vero praeterita non pos-
sunt convertere 276, 42 οἱ τοῖς δόγ-
μασι μ. III 147, 25
μεταπολέω II 293, 30
μετάπτωσις ἀξιωμάτων ἐξ ἀληθῶν
εἰς ψεύδη II 64, 25. 67, 27
μεταπτωτικός μ. δόξα II 41, 9
ἄγνοια = μ. συγκατάθεσις Z. I 20, 12.
III 147, 2
μετάπτωτος τὰ πάθη τοῦ ἡγεμο-
νικοῦ ἐνέργειαι ἐν ὀλίγῳ μ. III 111, 36
μετατίθημι οὐ μ. ὁ σοφὸς III
147, 24
μετέχω τὸ μ. ἀρετῆς III 17, 18.
19, 24 μ. κακίας 19, 31 τὰ μ. τῶν
ἀγαθῶν, ὡς αἱ καλαὶ πράξεις 27, 19
ὁ σπουδαῖος ὁ μ. τῆς ἀρετῆς 19, 26
ὅσα μ. κινήσεως καὶ σχέσεως κατὰ
τοὺς σπερματικοὺς λόγους 34, 30
μετεωρολογική ἀρετὴ def. III 74, 13
μετόπωρον cf. φθινόπωρον
μ. = ὥρα ἔτους ἡ μετὰ θέρος μὲν,
πρὸ χειμῶνος δὲ κεκραμένη II 201, 35
τῇ παλινδρομίᾳ τοῦ ἡλίου ἀφ' ἡμῶν
γίνεται 201, 31
μετοχή τὰ μὲν πρῶτα κατὰ φύσιν,
τὰ δὲ κατὰ μ. def. e. s. III 34, 27. 30
μέτοχος τὸ μ. ἀρετῆς III 6, 18

Μήδεια tit. l. H. I 91, 19
μῆκος *def.* II 123, 5 τὸ μ. σῶμα εἶναι 127, 13
μήν = ἡ τοῦ δρόμου τῆς σελήνης περίοδος II 199, 32 μ. : σελήνη 315, 13 ὁ μ. σῶμα 198, 1 divinam vim tribuit mensibus Z. I 43, 14
μῆνις *def.* III 96, 16. 41. 102, 1 εἶδος ὀργῆς 96, 4 ὑπὸ τὴν ἐπιθυμίαν ὑποτάττεται 96, 23
μήτηρ δεῖν μίγνυσθαι ταῖς μ. τοὺς παῖδας III 185, 17. 37 καὶ τὴν μ. ἐκ τοῦ υἱοῦ τεκνοποιεῖσθαι 185, 28
Μῆτις Ζεὺς τὴν Ἀθηνᾶν γεννᾷ ἐκ τῆς Μ. καταποθείσης ὑπ' αὐτοῦ II 256, 27 Μ. λέγεται καταποθῆναι, ὡσανεί τις φρόνησις καὶ τῶν κατὰ τὸν βίον τέχνη 257, 33 τὸ ἡγεμονικὸν φρόνησις, διὸ καὶ Μ. καλεῖται III 217, 20
μιαρός οἱ φαῦλοι μ. III 165, 43
μικρός in tit. Chr. II 8, 9
μικροψυχία κακία III 23, 30 οὔτε ἄγνοια οὔτε ἀτεχνία 23, 34
μῖξις = σωμάτων ἀντιπαρέκτασις δι' ὅλων II 153, 6 = σωμάτων διαφερόντων οὐκ ἐν κόσμῳ παράθεσις 153, 29 μ. ἐν τῇ τοῦ κόσμου γενέσει Z. I 28, 20. 33
μίμησις τῇ ποιητικῇ ἀνάλογον εἶναι τὴν μουσικὴν κατὰ τὴν μ. Diog. III 233, 39
μισανθρωπία *def.* III 104, 45 odium in hominum universum genus nasci a metu 104, 3 μ. κατὰ προσκοπὴν γινόμενον 103, 1
μισθός εἰσπράττονται τὸν μ. οὐ πάντας οἱ νοῦν ἔχοντες ὡσαύτως III 176, 3 πότερον ὁ σοφὸς εὐθὺς δεῖ τὸν μ. λαμβάνειν ἢ καὶ χρόνον τοῖς μαθηταῖς διδόναι 176, 8
μισθωτός : δοῦλος III 86, 13. 21
μισογυνία *def.* III 104, 44 nasci a metu 104, 2 μ. κατὰ προσκοπὴν γινόμενον 103, 1
μισοινία inhospitalitas *def.* III 104, 42 nascitur a metu 104, 4 μ. κατὰ προσκοπὴν γινόμενον 103, 1
μισοπονηρία ἀνύπαρκτος ἡ μ. III 168, 14

μῖσος *def.* III 96, 25 ὑπὸ τὴν ἐπιθυμίαν ὑποτάττεται 96, 23
μνήμη = θησαυρισμὸς φαντασιῶν Z. I 19, 16. II 23, 20 = μόνιμος καὶ σχετικὴ τύπωσις II 229, 43 ἀπελθόντος τοῦ αἰσθητοῦ μ. ἔχουσιν· ὅταν δὲ ὁμοειδεῖς πολλαὶ μ. γένωνται, ἔχειν ἐμπειρίαν II 28, 17 sine adsensione non posse constare memoriam 35, 16 ἐν τῷ σοφῷ πᾶσα μ. τὸ ἀσφαλὲς ἔχουσα εὐθύς ἐστιν ἐπιστήμη III 51, 15 ὁ σοφὸς ἐν πολλαῖς καταλήψεσι καὶ μ. καταλήψεων γεγονώς, ὀλίγας πρὸς αὐτὸν ἡγεῖται 51, 11 αἱ μ. σώματα II 230, 2 μ. προηγμένον περὶ ψυχήν III 32, 42 μ. Apolloph. I 90, 24
μνηστεία πῶς χρὴ τὴν μ. ποιήσασθαι Ant. III 254, 5
Μοῖρα Μ. θεά II 267, 40 τρεῖς εἶναι τὰς Μ. 319, 22 cur tres Parcas esse voluerint 181, 23 Μ. = οἱ τρεῖς χρόνοι 265, 15 καλεῖσθαι ἀπὸ τοῦ κατ' αὐτὰς διαμερισμοῦ 264, 24. 265, 13
μοιχεία μ. ἔργον παρὰ φύσιν III 102, 36 μ. ἔστιν αἰσθέσθαι 21, 33 ἡ ἐπὶ μ. ζηλοτυπία παρὰ τοῖς σοφοῖς περιαιρεθήσεται 183, 12. 14
μοιχεύω ἐκκλίνουσι τὸ μ. διὰ τὸ κοινωνικόν Z. I 58, 11. III 183, 15
μοιχός Cl. I 132, 2
μονάς τὴν μ. ἓν πλῆθος καλοῦσι II 160, 12
μονή πολλαχῶς λέγεσθαι τὴν μ. II 160, 29 = τὸ μὲν οἷον ἀκινησία σώματος, τὸ δὲ οἷον σχέσις σώματος κατὰ ταὐτὰ καὶ ὡσαύτως 160, 27 τὴν μ. ἐν τῷ βίῳ οὐ τοῖς ἀγαθοῖς δεῖ παραμετρεῖν III 188, 7 γίνεται τοῖς φαύλοις μ. ἡ ἐν τῷ ζῆν 188, 2 μ. ἀτάραχος ἀγαθὸν ἐν σχέσει 26, 29
μονολήμματος μὴ εἶναι λόγους μ. II 84, 10
μόριον μ. φιλοσοφίας : μέρος II 19, 9 sq. τὰ τοῦ λόγου μ. 41, 29 στερητικὸν ·μ. 66, 12 ἀρνητικὸν μ. 66, 10 ἀόριστον μ. 66, 16. 67, 1 μ. τοῦ σώματος : στοιχεῖα III 122, 19 τὸ ἡγεμονικὸν μ. s. v. ἡγεμονικόν
μορφόω τὰ στοιχεῖα μεμορφῶσθαι II 111, 7 μορφοῦντα τὴν ὕλην 112, 30

Μοῦσαι = παιδευτικαί ἐπιστῆμαι Diog. III 235, 1 λελέχθαι ἀπὸ M. μουσικήν 228, 19 τῷ τὸ μέλος συμβάλλεσθαι πρὸς τὴν ἐρωτικὴν ἀρετὴν μία τῶν M. Ἐρατὼ ὠνόμασται 230, 17 **μουσική** cf. ἁρμονικόν, ῥυθμικόν; μέλος, ἐγκώμιον, θρῆνος, ὑμέναιος περὶ μ. l. Diog. III 221 pass. ἀπὸ Μουσῶν λελέχθαι μ. Diog. III 228, 19 ὁ λόγος, Ἑρμῆς, ἐπήγαγε τὴν μ. 235, 2 ἡ μ. : γυμναστικὴ : γραφικὴ 222, 8 μιμητικὸν ἡ μ. 224, 13 τῇ ποιητικῇ ἀνάλογον κατὰ τὴν μίμησιν καὶ κατὰ τὴν ἄλλην εὕρεσιν 233, 38 τῇ κριτικῇ παραπλησίαν τινὰ θεωρίαν ἔχει 233, 32 τῶν κοινῶν τι ἡ μ. 222, 14 πότερον οἴσεταί τινας ἀρετὰς ἢ τίνας Diog. III 222, 1 τὴν περὶ μ. φιλοτεχνίαν οἰκείως διατιθέναι πρὸς πλείους ἀρετάς, μᾶλλον δὲ πρὸς πάσας 234, 10 τὰς μελέτας τῶν κατὰ τὰς ἀρετὰς στοιχειοῦσθαι συμβαίνει διὰ τῆς μ. 221, 22 ἡ ἔννομος καὶ σπουδαζομένη μ. ἕνεκα τῆς πρὸς τὸ θεῖον συνετάχθη τιμῆς, ἔπειτα τῆς τῶν ἐλευθέρων παιδείας 224, 28 ἡ μ. πρὸς ἀγωγὴν παραλαμβάνεται παίδων εἰς ὑποτύπωσιν ἀρετῶν 228, 28 ἤδη

πρὸ τοῦ λογισμὸν ἔχειν καὶ σύνεσιν ἅπτεται ἡ μ. δύναμις παιδικῆς ψυχῆς 222, 16 τὰ μέλη τῆς μ. τὰ μὲν καλά, τὰ δὲ αἰσχρὰ ὡς συνεπιφερούσης τὰς τοιαύτας διαθέσεις 221, 23 περιγίνεσθαί τι πρὸς γενναιότητα καὶ σωφροσύνην καὶ εὐταξίαν διὰ τῆς μ. τῆς πρὸς τὰς χορικὰς ὀρχήσεις προσηγμένης 226, 9. 17 ἡ τῆς μ. πρὸς τὰς πολεμικάς, γυμναστικάς, ἀθλητικὰς ἐνεργείας συνεργία 225, 32 ἡ μ. πάσας τῶν ἠθῶν ποιότητας ἐπιφαίνει ἐναργῶς 224, 16 δύναται ἀκίνητον ψυχὴν ἐγείρειν ἢ φερομένην πραΰνειν 223, 35 καὶ τὴν ψυχὴν ἀφίησι καὶ ἀφιλαροῖ 231, 33 πρὸς πλεῖστα ἐπὶ τοῦ βίου χρησιμεύει 234, 10 ἔχει τι πρὸς φιλίαν οἰκεῖον 231, 29 δυνατὴ παραμυθεῖσθαι τὰς ἐν ἔρωτι δυσπραξίας 230, 13 ἡ οἰκειότης τῆς μ. πρὸς τὰ συμπόσια 231, 10

μοχθηρία ἡ μ. τοῦ ἤθους ἀναπίμπλησι τὸ εἶδος III 181, 13

μοχθηρός μ. ἕξεις III 24, 10 αἱ μ. δόξαι 41, 23 οἱ προκόπτοντες μ. διαμένουσι 144, 1

μυῖα III 51, 4. 8

μύρμηξ III 90, 9

N

ναυαγέω τί ὄφελος φρονήσεως μέλλοντι ν.; III 50, 28
ναυαρχία εἶδος τῆς ἀρχικῆς ἐπιστασίας, τοῖς ἀστείοις κατανέμεται III 158, 25
νέμεσις def. III 100, 37 οὐκ ἔστι μὲν ν., οὐκ ἔστι δὲ νόμος II 295, 30
νέος αἰσχροὺς εἶναι τοὺς ν., φαύλους ὄντας καὶ ἀνοήτους, καλοὺς δὲ τοὺς σοφούς III 181, 6 ἐρασθήσεται ὁ σοφὸς τῶν ν. τῶν ἐμφαινόντων διὰ τοῦ εἴδους τὴν πρὸς ἀρετὴν εὐφυΐαν 180, 15
νεῦρον ἰσχὺς τοῦ σώματος = τόνος ἱκανὸς ἐν ν. III 68, 30 ἡ ἐν ν. συμμετρία ἢ ἀσυμμετρία ἰσχὺς ἢ ἀσθένεια καὶ εὐτονία ἢ ἀτονία 121, 27 ἔστι τις ἐπιτελεστικὴ κατάστασις καὶ ἐν-

δοτική, τῶν ν. προεκλελυμένων καὶ ἀνειμένων 123, 23 κατὰ μεταφοράν τινας λέγομεν ν. ἔχειν 123, 26
νευρώδης οἱ ἐπὶ τοῦ σώματος τόνοι ἄτονοι καὶ εὔτονοι κατὰ τὸ ν. III 123, 17 καὶ ἐπὶ ψυχῆς τοιοῦτο ν. 123, 24
νήπιος cf. παῖς τῷ ν. παραινέσεως καὶ διδασκαλίας χρεία III 140, 2 sq.
νῆσος def. II 168, 23
νηστεύω „ν. ἀργότερον ἐσθίειν ἢ προφαγόντας" III 146, 19
νήφω III 138, 18
νικάω ν. ὑπὸ τῶν παθῶν III 129, 9
νίκη διὰ τί τὴν ν. τὴν ἐν Ὀλυμπίασιν ἐπαινουμένην πρὸς τῶν πολλῶν ἀκούομεν ὡς ἀγαθόν III 55, 11

7*

νοερός πνεῦμα ν. II 299, 11 τὰ ἄστρα ν. Z. I 34, 22 σῶμα ν. ὁ θεός II 113, 17 θεὸς = πῦρ ν. 307, 2 ν. θεὸν ἀποφαίνονται 306, 19 ὁ κόσμος ν. II 191, 34. 192, 7 pass. Apollod. III 260, 28. Z. I 32, 37. 33, 2 pass. ν. ὢν ὁ κόσμος καὶ θεὸς καθέστηκε II 303, 34

νοέω τὰ ν. quot modis oriantur ex sensibus II 29, 9

νόημα τὸ ἐν τῇ ψυχῇ II 47, 40 τὰ ν. ἐκφορικὰ καλοῦσι 77, 10 διαφορὰ οὐσίας εἰς ἓν ν. ἀπολήγουσα = τὸ κοινὸν τῆς ποιότητος 126, 21

νόησις ὁ περὶ ν. λόγος II 21, 8 αἱ λογικαὶ φαντασίαι = ν. 24, 22 ἐπίνοια = ν. ἐναποκειμένη, ν. = λογικὴ φαντασία 29, 31 πᾶσα ν. ἀπὸ αἰσθήσεως γίνεται 29, 21

νοητός ν. οὐσίας ἀναιροῦσι Στ. II 33, 28 τὸ γενικὸν ν.: τὸ εἰδικὸν αἰσθητόν 28, 1 τὸ ἀξίωμα ν. 63, 18 τὸ σημεῖον ν. 72, 29 κινεῖσθαι τὴν λογικὴν δύναμιν τῆς ψυχῆς ὑπὸ τῶν ν. 230, 25

νομικός νόμιμος : ν. def. III 158, 15 ὁ σοφὸς μόνος ν. 158, 22 οὐδεὶς τῶν φαύλων ν. 158, 16. 22

νόμιμος ὁ ν. def. III 158, 14 ν. : νομικός ib. quis sit ν. 82, 20 ν. ἀνὴρ κοσμοπολίτης 82, 23 ὁ ν. ἀστεῖος 158, 13 μόνος ὁ σοφὸς ν. 158, 20 οὐδεὶς τῶν φαύλων ν. 158, 16 ν. in def. ἀρχῆς 81, 21

νομοθετέω τὸ ν. οἰκεῖον τοῖς σπουδαίοις III 158, 2

νομοθέτης μόνος ὁ σοφὸς ν. III 81, 31. 159, 24

νομοθετική ἀρετὴ def. III 67, 17. 74, 20

νόμος περὶ ν. tit. l. Z. I 14, 32. Cl. 107, 25. Sph. 140, 3. Chr. III 201, 24. Diog. 221, 17
legem Graeco nomine a suum cuique tribuendo appellatam III 78, 7 ν. = λόγος φύσεως προστακτικὸς μὲν ὢν πρακτέον, ἀπαγορευτικὸς δὲ ὢν οὐ ποιητέον III 78, 2. 79, 40 = λόγος ὀρθὸς προστακτικὸς μὲν ὢν ποιητέον, ἀπαγορευτικὸς δὲ ὢν οὐ ποιητέον II 295, 31. III 81, 23. 158, 11. 19

= recta ratio in iubendo et vetando III 78, 28. 87, 44 pass. = recta ratio imperandi atque prohibendi 79, 9 legem vim obtinere recta imperantem prohibentemque contraria Z. I 42, 36 φύσει εἶναι τὸν ν. III 76, 5 λόγος = φύσει ν. II 169, 29 naturalis lex divina Z. I 42, 35 deus divina naturalisque lex Z. I 42, 38 ὁ ν. θεός II 315, 23 ὁ ν. ὁ κοινός, ὅσπερ ἐστὶν ὁ ὀρθὸς λόγος, διὰ πάντων ἐρχόμενος, ὁ αὐτὸς ὢν τῷ Διί Z. I 43, 1. III 4, 2 lex vera atque princeps ratio est recta summi Iovis III 78, 23 princeps lex mens omnia ratione cogentis aut vetantis dei 78, 15 legis perpetuae et aeternae vis = Iuppiter II 316, 8 leges teneri fatalibus condicionibus e. s. II 272, 7 naturalis lex atque divina omnium principium Z. I 42, 39 mundum lege firmatum ipsumque deum esse sibi legem Z. I 43, 5 a lege ducendum iuris exordium III 78, 8 lex : ius 78, 29
ν. πάντων βασιλεὺς θείων καὶ ἀνθρωπίνων πραγμάτων III 77, 34 προστάτης τῶν καλῶν καὶ τῶν αἰσχρῶν καὶ κανὼν δικαίων καὶ ἀδίκων ib. τὸ κατόρθωμα ν. πρόσταγμα, τὸ ἁμάρτημα ν. ἀπαγόρευμα 140, 8 ὁ ν. πολλὰ τοῖς φαύλοις ἀπαγορεύει, προστάττει δὲ μηδέν 140, 9 παραίτιον γενέσθαι παρανομήματος ἀπαγορεύει ὁ ν. 71, 12 ὁ ν. σπουδαῖος 81, 5. 158, 11. 18 omnis lex laudabilis 78, 33 legem haberi in rebus optimis 79, 4 δέδωκε τοῖς σοφοῖς παντελῆ ἐξουσίαν ὁ ν. 154, 23 ὅσοι μετὰ ν. ζῶσιν, ἐλεύθεροι 87, 44 legi qui non parebit, ipse se fugiet ac naturam hominis aspernabitur 80, 30
inter homines et deos communio legis III 83, 7 sq. τοὺς ἀνθρώπους καὶ τοὺς θεοὺς ὑφ᾽ ἑνὶ ν. κεκοσμῆσθαι 82, 18 ἡ μεγαλόπολις, ὅδε ὁ κόσμος, χρῆται ν. ἑνὶ 79, 39 ἐνάρετος ἡ πολιτεία ν., οἳ μόνον τὸ καλὸν ἀγαθὸν εἰσηγοῦνται 81, 19 ἀφρόνων πολιτεία οὐκ ἔστιν οὐδὲ ν. Diog. III 241, 36 τοὺς κειμένους ν. ἡμαρτῆσθαι ἅπαντας III 80, 18 τὰ δόξαντα συμφέρειν κοινῇ τοῖς ὁμογνώμοσιν ὁμίλοις ταῦτα

ν. ἐπεφήμισαν 80, 10   προσθῆκαι οἱ κατὰ πόλεις ν. τοῦ τῆς φύσεως ὀρθοῦ λόγου 80, 12

νοσερός ὑγιεινά : ν. def. III 156, 31 **νοσέω** τῷ ἀγαθῷ τὸ ν. οἷον προσκόψαι III 36, 40 ὁ σοφὸς ν. ἰατροῖς τελεῖ μισθοὺς 174, 6 καὶ κατὰ ψυχήν τινας λέγομεν ν. 121, 1

νόσημα = δόξα ἐπιθυμίας ἐρρυηκυῖα εἰς ἕξιν καὶ ἐνεσκιρωμένη, καθ' ἣν ὑπολαμβάνουσι τὰ μὴ αἱρετὰ σφόδρα αἱρετὰ εἶναι e. s. III 102, 37. 104, 31 = οἴησις σφόδρα δοκοῦντος αἱρετοῦ 103, 6 = iudicium in pravo pertinax, tamquam valde expetenda sint, quae leviter expetenda sunt 105, 1 = nimis imminere leviter petendis vel ex toto non petendis etc. 105, 3

  ν. εἴδη 104, 37
  ν. : ἀρρώστημα III 103, 1
corporis morbi cum animi comp. III 103, 18. 27. 104, 7   τὰ πρῶτα ν. τέτταρα, τὸ θερμόν, τὸ ψυχρόν, τὸ ὑγρόν, τὸ ξηρόν II 216, 12   ν. γίγνεται τὰ κατὰ δίαιταν ὑπερβάλλοντος ἢ ἐλλείποντος τοῦ θερμοῦ καὶ ψυχροῦ καὶ ὑγροῦ καὶ ξηροῦ Ζ. I 37, 14   ὅταν εἰς μόνιμον ἀφίκηται διάθεσιν ἡ ἀλλοίωσις III 105, 8 morbi partes sunt vitiositatis 104, 20   omnes ex aspernatione rationis eveniunt 104, 27 in hominibus solum existunt 104, 28   τὰ παιδία εἰς ν. οὐκ ἐμπίπτει 128, 1 morbi oriuntur ex libidine et ex laetitia 103, 34   σχέσεις αἱ κακίαι καὶ τὰ ν. e. enum. II 269, 29   ἕξεις μόνον τὰ ν. e. enum. III 25, 17   morbi animorum corpora 21, 4 difficilius evelli possunt quam vitia 105, 11

νόσος quomodo in corpore est morbus, sic in animo III 104, 8. 120, 33 ἡ τῆς ψυχῆς ν. ὁμοιοτάτη τῇ τοῦ σώματος πυρετώδει καταστάσει 117, 1 τῇ τοῦ σώματος ἀκαταστασίᾳ 121, 15 σώματος ν. = ἡ ἀσυμμετρία τῶν ἐν αὐτῷ, θερμοῦ καὶ ψυχροῦ, ξηροῦ καὶ ὑγροῦ 121, 16. 27 = totius corporis corruptio 104, 8 ἅπασα ν. ἡ δυσκρα-

σία ἢ διαίρεσις II 216, 17 εἰ αἱ τῶν ἀνθρώπων ν. κατὰ φύσιν γίνονται 336, 9 ν. παρὰ φύσιν εἶναι III 34, 17 ν. ἀδιάφορον Ζ. I 47, 25. III 17, 21. 28, 7. 36, 8. 14. 60, 34. Apollod. 261, 9 ν. ἀποπροηγμένον III 29, 37 ἀποπροηγμένον ἐπὶ τῶν σωματικῶν 31, 7 οὐ πάντως ἀποπροηγμένον A. I 83, 22 satis habet causae, quam ob rem reiceretur III 31, 33 ὑγίειαν ἀντὶ ν. αἱρούμεθα 30, 11   ν. μὴ φευκτὰ καὶ βλαβερά 35, 30   τὴν ψυχὴν οὐκ εἰς κακίαν ἡ ν. καθέλκει 36, 8. 13 εὐλόγως ἐξάξει ἑαυτὸν τοῦ βίου ὁ σοφός, ἂν γένηται ἐν ν. ἀνιάτοις 187, 35

νουμηνία cf. μήν
ν. σῶμα II 197, 44

νουνέχεια def. III 64, 29. 66, 8 ὑποτάττεται τῇ φρονήσει 64, 21. 66, 3
νουνεχόντως ν. ποιεῖ ὁ σοφός III 180, 21

νοῦς ν., μέρος τῆς ψυχῆς, ἐν τοῖς λογικοῖς μόνοις φαινόμενος A. I 87, 2 ν. καὶ φρένες = φρόνησις III 27, 8 θύραθεν εἰσκρίνεσθαι τὸν ν. Cl. ? I 118, 7 ἅμα τῷ ἀνιέναι τοὺς σωφρονιστῆρας (ὀδόντας) καὶ τὸ σῶφρον τοῦ ν. λαμβάνειν ἡμᾶς Cl. 118, 14 ἡ αὐτὴ δύναμις κατ' ἄλλο μὲν ἐστι ν., κατ' ἄλλο δὲ αἴσθησις II 230, 17 ν. ἀπολείπει κριτήριον B. II 33, 6. III 265, 3 τὸν ν. καὶ ἐν τοῖς φαυλοτάτοις εἶναι θεῖον ὄντα II 307, 24 εἰς ἅπαν τοῦ κόσμου μέρος διήκει ὁ ν. II 192, 4 ὁ ἀνωτάτω θεὸς ν. ἐν αἰθέρι 306, 24 θεὸς ν. κόσμου πύρινος Ζ. I 42, 7 θεὸς ν. Ζ. 42, 13 δεῖ ἔχειν τὸ θεῖον ἐν μόνῳ τῷ ν., μᾶλλον θεὸν ἡγεῖσθαι ν. Ζ. 40, 5 ἓν θεὸς καὶ ν. καὶ εἱμαρμένη Ζ. I 28, 22. II 179, 35 ὁ ν. ἔχων = σοφός III 147, 22. 25. 149, 16. 168, 18. 176, 3. 180, 32

νῦν ἀρμή τις καὶ συμβολὴ τοῦ παρῳχημένου χρόνου καὶ τοῦ ἐπιφερομένου τὸ ν. Arch. III 263, 33

νύξ ἡ ν. σῶμα II 197, 42 θεὰ πρωτίστη 192, 22

Ξ

ξενία φιλία ἀλλοδαπῶν III 27, 6
ξηρός παθητικὰ τὸ ξ. καὶ τὸ ὑγρόν
II 134, 9 τὸ ξ. ἐσχάτως σῶμα γῆ
144, 4 ἡ ἐν ὑγροῖς καὶ ξ. γενομένη
συμμετρία ἡ ἀσυμμετρία = ὑγίεια ἡ
νόσος III 121, 26 εὐκρασία τῶν ἐν
τῷ σώματι, ξ. καὶ ὑγρῶν = ἡ ὑγίεια

68, 28 ἡ ἀσυμμετρία τῶν ἐν τῷ σώ-
ματι, ξ. καὶ ὑγροῦ = νόσος 121, 17
ξηρότης ἡ ξ. ποιότης δραστικὴ II
133, 36
ξύλον τὰ ξ. πάντα γεώδη II 144, 17
ὡς δεῖ ἢ ὀρθὸν εἶναι ξ. ἢ στρεβλόν,
οὕτως ἢ δίκαιον ἢ ἄδικον III 143, 17

O

ὄγκος σώματα ἐπί τ' ἐλαττόνων
ἐναργῶν ὄ. ἐπί τε μειζόνων ὄντα II
155, 6 σώματα ἐλάττω τὸν ὄ. 155, 21
ἐκτάσεις ὄ. 157, 31 τῷ ὄ. βραχεῖα,
τῇ δυνάμει μεγίστη ἡ γῆ 178, 30
ὅδε εἰ ἡ ἰδέα „τόδε τι“ ῥηθήσεται
II 91, 25
ὁδοποιητικός τέχνη = ἕξις ὁ. Ζ.
I 20, 31
ὁδός οὐδεὶς τῶν ἀστείων ὁ. δι-
αμαρτάνει III 147, 16
ὁ. τις ἐκλεκτικὴ τῶν ἐν ταῖς τέχναις
οἰκείων πρὸς ἀρετὴν III 26, 36 ὁ. in
def. τέχνης Ζ. I 20, 32. Cl. 110, 10. 12.
Chr. pass. τὸ ἀναστῆναι ἐκ τῆς νόσου
ὁ. τῇ ἀπὸ ἰατρικῆς γίνεται II 278, 34
στοιχεῖον γένεσιν διδόναι ἀφ' αὑτοῦ ὁ.
μέχρι τέλους καὶ ἐξ ἐκείνου τὴν ἀνά-
λυσιν δέχεσθαι τῇ ὁμοίᾳ ὁ. II 136, 35
τεταγμένως καὶ ὁ. 137, 6 ὁ. καὶ
συμφώνως Cl. I 111, 28
ὀδύνη def. III 100, 1. 10. 30. 101, 13
εἶδος τῆς λύπης 96, 10. 99, 37 ἐμφαί-
νει τὴν ἰδιότητα τῆς κινήσεως 96, 13
Οἰδίπους exemplum fati inevita-
bilis II 270, 39. 271, 17 e. rei con-
fatalis 277, 36. 278, 18
οἴησις cf. οἴομαι
def. II 40, 24. III 104, 35 μηδὲν
τῆς οἰ. ἀλλοτριώτερον πρὸς κατάληψιν
τῶν ἐπιστημῶν Ζ. I 20, 28 opinationem
a virtute sapientiaque removebat Ζ.
I 16, 29. 18, 36 οἰ. in def. νοσήματος
III 103, 6 τριττὴ θεραπεία οἰ. 133, 18
οἰκεῖος τὰ αὐτὰ πράγματα οἰ. καὶ
οὐκ ἀγαθά III 30, 2 πάντα τἀγαθὰ
οἰ. εἶναι 22, 1 τὰ οἰ. : εὐδαιμονία
35, 15 ἐν ταῖς τέχναις οἰ. πρὸς ἀρε-

τὴν 26, 36 τῷ φαύλῳ οἰ. οὐδέν 168, 35.
169, 2 τὰ οἰ. προσίεται prima conci-
liatione 43, 9
πρῶτον οἰ. εἶναι τὸ ζῷον αὐτῷ
III 44, 30 πρῶτον οἰ. παντὶ ζῴῳ ἡ
αὑτοῦ σύστασις καὶ ἡ ταύτης συνείδη-
σις 43, 3 τὰ πρῶτα οἰ. ἀδιάφορα
44, 45
οἰ. φαντασία III 42, 26
οἰκειόω τὰ θηρία συμμέτρως τῇ
χρείᾳ τῶν ἐκγόνων ᾠκειῶσθαι πρὸς
αὐτά II 206, 19 οἰ. ἡμεῖς πρὸς αὑτοὺς
εὐθὺς γενόμενοι καὶ τὰ μέρη καὶ τὰ
ἔκγονα τὰ ἑαυτῶν III 43, 23 simulat-
que natum sit animal, ipsum sibi con-
ciliari et commendari ad se conser-
vandum 44, 17 ἡμᾶς ὑπὸ τῆς φύσεως
πρὸς τὸ ζῆν οἰ. 39, 8 τὴν πρώτην
ὁρμὴν οἰ. τῷ ζῴῳ ἡ φύσις ἀπ' ἀρχῆς
43, 2 adfectionem τῶν πρώτων κατὰ
φύσιν fundamentum conservandae ho-
minum perpetuitatis 43, 38 πρὸς ἃ
μὲν τῶν ἀδιαφόρων ἀλλοτριοῖ, πρὸς
ἃ δ' οἰ. ἡμᾶς ἡ φύσις 35, 31 ἡμᾶς
οἰ. πρὸς μόνον τὸ καλὸν 54, 35
οἰκείωσις def. II 206, 21 οἰ. πάσης
ἀρχὴ τὸ αἰσθάνεσθαι Ζ. I 48, 36 prima
est conciliatio hominis ad ea, quae
sunt secundum naturam III 45, 19
non inest in primis naturae concilia-
tionibus honesta actio III 135, 21
μηδεμίαν οἰ. εἶναι φύσει πρὸς ἡδονὴν
III 54, 30 honeste vivere duci a con-
ciliatione naturae Ζ. I 46, 4 ἡ οἰ.
ἀρχὴ δικαιοσύνης Ζ. I 48, 37 officia
= quae homini a prima conciliatione
nascendi sumuntur III 134, 9

οἰκέτης ὁ οἰ. = δοῦλος ἐν κτήσει κατατεταγμένος III 86, 25 = ὁ μὴ τῆς κτήσεως ἀφειμένος 86, 24 δοῦλος : οἰ. 86, 23

οἰκία οὐδεὶς τῶν ἀστείων οἰ. δι-αμαρτάνει III 147, 17

οἰκονομέω ἡ φύσις τὰ ζῷα καὶ τὰ φυτὰ οἰ. III 43, 15

οἰκονομία def. III 159, 41 ur-banitas et oec. cognatae sunt virtutes 160, 9 eorum est oec., quorum et politice; unius enim utraque virtutis proles II 209, 25 ἡ τῶν ὅλων οἰ. 269, 4 μὴ ἔξωθεν εἶναι τὸ ἐνστησό-μενον τῇ οἰ. 269, 26

οἰκονομικός οἰ. ἀρετὴ def. III 65, 35. 159, 40 ἠθικῆς ἰδέα 74, 17 ὁ αὐ-τός οἰ. τε καὶ πολιτικός 80, 15 οἰ. ὁ σπουδαῖος Z. I 53, 11. III 150, 18. 159, 38

ο.κος φαῦλος οὐδεὶς προστάτης ἀγα-θὸς οἰ. γίγνεται III 160, 1

οἶκτος οἰ., εἶδος λύπης, def. III 100, 43

οἰνομανής ὁ φίλοινος οἰ. III 167, 11

οἰνοφλυγία def. III 97, 20 ἕξεις μόνον τὰ νοσήματα καὶ ἀρρωστήματα οἶον οἰ. 25, 17

οἰνόω οἰ. μὲν, οὐ μεθυσθήσεσθαι δὲ τὸν σπουδαῖον III 163, 14 τὸ μὲν οἰ. καὶ σπουδαίῳ προσῆκον, τὸ δὲ ληρεῖν ἀνοίκειον 179, 19 εἰ οἰ. ὁ σπουδαῖος, καὶ μεθυσθήσεται 179, 40

οἴομαι ὁ σοφὸς μηδὲ οἴ. μηδέν II 40, 24

οἰωνοσκοπικός τὸ οἰ. εἶδος τῆς μαντικῆς III 157, 16

ὄκνος def. III 98, 36. 39. 46. 101, 30 εἶδος τοῦ φόβου 96, 7. 98, 34. 101, 29

ὄλβιος ὁ. ὁ σπουδαῖος Z. I 53, 9. III 150, 16

ὀλιγοπραγμοσύνη ἀστεῖον III 176, 30

ὀλιγοπράγμων ὁ φρόνιμος ὁ. III 176, 29

ὀλιγοχρόνιος ἀρετῆς ὁ. οὐδὲν ὄφε-λος III 50, 28

ὁλοκληρία cf. ἀρτιότης
μαίνεσθαι τοὺς τὴν ὁ. τοῦ σώματος ἐν μηδενὶ ποιουμένους III 33, 30 ἡ τῶν αἰσθητηρίων ὁ. οὐδέν ἐστι πρὸς ἡμᾶς οὐδὲ συνεργεῖ πρὸς εὐδαιμονίαν οὐδέν 33, 38

ὅλον περὶ τοῦ ὅ. tit. l. Z. I 14, 35. 71, 29
οὔτε ἕτερον τοῦ ὅ. τὸ μέρος οὔτε τὸ αὐτό II 167, 15 τὸ ὅ. = χωρὶς τοῦ κενοῦ ὁ κόσμος II 167, 5. 8 ὅ. : τὸ πᾶν 167, 4 τὸ ὅ. πεπερασμένον 167, 13 τείνεσθαι εἰς ταὐτὸ καὶ κινεῖσθαι 173, 29 τὸ πῦρ ἄνωθεν ἄρχεσθαι διακοσμεῖν τὸ ὅ. Cl. I 111, 21 τοῦ ὅ. τὰ μέρη ἐν τοῖς καθήκουσι χρόνοις φύεται Cl. I 111, 24 ὁ τοῦ ὅ. διοικητής III 4, 6 ἀρχαὶ τῶν ὅ. δύο Z. I 24, 5. Cl. 110, 25 τὸν ἥλιον πλεῖστα συμβάλλε-σθαι πρὸς τὴν τῶν ὅ. διοίκησιν Cl. I 112, 3 τὸν ἐν τῇ τῶν ὅ. οὐσίᾳ τόνον μὴ παύεσθαι Cl. I 111, 22 'Ηρακλῆς = ὁ ἐν τοῖς ὅ. τόνος Cl. 115, 16

ὄμβρος def. II 203, 1

ὁμιλητικός ὁ σπουδαῖος ὁ. III 160, 40

ὁμιλία σώφρων ὁ. ἀγαθὸν ἐν κι-νήσει III 26, 29 τινὰ μέλη τὴν διά-νοιαν ἐπιτείνει πρὸς τὴν ὁ. καὶ τὴν ἁρμόττουσαν ἀναστροφήν Diog. III 228, 26

ὁμίχλη def. II 202, 40

ὄμνυμι vid. s. v. ὅρκος

ὁμογενής (opp. ἀνομογενής) λόγοι ἐξ ὁ. συνεστῶτες II 81, 31 αἱ ἀρχαὶ οὐκ ἐξ ἀνάγκης ὁ. τοῖς πράγμασι, τὰ δὲ στοιχεῖα ὁ. 134, 37

ὁμοδογματία συμφωνία ὁ. περὶ τῶν κατὰ τὸν βίον III 27, 8

ὅμοιος περὶ τῶν ὁ. tit. l. Sph. I 140, 7. Chr. II 9, 2
σώματος τὸ ὁ. καὶ τὸ ἀνόμοιον Cl. I 116, 35. 117, 10 ὁ. τοῖς γονεῦσι γινόμεθα Cl. 116, 33. 117, 8. 15

ὁμοιότης καθ' ὁ. νοεῖται τινα e. s. II 29, 12 rerum notiones fiunt, si ali-quid cognitum est similitudine III 17, 28

ὁμοιώματα tit. l. A. I 78, 33. 88, 4. 7. 13. 17. 89, 6. 12. 18. 22. 31

ὁμολογία ἡ ὁ. = τέλος III 3, 23. 45, 26 ἡ ψυχὴ πεποιημένη πρὸς τὴν ὁ. παντὸς τοῦ βίου 11, 40 convenientia crescendi accessionem nullam habet 140, 36

ὁμολογούμενος ἡ ἀρετή = διά-
θεσις ὁ. III 48, 4   = λόγος ὁ. Ζ. I
50, 3. III 111, 16 pass. in def. ἀρετῆς.
τὸ ἀγαθόν ἐστιν ὁ. Cl. I 127, 9 ὁ.
βίος III 3, 24. 30, 28 ὁμολογουμένως
ζῆν II 39, 5. III 5, 14. 6, 9 pass. ὁμο-
λογουμένως ζῆν in def. τέλους pass.
quid sit „convenienter congruenter-
que naturae vivere" expl. III 6, 3 sq.
ὁ. τῇ φύσει ζῆν III 4, 12. 5, 18 pass.

ὁμομήτριος cf. ἀδελφός

ὁμονοέω οἱ σπουδαῖοι πάντες ὁ.
ἀλλήλοις III 160, 16

ὁμόνοια περὶ ὁ. tit. l. Chr. III
201, 27
    def. III 72, 9. 160, 15. 161, 8 ἐν μό-
νοις τοῖς σοφοῖς ὁ. γίνεται περὶ τῶν
κατὰ τὸν βίον 161, 8   φιλία = ὁ. περὶ
τῶν κατὰ τὸν βίον 166, 17 ὁ Ζεὺς εὐ-
νομία καὶ δίκη καὶ ὁ. II 315, 10

ὁμοτικόν II 62, 2. 25

ὄν τὸ ὂν πνεῦμα κινοῦν ἑαυτὸ πρὸς
ἑαυτὸ καὶ ἐξ ἑαυτοῦ ἢ πρόσω καὶ
ὀπίσω II 152, 32   κατὰ σωμάτων μό-
νων λέγεται 117, 5   τὰ σώματα μόνα
τὰ ὄ. 115, 11. 18. 167, 24   ὂν καὶ σῶμα
τὸ αἴτιον 118, 3   ὄντος τὸ ποιεῖν τι
καὶ πάσχειν 167, 24   τὸ τί γένος τοῦ
ὄ. 117, 4
    τῶν ὄ. τὰ μὲν ἀγαθά, τὰ δὲ κακά, τὰ
δὲ οὐδέτερα Ζ. I 47, 20. III 28, 4. Diog.
218, 13

ὀνειροκριτικόν τὸ ὄ. εἶδος τῆς
μαντικῆς III 157, 16

ὀνειροπολικόν somniorum con-
iectio = vis cernens et explanans,
quae a diis hominibus significantur in
somnis II 342, 17

ὄνειρος περὶ ὄ. disp. Ant. III 250, 9
ἀπὸ τῶν ὄ. ἕκαστον αὑτοῦ συναισθά-
νεσθαι προκόπτοντος Ζ. I 56, 14

ὄνομα cf. σημαῖνον
ὄ. in tit. Chr. II 5, 1. III 201, 4
φύσει τὰ ὄ. II 44, 40   φιλοσοφίας
ἴδιον ἐξετάζειν, τί κοινὸν ὀ., τί ἴδιον
31, 30   ἐκ τῶν συλλαβῶν γεννᾶται
τὸ ὄ. 45, 9   τὸ κατηγορούμενον ὀ.
κατηγορεῖται 59, 27   ὀ. τι κατηγορηθέν
59, 30   τὸ ὄ. μέρος λόγου II 45, 1.
Diog. III 213, 30. Ant. 247, 24

ὀνομάζομαι cf. σημαινόμενον
τὰ ὀνομαζόμενα II 114, 34

ὄνυξ III 187, 1. 9

ὀξύτης ὁ. διανοίας προηγμένον περὶ
ψυχήν III 32, 42

ὀπίσθιος ὁ. τὰ πρὸς τῇ ἀνατολῇ
II 176, 14

ὅρασις = πνεῦμα διατεῖνον ἀπὸ
ἡγεμονικοῦ μέχρις ὀφθαλμῶν II 227,
29 ἐκ τῆς ὁ. προχεῖσθαί τινα εἰς τὸ
σκότος αὐγήν 234, 9 ὁ. ἀπὸ τοῦ ἀέρος
λαμβάνει τὸ φῶς Ζ. I 70, 2   τῆς ἀκοῆς
ὀξυτέρα ἡ ὁ. II 203, 15

ὁράω τὸ ὁ. expl. II 233, 29. 35. Apol-
lod. III 260, 35   διὰ τῆς τοῦ ἀέρος
συνεντάσεως τὸ ὁ. γίνεται II 233, 12
τοῦ πνεύματος μὴ δι' ὅλου τοῦ κόσμου
ὄντος συμφυοῦς, οὐχ οἷόν τ' ἂν ἦν
ἡμῖν ὁ. 172, 41

ὄργανον : μόριον ἢ μέρος II 19,
2 sq.

ὀργή περὶ ὁ. l. Ant. III 257, 21
ὁ. = ἐπιθυμία τοῦ τιμωρήσασθαι τὸν
δοκοῦντα ἠδικηκέναι παρὰ τὸ προσ-
ῆκον III 96, 14. 97, 23   = ἐπιθυμία
τιμωρίας τοῦ δοκοῦντος ἠδικηκέναι
οὐ προσηκόντως 96, 27 = ἐπιθυμία τι-
μωρίας τοῦ ἠδικηκέναι δοκοῦντος 96,
37 ὁ. ὑπὸ τὴν ἐπιθυμίαν ὑπάγεται 96,
3. 23 τὰ εἴδη τῆς ὁ. enum. 96, 4. 38
sqq. ὁ. : λύπη medic. doctr. 102, 27
ἡ ὁ. περὶ τὸν θώρακα γίνεται II
241, 2. 242, 5. 15. 250, 21 συναισθα-
νόμεθα τῆς ὁ. καθ' ὃν ἡ καρδία τέ-
τακται τόπον 240, 5
ὁ. δόξα καὶ κρίσις πονηρά, ὅλου
τοῦ ἡγεμονικοῦ ῥοπή III 111, 33 pro-
prium est irati cupere, a quo laesus
videatur, ei quam maximum dolorem
inurere Dion. I 95, 34   τυφλὸν ἡ ὀ.
καὶ οὐκ ἐᾷ ὁρᾶν τὰ ἐκφανῆ III 95, 1
τὴν κακολογίαν ἡ ὁ. φαίνεται ἀπο-
γεννῶσα· ὥστε ἡ μήτηρ οὐκ ἀστεία
Α. I 89, 16 numquam sapiens irasci-
tur Dion. I 95, 33. 96, 2   iram volunt
St. penitus excidere III 108, 35   quid
opus est ira, cum sine hoc affectu
peccata corrigi possint 108, 37

ὀργίζομαι οἰκείως ἐκφέρεσθαι λέ-
γονται οἱ ὀ. παρὰ τὸν ἴδιον λόγον III
128, 22   φωναὶ τῶν ὀ. 125, 27

ὀργιλότης differt iracundia ab ira
III 103, 13 ὁ. εὐεμπτωσία 102, 34
ὀρέγομαι de nomine ὁ. III 108, 2
ὀρεκτέος ὀρεκτόν : ὁ. III 22, 34 τὰ
ὠφελήματα ὁ. 22, 37 ὀρέγεσθαι τὰ ὁ.
22, 38
ὀρεκτός τὸ ἔσχατον τῶν ὁ. τέλος
λέγουσι III 3, 26 ἡ εὐδαιμονία τὸ ἔσχα-
τον τῶν ὁ. 16, 28 ὁ. τἀγαθά 22, 36. 42
ὄρεξις = ὁρμὴ λογικὴ ἐπί τι ὅσον
χρὴ ἡδον III 115, 37. 116, 18 = ὁρ-
μὴ λογιστικὴ ἐπί τι ὅσον χρὴ ἡδον-
τος 108, 3 ὁ. λογικὴ κίνησις 108, 19
οὐκ ἔστι λογικὴ ὁρμή, ἀλλὰ λογικῆς
ὁρμῆς εἶδος 40, 8 κατηγορημάτων αἱ
ὁ. γίνονται 22, 39 ὁ. κριτήριον II
33, 7. Β. III 265, 3
ὄ. ἐπιθυμίας διακρίνουσι III 108, 17
ἐπιθυμία ἄλογος ὄ. 95, 20. 37 ὄ. in
def. ἐπιθυμίας pass. εὔλογος ὄ. in def.
βουλήσεως pass. ἀστεῖόν τι ἡ ὄ. καὶ
μόνου τοῦ σοφοῦ 108, 2 οὐ παρὰ
τὴν ὄ. γίνεταί τι περὶ τὸν σπουδαῖον
149, 27 τὸ εὐδαιμονεῖν τὸ ἔσχατον
τῆς φυσικῆς ὄ. 6, 30
ὀρθά (sc. κατηγορήματα) περὶ ὄ.
καὶ ὑπτίων tit. 1. Chr. II 5, 35
ὀρθός ὁ. βίος vid. s. v. βίος, ὁ.
λόγος s. v. λόγος, ὁ. κατηγόρημα s. v.
κατηγόρημα
ὀρίζω in tit. Chr. II 6, 3. 8, 15
ὀρικός ὁ. στάσις Arch. III 263, 16
ὀρισμός cf. ὅρος
ὁ ὁ. τὸ διακεκριμένον δηλοῖ II 75, 17
ὀρκικόν II 58, 39. 60, 41
ὅρκος τὸν ὀμνύοντα ἤτοι εὐορκεῖν
ἢ ἐπιορκεῖν καθ᾽ ὃν ὄμνυσι χρόνον
Cl. I 131, 27
ὁρμάω ἀφ᾽ οὗ συμβαίνει ὁ. III 40,
16 ὁ. κατὰ τὸ ἡγεμονικόν II 246, 1
τὸ ὁ. καὶ τὸ συγκατατίθεσθαι ἐπὶ τῷ
ζῴῳ εἶναι 286, 8 κατὰ τὴν εἱμαρμένην
ὁ. τὰ ζῷα 295, 18 μήτε πράττειν μή-
τε ὁ. ἀσυγκατατέθως III 42, 25. Ant.
246, 37 πλάσματα λέγειν τοὺς ἀξιοῦν-
τας ὁ. μὴ εἴξαντας μηδὲ συγκαταθε-
μένους 42, 27 pass.
ὁρμή περὶ ὁ. tit. 1. Z. I 14, 29. Cl.
107, 4. Sph. 139, 32. Chr. III 201, 29
ὁ περὶ ὁ. τόπος pars eth. III 3, 2
ὁ. πενταχῶς λέγεται 40, 14 ἰδίως καὶ

ἡ ὅρουσις ὁ. λέγεται 40, 12 ἕξις ὁρ-
μητικὴ καὶ ἰδίως ὁ. λέγεται 40, 15
ὁ. = πρώτη ψυχῆς κίνησις II 150,
22 = φορὰ ψυχῆς ἐπί τι III 40, 6
= φορὰ διανοίας ἐπί τι καὶ ἀπό του
III 92, 4 ἡ ὁ. συνίσταται κατὰ τὴν
τοῦ νοῦ τονικὴν δύναμιν II 229, 15
ἡ λογικὴ ὁ. = φορὰ διανοίας ἐπί τι
τῶν ἐν τῷ πράττειν III 40, 9 = τοῦ
ἀνθρώπου λόγος προστακτικὸς αὐτῷ
τοῦ ποιεῖν 42, 5
γενικωτάτη ἡ ὁ. πολλῶν εἰδῶν, ὥσ-
περ ἀφορμῆς καὶ ὁ. III 40, 23
ὁ. : ἀφορμή 40, 25 ὄρεξις : λογικὴ ὁ.
40, 8 ὁ. εἶναι ἐπὶ κατηγορήματα 40,
30 ὁ. κατηγορημάτων γίνονται 22, 40
ὁ. = σώματα II 230, 3
καθ᾽ ὁ. καὶ φαντασίαν κινεῖται τὰ
ζῷα II 205, 3 (ἡ καθ᾽ ὁ. κίνησις vid.
s. v. κίνησις) πᾶν ζῷον, ὡς ζῷον κι-
νούμενον, κινεῖται τὴν καθ᾽ ὁ. κίνησιν
285, 27 ἐν εἴδει θεωρεῖσθαι τὴν ἐν
τοῖς λογικοῖς γινομένην ὁ. καὶ τὴν ἐν
τοῖς ἀλόγοις ζῴοις III 40, 7 ὁ. καὶ
φαντασίας τὰ ἄλογα ζῷα μετέχει II
205, 6 τὸ ἔμβρυον ὁ. καὶ ἀφορμὴν
οὐκ ἔχει II 213, 31 τὴν πρώτην ὁ.
τὸ ζῷον ἴσχει ἐπὶ τὸ τηρεῖν ἑαυτό
III 43, 1 οὐ πρὸς ἡδονὴν γίνεσθαι
τὴν πρώτην ὁ. τοῖς ζῴοις 43, 10 τοῖς
ζῴοις τὸ κατὰ φύσιν τῷ κατὰ τὴν ὁ.
διοικεῖσθαι 43, 17
nihil agi sine impetu potest III
75, 21 τὸ ἀφ᾽ ἑαυτοῦ ποιεῖν = ἀπὸ
ἰδίας ὁ. ποιεῖν ἢ ἀπὸ λογικῆς ὁ. II
161, 31 adpetitione ad agendum im-
pellimur et id adpetimus, quod est
visum II 35, 24 τῆς πρακτικῆς ὁ. εἴδη
enum. III 41, 27 τῆς πρακτικῆς εἶδος
ἡ ὅρουσις 40, 12 τὰς πρακτικὰς ὁ.
καὶ τὸ κινητικὸν περιέχειν 40, 28 ra-
tionale animal nihil agit, nisi impetum
cepit, deinde adsensio confirmavit
hunc impetum 40, 18 τὸ κινοῦν τὴν
ὁ. = φαντασία ὁρμητικὴ τοῦ καθήκον-
τος 40, 4 πρακτικὴν ὁ. οὐ παρίστησι
φαντασία δίχα συγκαταθέσεως 42, 35
ὁ. non est sine adsensione II 35, 23
πᾶσαι αἱ ὁ. συγκαταθέσεις III 40, 27
ἡ συγκατάθεσις καθ᾽ ὁ. οὖσα II 27, 6
ἐν τῇ ὁ. καὶ τῇ συγκαταθέσει τὸ ἐφ᾽

ἡμῖν II 286, 13. 19. 21   adpetitum esse
in nostra potestate 273, 13.   283, 9
λανθάνειν ἡμᾶς ἀδήλους αἰτίας ἐπὶ
θάτερα τὴν ὁ. ἀγούσας 282, 15
appetitio animi non ad quodvis
genus vitae, sed ad quandam formam
vivendi data III 4, 31   ἀδιάφορον =
τὸ μήτε ὁ. μήτε ἀφορμῆς κινητικόν
28, 22.   29, 2. 18   ἀδιάφορον = πρὸς ὃ
ὁ. μὲν καὶ ἀφορμὴ γίνεται, οὐ μᾶλλον
δὲ πρὸς τόδε ἢ τόδε 29, 18   ἀδιά-
φορα λέγεσθαι οὐ πρὸς ὁ. καὶ ἀφορ-
μήν 34, 25   τῶν ἀδιαφόρων τὰ μὲν ὁ.
κινητικά, τὰ δὲ ἀφορμῆς, τὰ δὲ οὔτε
ὁ. οὔτε ἀφορμῆς 29, 11 e. s.   αἱρετὸν
= τὸ ὁ. αὐτοτελοῦς κινητικόν 32, 12
καθ' αὐτὰ ληπτὰ = ὁ. κινητικὰ κατα-
τρεπτικῶς ἐφ' ἑαυτά 34, 36   naturalis
appetitio earum rerum, quae secun-
dum naturam sunt 32, 17
    τῶν καθ' ὁ. ἐνεργουμένων τὰ μὲν
καθήκοντα, τὰ δὲ παρὰ τὸ καθῆκον,
τὰ δὲ οὔτε καθήκοντα οὔτε παρὰ τὸ
καθῆκον III 134, 29   ἔχει ὁ ἄνθρωπος
ἀφορμὰς παρὰ τῆς φύσεως πρὸς τὴν
τῶν ὁ. εὐστάθειαν 65, 2   τῆς σωφρο-
σύνης ἴδιον κεφάλαιον τὸ παρέχεσθαι
τὰς ὁ. εὐσταθεῖς 69, 12   ἡ σωφροσύνη
περὶ τὰς ὁ. τοῦ ἀνθρώπου γίνεται 64,
17   ἐγκρατεύεται ὁ κατέχων τὰς παρὰ
τὸν ὀρθὸν λόγον ὁ. 68, 2   οὐ παρὰ
τὴν ὁ. γίνεσθαί τι περὶ τὸν σπουδαῖον
149, 28   φρονίμη ὁ. πᾶσι τοῖς φρονί-
μοις ὑπάρχει καὶ ἀεὶ 25, 1   ἄφρων
ὁ. πᾶσι τοῖς ἄφροσι καὶ ἀεὶ 25, 5
    οἱ κατὰ τὸν λόγον κινούμενοι κρα-
τοῦσι τῶν κατὰ τὴν κίνησιν ὁ. III
127, 9. 14   φυσικὴ τῶν ὁ. συμμετρία
114, 2   συμμετρία ἐστὶν φυσικὴ ὁ. ἡ
κατὰ τὸν λόγον 114, 14   ὁ. λογικὴ
in def. ὀρέξεως pass.   πλεονάζουσα
ὁ. in def. πάθους pass.   τὰ πάθη ὅλου
τοῦ ἡγεμονικοῦ ὁ. III 111, 35   τὸ πά-
θος ἐν εἴδει τῆς ὁ. 92, 10   πλεονασμὸν
λέγεσθαι ἐπὶ τῆς ὁ. παρὰ τὸν λόγον
114, 13. 130, 10   ὁ. ἄλογος 130, 14
τὸ πλεονάζον τῆς ὁ. in def. ἀλόγου
Z. I 50, 10. III 111, 23   πλεονάζουσα
ὁ. καὶ παρὰ φύσιν III 114, 16. 130, 12
ὁ πλεονασμὸς τῆς ὁ. expl. 114, 1.
130, 8   πλεοναζούσης ὁ. παράδειγμα

οἱ τρέχοντες σφοδρῶς 113, 17   δρο-
μεῖς προεκφερόμενοι παρὰ τὴν ἐν τῷ
τρέχειν ὁ. 128, 24   διὰ τοῦ λόγου μω-
λύονται αἱ ὁ. Cl. I 118, 20   μανία =
ἄγνοια ἀκαταστάτους καὶ πτοιώδεις
παρεχομένη τὰς ὁ. III 166, 30   ἡ ἐπὶ
τὴν συστολὴν ὁ. ἀνίεται 117, 28
    natura mundi adpetitiones sic ad-
hibet ut nosmet ipsi Z. I 44, 18
    cognitiones   comprehensionesque
rerum, e quibus efficiuntur artes,
appetitionem movent Diog. III 218, 35
δύναται ἡ μουσικὴ ἀποστρέφειν τὴν
ψυχὴν πρὸς ἄλλην ὁ. ἀπ' ἄλλης Diog.
224, 4

ὁρμητικός   φαντασία ὁ. III 40, 5
ἕξις ὁ. 40, 15

ὀρνιθομανής   III 130, 26. 167, 8

ὅρος   περὶ ὁ. tit. l. Sph. I 140, 8.
Ant. III 247, 28   ὁ. διαλεκτικοὶ l. Chr.
II 4, 40. in tit. l. eth. Chr. II 8, 33—9, 6
ὁ. = ἴδιον ἀπόδοσις II 75, 19 pass.
III 247, 35   = λόγος κατὰ ἀνάλυσιν
ἀπαρτιζόντως ἐκφερόμενος Ant. III
247, 27   πότερον τὰ κατὰ τοὺς ὁ.
ἐναντία II 50, 18   τοῦ καθολικοῦ τῇ
συντάξει διαφέρει 74, 35   ἐπὶ πάντα
τὰ εἴδη τοῦ ἀποδιδομένου διήκει 74, 41
ὁ. ἐν ἁρμονικῇ πλείστους εἶναι Diog.
III 233, 19   ὁ. pass.; e. gr. III 30, 22

ὄρουσις   = φορὰ διανοίας ἐπί τι
μέλλον III 40, 13   καὶ τὴν ὁ. ὁρμὴν
λέγουσι, τῆς πρακτικῆς ὁρμῆς οὖσαν
εἶδος 40, 12

ὀρρωδία   def. III 99, 11

ὀρτυγομανία   εἶδος τῆς μανίας III
167, 6

ὅσιος   cf. εὐσεβής
τὸ ἀγαθὸν ὁ. Cl. I 127, 4   οἱ τῶν
θείων ἐπιστήμονες ὁ., οἱ δὲ ὁ. θεο-
φιλεῖς III 153, 29   ὁ. οἱ σπουδαῖοι
157, 28

ὁσιότης   = ἐπιστήμη παρεχομένη
πιστοὺς καὶ τηροῦντας τὰ πρὸς τὸ
θεῖον δίκαια III 67, 14   = δικαιοσύνη
πρὸς θεούς II 304, 22. III 165, 41   in
deos caerimonias religionesque non
metu, sed ea coniunctione, quae est
homini cum deo, conservandas III
84, 36

ὄσφρησις = πνεῦμα διατεῖνον ἀπὸ
τοῦ ἡγεμονικοῦ μέχρι μυκτήρων II
227, 30 = τὸ διῆκον τῆς ψυχῆς εἰς
ῥῖνας 238, 36 μεταξὺ ἀέρος καὶ ὑγροῦ
τὸ τῆς ὀ. ἐστιν αἰσθητόν 231, 40 τὸ
ἀτμῶδες ἀλλοιοῦται ὑπὸ τῶν ὀσφρη-
τῶν 232, 7

οὐδέτερος τῶν ὄντων τὰ μὲν ἀγαθά,
τὰ δὲ κακά, τὰ δὲ οὐ., οὐ. = ὅσα μήτε
ὠφελεῖ μήτε βλάπτει III 28, 5 e. s.
Apollod. 261, 7 τῶν ἀδιαφόρων τὰ
μὲν προηγμένα, τὰ δ᾽ ἀποπροηγμένα,
τὰ δ᾽ οὐδετέρως ἔχοντα III 31, 28.
32, 24 neutra in mediis relinquebat,
in quibus ponebat nihil omnino esse
momenti Z. I 48, 1 οὔτε προήχθη οὔτε
ἀποπροήχθη τὰ οὐ. ἔχοντα III 31, 9
οὐ. in def. φρονήσεως, ἀφροσύνης
etc. 63, 24 sqq. τῶν ἐνεργημάτων τὰ
μὲν οὐ. 136, 19

ἡ διαλεκτικὴ ἐπιστήμη ἀληθῶν καὶ
ψευδῶν καὶ οὐ. II 18, 26. 38, 3. 7 pass.
οὐ. κατηγορήματα 59, 20

οὐρανός = αἰθέρος τὸ ἔσχατον
Z. I 33, 28 τοῦ αἰθέρος τὸ αὐγοειδὲς
οὐ. γεγονέναι II 198, 11 πύρινος ὁ
οὐ. Z. I 33, 31 πρὸς τὴν φαντασίαν
δέχεται τὸ ἀναπεπταμένον τοῦ οὐ.,
οὐ κατὰ τὴν ὑπόστασιν B. III 267, 4
οὐ. περιέχει πάντα πλὴν αὑτοῦ Z. I
33, 29 τὸ κενὸν περιέχει τὸν οὐ. Z.
I 26, 17 ἔξω τοῦ οὐ. εἶναι κενόν τι
Z. I 26, 32. 34 κύκλοι ἐν τῷ οὐ. πέντε
enum. II 196, 18 caelum non directe,
sed circuitu circumfertur II 176, 40
ἡ γῆ ἀναπέμπει τροφὴν τῷ οὐ. 178, 29
πατὴρ ἔδοξεν οὐ. ὑπάρχειν, διὰ τὸ
τὰς τῶν ὑδάτων ἐκχύσεις σπερμάτων
ἔχειν τάξιν 300, 17

ὁ οὐ. τὸ ἡγεμονικὸν τοῦ κόσμου II
194, 13 οὐσία θεοῦ ὁ ὅλος κόσμος
καὶ ὁ οὐ. Z. I 43, 7 Iuppiter caelum
Z. 43, 30 exsectum Caelum a filio
Saturno cur finxerint expl. II 313, 15
aequabilitate motus conversionumque
caeli in animis hominum deorum no-
tiones informatas esse Cl. I 119, 24
constantia caeli Cl. 119, 31 λέγουσι
τὸν οὐ. κυρίως πόλιν III 80, 41

οὐρέω III 187, 21

οὐσία περὶ οὐ. tit. l. Z. I 24, 9. Chr.
III 201, 46. Ant. 249, 9
οὐ. καλεῖται διχῶς Z. I 25, 2. II
114, 19 οὐ. def. Z. I 24, 28. II 114, 32
silva : essentia Z. I 24, 20. II 114, 22
ἡ οὐ. = ἡ ὕλη II 170, 23 πρώτη οὐ.
= πρώτη ὕλη II 115, 36
τὸ πάσχον ἡ ἄποιος οὐ., ἡ ὕλη
Z. I 24, 7. Cl. 110, 27. II 111, 9. Arch.
III 263, 23 ἡ τῶν ὄντων οὐ. ἀκίνη-
τος ἐξ αὑτῆς καὶ ἀσχημάτιστος II
112, 39 essentia prima rerum omnium
silva, suapte natura sine vultu et in-
forme Z. I 24, 21 τῷ ἀορίστῳ ἀνα-
φέρουσι τὴν οὐ. II 113, 28 ἄποιος
ἡ πρώτη οὐ. II 127, 17 ἄποιος ἡ οὐ.,
οὐχ ὅτι πάσης ἐστέρηται ποιότητος,
ἀλλ᾽ ὅτι πάσας ἔχει 126, 40 τὰ τέτ-
ταρα στοιχεῖα εἶναι ὁμοῦ τὴν ἄποιον
οὐ., τὴν ὕλην 180, 7 τὴν οὐ. ταῖς
ποιότησιν ὑφεστάναι 126, 30 τοῖς
γινομένοις ὑφεστάναι 184, 39 δύο
ἡμῶν ἕκαστός ἐστιν ὑποκείμενα, τὸ
μὲν οὐ., τὸ δὲ ποιότης 214, 30
σῶμα ἡ οὐ. II 170, 23. Ant. III
249, 8. Apollod. 259, 16 μία οὐ. ἡ
αἰσθητή II 116, 39 οἱ Στ. αἰτιώμενοι
τοὺς ἐκ μὴ οὐ. οὐ. ποιοῦντας 113, 42
ὑπερβαλλούσῃ δυνάμει χρωμένη συν-
έχει ἑαυτήν II 172, 3 ἡνῶσθαι τὴν
ὅλην οὐ. ἑαυτῇ 140, 7. 170, 23 ἡ οὐ.
ἡνωμένη 115, 8. 35 ἡνῶσθαι τὴν κατὰ
τὸν κόσμον οὐ. ἅπασαν 172, 24 ἡνῶ-
σθαι τὴν σύμπασαν οὐ. πνεύματος
δι᾽ αὐτῆς διήκοντος 154, 7 ἡ εἰς τὸ
εἴσω κίνησις ἑνώσεως καὶ οὐ. ἀπο-
τελεστική 149, 2. 9 ἡ οὐ. ταῖς εἰς
τὸ ἑαυτῆς μέσον καὶ ταῖς ἀπὸ τοῦ
ἑαυτῆς μέσου διοικεῖται καὶ συνέχεται
κινήσεσι 174, 27
ἡ οὐ. πεπερασμένη II 115, 41. Ant.
III 249, 8. Apollod. 259, 16 essentia
finita unaque ea communis omnium,
quae sunt, substantia Z. I 25, 8
ἡ οὐ. ἁπλῆ II 115, 40 ἡ οὐ. τομὴ
εἰς ἄπειρον Apollod. III 259, 19 es-
sentia dividua et usque quaque muta-
bilis Z. I 25, 10
παθητὴ ἡ οὐ. II 115, 3. 158, 21.
Apollod. III 259, 18 διόλου τρεπτὴ
III 165, 12 ἀναδέχεται τὰς μεταβολὰς

πάσας II 185, 1   πᾶσαν μεταβολὴν
ἐπιδέχεται · καὶ σύγχυσιν II 152, 36
ἡνῶσθαι καὶ ἠλλοιῶσθαι τὴν ὑπο-
βεβλημένην οὐ. γενέσει καὶ φθορᾷ
II 216, 16   τὰς οὐ. κεράννυσθαι δι'
ὅλων ἀλλήλαις Z. I 26, 6. 8.   II 151, 8
καὶ τὰς οὐ. αὐτὰς δι' ἀλλήλων ἰέναι
II 135, 39   διὰ πάσης οὐ. πεφοιτη-
κέναι. τὸν θεόν Z. I 42, 12
κόσμος = ὁ θεὸς ὁ τῆς ἁπάσης οὐ.
ἰδίως ποιός II 168, 6. 169, 17 ἐκ τῆς
πρώτης οὐ. ὁ κόσμος καὶ τὰ ἐπὶ μέ-
ρους εἴδη γέγονε 127, 17   ἡ τοῦ ὅλου
διακόσμησις ἐκ τῆς οὐ. Z. I 28, 16
κατ' ἀρχὰς ὁ θεὸς τρέπει τὴν πᾶσαν
οὐ. δι' ἀέρος εἰς ὕδωρ Z. I 28, 24   ἡ
οὐ. μεταβάλλει οἷον εἰς σπέρμα τὸ
πῦρ Z. I 32, 4. 7. Cl. 115, 1. II 183, 42.
184, 12   ἄλλοτε εἰς πῦρ χεομένη,
ἄλλοτε εἰς κοσμογονίαν ὁρμῶσα II
172, 4   εἰς πῦρ ἀναλυομένη ἡ οὐ.
μυριοπλασίονα τόπον καταλαμβάνει
171, 25   ἀεὶ ῥεῖ καὶ φέρεται μήτ'
αὐξόμενον μήτε μειούμενον 214, 32
οὐ. πᾶσα ἀίδιος καὶ οὔτε πλείων γινο-
μένη οὔτε ἐλάττων Z. I 24, 29   οὔτε
τῆς οὐ. ἀρχὴ κἀνάπαυσις οὔτε τοῦ
διοικοῦντος αὐτὴν II 184, 38   ὁ ἐν
τῇ τῶν ὅλων οὐ. τόνος οὐ παύεται
Cl. I 111, 22   ἡ οὐ. τὸν μέσον κατει-
ληφυῖα τόπον II 174, 13. 22
ἐν ταῖς οἰκείαις οὐ. ὑπαλλαττο-
μέναις κατὰ τὰς ποιότητας γίνεται
τὸ πλῆθος τῶν ἀρετῶν III 63, 3
ὁ σοφὸς εἰ τὴν μεγίστην οὐ. ἀπο-
βάλοι, δραχμὴν μίαν ἐκβεβληκέναι
δόξει III 36, 35. 39   de diligentia rei
familiaris discept. Chr. cum A. 9, 13
οὔτις ἀνυπόστατα τῇ διανοίᾳ τὰ
οὔ. II 117, 15

οὔ. (sophisma) in tit. Chr. II 8, 14. 16
qualis sit ill. 91, 2   γίνεται παρὰ τὴν
ἄγνοιαν τοῦ μὴ πᾶσαν οὐσίαν „τόδε
τι" σημαίνειν 91, 29 e. 92, 10
οὗτος τὸ „τοῦτο", δεικτικὸν ὑπάρ-
χον, ὅν τι σημαίνει II 65, 27
ὄφελος τὸ τί ὄ. = ἀγαθόν III 19, 22
ὀφθαλμός πνεύματα ἀπὸ τοῦ ἡγε-
μονικοῦ διατείνει εἰς ὄ. II 226, 9 ὄψις
= τὸ διῆκον τῆς ψυχῆς εἰς ὄ. 238, 36
οὐκ ὄ. ὁρᾶν, ἀλλὰ νοῦν δι' ὄ. 232, 26
ὀχληρός ἡ ἀρετὴ καταφρονοῦσα
καὶ τῶν δοκούντων ὄ. III 13, 22
ὄχλησις def. III 100, 29
ὄψις περὶ ὄ. tit. l. Z. I 14, 34
ὄ. = τὸ διῆκον τῆς ψυχῆς εἰς
ὀφθαλμοὺς II 238, 36   ἐπὶ τῆς ὄ. τὰ
τῆς τονικῆς κινήσεως ἐστί 233, 17
ἡ αἴσθησις γίνεται καθάπερ τῇ ἁφῇ
διὰ βακτηρίας 233, 15. 39   spiritus
porrectus et veluti patefactus candida
esse denuntiat, confusus atra 233, 4
προχέονται ἐκ τῆς ὄ. ἀκτῖνες πύριναι,
οὐχὶ μέλαιναι 233, 33   φωτοειδέστατον
τὸ τῆς ὄ. ὄργανον, ὡς ἂν μόνον αὐγῆς
αἰσθανόμενον 231, 36   αὐγοειδεῖ μέλ-
λοντι τῷ κατὰ τὴν ὄ. αἰσθητηρίῳ γενή-
σεσθαι τὸ πνεῦμα πλεῖστον ἀπὸ τῆς
ἀρχῆς ἐπιπέμπεται 232, 15   neque
valde adplicata visui nec nimium di-
stantia clare videri 232, 36   νυττό-
μενος ὑπὸ τῆς ὄ. ὁ ἀὴρ σχηματίζεται
εἰς κῶνον 233, 12
St. visum deum vocant II 233, 9
τῶν πρὸς ὄ. ἐπιτερπῶν ἀπείργει τοὺς
πολίτας Χρ. III 180, 10
ὀψομανής III 167, 11
ὀψοφάγος II 128, 45

Π

παγκράτιον III 150, 32
πάθημα πρῶτα αἰσθητὰ ἐν τοῖς
ἡμετέροις σώμασι τὰ π., δεύτερα τὰ
τούτων ποιητικά II 27, 33
παθητικός π. μόριον II 59, 19
π. τὸ ξηρὸν καὶ τὸ ὑγρόν II 134, 8
π. στοιχεῖα γῆ καὶ ὕδωρ 137, 39

τὸ π. τὸ αὐτὸ τῆς ψυχῆς μέρος,
ὃ διάνοιαν καὶ ἡγεμονικὸν καλοῦσι
III 111, 19   οὐ φύσει ψυχῆς τοῦ λογι-
κοῦ διακεκριμένον Z. I 50, 4. III
111, 17
ἡ π. φλεγμονή III 118, 30
παθητός π. αἴτιον : δραστήριον II

111, 20 π. ἡ οὐσία II 115, 3. 158, 21.
Apollod. III 259, 18
πάθος περὶ π. tit. 1. Z. I 14, 30.
H. 91, 10. Sph. 139, 33. Chr. III
110, 39 *pass.*
ὁ περὶ π. τόπος pars eth. III 3, 3
Chr. in animi perturbationibus par-
tiendis et definiendis occupatus est;
illa eius perexigua oratio, qua me-
deatur animis 132, 13 τὸ π. λέγεσθαι
ἀπὸ τῆς τοῦ σώματος πρὸς ψυχὴν
ἀναλογίας 121, 2
π. = ὁρμὴ πλεονάζουσα Z. I 50, 21.
26. III 92, 5. 95, 15. 99, 33. 113, 14.
130, 8 = ὁρμὴ σφοδρὰ ἢ ὁρμὴ ἄλογος
III 94, 4 = ὁρμὴ ἐκφερομένη καὶ
ἀπειθὴς λόγῳ 92, 6 = ὁρμὴ πλεονά-
ζουσα καὶ ἀπειθὴς τῷ αἱροῦντι λόγῳ
Z. I 50, 32. 34. III 92, 11 = κίνησις
ψυχῆς ἀπειθὴς τῷ λόγῳ III 114, 36
= motus vel rationis expers vel ra-
tioni non oboediens 93, 35 = κίνησις
παρὰ φύσιν 126, 25 = κίνησις ψυχῆς
ἄλογος καὶ παρὰ φύσιν Z. I 50, 21.
25 *sqq.* III 92, 11. 95, 14. 99, 32. 113, 14
= τῆς ψυχῆς κίνησις παρὰ φύσιν
ἄλογος III 92, 11. 116, 26 = πτοία
92, 13 = πτοία ψυχῆς Z. I 51, 2. 4
τῶν π. τὰ ἀνωτάτω γένη τέτταρα
enum. Z. I 51, 32 π. sunt genere
quattuor, partibus plura III 93, 10.
enum. 93, 34 γενικὰ π. *enum.* III
92, 16. 93, 11. 94, 6. 95, 15. 99, 34.
108, 26 τῶν π. τὰ μὲν πρῶτα, τὰ δὲ
εἰς ταῦτα τὴν ἀναφορὰν ἔχει 92, 15
e. s. τὰ μὲν ἐμφαίνει τὸ ἐφ' ᾧ γίνε-
ται, τὰ δὲ τὴν ἰδιότητα τῆς κινήσεως
e. s. 96, 11
τὸ π. ἐν εἴδει τῆς ὁρμῆς III 92, 9
οἰκείως τῷ τῶν π. γένει ἀποδίδοται
ἡ πτοιά 127, 30 π.: morbi et aegro-
tationes 104, 21 εὐεμπτωσία = εὐκα-
ταφορία εἰς π. 102, 34 π.: vitia
104, 21
ἅπαντα τὰ π. συνίσταται κατὰ τὴν
καρδίαν Z. I 51, 28. Cl. 130, 14. II
236, 30 περὶ τὸν θώρακα καὶ τὴν
καρδίαν II 255, 14 περὶ τὸν θώρακα
γίνεται καὶ μάλιστα καθ' ὃν ἡ καρδία
τέτακται τόπον II 240, 3. 242, 6. 16
εἶναι τὰ π. πάντα τοῦ ἡγεμονικοῦ

τῆς ψυχῆς III 92, 12 τὰ π. ὅλου τοῦ
ἡγεμονικοῦ ῥοπαὶ καὶ εἴξεις καὶ ἐνέρ-
γειαι III 111, 32 τὸ αὐτὸ τῆς ψυχῆς
μέρος, ἡγεμονικόν, διόλου τρεπόμενον
καὶ μεταβάλλον ἐν τοῖς π. Z. I 50, 7.
III 111, 20 ἔνθ' ἂν ᾖ τὰ π. τῆς ψυχῆς,
ἐνταῦθα καὶ τὸ λογιζόμενον II 236, 32
αἰτίαι τῶν π. αἱ περὶ τὸ πνεῦμα
τροπαὶ II 215, 15 an affectus corpora
sint III 20, 43 τὰ π. σώματα II 230, 3.
III 21, 4 αἰσθητὰ σὺν τοῖς εἴδεσι III
21, 31
perturb. in hominibus solum exi-
stunt III 104, 28 ὅμοιοι τοῖς γονεῦσι
γινόμεθα κατὰ τὴν ψυχὴν τοῖς π.
Cl. I 116, 34. 117, 9 τὰ π. οὐκ ἐν
τοῖς ἀλόγοις ζῴοις συνίσταται III
104, 29. 127, 24 μήτ' ἀψύχῳ τινὶ μήτ'
ἀλόγῳ ζῴῳ π. ἐγγίνεται ψυχικόν 114, 29
εἰς π. τὰ παιδία οὐκ ἐμπίπτει 127, 35.
128, 1
κρίσεις τινὰς εἶναι τοῦ λογιστικοῦ
τὰ π. III 113, 2 κρίσεις 110, 38. 115, 4
κρίσεις καὶ οὐκ ἐπιγινόμενά τινα ταῖς
κρίσεσι 112, 36 δόξαι καὶ κρίσεις πονη-
ραί 111, 32 opiniones et iudicia levi-
tatis 93, 14 πάντα τὰ τῆς ψυχῆς π.
δόξαι 92, 21 causa omnis in opinione
93, 32 omnes perturb. iudicio fiunt
et opinione 92, 32 ἐκ τῶν ψευδῶν
ἐπιγίνεται ἡ διαστροφὴ ἐπὶ τὴν διά-
νοιαν, ἀφ' ἧς πολλὰ π. βλαστάνει 99, 31
τὰ π. τοῦ λόγου διαστροφαὶ καὶ κρί-
σεις ἡμαρτημέναι Z. I 51, 16. III 93, 17
οὐ τὰς κρίσεις αὐτάς, ἀλλὰ τὰς ἐπὶ
ταύταις ἀλόγους συστολὰς καὶ ταπει-
νώσεις καὶ δήξεις ἐπάρσεις τε καὶ
διαχύσεις εἶναι τὰ τῆς ψυχῆς π. Z.
I 51, 19. 23 τὸ π. = λόγος πονηρὸς
καὶ ἀκόλαστος, ἐκ φαύλης καὶ διημαρ-
τημένης κρίσεως σφοδρότητα προσ-
λαβούσης Z. I 50, 11. III 111, 24 τὰ
ἐπιγινόμενα π. ἐκκρούει τοὺς λογισ-
μοὺς III 95, 3 ἄνευ λόγου καὶ κρί-
σεως τὰ π. γίνεται 115, 3 οὐ πᾶσα
κρίσις π., ἀλλ' ἡ κινητικὴ ὁρμῆς βιαίου
καὶ πλεοναζούσης 93, 25 π. nulla
naturae vi commoventur 93, 14 αἱ
ἄλογοι κινήσεις π. λέγονται καὶ παρὰ
φύσιν εἶναι 127, 18 perturbationes
opinionis iudicio suscipi et omnium

matrem esse immoderatam quandam intemperantiam Z. I 51, 11 omnium p. fons intemperantia III 92, 24 *γίνεται τὰ π. δι᾿ ὑπόληψιν ἀγαθοῦ καὶ κακοῦ* III 94, 7. 106, 29 duae perturbationes sunt ex opinione boni 93, 37. 94, 17. 22. 108, 27 duae ex opinione malorum 93, 42. 94, 17. 23. 108, 28 *τοῖς ἡδονὴν τἀγαθὸν καὶ τέλος τιθεμένοις ἀνομολογούμενόν ἐστι πᾶν π.* 125, 8 omnes perturb. ex aspernatione rationis eveniunt III 104, 27 *πάντες οἱ ἐν τοῖς π. ὄντες ἀποστρέφονται τὸν λόγον* 94, 36 *τῆς ἐν τοῖς π. ἀλογιστίας* ee. 129, 33 *διὰ τοῦ λόγου μωλύονται τὰ π.* Cl. I 118, 20 *δύναμιν περιβεβλῆσθαι φρόνησιν π. σβεστήριον* III 179, 23 *τὰ π. ἐν ταῖς τῶν ἀστείων οὐκ ἐγγίνεται ψυχαῖς* 116, 29 sapiens perturb. semper vacabit 93, 15 *πᾶν π. ἁμαρτία* 119, 25 *οὐκ ἀναγκαῖα κακὰ τὰ π. πάντα* 27, 17 *πᾶν π. ἐπίληπτον* 109, 2 perturb. voluntarias esse Z. I 51, 11 St. affectus expellunt III 108, 23. 25 affectus exstirpari posse radicitus, si bonorum malorumque opinio falsa tollatur 108, 30. 109, 8 *τῆς παθητικῆς φλεγμονῆς ἀνιεμένης ὁ λόγος παρεισδύεται καὶ παρίστησι τὴν τοῦ π. ἀλογίαν* 118, 30 *τῷ χρόνῳ παύεται τὰ π., καίτοι τῆς δόξης διαμενούσης* 117, 17 sqq. *οὐ περιεργάζεσθαι ἐν τῷ καιρῷ τῆς φλεγμονῆς τῶν π. τὸ προκαταλαβὸν δόγμα* 125, 1 *τὰς ἐπιτάσεις καὶ τὰς σφοδρότητας τῶν π. οὐ γίνεσθαι κατὰ τὴν κρίσιν* 119, 29 loci poëtarum referuntur *εἰς τὴν μεταβολὴν τῶν π.* 119, 1 *ἂν τρία ᾖ γένη τῶν ἀγαθῶν, καὶ οὕτω θεραπευτέον τὰ π.* 124, 38

φαντασία = π. ἐν τῇ ψυχῇ γινόμενον II 21, 24 *ἡ φαντασία γίνεται ἢ τῶν ἐκτὸς ἢ τῶν ἐν ἡμῖν π.* 25, 2 *τὸ ἐρωτικὸν π.* vid. s. v. *ἔρως (ἐρωτικός)*

παιδαγωγία caedi discentis non improbat Chr. III 184, 12 chironomia in praeceptis de liberorum educatione 184, 17

παιδαγωγός *τὸ πείθεσθαι τοὺς παῖδας τοῖς π. ἐν τοῖς μέσοις καθῆκον* III 135, 16

παιδεία *περὶ τῆς Ἑλληνικῆς π.* tit. l. Z. I 14, 33 *τοὺς νέους χρὴ παιδεύειν ἐπισκώπτοντας* A. I 88, 19 *τὴν ἔννομον καὶ σπουδαζομένην μουσικὴν συνταχθῆναι ἕνεκα τῆς τῶν ἐλευθέρων π.* Diog. III 224, 29 *αὐτὴ καθ᾿ ἑαυτὴν ἡ σύνεσις τοῦ ἁρμονικοῦ καὶ τοῦ ῥυθμικοῦ πρὸς τὴν π. χρήσιμος* Diog. 221, 31 *οὐχ εὑρεθῆναι πρεπωδεστέραν ἐλευθέροις π. τοῦ ᾆσαι, κιθαρίσαι, χορεῦσαι* Diog. 230, 26
ἐγκύκλιος π. s. v. *ἐγκύκλιος*

παιδεύω cf. *παιδεία, παιδίον, παῖς* *ὁ πεπαιδευμένος ἐν πλούτῳ καὶ ἐν πενίᾳ οὐ ταράττεται* A. I 89, 20 *ὁ π.* III 145, 8

παιδικόν *ἀδιάφορον ἀρρενομιξία* Z. I 59, 9. Cl. 132, 13 *τοῖς π. χρῆσθαι ἀκωλύτως* Z. 59, 30 *διαμηρίζειν μηδὲν μᾶλλον μηδὲ ἧσσον π. ἢ μὴ π. μηδὲ θήλεα ἢ ἄρρενα* Z. 59, 13 *π. ἀεὶ ἐχρήσατο* Z. I 58, 36

παιδίον cf. *παῖς, τέκνον* *τὰ π. οὐδέπω συμπεπλήρωκε τὸν λόγον* III 128, 3. 7 *τὰ π. κἂν προσηκόντως παιδεύηται, πάντως ἐξαμαρτάνει τι* 54, 43 *κἂν ὑπὸ φιλοσόφῳ τρέφηται μόνῳ καὶ μηδὲν θεάσηται παράδειγμα κακίας, ὅμως οὐκ ἐξ ἀνάγκης φιλοσοφήσει* 54, 48 *τοῖς π. τῶν παθῶν μετέχειν οὐ συγχωροῦσι* 127, 35 *τὰ π. οὔτε εἰς πάθη οὔτε εἰς ἀρρωστήματα καὶ νοσήματα τῆς ψυχῆς ἐμπίπτει* 128, 2 *τὰ π. τὸν φόβον τῶν φαύλων οὐ πάσχει* 128, 10 *τὸ τῶν π. ἀμνησίκακον* 128, 13

παιδογονία *ἀδιάφορον* III 39, 5

παιδοποιοῦμαι *τὸν σοφὸν π.* Z. I 62, 21. III 172, 19 *π. ἀκολουθεῖ τῇ τοῦ λογικοῦ ζῴου καὶ κοινωνικοῦ φύσει* III 172, 19

παιδοτροφία *ἀδιάφορον* III 39, 2

παῖς cf. *παιδίον, τέκνον* *οὔπω τοὺς π. ἡ φύσις λογικοὺς πεπαίδευκε* III 138, 19 *μηδέπω οἱ π. λογικοί, διὸ μηδὲ δίκαιοι μηδὲ ἄδικοι* 143, 28 *καὶ οἱ νήπιοι π. οὐκ ἀπὸ λογι-*

κῆς ἕξεως πολλὰ πράττουσι καὶ λέ-
γουσι ὧν οἱ λογικοί 138, 18 μετα-
βάλλοντες δὲ εἰς τὸ λογικὸν εὐθύς
εἰσι κακοί, ἀλλ᾽ οὐ γίνονται 143, 31
περὶ τῆς τῶν π. διοικήσεως disp. 54,
24 sqq. τὸ πείθεσθαι τοὺς π. τοῖς
παιδαγωγοῖς ἐστι καθῆκον ἐν τοῖς μέ-
σοις 135, 15 αἱ τῶν π. ἐπιδρομαί cum
affectibus comp. 111, 36
λόγον ἔχει τὰ λογικὰ π. γεννω-
μένων II 333, 30 πάντας π. στέρξου-
σιν οἱ σοφοὶ πατέρων τρόπον III 183,
11 δεῖν μίγνυσθαι ταῖς μητράσι τοὺς
π. 185, 37
ἡ τῶν π. ἀγωγή vid. s. v. ἀγωγή
παλαίωσις μῆνις = ὀργὴ εἰς π.
ἀποτεθειμένη III 96, 16. 41
παλιγγενεσία ab igne animante
ac deo renovatio mundi fit II 183, 19
ea enarratur 189, 7 τὸν αὐτὸν ἐμὲ
πάλιν γίνεσθαι ἐν τῇ π. 191, 2 ἐκ-
πύρωσις καὶ π. 187, 8 τὰς π. τοῦ
κόσμου κατέλιπεν B. III 265, 22
πάλσις ἡ ἐν τοῖς φόβοις π. τῆς
καρδίας II 247, 36
πᾶν cf. κόσμος
τὸ π.: τὸ ὅλον II 167, 4 π. = ὁ
κόσμος μετὰ τοῦ κενοῦ 167, 8 = τὸ
σὺν τῷ κενῷ 167, 5 τὸ π. λέγεται
ὅ τε κόσμος καὶ καθ᾽ ἕτερον τρόπον
τὸ ἐκ τοῦ κόσμου καὶ τοῦ ἔξωθεν κε-
νοῦ σύστημα Apollod. III 260, 24 τὸ
π. ὑπάρχει τὰ τέσσαρα, πῦρ, ὕδωρ,
ἀήρ, γῆ II 137, 14 τὸ π. ἡνῶσθαι
πνεύματος διήκοντος 145, 16 ὑπὸ τοῦ
πνεύματος συνέχεται καὶ συμπαθές
ἐστιν αὐτῷ 154, 9 ἡ τοῦ π. ἕνωσις
καὶ συμπάθεια πρὸς αὐτὸ ἤρτηται ἐκ
τοῦ σῶμα χωρεῖν διὰ σώματος 156, 15
ἐντὸς τοῦ π. μηδὲν κενόν, ἐκτὸς δ᾽
αὐτοῦ ἄπειρον Z. I 26, 25 τὸ π. ἄπει-
ρον II 167, 13 οὔτε σῶμα οὔτε ἀσώ-
ματον 167, 22 μήτε μένον μήτε κι-
νούμενον 167, 26 μήτ᾽ ἔμψυχον μήτ᾽
ἄψυχον 167, 27 οὔτε μέρος οὔτε ὅλον
167, 30 οὔτε τοῦ π. αἴτιον οὔτ᾽ ἄλλου
τὸ π. 168, 1 ingenitum ac sempi-
ternum Cl. I 114, 11 κάλλιστον κατὰ
φύσιν ἀπειργασμένον ἔργον καὶ ζῷον
ἔμψυχον, νοερὸν καὶ λογικόν Z. I 32, 29
de conflagratione τοῦ π. Cl. I 111, 16

ἐξ ἑνὸς π. γίνεται καὶ ἐκ π. ἓν
συγκρίνεται Cl. I 111, 27
πανσέληνος cf. σελήνη
ταῖς π. τὰς γυναῖκας εὐτοκωτάτας
εἶναι II 212, 35. 40
παρά οἱ οὐ π. ἑαυτοῖς ὄντες III
125, 18 π. c. accus. e. gr. III 22, 21. 22
pass.
παράδειγμα def. Z. I 23, 32
παραδέχομαι ψευδῆ φαντασίαν π.
II 40, 30. 41, 1
παραδιεζευγμένον def. II 72, 10. 24
παραδιαζευκτικός ὁ „ἤ“ σύνδεσ-
μος II 71, 41
παράδοξος sunt Socratica plera-
que mirabilia St., quae π. nominan-
tur III 156, 10 δόγματα καλούμενα π.,
τῷ σοφῷ πλεῖστα ὅσα προσάπτοντα
μετά τινος ἀποδείξεως ἢ φαινομένης
ἀποδείξεως 146, 4. 26 ὁ σοφὸς οὐδὲν
θαυμάζει τῶν δοκούντων π. 163, 8
παράδοσις π. τῆς φιλοσοφίας II
16, 28. 17, 1
παραδοχή ἡ τῶν ὀρθῶν λόγων π.
III 170, 31
παράθεσις = σωμάτων συναφὴ
κατὰ τὰς ἐπιφανείας II 153, 2 καθ᾽
ἁρμὴν expl. 154, 10 π. expl. 221, 15
τὰς κράσεις μὴ κατὰ π. γίνεσθαι 157,
38 οὐ κατὰ π. ἐν σώματι ἡ ψυχή
220, 25. 40
παραίνεσις ἡ π. πρὸς τὸν μέσον,
τὸν μήτε φαῦλον μήτε σπουδαῖον, γί-
νεται III 139, 38 τῷ νηπίῳ π. χρεία
140, 3 πρόσταξις: ἀπαγόρευσις: ἐν-
τολή: π. 139, 36
παραινετικός παρῃτεῖτο τὸν π. τό-
πον A. I 80, 23. 31
παραινέω τῷ τελείῳ π. οὐχὶ δεῖ
III 140, 1
παρακαταθήκη π. ἀπόδοσις ὅταν
μὴ ἀπὸ γνώμης ὑγιοῦς γίνηται, καθῆ-
κον ἔργον οὐ δεόντως ἐπιτελεῖται III
138, 25 iuste depositum reddere: de-
positum reddere 135, 42
παράκειμαι τὰ π. τοῖς ἀγαθοῖς,
ὠφελήματα III 22, 37. 154, 7 τὰ π.
τοῖς κακοῖς, βλάμματα 154, 8
παρακολουθέω π. τῇ ἰδίᾳ κινήσει
II 289, 7

παρακοπή τὸν τὴν ἀρετὴν ἔχοντα ἐν π. γενέσθαι III 57, 14
παρακούω ὁ σοφὸς οὐ. π. II 40, 29. 32. III 147, 18
παραλείπω III 136, 16
παραλλαγή π. τοῖς ἰδίως ποιοῖς τοῖς ἐν ἄλλῳ κόσμῳ παρὰ τοὺς ἐν ἄλλῳ γίνονται II 190, 4
ἡ π. γίνεται διὰ τὴν τοῦ λόγου ἀποστροφήν III 125, 20
παραλλάττω οἱ ἐμπαθεῖς παρηλλαχότες III 125, 17 τὸ π. ἐν ἡμῖν 129, 16
παρανοέω ὁ σπουδαῖος οὐ π. II 40, 29
παρανομέω ὁ ἀδικῶν γίνεται ἑαυτῷ τοῦ π. αἴτιος III 71, 8 ὁ π. εἰς ἕνα καὶ ἀδικεῖ ἐκεῖνον 71, 14
παρανόμημα παραίτιον γενέσθαι π. ἀπαγορεύει ὁ νόμος καὶ τὸ ἀδικεῖν = π. III 71, 11
παράνομος οἱ φαῦλοι πάντες π. III 166, 26
παραριθμέω ὁ σοφὸς οὔτ᾽ αὐτὸς π. οὔτε ὑπ᾽ ἄλλου π. II 40, 31 III 147, 14
παραρίθμησις ἡ π. τῶν ἀναμέσον ἐστίν II 41, 18
παρασκευαστικός ἀγαθὰ ἑτέρων τινῶν π. III 26, 18
παρασκευή def. III 41, 30
παραστατικός τὸ σημεῖον ἀληθοῦς π. II 73, 8 ἀδήλου π. λόγος ἡ ἀπόδειξις 89, 8
τὰ μαντευόμενα ἔχει φύσει τὸ μέλος π. πρὸς τὰς πράξεις Diog. III 226, 22
παρασύμβαμα II 59, 33. 36. 60, 10 ἔλαττον ἢ π. 60, 5 ἧττον ἢ π. 60, 14
παρασυνημμένον π. ἀξίωμα II 59, 5 def. Crin. III 269, 1 quibus condicionibus ἀληθές ἐστιν ἢ ψεῦδος Crin. 269, 7
παρατατικός ἐνεστὼς π. II 48, 7
πάρειμι ἀγαθὰ ἀεὶ π., οὐκ ἀεὶ παρόντα III 24, 41 π. ἀγαθὸν 93, 39. 94, 8. 32. 96, 1 π. κακὸν 93, 44. 94, 9. 23. 31. 95, 43
παρεισδύομαι ὁ λόγος π. III 118, 31
παρεκτείνω II 156, 41
παρεκτικός τὸ π. δύο σημαίνει II 119, 37

παρεληλυθός πᾶν π. ἀληθὲς ἀναγκαῖον II 93, 1. 11. 276, 40 οὐ πᾶν π. ἀληθὲς ἀναγκαῖον Cl. I 109, 35. 110, 6. II 93, 8. 276, 41 παρεληλυθότων π. μέχρι εἰς ἄπειρον II 97, 27. 99, 3. 29
παρέλκω π. λόγοι in tit. Chr. II 7, 13
παρέμφασις περὶ π. tit. l. Chr. II 6, 4
παροιμία περὶ π. tit. l. Chr. II 9, 16. III 202, 4
παρολκή κατὰ π. ἀπέραντος γίνεται λόγος II 79, 19
παροράω ὁ π., κατὰ τὴν ὄψιν λαμβάνων φαντασίαν ψευδῆ, ταύτην παραδέχεται II 40, 34 ὁ σοφὸς οὐ π. II 40, 32. III 147, 17
παρόρασις τῶν ἀναμέσον ἐστὶν II 41, 18
παρουσία δόξα κακοῦ π. in def. λύπης pass. ἀγαθοῦ π. in def. ἡδονῆς pass.
παρῳχημένος (sc. χρόνος) ὁ π. ὑφέστηκε μέν, ὑπάρχει δὲ οὐδαμῶς II 164, 26. 165, 34 ὁ π. ἄπειρος 166, 2
πάσχον ἀρχαὶ τῶν ὅλων δύο, τὸ ποιοῦν καὶ τὸ π. Z. I 24, 6. Cl. 110, 26. II 111, 9. Arch. III 263, 22 τὸ π. = ἡ ἄποιος οὐσία, ἡ ὕλη ib. σώματα τὸ ποιοῦν καὶ τὸ π. Z. I 27, 14 σωματικῶς τὰ π. πάσχει II 119, 32
πάσχω διττὸν τὸ π., τὸ μὲν τῷ ποιεῖν συνηρτημένον, τὸ δὲ κατὰ τὴν διάθεσιν θεωρούμενον II 60, 28 ἐν δυοῖν ἐστι τὸ π., ἀλλοιώσει τῇ δι᾽ ὅλων καὶ λύσει τῆς συνεχείας 139, 2 κοινὸν τοῦ ποιεῖν καὶ τοῦ π. αἱ κινήσεις 161, 17 ἡ ὕλη τοῦ π. αἰτία Z. I 24, 11 οἱ φαῦλοι οὐκ εὖ π. III 168, 16
πατήρ μηδὲν διαφέρειν ὅτου παρὰ π. γεγονὼς τυγχάνῃς, εὐγενοῦς ἢ μὴ III 85, 29 εἰ καθηκόντως ὁ π. συνελεύσεται τῇ θυγατρὶ ὑπὲρ τοῦ μὴ ἀπολέσθαι τὸ πᾶν τῶν ἀνθρώπων γένος 185, 13 καὶ τεκνοποιεῖσθαι τὸν π. ἐκ τῆς θυγατρὸς 185, 29 δεῖ μίγνυσθαι τοῖς π. τὰς θυγατέρας 185, 37 τοὺς π. ἐσθίειν κελεύουσιν ἀποθανόντας 186, 18. 22

πατρίς φύσει οὐκ ἔστι π. A. I 85, 22
σπουδαίαν ἔχειν π. ἐκτὸς ἀγαθόν III
24, 16 τὸ ἄφρονα π. ἔχειν ἐκτὸς κακόν
24, 19 bene morata patria bonum
24, 30 salus patriae primum bonum
27, 25 π. τιμᾶν καθῆκον 135, 1 ὑπερ-
ορᾶν παρὰ τὸ καθῆκον 135, 3 p.
prodere peccatum, quod est in effectu
137, 9 πρὸς τοὺς πολεμίους ψεύσα-
σθαι ἐπὶ τῇ τῆς π. σωτηρίᾳ, οὐ καθ-
ῆκον ἔργον δεόντως ἐνεργεῖται 138,
31 τὸν σοφὸν μὴ πολιτεύεσθαι, ἂν
μηδὲν ὠφελεῖν μέλλῃ τὴν π. 173, 21
εὐλόγως ἐξάξει ἑαυτὸν τοῦ βίου ὁ σο-
φὸς ὑπὲρ π. 187, 34
πάχνη def. II 203, 4. 8
παχυμερής γῆ καὶ ὕδωρ π. II 155, 34
παχύς II 90, 18
πειθαρχικός μόνος ὁ σπουδαῖος π.
def. III 158, 27
πειστικός τῶν σπουδαίων ἄλλοι
ἄλλων π. III 142, 11
πελαργός III 90, 9
πέλας φιλία κατάσχεσις φιλικὴ πρὸς
τῶν π. III 24, 26 φίλος τῶν π. 24, 27
πέλασις τὸ ποιοῦν π. τινὶ ποιεῖ II
119, 28
πένης ὁ φαῦλος π. III 155, 17 pass.
πένθος def. III 100, 8. 27. 101, 12
ὑπὸ τὴν λύπην ὑπάγεται 96, 9 non
habet locum in incorruptis 151, 18
πενία def. Ant. III 252, 17 π.
ἀδιάφορον Z. I 47, 25. III 17, 21. 28,
8. 39, 33. 47, 4. 60, 34. Apollod. 261,
10 ἀποπροηγμένον III 29, 37. 31, 33
ἀποπροηγμένον ἐπὶ τῶν ἐκτός 31, 8
πλοῦτον ἀντὶ π. αἱρούμεθα 30, 11
malum non est 39, 16 π.: κακία 39,
25 sq. ἡ κατ' ἀλήθειαν π. κακόν 155,
14 ex multis paupertatibus divitias
non fieri Ant. III 252, 12 ὁ μὲν πε-
παιδευμένος καὶ ἐν πλούτῳ καὶ ἐν π.
οὐ ταράττεται, ὁ δὲ ἀπαίδευτος ἐν
ἀμφοῖν A. I 89, 21
πεπερασμένος π. ἡ οὐσία II 115,
41. Ant. III 249, 8. Apollod. 259, 16
ὁ κόσμος II 169, 15. 170, 28. Ant.
III 250, 23. Apollod. 260, 26
πεποιωμένος σώματα π. (: ἄποιος
ὕλη) II 220, 15

πεπρωμένη τὴν π. πεπερασμένην
τινὰ εἶναι καὶ συντετελεσμένην διοί-
κησιν II 265, 10 τὴν εἱμαρμένην π.
καλεῖ, ὡς πέρας ἅπασιν ἐπιτιθεῖσαν
292, 17 εἱμαρμένη : π. 295, 28 Ζεὺς
ἡ π. Cl. I 118, 24
περαίνω περὶ τῶν π. λόγων tit. l.
Chr. II 7, 10 π. in def. τῆς ἀποδεί-
ξεως 77, 6 οἱ ἀδιαφόρως π. 83, 23.
87, 41 οἱ ἀμεθόδως π. 87, 4. 10. 13. 20
οἱ σῶμα μηδὲν εἰς ἔσχατον μέρος π.
159, 11
περαντικός (sc. λόγος)
π. : ἀπέραντος II 77, 20 : συλλογι-
στικοί 85, 5 οἱ μὲν ὁμωνύμως τῷ
γένει π., οἱ δὲ συλλογιστικοί 77, 24
π. εἰδικῶς οἱ συνάγοντες μὴ συλλογι-
στικῶς 77, 28 διὰ πεπονθυίας λέξεως
ἑρμηνευόμενοι 83, 16 οἱ ὑποθετικοί
λόγοι π. μέν, οὐ συλλογισμοὶ δέ 84, 38
πέρας κατ' ἐπίνοιαν ψιλὴν ὑφεστά-
ναι τὰ π. II 159, 27 τὸ π. σῶμα οὐκ
ἔστιν 159, 24 ψαύειν κατὰ π. τὰ σώ-
ματα 159, 23
περιγραφή II 154, 12
περιεκτικός — (περιέχω) — οὐδὲν
ἑαυτὸ περιέχει, ἀλλ' ἑτέρου ἐστὶ π.
Z. I 33, 30
περιήχησις γεγονέναι πολλοὺς κα-
κοὺς διὰ τὰς π. III 56, 18
περιλυπία τελικὸν κακόν III 26, 4
περίοδος κατὰ χρόνων ποιὰς π.
mundi vices fiunt II 168, 7 κατὰ π.
ἀπείρους 169, 20 κατὰ π. τὰς μεγί-
στας 184, 4 αἱ τοιαῦται π. ἐξ ἀϊδίου
γινόμεναι ἀκαταπαύστως 184, 37 π.
καὶ διακόσμησις Cl. I 111, 21 ὁδῷ καὶ
συμφώνως διέξεισι ἡ π. Cl. I 111, 28
περιπατέω π. οὔτε κατόρθωμα οὔτε
ἁμάρτημα III 136, 25 φρονίμως π.
κατόρθωμα 136, 21 τὸ π. οὐκ ἀεὶ
καθήκει 135, 14 κρατοῦσι τῶν κινή-
σεων παραπλησίως τοῖς π. 127, 16
περιπάτησις ambulatio = spiritus
a principali usque in pedes permissus
Cl. I 118, 16. II 227, 41 = ipsum
principale II 227, 41 π. ἀγαθὸν οὐκ
ἀεὶ παρόν III 24, 41 φρονίμη π. τελι-
κὸν μόνον ἀγαθόν 25, 27 φρονίμη π.
οὔτε πᾶσι τοῖς φρονίμοις ὑπάρχει οὔτε
ἀεί 25, 2

περιπίπτω   δεινῷ οὐ π. III 64, 37 pass.   π. οἷς ἐφοβούμεθα 92, 20   ὁ σπουδαῖος οὔτε κακοῖς π. οὔτ᾽ ἄλλον ποιεῖ κακοῖς π. 150, 13

περίπτωσις   νοεῖται κατὰ π. τὰ αἰσθητά II 29, 11   πᾶσα νόησις ἢ ἀπὸ π. ἢ οὐκ ἄνευ π. γίνεται 29, 22   οὐδέν ἐστιν εὑρεῖν κατ᾽ ἐπίνοιαν, ὃ μὴ ἔχει τις κατὰ π. ἐγνωσμένον 29, 26   notiones in animis fiunt, si usu aliquid cognitum sit III 17, 28

περισπάω   π. τὴν κατάληψιν II 89, 43   π. ὑπὸ τῶν ἐναντίων πιθανῶν 90, 5

περίστασις   κατὰ πρόθεσιν : κατὰ π. III 101, 24   δὸς π. καὶ λαβὲ τὸν ἄνδρα III 49, 33   κατὰ τὰς διαφόρους τῶν καιρῶν π. μὴ τὰ λεγόμενα προῆχθαι πάντως γίνεσθαι προηγμένα Α. I 83, 15   οὐ φυσικὴ πρόκρισις ἐν τοῖς ἀδιαφόροις, κατὰ π. δὲ μᾶλλον Α. 83, 29   καθήκοντα ἄνευ π. III 135, 8 sq.   κατὰ τὰς π. ἀλλάττεσθαι τὸ τέλος Η. I 91, 28   ὁ σπουδαῖος γεύσεται καὶ ἀνθρωπίνων σαρκῶν κατὰ π. III 186, 5 πρὸς τὰς διαφόρους π. ἀρτίζεσθαι Α. I 83, 23

περιστατικός   τὰ μεταξὺ ἀναγκαῖα ἢ π. III 27, 21   π. καθήκοντα 135, 7

περίψυξις   τὸ πνεῦμα τῇ π. γίνεται ψυχή II 134, 25. 222, 27. 37

πεσσός   III 32, 4

πεῦσις   περὶ π. in tit. Chr. II 5, 28. 29

πέψις   def. II 135, 13

πηλικότης   τοῦ θείου πυρός II 116, 13

πῆξις   πάθος μὲν ὕδατος, ἔργον δὲ ἀέρος II 142, 7   αἱ μέσαι πράξεις λαμβάνουσιν ἰδίαν π. III 138, 2

πηρόω   τὸ π. ἑαυτοῦ καθῆκον κατὰ περίστασιν III 135, 10

πήρωσις   π. παρὰ φύσιν εἶναι III 34, 17   ἀποπροηγμένον 31, 33   ἐπὶ τῶν σωματικῶν 31, 7   μὴ φευκτὸν καὶ βλαβερὸν 35, 30   εὐλόγως ἐξάξει ἑαυτὸν τοῦ βίου ὁ σοφός, ἂν ἐν π. γένηται 187, 35   σῶμα π. δεκτικόν 34, 20

πιθανός   συνημμένα π. tit. l. Chr. II 5, 3   π. in tit. Chr. 8, 32. 9, 6. 10

π. ἀξίωμα τὸ ἄγον εἰς συγκατάθεσιν II 64, 13   οὐ προσετέα τὰ ἐναντία π. 90, 4   φαντασία π. 25, 7, 291, 24   ὁ σπουδαῖος π. III 161, 2

πιθανότης   αἱ τῶν ἔξωθεν πραγμάτων π. III 53, 9   ἡ π. τῶν φαντασιῶν 55, 8

πικρία   def. III 96, 18. 40   εἶδος ὀργῆς 96, 4

πίλησις   II 134, 13

πίννη   pinae cum pinotera συμβίωσις adumbratur II 207, 23. 34. 41. 208, 7. 15.   π. III 90, 6

πιννοτήρης   cf. πίννη etiam aliorum causa quaedam facit III 90, 7

πίστις   def. III 147, 11   τὴν π. ἀστεῖον ὑπάρχειν 147, 10

πλανώμενα   τὰ π. ἑπτὰ τὸν ἀριθμόν II 168, 32   sec. ordinem enum. 169, 2 ταπεινότερα τῶν ἀπλανῶν 168, 33 τετάχθαι ἐπ᾽ ἄλλης καὶ ἄλλης σφαίρας 169, 1   ἐν τῷ αἰθέρι τὴν τῶν π. σφαῖραν δευτέραν γεννᾶσθαι 180, 11 τὰ π. κατ᾽ ἰδίας κινήσεις κινεῖσθαι 195, 30   ἀποκαθιστάμενοι οἱ πλάνητες εἰς τὸ αὐτὸ σημεῖον κατὰ μῆκος καὶ πλάτος, ἐκπύρωσιν καὶ φθορὰν τῶν ὄντων ἀπεργάζονται 190, 11   numerus planetarum prodest universo 332, 4

πλάτος   def. II 123, 6   τὸ π. σῶμα εἶναι 127, 14

πλέκω   ἀναπόδεικτοι ἐκ τῶν ἀπλῶν π. II 81, 28

πλεονάζω   τὸ π. III 128, 24   οὐ π. ἡ τῶν σκελῶν κίνησις 114, 4   τὸ π. τῆς ὁρμῆς Z. I 50, 9 ὁρμὴ π. expl. III 130, 13   appetitus vehementior = qui procul absit a naturae constantia Z. I 50, 30   ὁρμὴ π. in def. πάθους pass.

ὁ ποιητὴς π. ἐν τούτοις II 251, 7

πλεονασμός   ὁ π. τῆς ὁρμῆς expl. III 114, 1. 130, 10   ὁ ἐν ταῖς ὁρμαῖς π. in def. πάθους pass.

πλεονεκτέω   οὐ π. ὁ σοφός III 147, 13

πλέω   εἰ τὸ εὖ π. ἀγαθόν, τὸ δὲ κακῶς κακόν, τὸ π. οὔτε ἀγαθὸν οὔτε κακόν III 39, 10

πλῆθος   II 159, 5. 6. 160, 12

π. οὐκ ἔχει συνετὴν κρίσιν Cl. I
128, 1 aurum argentumque suspicit
III 56, 5
πληθυντικόν (ἀξίωμα vel κατη-
γόρημα)
π. πληθυντικὸν II 98, 39 μέχρι
εἰς ἄπειρον 99, 40
π. II 103, 20. 25 in tit. Chr. II 6, 8
πλήμμυρα ὠκεανοῦ π. ὑπὸ τῆς
σελήνης II 200, 1. 347, 21
πλούσιος ὁ πολλοῦ ἄξια κεκτημένος
= π. III 156, 4 ὁ σπουδαῖος μόνος
π. 155, 16 pass. 159, 6. 37 ὁ σοφὸς
οὐ π., ἀλλὰ πάμπλουτος 156, 39 soli
sapientes, si mendicissimi, divites Z.
I 53, 36
πλουτέω βασιλεύοντες καὶ π.: ὁ
ἀγαθός III 36, 38
πλοῦτος περὶ π. tit. l. Sph. I 140, 12
περὶ π. καὶ χάριτος καὶ τιμωρίας tit. l.
Dion. I 93, 22
pecunia nec bonum nec malum A.
I 81, 21 divitiae non sunt bonum
A. I 85, 2. III 36, 19. 22. 25. 61, 1. Diog.
218, 35 ὁ π. οὐ μᾶλλον ὠφελεῖ ἢ
βλάπτει · οὐκ ἄρα ἀγαθόν III 28, 13
π. ἔστιν εὖ καὶ κακῶς χρῆσθαι · οὐκ
ἄρα ἀγαθόν 28, 15 μήτε πρὸς εὐδαι-
μονίαν μήτε πρὸς κακοδαιμονίαν συν-
εργεῖ 28, 31 π. κακῶς χρῶνται οἱ
ἀνόητοι · διόπερ οὐκ ἀγαθόν 29, 43
π. καὶ διὰ πορνοβοσκίας κακοῦ ὄντος
γίνεται · οὐκ ἄρα ἀγαθόν 36, 28
π. ἀδιάφορον Z. I 47, 25. A. 81, 33.
III 17, 21. 28, 6. 31. 47, 4. Diog. 218, 16.
Apollod. 261, 8 π. ἀξίαν τινὰ προσ-
φέρεται πρὸς τὸν κατὰ φύσιν βίον
III 30, 31. 31, 30 μαίνεσθαι τοὺς τὸν
κ. ἐν μηδενὶ ποιουμένους 33, 30 π.
προηγμένον 29, 36. 31, 30 π. ἀντὶ
πενίας αἱρούμεθα 30, 11 π. προηγμέ-
νον ἐπὶ τῶν ἐκτός 31, 5 δι' ἕτερα
ληπτόν 32, 36. 35, 2 praepositum,
quod ex se aliquid efficiat 32, 32
ὁ κατ' ἀλήθειαν π. ἀγαθόν III
155, 13 πάντα τἄλλα πλὴν τοῦ νο-
μίμως αὐτοῖς (sc. auro et argento)
καὶ καλῶς χρῆσθαι ἀδιάφορα Z. I 57, 18
ὁ μὲν πεπαιδευμένος καὶ ἐν π. καὶ
ἐν πενίᾳ οὐ ταράττεται, ὁ δὲ ἀπαί-
δευτος ἐν ἀμφοῖν A. I 89, 21 οὕτω

ῥητορεύσει καὶ πολιτεύσεται ὁ σοφός.
ὡς καὶ τοῦ π. ὄντος ἀγαθοῦ III 175, 8
divitias non eam modo vim habere,
ut duces sint ad voluptatem et ad
valetudinem bonam, sed etiam uti ea
contineant. non idem facere eas in
virtute neque in ceteris artibus Diog.
III 218, 26. 36 carminibus poëtarum
cupiditatem divitiarum nobis infundi
III 56, 6 ex multis paupertatibus divi-
tias non fieri Ant. III 252, 15 περὶ
π. disp. A. I 89, 24. 28. Cl. 128, 17
πνεῦμα π. (ἄνεμος) = ἀὴρ κινού-
μενος II 152, 33 πᾶν π. ἀέρος ῥύσις
202, 17 τῆς γενέσεως αἴτιον γίνε-
σθαι τὸν ἥλιον ἐξατμίζοντα τὰ νέφη
202, 24
θερμασία καὶ π. τὸ αὐτό Z. I 35, 34
π. ἔνθερμον Z. I 38, 3. III 75, 6 σύν-
θετον II 128, 22 δύο κέκτηται μόρια
δι' ὅλων ἀλλήλοις κεκραμένα, τὸ ψυ-
χρὸν καὶ τὸ θερμόν II 228, 36 συγ-
κείμενον ἐκ πυρὸς καὶ ἀέρος 218, 34
ἀέρος καὶ πυρὸς τὴν οὐσίαν ἔχει 112, 35
τὸ π. γεγονὸς ἐκ πυρὸς καὶ ἀέρος
145, 41
π. ἑκτικόν : φυσικόν : ψυχικόν def.
II 205, 20 οὐσία φύσεως καὶ ψυχῆς
τὸ π. 205, 12 ὑγρότερον καὶ ψυχρό-
τερον τὸ τῆς φύσεως π., ξηρότερον
καὶ θερμότερον τὸ τῆς ψυχῆς 205, 13.
218, 39 π. διήκει δι' ἡμῶν καὶ τῶν
ἀλόγων ζῴων III 90, 14 καὶ διὰ τῶν
λίθων καὶ διὰ τῶν φυτῶν πεφοίτηκέ
τι π., ὥστε ἡμᾶς αὐτοῖς συνενοῦσθαι
90, 16
π. κινούμενον ἐξ αὐτοῦ καὶ εἰς αὐτό
II 146, 10 τὸ θερμὸν οὔτ' εἴσω μόνον
οὔτ' ἔξω κινεῖται, διαδέχεται δ' ἀεὶ τὴν
ἑτέραν αὐτοῦ κίνησιν ἡ ἑτέρα 147, 7
τὸ ὂν π. κινοῦν ἑαυτὸ πρὸς ἑαυτὸ
καὶ ἐξ ἑαυτοῦ 152, 32
τὰ αἴτια π. II 119, 18 spiritus
movet silvam rationabiliter Z. I 25, 17
ἡ ποιότης π. πως ἔχον II 126, 27.
147, 45 spiritus permeator universi-
tatis Cl. I 121, 6 π. διὰ πάσης τῆς
οὐσίας διήκει II 154, 8 διὰ πάντων
διήκει τῶν σωμάτων 145, 41 τὸ διῆκον
διὰ πάντων ἀρχηγὸν καὶ πρωτόγονον
π. 192, 37 τὸ διῆκον διὰ πάντων π.,

8*

ὑφ' οὗ τὰ πάντα συνέχεται καὶ διοι-
κεῖται 137, 30   τὸ π. συνέχει ἑαυτὸ
καὶ τὰ ἄλλα 145, 1 τὸ πᾶν ἡνῶσθαι,
π. διήκοντος δι' αὐτοῦ 145, 17 τὸ π.
αἴτιον τοῦ μὴ διαπίπτειν, ἀλλὰ συμ-
μένειν τὰ σώματα 145, 31
καθάπερ στομώσει τῇ περιψύξει τὸ
π. τοῦ βρέφους μεταβαλόν II 222, 27
τὸ π. ἐν τοῖς σώμασι τῶν βρεφῶν· τῇ
περιψύξει στομοῦσθαι καὶ μεταβάλλον
ἐκ φύσεως γίνεσθαι ψυχὴν 134, 25.
222, 36 οἷον στομώσει τὸ π. μετα-
βάλλον ἐκ φυτικοῦ ψυχικὸν γενόμενον
223, 7
μηδὲν παρὰ τὸ π. τὴν ζωὴν καὶ
τὴν ψυχὴν τίθενται II 146, 20 vita
in solo spiritu 220, 26 consito spiritu
digresso animal emoritur Z. I 38, 12. 22
ὑπὸ τοῦ π. ἡμᾶς κινεῖσθαι Z. 38, 4 τῷ
π. ἡμᾶς ἐμπνόους εἶναι ib. οὐσία
τῆς ψυχῆς ὑπάρχει τὸ π. Z. I 38, 33.
Cl. 118, 2 π. ἔνθερμον ἡ ψυχή Z.
38, 3 τὸ συμφυὲς π. ἡμῖν ψυχή Z. I
38, 22. II 217, 15. 29. III 75, 6 spiritus
motivus = anima et quidem rationa-
bilis Z. I 25, 20 ἡ ψυχὴ καὶ τὸ ἡγε-
μονικόν = π. ἢ λεπτομερέστερόν τι π.
Cl. I 108, 28 εἰλικρινές τι καὶ καθα-
ρὸν π. τὸ κατὰ τὴν ἀρχὴν τῆς ψυχῆς
II 246, 16 ὃ πρῶτον π. ἀρύεται, ἐν
τούτῳ ὑπάρχει τὸ ἡγεμονικόν, ὃ δὲ
πρῶτον π. ἀρύεται, ἡ καρδία Diog.
III 216, 16 τὸ ἡγεμονικὸν π. ὑπάρχει
II 30, 43 ἐξ ὅλου κινεῖται καθ' ἑκά-
στην τύπωσιν 31, 2 αἴσθησις = τὸ
ἀφ' ἡγεμονικοῦ π. ἐπὶ τὰς αἰσθήσεις
διῆκον 26, 36 π. ἀπὸ τοῦ ἡγεμονικοῦ
διατείνει, εἰς ὀφθαλμούς, εἰς ὦτα etc.
226, 8 ambulatio = spiritus a princi-
pali usque in pedes permissus Cl. I
118, 16
consitus spiritus corpus est Z. I
38, 13 ἀναθυμίασίς τις αἵματος τὸ
ψυχικόν π. II 218, 6 spiritus, i. e.
anima, unum quid est 220, 30
ἔννουν τὸ π. καὶ πῦρ νοερόν II 146,
17 spiritus deus Cl. I 121, 6 ὁ θεὸς
π. νοερὸν καὶ πυρῶδες II 299, 11 ὁ
θεὸς π. νοερὸν καὶ ἀίδιον II 112, 31
ὁ θεὸς π. διῆκον δι' ὅλου τοῦ κόσμου
306, 21 διῆκον καὶ διὰ τῶν εἰδεχθῶν

307, 21 λόγος τοῦ θεοῦ = π. σωματι-
κόν 310, 24
πνευματικός π. ἡ οὐσία τῶν σω-
ματικῶν ποιοτήτων II 128, 20 ἡ π.
οὐσία τετονωμένη 149, 22 μὴ εὑρίσκε-
σθαι π. τι ἐν ἐπὶ τῶν κατὰ συναφὴν
129, 14 π. οὐσία τὸ συνέχον (: ὑλική)
144, 26 ἕξις π. 187, 3 δύναμις π.
264, 14
ποδάγρα ἀρρώστημα ἐπὶ τοῦ σώ-
ματος III 103, 4
πόθος def. III 96, 19. 97, 5 ὑπὸ
τὴν ἐπιθυμίαν ὑπάγεται 96, 5
ποιέω cf. ποιητέον, πράττω
κοινὸν τοῦ π. καὶ τοῦ πάσχειν αἱ
κινήσεις II 161, 17 ἀφ' ἑαυτοῦ π. =
τὸ ἀπὸ ἰδίας ὁρμῆς π. 161, 30 ὁ θεὸς
τοῦ π. αἴτιος Z. I 24, 11
τὸ ποιοῦν ἀρχαὶ τῶν ὅλων δύο, τὸ
π. καὶ τὸ πάσχον Z. I 24, 6. Cl. 110,
26. II 111, 9. 307, 34. Arch. III 263,
22 τὸ π. = ὁ ἐν τῇ ὕλῃ λόγος, ὁ θεὸς
Z. I 24, 7. Cl. 110, 27. II 111, 10. Arch.
III 263, 23 τὸ π. ἐν τῇ ὕλῃ εἶναι II
112, 8 πᾶν τὸ π. σῶμά ἐστι Z. I 27,
13. II 44, 2. Ant. III 246, 20. Arch.
262, 23 σωματικῶς τὰ π. ποιεῖ II 119,
32 πελάσει τινὶ ποιεῖ καὶ ἅψει II
119, 27
ποίημα in tit. Chr. II 9, 17. 18
κινητικὸν μᾶλλον τῆς λογιστικῆς δια-
νοίας τὸ ἀδόμενον π. Diog. III 227, 31
sensus nostros clariores carminis arta
necessitas efficit Cl. I 109, 21
ποίησις αἱ π. κοινῶς, ἐν αἷς εἰσιν
αἱ κινήσεις καὶ αἱ σχέσεις II 115, 1
ποιητέον π. : αἱρετέον, θαρρητέον,
ἀγαθὸν III 61, 13 τὰ π. καὶ αἱρετέα
καὶ ὑπομενετέα καὶ ἀπονεμητέα καὶ
ἐμμενητέα 72, 35 τὸ ἀγαθὸν μόνον π.
61, 17 π. τὰ κατορθώματα, οὐ π. τὰ
ἁμαρτήματα II 297, 13 π. in def. νό-
μου, φρονήσεως pass.
ποιητής περὶ τοῦ π. tit. l. Cl. I
107, 9
grammatica ostendit, quemad-
modum quodque poëta finxerit ver-
bum Cl. I 109, 7 poëtae animos tene-
ros et rudes inficiunt et flectunt III
55, 25 sq. carminibus poëtarum divi-
tiae velut unicum vitae decus laudan-

tur 56, 6 ὠφέλιμον, εἰ καὶ μὴ πρὸς ἀρετῆς κτῆσιν τελείας, ἀλλά τοι πρὸς πολιτείαν, ἅπερ οἱ π. μνήμη παραδεδώκασι 184, 24 ἀγαθὸς π. ὁ σοφός Diog. III 241, 32 μόνος ὁ σοφὸς π. 164, 18. 25
ποιητικός περὶ π. ἀκροάσεως tit. l. Z. I 15, 3 τῇ π. ἀνάλογον ἡ μουσικὴ κατὰ τὴν μίμησιν καὶ κατὰ τὴν ἄλλην εὕρεσιν Diog. III 233, 38 ἀμείνονα τὰ π. καὶ μουσικὰ παραδείγματα τοῦ λόγου τοῦ τῆς φιλοσοφίας ἐξαγγέλλειν τὰ θεῖα Cl. I 109, 11
τῶν ἀγαθῶν τὰ μὲν τελικά, τὰ δὲ π., τὰ δὲ ἀμφοτέρως ἔχοντα III 25, 24. 35 e. s.   bona efficientia 26, 10 π. κακά 25, 29. 26, 1 e. s.   τῶν ἀδιαφόρων τὰ μὲν καθ᾽ αὑτά, τὰ δὲ π. 32, 14. 28   τῶν κατὰ φύσιν τὰ μὲν καθ᾽ αὑτὰ ληπτά, τὰ δὲ π. 34, 37
ποιόν τριχῶς τὸ π. ἀφορίζονται II 128, 31 τὰ δύο σημαινόμενα ἐπιπλέον τῆς ποιότητος λέγουσι 128, 31. 129, 4 π. = πᾶν τὸ κατὰ διαφοράν 128, 33 = τὸ ἰσχόμενον κατὰ διαφοράν 128, 37 = ὕλη ποιά 126, 9
π.: ποιότητες II 51, 2 ὑποκείμενα: π.: πὼς ἔχοντα 124, 31. 125, 6 τὰ π. ἕτερα τῶν ὑποκειμένων 126, 7 δεύτερον ὑποκείμενον τὸ π., ὃ κοινῶς ἢ ἰδίως ὑφίσταται 125, 34 τὸ ἀτομωθὲν εἶδος, ὃ ἰδίως λέγεται π. 130, 44 τὰ μὲν π. περὶ τὴν ὕλην πὼς ἔχοντα, τὰ ἰδίως δὲ πὼς ἔχοντα περὶ τὰ π. 132, 1
σώματα τὰ π. II 127, 20 τοῦ π. ἕκαστον εἶναι ὁ συνέχων αἴτιος ἀὴρ 147, 40 τὸ π. καὶ ἐν τοῖς ἐκ συναπτομένων καὶ ἐν τοῖς ἐκ διεστώτων 129, 15 ἀθρόως ἐπιγίνεται καὶ ἀπογίνεται 130, 45 τὸ αὐτὸ ἐν παντὶ τῷ βίῳ διαμένει, τῶν μορίων γινομένων καὶ φθειρομένων 130, 46
ποιός τοὺς ἀπαρτίζοντας καὶ ἐμμόνους ὄντας κατὰ διαφορὰν π. ἐτίθεντο II 128, 41 τοὺς κοινῶς π. πρὸ τῶν ἰδίως π. ἀποτίθενται 131, 27 οἱ π. οὐκ ἐνάντιοι, ἀλλ᾽ ἐναντίως ἔχουσι 50, 1 Academici ἐπὶ δυεῖν οὐσιῶν ἕνα π. εἶναι βιαζόμενοι 34, 36 singularum rerum singulae proprietates

35, 6 ἐπὶ μιᾶς οὐσίας δύο ἰδίως γενέσθαι π. 131, 3 δύο ἰδίως π. ἐπὶ τῆς αὐτῆς οὐσίας ἀμήχανον συστῆναι 131, 8 δύο ἰδίως π. περὶ τὸ αὐτὸ ὑποκείμενον οὐ δύνανται εἶναι 131, 19 ὁ ἐκ τῆς ἁπάσης οὐσίας ἰδίως π. II 168, 6. 169, 17. 182, 9 μετὰ τὴν ἐκπύρωσιν καὶ ὁ ἰδίως π. πάλιν ὁ αὐτὸς γίνεται 189, 38. 191, 10. 21 τοῖς ἰδίως π. τοῖς ὕστερον γινομένοις παραλλαγὰς γίνεσθαι κατά τινα τῶν ἔξωθεν συμβεβηκότων 190, 3
κατὰ τὸ π. ἀρετὴ ἰδίᾳ ποιότητι συνίσταται III 60, 4 π. αἱ ἀρεταί 62, 22 pass. τινὰς ἕξεις καὶ τοὺς κατὰ ταύτας π. μὴ ἐπιδέχεσθαι τὸ μᾶλλον καὶ τὸ ἧττον, τινὰς δὲ ἐπιδέχεσθαι 141, 7 ἡ π. τῶν ἀδιαφόρων χρῆσις εὐδαιμονικὴ ἢ κακοδαιμονικὴ 29, 1
ποιότης μοναχῶς λέγεται, τριχῶς δὲ ὁ ποιός II 129, 7 τὰ μὲν δύο σημαινόμενα τοῦ ποιοῦ ἐπιπλέον τῆς π. λέγουσι, τὸ δὲ ἓν συναπαρτίζειν αὐτῇ 128, 31. 129, 4
π. = σχέσις ποιοῦ II 129, 6 = πνεῦμα πὼς ἔχον ἢ ὕλη πὼς ἔχουσα 126, 27 = διαφορὰ οὐσίας, οὐκ ἀποδιαληπτὴ καθ᾽ ἑαυτήν 126, 20 ἡ ὕλη πάσῃ ἔκκειται π. II 114, 40 ἡ οὐσία καὶ ἡ ὕλη ὑφεστᾶσι ταῖς π. 126, 31 τοῖς κατὰ π. ὑφισταμένη πρώτη ὕλη 114, 25 ἡ π. τὸ γινόμενον καὶ ἀπογινόμενον τῆς ὕλης 134, 34
αἱ π. τῶν μὲν ἀσωμάτων ἀσώματοι, τῶν δὲ σωμάτων σωματικαὶ II 128, 15. 17 πνευματικὴ ἡ οὐσία τῶν σωματικῶν π. 128, 20 ἡ εἰς τὸ ἔξω τονικὴ κίνησις π. ἀποτελεστικὴ 149, 1.9 τὰς π. οὐσίας καὶ σώματα ποιοῦσι 126, 32 σώματα αἱ π. 115, 38. 126, 17. 135, 23. 142, 25. 152, 3 αἱ τῆς ψυχῆς π. σώματα καὶ αἱ τοῦ σώματος 220, 43 ἡ π. σῶμα ἔνυλον 130, 42 αἱ π. δι᾽ ὅλων κεράννυνται Z. I 26, 6 sq. π. διαμένει καὶ αὐξάνεται καὶ μειοῦται II 214, 33 μένει ἡ τῆς διακοσμήσεως π. ἐπ᾽ ἐλάττονος οὐσίας 186, 37 οὐκ ἀΐδιοι αἱ ἄλλαι π. 116, 11 π. στερήσεις 52, 31
π. δραστικαὶ II 133, 40 ἡ θερμότης δραστικωτάτη τῶν π. 133, 42 αἱ

π. πνεύματα οὖσαι καὶ τόνοι ἀερώδεις
εἰδοποιοῦσιν ἕκαστα 147, 45   π. = ἐν-
έργειαι καὶ ποιήσεις, ἐν αἷς αἱ κινή-
σεις καὶ αἱ σχέσεις 114, 40
δύο ἡμῶν ἕκαστός ἐστιν ὑποκείμενα,
τὸ μὲν οὐσία, τὸ δὲ π. II 214, 50
ἀρετὴ ἰδίᾳ π. συνίσταται III 60, 4   π.
τὰ ὑποπίπτοντα ὑπὸ τὴν ἀρετήν II
51, 1   τὰς μέσας π. ἐπιδέχεσθαι ἐπί-
τασιν καὶ ἄνεσιν III 141, 10   ὑπὸ
ἄλλης δυνάμεως περὶ τὴν αἴσθησιν
καταλαμβάνεσθαι τὰς π. ὧν ἀντιλαμ-
βάνονται, καὶ τὰς ἡδονὰς τὰς ἀπ᾽
αὐτῶν Diog. III 223, 9
duos status esse, coniecturalem et
finitivum exclusa qualitate Arch. III
263, 17

πόκος III 146, 18

πολέμιος κατὰ στρατηγίαν κατὰ
τῶν ἀντιπάλων τῷ ψεύδει ὁ σοφὸς
συγχρήσεται III 148, 9. 16   οἱ φαῦλοι
π. ἀλλήλων 160, 18

πόλεμος ἡ τῆς μουσικῆς πρὸς τοὺς
π. συνεργία Diog. III 225, 32

πόλις cf. πολιτεία
π. λέγεται διχῶς II 169, 25   τρι-
χῶς III 81, 10   π. = πλῆθος ἀνθρώ-
πων ὑπὸ νόμου διοικούμενον III 80,
42   = πλῆθος ἀνθρώπων ἐν ταὐτῷ
κατοικούντων ὑπὸ νόμου διοικούμενον
81, 15   = σύστημα ἀνθρώπων II 327, 32
λέγουσι τὸν οὐρανὸν κυρίως π.
III 80, 41   τὰ δὲ ἐπὶ γῆς ἐνταῦθα
οὐκέτι π. 80, 42   ἡ Ζ. πολιτεία εἰς ἓν
τοῦτο συντείνει κεφάλαιον, ἵνα μὴ
κατὰ π. μηδὲ κατὰ δήμους οἰκῶμεν
Ζ. I 61, 2   σπουδαῖον ἡ π. Cl. I 132,
20. III 80, 42. 81, 5   π. ὅλης εὐδαι-
μονία ἀπ᾽ ἀρετῆς ἐγγίνεται καὶ ὁμο-
νοίας Ζ. I 61, 19   δεῖ τὰς π. κοσμεῖν
οὐκ ἀναθήμασιν, ἀλλὰ ταῖς τῶν οἰκούν-
των ἀρεταῖς Ζ. I 62, 8   Ἔρως θεὸς
συνεργὸς πρὸς τὴν τῆς π. σωτηρίαν
Ζ. 61, 17
ὁ κόσμος οἰονεὶ π. II 169, 26. 194,
16. 327, 31. 328, 10   ὁ κόσμος ἡ με-
γάλη π. 330, 15   (cf. μεγαλόπολις)
mundus communis urbs hominum et
deorum III 81, 39. 82, 7. 83, 12   di
mundum ut communem rem publicam

atque urbem aliquam regentes II
327, 10. 24. 30

πολιτεία π. tit. l. Ζ. I 14, 26. 72, 7
περὶ π. Chr. III 202, 43   π. Λακωνική
tit. l. P. I 96, 27. Sph. 140, 1
π. = τροφὴ ἀνθρώπων καλὴ κατὰ
κοινωνίαν III 81, 26
ἐνάρετος ἡ π. νόμοις, οἳ μόνον τὸ
καλὸν ἀγαθὸν εἰσηγοῦνται III 81, 19
π. οὐδὲν ἐν τοῖς ἀλόγοις ἔστιν εὑρεῖν
89, 40   ἀφρόνων π. οὐκ ἔστιν Diog.
III 241, 35   τὰς κειμένας π. ἡμαρ-
τῆσθαι ἁπάσας 80, 18   αἱ κατὰ μέρος
π. προσθῆκαι μιᾶς τῆς κατὰ φύσιν
80, 11   π. ᾗ καὶ σύμπας ὁ κόσμος
διοικεῖται = ὁ τῆς φύσεως ὀρθὸς λόγος
82. 30   ἡ μεγαλόπολις ὅδε ὁ κόσμος
ἐστὶν καὶ μιᾷ χρῆται π. 79, 39   ὁ κό-
σμος ἡμᾶς παρέχεται τῆς αὐτῆς μετ-
έχοντας π. 82, 19   μία κοινὴ π. τῶν
καθαρῶν ψυχῶν πρὸς τοὺς θεούς Α.
I 87, 11   Ζ. π. εἰς τοῦτο συντείνει κε-
φάλαιον, ἵνα πάντας ἀνθρώπους ἡγώ-
μεθα δημότας καὶ πολίτας, εἷς δὲ βίος
ᾖ καὶ κόσμος Ζ. I 61, 1
Λυκούργου ἔλαβε τῆς π. ὑπόθεσιν
Ζ. I 60, 35   π. ἀρίστη ἡ μικτὴ ἐκ δημο-
κρατίας καὶ βασιλείας καὶ ἀριστοκρα-
τίας III 175, 26   sapiens ad quam-
libet rempublicam non accedet 174, 32.
Ζ. Cl. Chr., quorum nemo ad rem-
publicam accessit, nemo non misit
Ζ. I 62, 25. Cl. 132, 25. III 174, 34
cum sapienti rem publicam ipso di-
gnam dedimus, mundum, non est extra
rem publicam, etiamsi recesserit 174, 37
ὠφέλιμον πρὸς π. τὸ παλαιαῖς ἐν-
τρέφεσθαι δόξαις καὶ ἀρχαίαν ἀκοὴν
ἔργων καλῶν μεταδιώκειν III 184, 22
τὸν ἀπὸ τῆς π. χρηματισμὸν προηγού-
μενον 172, 18

πολιτεύομαι π. ὁ σοφὸς III 157,
40. 158, 32   π. κατὰ τὸν προηγούμενον
λόγον 172, 18. 173, 19   π. ὁ σοφός, ἂν
μή τι κωλύῃ 175, 3   μὴ π., ἐάν τι
κωλύῃ καὶ μάλιστ᾽ ἂν μηδὲν ὠφελεῖν
μέλλῃ τὴν πατρίδα 173, 20   διὰ τί Χρ.
οὐκ ἐπολιτεύετο 174, 26
εἰ πονηρά τις π., τοῖς θεοῖς ἀπ-
αρέσει III 174, 28   οὕτω π. ὁ σοφὸς

ὡς καὶ τοῦ πλούτου ὄντος ἀγαθοῦ καὶ τῆς δόξης 175, 8

πολίτης οὐδὲν ἡδονῆς ἕνεκα πράξειν τοὺς π. III 177, 11 τῶν πρὸς ἀκοὴν καὶ ὄψιν ἐπιτερπῶν ἀπείργει τοὺς π. Χρ. 180, 10 π. οἱ σπουδαῖοι μόνον Ζ. I 54, 4

πολιτική = ἕξις θεωρητικὴ καὶ πρακτικὴ τῶν πόλει συμφερόντων III 65, 34 urbanitas et oeconomia cognatae virtutes 160, 9 eorum est oeconomia, quorum et π. II 209, 25 urbanitas oeconomia urbis est et oeconomia urbanitas domi III 160, 11 π. ἠθικῆς ἰδέα III 74, 17 τὴν π. μὴ εἶναι ῥητορικὴν πάντως Diog. III 242, 24

πολιτικός π. tit. l. Cl. I 107, 24 π. μέρος τῆς φιλοσοφίας Cl. I 108, 11 ὁ π. βίος προηγούμενος III 172, 15 φύσει π. ζῷον 63, 25. 77, 33 ὁ αὐτὸς οἰκονομικὸς καὶ π. 80, 16 π. ὁ σπουδαῖος Ζ. I 53, 10. III 150, 18 π. οὐκ ἔσται ῥήτωρ χωρὶς φιλοσοφίας Diog. III 243, 23 περὶ τοῦ π. disp. Diog. 241, 27. 242, 3

οἱ πολλοί cf. φαῦλοι θεοῖς ἐχθροὶ καὶ ἀνόητοι Diog. III 233, 11

πολυφιλία ἀγαθόν III 161, 18

πονηρός vid. s. v. φαῦλος

πόνος π. ἀδιάφορον Ζ. I 47, 25. III 17, 21. 28, 7. Diog. 218, 17. Apollod. 261, 9 οὔτε προηγμένον οὔτ᾽ ἀποπροηγμένον περὶ σῶμα 33, 10 μηδεμίαν ἀλλοτρίωσιν εἶναι φύσει πρὸς π. 54, 30 ὁ π. φευκτός Dion. I 94, 19 sqq.

ὁ περὶ ἀγαθῶν καὶ καλῶν π., κἂν ὑστερίζῃ τοῦ τέλους, ἱκανὸς ἐξ αὐτοῦ προσωφελῆσαι τοὺς χρωμένους III 137, 17 οὐδένα τῶν φαύλων ἀνυπόπτως ἔχειν πρὸς τὸν π. 171, 9

πορεύομαι π.: τρέχειν comp ὁρμαὶ κατὰ λόγον : πλεονάζουσαι III 114, 4

πορίζομαι ὅπως ποριστέον τῷ σοφῷ III 172, 7

πορισμός καταγέλαστοι οἱ τρόποι τοῦ π., οἷον ὁ ἀπὸ βασιλέως καὶ ὁ

ἀπὸ φιλίας καὶ ὁ ἀπὸ σοφίας III 172, 10

ποριστικός ἕξις π. τῶν πρὸς τὸ ζῆν καθηκόντων III 67, 3. 68, 5

πορνοβοσκία πλοῦτος καὶ διὰ π. κακοῦ ὄντος γίνεται III 36, 29

Ποσειδῶν τοῦ Διὸς τὸ εἰς τὴν θάλατταν διατετακός Diog. III 217, 15 Π. καλοῦσι κατὰ τὴν εἰς τὸ ὑγρὸν διάτασιν τοῦ θεοῦ II 305, 23 Π. = ὁ διὰ τῆς γῆς καὶ θαλάττης ἀήρ 315, 21. 316, 6 τὸ διὰ τῆς θαλάσσης πνεῦμα 319, 32 mare Ζ. I 43, 30

ποταμός καλῶς ἀπαγορεύεσθαι εἰς π. οὐρεῖν III 187, 21

πούς III 46, 10. 179, 12. 187, 5

πρᾶγμα (: λεκτόν) ἐν τοῖς π. τὰ ἐναντία θεωρεῖται II 50, 10 τὸ λογικὸν ζῷον διὰ τὰς τῶν ἔξωθεν π. πιθανότητας διαστρέφεται III 53, 9 διαστροφὴ ἐξ αὐτῆς τῶν π. τῆς φύσεως 53, 17. 55, 3

πρακτικὸν (sc. μέρος τῆς φιλοσοφίας) τῶν τριῶν μορίων τοῦ π. ὕλη μὲν τὰ ἀνθρώπινα, τέλος δὲ ἡ τοῦ ἀνθρωπίνου βίου εὐδαιμονία II 19, 26

πρακτικός βίοι τρεῖς, θεωρητικὸς καὶ π. καὶ λογικός III 173, 5 ὁ ἐνάρετος θεωρητικός τε καὶ π. τῶν ποιητέων 72, 35 ὁ σπουδαῖος π. 160, 34 π. ὁρμὴ 40, 12. 28. 41, 27

πρᾶξις cf. πράττω περὶ π. tit. l. Cl. I 107, 31 περὶ τῆς πρώτης ἀξίας καὶ τῶν π. pars eth. III 3, 4 γέγονεν ὑπὸ τῆς φύσεως ἐπίτηδες τὸ λογικὸν ζῷον πρὸς θεωρίαν καὶ π. III 173, 6 ἡ π. ἡ κατ᾽ ἀρετὴν ἀγαθόν III 19, 3. 25 αἱ κατὰ τὰς ἀρετὰς π. περὶ ψυχὴν ἀγαθὰ 24, 15 σπουδαῖαι π. περὶ ψυχὴν ἀγαθὰ 23, 40 πᾶσα ἡ κατ᾽ ἀρετὴν π. τελικὸν ἀγαθόν 25, 38. 26, 11 καὶ τὰς καλὰς π. ἀγαθὰ καλοῦμεν 26, 23 αἱ καλαὶ π. μετέχοντα τῶν ἀγαθῶν 27, 19 τῆς ἀρετῆς μετέχοντα αἱ π. αἱ κατ᾽ ἀρετὴν 19, 28 τὸ κυρίως συμφέρον ἀρετὴ καὶ ἡ κατ᾽ ἀρετὴν π. 20, 19 ἐν τοῖς δ᾽ εἴδεσι τοῦ καλοῦ τὰς καλὰς π. συντελεῖσθαι 20, 23 ἡ ἐπιστήμη πρὸς τὰς π. ἀφικνουμένη τὰς κατὰ τὸν βίον ὀνόματα πλείω λαμβάνει Α. I 86, 4

αἱ κατὰ τὰς κακίας π. κακὰ περὶ ψυχήν III 24, 18   πᾶσα ἡ κατὰ κακίαν π. τελικὸν κακόν 26, 4   μετέχοντα τῆς κακίας αἱ π. αἱ κατὰ κακίαν 19, 32 ἡ φαύλη π. βλάβη 19, 36 ἄνευ τῶν μεταξὺ οὔθ' αἱ ἀγαθαὶ οὔθ' αἱ κακαὶ συνίστανται π. III 27, 20 τὰ πάθη βιαίως προωθεῖ ἐπὶ τὰς ἐναντίας (sc. τοῖς λογισμοῖς) π. 95, 5 αἱ π. ἢ ἀπ' ἀρετῆς εἰσι κατορθώματα ἢ ἀπὸ κακίας ἁμαρτήματα ἢ μέσα καὶ ἀδιάφορα III 88, 44   ἡ π. ἡ σπουδαία = ψυχῆς ἐνέργεια λογικῆς κατὰ κρίσιν ἀστείαν 72, 15   ὁ σπουδαῖος βίος = σύστημα λογικῶν π. 72, 20 οὐκ ἔστι π. τελεία, ἢ οὐ κατὰ πάσας πράττεται τὰς ἀρετάς 73, 33   πᾶσα π. τοῦ σοφοῦ τελεία 148, 23   αἱ τῶν σπουδαίων ἑκούσιοι π. ἐπαινεταί πᾶσαι 168, 2   πᾶσα ἡ διὰ τοῦ ἐπιστήμονος π. εὐπραγία 138, 10   πᾶσα π. γνωστικοῦ κατόρθωμα 139, 3   ἡ διὰ τοῦ ἀπεπιστήμονος π. κακοπραγία 138, 11   παντὸς τοῦ ἐθνικοῦ π. ἁμαρτητική 139, 5   ὁ κακὸς ἁμαρτητικὸς ὢν καὶ κατὰ τὰς π. διαμαρτάνει 26, 22 ἐπιγίνεται τῷ προκόπτοντι ἡ εὐδαιμονία, ὅταν αἱ μέσαι π. προσλάβωσι τὸ βέβαιον καὶ ἑκτικόν 138, 1   μέση π. def. 139, 3   μέσαι π. : κατόρθωμα 139, 2

τὰ μαντευόμενα ἔχει φύσει τὸ μέλος κινητικὸν καὶ παραστατικὸν πρὸς τὰς π. Diog. III 226, 23

πρᾶος   παρὰ τὸν π. πραότητα ἀρετὴν τίθεσθαι III 60, 6   ὁ σοφὸς π. 161, 20

πραότης   def. III 161, 20   παρὰ τὸν πρᾶον ἀρετὴ τίθεται 60, 7

πράττω   τὰ μὲν τῶν ζῴων ἐνεργήσει μόνον, τὰ δὲ π., τὰ λογικά II 295, 19 nihil agi sine impetu potest III 75, 21 ἡ λογικὴ ὁρμὴ = φορὰ διανοίας ἐπί τι τῶν ἐν τῷ π. III 40, 10 quodsi aliquid aliquando acturus est animus, necesse est, id ei verum, quod occurrit, videri II 35, 32   μήτε π. μήτε ὁρμᾶν ἀσυγκαταθέτως III 42, 25 pass.

Ant. 246, 37   ἡ τῆς ψυχῆς ἰσχὺς = τόνος ἱκανὸς ἐν τῷ κρίνειν καί π. ἢ μή Cl. I 129, 5   Χρ. αἰτιᾶται τῶν π. οὐκ ὀρθῶς ἀτονίαν καὶ ἀσθένειαν τῆς ψυχῆς III 123, 1   τὰ πράγματα διὰ τὸν ἐν ἡμῖν λόγον δύναται ἁμαρτανόμενα κακῶς π., κατορθούμενα γίνεσθαι καλῶς III 140, 28 καλῶς π. ἡμῶν ὁ βίος διοικεῖται κατὰ ἐπιστήμην, κακῶς δὲ κατὰ ἄγνοιαν 60, 28   γινώσκουσα ἡ ψυχὴ χωρὶς τοῦ π. τἀγαθὰ καὶ κακὰ ἐπιστήμη ἐστὶν Α. I 86, 3 τὸ π. in def. φρονήσεως Α. I 85, 38 ὁ φρόνιμος τὰ αὖ οὖ π. III 176, 29 ὁ κατὰ μίαν ἀρετὴν π. κατὰ πάσας π. III 69, 7   ἐπαινεῖν μὴ πᾶν τὸ π. κατ' ἀρετὴν 50, 32   εὔλογον ἐξαγωγὴν τῷ σπουδαίῳ συγχωροῦσιν, εἴ τι τοῦ π. οὕτω στερήσειεν αὐτόν, ὡς μηκέτι ἀπολελεῖφθαι μηδὲ ἐλπίδα τῆς πράξεως 190, 22

πρέπον   π., λόγου ἀρετή. def. Diog. III 214, 18

πάντα τἀγαθὰ π. III 21, 43   ἐπιστήμη περὶ τὸ π. ἐν κινήσει καὶ σχέσει 66, 43

πρεσβεύω   τὸ π. μέσον καθῆκον III 134, 27

πρηστήρ   = νέφος περισχισθὲν πυρὶ μετὰ πνεύματος II 203, 26 = νωχελεστέρα ἔκλαμψις 203, 29 γίνεται, ὅταν ἄθρουν ἐκπέσῃ τὸ πνεῦμα καὶ ἧττον πεπυρωμένον 203, 17

προάγω   vid. προηγμένον

οὔτε π. οὔτε ἀποπροήχθη τὰ οὐδετέρως ἔχοντα III 31, 9   μήτε π. μήτε ἀποπροῆχθαι οἷον τὸ ἐκτεῖναι τὸν δάκτυλον 29, 31   τῶν προηγμένων τὰ μὲν δι' αὐτὰ προῆκται 32, 35   λεγόμεν τινα τῇ ἀξίᾳ π. 30, 18

προαίρεσις   cf. βούλησις

def. III 41, 32   ὁ σπουδαῖος δύναται ἐφικνεῖσθαι τῶν κατὰ π. ὄντων αὐτῷ Z. I 52, 35   beneficium voluntas efficit Cl. I 131, 5   κατ' ἀνάγκην : καθ' εἱμαρμένην : κατὰ π. : κατὰ τύχην II 281, 9

προγιγνώσκω   τὸ τὰ μέλλοντα π. οὐ πάντως θεῖον III 184, 35

πρόγνωσις   οὐχὶ ἡ π. τοῦ θεοῦ αἰτία γίνεται τοῖς ἐκ τοῦ ἐφ' ἡμῖν

ἐνεργηθησομένοις II 289, 34 πλέον
ἀπὸ τῆς π. γίνεται τὸ κατάταξιν λαμ-
βάνειν εἰς τὴν τοῦ παντὸς διοίκησιν
τὸ ἐφ' ἡμῖν 289, 37
ἡ περὶ τῶν μελλόντων π.
μέσον
III 184, 32 praesensione rerum futu-
rarum in animis hominum informatas
esse notiones deorum Cl. I 119, 13
προγνωστικόν prognosticorum
causas persequitur B. III 265, 13
προδιαλογίζομαι III 129, 34
προδιαπίπτω ψευδὴς συγκατάθεσις
ὡς ἂν π. III 147, 23
προεκλύω III 123, 23
προεκφέρω οἱ ἐπὶ τῶν δρομέων
π. III 128, 23
προηγμένον cf. προάγω
τῷ περὶ τῶν π. λόγῳ ἀκόλουθος
ὁ περὶ τοῦ καθήκοντος III 134, 19
Z. ταύτας τὰς ὀνομασίας θέμενος
πρῶτος 31, 13
π. = ὃ ἀδιάφορον ὂν ἐκλεγόμεθα
κατὰ προηγούμενον λόγον Z. I 48, 8.
III 31, 14 = ὅσα ἀδιάφορα ὄντα
πολλὴν ἔχει ἀξίαν III 32, 24 = quod
sit indifferens cum aestimatione me-
diocri 31, 38 = τὰ ἔχοντα ἀξίαν
30, 26. 31, 2 = τὰ πολλὴν ἔχοντα
ἀξίαν Z. I 48, 6. III 31, 12 = τὰ
ἱκανὴν ἀξίαν ἔχοντα III 29, 32 e. s.
praeposita = quae pluris essent aesti-
manda Z. I 48, 20
nec bonum nec malum praepositum
III 31, 37 οὐδὲν τῶν ἀγαθῶν π. Z.
I 48, 11. III 31, 17 quae aestimanda
essent, eorum in aliis satis esse cau-
sae, quam ob rem quibusdam ante-
ponerentur III 31, 28 e. s. res „bonas"
haberi aestimabiles et ad naturam
accomodatas Z. I 55, 28 aestimabile
= quod aut ipsum secundum naturam
sit, aut tale quid efficiat, ut selectione
dignum sit III 35, 4 τὰ π. οὐδὲν
συνεργεῖ πρὸς μὲν τὴν εὐδαιμονίαν,
πρὸς δὲ τὸν κατὰ φύσιν βίον 35, 19
π. λέγεσθαι οὐ τῷ πρὸς εὐδαιμονίαν
τινὰ συμβάλλεσθαι, ἀλλὰ τῷ ἀναγκαῖον
εἶναι τούτων τὴν ἐκλογὴν ποιεῖσθαι
παρὰ τὰ ἀποπροηγμένα Z. I 48, 15.
III 31, 20 δίχα κειμένων ἀρετῆς τε
σὺν π. καὶ ἀρετῆς μόνης, μηδέποτ'

ἂν τὸν σοφὸν τὴν κεχωρισμένην ἑλέ-
σθαι III 46, 13 τὸ π. τὴν δευτέραν
χώραν καὶ ἀξίαν ἔχον, συνεγγίζει πως
τῇ τῶν ἀγαθῶν φύσει 31, 18 e. s. τὸ
π. τῷ ἀγαθῷ συναγαγὼν ἐγγὺς καὶ
συμμίξας Chr. 34, 3 τρόπον τινὰ συγ-
χωρεῖ τοῖς βουλομένοις τὰ π. καλεῖν
ἀγαθά Chr. 33, 20
οὐδὲν τῶν π. πρὸς ἡμᾶς, ἀλλ' ἀπο-
σπᾷ ὁ λόγος ἡμᾶς ἀπάντων τῶν τοι-
ούτων III 34, 5 sq. non est ulla
causa, cur aliud alii anteponatur A.
I 84, 22 inter res eas, quae ad vitam
degendam pertinerent, nihil omnino
interesse neque ullum delectum ad-
hiberi oporteret A. 84, 27 μή τινα
εἶναι φύσει π. A. 83, 14 μὴ τὰ λεγό-
μενα προηχθαι πάντως γίνεσθαι π.
A. 83, 16 ἴσον ἐστὶ τὸ π. λέγειν ἀδιά-
φορον τῷ ἀγαθὸν ἀξιοῦν A. 83, 11
productiones et relationes suis mo-
mentis distinctae, quae π. et ἀπο-
προηγμένα vocantur III 44, 11 com-
moda inter praep. sunt 23, 13 παρα-
μετρεῖσθαι τὸ μέσον καθῆκον ἀδια-
φόροις τισὶν (sc. π.) 136, 11 praeposita
possunt paria non esse 23, 13
ἀδιάφορα, κατ' εἶδος π. e. enum.
III 28, 10 τῶν π. τὰ μὲν περὶ ψυχήν,
τὰ δὲ περὶ σῶμα, τὰ δ' ἐκτός 32, 40
e. s.; e. π. ἐπὶ τῶν ψυχικῶν, ἐπὶ τῶν
σωματικῶν, ἐπὶ τῶν ἐκτός 31, 3 τῶν
π. τὰ μὲν δι' αὐτὰ προῆκται, τὰ δὲ
δι' ἕτερα, τὰ δὲ καὶ δι' αὐτὰ καὶ δι'
ἕτερα 32, 28. 34 e. s. δι' αὐτὰ μέν,
ὅτι κατὰ φύσιν ἐστί, δι' ἕτερα δέ, ὅτι
περιποιεῖ χρείας 32, 37 τὰ περὶ ψυχὴν
κατὰ φύσιν ὄντα καὶ π. πλείονα τὴν
ἀξίαν ἔχει τῶν περὶ σῶμα καὶ τῶν
ἐκτός 33, 15
οὔτε π. οὔτε ἀποπροηγμένα = ὅσα
μήτε πολλὴν ἔχει ἀξίαν μήτε ἀπαξίαν
III 32, 26 οὔτε π. οὔτε ἀποπροηγμένα
περὶ ψυχήν, περὶ σῶμα, ἐκτός 33, 8 e.s.
προηγούμενος τὰ λογικά, ἅπερ
ἐστὶν π. II 333, 31 προηγουμένως
γίνεται τὸ λογικὸν ζῷον 333, 22 προ-
ηγμένον ἐκλεγόμεθα κατὰ π. λόγον
Z. I 48, 9. III 31, 15 τὰ π. κατὰ φύσιν
in def. τέλους Ant. III 253, 1

κατὰ π. αἰτίας II 264, 7 π. τισὶν
αἰτίαις ἔπεσθαι 268, 38
    π. ἀγαθά, δεύτερα δέ III 27, 34
προηγουμένως, κατὰ δὲ τὸν δεύτερον
λόγον 69, 9 pass.
πρόθεσις λόγου στοιχεῖον II 45,10
    π. def. III 41, 29 κατὰ π. 101, 24
προθυμία π. τὰς ἐπιθυμίας ὑπο-
κορίζονται Στ. III 107, 27
προκαταλαμβάνω III 125, 1. 3
προκαταρκτικός π. αἴτια II 119,46.
273, 18 π. αἰτία 292, 3 π. αἴτια ἑνὸς
γίνεται πλείονα 120, 39 τῶν π. αἱρο-
μένων μένει τὸ ἀποτέλεσμα 121, 25
προκοπή προηγμένον ἐπὶ τῶν
ψυχικῶν III 31, 3. 32, 42 δι᾽ αὐτὸ
προηγμένον 32, 36 πρὸς τὰς ἀρετὰς
τὴν ἀξιόλογον π. ἐκ φύσεως προϋπ-
άρχειν 51, 37 ἡ π. τοὺς μὴ πάντων
ἅμα παθῶν ἀφειμένους τοῖς μηδενὸς
ἀπηλλαγμένοις ὁμοίως παρέχει κακο-
δαιμονοῦντας 143, 6
προκόπτω prima homini ad sapien-
tiam tendenti sunt molimenta, quae
ad vitam salutemque pertinent con-
servandam III 138, 40 ὁ ἐπ᾽ ἄκρον
π. ἅπαντα πάντως ἀποδίδωσι τὰ καθή-
κοντα καὶ οὐδὲν παραλείπει 137, 44
ὁ τοῦ π. βίος οὔπω εὐδαίμων 137, 46
ἐπιγίνεται τῷ π. ἡ εὐδαιμονία, ὅταν
αἱ μέσαι πράξεις προσλάβωσι τὸ βέ-
βαιον 138, 1 τοῦ ἁπλῶς πιστοῦ μέση
πρᾶξις, μηδέπω κατὰ λόγον ἐπιτελου-
μένη μηδὲ κατ᾽ ἐπίστασιν κατορθου-
μένη 139, 3 eorum, qui non longe
a sapientia absunt, vitiositas discre-
pans quidem sibi ipsa, sed non prava
104, 18 μὴ δεῖσθαι τοῦ ἀμεταπτώτου
ἐν ταῖς κρίσεσι τὸν ἐπ᾽ ἄκρον π. μηδὲ
φροντίζειν παραγενομένου 145, 2 ὁ
π. εἰς αὐτὸν ἀναφέρει τὴν αἰτίαν ὧν
ποιεῖ πάντων ἢ λέγει κακῶς 145, 7
qui processit aliquantum ad virtutis
habitum, nihilo minus in miseria est
quam ille, qui nihil processit 142, 17
qui natura doctrinaque longe ad vir-
tutem processissent, nisi eam plane
consecuti essent, summe esse miseros
142, 33 neque inter eorum vitam et
improbissimorum quicquam omnino
interesse 142, 34 οἱ π. ἄχρις οὗ

τὴν ἀρετὴν ἀναλάβωσιν, ἀνόητοι καὶ
μοχθηροὶ διαμένουσιν 143, 44
    ἀπὸ τῶν ὀνείρων ἕκαστον αὐτοῦ
συναισθάνεσθαι π. Ζ. I 56, 15 οἱ π.
ἐπὶ ποσόν III 173, 34
πρόληψις π. = ἔννοιαι φυσικῶς
γινόμεναι II 28, 21 κριτήρια αἴσθησις
καὶ π. 33, 9 ὁ λόγος ἐκ τῶν π.
συμπληροῦται Ζ. I 41, 2. II 28, 22 ὁ
λόγος ἐννοιῶν τινων καὶ π. ἄθροισμα
II 228, 23 αἱ π. ἐνέργειαι 228, 32
ὁ περὶ ἀγαθῶν καὶ κακῶν λόγος
μάλιστα τῶν ἐμφύτων ἅπτεται π. III
17, 14 τὸν περὶ τὰς π. καὶ τὰς ἐν-
νοίας τάραχον ἀφελὼν Χρ. II 12, 26
προνοητικός ζῷον π. κόσμου II
305, 16
πρόνοια περὶ π. tit. l. Chr. III
203, 5
    π. ἀρετή def. III 65, 29 ἡ ἀρχὴ =
π. ἀνθρώπων κατὰ νόμον 81, 21
προηγουμένως ἡ π. πάντα πεποίηκε
II 333, 29 materiae universae fictrix
et moderatrix 322, 14 ἀποίου δη-
μιουργὸς ὕλης εἰς λόγος καὶ μία π.
322, 18 non solum creare et edere
materiam proprium pr., sed etiam
conservare et moderari Cl. I 114, 24
ἡ π. ἰχθῦς καὶ ὄρνιθας καὶ μέλι παρε-
σκεύασε II 334, 2 quod formica horrea
sibi parat et apis mel facit, pr. dei
tribuendum est 209, 30. 334, 8
    διὰ πάντων διήκει ἡ π. II 306, 39
ἡ τῶν πάντων π. τὴν πίστιν λαμβά-
νει ἐκ τοῦ σῶμα χωρεῖν διὰ σώματος
156, 13
    nullatenus impedit esse pr., etsi
una cum materia mundus ingenitus
supponatur Cl. I 114, 22 ὁ κόσμος
π. διοικεῖται III 165, 11 κόσμος = π.
II 169, 35 π. providet, primum ut
mundus quam aptissimus sit ad per-
manendum, deinde ut nulla re egeat,
maxume autem, ut in eo eximia pul-
chritudo sit Ζ. I 44, 21 figura mundi,
sicut et mundus ipse, per pr. facta
II 330, 25 pr. nihil praetermisit per-
tinentium ad certiorem utilioremque
dispensationem Cl. I 124, 30. I 332, 6
τὰ ἄστρα διοικούμενα κατὰ π. II 168,31
mens mundi = π. Ζ. I 44, 20 ἔοικε

τῷ μὲν ἀνθρώπῳ ὁ Ζεύς, τῇ δὲ ψυχῇ ἡ π. II 312, 35 καὶ τῇ π. — ψυχὴ δ᾽ ἐστι τοῦ κόσμου — φθορὰν ἐπιφέρουσιν 187, 13 ὅταν ἐκπύρωσις γένηται, ὁ Ζεὺς ἀναχωρεῖ ἐπὶ τὴν π. 312, 37

prov. dei voluntas II 268, 13 ἐν τῷ προνοεῖν ἡ οὐσία τοῦ θεοῦ 324, 23 τὸ τέλος τῶν θεῶν ἐν τῇ τῶν θνητῶν τάξει καὶ π. 324, 20 ἡ εἱμαρμένη ἡ αὐτὴ καὶ π. καὶ φύσις Z. I 44, 37. 45, 2 εἱμαρμένη = λόγος τῶν π. διοικουμένων II 264, 19 τὰ καθ᾽ εἱμαρμένην γινόμενα καὶ κατὰ π. γίνεται 280, 15 quae secundum fatum, sunt etiam ex pr.; quae secundum pr., ex fato 268, 16 quae ex pr. auctoritate, fataliter quoque provenire, nec tamen quae fataliter, ex pr. Cl. I 125, 13 προδιατέτακται κατ᾽ ἀξίαν ἑκάστῳ κινήματι τῶν ἐφ᾽ ἡμῖν τὸ καὶ ἀπὸ τῆς π. αὐτῷ ἀπαντησόμενον II 289, 31 καὶ μαντικὴ ὑφέστηκε πᾶσα, εἰ καὶ π. ἐστιν II 342, 24 οὐ μένει τὰ κακὰ ἀεὶ ἐν ταὐτῷ διὰ τὴν τηροῦσαν τὰ ἐπὶ γῆς π. 337, 31

προοίμιον pars orationis II 96, 5
προπέτεια ἡ ἐν ταῖς ἀποφάνσεσι π. II 39, 31 temeritas vitiosa III 69, 34 eam, quae aliena firmae et constantis adsensionis, a virtute sapientiaque removet Z. I 16, 28
προπετής π. συγκατάθεσις III 41, 24 τὸ συγκατατίθεσθαι κατὰ τὸν π. φαῦλον 147, 6
προπίπτω π. = ἀδήλοις φαντασίαις εἴκειν II 291, 11 π. καὶ ἁμαρτάνειν ἀκαταλήπτοις συγκατατιθεμένους III 42, 37 τὸ π. πρὸ καταλήψεως φαῦλον III 147, 6
πρὸς ἡμᾶς praeter virtutem τῶν ἄλλων οὐδὲν πρὸς ἡμᾶς III 34, 11 οὐδὲν π. ἡ. τὸ ζῆν καὶ ἡ ὑγίεια καὶ ἡ ἀπονία 33, 38 οὐδὲν τῶν προηγμένων π. ἡ. 34, 5 τὰ αὐτὰ πράγματα οὐδὲν π. ἡ., ἀρχαὶ δὲ τῶν καθηκόντων 30, 3 τὸ σῶμα καθάπερ ὄνυξ ἢ τρίχες οὐδὲν π. ἡ. 187, 2 ὁ λογικὸς τόπος οὐδὲν π. ἡ. A. I 79, 12. 20 τὰ ἠθικὰ π. ἡ. A. 79, 20

πρός τι πρός τι τὸ πρὸς ἑτέρῳ νοούμενον II 133, 22 τὰ πρός τι ἀντιδιαιροῦσι τοῖς καθ᾽ αὐτά 132, 23 τὰ π. τ. καθ᾽ αὐτὰ μὲν οὐκ ἔστι, κατὰ διαφορὰν δέ 132, 39 τὸ π. τ. ὑφ᾽ ἓν τοῖς ἄλλοις (sc. categoriis) ἐτίθεσαν 132, 15 εἴ τινα διδόασιν ὑπόστασιν ταῖς τοιαύταις σχέσεσι 132, 16 π. τ. ἡ ἕξις καὶ ἡ ἐπιστήμη καὶ ἡ αἴσθησις 132, 46 π. τ. τὸ γλυκὺ καὶ πικρὸν καὶ ὅσα τοιῶσδε διατίθησι 132, 25 ἐν τῷ κόσμῳ ἕκαστα π. τ. πεποιῆσθαι 170, 33 τὸ διαφέρον καὶ τὸ ἀδιάφορον τῶν π. τ. λεγομένων εἶναι III 34, 22 οὐκ ἐν τῇ π. τ. σχέσει γινόμενον τὸ πλῆθος τῶν ἀρετῶν 63, 2
πρός τί πως ἔχον τῷ μὲν π. τ. π. ἔ. τὸ πρός τι ἕπεται, τῷ δὲ πρός τι οὐκέτι τὸ π. τ. π. ἔ. II 133, 12 ὑποκείμενα, ποιά, πῶς ἔχοντα, π. τ. π. ἔ. 124, 31. 125, 6 τὰ π. τ. π. ἔ. πάντως καὶ πρός τι ἐστὶν 132, 34 ἐκ τῆς πρὸς ἕτερον σχέσεως ἤρτηται μόνης 132, 39 τὰ π. τ. π. ἔ. ἀντιδιαιροῦσι τοῖς κατὰ διαφοράν 132, 24 πάσης τῆς κατὰ διαφορὰν ἰδιότητος ἀπηλλάχθαι 133, 15 π. τ. π. ἔ. οἷον δεξιόν, πατήρ 132, 26
τῶν ἀγαθῶν τὰ μὲν εἶναι καθ᾽ ἑαυτά, τὰ δὲ π. τ. π. ἔ. III 26, 39 π. τ. 26, 40 κατὰ τὸ π. τ. π. ἔ. τὴν ἀρετὴν A. I 79, 16 τῷ π. τ. π. διαφόρους καὶ πλείονας ἀρετὰς εἶναι A. 86, 10 ἀλυπία, εὐταξία etc. τῷ π. τ. π. ἔ. ὠνομάσθησαν III 27, 9
προσαγορευτικόν π. (sc. πρᾶγμα αὐτοτελές) def. II 61, 10 = κλητικόν 61, 45
προσβολή τῆς φαντασίας II 33, 21
προσδέχομαι δεῖσθαι μὲν τὸν σοφόν, μὴ π. δέ III 152, 10
προσδοκάω ἀγαθὸν προσδοκώμενον III 94, 10. 95, 20 κακὸν π. 94, 11. 23. 95, 19
προσδοκία ἐν τῷ λογιστικῷ μόνῳ συνίσταται III 115, 33 π. in def. τοῦ φόβου pass.
προσεκφέρω III 127, 5
προσηγορία μέρος λόγου II 45, 2. Ant. III 247, 24. Diog. 213, 26 def. Diog. III 213, 27

προσηγορικά περὶ τῶν π. l. Chr.
II 6, 5
π. 50, 20
προσθήκη π. αἱ κατὰ μέρος πολι-
τεῖαι μιᾶς τῆς κατὰ φύσιν III 80, 11
προσίημι τὸ ζῷον τὰ οἰκεῖα π.
III 43, 9
προσκοπή offensio def. III 104, 34
κατὰ π. γινόμενα e. enum. 102, 40
nasci a metu 104, 2
προσλαμβάνω τὰ μεταλαμβανόμενα
καὶ π. II 85, 16 τὸ μεταλαμβανόμενον
π. οἱ νεώτεροι λέγουσι 86, 31 τὸ ἔξω-
θεν π. 85, 31
πρόσληψις = propositio altera
II 77, 14. 78, 11. 80, 9. 82, 6. Crin.
III 269, 16 ἡ τοῦ ἑπομένου π. ἐν τοῖς
συνεχέσιν ἀσυλλόγιστος II 88, 9 συλ-
λογισμοὶ οἱ διὰ τροπικοῦ καὶ τῆς π.
85, 10
προσοχή π. ἔπανδρος ἐν σχέσει
ἀγαθὸν III 26, 30
προσπάθεια def. III 97, 13
προσπίπτω II 28, 2
πρόσταγμα περὶ π. tit. l. Chr. II 5, 26
τὸ κατόρθωμα = νόμου π. III 140, 8
προστακτικόν def. II 61, 6. 27 περι-
εκτικόν errore libr. 31, 31
προστακτικός λόγος π. τοῦ ποιεῖν
III 42, 5 π. ὢν ποιητέον 77, 38 pass.
πρόσταξις π.: ἀπαγόρευσις: παρ-
αίνεσις III 139, 36 ἡ π. περὶ κατορ-
θωμάτων γίνεται 139, 38 ὁ μέσος οὐ
κατορθοῖ κατὰ τὴν τοῦ ὀρθοῦ λόγου π.
139, 40
προστάττω λέγειν: ἀπαγορεύειν: π.
II 49, 2 π. τὰ κατορθώματα 295, 33
τῷ τελείῳ π. οὐ δεῖ III 140, 1 ὁ
νόμος τοῖς φαύλοις μηδὲν π. 140, 10
π. II 106, 5. 107, 39. 108, 5. 109,
10 sq.
προστάτης νόμος π. τῶν καλῶν
καὶ τῶν αἰσχρῶν III 77, 35
πρόσφατος τὸ π. = τὸ ὑπόγυον
κατὰ τὸν χρόνον III 131, 7 ἐπὶ τῶν
παθῶν παραλαμβάνεσθαι τὸ π. ἀντὶ
τοῦ κινητικοῦ συστολῆς ἢ ἐπάρσεως
92, 23 δόξα π. κακοῦ παρουσίας in
def. λύπης pass. δόξα π. ἀγαθοῦ παρ-
ουσίας in def. ἡδονῆς pass. quo iure

τὸ π. in def. λύπης ponatur disp.
131, 9 sq.
πρόσωπον δεῖ ἐπιστρέφεσθαι ἐπὶ
τῶν λόγων σχηματισμῶν τοῦ π. II
96, 17 quidam habitus oris et vul-
tus = praepositum per se ipsum III
32, 30 bonum tertium 27, 29 π. τῆς
σελήνης vid. s. v. σελήνη
προτρεπτικός tit. l. A. I 75, 12.
P. 96, 32. Cl. 107, 13. Chr. III 17, 15.
33, 36. 203, 20
ὁ σπουδαῖος π. III 160, 41 τῶν
σπουδαίων ἄλλοι ἄλλων προτρεπτι-
κώτεροι 142, 10
προτρέπω περὶ τοῦ π. tit. l. Chr.
III 203, 20
μήτε προτετράφθαι τινὰ τῶν φαύ-
λων μήτε π. πρὸς ἀρετήν III 170, 32
μόνον προτετράφθαι τὸν σοφὸν καὶ
μόνον π. δύνασθαι, τῶν ἀφρόνων μη-
δένα 171, 2
προτροπή περὶ τῶν καθηκόντων
π. καὶ ἀποτροπῶν pars eth. III 3, 5
προϋπάρχω III 51, 38
προϋφίσταμαι οὐσία = τὸ π. τοῖς
οὖσιν II 114, 35
προφέρομαι λέγειν: π. expl. Diog.
III 213, 22
προφορικὸς λόγος: ἐνδιάθετος
II 43, 18. 74, 4 Ἶρις ὁ π. λόγος ἀπὸ
τοῦ εἴρω τὸ λέγω 43, 30
πρῶτος π. ἀρεταί III 64, 15. 65, 5
π. κακίαι 65, 17 τὰ π. κατὰ φύσιν
vid. s. v. φύσις, ἡ π. ὁρμή s. v. ὁρμή
πτάρνυμαι III 51, 13
πτοία πᾶσα π. πάθος III 92, 13
οἰκείως τῷ τῶν παθῶν γένει ἀπο-
δίδοται ἡ π. 127, 30 πάθος = π. ψυ-
χῆς expl. Z. I 51, 2. 4
πτοιώδης ἄγνοια ἀκαταστάτους καὶ
π. παρεχομένη τὰς ὁρμάς III 166, 30
μανία = ἄγνοια π. 166, 31
πτῶσις περὶ τῶν ε΄ π. l. Chr. II 6, 2
ὀρθὴ π. II 59, 14 πλάγιαι 59, 18. 23
ex rectis casibus obliqui et ex ob-
liquis recti recuperari possunt 47, 2
εἰ π. ἡ εὐθεῖα 47, 31
πυγμή = χεὶρ πῶς ἔχουσα II 126, 28
πῦρ = πᾶν τὸ πυρῶδες II 136, 25
π. τριττὸν εἶδος· ἄνθραξ, φλόξ, αὐγή
187, 2 πᾶν ὅπερ ἂν ἀνθρακωθῇ = π.

140, 23   φλὸξ καὶ ἄνθραξ εἴδη π. 140,
29   αὐγὴ τρίτον τι π. εἶδος 142, 40
τὸ π. στοιχεῖον Z. I 28, 28.   II 134, 2
στοιχεῖον τῶν ὄντων Z. I 27, 11 κατ᾽
ἐξοχὴν στοιχεῖον λέγεται II 136, 11
τὸ π. τῶν δραστικῶν στοιχείων 137, 39
τὸ π. τὸ θερμόν 180, 8   τῆς ἄκρας
θερμότητος ἐγγινομένης τῇ ὕλῃ π.
ἀποτελεῖται 134, 29   μὴ ἐπιδέχεσθαι
τὴν εἰς ἄλλο χύσιν 136, 13
    δύο γένη π., τὸ ἄτεχνον: τὸ τεχνι-
κόν def. Z. I 34, 24   π. τεχνικὸν =
πνεῦμα πυροειδὲς καὶ τεχνοειδές II
217, 14   = φύσις καὶ ψυχή Z. I 34, 25
ignis = ipsa natura Z. 44, 6 π. τεχνι-
κὸν in def. φύσεως pass.
    ἀὴρ καὶ π. συνέχει II 144, 27   τὸ
πνεῦμα καὶ τὸ π. συνέχει ἑαυτὸ καὶ
τὰ ἄλλα 145, 2   π. καὶ ἀὴρ αἴτια τῇ
γῇ τῆς σκληρότητος 145, 9   π. αὐτοῦ
δι᾽ εὐτονίαν ἑκτικόν 146, 34   πληγὴ
π. ὁ τόνος Cl. I 128, 33
    τὸ π. ὅλον δι᾽ ὅλου χωρεῖ τοῦ σι-
δήρου II 155, 30. 156, 21   τοῦ π. καὶ
τοῦ σιδήρου δι᾽ ὅλων γίνεται ἡ ἀντι-
παρέκτασις 153, 9
    δύο ὑποκείμενα κοῦφα, π. καὶ ἀὴρ
II 175, 20. 177, 36. 178, 24   ἀβαρὲς
τὸ π. Z. I 27, 32   φύσει ἀνώφοιτον
διὰ τὸ μηδενὸς μετέχειν βάρους Z.
27, 34. II 143, 31. 162, 16. 177, 42   τὸ
π. ἄνω φέρεσθαι Cl. I 111, 8   τῷ π.
τὸ ἀνωφερὲς καθ᾽ εἱμαρμένην δέδοται
II 290, 28   π. λεπτομερὲς καὶ κοῦφον
καὶ εὔτονον ὂν 155, 32   π. κουφότα-
τον ὂν ἐπὶ τὴν ἄνω φορὰν ἔχει τὴν
ὁρμὴν καὶ περιδινεῖται 175, 32   τὸ π.
κατ᾽ εὐθεῖαν κινεῖται Z. I 28, 11
    τὸ π. κωνοειδές Cl. I 111, 30
omnis ignis pastus indiget Cl. I
112, 19.   II 139, 24   nullus ignis sine
pastu aliquo potest permanere Cl. I
113, 15
    ignis corporeus vitalis et salutaris
omnia conservat, alit, auget, sustinet
Cl. I 113, 20   solis ignis similis eo-
rum ignium, qui sunt in corporibus
animantium Cl. 113, 23   animalium
semen ignis is, qui anima ac mens
Z. I 35, 32   primi homines ex solo,
adminiculo divini ignis, geniti Z. 35, 22

π. τεχνικὸν ὁδῷ βαδίζον ἐπὶ γένε-
σιν κόσμου II 306, 20 (cf. def. φύσεως
pass.) ignis artificialis in viam cadit
ad semina in generationem producenda
139, 31   ignis vivens et sapiens et
mundi fabricator 139, 38   τὸ πρῶτον
π. εἶναι καθαπερεί τι σπέρμα Z. I
27, 17   nihil animal intrinsecus in
natura praeter ignem II 139, 18
    ἡ ἐκ π. κατὰ σύστασιν εἰς ἀέρα
μεταβολή II 136, 20   ἐκ π. τροπὴ εἰς
ὕδωρ δι᾽ ἀέρος γίνεται Z. I 28, 16. 30.
II 179, 31. 182, 13   τὸ π. νυνὶ ὑφεῖται
καὶ κέκαμπται καὶ διεσχημάτισται II
308, 26   τὸ π. ἀΐδιον, τοιοῦτον ὄν,
οἷον τὸ ἡμῖν συνεγνωσμένον 310, 6
οἱ ἄλλοι θεοὶ πλὴν Διὸς φθαρησόμενοι
ὑπὸ π. Cl. I 121, 31   ἀνάπτεται τῇ
κάτω συννεύσει, αἰρόμενον δὲ καὶ
σκιδνάμενον σβέννυται II 147, 12   ἡ
σβέσις ἐμφανῆ ποιεῖ τὴν εἰς ἀέρα
μεταβολὴν τοῦ π. 141, 35   τείνεσθαι
καὶ τὸ π. πως ἐπὶ τὸ τοῦ κόσμου
μέσον Z. I 27, 32   τὸ π. ἐν τῷ μέσῳ
τοῦ κόσμου εἶναι ἀλλ᾽ οὐ τὴν γῆν Arch.
III 264, 4   τὴν σύστασιν πρὸς τὴν περι-
φέρειαν τοῦ κόσμου ποιεῖσθαι Z. I 27,
33 τὸ ἔσχατον τοῦ π. τρέπεσθαι πάλιν
ποιεῖν εἰς τοὐναντίον τὸ μέσον τοῦ
παντός Cl. I 111, 18   ὁ ἀὴρ εἰς π.
μεταβάλλει Cl. 111, 8   ἐκ τοῦ ἀέρος
π. ἐξάπτεται Z. I 28, 19. 32   εἰς π.
αἰθερῶδες ἀναλυόμενα πάντα II 184, 4
ἡ οὐσία μεταβάλλει οἷον εἰς σπέρμα
τὸ π. Z. I 32, 5. 8. Cl. 115, 2. II 183,
42. 184, 13   τὸ ἀναστοιχειῶσαν τὴν
διακόσμησιν εἰς αὐτό. τοῦ κόσμου
σπέρμα εἶναι 188, 7   καὶ πάλιν ἐκ
τούτου τοιαύτη ἀποτελεῖται ἡ διακόσ-
μησις, οἷα πρότερον ἦν Z. I 32, 5. 8
τὸ π. ἄνωθεν αὔξεται καὶ ἄρχεται
διακοσμεῖν τὸ ὅλον Cl. I 111, 20   ab
igne rursum animante ac deo reno-
vatio mundi fit II 183, 19

    deus ipse ignis Z. I 42, 9   θεὸς
νοῦς κόσμου πύρινος Z. 42, 8   ignis
deus II 139, 40   π. νοερὸν II 146,
18. 223, 2. 9   τοῦ θείου π. τὸ λογι-
κὸν καὶ ἡ μακαριότης 116, 13

    Vulcanus ignis Z. I 43, 30

P

Σ

σαρκάζω τῶν φαύλων εἶναι τὸ σ. def. III 161, 6

σάρξ γεύσεσθαι καὶ ἀνθρωπίνων σ. κατὰ περίστασιν τὸν σπουδαῖον III 186, 5 καὶ τὰς αὐτῶν σ. ἐσθίειν, εἴ ποτε τύχοι τι μέρος τοῦ σώματος ἀποκοπέν 186, 10

σαφήνεια ἀρετὴ λόγου def. Diog. III 214, 15

σεισμός def. II 203, 33

σέλας def. II 201, 24

σελήνη cf. πανσέληνος ταὐτὰ εἶναι σ. καὶ μῆνα II 315, 13 σ. = τὸ ἀθροισθὲν ἔξαμμα μετὰ τὸν ἥλιον νοερὸν ἐκ τοῦ τῶν ποτίμων ὑδάτων ἀναθυμιάματος 199, 30 ἡ τῆς σ. σφαῖρα πλησιάζουσα τῷ ἀέρι II 169, 6 ἡ σ. οὐ γῆ, ὅτι τῆς κάτω χώρας ἀφέστηκε 195, 18 ἡ σ. διὰ πυρὸς καὶ ἀέρος συνέστηκε 136, 32 μικτὴ ἐκ πυρὸς καὶ ἀέρος 198, 19. 26 πυροειδὴς Cl. I 113, 34 κρᾶμα ἐξ αἰθερώδους οὐσίας καὶ ἀερώδους II 199, 2 διὰ τὸ ἀερομιγὲς μὴ εἶναι τῆς σ. ἀκήρατον τὸ σύγκριμα 198, 14 ἡ σ. τῶν ἄστρων τὸ νωθρότατον καὶ θολερώτατον 198, 12 γεωδεστέρα ἅτε προσγειοτέρα οὖσα 196, 7 τὸ ἐμφαινόμενον μέλαν ὁ ἀὴρ 199, 3 τοῦ ἀέρος διαμελαίνοντος ἔμφασις γίνεται προσώπου 198, 28 ἡ σ. γενητή II 309, 20 τὴν σ. ὁ ἥλιος ἐξομοιώσει ἑαυτῷ καὶ μεταβαλεῖ εἰς ἑαυτὸν Cl. I 114, 27 ἡ σ. μείζων τῆς γῆς II 198, 5 σφαιροειδὴς II 198, 7. 199, 32. 200, 13 πιλοειδὴς τῷ σχήματι Cl. I 113, 34 δύο φορὰς φέρεται Z. I 34, 27 ἑλικοειδῆ τὴν πορείαν ποιεῖται II 196, 2 σχηματίζεται πολλαχῶς II 198, 8 per incrementum et deminutionem variationes commutationesque pro emolumento universi facit 331, 35 ἡ σ. οὐκ ἴδιον ἔχει φῶς II 196, 12 οὐκ ἀνακλάσει γίνεται ὁ φωτισμός 199, 17 χρόα ἀνθρακώδης καὶ βλο-

συρὰ ἴδιος τῆς σ. 198, 23 ἀμαυροφανὲς τὸ φῶς· ἀεροειδὲς γὰρ 198, 16 mensium periodos luna apposite coaptavit II 331, 34 τὰς μηνιαίους ἀποκρύψεις ποιεῖται συνοδεύουσα ἡλίῳ 199, 21 ἐκλείπει ἡ σ. ἐμπίπτουσα εἰς τὸ τῆς γῆς σκίασμα Z. I 34, 13 expl. II 199, 22. 38 ἐκλείπει τῆς γῆς αὐτῇ ἐπιπροσθούσης II 199, 35 ταῖς πανσελήνοις ἐκλείπει μόναις Z. I 34, 14. 31 ali lunam aquis Cl. I 112, 20. II 139, 24 ἀπὸ τῶν ὑγρῶν τῶν ἀπὸ τῆς γῆς τρέφεται II 199, 26 ἐκ ποτίμων ὑδάτων 196, 9. 199, 32 τῇ σ. τὰ κρηναῖα καὶ λιμναῖα νάματα γλυκεῖαν ἀναπέμπει ἀναθυμίασιν 197, 28 ἡ ἀπὸ τῆς σ. δύναμις διατείνει εἰς τὰ περίγεια II 169, 7 fretorum et aestuum accessus et recessus lunae motu gubernantur 347, 21 ὠκεανοῦ πλημμύρας καὶ πορθμῶν ἐπιδόσεις, διαχεομένων καὶ αὐξανομένων ὑπὸ τῆς σ. 200, 1 κατὰ τὰς τῆς σ. αὐξήσεις καὶ φθίσεις πολλὰ τῶν ζῴων φθίνει καὶ αὔξεται, ἀμπώτεις καὶ πλημμυρίδες γίνονται 302, 25 τὰ περὶ τόκους εἰς τὴν σ. ἀναφέρεται 212, 39 lunae phasibus fructus nocte maturescere 200, 4 ostreis et conchyliis omnibus contingere, ut cum luna pariter crescant pariterque decrescant 347, 17 arbores cum luna simul senescente tempestive caedi 347, 19 ἡ σ. ἄστρον νοερὸν καὶ φρόνιμον, πυρινὸν δὲ πυρὸς τεχνικοῦ Z. I 34, 22. 33 luna deus II 30, 19. 315, 22. 316, 3 σ. ἡ Ἄρτεμις II 212, 39. Diog. III 217, 12

σεμνολογία οὐ πᾶν κατόρθωμα εἰς σ. πίπτει III 50, 23

σεμνός τὸ χαρτὸν σ.· τὸ δὲ σ. καλόν III 9, 28. 11, 16

σημαινόμενον = τὸ πρᾶγμα τὸ ὑπὸ τῆς φωνῆς δηλούμενον II 48, 18 ἀσώματον καὶ λεκτόν 48, 23 ἡ διαλεκτικὴ τυγχάνει περὶ σημαίνοντα

καί σ. 38, 6   τοῦ σ. τελέως ἀπο-
πλανῶνται 107, 1

σημαῖνον σ. = ἡ φωνή II 48, 18
ἡ διαλεκτικὴ τυγχάνει περὶ τὰ σ. καί
σημαινόμενα 38, 5   similes res dis-
similibus verbis et dissimiles simili-
bus esse vocabulis notatas 45, 27
omne verbum ambiguum natura 45, 29

σημαίνω εἰς ὃ ἐνσημαίνεται τὰ
λεγόμενα, καὶ σημαίνεσθαι ἐκεῖθεν II
244, 20

σημαντικός σ. προφέρεσθαι φωνήν
II 48, 29

σημασία in tit. Chr. II 5, 23

σημεῖον περὶ σ. tit. l. Z. I 14, 36
def. II 72, 30. 73, 37   τὸ σ. ἐκ-
καλυπτικὸν εἶναι δεῖ τοῦ λήγοντος
73, 18   ἀληθὲς εἶναι δεῖ καὶ ἀληθοῦς
παραστατικὸν 73, 8   παρὸν παρόντος
εἶναι δεῖ σ. 73, 24
ἀξίωμα τὸ σ. καὶ νοητόν II 72, 29.
73, 44   ἀκολουθίας ἔννοιαν ἔχων σ.
νόησιν λαμβάνει 43, 21. 74, 7
τὰ σ. τοῦ πράγματος δι᾽ ἀλλήλων
συγκατασκευάζεται 90, 33
τὸ μέσον σ. τοῦ κόσμου II 169, 9

σημειωτόν συνυπάρχειν ὀφείλει
τῷ σημείῳ II 73, 12 (cf. 73, 32)

σίδηρος διὰ παντὸς τοῦ σ. χωρεῖ
τὸ πῦρ II 155, 30. 156, 21   τοῦ πυρὸς
καὶ τοῦ σ. δι᾽ ὅλων γίνεται ἡ ἀντι-
παρέκτασις 153, 9

σκέμμα τῶν τοῦ φιλοσόφου σ. tit.
l. Chr. II 4, 39

σκινδαψός τὸ σ. ἄσημον II 45, 13

σκοπός καὶ τὸν σ. τέλος λέγουσι
III 3, 24   τοῦ τέλους στοχαζόμενοι
ὥσπερ ἐν ταῖς τοξείαις σ. τοῦ περὶ
βίον 4, 26   πάντα δεῖ ἀναφέρεσθαι
πρὸς τὸν ὑποκείμενον σ. 8, 33   εὐ-
δαιμονία σ. ἔκκειται 6, 14   οὐδεὶς τῶν
ἀστείων σ. διαμαρτάνει 147, 17

σκοτεινός τὸ σ. ὄψεως συγχυτικόν
II 141, 8

σκότος ὁρατὸν εἶναι τὸ σ. Sph. I
141, 26. II 233, 34. 234, 8

σκότωσις τὸν τὴν ἀρετὴν ἔχοντα
οἷόν τε ἐν σ. γενέσθαι III 57, 14

σοβέω III 129, 10

σολοικίζω περὶ σ. λόγων l. Chr. II
6, 13   τὸ σ. expl. Z. I 23, 20. 24

σολοικισμός περὶ σ. l. Chr. II 6, 12
def. Z. I 23, 24   σ., κακία λόγου,
def. Diog. III 214, 22   admitti iubet
Chr. II 96, 22

σοφία περὶ σ. διατριβαί tit. l. A. I
75, 16
σ. = ars vivendi II 35, 38   = con-
veniens actio III 26, 13   = ἐπιστήμη
θείων καὶ ἀνθρωπίνων πραγμάτων
II 15, 4. 12. 304, 25   γινώσκουσα ἡ
ψυχὴ χωρὶς τοῦ πράττειν τἀγαθὰ καὶ
κακά = σ. A. I 86, 4   μεταβάλλει ἡ
ψυχὴ εἰς σ. III 52, 9   ratio cum
adulevit atque perfecta est, nomi-
natur sapientia 83, 3
sap. a principiis naturae proficisci
III 45, 2   initium naturae accommo-
datum sequitur sap. II 35, 22   primo
nos sap. commendamur ab initiis
naturae, post autem ipsa sap. nobis
carior fit quam illa III 45, 5   prima
naturae subiecta materia sap. 189, 36
sap. bonum Diog. III 218, 31   et
ad ultimum pertinens et efficiens
26, 12
in sap. ipsa inest, non foris pe-
titur extremum III 4, 36   sola sap.
in se tota conversa 4, 42   sap. et
animi magnitudinem complectitur et
iustitiam ib. omnia, quae essent
aliena firmae et constantis adsensionis
a sap. removet Z. I 16, 30
non est sap. negotium vesci; sed
sine vita, quae cibo constat, nulla
sapientia III 138, 44   καταγέλαστος
ὁ πορισμὸς ὁ ἀπὸ σ. 172, 13

σόφισμα περὶ τῶν σ. scr. Chr. II
8, 18
τὰ καλούμενα σ. 90, 23

σοφιστεία τὸ χρηματίζεσθαι ἀπὸ
τῆς σ. III 172, 22   ἁρμόζων τῷ σοφῷ
ὁ ἀπὸ σ. χρηματισμός 174, 20 sq.

σοφιστεύω περὶ τοῦ τὸν σοφὸν
σ. tit. l. Cl. I 107, 37
περὶ τοῦ σ. ἀμφισβήτησις κατὰ τὸ
σημαινόμενον def. III 172, 22 sqq.
τὸ σ. εἰς σπουδαίους οὐ πίπτει 158, 7

σοφός cf. ἀγαθός, ἀστεῖος, ἐνάρε-
τος, νοῦν ἔχων, πεπαιδευμένος, φρό-
νιμος; ὁ μὴ σοφός vid. s. v. φαῦλος

σ. = σοφός   σπ. = σπουδαῖος
περὶ τοῦ τὸν σ. σοφιστεύειν tit. l. Cl.
I 107, 37   μὴ δοξάσειν τὸν σ. tit. l.
Chr. II 9, 27
δύο γένη τῶν ἀνθρώπων, τὸ μὲν
τῶν σπ., τὸ δὲ τῶν φαύλων Z. I 52,27
σ. = ὁ τὴν τοῦ ἀληθοῦς ἐπιστήμην
ἔχων II 42, 33
μέχρι τοῦ νῦν ἀνεύρετος ὁ σ. III
216, 39   οἱ σ. οὐκ ἐπεὶ πεφύκασιν
εἶναι, ἤδη καὶ εἰσίν Diog. III 217, 8
ἕνα ἢ δύο μόνους σ. γεγονέναι 167,34
οὔθ' αὑτὸν ὁ Χρ. ἀποφαίνει σπ. 166,23
ἀκαρεῖ χρόνου ἐκ τῆς ὡς ἔνι μά-
λιστα φαυλότητος εἰς οὐκ ἔχουσαν
ὑπερβολὴν ἀρετῆς διάθεσιν μεταβάλλει
ὁ σ. III 144, 9   περὶ τοῦ διαλελη-
θότος, ὃς αὐτὸς ἑαυτὸν οὐδέπω κατ-
είληφε γεγονὼς σ. 144, 13. 25. 31
μόνος ὁ σ. ἀληθεύει καὶ ἐπιστήμην
ἔχει τἀληθοῦς βεβαίαν III 164, 32   ἡ
τῶν κατὰ μέρος λογικὴ ἐν τῷ σπ.
ὑπάρχουσα 26, 43   nemo scit rem
ullam nisi sap. Z. I 19, 33   scientiae
compos nisi sap. nemo Z. I 20, 5.
III 147, 37   οὐ δοξάσει ὁ σ. Z. I
16, 32. 17, 7. Sph. 141,10. II 40,22.
III 147, 1. 27. 29. 40   ὁ σ. ἀδόξαστος
A. I 78, 19   οὐκ οἴεται οὐδέν II 40,24
οὐ δοκεῖ τι τῷ σ. III 147, 26   οὐδὲν
θαυμάζει τῶν δοκούντων παραδόξων
e. s. III 163, 7   potest falsa a veris
et quae non possunt percipi ab iis,
quae possunt, distinguere II 34, 22
οὐ τὸ παράπαν ἀκαταλήπτῳ τινὶ συγ-
κατατίθεται III 146, 30   μηδὲν ὑπο-
λαμβάνει ἀσθενῶς 147, 2   τὸ προ-
πίπτειν πρὸ καταλήψεως καὶ συγ-
κατατίθεσθαι κατὰ τὸν προπετῆ οὐ
πίπτει εἰς τὸν σπ. 147, 7   ὁ σπ. οὐ
παραδέχεται ψευδῆ φαντασίαν II
40, 30   ψεῦδος οὐχ ὑπολαμβάνει ὁ
σπ. Z. I 53, 8. III 150, 15   ὁ σ. III
146, 30   sap. in furore sustinet se
ab omni adsensu III 147, 33   ὁ σ.
ἐν πολλαῖς καταλήψεσι καὶ μνήμαις
καταλήψεων γεγονὼς ὀλίγας πρὸς
αὑτὸν ἡγεῖται III 51, 10   πᾶσα κατά-
ληψις ἐν τῷ σ. καὶ μνήμη τὸ ἀσφα-
λὲς ἔχουσα εὐθύς ἐστιν ἐπιστήμη

51, 14   μὴ ἀγνοεῖ μηδὲν ὁ σ. II
41, 12. III 147, 1   ὁ σπ. 150, 15
οὐδὲ λανθάνει τὸν σ. τι III 147, 8
τὸν σπ. 150, 15   καὶ ἀνεξέλεγκτοι
οἱ σ. καὶ καταληπτικοὶ ἀξιωμάτων II
42, 13   ἀνεξαπάτητοι 41, 24   ὁ σπ.
οὐκ ἐξαπατᾶται III 150, 10   μήτε ἐξ-
ελέγχεσθαι σπ. εἶναι μήτε μεταπει-
σθῆναι II 40, 26
sapientis animus ita semper ad-
fectus est, ut ratione optime utatur
III 151, 11   recta ratio probos frustra
non iubet aut vetat 80, 23   ὁ σ. μὴ
ἐκ τύχης εὐλόγιστος, ἀλλ᾽ ἀπὸ ἕξεως
καὶ διαθέσεως εὐλογίστου 138, 20
οὐδὲ τὸν δάκτυλον ὡς ἔτυχε σαλεύειν
τῷ σ. ὁ λόγος ἐπιτρέπει 183, 19   ὁ
σ. τέχνην ἔχει περὶ τὸν βίον, ἧς
ἴδιόν ἐστιν ἔργον τὸ ἕκαστον τῶν
πραττομένων ἀπ᾽ ἀρίστης διαθέσεως
πράττειν 139, 17   ὁ σ. ταῖς περὶ τὸν
βίον ἐμπειρίαις χρώμενος 149, 17   ὁ
σπ. 150, 3;   ὁ σπ. μετέχων τῆς
ἀρετῆς 19, 26. 29   οἱ σ. οὐ μόνον
εὐφυεῖς γίνονται πρὸς ἀρετὴν ἐκ
φύσεως, ἀλλὰ καί τινες ἐκ κατασκευῆς
89, 17   μόνος προτέτραπται πρὸς
ἀρετὴν 171, 2   πάντα κατ᾽ ἀρετὴν
ποιεῖ καὶ τὸν ἀπὸ ταύτης ὀρθὸν λό-
γον ὁ σπ. 163,12   πᾶς σπ. ὅσα ποιεῖ
κατ᾽ ἀρετὴν ποιεῖ 166, 10   αἱ τῶν
σπ. ἑκούσιοι πράξεις ἐπαινεταὶ πᾶσαι
168, 2   πάσαις ταῖς κινήσεσι καὶ
σχέσεσιν ὁ σπ. ἐπαινετός 148, 30
τέχναι ἐν τῷ σπ. ἀνδρὶ ἀλλοιωθεῖσαι
ὑπὸ τῆς ἀρετῆς καὶ γενόμεναι ἀμετά-
πτωτοι 26, 32   πάντα ποιεῖ κατὰ
πάσας τὰς ἀρετὰς ὁ σ. 148, 22   ὁ
σπ. 150, 2;   οἱ σπ. διὰ παντὸς τοῦ
βίου χρῶνται ταῖς ἀρεταῖς Z. I 52,28
πάντα εὖ ποιεῖ ὁ σ. Z. I 53, 14. II
41, 25. III 148, 38. 149, 4. 16   ὁ σ.
μεθ᾽ ὑπεξαιρέσεως πάντα ποιεῖ καὶ
μηδὲν αὐτῷ τῶν ἐναντιουμένων ἀπρό-
ληπτον προσπίπτει III 149, 28. 35
quicquid a sapiente proficiscitur, id
continuo debet expletum esse omni-
bus suis partibus 137, 6   πᾶσα πρᾶξις
γνωστικοῦ κατόρθωμα 139, 3   ὁ σπ.
κατορθοῖ 26, 22   κατόρθωμα contingit
sapienti soli 5. 29

est quoddam commune officium sap. et insipientis III 136, 6 prandere, lavari, ungui sunt sap. officia 138, 42 tam insipiens quam sap. sumet, quae secundum naturam sunt 136, 5 in rebus mediis aliquid agit sapiens 135, 37 sap. commodius est, si ea quoque habet, quae naturae accomodata sunt Z. I 55, 29 sap. ab insipiente vel praecipue consilio et dilectu rerum discerni III 47, 2 proprium sap. officium est recte eligere 47, 5 δίχα κειμένων ἀρετῆς τε σὺν προηγμένοις καὶ ἀρετῆς μόνης, μηδέποτ' ἂν τὸν σ. τὴν κεχωρισμένην ἑλέσθαι 45, 15 τῶν σπ. συμβαίνει τὰς πρὸς καλοκἀγαθίαν ἀφορίας ἀμείνους εἶναι ὧν ἐκ τύχης οἱ φαῦλοι κατορθοῦσι 148, 35 ὁ σ. ποιῆσαι ἂν ἅπαντα βέλτιον, ὅ τι ἂν τύχῃ ποιῶν, τῶν ἄλλων ἀνθρώπων καὶ τὰ κατὰ τὰς τέχνας 149, 7 τὸ τιμᾶν τοὺς γονεῖς κοινὸν τοῦ σπ. καὶ μὴ σπ.· τὸ δὲ ἀπὸ φρονήσεως τιμᾶν τοὺς γονεῖς ἴδιον τοῦ σ. 139, 12. 17 εἰ οἱ σ. τοῖς φαύλοις κατορθώματα ἢ μέσα προστάττουσι 140, 12 οἱ σπ. ἐκκλίνουσι τὸ πράττειν τι παρὰ τὸ καθῆκον III 163, 37 ἐν μηδενὶ ὁ σπ. ἁμαρτάνει 163, 12 ἀναμάρτητοι οἱ σ. II 41, 24. III 148, 19 οὐχ ὁδοῦ διαμαρτάνει ὁ σ. 147, 16 οὐδὲ παρορᾷ οὐδὲ παρακούει 147, 18 οὐδὲ παρορᾷ τῶν δεόντων οὐδέν 145, 8 τοὺς σ. οὐ παρορᾶν ἢ ἀτέχνους εἶναι II 41, 5 τῶν σπ. οὐδεὶς οὔτε παρακούσεται οὔτε παρανοήσει II 40, 29 οὐ πλεονεκτεῖται III 147, 13 οὐ βουκολεῖται 147, 14 ὁ σπ. οὔτ' αὐτὸς παραριθμεῖ οὔτ' ὑπ' ἄλλου παραριθμεῖται II 40, 31 ὁ σ. III 147, 14 οὐδὲ σφάλλεται Z. I 16, 32. 17, 7. III 147, 23 sapientis haec vis maxima cavere, ne capiatur, ne fallatur, videre Z. I 16, 25 οὐκ ἀπιστεῖ ὁ σ. III 147, 9 οὐχ ὑπονοεῖ 147, 20 μὴ ψεύδεσθαι τὸν σ. 148, 5. 150, 15 ἐρεῖ ποτε ψεῦδος, οὐ ψεύσεται δέ II 42, 36 τῷ ψεύδει ποτὲ συγχρήσεται ὁ σ. III 148, 7. 13 e. s. πολλάκις οἱ σ. ψεύδει χρῶνται πρὸς τοὺς φαύλους II 291,

23 πρὸς τοὺς πολεμίους τὸν σ. ψεύσασθαι ἐπὶ τῇ τῆς πατρίδος σωτηρίᾳ, οὐ καθῆκον ἔργον δεόντως ἐνεργεῖται III 138, 30 ψευδεῖς ἐμποιεῖ φαντασίας ὁ σ. III 42, 29 οὐ μετανοεῖ ὁ σ. Z. I 16, 32. 17, 7. III 147, 22 οὐδὲ μετατίθεται Z. I 16, 32. 17, 7. III 147, 23 μήτε παρὰ τὴν ὄρεξιν, μήτε παρὰ τὴν ὁρμὴν γίνεται τι περὶ τὸν σπ. III 149, 28 ἀπαθὴς ὁ σ. P. I 99, 22. III 109, 12 sapiens perturbationibus semper vacabit III 93, 15 sentiet suspiciones quasdam et umbras affectuum, ipsis quidem carebit Z. I 52, 20 sap. animus semper vacat vitio Dion. I 95, 31 non cadit in sap. aegritudo Dion. I 96, 14. III 110, 10. 150, 43 sqq. si sap. in aegritudinem incidere posset, posset etiam in misericordiam, posset in invidentiam Dion. I 96, 3 εἰ ὁ σπ. λυπηθήσεται III 101, 22 οὐ λυπηθήσεται ὁ σ. Apollod. III 261, 17 flecti ac misereri non est sap. III 109, 29. 110, 7 τοὺς σ. ἐλεήμονας μὴ εἶναι 163, 3 non ignoscere 110, 7 μὴ συγγνώμην ἔχειν μηδενί 162, 36. 163, 3 veniam dari a sap. non debere 110, 12 numquam cuiusquam delicto ignoscit Z. I 52, 16 gratiã numquam movetur Z. 52, 15 ἡ ἡδονὴ σπ. οὐδενὶ προσγίνεται III 98, 32 numquam sap. irascitur Dion. I 95, 33 φοβηθήσεται μὲν ὁ σ. οὐδαμῶς, εὐλαβηθήσεται δέ III 105, 19 cautio in solo sap. est 107, 12 τὸ εὐλαβεῖσθαι σ. ἴδιον 42, 9 alieno malo non gaudet Dion. I 95, 37 nihil est fas concupiscere sapienti, quod fors fuat an frustra concupiscat III 47, 8 οὐ κακοῖς περιπίπτει ὁ σ. III 11, 2 ὁ σπ. 150, 10 sap. malis non adfici 152, 14 οὐδεμία βλάβη γίνεται περὶ τοὺς σ. 19, 40 sapientis constantia nullis terroribus de sententiae proposito potest depelli 152, 25 οὐδ' ἀναβάλλεταί ποτε ὁ σπ. οὐδέν, ὑπερτίθεται δέ τινα 163, 29 ὁ σ. τοῖς πράγμασι μὴ συμμεταβάλλει 149, 42 sapientes quicquid oportet et iuvat 152, 5 ὁ σ. ἀνύβριστος, οὐδ' ὑβρίζεται οὔθ' ὑβρίζει 152, 28 μήτ' ἀδικεῖται μήτε βλάπτεται

152, 30. 39. 153, 1 ἀδικεῖταί πως 152, 41 οὐ κακοποιεῖται 150, 10 ἀλγεῖ μέν, μὴ βασανίζεται δέ 152, 9 οὔτε ἀναγκάζεται ὑπό τινος οὔτε ἀναγκάζει, οὔτε κωλύεται οὔτε βιάζεται ὁ σ. 153, 17 ὁ σπ. 88, 40. 150, 10 ὁ σ. ἀσφαλής, ἀκίνδυνος 188, 15 summum bonum eaque vita, quae ex summo bono degitur, in sapientem solum cadit III 5, 36 τῆς ὑποτελίδος καί οἱ μὴ σ. στοχάζονται, τοῦ δὲ τέλους μόνος ὁ σ. H. I 91, 31 ὁ σπ. εὐδαίμων μάλιστα καί εὐτυχής καί μακάριος καί ὄλβιος III 150, 16 εὐδαίμων καί ὄλβιος Z. I 53, 8 ὄλβιος, μακάριος, πανευδαίμων III 188, 15 omnes sap. semper feliciter, absolute, fortunate vivere 153, 15 τοὺς σ. ἀνάγκη εὐδαιμόνως ζῆν 153, 23 ἡ τῶν σ. πρὸς τὰ συμβαίνοντα εὐαρέστησις II 264, 11 quomodo erit miser, cui nihil accidit praeter voluntatem? III 151, 45 κατὰ μηδὲν αἱρετώτερα μήτε καλλίων μήτε σεμνοτέρα ἡ τοῦ Διὸς εὐδαιμονία τῆς τῶν σ. ἀνδρῶν 14, 13. 190, 15 si ampulla aut strigilis ad vitam sapientis accedat, non beatiorem ob eam causam fore III 15, 39 ita sap. beatum fore, nihil aliud alii ullo momento anteponentem A. H. I 92, 20 εἶναι τὸν σπ. μακάριον, κἄν ὁ Φαλάριδος ταῦρος ἔχῃ καιόμενον III 154, 3 ταὐτὸν δύναται ἀνδρὶ σπ. μία ἡμέρα, μᾶλλον δὲ καί μία ὥρα πολλοῖς ἐνιαυτοῖς 14, 15 μόνος ὁ σ. ἀγαθὸς καί καλός III 20, 28 τελειωθέντες οἱ σπ. Cl. I 129, 20 πάντοτε τῇ ψυχῇ οὔσῃ τελείᾳ χρῆται ὁ σπ. Cl. I 129, 29 nullus perfectus aliquo eget III 151, 30. 153, 17 ἐν ἑαυτῷ ἔχει ὁ σ. τὸ ἀγαθὸν καί τὴν θείαν ἀρετήν 152, 35 τοῖς σπ. πάντα τἀγαθὰ ὑπάρχει 21, 43. 154, 15 expl. τὰ ἀγαθὰ πάντα τῶν σπ. κοινά 160, 13. 20 ὁ σ. φρόνιμος 164, 25 νουνεχόντως ποιεῖ 180, 22 καί φακῆν φρονίμως ἀρτύσει 178, 22 ὁ σ. μόνος ἀνδρεῖος 159, 36. 164, 25 nemo sapiens nisi fortis 150, 42 omnis sapiens fortis 151, 5. 32 μόνος ὁ σ. δίκαιος 81, 31. 159, 36. 164, 25 non

potest idem esse sapiens et iniustus 73, 19 sq. ὁ σπ. μέγας, ἀδρός, ὑψηλός, ἰσχυρός Z. I 52, 33. III 150, 5 expl. ἀξιωματικός Z. I 53, 8 III 150, 17 ὁ σ. μόνος εὐγενής III 155, 21. 156, 38. 159, 24 οὐκ ἔνδοξος, ἀλλ' εὐκλεής 156, 41 ὁ σ. πρᾷος 161, 20 ἡσύχιος 161, 22 κόσμιος ib. ἐπαφρόδιτος, ἀγχίνους ὁ σπ. 160, 40 sq. ἁπλοῦς ib. ἄπλαστος 160, 5. 161, 4. 163, 27 ὁ σ. εὐθυρρημονήσει Z. I 22, 28 ἀκιβδηλος III 163, 24 ὁ σ. πλούσιος III 164, 26 μόνος ὁ σ. πλούσιος 159, 6. 24. 37 ὁ σπ. 155, 16 pass. οὐ πλούσιος, ἀλλὰ πάμπλουτος 156, 39 soli sapientes sunt, si mendicissimi, divites Z. I 53, 36 τῶν σ. πάντα εἶναι III 154, 22. 155, 36. 43. 156, 12. 159, 12 καί ἐν πλούτῳ καί ἐν πενίᾳ οὐ ταράττεται ὁ σπ. A. I 89, 20 ὁ σ. εἰ τὴν μεγίστην οὐσίαν ἀποβάλοι, δραχμὴν μίαν ἐκβεβληκέναι δόξει III 36, 34 ὁ σ. καλός III 154, 28 pass. 159, 24. 36 αἰσθήσει καταληπτὸς ἀπὸ τοῦ εἴδους τεκμηριωδῶς Z. I 50, 19. III 150, 28 soli sapientes sunt, si distortissimi, formosi Z. I 53, 37 sap. etsi Silenum superaverit corporis deformitate, pulcherrimus est necessario III 155, 9 ὁ σ. ἐλεύθερος III 154, 29. 155, 16 pass. 158, 34. 159, 11. 24 ὁ σπ. Z. I 53, 30 μόνος ὁ σ. ἐλεύθερος III 86, 30. 89, 8 ὁ σπ. Z. I 54, 4 μόνος καί πᾶς ὁ σ. ἐλεύθερος III 146, 8 ὑπὸ τῆς τύχης ἀήττητος καί ἀδούλωτος καί ἀκέραιος P. I 99, 22 ὁ σ. ἀήττητος III 154, 30 ὁ σπ. οὐδὲν δεῖται τῆς τύχης 13, 31 voluntas in solo sap. 107, 3 θᾶττον ἂν ἀσκὸν βαπτίσαις πλήρη πνεύματος ἢ βιάσαιο τὸν σπ. ἄκοντα δρᾶσαί τι τῶν ἀβουλήτων Z. I 53, 22 θεῖοι οἱ σπ. III 157, 18 quisquam divinus esse non potest nisi sap. 157, 23 θεοσεβεῖς οἱ σπ. 157, 24 expl. εὐσεβεῖς καί θεοφιλεῖς Z. I 53, 8. III 150, 17 μόνος ὁ σ. ὅσιος, θεοφιλής III 81, 31 μόνος καί πᾶς ὁ σ. ἱερεύς

9*

146, 6. 157, 4 *pass.* θύει ὁ σπ. αὐτὸς θεοῖς, ἁγνός τε ὑπάρχει καὶ ὅσιος 157, 26   μόνος ὁ σ. μάντις ἀγαθός 164, 17   μαντικὸς μόνος ὁ σπ. 157, 14 μόνος ἑορτάζει ὁ σ. 157, 33 ἅπαντα τὸν βίον ἑορτὴν ἄγει 157, 36 ὁ σπ. πολιτικὸς καὶ οἰκονομικὸς καὶ χρηματιστικός Z. I 53, 8 III 150, 18. 159, 38 πολῖται οἱ σπ. μόνοι Z. I 54, 4 οἱ σ. III 156, 14 πολιτεύεται ὁ σ. 157, 40 πολιτεύσεται κατὰ τὸν προηγούμενον λόγον 172, 18. 173, 19 sap. vult gerere et administrare rem publicam 158, 32 negant sap. ad quamlibet rem publicam accessurum 174, 32 μὴ πολιτεύεσθαι, ἐάν τι κωλύῃ καὶ μάλιστ' ἂν μηδὲν ὠφελεῖν μέλλῃ τὴν πατρίδα 173, 20 πολιτεύσεται ἂν μή τι κωλύῃ Z. I 62,23. III 175, 3 οὕτω ῥητορεύσει καὶ πολιτεύσεται, ὡς καὶ τοῦ πλούτου ὄντος ἀγαθοῦ καὶ τῆς δόξης καὶ τῆς ὑγιείας 175, 8   cum sapienti rem publicam ipso dignam dedimus, i. e. mundum, non est extra rem publicam, etiamsi recesserit 174, 37

ὁ σ. ἄρχει ἁπάσας τὰς κατὰ πόλιν ἀρχάς Diog. III 241, 29   πειθαρχικὸς μόνος ὁ σπ. III 158, 27   οἱ σ. ἀρχικοί 158, 9. 23. 159, 4 *pass.* μόνος ὁ σπ. ἄρχει 158, 26   μόνος ὁ σ. ἄρχων 89, 8 ὁ σπ. στρατηγικός Z. I 53, 8. III 150, 17 ὁ σ. στρατηγός III 164, 26. Diog. 241, 36   μόνος ὁ σ. στρατηγός Z. I 54, 11. P. 98, 17. III 81, 31

συμβιώσεται βασιλεῖ καὶ στρατεύσεται μετὰ βασιλέως III 173, 26 βασιλείαν ἑκουσίως ἀναδέχεται χρηματιζόμενος ἀπ' αὐτῆς 173, 24 καὶ βασιλεύσει ποτὲ καὶ βασιλεῖ συμβιώσεται 173, 17 ὁ σπ. βασιλικός Z. I 53, 8. III 150, 17. 159, 1 ὁ σ. βασιλεύς III 164, 26. Diog. 241, 36   μόνος ὁ σ. βασιλεύς 81, 31. 155,44. 156, 11. 42. 158, 35 *pass.* 170, 19 μόνος ἄρχων ὁ σπ., μόνος δυνάστης, μόνος βασιλεύς 159, 10

μόνος ὁ σ. νομοθέτης III 81, 31. 159, 24. 37 τὸ νομοθετεῖν οἰκεῖον τοῖς σπ. 158, 2 οἱ σ. δικαστικοί 158, 9 μόνος ὁ σ. νόμιμος 158, 20

ὅπως ποριστέον τῷ σ. III 172, 7 τρεῖς ἁρμόζοντες μάλιστα τῷ σ. χρηματισμοί enim. 174, 18 εἰσπράττονται τὸν μισθὸν οὐ πάντας οἱ νοῦν ἔχοντες ὡσαύτως 176, 3 χρημάτων ἕνεκα πρὸς Λεύκωνα πλεῖ ὁ σ. καὶ πρὸς Ἰδάνθυρσον 174, 6 καὶ κυβιστήσει τρίς, ἐπὶ τούτῳ λαβὼν τάλαντον 173, 8 νοσῶν ἰατροῖς τελεῖ μισθούς 174, 6

ὁ σπ. κοινωνικὸς φύσει καὶ πρακτικός III 160,34 ὁμιλητικός, ἐπιδέξιος 160, 40   φίλοι καὶ οἰκεῖοι οἱ σπ. μόνοι Z. I 54, 4   τὸ ἀγαπᾶν καὶ τὸ ἀσπάζεσθαι καὶ τὸ φιλεῖν μόνων τῶν σπ. III 161, 14   ἐν μόνοις τοῖς σ. φιλία 161, 7. 15   solus sap. amicus 161, 34 ἐν μόνοις σ. ὁμόνοια περὶ τῶν κατὰ τὸν βίον 161, 7   πάντας τοὺς σπ. ὁμονοεῖν ἀλλήλοις 160, 16 ὠφελεῖν ἀλλήλους 160, 22   ἂν εἷς σ. ὁπουδήποτε προτείνῃ τὸν δάκτυλον, οἱ κατὰ τὴν οἰκουμένην σ. πάντες ὠφελοῦνται 160, 27   sap. sapientibus etiam ignotis amici 161, 44   τὰ ὠφελήματα μόνοις τοῖς σπ. συμβαίνει 154, 8   τὸ ὠφελεῖν καὶ ὠφελεῖσθαι σ. ἐστιν 168, 22. 26   alienum a sap. non modo iuriam cui facere, verum etiam nocere 76, 8 sapientissimus, qui mavult perire, ne noceat 85, 1

οὐδὲ οἱ νοῦν ἔχοντες ἀχαριστοῦσι III 168, 13   non scit quisquam gratiam referre nisi sap. 161, 32   unus sap. scit debere beneficium 161, 27 unus scit dare 161, 32   δεῖται μὲν, μὴ προσδέχεται δέ 152, 9 parcit sap., consulit et corrigit 110, 18 sap. quemquam falli non patitur 160, 36

τὸ παιδεύειν ἀνθρώπους οἰκεῖον τοῖς σπ. III 158, 2   ὁ σ. μόνος προτρέπειν δύναται 171, 2   ὁ σπ. προτρεπτικός 160, 40   οὔτε εἰρωνεύεται οὔτε σαρκάζει 161, 4

αὐστηροὶ πάντες οἱ σπ. III 162, 20 *pass.* εἰ μεθυσθήσεται ὁ σ. 179, 15 *sqq.* συμποτικῶς ποιεῖ ὁ σ. 180, 22 οὐχ οἷον μεθυσθήσεσθαι τὸν νοῦν ἔχοντα Z. I 54, 37. 55, 3. III 163, 11 ὁ καλὸς κἀγαθὸς ἀνὴρ μεθυσθείη ἂν P.

I 100, 12 οἰνωθήσεται μὲν, οὐ μεθυσθήσεται δὲ ὁ σπ. III 163, 15
ὁ σπ. οὐ μανήσεται III 163, 15
οὐδεὶς ἄνθρωπος, ὃς οὐχὶ μαίνεται πλὴν τοῦ σ. 167, 34
κυνιεῖ ὁ σπ. III 163, 18. Apollod. 261, 20 ἄτυφος ὁ σ. 163, 21 γεύσεται καὶ ἀνθρωπίνων σαρκῶν κατὰ περίστασιν 186, 6
ἐρασθήσεται ὁ νοῦν ἔχων III 180, 32. 181, 20 ἐρωτικὸς ὁ σ. 164, 5 pass. solus sap. scit amare 161, 34 ἐρωτικῶς ποιεῖ ὁ σ. 180, 22 ἐρασθήσεται ὁ σ. τῶν νέων τῶν ἐμφαινόντων διὰ τοῦ εἴδους τὴν πρὸς ἀρετὴν εὐφυΐαν Z. I 59, 4. III 180, 14 pass. Apollod. 261, 23
καὶ γαμήσει ὁ σ. καὶ παιδοποιήσεται Z. I 62, 21. III 158, 33. 172, 19 ducenda uxor sapienti 183, 3 κοιναὶ αἱ γυναῖκες παρὰ τοῖς σ. Z. I 62, 17. III 183, 9 ὁ σ. μετὰ τῆς θυγατρὸς μόνης καταλελειμμένος, παντὸς τοῦ τῶν ἀνθρώπων γένους διεφθαρμένου 185, 11 οἰκεῖον τοῖς σπ. τὸ συγκαταβαίνειν καὶ εἰς γάμον καὶ εἰς τεκνογονίαν καὶ αὐτοῦ χάριν καὶ τῆς πατρίδος 158, 4 καὶ γονέας σεβήσεσθαι τοὺς σπ. καὶ ἀδελφοὺς 183, 23
ὁ σ. ἀγαθὸς διαλεκτικὸς καὶ γραμματικὸς καὶ ποιητὴς καὶ ῥήτωρ Diog. III 241, 31 μόνος ὁ σ. διαλεκτικός II 38, 15. 39, 39. III 164, 18 διαλεκτικῶς ποιεῖ III 180, 22
ὁ σ. ῥητορικός III 158, 10 ἡ ῥητορικὴ ἐν σ. μόνῳ φύεται II 95, 30 bene dicere non potest nisi bonus Cl. I 110, 17 ὁ σ. μόνος ῥήτωρ III 155, 21. 159, 37. 164, 18. 25. Diog. 237, 12
μόνος ὁ σ. φιλόμουσος καὶ φιλογράμματος III 72, 25 μόνος κριτικός 164, 19 μόνος ποιητής 164, 18. 25. τοὺς παλαιοὺς σ. τὸν ᾠδὸν νομίζειν Diog. III 234, 25
ἄριστος αὐτοῦ ἰατρὸς ὁ σπ. ἀνὴρ III 164, 28
εὐγηρεῖ τε μόνος καὶ εὐθανατεῖ ὁ σπ. III 156, 28 εὐλόγως ἐξάξει ἑαυτὸν τοῦ βίου ὁ σ. 187, 34. 189, 34 τῶν αἰσθήσεων ἔστιν ἃς ἀποβαλὼν οὐδὲ ζῆν ὑπομένει 174, 9 ἡ ἐξαγωγὴ ἡ

ἐκ τοῦ βίου τοῖς σπ. καθηκόντως γίνεται 188, 1 τὰς τῶν σ. ψυχὰς ἐπιδιαμένειν μέχρι τῆς ἐκπυρώσεως II 223, 20. 27. 34. 224, 29
τῶν σπ. ἄλλοι ἄλλων προτρεπτικώτεροι καὶ πειστικώτεροι καὶ ἀγχινούστεροι III 142, 10 τῷ σπ. ὁ φαῦλος ἐναντίος 166, 20 οὐκ εἶναι ἰσηγορίαν τῷ φαύλῳ πρὸς σπ. Z. I 54, 33 non navigationis socius nec comes in via nec concivis nec vitae consors sap. cum insipiente III 161, 41 πᾶς σ. λύτρον τοῦ φαύλου 162, 4 cet. vid. s. v. φαῦλος

σπάνις def. III 96, 24. 97, 10 ὑπὸ τὴν ἐπιθυμίαν τάττεται 96, 23
σπέρμα περὶ σ. tit. l. Sph. I 139, 23
σ. διὰ τὴν ἐπὶ μικρὸν ὄγκον σπεῖρασιν ὠνομάσθαι II 212, 10 σ. = τὸ οἷόν τε γεννᾶν τοιαῦτα, ἀφ' οἵου αὐτὸ ἀπεκρίθη 211, 21. 30
εἶναι τὸ σ. πνεῦμα κατὰ τὴν οὐσίαν II 211, 24. 30 δοκεῖ ὁ τεχνίτης αὐτὸς εἶναι τὸ σ. 212, 1 τὸ σ. αἴτιον τῶν ἐξ αὐτοῦ φυομένων 118, 9 ἐν τῷ σ. οὐ ψυχή ἐστιν, ἀλλὰ φύσις 212, 5 εἰς μήτραν καταβληθὲν εἰς φύσιν τρέπεται 212, 15 τὸ σ. πάντων γεννητικὸν τῶν τοῦ σώματος μερῶν Sph. I 141, 22 ἀπὸ τοῦ σώματος ὅλου καὶ τῆς ψυχῆς φέρεται II 212, 42 ἀναπληροῖ τοὺς οἰκείους λόγους 161, 29 ἐπισπᾶται τὴν παρακειμένην ὕλην ib. ἔχει τοὺς λόγους τοῦ σπείραντος ἐν ἑαυτῷ 212, 21 ἀνθρώπου σ. συγκιρνᾶται κατὰ μιγμὸν τοῦ τῶν προγόνων λόγου 211, 22 τὸ σ., ὃ μεθίησιν ἄνθρωπος, πνεῦμα μεθ' ὑγροῦ, ψυχῆς μέρος καὶ ἀπόσπασμα καὶ τοῦ σ. τοῦ τῶν προγόνων κέρασμα καὶ μίγμα τῶν τῆς ψυχῆς μερῶν συνεληλυθὸς Z. I 36, 2 sq.
οὐ χωρίον πατέρα καλεῖσθαι τὸν παρασχόντα τὸ σ. II 333, 38 τὸ τῆς θηλείας σ. ἄγονον Z. I 36, 29 expl. Sph. 141, 22
καὶ ἑνός τινος ζῴου καὶ τοῦ ὅλου τὰ μέρη πάντα φύεται ἐκ σ. ἐν τοῖς καθήκουσι χρόνοις Cl. I 111, 23 τινὲς λόγοι τῶν μερῶν εἰς σ. συνιόντες μίγνυνται καὶ αὖθις διακρίνονται γινομένων τῶν μερῶν Cl. 111, 26 σ. τὸ

πῦρ II 183, 42   τὸ πῦρ σ. τοῦ μέλ-
λοντος ἀποτελεῖσθαι κόσμου 188, 7
ὁ κόσμος προΐεται σ. λογικοῦ Ζ. I 33,
13 τοῦ κόσμου τὸ σ. μεῖζον εἶναι II
187, 42. 188, 15 ὑγρὸν τὸ ὡς σ. τῆς
διακοσμήσεως 182, 14 μετὰ τὴν ἐκ-
πύρωσιν εἰς σ. μετέβαλεν ὁ κόσμος
187, 42 ἡ οὐσία μεταβάλλει οἷον εἰς
σ. τὸ πῦρ καὶ πάλιν ἐκ τούτου ἡ δια-
κόσμησις ἀποτελεῖται Ζ. I 32, 5. 8. Cl.
115, 2
σπερματικόν   cf. γεννητικός
   τὸ σ. μέρος τῆς ψυχῆς Ζ. I 39, 22.
II 226, 16. 30   = πνεῦμα διατεῖνον ἀπὸ
τοῦ ἡγεμονικοῦ μέχρι τῶν παραστατῶν
II 227, 34   = τὸ εἰς ὄρχεις διῆκον
τῆς ψυχῆς 239, 2
σπερματικὸς λόγος vid. s. v. λόγος.
σπιθαμή II 47, 21
σπόγγος III 129, 21
σπουδαῖος ὁ σπ. vid. s. v. σοφός
σπ. πρᾶξις s. v. πρᾶξις
   τῶν ἐκτὸς ἀγαθῶν εἶναι τὸν σ.
ἄνθρωπον καὶ τὰ σ. τέκνα III 23, 41
αὐτὸς ὁ σ. ἄνθρωπος οὔτε περὶ ψυ-
χὴν οὔτε ἐκτὸς ἀγαθὸν 23, 42. 24, 7
τὸ αὐτὸν ἑαυτῷ εἶναι σ. καὶ εὐδαί-
μονα 24, 17   σ. ἕξεις περὶ ψυχὴν
ἀγαθά 24, 5 σ. πατρὶς καὶ σ. φίλος
ἐκτὸς ἀγαθόν 24, 15   σ. χρῆσις 24,
37. 38
   ἡ ἀρετὴ σ. III 50, 1   σ.: ἀδιάφορα
30, 20   τῶν σ. μηδὲν εἰς φαύλους
πίπτει 171, 13   ὁ νόμος σ. 81, 5
ἡ πόλις 80, 42. 81, 5
στάδιον III 173, 11
σταλαγμός εἰς ὅλον τὸν κόσμον
διατενεῖ τῇ κράσει ὁ σ. II 158, 2
οἴνου σ. ἕνα κεράσαι τὴν θάλατταν
157, 42
στάσις duos esse status, coniec-
turalem et finitivum exclusa qualitate
Arch. III 263, 16
στατικός III 156, 32
στεναγμός οἱ σ. ἐκ τῆς καρδίας
προΐενται II 251, 1
στέρησις περὶ τῶν κατὰ σ. λεγο-
μένων tit. l. Chr. II 5, 11
   σ. = ἔκλειψις καὶ ὑποχώρησις τῆς
ἀντικειμένης δυνάμεως II 134, 21
κατὰ σ. νοεῖται τινά 29, 19   ἠθικὴ σ.

51, 17   φυσική 51, 16   συνεμφαίνεσθαι
τὸ εἰθισμένον καὶ ὅτε εἴθισται τὴν σ.
51, 22   καθήκοντος ἀπόπτωσιν ἐμφαί-
νει ἡ σ. 51, 28   ἀντίθετον τῇ ἕξει
51, 39   ἕξεως καὶ σ. εἰς ἄλληλα μὴ
γίνεσθαι μεταβολήν 52, 17   οὐ μόνον
ποιοτήτων αἱ σ., ἀλλὰ καὶ ἐνεργειῶν
52, 31
στερητικός οὐ σ. ὀνόματα στέρη-
σιν δηλοῖ II 52, 2. 4   ποτὲ μὲν ταῖς
ἀποφάσεσι, ποτὲ δὲ τοῖς ἐναντίοις
συμφύρεσθαι τὰς σ. φωνάς 52, 9   σ.
ἀξίωμα def. 66, 11
στέρξις def. III 72, 7
στῆθος ἐν τῷ σ. τὸ ἡγεμονικὸν
εἶναι κἀκεῖ τὴν Ἀθηνᾶν γεγονέναι
III 217, 20
στιγμή def. Apollod. III 259, 29
στλεγγίς III 135, 6
στοιχεῖον περὶ τῶν σ. τοῦ λόγου
in tit. l. Chr. II 6, 17. 19. 20
   σ. τοῦ λόγου = μέρη τοῦ λόγου
II 45, 11   τὰ τῆς λέξεως σ. = τὰ
εἰκοσιτέσσαρα γράμματα Diog. III
213, 13   σ. τῆς ἐτυμολογίας II 44, 42
περὶ σ. tit. l. Sph. I 139, 22. Arch.
III 263, 25
   τριχῶς λέγεσθαι τὸ σ. II 136, 26 sqq.
σ. = πῶς ἔχουσα ὕλη 115, 20   = ἐξ
οὗ πρῶτου γίνεται τὰ γινόμενα καὶ
εἰς ὃ ἔσχατον ἀναλύεται 180, 5   = τὸ
ἐλάχιστον μόριον τοῦ ὅλου 134, 45
σ. τοῦ σώματος : μόρια III 122, 18
σ. : ἀρχή II 111, 4. 134, 43   ἀπὸ τῶν
ἀρχῶν τὰ δ' σ. γέγονε Ζ. I 24, 14
τὰ δ' σ. ὁμοῦ = ἡ ἄποιος οὐσία II
180, 7   γίνεται μεταβαλλούσης τῆς
ὕλης 112, 24   ὁ θεὸς ἀπογεννᾷ τὰ
δ' σ. Ζ. I 28, 28   ὑπὸ τοῦ αἰθερίου
πυρὸς τὰ σ. γέγονε II 116, 36   σ.
τέτταρα Ζ. I 24, 12. 16. enum. 28, 28.
Cl. 112, 4. II 112, 25. 146, 30   τῶν
ἐκ τῆς ὕλης γεγονότων πρῶτον τετ-
τάρων ἕκαστον ἔχει ποιότητα II
116, 34   ὁμογενὲς τὸ σ., οὗπερ ἂν
ᾖ σ. 134, 35   μεμορφῶσθαι 111, 7
κεχρῶσθαι φυσικῶς 137, 40
   τῶν σ. τὰ μὲν δραστικά, τὰ δὲ
παθητικά II 137, 38   ὅσα σώματα
πρῶτον ἔχει τὰς δραστικὰς ποιότητας,
ἐκεῖνα σ. τῶν ἄλλων ἁπάντων 133, 44

τὸ πῦρ κατ' ἐξοχὴν σ. λέγεται 136, 11
σ. τῶν ὄντων τὸ πῦρ Z. I 27, 11
τῶν δ' σ. τὰ δύο, πῦρ καὶ ἀὴρ,
διὰ τῶν δύο, γῆς καὶ ὕδατος, δια-
πεφοίτηκε ὅλα δι' ὅλων II 155, 32
quattuor elementa cognationem ha-
bent inter se tam substantia quam
circumactione 176, 37   ἀλλοιούμενα
τὰ σ. 138, 31   τὸ σ. ἀλλοιωτὸν δι'
ὅλου 133, 25   ἡ τῶν σ. εἰς ἄλληλα
μεταβολή Z. I 28, 20. II 134, 4.   12   τὰ
δ' σ. κεράννυσθαι δι' ὅλων ἀλλήλων
καὶ δρᾶν εἰς ἄλληλα 137, 23   εἰς
ἄλληλα δρᾶν καὶ πάσχειν 135, 9. 32
ἄπειροι αἱ ἐκ τῶν σ. ἀλλοιώσεις καὶ
κράσεις 139, 10   ἡ τῶν σ. μεταβολὴ
κατὰ τὴν τῶν ποιοτήτων ἀμοιβὴν
γίνεται 135, 6   ἀδύνατον ἐν εἶναι
τῷ εἴδει τὸ σ. 138, 8
e quattuor elementis omnia esse
effigiata Cl. I 111, 12   ἐκ τῶν σ. τὰ
σύμπαντα κεκρᾶσθαι II 135, 31   κατὰ
μῖξιν ἐκ τῶν σ. φυτὰ καὶ ζῷα Z. I
28, 33. 29, 3   ἐκ τῶν δ' σ. ἡ σύ-
στασις τοῦ ὅλου γέγονε II 175, 17
ἡ ὅλη τοῦ κόσμου σύστασις ἐκ τῶν
βάρος ἐχόντων σ. καὶ ἐκ τῶν ἀβαρῶν
Z. I 28, 1   constat mundus quattuor
elementis Cl. I 112, 4   ἐκ τῶν δ' σ. ὁ
ὅλος κόσμος συνίσταται καὶ εἰς ταῦτα
διαλύεται II 136, 8   ὁ ὅλος κόσμος
εἰς τὰ σ. διαλύεται 136, 10   τὰ σ.
κατὰ τὴν ἐκπύρωσιν φθείρεται 111, 5

στοιχειόω II 39, 6

στομόω   ἡ φύσις σ. ψυχὴ γίνεται
II 222, 3   ψυχόμενον ὑπὸ τοῦ ἀέρος
καὶ σ. τὸ πνεῦμα μεταβάλλει 222, 20
τὸ πνεῦμα ἐν τοῖς σώμασι τῶν βρε-
φῶν τῇ περιψύξει σ. 134, 25

στοχαστικός σ. στάσις Arch. III
263, 16

στρατεύομαι   ὁ σοφὸς σ. μετὰ
βασιλέως III 173, 26

στρατηγία   εἶδος τῆς ἀρχικῆς ἐπι-
στασίας τοῖς ἀστείοις κατανέμεται III
158, 24

στρατηγικός σ. ἀρετή def. III
65, 32   ὁ σπουδαῖος σ. Z. I 53, 10.
III 150, 17

στρατηγός ὁ σοφὸς σ. III 164, 26.

Diog. 242, 1   μόνος ὁ σοφὸς σ. Z. I
54, 10. P. 98, 16. III 81, 31

συγγεγυμνασμένος in def. τέχ-
νης pass.

συγγενικός σ. φιλία ἐκ συγγενῶν
III 27, 6

συγγνώμη def. III 110, 13   τὸ σ.
ἔχειν expl. 162, 36   μὴ σ. ἔχειν μηδενὶ
τὸν νοῦν ἔχοντα 110, 12. 162, 35   μὴ
σ. ἔχειν τοῖς ἁμαρτάνουσι 162, 38

συγγυμνασία III 51, 22

συγκαθειμάρθαι   σ. καὶ τὰ ἐξ
ἡμῶν τῇ τῶν ὅλων διοικήσει II 292, 29

συγκατάθεσις cf. αἴσθησις, δόξα,
κατάληψις
ὁ περὶ σ. λόγος οὐκ ἄνευ φαντα-
σίας συνίσταται II 21, 8   adsensio
non potest fieri nisi commota viso
283, 17   ad haec, quae visa sunt et
quasi accepta sensibus, assensionem
adiungit animorum Z. I 19, 2   com-
prendi multa et percipi sensibus sine
adsensione fieri non potest II 35, 12
πᾶσα αἴσθησις σ. 26, 39   αἰσθητικῇ
φαντασίᾳ σ. ἡ αἴσθησις 27, 5   ὅπως
γίνονται μὴ ἄλλως, ἀλλὰ μετὰ κατα-
λήψεως 41, 25   καταληπτικαί τινές
εἰσι φαντασίαι παρόσον ἐπάγονται
ἡμᾶς εἰς σ. 26, 17
τὴν φαντασίαν οὐκ εἶναι αὐτοτελῆ
τῆς σ. αἰτίαν II 291, 20   rationale
animal nihil agit, nisi adsensio con-
firmavit impetum III 40, 18   e. s.
πρακτικὴν ὁρμὴν οὐ παρίστησι φαν-
τασία δίχα σ. 42, 36   τὰ πάθη = τοῦ
ἡγεμονικοῦ σ. III 111, 35   σ. καὶ
ῥοπὴ τοῦ ἡγεμονικοῦ II 288, 24
περὶ ἀσθενοῦς σ. disp. III 41, 8 sqq.
ἐν τοῖς περὶ ἀγαθῶν καὶ κακῶν
γνώσεως καὶ κτήσεως καὶ φυγῆς
συνίσταται ἡ ψευδὴς σ. ἡ προπετὴς
ἢ ἀσθενὴς 41, 23   ὁ ἀπρόπτωτος δεῖ
κρατεῖν τῶν σ. II 40, 15   σ. in def.
δόξης pass.   πᾶσα δόξα καὶ κρίσις
καὶ ὑπόληψις καὶ μάθησις σ. II 291, 3
nec memoria sine adsensione potest
constare nec notitiae rerum nec artes
35, 16   σ. quam vim habeat ad ho-
minis vitam 35, 9 sqq.
σ. οὔτε προηγμένον οὔτ' ἀποπρο-
ηγμένον περὶ ψυχήν III 33, 9   a falsa

assensione magis alienati sumus
quam a ceteris rebus, quae sunt
contra naturam 45, 41   omnia quae
essent aliena firmae et constantis ad-
sensionis a virtute sapientiaque re-
movebat Z. I 16, 30.   18, 38
   ἡ σ. ἐφ᾽ ἡμῖν II 35, 15. 283, 27.
291, 1 in nobis posita et voluntaria
Z. I 19, 2   necessitate motus animo-
rum liberatos esse II 282, 23 sq. ἐν τῇ
ὁρμῇ καί σ. τὸ ἐφ᾽ ἡμῖν 286, 13. 19
al σ. σώματα II 230, 3
   ἐν ταῖς σ. ἐπινεύοντες τὴν κεφαλὴν
II 245, 26
συγκαταθετικός II 40, 10
συγκατατίθεμαι δεδόσθαι τῷ ζῴῳ
καθ᾽ εἱμαρμένην τὸ σ. II 290, 25 τὸ
σ. ἐπὶ τῷ ζῴῳ εἶναι 286, 8 σ. τῷ
ἡγεμονικῷ 246, 1   τὸ σ. κεῖται ἐπὶ
τῷ παραδεχομένῳ τὴν φαντασίαν
30, 12 εἰ ταῖς ψευδέσι φαντασίαις
σ. III 16, 9   προπίπτειν καὶ ἁμαρ-
τάνειν σ. ἀκαταλήπτοις III 42, 38
ἡμᾶς φαύλους ὄντας σ. ὑπ᾽ ἀσθενείας
ψευδέσι φαντασίαις 42, 31   εὐθὺς
ὁρμᾶν μὴ εἴξαντας μηδέ σ. reicitur
42, 27 pass.   ἀπροπτωσία ἐπιστήμη
τοῦ πότε δεῖ σ. II 39, 23   ὁ σοφὸς
οὐκ ἀκαταλήπτῳ τινί σ. III 146, 30
ἐφ᾽ ὧν φαντασιῶν πλείων προσπίπτει
διαφορά, ἐπὶ τούτων ὁ σοφὸς σ. τῇ
ἑτέρᾳ ὡς ἀληθεῖ II 91, 17 dialectica
habet rationem, ne cui falso assen-
tiamur III 69, 31
συγκεφαλαιωτικός III 64, 27
συγκίρναμαι Z. I 36, 23
σύγκριμα τὰ ἐπὶ γῆς σ. διὰ τῶν
δ᾽ στοιχείων συνέστηκε II 136, 31
σύγκρουσις σ. φωνηέντων admitti
iubet Chr. II 96, 20
συγχέω πᾶσαν οὐσίαν πάσῃ σ.
δύνασθαι II 115, 8
σύγχυσις = ποιοτήτων περὶ τὰ
σώματα μεταβολὴ εἰς ἑτέρας δια-
φερούσης γένεσιν II 153, 23 = φθορὰ
ποιοτήτων εἰς διαφερούσης μιᾶς γένε-
σιν 153, 39   σ. γίνεται τῶν οὐσιῶν
καὶ τῶν ἐν αὐταῖς ποιοτήτων συμ-
φθειρομένων ἀλλήλαις 154, 15 ἡ ὕλη
σ. ἐπιδεχομένη 114, 27 φθορὰ γίνεται

τῶν μερῶν τῇ σ. γινομένων τινῶν
ἔκ τινων 114, 29
   σ. def. III 100, 1. 34   εἶδος τῆς
λύπης 99, 37
συγχυτικός τὸ ψυχρὸν ἀφῆς σ.
II 141, 8
συζυγέω τρία τὰ σ. ἀλλήλοις II
29, 35 τρεῖς ἀλλήλοις σ. λόγους 78, 4
συζυγία τοὺς ὅρους κατὰ σ. ἀντι-
τιθέασι II 50, 26
συλλαμβάνομαι πρὸς εὐδαιμονίαν
σ. III 18, 13. 29, 24
συλλογισμός σ. in tit. Chr. II 7,
5. 11. 12. 14. 15. 17
   def. II 77, 5   σ. οἱ κατηγορικοὶ
λόγοι 84, 38   σ. : περαντικοὶ λόγοι
ib. μόνοι σ. οἱ διὰ τροπικοῦ καὶ
προσλήψεως γιγνόμενοι 85, 9   δύο
μὲν γίνονται κατὰ τὸ συνημμένον,
δύο δὲ κατὰ τὸ διεζευγμένον 71, 31
μονολήμματοι σ. Ant. III 248, 8 e. s.
ex una acceptione plenam conclusio-
nem esse Ant. 248, 13 pass.   πῶς
οἱ διὰ δύο τροπικῶν ἢ τριῶν ἀναλύ-
ονται σ. καὶ οἱ ἀδιαφόρως περαίνον-
τες II 83, 22. Ant. III 249, 5
   πρῶτοι σ. II 82, 14   πρῶτοι καὶ
ἀναπόδεικτοι in tit. l. Chr. 7, 11
συλλογιστικός in tit. l. Chr. II
6, 39. 7, 3. 18
   λόγος σ. def. II 77, 25. 85, 4   λό-
γος σ. : περαντικός 85, 5 : περαντικοὶ
εἰδικῶς 77, 24
συμβαίνω cf. συμβεβηκός
   τὰ φύσει συμβαίνοντα III 3, 28.
5, 13. 42. 6, 4
   τὰ σ. 22, 5. 51, 2
συμβάλλομαι III 30, 30
σύμβαμα = κατηγόρημα def. II
59, 31. 60, 12   τῶν κατηγορημάτων
τὰ μέν ἐστι σ. 59, 15
συμβεβηκός II 59, 9. 127, 2
   Z. I 25, 25. 26. 27 sqq.
συμβιόω ὁ σοφὸς βασιλεῖ σ. III
173, 18. 26
συμβίωσις περὶ γυναικὸς σ. tit.
l. Ant. III 254, 4
σύμβλησις in def. ἀξίας III 30, 28
συμβλητικός III 28, 28
συμβολικῶς II 61, 5
σύμβολον II 258, 7

συμβουλευτικόν *μέρος ῥητορικῆς*
II 96, 2
συμμετρία *φυσικὴ τῶν ὁρμῶν σ.*
III 114, 2. 13 *σ. in def. κάλλους*
pass. in def. ὑγιείας pass.
σύμμετρος *καλὸν τὸ τελείως σ.*
III 20, 22 *κτῆσις σ.* 33, 3
σύμμιξις *ἡ οὐσία ἐπιδέχεται σ.* II
152, 37
συμμνημόνευσις II 27, 40
συμμονή *ἐπὶ τὴν σ. τὴν ἑαυτοῦ*
κινεῖται ὁ κόσμος II 173, 27
συμπάθεια *ἐπὶ τῶν ἡνωμένων σ.*
τίς ἐστι II 302, 34 *ἡ τοῦ παντὸς*
ἕνωσις καί σ. πρὸς αὐτό 156, 15 *σ.*
τῶν ἐν τῷ κόσμῳ μερῶν πρὸς ἄλ-
ληλα 170, 32. 172, 39. 302, 25. 347, 12
συμπαθής *σ. αὐτῷ τὸ πᾶν* II
154, 9 *ὁ κόσμος* 264, 8
συμπαρεμφαίνω II 107, 8
συμπάσχω *οὐδὲν ἀσώματον σ.*
σώματι οὐδὲ ἀσωμάτῳ σῶμα Cl. I
117, 11 *σ. ἡ ψυχὴ τῷ σώματι καὶ*
τὸ σῶμα τῇ ψυχῇ 117, 12
συμπεπλεγμένον *(sc. ἀξίωμα)*
περὶ τοῦ σ. tit. l. Chr. II 5, 8
def. II 68, 18. 33. 69, 5 *ἀποφατι-*
κόν σ. 69, 2 *ὑγιὲς τὸ πάντ' ἔχον*
ἐν αὑτῷ ἀληθῆ 69, 28 *σ. τι δι' ἀντι-*
κειμένων μὴ ψεῦδος εἶναι 84, 21 in
omni coniuncto si unum est menda-
cium, totum est mendacium 70, 4
συμπέρασμα II 78, 16. 21. 29. 80,
7. 15 *pass.* 81, 3. 14 *λόγους καὶ τὰ*
ἀντικείμενα τῶν σ. ἔχειν ἀληθῆ 84, 24
τῇ διὰ τῶν λημμάτων συμπλοκῇ ἕπε-
ται τὸ σ. 74, 12. 78, 16
συμπεριφέρομαι III 135, 1
συμπλεκτικός *σ. σύνδεσμος e. s.*
II 68, 19. 69, 12
συμπληρόω *αἱ ἀρεταὶ σ. τὴν εὐ-*
δαιμονίαν III 25, 29. 41 *αἱ κακίαι*
τὴν κακοδαιμονίαν σ. 25, 34. 26, 6
τὰ παιδία οὐδέπω σ. τὸν λόγον
127, 3. 7
συμπληρωτικός *ἀγαθόν = τὸ σ.*
εὐδαιμονίας III 18, 14 *ἀδιάφορα μὴ*
σ. τῆς κατὰ φύσιν τελειότητος 35, 28
συμπλοκή *= ἡ μετὰ συμπλεκτι-*
κοῦ συνδέσμου προφορά II 69, 12
ἀποφατικὴ σ. 69, 2. 80, 11. 81, 13

συλλογιστικὴ *σ.* 88, 6 *αἱ διὰ δέκα*
ἀξιωμάτων σ. 69, 17 *ἡ διὰ τῶν*
λημμάτων σ. σημεῖον τοῦ ὑπάρχειν
τὸ συμπέρασμα 74, 12 *τῇ διὰ τῶν*
λημμάτων σ. ἕπεται τὸ συμπέρασμα
78, 16 *ὁ κατὰ σ. τρόπος : ἀπ' εὐ-*
θείας 127, 4
σύμπνοια *ἡ τῶν οὐρανίων πρὸς*
τὰ ἐπίγεια σ. II 172, 19
σύμπνους *ὁ κόσμος σ. καὶ συμ-*
παθὴς αὐτὸς αὑτῷ II 264, 8
συμπόσιον *περὶ σ.* tit. l. Cl. I 107, 35
περὶ τῆς οἰκειότητος τῆς μουσικῆς
πρὸς τὰ σ. Diog. III 231, 10 *τὸ τέλος*
τῶν σ. ἡ φιλοφροσύνη Diog. 231, 32
συμποτικός *σ. διάλογοι* tit. l. P. I
101, 2. 23 *σ. ὑπομνήματα* 100, 6. 101, 25
τὴν σ. παραλαμβάνουσιν εἰς τὰς
ἀρετὰς III 180, 27 *σ., ἀρετή, ἠθικῆς*
ἰδέα def. 74, 18. 180, 28 *τὸ μέλος*
συνεργεῖ πρὸς τὴν σ. ἀρετὴν Diog.
III 230, 24
ὁ σοφὸς ποιεῖ σ. III 180, 22
σύμπτωμα *μὴ οἷόν τε κοινὸν εἶναι*
σ. σωμάτων καὶ ἀσωμάτων II 126, 24
ἡ κακία πρὸς τὰ δεινὰ σ. ἴδιόν τινα
ἔχει λόγον 339, 16 *δύναμις ἡ πλειό-*
νων ἐποιστικὴ σ. III 49, 12. 16
συμφέρει *τὰ δόξαντα σ. νόμους*
ἐπεφήμισαν III 80, 9
συμφέρον *τὸ ἀγαθὸν τῷ σ. ταὐτόν*
III 76, 17 quidquid honestum est, id
utile est nec utile quicquam, quod non
honestum Cl. I 127, 29 *πάντα τἀγαθὰ*
σ. III 21, 43 *τὸ ἀγαθὸν ἀεὶ σ.* Cl. I
127, 6 *πᾶν ἀγαθὸν σ., ὅτι φέρει τοι-*
αῦτα, ὧν συμβαινόντων ὠφελούμεθα
III 22, 5 *τὸ κυρίως σ. ἀρετή* 20, 18
cur *ἡ ἀρετὴ σ.* 50, 4 *πᾶν δίκαιον σ.*
76, 18 *κατὰ τὴν τοῦ σ. πρόορασιν ὁ*
σοφὸς τῷ ψεύδει συγχρήσεται 148, 9
συμφθείρω *οὐσίαι σ. ἀλλήλαις* II
154, 16 *τὰ συγκεχυμένα καὶ σ.* 154,
32. 156, 2 *οἶνος εἰς πέλαγος βληθεὶς*
σ. 157, 39
συμφορά *def.* III 100, 23
συμφυής *τὸ μόριον σ. τῷ λοιπῷ*
II 173, 36 *σ. σῶμα* III 72, 17 *δι' ὅλου*
σ. ἡ τῶν ὅλων οὐσία II 172, 37 *πνεῦμα*

138   Index verborum, notionum, rerum ad Stoicam doctrinam pertinentium.

σ. δι' ὅλου 172, 40   τὸ σ. ἡμῖν πνεῦμα
= ψυχή II 217, 15. 29.   III 75, 5
σύμφυσις ἡ οὐσία ἐπιδέχεται σ. II
152, 37
σύμφυτος ψυχὴ πνεῦμα σ. II 238,
32 consitus spiritus Z. I 38, 11. 15
συμφωνία = ὁμοδογματία περὶ τῶν
κατὰ τὸν βίον III 27, 3   ἀγαθῶν πρός
τι 26, 40   ἡ σ. τοῦ παρ' ἑκάστῳ δαί-
μονος πρὸς τὴν τοῦ ὅλου διοικητοῦ
βούλησιν 4, 6 σ. in def. φιλίας pass.
σύμφωνος ὁδῷ καὶ σ. διέξεισι ἡ
περίοδος Cl. I 111, 28   ὁ περὶ ἀγα-
θῶν καὶ κακῶν λόγος σ. τῷ βίῳ III
17, 13   διάθεσις ψυχῆς σ. αὐτῇ περὶ
ὅλον τὸν βίον 63, 35. 72, 12
συνάγω II 77, 31. 34. 78, 10. 14. 81,
27. 30
συναγωγή II 89, 10
συναίτιον εἰ καὶ τὸ σ. αἴτιον II
120, 34   αἴτιον ὂν σὺν αἰτίῳ ‡21, 39.
122, 6 σ. αἴτια 273, 19
συνακτικός σ. λόγος πότε γίνεται
II 78, 15 σ. λόγος ἡ ἀπόδειξις 89, 4
σύναμμα περὶ σ. tit. l. Chr. II 5, 36
συναμφότερον ὂν κατέχει τὸ ἓν
τόπον, τὸ σ. καθέξει II 156, 42
συναπτικός σ. σύνδεσμος = εἰ II
68, 15
συνάπτω II 273, 4.
124, 10. 20. 302, 19
III 38, 7
συναφή ἐπὶ τῶν κατὰ σ. μηδὲν εἶναι
ἐκτόν II 129, 13
σύνδεσμος μέρος λόγου II 45, 2. 10
Diog. III 214, 1.   Ant. 247, 24   def.
Diog. III 214, 1   μετὰ σ. τοὺς ὅρους
προφέρομεν II 50, 22   σ. συναπτικός
68, 15 συμπλεκτικοὶ 68, 19. 69, 12 δια-
ζευκτικός 68, 21   ὁ „ἤ" σ. σημαίνει
τρία 71, 36   ὁ „εἰ" ἢ ὁ „εἴπερ" σ.
71, 3   ὁ „ἤτοι" σ. 71, 22
συνδέω II 273, 6
συνδιατίθεμαι III 135, 3
συνείδησις ἡ τῆς συστάσεως σ.
III 43, 5. 44, 36 parvi non appeterent
aliquid, nisi sensum haberent sui 44, 23
συνειμαρμένον si cui quid ac-
cidere decretum est, una etiam illud
decretum est, cuius ope debeat pro-

venire II 272, 8   copulata res et con-
fatalis 277, 38
σύνειμι ἡ κατήχησις τῶν συνόντων
III 53, 10. 56, 9 sqq.
συνεκτικός σ. τόνος II 134, 20
ἅπαν τὸ ὂν αἰτίας δεῖται σ. εἰς τὸ
εἶναι 144, 36   σ. αἴτια 273, 19   σ.
αἴτια = αὐτοτελῆ 120, 2. 121, 27. πλεί-
ονα ἑνὸς κατὰ γένος, ἓν δὲ κατ' εἶδος
120, 42 sq.   σ. αἴτιον = οὗ παρόντος
μένει τὸ ἀποτέλεσμα καὶ αἱρομένου
αἴρεται 121, 25 cf. 122, 20 sq.
συνέντασις διὰ τῆς τοῦ ἀέρος σ.
τὸ ὁρᾶν γίνεται II 233, 12. 28
συνέορσις? φόβος σ. III 107, 26
συνεργέω πρὸς εὐδαιμονίαν σ. III
28, 30. 34, 1. 12   σ. πρὸς τὸν κατὰ
φύσιν βίον 33, 1
συνεργός σ. αἴτια II 120, 7 def.
121, 29   συνεργεῖ πρὸς τὸ σφοδρό-
τερον γίνεσθαι τὸ ἀποτέλεσμα 121, 42
τὰ μὲν πλείονα, τὰ δὲ ἐλάττονα προσ-
φέρεται δύναμιν 122, 9
συνερειστικός σ. τόνος II 134, 20
συνέρχομαι cf. μείγνυμαι
τῇ θυγατρὶ σ. III 185, 13. 18
συνερώτησις σ. τοῦ σωρίτου II
91, 7
σύνεσις ἕπεται τῇ φρονήσει σ. III
73, 5   αὐτὴν καθ' ἑαυτὴν τὴν σ. τοῦ
ἁρμονικοῦ καὶ τοῦ ῥυθμικοῦ εἶναι πρὸς
τὴν παιδείαν χρήσιμον Diog. III 221,
30   ἤδη πρὸ τοῦ σ. ἔχειν ἅπτεσθαι
τὴν μουσικὴν δύναμιν παιδικῆς ψυχῆς
222, 16   εὐχρηστεῖν τὸ μέλος καὶ πρὸς
σ. 233, 19.
συνέστηκα II 158, 33 in def. λόγου
Crin. III 269, 12 in def. συνημμένου
pass.
συνέχεια ἡ κατὰ σ. ὑποθετικὴ πρό-
τασις = συνημμένον ἀξίωμα II 83, 5
ὁ τόνος ὑφ' οὗ τὴν σ. ἔχει πρὸς τὰ
οἰκεῖα μέρη II 145, 24   σῶμα οὐκ ἔχον
χώραν ἐν αὑτῷ διὰ τὴν σ. 151, 19
διαπεφοιτηκέναι ὅλα δι' ὅλων σῴζον-
τα τὴν σ. 155, 35
σ. τῶν αἰτίων 274, 16
συνέχω ἡ πνευματικὴ οὐσία τὸ σ.,
ἡ δὲ ὑλικὴ τὸ συνεχόμενον II 144,
26   ἀέρα καὶ πῦρ σ., γῆν καὶ ὕδωρ

συνέχεσθαι 144, 27. 145, 1. 146, 32
ἔν τι σ. τὸν σύνολον κόσμον 147, 34
συνεχής ἡ τοῦ ἑπομένου πρόσ-
ληψις ἐν τοῖς σ. ἀσυλλόγιστος II 88, 10
συνήθεια (σ. = sensuum fides) κατὰ
τῆς σ. et ὑπὲρ τῆς σ. scr. Chr. II 2,
10. 33, 31 κατὰ τῆς σ. tit. l. Chr. 8,
22 ὑπὲρ (περί?) τῆς σ. 8, 23
οἱ τὴν σ. καταλαμβάνοντες II 90, 7
λόγοι παρὰ τὰς σ. tit. l. Chr. II
6, 14 στοχαζόμενος τῆς κατὰ τὰς ὀνο-
μασίας σ. III 33, 26
σ. φιλία συνειθισμένων III 27, 5
τρίτον εἶδος τῆς φιλίας τὸ ἐκ σ. 181, 36
συνηκολουθηκότως II 257, 36
συνημμένον (sc. ἀξίωμα) cf. συν-
άπτω, συνεχής
σ. in tit. l. Chr. II 5, 3. 18. 6, 26. 30.
37. 7, 7
σ. = ὑποθετικὴ πρότασις II 69, 37
= αἱ κατὰ συνέχειαν προτάσεις 71, 30
= τὸ συνεστὸς διὰ τοῦ „εἰ" συνα-
πτικοῦ συνδέσμου II 68, 13. Diog. III
215, 12 συνέστηκεν ἐξ ἀξιώματος δια-
φορουμένου etc. διὰ τοῦ „εἰ" II 70, 39
τῶν οὐχ ἁπλῶν ἀξιωμάτων ἐστὶν II
59, 4 πότε ἀληθὲς γίνεται 70, 23. 71,
11 πότε ψεῦδος 70, 26. 71, 13 κρίσεις
τοῦ ὑψοῦς σ. 72, 32 τὸ σ. ἀληθὲς διὰ
τὸ μηδέποτε ἀρχόμενον ἀπὸ ἀληθοῦς
λῆγειν ἐπὶ ψεῦδος 78, 22 ἀληθὲς σ. ἐξ
ἀναγκαίου ἀρχόμενον λῆγει εἰς ἀναγ-
καῖον: hoc Chr. non videtur valere
in omnibus 276, 43 δύο γίνεσθαι συλ-
λογισμοὺς κατὰ τὸ σ. ἀξίωμα 71, 32
infinita conexa 277, 8 in primo et
altero ἀναποδείκτῳ 80, 3. 6 τὸ σ. in
def. τοῦ σημείου pass.
συνηρημένον τὸ ὄνομα τὸ σ. = τὸ
κεφαλαιῶδες δηλοῦν II 75, 15
σύνθεσις κατὰ σ. νοεῖται τινά e. s.
II 29, 16 rerum notiones in animis
fiunt, si aliquid cognitum sit con-
iunctione III 17, 28
συνθετικός τῇ σ. φαντασίᾳ ὁ ἄνθρω-
πος τῶν ἀλόγων διαφέρει II 43, 20.
74, 7 τὸ σ. θεώρημα 86, 19
σύνθετος τὸ αὐτοτελὲς ἀξίωμα σ.
II 64, 6
συνιζάνω II 247, 39

συνίζω σ. τὸ μέσον τοῦ παντός Cl.
I 111, 16
συνίσταμαι cf. συνέστηκα, σύστα-
σις, συστατικός
σ.: διαλύεσθαι II 136, 12 pass. σ.
III 60, 4 pass.
συνοχή ἐπὶ τὴν σ. τὴν ἑαυτοῦ κι-
νεῖται ὁ κόσμος II 173, 27
συντακτός II 59, 13
σύνταξις περὶ τῆς σ. τῶν λεγο-
μένων tit l. Chr. II 6, 18. 19
σ. τῶν τοῦ λόγου μορίων II 41, 30
ψιλῇ τῇ σ. ὁ ὅρος διαφέρει τοῦ καθ-
ολικοῦ 74, 35
συντάσσω κατηγορήματα πτώσει σ.
II 59, 17. 19 ὀνόματι σ. 59, 36 πλαγίᾳ
πτώσει 60, 4 ἀξίωμα σ. 68, 23. 26
λόγος σ. 80, 3. 17
συντείνω III 29, 28
συντελέομαι III 20, 23
συντελικός περὶ σ. ἀξιωμάτων tit.
l. Chr. II 5, 15
συντομία ἀρετὴ λόγου def. Diog.
III 214, 16
συντονία τῶν οὐρανίων πρὸς τὰ
ἐπίγεια II 172, 19
συνώνυμα def. II 45, 19
σῦς animum sui datum pro sale,
ne putisceret II 206, 14
σύστασις cf. συνίσταμαι
περὶ τρόπων σ. tit. l. Chr. II 6, 35
σ. τοῦ συνημμένου II 71, 8
ἡ ἐκ πυρὸς κατὰ σ. ἐξ ἀέρος μετα-
βολὴ (: ἀνάλυσις, χύσις) II 136, 20 ἡ
οὐσία ἐπιδέχεται σ. 152, 37
ἡ αὐτοῦ σ. πρῶτον οἰκεῖον παντὶ
ζῴῳ III 43, 5 44, 18. 40 πρὸς τὴν σ.
ᾠκειῶσθαι εὐθὺς γενομένους ἡμᾶς 44,
33 an esset omnibus animalibus con-
stitutionis suae sensus 44, 36 e. s.
constitutio = principale animi quodam-
modo se habens erga corpus 44, 38
hominis constitutio rationalis est 44,
41 αἱ ἄλογοι κινήσεις πάθη καὶ παρὰ
φύσιν, ἅτε ἐκβαίνουσαι τὴν λογικὴν σ.
127, 19
συστατικός II 136, 19
συστέλλω cf. συστολή
III 95, 18
σύστημα in def. λόγου II 77, 4
σπουδαίου βίου III 72, 19 ἐπιστήμης

III 26, 42. 43 κόσμου pass. πόλεως pass. ἀστεῖον σ. III 81, 1

συστολή οἱ Στ. λύπην ἀντὶ λύπης σ. καλοῦσι III 94, 15 λύπη ἄλογος σ. 95, 17. 42

αἱ σ. = παθήματα ταῖς δόξαις ἐπιγινόμενα III 116, 6 αἱ ἐπὶ ταῖς κρίσεσιν ἄλογοι σ. = τὰ τῆς ψυχῆς πάθη Z. I 51, 24 τὸ κινητικὸν σ. ἀλόγου III 92, 23 αἱ σ. in affectibus τὸ μᾶλλον καὶ τὸ ἧττον δέχονται 119, 30 δόξης ἐγχρονιζομένης ἀνίεται ἡ σ. καὶ ἡ ἐπὶ τὴν σ. ὁρμή 117, 27

σφαῖρα αἱ τῶν πλανωμένων σ. II 169, 1 ἡ τῶν ἀπλανῶν II 169, 2. B. III 265, 8 αἱ τῶν στοιχείων σ. II 175, 29

pilae lusus comp. cum beneficii ratione III 182, 14

σφαιρίζω III 51, 14

σφακελισμός def. III 100, 26. 101, 15

σφάλλομαι οὐ σ. ὁ σοφός Z. I 16, 33. 17, 10 III 147, 23

σφοδρότης τὰς σ. τῶν παθῶν οὐ γίνεσθαι κατὰ τὴν κρίσιν III 119, 29

σχέσις = συνοχὴ κατὰ τόπον ἢ σχῆμα καὶ τὸ ἴσχεσθαι τοιοῦτο Apollod. III 260, 3 ποιὰ καθ᾽ ἕτερον σημαινόμενον αἱ σ. II 128, 36 ταῖς ἐπικτήτοις καταστάσεσι χαρακτηρίζονται 130, 7 ἡ σ. κατὰ τὸ εὐανάλυτον δῴσταμένη πρὸς τὴν ἕξιν 130, 2 ἄρριζος καὶ ἀπαγής 130, 20 εἴ τινα διδόασιν ὑπόστασιν ταῖς σ. 132, 16 σ. in expl. notione τοῦ πῶς ἔχειν 126, 14 in expl. notione πρός τί πως 133, 2 pass. πάσης σ. μέρος σ. Apollod. III 260, 15 ἐπὶ τῶν σ. ἡ ἐναντίωσις θεωρεῖται II 50, 6 αἱ ποιήσεις κοινῶς, ἐν αἷς αἱ κινήσεις καὶ αἱ σ. 115, 1

συμπίπτουσαι αἱ δύο σ. ἐν ταὐτῷ καὶ τὸ αὐτὸ μέσον καὶ κάτω ὑπάρχον II 176, 22

σ. κατὰ τοὺς σπερματικοὺς λόγους γινομένη πρῶτον κατὰ φύσιν e. s. III 34, 28 τῶν ἀγαθῶν τὰ μὲν ἐν κινήσει, τὰ δὲ ἐν σ. e. s. 26, 27 τῶν ἐν σ. τὰ μὲν καὶ ἐν ἕξει, τὰ δὲ ἐν σ. μόνον 26, 30 οὐκ ἐν τῇ πρός τι σ. γίνεται τὸ πλῆθος τῶν ἀρετῶν 63, 2 σ. αἱ κακίαι καὶ τὰ νοσήματα II 269, 29

σχετικῶς οὐ σ. εὐλόγιστος, ἀλλ᾽ ἀπὸ ἕξεως III 138, 21

σχῆμα οἱ κατὰ ψευδῆ σ. συλλογισμοί tit. l. Chr. II 7, 17

ἐν ὑγιεῖ ἠρωτῆσθαι σ. II 78, 10. 14 ἐν μοχθηρῷ ἠρωτῆσθαι σ. 79, 15. 22 ὑγιῆ σ. 79, 23 σ. τῶν ἀναποδείκτων = τρόποι 81, 20

σώματα εἶναι τὰ σ., ὥσπερ τὰ ἄλλα ποιά II 127, 20 σ. οἰκεῖον τῆς πνευματικῆς οὐσίας 149, 20 τὸ σ. τὴν τάσιν παρέχεσθαι 149, 25

σχηματίζω σ. τὴν ὕλην II 112, 30. 41 τὸ ὑποκείμενον αὐτὸ πάντα γίνεται σ. 113, 39

σχηματισμός σ. τοῦ προσώπου καὶ τῶν χειρῶν II 96, 17 quidam habitus oris et vultus praepositum per se ipsum III 32, 30

σχηματότης τὸν Δία οὐ μῖξαι τῇ πρώτῃ οὐσίᾳ σ. II 116, 8

σχολαί σ. tit. l. A. I 75, 15 ἠθικαί σ. P. 102, 14

σχολαστικός οὐδὲν τὸν σ. βίον τοῦ ἡδονικοῦ διαφέρειν III 176, 13 vivere otioso licet 174, 31

σχολή ἡ ἄκαιρος περὶ τὴν ἀνατροπὴν τῶν δογμάτων σ. III 125, 3

σῶμα = τὸ τριχῇ διαστατὸν μετ᾽ ἀντιτυπίας II 114, 13. 127, 6 ' = τὸ τριχῇ διαστατὸν II 123, 4. 14. Apollod. III 259, 24 σ. καὶ τόπου κοινὸν τὸ τριχῇ διαστατὸν II 162, 31. 33 σ. τὸ πάντῃ διεστηκός 123, 15 τὸ σ. καὶ στερεὸν σ. καλεῖται Apollod. III 259, 26 ταὐτὸν σ. καὶ οὐσία II 123, 17 πᾶν σ. ἐξ ὕλης καὶ ποιότητος 114, 11 ἄποιον σ. ἡ ὕλη 115, 23. 116, 25 πᾶν σ. ἢ ὕλη ἢ ἐξ ὕλης 130, 35 ἐκ τῆς τῶν δ᾽ στοιχείων κράσεως γίνεται 137, 18

τὸ ὂν κατὰ σωμάτων μόνων λέγεται II 117, 5 τὰ σ. εἶναι τὰ ὄντα 115, 11. 18 ὄντα μόνα τὰ σ. 167, 24 ἄμφω σ. εἶναι, τὸ ποιοῦν καὶ τὸ πάσχον Z. I 25, 37. 27, 13 nihil in mundo agi nisi corpore Z. I 40, 14 τὸ αἴτιον σ. II 118, 3 πᾶν τὸ ποιοῦν σ. ἐστιν II 44, 2. III Ant. 246, 20. Arch. 262, 23 πᾶν τὸ δρῶν σ. II 128, 4 πᾶν τὸ κινοῦν καὶ ἐνοχλοῦν σ. 128, 6 πᾶν τὸ κινούμενον σ. 128, 7 a corpore corpora fieri 139, 37 σ. σώματι ἀσωμάτου αἴτιον 119, 20 οὐδὲν σ. ἀσωμάτῳ συμπάσχει Cl. I 117, 12 οὐδὲν ἀσώματον συμπάσχει σ. Cl. ib. II 219, 38 σ. σώματι συμπάσχει Cl. I 117, 12 οὐδὲν ἀσώματον ἀπὸ σ. χωρίζεται II 219, 26. 30. 40 οὐκ ἐφάπτεται σ. ἀσώματον 219, 27. 31 σ. τὸ ὅμοιον καὶ τὸ ἀνόμοιον Cl. I 117, 10

τὸ σ. διὰ σ. χωρεῖ II 37, 40 pass. 151, 17. 156, 10. 220, 42. 221, 4. 12 σ. ὅλον δι' ὅλου τινὸς ἑτέρου διερχόμενον Z. I 28, 21 πρὸς κατασκευὴν τοῦ σ. διὰ σ. χωρεῖν χρῶνται ταῖς τῶν ζῴων διὰ τῆς τροφῆς αὐξήσεσι II 210, 4

τὰ σ. εἰς ἄπειρον τέμνεσθαι II 127, 2. 158, 15. 160, 19 παντὸς σ. μέρος εἶναι σ. Apollod. III 260, 12 τῶν τοῦ σ. μερῶν καὶ τὰ μέρη σ. εἶναι II 220, 4 οὐ τὸ μέρος σ., καὶ αὐτὸ σ. 220, 8

πᾶν σ. πεπερασμένον II 185, 42 μηδὲν σ. ἄπειρον 163, 7 μήτ' ἄκρον τῶν σ. μήτε πρῶτον μήτ' ἔσχατον εἶναι 159, 8 ψαύειν κατὰ πέρας τὰ σ. 159, 23

βάρος σ. ἴδιον II 115, 40 οὐ πάντως σ. βάρος ἔχει Z. I 27, 31 πᾶσι τοῖς σ. εἶναι τὴν πρώτην κατὰ φύσιν κίνησιν πρὸς τὸ τοῦ κόσμου μέσον II 173, 31

σ. ἐκ διεστώτων, ἐκ συναπτομένων, ἡνωμένα II 124, 8. III 38, 7 ἐν σ. συνίσταται ἐκ διεστώτων II 124, 13 ἡνωμένα 124, 19

divisio τῶν σ. II 58, 35

πᾶν σ. μιᾷ γέ τινι αἰσθήσει αἰσθητόν II 220, 14 τὸ σ. οἱονεὶ ψαῦον τοῦ ἡγεμονικοῦ ποιεῖται τὴν ἐν τούτῳ τύπωσιν 28, 42

ἐκ ψυχῆς καὶ σ. συνέστηκεν ὁ ἄνθρωπος III 24, 2 ἡ ψυχὴ κυριωτέρα τοῦ σ. 33, 14 τὸ σ. καθάπερ ὄνυξ οὐδὲν πρὸς ἡμᾶς 187, 1 ἐξαιροῦσι τὸ γένος τῶν περὶ τὸ σ. ἀγαθῶν ὡς μὴ ἀγαθῶν 23, 39 ἡ ψυχὴ μηδὲν ὑπὸ τοῦ σ. ἢ ὠφελεῖται ἢ βλάπτεται 36, 6. 12

κατάστασις σ., καθ' ἣν ἐστι τραυμάτων καὶ πηρώσεων δεκτικόν, οὔτε παρὰ φύσιν οὔτε κατὰ φύσιν III 34, 19 σ. ὑγιεινὸν τῶν κατὰ φύσιν κατὰ

μετοχὴν 34, 31 membrorum corporis alia propter eorum usum a natura donata, alia ad quendam ornatum II 335, 5. 11 τῶν προηγμένων τὰ μὲν περὶ σ. e. s. III 32, 41 item τῶν ἀποπροηγμένων 33, 6 item οὔτε προηγμένων, οὔτε ἀποπροηγμένων 33, 9 τὰ περὶ ψυχὴν προηγμένα πλείονα τὴν ἀξίαν ἔχει τῶν περὶ σ. 33, 15 corporis et animae analogia ἐν τῇ κατὰ μέρος θεωρίᾳ καὶ θεραπείᾳ III 120, 17 sqq. ἐπὶ τοῦ σ. ἰσχὺς καὶ ἀσθένεια, εὐτονία καὶ ἀτονία : ἐν ψυχῇ 120, 31 οἱ ἐπὶ τοῦ σ. τόνοι : ὁ ἐν ψυχῇ τόνος 123, 17 ἰσχὺς τοῦ σ. def. Cl. I 129, 4 σ. in def. ὑγιείας, εὐεξίας pass. ἡ τῆς ψυχῆς νόσος ὁμοιοτάτη τῇ τοῦ σ. ἀκαταστασίᾳ III 117, 2. 121, 15 τὸ νοσοῦν σ. : ἡ νοσοῦσα ψυχὴ 120, 15 ἡ τῶν φαύλων ψυχὴ ἀνάλογον τοῖς ἐπιτηδείοις σ. εἰς πυρετοὺς ἐμπίπτει 116, 32 σ. in def. νόσου pass. τέχνη περὶ τὸ νοσοῦν σ. III 120, 15

συμπάσχει τὸ σ. τῇ ψυχῇ Cl. I 117, 13 ἡ ψυχὴ τῷ σ. Cl. ib. μὴ μόνον τὰς ψυχὰς διατιθέναι πως τὸ μέλος, ἀλλὰ καὶ τὰ σ. Diog. III 227, 7 σ. in def. τῆς σπουδαίας πράξεως III 72, 17

σ. εἶναι τὰς ποιότητας καὶ τὴν ψυχὴν II 152, 2 bona corpora III 21, 6 ἡ ἀρετὴ καὶ ἡ κακία σ. II 230, 2. III 21, 23 ἡ νὺξ σ. II 197, 42 ὅμοιοι τοῖς γονεῦσι γινόμεθα κατὰ τὸ σ. Cl. I 116, 32. 117, 8

σωματικός τὸ σ. πεπερασμένον II 163, 7 πάντα τὰ σ. ἀδιάφορα III 29, 26. 190, 16 τὰ σ. τῆς ἀρετῆς ἕνεκα εἶναι, ὅπως ἐκλέγηται αὐτὰ καὶ περιποιῆται III 46, 26 προηγμένα ἐπὶ τῶν σ. 31, 4 ἀποπροηγμένα 31, 7

σωρίτης περὶ τῶν πρὸς τὰς φωνὰς σ. λόγων tit. l. Chr. II 6, 11

σ. λόγος ἄπορος II 90, 36 ἐν τῇ συνερωτήσει τοῦ σ. δεῖ ἵστασθαι καὶ ἐπέχειν 91, 6 sq.

σωστικός III 130, 12

σωφρονέω τὸ σ. ἀσώματον καὶ κατηγόρημα III 23, 1 σ. κατόρθωμα 136, 20 τῶν κατορθωμάτων ὧν χρὴ

137, 1 οὐκ ἔστι σ. μὲν, ἀδίκως δὲ ζῆν 76, 23
σωφρόνημα σ. μόνα τὰ ἀπὸ σωφροσύνης III 136, 32
σωφροσύνη = ἐπιστήμη αἱρετῶν καὶ φευκτῶν καὶ οὐδετέρων III 63, 26. 65, 23 = ἐπιστήμη, ὅταν αἱρεῖσθαί τε δέῃ τἀγαθὰ καὶ φεύγειν τὰ κακά A. I 85, 38 = ἕξις ἐν αἱρέσεσι καὶ φυγαῖς σῴζουσα τὰ τῆς φρονήσεως κρίματα III 67, 35. 39 = φρόνησις ἐν αἱρετέοις Z. I 49, 32 = ἡ ἰσχὺς περὶ τὰς αἱρέσεις καὶ ἐκκλίσεις Cl. I 129, 2 σ. ἀρετή Z. I 49, 23. III 23, 23 τῶν πρώτων ἀρετῶν III 64, 16. 65, 7 μία οὖσα ἡ ἀρετὴ σ. καλεῖται A. I 86, 6. 20 σ. ἐπιστήμη καὶ τέχνη III 23, 27 ἀγαθόν Z. I 47, 21. III 17, 17. 19, 20 σωφρονεῖν παρέχεται III 19, 20 αἱρούμεθα ἔχειν τὴν σ., οὐ τὸ σωφρονεῖν 22, 42 ἡ τῆς σ. κτῆσις οὔτε ἕξις οὔτε διάθεσις 25, 12

ἡ σ. περὶ τὰ αἱρετέα III 64, 1 γίνεται περὶ τὰς ὁρμὰς τοῦ ἀνθρώπου 64, 17 τῆς σ. ἴδιον κεφάλαιον τὸ παρέχεσθαι τὰς ὁρμὰς εὐσταθεῖς 69, 11 ἀλυπία καὶ εὐταξία αἱ αὐταὶ τῇ σ. 27, 7 σ. ἡ ἀρετὴ ἐπιθυμίαν κοσμοῦσα καὶ τὸ μέτριον καὶ τὸ εὔκαιρον ἐν ἡδοναῖς ὁρίζουσα A. I 86, 14 ἀναιρεῖται ἡ σ.. ἂν τὴν ἡδονὴν ἀγαθὸν ἀπολίπωμεν III 37, 19 περιγίνεταί τι πρὸς σ. διὰ μουσικῆς Diog. III 226, 18

σώφρων ἅμα τῷ ἀνιέναι τοὺς σωφρονιστῆρας ὀδόντας καὶ τὸ σ. τοῦ νοῦ λαμβάνει ἡμᾶς Cl. I 118, 14 τὸ σ. δίκαιον διὰ τὴν τῶν ἀρετῶν ἀντακολούθησιν III 76, 22 ὁ σπουδαῖος πάντα σ. ποιεῖ Z. I 52, 32. III 150, 4 ὁ σ., ἡγεμὼν ἀκολάστων, τὰ περὶ τὰς αἱρέσεις καὶ φυγὰς ἠκριβωκώς III 159, 29

σ. ὁμιλία III 26, 29

T

τάξις pars rhetoricae II 96, 4
ταπεινός ἡ μουσικὴ ἐπιφαίνει τὸ τ. Diog. III 224, 17
ταπεινότης τελικὸν κακόν III 26, 3
ταπείνωσις αἱ ἐπὶ ταῖς κρίσεσι ἄλογοι τ. = τὰ τῆς ψυχῆς πάθη Z. I 51, 24
τάριχος III 146, 16
ταρταρίζω II 141, 30
τάρταρος = ἀὴρ ψυχρός II 141, 27
τάσις τὸ σχῆμα τὴν τ. παρέχεσθαι II 149, 26
αἱ ἐπιβάλλουσαι τ. τῆς φωνῆς 96, 16
ταφή supervacaneam sepulturam; si forte non fiat, nihil esse incommodi III 186, 32 ἀπογενομένων τῶν γονέων τ. χρηστέον ταῖς ἁπλουστάταις 186, 42
ταχύτης velocitas corporis celeritas, quae eadem ingenii laus habetur III 69, 1
τείνω II 173, 29
τέκνα τ. τῶν ἐκτὸς προηγμένων III 33, 3 liberi pii inter bona 24, 29 σπουδαῖα τ. ἐκτὸς ἀγαθόν 23, 41

natura liberi a parentibus amantur III 83, 19 τὴν πρὸς τὰ τ. φιλοστοργίαν φυσικὴν εἶναι καὶ ἐν φαύλοις μὴ εἶναι 183, 24
parvi salutaria appetunt aspernanturque contraria; statum suum diligunt; sensum habent sui eoque se diligunt III 44, 21 sqq. parvos delectari, si quid ratione per se ipsi invenerint 45, 35 iam a nutricibus formanda quam optimis institutis mens infantium 183, 37
τὰ τ. ἐσθίειν κελεύουσιν ἀποθανόντα 186, 17
τεκνογονία οἰκεῖον τοῖς σπουδαίοις τὸ συγκαταβαίνειν εἰς τ. III 158, 5. 33
τεκνοποιέομαι καὶ ἡ μήτηρ ἐκ τοῦ υἱοῦ τ. καὶ ὁ πατὴρ ἐκ τῆς γυναικὸς καὶ ὁ ὁμομήτριος ἐκ τῆς ὁμομητρίας III 185, 28
τεκτονική τέχνη πρακτική III 49, 4
τέλειος τῶν ἀσωμάτων τὰ μὲν τ., τὰ δ' ἀτελῆ II 58, 38. 59, 28
οὔτε ἀνὴρ τ. ὁ μὴ πάσας ἔχων τὰς ἀρετὰς οὔτε πρᾶξις τ., ἥτις οὐ κατὰ

πάσας πράττεται τὰς ἀρετάς III 73, 32 τ. καθήκοντα 134, 24. 26 in def. κατορθώματος pass. ὁ τ. 139, 42 (cf. σοφός) τῇ ψυχῇ οὔσῃ τ. χρῆται ὁ σπουδαῖος Cl. I 129, 29

τὸ τ. ἀγαθόν III 20, 20 = τὸ τελείως σύμμετρον 20, 22 τὸ τέλος τοῦ πρὸς τὸ τέλος τελειότερον ἀγαθόν 9, 2 τ. βίος καὶ εὐδαίμων 154, 19

τελειότης ἡ ἀρετή = τ. τῆς ἑκάστου φύσεως III 58, 34. 61, 38 τ. κατ' ἀρετήν 52, 33 ἀδιάφορα μὴ συμπληρωτικὰ τῆς κατὰ φύσιν τ. 35, 29

τελειόω καθῆκον τ. κατόρθωμα γίνεται III 136, 9 τ. σπουδαῖοι Cl. I 129, 20

τελείωσις ἀρετή = τ. III 48, 6

τελεταί = αἱ τοῦ περὶ τῶν θεῶν λόγου παραδόσεις II 17, 1 τοὺς περὶ τῶν θείων λόγους εἰκότως καλεῖσθαι τ., χρῆναι γὰρ τούτους τελευταίους διδάσκεσθαι 299, 4

τελικός ἀγαθὰ τ. III 25, 24. 27. 35. 39. 26, 8 κακά τ. 25, 30. 26, 1.4 ἀγαθὰ ποιητικὰ καὶ τ. 25, 27. 36. 39 κακὰ ποιητικὰ καὶ τ. 25, 28. 26, 1. 5 τ. ἀγαθὸν λέγεται τέλος 3, 22

τέλος περὶ τ. tit. l. Cl. I 107, 29. Chr. III 204, 14

ὁ περὶ τ. τόπος pars eth. III 3, 3 τὸ τ. λέγεται τριχῶς 3, 21 τ. = τὸ τελικὸν ἀγαθόν 3, 22 = ὁ σκοπός 3, 24 = τὸ ἔσχατον τῶν ὀρεκτῶν 3, 26

τ. = οὗ ἕνεκα πάντα πράττεται καθηκόντως, αὐτὸ δὲ πράττεται οὐδενὸς ἕνεκα III 3, 16 = οὗ χάριν τἆλλα, αὐτὸ δὲ οὐδενὸς ἕνεκα 3, 18 = ἐφ' ὃ πάντα τὰ ἐν τῷ βίῳ πραττόμενα καθηκόντως τὴν ἀναφορὰν λαμβάνει, αὐτὸ δ' ἐπ' οὐδέν ib.

τ. = τὸ εὐδαιμονεῖν III 6, 15. 69, 26 = τὸ τυχεῖν τῆς εὐδαιμονίας 6, 15 = τὸ κατ' ἀρετὴν ζῆν Z. I 45, 22. 46, 2. Cl. 125, 21 = ὁ κατ' ἀρετὴν βίος III 6, 19 = τὸ πάντα τὰ καθήκοντα ἐπιτελοῦντα ζῆν Arch. III 264, 17 pass. = honeste vivere Z. I 46, 4. III 5, 41 = τὸ ὁμολογουμένως ζῆν = καθ' ἕνα λόγον καὶ σύμφωνον ζῆν Z. I 45, 23 = τὸ ὁμολογουμένως τῇ

φύσει ζῆν Z. I 45, 21. 27. 30. 32. 34. Cl. 125, 19. 20. III 4, 12. 69, 26 = τὸ ἀκολούθως τῇ φύσει ζῆν Z. I 45, 34. III 3, 30. 4, 15—22. 36, 5. 64, 44. 69, 26 = congruenter naturae convenienterque vivere III 153, 14 = consentire naturae 5, 40 = ζῆν κατ' ἐμπειρίαν τῶν φύσει συμβαινόντων 5, 13. 19. 23. 42. 6, 4 = τὸ εὐλογιστεῖν ἐν τῇ τῶν κατὰ φύσιν ἐκλογῇ Diog. III 219, 9 pass. = ζῆν ἐκλεγομένους τὰ κατὰ φύσιν, ἀπεκλεγομένους τὰ παρὰ φύσιν Ant. III 252, 37 = τὸ ἐκλέγεσθαι καὶ λαμβάνειν τὰ πρῶτα κατὰ φύσιν φρονίμως 46, 35 = πᾶν τὸ καθ' αὑτὸν ποιεῖν διηνεκῶς καὶ ἀπαραβάτως πρὸς τὸ τυγχάνειν τῶν προηγουμένων κατὰ φύσιν Ant. III 252, 39 pass. = ζῆν ἐκλεγόμενον τὰ κατὰ φύσιν μέγιστα καὶ κυριώτατα, οὐχ οἷόν τε ὄντα ὑπερβαίνειν Arch. III 264, 23 = τὸ ἀδιαφόρως ἔχοντα ζῆν πρὸς τὰ μεταξὺ ἀρετῆς καὶ κακίας A. I 79, 6 = ἀδιαφορία A. I 83, 7. 38 = ἡ ἐπιστήμη H. I 91, 24. 92, 7. 10. 19. 25. 27. 34. 93, 3 = ἡ ἡδονή Dion. I 93, 9. 94, 20. 95, 23

τοῦ τ. στοχάζονται ὥσπερ ἐν ταῖς τοξείαις σκοποῦ III 4, 26 τῶν στοχαστικῶν τεχνῶν τ. τὸ ἀποπληρῶσαι τὰ τῆς τέχνης 6, 42.—7, 18 ὁδός τις ἐκλεκτική, ἀναφέρουσα τὰ ἐν ταῖς τέχναις οἰκεῖα πρὸς ἀρετὴν ἐπὶ τὸ τοῦ βίου τ. 26, 36 δυοῖν ἀγαθοῖν, τοῦ μὲν τ., τοῦ δὲ πρὸς τὸ τ., μεῖζον τὸ τ. 9, 1

μηδὲν εἶναι τ., ἀλλὰ κατὰ τὰς περιστάσεις καὶ τὰ πράγματα ἀλλάττεσθαι H. I 91, 28 in sapientia ipsa inest III 4, 36 nulla in re nisi in virtute propensio ad summum bonum adipiscendum est Z. I 47, 8 τοῖς τ. ἡγουμένοις τὴν ἐπιστήμην Χρ. ἀνομολογεῖ III 9, 4 ἡ περὶ τ. ὑπόληψις ψευδὴς ἀρχὴ ἁμαρτημάτων 9, 19 summum bonum homini constituit Chr., ut nihil esse praeter animum videretur 7, 24 διαφέρει τὸ τ. καὶ ὑποτελίς H. I 91, 30 τοῦ τ. μόνος ὁ σοφὸς στοχάζεται H. 91, 31 cognito summo bono reverti se ad naturam Z. I 47, 15

de finibus bonorum tres solas sententias defendi posse III 7, 26 quid consequatur, *εἴ τις ὑπόθοιτο ἡδονὴν* τ. 8, 18 def. τ. *imp.* a Posidonio 5, 4

τέμνω cf. *τομή*
μὴ δεῖν τ. *τὰ ἀόριστα* tit. l. Chr. II. 7, 41
τὰ σώματα εἰς ἄπειρον τ. II 158, 15 *πάντα εἰς ἄπειρον* τ. 160, 14 *τέμνοντα κατὰ πᾶν ἀναιρήσει ἄλληλα* 157, 21

τέρψις def. III 97, 39. 44. 105, 36 *ὑπὸ τὴν ἡδονὴν τάττεται* 97, 37 *εἶδος χαρᾶς* 105, 24 τ.: *χαρά, ἡδονή, εὐφροσύνη* 106, 10 τ. *τελικὸν ἀγαθόν* 25, 38

Τερψιχόρη *τὸ περὶ τὰς ὁμιλίας ἐπιτερπὲς εἴληχε καὶ κεχαρισμένον* II 320, 17

τετράχορδον = *ἡδονή, λύπη, φόβος, ἐπιθυμία* A. I 85, 18

τέχνη τ. tit. l. Z. I 15, 4. Cl. 106, 37; in tit. Chr. II 8, 37 *περὶ* τ. *καὶ ἀτεχνίας* l. Chr. II 9, 39 τ. *ῥητορικὴ* tit. l. Cl. I 110, 19 τ. *διαλεκτικὴ* Sph. I 140, 15. Chr. II 5, 2. Diog. III 215, 13. Crin. 269, 2 *ἐρωτικὴ* τ. Cl. I 107, 20 *ἡ περὶ τῆς φωνῆς* τ. l. Diog. III 212, 25

τ. = *ἕξις ὁδῷ πάντα ἀνύουσα* Cl. I 110, 9. 11 = *ἕξις ὁδοποιητικὴ* Z. I 20, 31 = *σύστημα καὶ ἄθροισμα καταλήψεων* II 23, 21. 208, 41 = *σύστημα ἐκ καταλήψεων συγγεγυμνασμένων πρός τι τέλος εὔχρηστον τῶν ἐν τῷ βίῳ* Z. I 21, 5. II 30, 25. 32 pass. = *σύστημα ἐκ καταλήψεων ἐμπειρίᾳ συγγεγυμνασμένων* etc. II 30, 29 = *σύστημα ἐκ θεωρημάτων συγγεγυμνασμένων* III 51, 20
ἔνιαι τῶν τ. *θεωρητικαί, ἔνιαι πρακτικαί* III 49, 2 e. s. artes constant ex cognitionibus et continent quiddam in se ratione constitutum et via III 45, 39 e cognitionibus comprehensionibusque rerum effici artes Diog. III 218, 34 sine adsensione non posse constare II 35, 17 nulla

ars divitiis contineri potest Diog. III 218, 35 *αἱ* τ. *συνίστανται ἐν τῇ γνώσει τῶν διαφορῶν* II 76, 6 *τὰς ἐγκυκλίους λεγομένας* τ. *ἐπιτηδεύματα μὲν, ἐπιστήμας δ' οὒ* III 72, 24 *πρὸς τὰς* τ. *ἐπιτηδειότητα μόνην ἀπέλιπον* III 51, 36 *οὔτε οὐθὲν αὐταῖς φωρατὸν οὔτε εἰς πάντα τὸν ὁμογενῆ τόπον διατείνειν δύνανται* II 101, 26 *μὴ ὁμοίως τοῖς φύσει γινομένοις γίνεται τὰ κατὰ* τ. II 308, 12 artes innumerabiles repertae sunt docente natura 334, 16
τῶν στοχαστικῶν τ. *τέλος* = *τὸ ἀποπληρῶσαι τὰ τῆς* τ. III 6, 43. — 7, 18 ars : virtus Diog. III 218, 36 *τῶν ἀρετῶν αἱ μὲν ἐπιστῆμαί τινων καὶ* τ., *αἱ δ' οὒ* 23, 6 *ἐν ἕξει εἶναι καὶ τὰς* τ. *τὰς ἐν τῷ σπουδαίῳ ἀνδρὶ ἀλλοιωθείσας ὑπὸ τῆς ἀρετῆς καὶ γενομένας ἀμεταπτώτους* 26, 31 *τὰς* τ. *μὴ εἶναι διαθέσεις* II 129, 43 *ὁδός τις ἐκλεκτικὴ τῶν ἐν ταῖς* τ. *οἰκείων πρὸς ἀρετὴν* III 26, 36 τ. *προηγμένον ἐπὶ τῶν ψυχικῶν* 31, 3 τ., *ὅσαι δύνανται συνεργεῖν πρὸς τὸν κατὰ φύσιν βίον, προηγμένα περὶ ψυχὴν* 33, 1 artes ipsae propter se assumendae 45, 38 *ὁ σοφὸς* τ. *ἔχει περὶ τὸν βίον, ἧς ἴδιόν ἐστιν ἔργον τὸ ἕκαστον τῶν πραττομένων ἀπ' ἀρίστης διαθέσεως πράττειν* 139, 17
μέσαι τ. III 137, 15. 139, 21 *μέσαι* τ. *ἐπιδέχονται ἐπίτασιν καὶ ἄνεσιν* II 130, 31. III 141, 9
artes quoque sub fati decretum cadere II 272, 16 *κατὰ τὴν τῶν ὅλων οἰκονομίαν ἀναγκαῖον καὶ περὶ τὰς* τ., *ὡς ἄν ποτ' ἔχωμεν, ἔχειν ἡμᾶς* 269, 9 *σώματα αἱ* τ. II 221, 1. 230, 2
περὶ τὸ νοσοῦν σῶμά ἐστί τις τ. *καὶ περὶ τὴν νοσοῦσαν ψυχήν ἐστί τις* τ. III 120, 15

τεχνικός τ. *ἡ φύσις* II 135, 33 τ. *φαντασίαι* 24, 23 *τὰ ἔργα διορίζεται τῷ ἀπὸ* τ. *διαθέσεως ἢ ἀπὸ ἀτέχνου γίνεσθαι* III 139, 11 τ. *in def. ἐπιστήμης* 26, 43
πῦρ τ. vid. s. v. *πῦρ*

τεχνίτης τ.: *ἰδιώτης* III 139, 14 *ἐπὶ τῶν μέσων τεχνῶν ἴδιον τοῦ* τ.

το τεταγμένως τι ποιεῖν καὶ τὸ ἐν τοῖς ἀποτελέσμασι διομαλίζειν 139, 21

τηρέω ἡ πρώτη ὁρμὴ ἐπὶ τὸ τ. ἑαυτό III 43, 2 animal ipsum sibi conciliari et commendari ad se conservandum 44, 18

τήρησις πρὸς τὴν σύστασιν καὶ τ. ᾠκειῶσθαι εὐθὺς γενομένους ἡμᾶς III 44, 33

τί γένος τοῦ ὄντος II 117, 3   τὸ γενικώτατον τῶν ὄντων 117, 28. 37. 39 τετραχῶς διαιρεῖται 125, 5   κατηγορούμενον κατὰ σωμάτων καὶ κατὰ ἀσωμάτων 117, 7. 11   οὐκ ἐφαρμόττει ἀσωμάτοις καὶ σώμασι 125, 9

τιθήνη a nutricibus iam formanda quam optimis institutis mens infantium III 183, 36   nutrices sapientes optavit, certe optimas eligi voluit Chr. 184, 2 nutricum illi quae adhibetur infantibus allectationi suum quoddam carmen adsignat 184, 9

τιμάω ἃ ἐπαινοῦμεν, τ. II 297, 20

τιμή περὶ τ. tit. l. Cl. I 107, 21   τ. = γέρως ἀξίωσις II 296, 5. 297, 21; III 149, 25   τ. ἀγαθὸν πρός τί πως ἔχον III 26, 40   ἡ τ. ἀξία λέγεται 30, 8 ἄτιμος πᾶς φαῦλος, μήτε τ. ἄξιος ὢν μήτε τίμιος ὑπάρχων 149, 24

τιμωρητικῶς in affectibus τ. πρὸς τοὺς λίθους προσφερόμεθα III 129, 28

τιμωρία περὶ πλούτου καὶ χάριτος καὶ τ. tit. l. Dion. I 93, 22

Τιτάν τοὺς Τ. εἰρῆσθαι τὰ στοιχεῖα τοῦ κόσμου Z. I 28, 6

τοιουτότης II 126, 22

τομή cf. τέμνω διὰ τῆς τ. διαλύειν τὸν ψευδόμενον λόγον in tit. l. Chr. II 7, 39   ἡ τ. τῶν ἀορίστων 8, 1 ἄπειρος, οὐκ εἰς ἄπειρον ἡ τ. II 158, 24   ἐπ᾽ ἄπειρον ἡ τ. προάγει τὰ σώματα 159, 3   εἰς ἄπειρον ἡ τ. τῶν συνεχόντων 164, 23

τονικός cf. κίνησις περὶ τῆς τ. κινήσεως II 147, 32   αἱ τ. καλούμεναι κινήσεις 148, 9. 48   τ. χρώμενος τῇ κινήσει 149, 12   καὶ ἐπὶ τῆς ὄψεως τὰ τῆς τ. κινήσεώς ἐστι 233, 17   διαλείψεις τῆς τ. κινήσεως 233, 22

τόνος ὁ τ. πληγὴ πυρός Cl. I 128, 33   ὁ τ. τοῦ πνεύματος II 145, 24   τὸ πνεῦμα μετά τινος ἔσται τ. 218, 30   ὁ διήκων πνευματικὸς τ. καὶ συνέχων τὸν κόσμον II 147, 28   ὑφ᾽ ἑνός τ. συνεχόμενος ὁ κόσμος 172, 39   ἀέρα καὶ πῦρ γῇ καὶ ὕδατι ἐγκεκραμένα τ. παρέχειν 146, 35   Ἡρακλῆς = ὁ ἐν τοῖς ὅλοις τ. Cl. I 115, 16   ὁ ἐν τῇ τῶν ὅλων οὐσίᾳ τ. οὐ παύεται Cl. 111, 22

ὁ συνὼν τῇ ὕλῃ τ. πάσης ποιότητος αἴτιος II 115, 5   ῥώμη συνερειστικὸν καὶ συνεκτικὸν ἔχουσα τ. 134, 20   ὁ τ. ἐν τοῖς τῶν ζῴων σώμασι II 149, 30   καὶ οἱ ἐπὶ τοῦ σώματος λέγονται τ. ἄτονοι καὶ εὔτονοι εἶναι καὶ ὁ ἐν τῇ ψυχῇ τ. III 123, 17. 19   ἰσχὺς τοῦ σώματος = τ. ἱκανὸς ἐν νεύροις Cl. I 129, 4. III 68, 30   ἡ τῆς ψυχῆς ἰσχὺς = τ. ἱκανὸς ἐν τῷ κρίνειν καὶ πράττειν Cl. I 129, 5. III 68, 30   ἂν ἱκανὸς ἐν τῇ ψυχῇ γένηται πρὸς τὸ ἐπιτελεῖν τὰ ἐπιβάλλοντα, ἰσχὺς καλεῖται καὶ κράτος Cl. I 128, 34   ἐκλυόμενος ὁ αἰσθητικὸς τ. περὶ τὸ ἡγεμονικόν II 215, 14   καταπίπτων ἐν σφοδραῖς ὀδύναις ὁ κατὰ τὸ ψυχικὸν πνεῦμα τ. 235, 11   ἐπιστήμην ἐν τ. καὶ δυνάμει κεῖσθαι III 27, 2   ἀφίστασθαι ἔστιν ὅτε τῶν ὀρθῶς ἐγνωσμένων ἡμῖν ἐνδόντος τοῦ τ. τῆς ψυχῆς III 123, 11

οἱ τῷ τ. τρέχοντες III 127, 5

τονόω ἡ πνευματικὴ οὐσία τετονωμένη II 149, 22

τόπος = pars philosophiae Apollod. II 15, 18. III 259, 9   ὁ περὶ ὁρμῆς etc. τ. III 3, 2   ὁ τ. μᾶλλον ἀδικήματα ἐπιδεχόμενος III 176, 9   τ. = τὸ κατεχόμενον δι᾽ ὅλου ὑπὸ ὄντος II 162, 40   = τὸ ἐπεχόμενον ὑπὸ σώματος Z. I 26, 23   κενόν : τ. : χώρα Z. I 26, 22. II 163, 14. 20 sq.   τ. εἶναι dem. II 162, 2   κατὰ μετάβασιν νοεῖται 29, 18   κἂν κατ᾽ ἐπίνοιαν ἅπαντα ἀνέλωμεν, ὁ τ. οὐκ ἀναιρεθήσεται 162, 29   ἀσώματον 117, 21   ἔστι μὲν ἄλλο παρὰ τὰ σώματα, ἀεὶ δὲ σῶμα ἔχει 164, 10   ἐκπληρωθὲν ὑπὸ σώματος οὐδὲν μέρος τῆς χώρας, ὅπερ

οὐκ ἔσται τ. 330, 17 σώματος καί τ.
κοινὸν τὸ τριχῇ διαστατόν 162, 30. 34
τ. τὰς τρεῖς ἔχει διαστάσεις χωρὶς ἀντι-
τυπίας 162, 30 παρυφίσταται τοῖς σώ-
μασι 163, 40

ὁ τ. πεπερασμένος II 163, 6 εἰς
ἄπειρον τέμνεται 158, 17. 160, 20 παν-
τός τ. μέρος τ. ἐστίν Apollod. III
260, 14

ὁ θεὸς συνέκτισε τῷ κόσμῳ τὸν τ.
II 330, 16 ἴδιος τοῦ κούφου καὶ τοῦ
βαρέος τ. 162, 15 sine loco esse non
potest motus aut statio 272, 28 ἵνα
αἰσθητικὴ γένηται φαντασία, δεῖ συν-
δραμεῖν καὶ τὸν τ. 26, 22
τραῦμα σῶμα τ. δεκτικόν III 34, 20
τραχυτής def. III 97, 11
τρεῖς, τρία περὶ τοῦ διὰ τ. tit. l.
Chr. II 5, 21

ἀπροπτώτως ἀκοῦσαι τοῦ τὰ τ. τέσ-
σαρα μὴ εἶναι τελέως III 50, 37
τρεπτός ὑλικὴ φύσις τ. καὶ ἀλλοιω-
τή II 311, 9 διόλου τ. ἡ οὐσία III
165, 12
τρέπω ὁ θεὸς τ. τὴν πᾶσαν οὐσίαν
δι' ἀέρος εἰς ὕδωρ Z. I 28, 24 ἡ οὐσία
τ. ἐκ πυρὸς εἰς ὑγρότητα Z. 28, 30
τὸ πῦρ τ. πάλιν ποιεῖ τὸ μέσον τοῦ
παντός Cl. I 111, 19

τὸ ἡγεμονικὸν διόλου τ. καὶ μετα-
βάλλον Z. I 50, 7. III 111, 20 pass.
τρέφω τ. δι' ὅλων τὰ τρεφόμενα II
135, 11
τρέχω cf. δρόμος, δρομεύς
πορεύεσθαι : τ. comp. cum ὁρμαῖς
κατὰ λόγον : πλεοναζούσαις III 114, 6
οἱ τῷ τόνῳ τ. προσεκφέρονται 127, 5
παρὰ τὴν ἐν τῷ τ. ὁρμήν 128, 24
Τριτογένεια ἡ Ἀθηνᾶ Τ. εἴρηται
διὰ τὸ τὴν φρόνησιν ἐκ τριῶν συν-
εστηκέναι λόγων II 258, 23. Diog. III
217, 24
Τριτωνίς Τ. ἡ Ἀθηνᾶ εἴρηται διὰ
τὸ τὴν φρόνησιν ἐκ τριῶν συνεστη-
κέναι λόγων II 258, 23. Diog. III 217, 24
τροπή ἐκ πυρὸς τ. εἰς ὕδωρ Z. I
28, 17 ἡ ἀΐδιος δύναμις αὐτὴν κινεῖ
κάτω πρὸς τὴν τ. καὶ ἀπὸ τῆς τ. ἄνω
II 137, 2
δύο τ., ἡ μὲν θέρους, ἡ δὲ χει-
μῶνος II 202, 2

τροπικός περὶ τῶν τ. ἀμφιβολιῶν
tit. l. Chr. II 6, 25 περὶ συνημμένης τ.
ἀμφιβολίας 6, 26 σύγκρισις τῶν τ.
ἀξιωμάτων 6, 36 τ. ζητήματα scr. sp.
Chr. 7, 19

τὸ συνημμένον ἢ διεζευγμένον τ.
(in syllogismo) II 77, 11 τὸ τ. ἢ συν-
ημμένον ἢ διεζευγμένον ἢ συμπεπλεγ-
μένον 85, 10 τ. ἀξιώματα 82, 9 οἱ
διὰ δύο τ. ἢ τριῶν συλλογισμοί 83, 22.
Ant. III 249, 5 οἱ διὰ τ. καὶ τῆς προσ-
λήψεως γινόμενοι II 85, 9
τρόπος περὶ τ. tit. l. Cl. I 108, 5
τέχνη λόγων καὶ τ. Chr. II 6, 33 περὶ
τ. συστάσεως 6, 35 τ. in tit. Chr. 7,
2. 4. 6. 8. 16
τ. = οἱονεὶ σχῆμα λόγου Crin. III
269, 17 e. s.   τ. τῶν ἀναποδείκτων =
σχήματα II 81, 20. 82, 21
τροφή πάντῃ ἡ τ. προσκρίνεται τῷ
σώματι, διὰ παντὸς καὶ πρὸς πᾶν ἐ-
νεχθεῖσα II 210, 6 μὴ διὰ κενῶν γίνε-
ται ἡ δίοδος τῆς τ. 210, 20 κρατου-
μένου καὶ ἀλλοιουμένου ἡ τ. ὑπάρχει
ὄνομα 210, 26. 30 πρὸς κατασκευὴν
τοῦ σῶμα διὰ σώματος χωρεῖν χρῶν-
ται ταῖς τῶν ζώων διὰ τῆς τ. αὐξήσεσι
210, 4 πᾶσα ἀναθυμίασις ἐκ τῆς τ.
ἀνάγεται Diog. III 216, 20 ὃ πρῶτον
τ. ἀρύεται, ἐν τούτῳ ὑπάρχει τὸ ἡγε-
μονικόν, ὃ δὲ πρῶτον τ. ἀρύεται, ἡ
καρδία Diog. 216, 16   Platonis sen-
tentia περὶ τ. a Chr. refutatur II 215, 2
τυγχάνον = τὸ ἐκτὸς ὑποκείμενον
(: τὸ σημαῖνον : σημαινόμενον) II 48, 21
τὰ πράγματα = τ. 77, 9
τυγχάνω III 92, 19
τύπος οἱονεὶ σφραγιστῆρος II 22, 25
τὸ τυποῦντος ἐν τῷ τυπουμένῳ σχῆμα
γινόμενον 23, 37
τυπόω τὸ μέρος τὸ ἡγούμενον τῆς
ψυχῆς τ. δύναται ἀπὸ τῶν ὄντων Z.
I 39, 10
τυπωδῶς in def. ὑπογραφῆς pass.
τύπωσις τὸ μέρος τὸ ἡγούμενον τῆς
ψυχῆς δύναται παραδέχεσθαι τὰς τ.
Z. I 39, 12 ἤκουσε τὴν τ. κατὰ εἰσοχὴν
καὶ ἐξοχήν, ὥσπερ καὶ τὴν διὰ τῶν
δακτυλίων γινομένην τοῦ κηροῦ τ. Cl.
I 108, 22. 25 sq. II 22, 33 τ. ἐν ψυχῇ
= ἀλλοίωσις· οὐ γὰρ δεκτέον τὴν τ.

οἰονεὶ τύπον σφραγιστῆρος II 22, 23
ἡ τ. ἐν τῇ ψυχῇ = ἑτεροίωσις Chr. I
17, 25. II 23, 5 ἡ ἐπιγινομένη τ. ἀεὶ
τὴν πρὸ αὐτῆς ἀπαλείψει II 31, 1
τ. in def. φαντασίας Z. I 17, 24.
Cl. 108, 21. II 21, 12. 24, 6 pass.
τυραννικός ὁ φαῦλος τ. III
169, 37
Τυφών τ. ἀποτελεῖται, ὅταν ἔτι
ἧττον ᾖ πεπυρωμένον τὸ πνεῦμα II
203, 18 = κεραυνός πολύς, βίαιος

καὶ πνευματώδης 203, 25 = πνεῦμα
καπνῶδες ἐρρωγότος νέφους ib.
τύχη περὶ τ. tit.·l. Sph. I 139, 24
τ. = ἄδηλος αἰτία ἀνθρωπίνῳ λο-
γισμῷ II 281, 1. 7. 12. 40 καθ' εἱμαρ-
μένην : κατα προαίρεσιν : κατά τ. :
κατὰ τὸ αὐτόματον 281, 9 nasci et
mori fatis dant, media omnia for-
tunae 281, 43 ὁ σπουδαῖος οὐδὲν
δεῖται τῆς τ. III 13, 31 ὁ σοφὸς
ὑπὸ τῆς τ. ἀήττητος P. I 99, 22

Υ

ὑβρίζω ὁ σοφὸς οὔθ' ὑβρίζεται
οὔθ' ὑ. III 152, 29
ὕβρις def. III 152, 29 ὕ. ἔργον
παρὰ φύσιν 102, 36 ἀδικία : ὕ. 152, 33
ὑγιάζω τὸ ὑ. κοινὸν τοῦ ἰατροῦ
καὶ ἰδιώτου, τὸ δὲ ἰατρικῶς ὑ. τοῦ
τεχνίτου III 139, 14
ὑγιαίνω καὶ κατὰ ψυχήν τινας ὑ.
λέγομεν III 121, 2
ὑγίεια καὶ ἐπὶ τοῦ σώματος ὑ. καὶ
ἐν ψυχῇ συνίσταται καὶ ὀνομάζεται
III 120, 33 ὑ. τοῦ σώματος = εὐ-
κρασία θερμοῦ καὶ ψυχροῦ καὶ ὑγροῦ
καὶ ξηροῦ Z. I 37, 13. III 68, 27
= εὐκρασία καὶ συμμετρία τῶν δ'
στοιχείων III 121, 19. 27 = corporis
temperatio, cum ea congruunt inter
se, e quibus constamus 68, 38 = συμ-
μετρία ἐν θερμοῖς καὶ ψυχροῖς καὶ
ξηροῖς καὶ ὑγροῖς 122, 21
ἡ τῆς ψυχῆς ὑ. = εὐκρασία τῶν
ἐν τῇ ψυχῇ δογμάτων III 68, 28. 39
= δύναμις ἐκ τῆς ἀσκήσεως περι-
γινομένη 68, 25 ὑ. τῆς ψυχῆς ἀρετὴ
ἀθεώρητος 48, 7 τὴν ἀρετὴν ὑ.
ὠνόμαζε Α. I 86, 9
ἡ ὑ. ἕξις II 130, 5 ἡ ὑ. : τὸ κάλ-
λος τῶν σωμάτων III 122, 18
πότερον ἡ ὑ. ἀγαθὸν ἢ οὔ III
35, 36 sqq. ἡ ὑ. οὐκ ἀγαθόν Α. I
85, 2. III 15, 27. 29, 15 ὑ. ἔστιν εὖ
καὶ κακῶς χρῆσθαι· οὐκ ἄρα ἀγαθὸν
III 28, 15 κακῶς χρῶνται οἱ ἀνόη-
τοι· διόπερ οὐκ ἀγαθόν 29, 43 οὐ
μᾶλλον ὠφελεῖ ἢ βλάπτει· οὐκ ἄρα
ἀγαθόν 28, 13 μήθ' αἱρετὸν μήτ'

ὠφέλιμον 35, 27. 61, 1 ὑ. οὐδὲν
πρὸς ἡμᾶς οὐδὲ συνεργεῖ πρὸς εὐδαι-
μονίαν οὐδέν 33, 38 ἀναιρεῖσθαι τὰς
ἀρετὰς ἁπάσας, ἂν τὴν ὑ. ἀγαθὸν
ἀπολίπωμεν 37, 21 οὐκ εἰς ἀρετὴν
τὴν ψυχὴν ἡ ὑ. μὴ βουλομένην βιά-
ζεται 36, 7. 13 sapiens bonam vale-
tudinem non concupiscet 47, 7
ὑ. ἀδιάφορον Z. I 47, 25. Α. 81, 33.
III 17, 21. 28, 6. 31. 29, 15. 26. 36, 8.
14. Diog. 218, 16. Apollod. 261, 8 ὑ.
κατὰ φύσιν III 34, 16 πρῶτον κατὰ
φύσιν 34, 29 ἀξίαν τινὰ προσφέρεται
πρὸς τὸν κατὰ φύσιν βίον 30, 31
aestimatione aliqua digna 15, 27
μαίνεσθαι τοὺς τὴν ὑ. ἐν μηδενὶ ποι-
ουμένους 33, 30 in valetudine satis
causae, quam ob rem quibusdam
anteponeretur 31, 29 ὑ. ἀντὶ νόσου
αἱρούμεθα 30, 11 ὑ. προηγμένον 29,
36 προηγμένον περὶ σῶμα 31, 4.
33, 2 καθ' ἑαυτὸ ληπτόν 34, 37
praepositum et per se et quod ex
se aliquid efficiat 32, 33 ἄνευ τῶν
μεταξύ οἷον ὑ. οὔθ' αἱ ἀγαθαὶ οὔθ'
αἱ κακαὶ συνίστανται πράξεις 27, 21
μὴ εἶναι προηγμένον ἀδιάφορον τὴν
ὑ. Α. I 83, 10 οὐ πάντως προηγμένον
Α. 83, 21
ὑ. ἐπιμελεῖσθαι καθῆκον ἄνευ περι-
στάσεως III 135, 9 ὁ σπουδαῖος
τῶν πρὸς ὑ. ἐπιστήμων συμφερόντων
164, 29 οὕτως πολιτεύσεται ὁ σοφὸς
ὡς τῆς ὑ. οὔσης ἀγαθοῦ 175, 9 di-
vitiae non eam modo vim habent,
ut quasi duces sint ad valetudinem

10*

bonam, sed etiam uti eam contineant
Diog. III 218, 28
de cura valetudinis disceptat Chr.
cum A. III 9, 13

ὑγιεινός *def.* III 156, 31

ὑγρόν *cf.* ὕδωρ
παθητικὰ τὸ ξηρὸν καὶ τὸ ὑ. II
134, 9   κόσμος μεταβαλὼν εἰς τὸ ὑ.
186, 13   ὑ. *in def.* νόσου et ὑγιείας
pass.

ὑγρότης ποιότης δραστικὴ II
133, 36

ὕδωρ *cf.* στοιχεῖον
τὸ ὑ. τὸ ὑγρόν II 180, 8   ὕ. στοι-
χεῖον Z. I 28, 28. II 134, 2 *pass.*
τῶν παθητικῶν στοιχείων II 137, 39
συνέχεται 144, 27. 145, 2   πνευματι-
κῆς μετοχῇ δυνάμεως τὴν ἑνότητα
διαφυλάττει 146, 32   βαρὺ 175, 19.
178, 24   παχυμερὲς καὶ βαρὺ καὶ
ἄτονον 155, 34   βαρὺ καὶ κατωφερὲς
162, 17. 175, 34. 177, 36
καθ᾽ ἑαυτὸ τὸ ὑ. εὐδιάχυτον καὶ
ἀπαγὲς καὶ ἀσύστατον, ἐντείνεται δὲ
τῷ ἀέρι II 142, 8   ἐκ τοῦ ὑ. γῆς
ὑφισταμένης ἀὴρ ἀναθυμιᾶται 179, 32
si aër non tangat aquam, emoritur
ista 177, 29   κατὰ τὸ ὑ. οὐκ εἶναι
πορόποιΐαν 143, 24. 172, 33   τῷ ὑ.
τὸ ψύχειν καθ᾽ εἱμαρμένην δέδοται
290, 26   λαμπρὸν φαίνεται κατὰ τὴν
ἀλλοίωσιν, ἣν ἐκ τοῦ προσπίπτοντος
ἔχει φωτός 143, 12
τὸ ὑ. περικέχυται σφαιρικῶς περὶ
τὴν γῆν II 168, 20   μετὰ τὴν τοῦ
ἀέρος σφαῖραν εἶναι τὴν τοῦ ὑ.
169, 9   ἐνδοτέρω τοῦ ἀέρος τρίτη
σφαῖρα ἡ τοῦ ὑ. 175, 26. 180, 12
μετὰ τὴν γῆν τὸ ὕ. σφαιροειδές,
ἔχον τὸ αὐτὸ κέντρον τῇ γῇ 176, 26
ἐκ τοῦ ὑ. τὰ ἄλλα στοιχεῖα ἐγέ-
νοντο II 143, 38. 177, 21   ἐκ πυρὸς
τροπὴ εἰς ὑ. δι᾽ ἀέρος γίνεται Z. I
28, 17. 25 δευτέρα μεταβολὴ ἀπ᾽ ἀέρος
εἰς ὑ., τρίτη τοῦ ὑ. εἰς γῆν II 136,
21 πρώτη χύσις γῆς εἰς ὑ., δευτέρα
ἐξ ὑ. εἰς ἀέρα 136, 23   ἡ γῆ μετα-
βάλλει εἰς ὑ., τὸ ὑ. εἰς ἀέρα Cl. I
111, 7   ὑ. μέν τι ὑφίστασθαι καὶ γῆν
συνίστασθαι, ἐκ τοῦ λοιποῦ τὸ μὲν

διαμένειν ὕ., ἐκ δὲ τοῦ ἀτμιζομένου
ἀέρα γίνεσθαι Z. I 28, 17
τῶν δοκούντων παραδόξων πηγὰς
θερμῶν ὑ. ὁ σοφὸς οὐ θαυμάζει III
163, 8

ὑετός *def.* II 203, 1. 6

υἱός *cf.* παῖς
καὶ τὴν μητέρα ἐκ τοῦ ὑ. τεκνο-
ποιεῖσθαι III 185, 28   συνέρχεσθαι καὶ
τοῖς ὑ. 185, 18

ὕλη ἡ ἄπειρος ὕ. λεγομένη forma
conclusionis II 86, 42
καλεῖται διχῶς οὐσία τε καὶ ὕ., ἡ
τε τῶν πάντων καὶ ἡ τῶν ἐπὶ μέρους
Z. I 25, 2. II 114, 19   ὕ. = ἄποιος
οὐσία Z. I 24, 7. Cl. 110, 27. II 111,
10 *pass.* Arch. III 263, 23   = τὸ πάσχον
ib. = ἄποιον σῶμα II 115, 23. 116, 26
silva = id, quod subest his omnibus,
quae habent qualitates Z. I 24, 20
ὕ. : οὐσία Z. 24, 19   silvam separant
ab essentia II 114, 22
ἀρχαὶ ὁ θεὸς καὶ ἡ ὕ. Z. I 24, 11.
13. 15. 18. Cl. 111, 6. II 111, 16. 112,
28 *pass.*   οὐσία = ἡ τῶν ὄντων
πάντων πρώτη ὕ. Z. I 24, 28. 25, 1
οὐσία τῶν ὄντων ἡ πρώτη ὕ. II
114, 17   nulla omnino qualitas
propria fundamenti omnium rerum
silvae Z. I 25, 13   ἡ ὕ. ἀργὸς ἐξ ἑαυ-
τῆς καὶ ἀκίνητος II 147, 44   καθ᾽ αὑ-
τὴν ἄλογος οὖσα καὶ ἄποιος 113, 19
ἄποιος, μήτε κινεῖν ἑαυτὴν μήτε σχη-
ματίζειν πεφυκυῖα 335, 24   τοῦ πάσχειν
αἰτία Z. I 24, 11   πάσχει καὶ τρέπεται
II 111, 17   τρεπτὴ καὶ ἀλλοιωτὴ καὶ
ῥευστὴ 112, 1. 116, 21   ἀρχὴ τῶν ὄν-
των ἡ ἄποιος ὕ. καὶ δι᾽ ὅλων τρεπτὴ
112, 24   materia rerum, ex qua et in
qua omnia sint, tota flexibilis et com-
mutabilis 322, 11   τὸ ποιοῦν ὁ ἐν τῇ
ὕ. λόγος, ὁ θεός Z. I 24, 7. Cl. 110,
27. II 111, 10. 112, 8 *pass.* Arch. III
263, 23   κινεῖ τὴν ὕ. ὁ λόγος ἐνυπ-
άρχων καὶ σχηματίζει II 335, 25   ὁ
λόγος διὰ πάσης τῆς ὕ. δημιουργεῖ
ἕκαστα Z. I 24, 8. Cl. 110, 28   ἀποίου
δημιουργὸς ὕ. εἷς λόγος καὶ μία πρό-
νοια II 322, 18   non deesse silvae spi-
ritum ac vigorem ex aeternitate, qui
moveat eam rationabiliter, totam in-

terdum, nonnumquam pro portione Z.
I 25, 17 ἡ εἱμαρμένη δύναμις κινητική
τῆς ὕ. Z. I 44, 36. 45, 1 διὰ πάσης
ὕ. καὶ διὰ τῆς ἀτιμοτάτης τὸ θεῖον
διήκει Z. I 42, 19. II 307, 27 deum per
materiam tamquam mel per favos
transisse Z. I 42, 1. 4 διὰ τῆς ὕ. διὰ-
θεῖ ὁ τοῦ παντὸς λόγος οἱόνπερ καὶ
ἐν τῇ γονῇ τὸ σπέρμα Z. 24, 31
deus materiam primam non gene-
ravit sempiterne, sed materia ad usum
sumpta Cl. I 114, 19 ἡ ὕ. ἀγένητος
καὶ ἄφθαρτος II 134, 33 ingenita ma-
teria Cl. I 114, 14. 22. II 111, 32 ἡ
πρώτη ὕ. πᾶσα ἀΐδιος Z. I 24, 28 μόνη
ἡ πρώτη ὕ. ἀΐδιος II 116, 10 οὔτε
πλείων γινομένη οὔτε ἐλάττων Z. I 24,
28. II 114, 20 ἡ δὲ τῶν ἐπὶ μέρους
καὶ πλείων καὶ ἐλάττων II 114, 20
τὰ δὲ μέρη ταύτης οὐκ ἀεὶ ταὐτὰ δια-
μένει, ἀλλὰ διαιρεῖται καὶ συγχεῖται
Z. I 24, 28 non solum creare et edere
materiam proprium est providentiae,
verum etiam conservare moderarique
Cl. I 114, 23 ἡ τοῦ κόσμου ψυχὴ κατ-
αναλίσκει εἰς αὐτὴν τὴν ὕ. II 186, 3
ἡ ὕ. σῶμα II 112, 32. 114, 10. 116,
24 ἥνωται 152, 19 τὰ χρώματα πρῶ-
τοι σχηματισμοὶ τῆς ὕ. Z. I 26, 2
πρῶτον ὑποκείμενον ἡ ἄποιος ὕ. II
125, 33 τὴν ὕ. ὑφεστάναι ταῖς ποι-
ότησι 126, 31 μηδὲν εἶναι τοὺς λόγους
ἢ ὕ. πῶς ἔχουσαν 126, 12 ἄλλως
πώς ἔχει ἡ ὕ. ὡδὶ καὶ οὕτως, ἄλλως
δὲ ἐν τοῖς πῶς ἔχουσι 131, 37
τὰ μεταξὺ ὕ. ἐπέχει τάξιν III 27, 20
secunda bona in materia infelici ex-
pressa 27, 26 τὰ πρῶτα κατὰ φύσιν
ὥσπερ ὕ. τις ὑπόκειται 46, 36
ὑλικός ἡ ὕ. (: πνευματική) οὐσία =
τὸ συνεχόμενον II 144, 26
ὑμέναιος περὶ ὕ. tit. l. Cl. I 107, 8
ἡ μουσικὴ παρέχει χρείαν ἐν τοῖς
ὕ. Diog. III 225, 15
ὑπάρχον = ὃ κινεῖ καταληπτικὴν
φαντασίαν II 26, 29. 31, 8 ὕ. in def.
καταληπτικῆς φαντασίας pass.
ὑπάρχω μόνον ὕ. τὸν ἐνεστῶτα (sc.
χρόνον) II 164, 26. 165, 35 κατ-
ηγορήματα ὕ. μόνα τὰ συμβεβηκότα
164, 28

ὑπεξαίρεσις ἡ τῶν ἀποφατικῶν ὕ.
II 84, 33 ὁ σοφὸς μεθ᾽ ὕ. πάντα ποιεῖ
III 149, 29. 35
ὑπεράνω ποιεῖν αὐτάρκης ἡ με-
γαλοψυχία πρὸς τὸ πάντων ὕ. π. III
13, 21 in def. μεγαλοψυχίας 64, 37.
65, 11 in def. ἐγκρατείας 67, 21
ὕ. vid. s. v. Ὑπερίων
ὑπεραποφατικόν (sc. ἀξίωμα) εἶ-
δος τοῦ ἀποφατικοῦ ἀξιώματος def.
II 66, 8
ὑπερβαίνω ὕ. τὸν λόγον ἡ ὁρμή
III 130, 12 τὴν συμμετρίαν ὕ. 114, 2. 10
ὑπέρβασις III 114, 15
ὑπερβατικός τοῦ λόγου ὕ. III 125, 38
ὑπέρεισμα πάντων ἡ γῆ II 168, 19
ὑπέρθεσις ἀκολουθίας ὕ. II 83, 17
Ὑπερίων = ἡ ἄνω κίνησις ἀπὸ τοῦ
ὑπεράνω ἰέναι Z. I 28, 8 = ὁ οὐρα-
νός, ὁ ὑπεράνω ἡμῶν ἰών II 318, 23
Ὑ. ὠνομάσθη ὁ λόγος, καθ᾽ ὃν ὑπερ-
άνω τινὰ ἑτέρων περιπορεύεται 318, 30
ὑπερτίθεμαι οὐκ ἀναβάλλεταί ποτε
ὁ σπουδαῖος οὐδέν, ὕ. δέ τινα III 163, 31
ὑπηρεσία οὐχ αἱ ὕ. μηνύματά εἰσι
δουλείας III 87, 8
ὕπνος ὁ ὕ. γίνεται ἐκλυομένου τοῦ
αἰσθητικοῦ τόνου περὶ τὸ ἡγεμονικόν
II 215, 14 γίνεται ἀνέσει τοῦ αἰσθη-
τικοῦ πνεύματος 215, 17. 21 contrahi
animum et quasi labi atque concidere
et id ipsum esse dormire Z. I 36, 31
οὐδὲ αἱ καθ᾽ ὕ. φαντασίαι ἀπῃρτηνται
τῶν κατὰ περίπτωσιν ἐγνωσμένων II
29, 23 ὁ ὕ. οἷον τελώνης τὸ ἥμισυ
ἀφαιρεῖ τοῦ βίου A. I 90, 11
ὑπό τὸ ὑφ᾽ οὗ (= αἴτιον): ἐξ οὗ:
δι᾽ ὅ II 162, 21 κριτήριον ὡς ὑφ᾽ οὗ
33, 20 ὑφ᾽ οὗ συμβαίνει ὠφελεῖσθαι
III 18, 20. 19, 25. 26 τὸ ἡγεμονικὸν
ἐπί τισι φαντασιούμενον καὶ οὐχ ὑπ᾽
αὐτῶν II 29, 2
ὑπογραφή ὕ. τοῦ λόγου in tit. l.
Chr. II 8, 30
ὕ. = ἐννοηματικὸς ὅρος II 76, 2
= λόγος τυπωδῶς εἰσάγων εἰς τὴν
δηλουμένην τοῦ πράγματος γνῶσιν
75, 28 = λόγος τυπωδῶς εἰσάγων
εἰς τὰ πράγματα Ant. III 247, 30
= λόγος ἁπλούστερον τὴν τοῦ ὅρου
δύναμιν προενηνεγμένος Ant. ib.

φ

φαίνομαι πράττειν μόνον καὶ ὁρμᾶν ἐπὶ τὸ φ. III 42, 30   ὄρεξις φ. ἀγαθοῦ 94, 11   τὰ πάθη ἐκκρούει τὰ ὡς ἑτέρως φ. 95, 4
φακῆ III 178, 22
φαντασία τὸν περὶ φ. καὶ αἰσθήσεως λόγον praemittunt logicae II 21, 5 φ. ἀπὸ τοῦ φωτὸς εἴρηται II 21, 28. 24, 36   φ. = πάθος ἐν τῇ ψυχῇ γινόμενον, ἐνδεικνύμενον ἐν αὐτῷ καὶ τὸ πεποιηκός 21, 23 pass. = τύπωσις ἐν ψυχῇ Z. I 17, 23. Cl. 108, 20. 24. II 21, 12. 150, 16   λογικὴ φ. = καθ᾽ ἣν τὸ φαντασθὲν ἔστι λόγῳ παραστῆσαι II 61, 24
φ.: φανταστὸν : φανταστικὸν : φάντασμα II 21, 20   visum : comprehensio : scientia Z. I 19, 35
φ. αἰσθητικαί : οὐκ αἰσθητικαί II 24, 15 λογικαί : ἄλογοι 24, 21   τεχνικαί : ἄτεχνοι 24, 24   ἀληθεῖς : ψευδεῖς 25, 16. 27, 31. 100, 27   καταληπτικαί : ἀκατάληπτοι 21, 14. 26, 31. 100, 29 sqq. πιθαναί : ἀπίθανοι 25, 6   μεταβατικὴ καὶ συνθετικὴ φ. 43, 20. 74, 7   vigilantium et somniantium 24, 26
visum obiectum imprimet et quasi signabit in animo suam speciem II 283, 26   iunctos esse sensus e quadam quasi impulsione oblata extrinsecus, quam φ. appellavit Z. I 17, 15
ἡ φ. συνίσταται κατὰ τὴν τοῦ ἐκτὸς πρόσοδον τυποῦντος νοῦν δι᾽ αἰσθήσεως II 229, 14   αἰσθητικαὶ αἱ δι᾽ αἰσθητηρίων λαμβανόμεναι φ. 24, 16   ἵνα αἰσθητικὴ γένηται φ. δεῖ πέντε συνδραμεῖν 26, 20   αἰσθητικῇ φ. συγκατάθεσις = ἡ αἴσθησις 27, 5
φ. ποιητικὸν αἴτιον II 60, 24   τὰ ζῷα καθ᾽ ὁρμὴν καὶ φ. κινεῖται 205, 3 ὁρμῆς καὶ φ. τὰ ἄλογα ζῷα μετέχει 205, 6   ἀφ᾽ ἑαυτῶν κινεῖται τὰ ἔμψυχα φ. ἐγγινομένης ὁρμὴν προκαλουμένης 288, 1   ἄνθρωπος οὐ τῇ ἁπλῇ μόνον φ., ἀλλὰ τῇ μεταβατικῇ καὶ συνθετικῇ διαφέρει τῶν ἀλόγων ζῴων 43, 21. 74, 7   rationale animal nihil agit, nisi primum specie alicuius rei inritatum est III 40, 18   συναθροίζεσθαι

τὸν λόγον ἀπὸ τῶν αἰσθήσεων καὶ φ. περὶ δεκατέσσερα ἔτη Z. I 41, 1 οἰκείας φ. γενομένης εὐθὺς ὁρμᾶν μὴ εἴξαντας μηδὲ συγκαταθεμένους reicitur a Chr. III 42, 26   τὸ κινοῦν τὴν ὁρμὴν = φ. ὁρμητικὴ τοῦ καθήκοντος 40, 5   πρακτικὴν ὁρμὴν οὐ παρίστησι φ. δίχα συγκαταθέσεως 42, 36   ἐν ᾧ ἡ φ., ἐν τούτῳ καὶ αἱ συγκαταθέσεις II 228, 10   τὴν φ. οὐκ εἶναι αὐτοτελῆ τῆς συγκαταθέσεως αἰτίαν 291, 20   τὸ ἐφ᾽ ἡμῖν ἐν τῷ φ. προσπεσούσης εἶξαι ἐξ ἑαυτῶν τῇ φ. 286, 15
nonnulla visa esse falsa, non omnia Z. I 19, 11   ὁ παρορῶν φ. ψευδῆ παραδέχεται II 40, 34   οὐδὲ αἱ ψευδεῖς φ. ἀπηρτημέναι τῶν διὰ τῆς αἰσθήσεως κατὰ περίπτωσιν ἡμῖν ἐγνωσμένων 29, 23 ψυχῆς κατάστασις, καθ᾽ ἣν ἐστι φ. ψευδῶν δεκτικὴ III 34, 19   ὁ θεὸς ψευδεῖς ἐμποιεῖ φ. III 42, 28   visa quaedam mittuntur a deo, velut ea, quae in somnis videntur II 26, 11
φ. οὔτε προηγμένον οὔτε ἀποπροηγμένον περὶ ψυχὴν III 33, 8   οὐσία ἀγαθοῦ χρῆσις οἵα δεῖ φ. Z. I 46, 9 ἡ φ. κρηπὶς τῶν κατ᾽ ἀρετὴν πράξεων III 16, 6   ἐγγίνεσθαι τοῖς φαύλοις διαστροφὰς διὰ τὴν πιθανότητα τῶν φ. 55, 9 sq.   φ. in def. ἐπιστήμης pass.
καταληπτικὴ φαντασία = ἡ ἀπὸ τοῦ ὑπάρχοντος καὶ κατ᾽ αὐτὸ τὸ ὑπάρχον ἐναπομεμαγμένη καὶ ἐναπεσφραγισμένη, ὁποία οὐκ ἂν γένοιτο ἀπὸ μὴ ὑπάρχοντος Z. I 17, 27. 18, 7 sqq. II 24, 12. 26, 25   = ἡ γινομένη ἀπὸ ὑπάρχοντος κατ᾽ αὐτὸ τὸ ὑπάρχον ἐναπεσφραγισμένη καὶ ἐναπομεμαγμένη Z. I 17, 36 II 21, 16. 31, 6   = ἡ ἀπὸ ὑπάρχοντος II 33, 4   def. accurate enarratur 25, 34   κρίνεται τῷ ἀπὸ ὑπάρχοντος γενέσθαι 31, 7   κ. φ. κριτήριον τῆς ἀληθείας II 22, 29. 33, 4. Ant. III 246, 32. Apollod. 259, 13 κ. φ. ἡ ἀληθὴς καὶ τοιαύτη, οἵα οὐκ ἂν γένοιτο ψευδὴς II 29, 39   διαφέρει τοῦ εὐλόγου Sph. I 141, 5. 15   ἀδιάψευστος Sph. 141, 6   ἐπάγεται ἡμᾶς εἰς συγκατάθεσιν II 26, 17   δι᾽ αἰσθη-

τηρίου γίνεται κατ᾽ αὐτὸ τὸ ἡγεμονι-
κόν 230, 33   ἡ ἐσχάτη κ. φ. τῇ
πρώτῃ ἀκαταλήπτῳ παρακειμένη 91, 13
φ. κατάληπτος in def. ἀπροπτω-
σίας II 40, 10
φ. ἀκατάληπτος vid. s. v. ἀκατά-
ληπτος

φαντασιόομαι   ἡ διάνοια φ. II
22, 36   τὸ ἡγεμονικὸν φ. 23, 11   τὸ
ἡγεμονικὸν φ. ἐπὶ τοῖς ἀσωμάτοις
28, 36   φ. καὶ τὰ ἄλογα ζῷα 74, 6
τὸ μὲν φ. ἀβούλητον, τὸ δὲ συγκατα-
θέσθαι ἐπὶ τῷ παραδεχομένῳ τὴν
φαντασίαν 30, 9

φάντασμα   δόκησις διανοίας II
22, 22   = ἐφ᾽ ὃ ἑλκόμεθα κατὰ τὸν
φανταστικὸν διάκενον ἑλκυσμὸν 22, 10
φ. : ἐννοήματα 28, 26

φανταστικός   φύσις φ. τεταγμένως
κινοῦσα τὴν ὁρμήν II 288, 3   τὸ φ.
def. 22, 6

φανταστόν   = τὸ ποιοῦν τὴν φαν-
τασίαν II 22, 3   τῶν φ. ἔνια οἱονεὶ
θιγγάνοντα τοῦ ἡγεμονικοῦ ποιεῖται
τὴν ἐν τούτῳ τύπωσιν, ἔνια τοῦ ἡγε-
μονικοῦ ἐπ᾽ αὐτοῖς φαντασιουμένου
καὶ οὐχ ὑπ᾽ αὐτῶν 28, 41

φάρμακον   ἐν φ. λήψεσιν ἀποβολὴ
γίνεται τῆς ἀρετῆς III 57, 8

φάρυγξ   φωνὴ διὰ φ. χωρεῖ Diog.
III 215, 30

φάσις   II 54, 25   φ. ψιλή (: ἀπόδει-
ξις) 89, 24 sq.

φαῦλος   cf. ἀπαίδευτος, ἄφρων,
κακός
ὅροι τοῦ φ. tit. l. Chr. II 8, 34
φαῦλα enum. II 41, 16   τὰ κακὰ
πάντα φ. εἶναι III 22, 2   τὰ φ. οὐ
γίνεται ἐν τοῖς λογικοῖς ἄνευ ἁμαρ-
τημάτων II 41, 15
ἀτελεῖς ὄντες = φαῦλοι Cl. I 129,
20 insipientes alios ita esse, ut nullo
modo ad sapientiam possent per-
venire, alios qui possent, si id egis-
sent, sapientiam consequi Z. I 56, 1
καὶ ὁ φ. λέγει μέν ποτέ τι ἀληθές,
οὐκ ἔχει δὲ ἐπιστήμην ἀληθοῦς II
42, 31   etiam insipiens multa com-
prehendit Z. I 19, 32   πᾶσα φ. ὑπό-
ληψις ἄγνοια III 164, 31   πάντα
ἀγνοεῖ ὁ φ. 165, 7   ἡμᾶς φ. ὄντας

συγκατατίθεσθαι ψευδέσι φαντασίαις
42, 30
μήτε προτετράφθαι τινὰ τῶν φ.
μήτε προτρέπειν πρὸς ἀρετήν III
170, 32   μηδὲ τὴν κατ᾽ ἀξίαν ποι-
εῖσθαι δόσιν τῆς ἀρετῆς 171, 11   οὔτε
περὶ ψυχὴν οὔτε ἐκτὸς κακά οἱ φ.
24, 11   οὔτε περὶ ψυχὴν οὔτε ἐκτὸς
κακὸν τὸ αὐτὸν ἑαυτῷ εἶναι φ. ἡ
κακοδαίμονα 24, 20   numquam potest
esse iustus, qui stultus est 73, 19 sqq.
ἐπὶ ἀνδρείας actiones τοῦ σπουδαίου
καὶ τοῦ φ. diversas esse dem. 138, 5
οὐκ ἀεὶ δειλαίνει ὁ φ. 58, 1   οὐκ
ἀεὶ ἀκολασταίνει 58, 3
τοὺς φ. ἀφραίνειν III 166, 25
πάντες ἐπίσης κακοὶ καὶ ἄδικοι καὶ
ἄπιστοι καὶ ἄφρονες οἱ μὴ σοφοὶ
167, 30   μήτε ἐπίσταταί τι ὁ φ. μήτε
πιστεύει 147, 13   πάντα φ. μαίνεσθαι
156, 14. 166, 27 pass.   μαίνεσθαι
ὁμοίως πάντας 165, 27   μετέχοντες
τῆς κακίας οἱ φ. 19, 32   malus ac
stultus nullo vitio vacat 165, 37
omnia vitia habet, sed non in omnia
natura pronus est 165, 33   διὰ παν-
τὸς τοῦ βίου χρῆται ταῖς κακίαις Z. I
52, 28
πᾶς φ. ὅσα ποιεῖ κατὰ κακίαν
ποιεῖ III 166, 10   πάντα ὅσα ποιεῖ
κακῶς ποιεῖ κατὰ πάσας τὰς κακίας
149, 2. 150, 5   αἱ περὶ ἀγαθῶν καὶ
κακῶν ἐγγίνονται τοῖς φ. διαστροφαὶ
55, 8   πάντων τῶν φ. πραττόντων
ἀποστατικῶς καὶ ἐνδοτικῶς, ἀσθενῶς
καὶ κακῶς ἕκαστα πράττειν 124, 4
πᾶν ὅ τι ἂν ἑαυτῷ λαμβάνῃ φ..
πάντως ἐπίληπτον 168, 1   τῶν σπου-
δαίων συμβαίνει τὰς πρὸς καλοκαγα-
θίαν ἀφορίας ἀμείνους εἶναι ὧν ἐκ
τύχης οἱ φ. κατορθοῦσι 148, 36   ὁ φ.
ἄπειρος ὢν τῆς ὀρθῆς χρήσεως πάντα
κακῶς ποιεῖ, εὐμετάπτωτος ὢν καὶ
παρ᾽ ἕκαστα μεταμελείᾳ συνεχόμενος
149, 18   ἄτιμος πᾶς φ. 149, 21   οἱ
φ. οὐ δύνανται κατορθοῦν 140, 10
καὶ ὁ φ. ἔνια δρᾷ τῶν καθηκόντων,
ἀλλ᾽ οὐκ ἀφ᾽ ἕξεως καθηκούσης 138, 16
παντὸς ἐθνικοῦ πρᾶξις ἁμαρτητική
139, 5   ἡ ἀπαγόρευσις περὶ ἁμαρτη-
μάτων γίνεται καὶ πρὸς φ. 139, 37

ὁ νόμος πολλά τοῖς φ. ἀπαγορεύει, προστάττει δὲ μηδέν 140, 9   recta ratio (lex) improbos iubendo aut vetando non movet 80, 23   τῷ φ. προστάξεως καί ἀπαγορεύσεως χρεία 140, 2   est quoddam commune officium sapientis et insipientis III 136, 6   tam insipiens quam sapiens sumet, quae secundum naturam sunt 136, 4   inchoatum officium cadere in nonnullos insipientes potest 5, 30   stulti iidem miseri III 190, 6   τοὺς φ. ἀεὶ κακοδαιμονεῖν 14, 9   ἐπ' ἄκρον ἥκειν δυστυχίας, κακοδαιμονίας πάσης 166, 26   ἐπωδύνως ὁ φ. πάντα τὸν βίον χρῆται τῇ ἑαυτοῦ ψυχῇ 168, 6   τῶν ἀγαθῶν μηδενὸς μετέχειν τοὺς φ. III 154, 6   τοῖς φ. πάντα κακὰ ὑπάρχει 154, 16   τῶν φ. κοινά εἶναι τὰ κακά 160, 20

ἡ τῶν φ. ψυχὴ ἀνάλογον ἔχει τοῖς ἐπιτηδείοις σώμασιν εἰς πυρετοὺς ἐμπίπτειν III 116, 32   ἐπιθυμία αὐτῇ φ. καὶ μόνοις τοῖς φ. ἐγγίνεται 108, 6   libido in omnibus stultis invenitur 107, 5   stultorum aegritudo est 107, 15   ἡ ἡδονὴ μόνῳ τῷ φ. προσγίνεται 98, 31   τῶν φ. οὐδεὶς χαίρει τὸ παράπαν 168, 12

μηδένα φ. μήτε ὠφελεῖσθαι μήτε ὠφελεῖν III 23, 18   τοὺς φ. βλάπτειν καὶ βλάπτεσθαι 154, 11   οὐχ ἕτερον βλάβης ὁ φ. ἄνθρωπος 19, 36   θηριώδης καὶ βλαπτικός 169, 36   ἀνήμερος καὶ τυραννικός 169, 37   ἄγριος 169, 35   ἄγροικος 169, 33 pass.

τοῖς φ. οὐδέν εἶναι χρήσιμον III 168, 27 pass.   οὐκ ἔχει χρείαν ὁ φ. οὐδενὸς οὐδέ δεῖται 168, 29 pass.   τῷ φ. οἰκεῖον οὐδέν 168, 35   οὐκ ὠφελοῦνται οἱ φ. οὐδὲ εὖ πάσχουσιν, οὐδ' εὐεργέτας ἔχουσιν, οὐδ' εὐεργετῶν ἀμελοῦσι 168, 15   ἀχάριστοι 169, 39   οὐκ ἀχαριστοῦσι 168, 18   χάριτος τυγχάνουσι 168, 22

ὁ φ. πένης III 155, 17   omnis miser eget 152, 3   τῶν φ. εἶναί τινα 154, 23

οἱ φ. δοῦλοι Z. I 54, 25. 27. III 86, 31. 155, 17. 156, 14   ὁ ἀλόγιστος

ἀνδραπόδων δίκην ἑτέρῳ ὑπείκει καὶ ὑποπίπτει ταῖς ἀλγηδόσι 169, 21   ex insipientibus nullus rex III 170, 18   μηδεὶς τῶν φ. βασιλεὺς καὶ βασιλικός 158, 39 sqq.   οὐδεὶς ἀρχικός, δικαστικός, ῥητορικός 158, 10   μήτε νόμιμος μήτε νομικός 158, 16. 22

φ. μηδεὶς προστάτης ἀγαθὸς οἴκου γίνεται III 160, 1   ὁ φ. ἄοικος καὶ ἄπολις 170, 14   φυγάς 170, 9. 11   peregrinus, exsul 156, 14

ἐν τοῖς φ. οὐκ εἶναι φιλίαν III 161, 10. 19   τὴν πρὸς τὰ τέκνα φιλοστοργίαν οὐκ εἶναι 183, 25   ἐχθροὶ καὶ πολέμιοι καὶ ἀλλότριοι πάντες οἱ φ. Z. I 54, 25. 27   διαφωνοῦντες πρὸς ἀλλήλους, ἐχθροὶ καὶ κακοποιητικοὶ ἀλλήλων καὶ πολέμιοι 160, 17   μόνοι διαβάλλονται καὶ διαβάλλουσι 153, 10

διαφωνοῦσι πρὸς τοὺς θεοὺς III 166, 17   ἀνόσιοι 165, 40. 43   ἄθεοι 157, 19   καθ' ἕκαστον ἁμάρτημα ἀπάρεστόν τι ποιοῦσι θεοῖς 166, 9   ἀκάθαροι 165, 43   ἄναγνοι ib.   μιαροὶ ib.   ἀνεόρταστοι ib.   τῶν φ. οὐδεὶς ἀλλ' οὐδὲ τὸν βραχύτατον χρόνον ἑορτάζει 157, 37   οὐδεὶς ἱερεύς 157, 5 sqq.   ὁ θεὸς πολλὰ ποιεῖ ἐπὶ κολάσει τῶν πονηρῶν II 338, 2   ὅπως κολαζομένων τῶν πονηρῶν οἱ λοιποὶ παραδείγμασι τούτοις χρώμενοι ἧττον ἐπιχειρῶσι τοιοῦτόν τι ποιεῖν 337, 40

μηδὲ φιλόλογος ὁ φ. μηδὲ φιλήκοος III 170, 29   μηδὲ φιλόλογος, λογόφιλος δὲ μᾶλλον 171, 4   μηδὲ φιλόπονος 171, 6

τοῖς φ. μονήν τὴν ἐν τῷ ζῆν γίνεσθαι III 188, 2   καὶ τοῖς φ. καθήκει μένειν ἐν τῷ ζῆν 189, 7. 35

τῷ σπουδαίῳ ὁ φ. ἐναντίος III 166, 20   τῶν σπουδαίων μηδέν εἰς φ. πίπτει 171, 13   πᾶς σοφὸς λύτρον τοῦ φ. 162, 5   οὐκ ἔστι ἰσηγορία τῷ φ. πρὸς σπουδαῖον Z. I 54, 33   non navigationis socius nec concivis nec vitae consors sapiens cum insipiente III 161, 41

φαυλότης ἀκαρεῖ χρόνου ἐκ τῆς ὡς ἔνι μάλιστα φ. εἰς ἀρετὴν μεταβάλλει ὁ σοφός III 144, 8

φέρομαι II 240, 1. 250, 16. III 111, 31. 125, 13. 127, 31. 130, 13

Φερσεφόνη = τὸ διὰ τῶν καρπῶν φερόμενον πνεῦμα Cl. I 124, 22

φεύγω in def. σωφροσύνης A. I 85, 37

φευκτός αἱ κακίαι φ. III 8, 37 praeter vitia non est res ulla fugienda A. I 84, 31 μὴ τῶν κακιῶν τινα δι' αὐτὴν φ. εἶναι III 8, 33 πᾶν κακὸν φ. 22, 14 ἀδιάφορον τὸ μήτε αἱρετὸν μήτε φ. 28, 22 τὰ παρὰ φύσιν μὴ φ. 35, 29 ὁ πόνος φ. Dion. I 94, 19 qui habet exactum iudicium de fugiendis petendisque, scit, quid sibi faciendum sit A. I 82, 15 φ. in def. σωφροσύνης pass.

φθαρτός (: θνητός) II 309, 38

φθινόπωρον σῶμα II 198, 2

φθονερία περὶ φ. tit. 1. Cl. I 107, 17

φ. εὐεμπτωσία III 102, 34 εὐκαταφορία 103, 8 ἕξεις μόνον αἱ εὐκαταφορίαι οἷον ἡ φ. 25, 16

φθόνος = λύπη ἐπ' ἀλλοτρίοις ἀγαθοῖς Dion. I 96, 10. III 99, 38. 100, 3. 16. 101, 1. 21. 102, 12 εἶδος λύπης III 96, 9. 99, 37. 101, 19 φ.: ἐπιχαιρεκακία 102, 15 φ. ἐμφαίνει τὸ ἐφ' ᾧ γίνεται 96, 12 quid sit consilium invidentium 102, 13

φθορά χρῶνται τῇ προσηγορίᾳ τῆς φ. ἀντὶ τῆς κατὰ φύσιν μεταβολῆς II 184, 11 corruptio particularum alicuius partis 182, 21 pass. ὁ θεὸς φ. ἀρχὰς δίδωσι 338, 15

φιλάλληλος III 172, 20

φιλανθρωπία def. III 72, 3

φιλαργυρία def. III 104, 39. 110, 39 φ. νόσημα 102, 39 quomodo exsistat avaritia morbus animi 103, 39 ἕξεις μόνον τὰ νοσήματα οἷον φ. 25, 17

φιλέω τὸ φ. μόνων εἶναι σπουδαίων III 161, 13

φιληδονία def. III 96, 20. 97, 14 ἀρρώστημα 103, 5 ὑπὸ τὴν ἐπιθυμίαν ὑπάγεται 96, 5

φιλήκοος III 170, 30

φιλία περὶ φ. tit. 1. Cl. I 107, 34. Chr. III 204, 27

τριχῶς λέγεται ἡ φ. def. III 24, 22 φ. = κοινωνία βίου 27, 3 = κοινωνία τις τῶν κατὰ τὸν βίον 161, 16 = συμφωνία καὶ ὁμόνοια τῶν κατὰ τὸν βίον 166, 17 τριττὰ εἴδη φ., ἡ ἐκ λόγου, κατ' ἀμοιβὴν, ἐκ συνηθείας III 181, 32 τῆς φ. ἐστὶ γνωριμότης, συνήθεια, ἑταιρία, ξενία 27, 4 ἔστι συγγενική τις φ. καὶ ἐρωτική 27, 6 φ. ἀγαθὸν πρός τί πως ἔχον III 26, 40 φ. τῆς κοινῆς ἕνεκ' ὠφελείας οὐ τῶν ἀγαθῶν ἐστι 24, 23 κατάσχεσις οὖσα φιλικὴ πρὸς τῶν πέλας τῶν ἐκτὸς ἀγαθῶν 24, 26 ἡ περὶ αὐτὸν φ., καθ' ἣν φίλος ἐστὶ τῶν πέλας, τῶν περὶ ψυχὴν ἀγαθῶν 24, 27

amicitia per se colenda III 12, 38 omnino esse non potest, nisi ipsa per se expetitur 85, 19 adhibenda, quia prodest 85, 12 minime vero propter utilitates adsciscitur aut probatur 85, 18 ruit, si voluptatem sequaris 8, 1 ὁ σπουδαῖος εὐάρμοστος διὰ τῆς ὁμιλίας εἰς φ. III 161, 1 ἡ φ. ἐν μόνοις τοῖς σπουδαίοις 161, 7. 15 ἐν τοῖς φαύλοις οὐκ ἔστι 161, 11. 19

οἱ μὲν τοσαύτης, οἱ δὲ τοσαύτης γίνονται φ. ἄξιοι III 182, 11 ὡς οὐκ ἐπὶ πᾶσι δεῖ τοῖς ἁμαρτήμασι τὰς φ. διαλύεσθαι 182, 3 καταγέλαστος ὁ πορισμὸς ὁ ἀπὸ φ. 172, 12 ἡ μουσικὴ ἔχει τι καὶ πρὸς φ. οἰκεῖον Diog. III 231, 30

φιλικός οἱ σπουδαῖοι πρὸς ἀλλήλους φ. διάκεινται III 160, 25 ὁ φαῦλος μὴ φ. τι ποιεῖ 170, 1 φ. κατάσχεσις 24, 26

φιλιππία ἐπιτήδευμα μὲν, ἐπιστήμη δ' οὔ III 72, 23 ἐν ταῖς σπουδαίαις ἕξεσι 72, 24

φιλογεωμετρία ἐπιτήδευμα, τῶν ἐν ἕξει ἀγαθῶν III 26, 35

φιλογραμματία ἐπιτήδευμα τῶν ἐν ἕξει ἀγαθῶν III 26, 35 ἐπιτήδευμα μὲν, ἐπιστήμη δ' οὔ 72, 22 ἐν ταῖς σπουδαίαις ἕξεσι 72, 24

φιλογράμματος μόνος ὁ σοφὸς φ. III 72, 26

φιλογυνία νόσημα III 102, 39 quomodo nascatur 103, 40

φιλοδοξία def. III 96, 21 εἶδος τῆς ἐπιθυμίας 96, 6 ἀρρώστημα 103, 4 quomodo nascatur 103, 40

φιλοζωΐα def. III 97, 17

φιλοινία νόσημα III 102, 39

φιλοκυνηγία ἐπιτήδευμα μὲν, ἐπιστήμη δ᾽ οὔ III 72, 23 ἐν ταῖς σπουδαίαις ἕξεσι 72, 24

φιλόλογος μὴ φ. εἶναι τὸν φαῦλον III 170, 29 λογόφιλον δὲ μᾶλλον 171, 4

φιλομουσία ἐπιτήδευμα, τῶν ἐν ἕξει ἀγαθῶν III 26, 35 ἐπιτήδευμα μὲν, ἐπιστήμη δ᾽ οὔ 72, 22 ἐν ταῖς σπουδαίαις ἕξεσι 72, 24

φιλόμουσος μόνος ὁ σοφὸς φ. III 72, 25

φιλονικία def. III 96, 27 ὑπὸ τὴν ἐπιθυμίαν ὑποτάττεται 96, 23

φιλοξενία def. III 72, 1

φιλοπλουτία def. III 96, 20 ὑπὸ τὴν ἐπιθυμίαν ὑπάγεται 96, 5

φιλοποιΐα ἐπιβολὴ φ. in def. ἔρωτος pass.

φιλοπονία def. III 64, 39. 66, 20. 171, 7 ὑποτάττεται τῇ ἀνδρείᾳ 64, 24. 66, 14

φιλόπονος μὴ φ. τινα τῶν φαύλων III 171, 6

φίλος ὁ φ. τῶν ἐκτὸς ἀγαθῶν ἐστι III 23, 40. 24, 6 σπουδαῖος φ. ἐκτὸς ἀγαθόν 24, 16 τὸ ἄφρονα φ. ἔχειν ἐκτὸς κακόν 24, 19 φ. ποιητικὸν μόνον ἀγαθόν 25, 26 de efficientibus nihil est bonum praeter amicum 26, 11 φ. καὶ αἱ ἀπ᾽ αὐτοῦ γενόμεναι ὠφέλειαι ποιητικὰ ἀγαθά 25, 36 αἱρετὸς ὁ φ. III 161, 18 ipse amicus per se amatur 12, 37 συμπεριφέρεσθαι φ. καθῆκον 135, 1 φ. μὴ συνδιατίθεσθαι παρὰ τὸ καθῆκον 135, 3 φ. οἱ σπουδαῖοι μόνον Z. I 54, 4 οἱ ἀγαθοὶ πάντες ἀλλήλων φ. Z. 54, 8 μηδεὶς τῶν φαύλων φ. ἔχει III 161, 19 οἱ μὲν κατ᾽ ἀλήθειαν φ. μήτε διαβάλλουσι μήτε διαβάλλονται, οἱ δὲ δοκοῦντες καὶ φαινόμενοι III 153, 11 τοὺς μὲν μᾶλλον, τοὺς δὲ ἧττον φ. εἶναι 182, 9 χρηματιεῖται ὁ σοφὸς καὶ ἀπὸ τῶν φ. τῶν ἐν ὑπεροχαῖς ὄντων 172, 21 μάλιστα ἁρμόζων τῷ σοφῷ

ὁ ἀπὸ φ. χρηματισμός 174, 18 εὐλόγως ἐξάξει ἑαυτὸν τοῦ βίου ὁ σοφὸς ὑπὲρ φ. 187, 34 τοὺς φ. ἐσθίειν κελεύουσιν ἀποθανόντας 186, 17

φιλοσοφέω quis sit ἕτοιμος πρὸς τὸ φ. III 170, 35 φιλοσοφητέον καὶ ταῖς γυναιξὶ 59, 29. 36

φιλοσοφία = ἐπιτήδευσις σοφίας II 15, 11 = ἄσκησις ἐπιτηδείου τέχνης 15, 5 = ἐπιτήδευσις λόγου ὀρθότητος II 41, 28. III 72, 14 ἡ φ. εἴτε ἐπιτήδευσις λόγου ὀρθότητος εἴτ᾽ ἐπιστήμη, ἡ αὐτὴ τῇ περὶ λόγον πραγματείᾳ II 41, 27 τέλος τῆς φ. = ὁμολογουμένως τῇ φύσει ζῆν III 4, 11. 15 τὰ ἐγκύκλια μαθήματα: φ. A. I 78, 28. 34 ὁ τῆς φ. λόγος περὶ τὰ θεῖα: ποίησις Cl. I 109, 11 τριμερὴς ὁ κατὰ φ. λόγος Z. I 15, 26. 30 II 15, 7. 14. Diog. III 212, 18 Apollod. 259, 5. Eudr. 268, 11 φ. cum horto, ovo, animali comp. II 15, 23 — 16, 25 ἐξ μέρη τοῦ κατὰ φ. λόγου Cl. I 108, 11 logicam, physicam, ethicam οὐ τοῦ λόγου τοῦ κατὰ φ. μέρη εἶναι, ἀλλ᾽ αὐτῆς τῆς φ. Z. T. III 209, 24 de ordine partium ph. Z. I 16, 1 supervacuas esse naturalem et rationalem partem ph. A. I 80, 29 τῶν ζητουμένων παρὰ τοῖς φιλοσόφοις τὰ μὲν εἶναι πρὸς ἡμᾶς, τὰ δὲ μηδὲν πρὸς ἡμᾶς, τὰ δ᾽ ὑπὲρ ἡμᾶς A. I 79, 19. 80, 1 moralem partem ph., quam solam reliquerat, circumcidit A. 80, 30 οὐθὲν μέρος τῆς φ. τοῦ ἑτέρου προκεκρίσθαι, ἀλλὰ μεμῖχθαι αὐτά II 16, 26 καὶ ἡ παράδοσις μικτή 16, 28. 20, 11 διαίρεσις τοῦ ἠθικοῦ μέρους τῆς φ. III 3, 1. Z. T. 209, 26 de ea parte ph., quae dat propria cuique personae praecepta A. I 80, 36 sqq. Cl. 131, 30

φιλόσοφος τῶν τοῦ φ. σκεμμάτων tit. l. Chr. II 4, 39 θεωρήματα τοῦ φ. γνῶναι τὰ τοῦ λόγου στοιχεῖα Z. I 16, 19 δεῖ τὸν φ. εἰς νοῦν ἀποβάπτοντα προφέρεσθαι τὴν λέξιν Z. I 23, 12 ὅσοι ὑπολαμβάνουσι φ. ἐπιβάλλειν μάλιστα τὸν σχολαστικὸν βίον ἀπ᾽ ἀρχῆς, διαμαρτάνειν III 176, 15

φιλοστοργία   def. III 72, 5   τὴν
πρὸς τὰ τέκνα φ. φυσικὴν καὶ ἐν φαύ-
λοις μὴ εἶναι 183, 24
φιλοσωματία   def. III 97, 18
φιλοτεχνία   ἡ περὶ τὴν μουσικὴν
φ. Diog. III 234, 10
φιλοτιμία   def. III 97, 16
φιλοφροσύνη   τὸ τέλος τῶν συμ-
ποσίων ἡ φ. Diog. III 231, 32
φιλοχρηματία   def. III 97, 15
φίλοψος   II 128, 45
φλεγμονή   τῆς παθητικῆς φ. ἀνιε-
μένης ὁ λόγος παρεισδύεται III 118,
30   οὐ περιεργάζεται ἐν τῷ καιρῷ τῆς
φ. τῶν παθῶν τὸ δόγμα 124, 38
φλόξ   εἶδος πυρός II 140, 29   ἕτε-
ρον γένος πυρός 140, 24   ἀὴρ ἐκ-
πυρωθεὶς φ. γίνεται 140, 27   = ὅπερ
ἐκ τροφῆς αἴρεται μετεωριζόμενον
187, 4
φοβέομαι   τῆς ψυχῆς φ. τὸ σῶμα
ὠχρὸν γίνεται Cl. I 117, 14   οὐ δεῖ φ.
III 94, 40   τὸ φ. ἁμάρτημα 136, 23
timere peccatum etiam sine effectu
137, 10   πᾶς ὁ φ. ἁμαρτάνει 119, 26
φ. ὁ σοφὸς οὐδαμῶς, εὐλαβηθήσεται
δέ 105, 19
    ἐκφυγεῖν ἃ ἐφ. III 92, 20   περι-
πεσεῖν οἷς ἐφ. 92, 21
φόβος   ἀντὶ φ. συνεόρσεις λέγουσι
οἱ Στ. III 107, 26
    φ. = προσδοκία κακοῦ III 98, 33.
115, 30   = opinio mali futuri 94, 18
= opinio magni mali impendentis 93,
43   = opinio impendentis mali, quod in-
tolerabile esse videatur 95, 33   = φυγὴ
ἀπὸ προσδοκωμένου δεινοῦ 95, 19   = ἄ-
λογος ἔκκλισις 95, 19. 99, 23   = ἔκ-
κλισις ἀπειθὴς λόγῳ 95, 39.   108, 42
φ.: εὐλάβεια III 106, 35.   107, 12. 22
ἡ εὐλάβεια ἐναντία τῷ φ. 105, 18
metus = a ratione aversa cautio 107, 14
εἴδη τοῦ φ. III 96, 7. 98, 34. 45. 101,
29   quid sit αἴτιον τοῦ φ. 95, 40
    φ. πάθος Z. I 51, 34. 35. III 92, 16.
93, 12 pass.   τῶν πρώτων παθῶν ἐστι
III 92, 16   πάθος κίνησις παρὰ φύσιν,
ὡς ἐπὶ φ. ἔχει 126, 26   φ. κακῶν
προσδοκωμένων τὸ συμβαῖνον πάθος
94, 12   πρὸς τὸ φαινόμενον κακόν 92,
18   περὶ τὸ κακόν, παρὸν ἢ προσδο-

κώμενον 94, 24   recessum quendam
animi et fugam efficit 93, 6   φ. = δό-
ξα καὶ κρίσις πονηρά, ὅλου τοῦ ἡγε-
μονικοῦ ῥοπαὶ καὶ εἴξεις 111, 33   οἱ
φ. περὶ τὴν καρδίαν συνίστανται Z. I
51, 28. Cl. 130, 13. II 247, 32   ἡ ἐν
τοῖς φ. πάλσις τῆς καρδίας καὶ ἡ εἰς
τοῦτο τῆς ὅλης ψυχῆς συνδρομή II
247, 36   συναισθανόμεθα τῶν φ. καθ'
ὃν ἡ καρδία τέτακται τόπον 240, 4
cur ἐπὶ φ. ἰσχυροῖς ἀποθνήσκουσί τινες
235, 2
    φ. αἰσθητός III 21, 32
    φ. οὐκ ἔστι κακία III 23, 31   τελι-
κὸν μόνον κακόν 25, 32   εἶναί τινας
φ., οἳ βλάπτουσι μὲν ἡμᾶς, χείρονας
δ' οὐ ποιοῦσι 110, 30   φ. οὔτε πᾶσι τοῖς
ἄφροσιν ὑπάρχει οὔτ' ἐν παντὶ καιρῷ
25, 6   ὅτι τὰ παιδία τὸν φ. τῶν φαύ-
λων οὐ πάσχει 128, 8 sqq.   πρὸς φ.
πολλῆς δεῖ τῆς ἀσκήσεως καὶ μάχης
A. I 85, 19
    οὐ τῷ ἀπὸ τῶν θεῶν φ. τῆς ἀδι-
κίας ἀποτρέπονται οἱ ἄνθρωποι III
77, 22
φοιτάω   δύναμις διὰ τῆς ὕλης πεφ.
II 113, 2   ἐν ἡμῖν ψυχὴ πεφ. ib.
φορά   de usu loquendi κατὰ φ. ἡμε-
τέρας II 107, 26   ἐχόμενοι τῆς ῥηθεί-
σης φ. 242, 19   ἀπὸ τῆς φ. ταύτης
243, 22   κοινὴ φ. = τὸ κοινῇ πᾶσιν
ἀνθρώποις δοκοῦν 239, 32
    φ. = κατὰ τόπον ἐξαλλαγή II 161, 3
= μετέωρος κίνησις ὀξεῖα 160, 26
εἶδος κινήσεως III 105, 7   πάντα τὰ
μέρη τοῦ κόσμου ἐπὶ τὸ μέσον τοῦ
κόσμου τὴν φ. ἔχει Z. I 27, 28. 28, 3.
II 175, 13
    ἡ ὁρμὴ φ. ψυχῆς ἐπί τι III 40, 6
ἡ λογικὴ ὁρμὴ φ. διανοίας 40, 10 pass.
92, 4   ἀποστρεφόμεθα τὸν λόγον ἄλλῃ
βιαιοτέρᾳ φ. χρώμενοι 95, 13   ἡ ἄλο-
γος φ. καὶ ἀπεστραμμένη τὸν λόγον
125, 12   ἡ πρὸς θάτερον φ. 123, 33
φυσικὰς φ. ἐκτρεπομένων ὁ ἔλεος γί-
νεται 102, 17   οἵας φ. οἱ ἐρώμενοι
ἀξιοῦσι πρὸς ἑαυτοὺς ἔχειν τοὺς ἐρα-
στάς 125, 35   κατὰ φ. II 250, 15. 17
φράσις   pars rhetor. II 96, 4
φρένες   νοῦς καὶ φ. = φρόνησις III
27, 8

φρονέω *cf. s. v. φρόνησις* sect. IV.
τὸ φ. θεωρεῖται παρὰ τὸ ἔχειν
φρόνησιν III 22, 22   τὴν φρόνησιν
αἱρούμεθα ἔχειν, οὐ τὸ φ. 22, 42
sapere expetendum est 15, 24   τὸ
φ. ἀσώματον καὶ κατηγόρημα 23, 1
κατόρθωμα 134, 25. 136, 20   τῶν κατ-
ορθωμάτων ὧν χρὴ 137, 1   ὁ φρό-
νιμος : ὁ φ. 64, 4   λυσιτελεῖ ζῆν ἄφρο-
να μᾶλλον ἢ μὴ βιοῦν κἂν μηδέποτε
μέλλῃ φ. 188, 23
φρόνημα τελικὸν ἀγαθόν III 25, 38
φρόνησις νοῦς καὶ φρένες = φ. III
27, 8   φ. = ἐπιστήμη ὧν ποιητέον καὶ
οὐ ποιητέον καὶ οὐδετέρων 63, 23
= ἐπιστήμη ποιητέων καὶ οὐ ποιη-
τέων II 297, 13   = ἐπιστήμη τοῦ ποῖα
δεῖ ποιεῖν, ποῖα δ᾽ οὔ III 65, 42   = ἡ
ἀρετὴ ποιητέα ἐπισκοποῦσα καὶ μὴ
ποιητέα Α. I 86, 13   = ἐπιστήμη ἀγαθῶν
καὶ κακῶν καὶ οὐδετέρων II 50, 17.
340, 2. III 65, 8. 22. 67, 30. 156, 2
= ἐπιστήμη ἀγαθῶν καὶ κακῶν καὶ
οὐδετέρων φύσει πολιτικοῦ ζῴου III
63, 24   = ἐπιστήμη, ὅταν πράττειν μὲν
τὰ ἀγαθά, μὴ πράττειν δὲ τὰ κακὰ
δέῃ Α. I 86, 1
φ. ἕξις II 49, 35   ἐπιστήμη καὶ τέχνη
III 23, 27   ἡ ἐπιστήμη φ. ὠνόμασται
Z. I 49, 34   τέχνη γίνεται ἡ φ. III
217, 23   φ. ἀρετὴ Z. I 49, 22. III 23,
23   μία ἀρετή, ἡ φ. Apolloph. I 90, 20
μία οὖσα ἡ ἀρετὴ φ. λέγεται Α. I 86,
5. 20   φ. ἀρετὴ θεωρηματικὴ III 48, 7
ἡ φ. τῶν πρώτων ἀρετῶν 64, 15. 65, 6
ἕπονται τῇ φ. εὐβουλία καὶ σύνεσις
73, 5
ἡ φ. τέχνη περὶ τὸν βίον, ἣν οἱ
προσλαβόντες μόνοι γίνονται καλοί III
156, 2   φ. ἀγαθὸν Z. I 47, 21. III 8,
35. 17, 17   ἡ εὐδαιμονία περιγίνεται
διὰ τῆς φ. III 70, 9   prudentia ad
vitam beatam satis est 15, 2   οὐχ
ἕτερόν ἐστι τῆς εὐδαιμονίας, ἀλλ᾽ εὐ-
δαιμονία 13, 35
ἡ φ. τὸ φρονεῖν παρέχεται III 19, 19
ἡ φ. φρονεῖ 75, 11   τὴν φ. αἱρούμεθα
ἔχειν, οὐ τὸ φρονεῖν 22, 42
φ. κεφάλαια = τὸ θεωρεῖν καὶ πράτ-
τειν ὃ ποιητέον, κατὰ δὲ τὸν δεύτερον
λόγον τὸ θεωρεῖν καὶ ἃ δεῖ ἀπονέμειν

etc. III 69, 8   ἡ φ. περὶ τὰ ποιητέα
καὶ μὴ καὶ οὐδέτερα κεφαλαιοῦται 73, 3
ἡ φ. περὶ τὰ ποιητέα 63, 39. 70, 6
περὶ τὰ καθήκοντα γίνεται 64, 16   τὸ
τιμᾶν γονεῖς : τὸ ἀπὸ φ. τιμᾶν 139,
13. 16   ἡ φ. κινεῖται ἐν τοῖς κατορθώ-
μασι 70, 9   τὸ κατὰ φ. πραττόμενον
κατόρθωμά ἐστι 73, 16   prudentia =
lex, quae recte facere iubet 78, 5
δύναμιν περιβεβλῆσθαι φ. παθῶν σβε-
στήριον 179, 23   εἰ τέλος ἐστὶν ἡ ἡδο-
νή, πρὸς κακοῦ τοῖς ἀνθρώποις ἡ φ.
δέδοται Cl. I 126, 34   οὐδ᾽ ἂν τὸν δά-
κτυλον καθήκοι προτεῖναι χάριν ἀμε-
ριαίας φ. III 50, 20. 25   περὶ τοῦ ἀφεῖ-
ναι τὴν φ. καὶ καταφρονῆσαι ἀπολ-
λυμένης 189, 13 sqq.   sublata selec-
tione tolli omnem prudentiam 46, 5
ἡ φ. ἀναιρεθέντων τῶν κακῶν καὶ
παντάπασιν ἀναιρεῖται II 340, 2
τὸ ἡγεμονικὸν = φ. III 217, 19   φ.
ἔστιν αἰσθέσθαι 21, 36   φ. animal 75, 13
= Ἀθηνᾶ 217, 21. Diog. III 234, 38
φρονίμευμα φ., μόνα τὰ ἀπὸ φρο-
νήσεως : κατορθώματα III 136, 30
φρονίμευσις οὔτε ἕξις οὔτε διά-
θεσις III 25, 12
φρόνιμος *cf. σοφός*
φ. : φρονῶν III 64, 3   ὁ φ. ἡγε-
μὼν ἀφρόνων, εἰδὼς ἃ χρὴ ποιεῖν καὶ
ἃ μὴ 159, 28   εὔλογον τὸ τὸν φ. τὰς
κατὰ τὸν λόγον καὶ τὴν φρόνησιν ἐν-
εργείας ἐνεργεῖν 57, 36   ἀρετὴ πᾶσι
τοῖς φ. ὑπάρχει καὶ ἐν παντὶ καιρῷ
24, 43   τοὺς φ. εὐδαίμονας εἶναι 15, 1.
153, 26   κἂν ἀκαρὲς τις ὥρας γένη-
ται φ., οὐδενὶ πρὸς εὐδαιμονίαν ἀπο-
λειφθήσεται τοῦ τὸν αἰῶνα χρωμένου
τῇ ἀρετῇ 14, 2   τοῦ φ. ἔργον τὸ ἐν
τοῖς κατορθώμασι διομαλίζειν 139, 24
πάντα φ. ποιεῖ ὁ σπουδαῖος Z. I 52, 32.
III 88, 36. 149, 17. 150, 4   οἱ φ. ἐλεύ-
θεροι III 87, 2   καὶ ἔμπειροι τῶν ἀν-
θρωπίνων πραγμάτων 153, 26   ὁ φ.
ἀπράγμων καὶ ὀλιγοπράγμων καὶ τὰ
ἑαυτοῦ πράττει 176, 28
τὰ φαῦλα οὐκ ἔσται περὶ τὸν φ.,
τὰ δ᾽ ἀναμέσον II 41, 14   ἐκλέγεσθαι
καὶ λαμβάνειν φ. III 46, 35   τῶν ἀγα-
θῶν τὰ μὲν πᾶσι τοῖς φ. ὑπάρχει καὶ

γεννωμένων 329, 33 προνοουμένη ή φ. 329, 46 ὁ τῆς φ. ὀρθὸς λόγος III 82, 31 λόγος φ. προστακτικὸς ὢν πρακτέον, ἀπαγορευτικὸς ὢν οὐ ποιητέον III 79, 40 θεὸς φ. Ζ. I 42, 13 ἡ φ. θεός II 273, 25 quid aliud est natura quam deus et divina ratio? 305, 34 ἡ εἱμαρμένη ἡ αὐτὴ καὶ πρόνοια καὶ φ. Ζ. I 44, 37. 45, 2 ἡ κοινὴ φ. καὶ ὁ κοινὸς τῆς φ. λόγος = εἱμαρμένη καὶ πρόνοια καὶ Ζεύς II 269, 13 ὀνομάζεται ὁ Ζεὺς καὶ ἡ κοινὴ πάντων φ. καὶ εἱμαρμένη καὶ ἀνάγκη 315, 8 ἡ φ. in def. εἱμαρμένης pass.
artes repertae sunt docente natura II 334, 17 πολλὰ τῶν ζῴων ἕνεκα κάλλους ἡ φ. ἐνήνοχε 334, 20 τῶν φυομένων αἴτιον ἡ φ. II 118, 11 καὶ εἰς φυτὰ καὶ εἰς λίθους διατείνει III 4, 23 ἡ διαπλάττουσα τὰ μόρια φ. δι᾽ ὅλων αὐτῶν ἐκτέταται II 151, 1 οὐδέν ἐστιν ἄψαυστον αὐτῇ μέρος 151, 4 ἡ τῶν φυτῶν φ. δι᾽ ὅλου τοῦ σώματος διήκει 155, 29. 157, 7 τὴν φ. ἀπένειμε τοῖς φυτοῖς κερασάμενος ἐκ θρεπτικῆς καὶ μεταβλητικῆς καὶ αὐξητικῆς δυνάμεως 150, 8 δεῖται ἡ φ. πρὸς διαμονὴν οὐ τροφῆς μόνον, ἀλλὰ καὶ ἀέρος 205, 14
ἕξις : φ.: ψυχή II 205, 6 φ.: ψυχή 205, 11. 302, 37 ψυχὴ φ. τρισὶ διαλλάττει· αἰσθήσει, φαντασίᾳ, ὁρμῇ 150, 10 ἐν τῷ σπέρματι οὐ ψυχὴν εἶναι, ἀλλὰ φ. 212, 5 ἡ φ. οἷα᾽ τεχνίτης ζωοπλαστεῖ 212, 17 τὸ πνεῦμα ἐκ φ. γίνεται ψυχή 134, 26 τὸ πνεῦμα τῇ περιψύξει μεταβάλλον ἐκ φ. γίνεται ψυχή 222, 36 ξηρότερον πνεῦμα τὸ τῆς ψυχῆς, ὑγρότερον δὲ τὸ τῆς φ. 205, 13 ὑγρότερον καὶ ψυχρότερον τὸ τῆς φ. πνεῦμα 218, 39 οὐ ψυχὴ ἡ τὰ φυτὰ διοικοῦσα, ἀλλὰ φ. 204, 12. 22 τὰς φ. δι᾽ ἑαυτῶν κινεῖν 161, 27
αἱ ἡμέτεραι φ. μέρη εἰσὶν τῆς τοῦ ὅλου III 3, 30 ἡμᾶς ὑπὸ τῆς φ. πρὸς τὸ ζῆν οἰκειοῦσθαι 39, 7. 9 τὸ τηρεῖν ἑαυτὸ οἰκειοῖ τῷ ζῴῳ ἡ φ. ἀπ᾽ ἀρχῆς 43, 2 natura omnium rerum nobis induit amorem nostri et caritatem 43, 32 dociles nos edidit et rationem dedit

imperfectam 52, 1 οὔπω τοὺς παῖδας ἡ φ. λογικοὺς πεπαίδευκε 138, 19 ipsa per se longius progreditur, quae confirmat ipsa per se rationem et perficit 52, 3 ex natura petit agendi principium Z. I 47, 15 ἄγει πρὸς ἀρετὴν ἡμᾶς ἡ φ. Ζ. I 45, 22. Cl. 125, 21 πάντας ἀνθρώπους ἀφορμὰς ἔχειν ἐκ φ. πρὸς ἀρετὴν Cl. I 129, 18 ἡ φ. ἀφορμὰς δίδωσιν ἀδιαστρόφους III 53, 10 φ. πάντες πρὸς ἀρετὴν γεννώμεθα 51, 22 ἡ προκοπὴ ἐκ φ. προϋπάρχει 51, 38 ἡ ἀρετὴ = τελειότης τῆς ἑκάστου φ. 61, 39
τέλος γίνεται τὸ ἀκολούθως τῇ φ. ζῆν III 4, 1 ὁμολογουμένως τῇ φ. ζῆν 4, 12 sqq. ὁμολογουμένως τῇ φ. ζῆν in def. τέλους pass. quid significetur verbis „sec. nat. vivere" expl. III 5, 22—38 sqq. τὸ ὁμολογουμένως ζῆν = τὸ κατὰ φ. ζῆν 6, 10 τὸ κατὰ φ. ζῆν = καλῶς, εὖ ζῆν 6, 16 „τῇ φ." Κλεάνθης πρῶτος προσέθηκε 5, 17 ὁ Κλ. τὴν κοινὴν μόνην ἐκδέχεται φ., ᾗ ἀκολουθεῖν δεῖ, οὐκέτι δὲ καὶ τὴν ἐπὶ μέρους Cl. I 126, 30 ἀκολούθως δεῖ ζῆν τῇ τε κοινῇ φ. καὶ ἰδίως τῇ ἀνθρωπίνῃ III 4, 8 τὰ κατὰ τὴν ὅλην φ. συμβαίνοντα in def. τέλους 5, 13 τὰ φ. συμβαίνοντα in def. τέλους 3, 28. 5, 20. 24 cognito summo bono reverti se ad naturam Z. I 47, 15 στοιχεῖα τῆς εὐδαιμονίας ἡ φ. καὶ τὸ κατὰ φ. Ζ. 46, 14 ἐνδεὴς οὐδὲ εἷς χορηγὸν ἔχων τὸν τῆς φ. ἀκαθαίρετον πλοῦτον III 177, 30
ἀπὸ τῆς κοινῆς φ. ἐπελθεῖν ἐπὶ τὸν τῶν ἀγαθῶν καὶ κακῶν λόγον III 17, 6 ἐκ τῆς κοινῆς φ. ἀρχὴν ἔχει ἡ δικαιοσύνη καὶ ὁ λόγος περὶ ἀγαθῶν καὶ κακῶν 80, 36 bonum et malum natura iudicatur 77, 15 φ. τὸ δίκαιον εἶναι καὶ μὴ θέσει, ὡς καὶ τὸν νόμον καὶ τὸν ὀρθὸν λόγον 76, 4 nec solum ius et iniuria natura diiudicantur, sed omnino omnia honesta ac turpia 76, 26 virtus et vitium sua natura probabitur 77, 10 ὁ κακὸς φ. ἁμαρτητικὸς διὰ κακίαν γενόμενος 26, 20 τὸ καλὸν φ. αἱρετόν 11, 25 ἡ φ. τοῦ συμφέροντος στοχάζεται καὶ

ἡδονῆς II 328, 17　τὴν ἡδονὴν ὡς
ἐπιγέννημα ἀπολαμβάνει III 43, 12
κατὰ φύσιν περὶ τοῦ κατὰ φ.
βίου tit. l. Z. I 14, 28
κατὰ φ. c. enum. III 34, 15　τὰ
κ. φ. ἀδιάφορα III 35, 27　τῶν κ. φ.
ἀδιαφόρων ὄντων τὰ μὲν πρῶτα κ.
φ., τὰ δὲ κατὰ μετοχήν 34, 26　τὰ
κ. φ. ἀνωφελῆ καὶ ἀδιάφορα 37, 1
μὴ αἱρετὰ μηδ᾽ ὠφέλιμα 35, 28 πάντα
ἀξίαν ἔχει III 30, 6. Ant. 251, 32　ἡ
δόσις = κρίσις, ἐφ᾽ ὅσον κ. φ. ἐστὶν
ἢ ἐφ᾽ ὅσον χρείαν τῇ φ. παρέχεται
30, 15　res „bonas" aestimabiles
haberi et ad naturam accommodatas
Z. I 55, 29　τὰ περὶ τὴν ψυχὴν κ. φ.
ὄντα πλείονα τὴν ἀξίαν ἔχει τῶν
περὶ σῶμα καὶ τῶν ἐκτός III 33, 15
τὰ προηγμένα naturae accommodata
Z. I 55, 31　μή τινα εἶναι φ. προηγ-
μένα A. I 83, 14　πάντα τὰ κ. φ.
ληπτὰ εἶναι III 34, 33　ὁρμῆς κινη-
τικά 29, 12　τοῖς ζῴοις τὸ κ. φ. τῷ
κατὰ τὴν ὁρμὴν διοικεῖται 43, 17　τῶν
κ. φ. τὰ μὲν καθ᾽ αὑτὰ ληπτά, τὰ
δὲ δι᾽ ἕτερα e. s. 34, 34　quae sec.
naturam sunt, ipsa propter se su-
menda 45, 13　sumenda et quadam
aestimatione dignanda Z. I 47, 34
facere omnia ut adipiscamur, quae
sec. nat. sunt, etiamsi non assequa-
mur III 12, 43
τὰ κ. φ. κινητικὰ τῆς ἀρετῆς III
16, 21　περὶ τὴν τῶν κ. φ. ἐκλογὴν
ἡ ἐνέργεια τῆς ἀρετῆς 16, 15. 190, 26
στοιχεῖα τῆς εὐδαιμονίας ἡ φ. καὶ
τὸ κ. φ. Z. I 46, 14　τέλος = τὸ εὐ-
λογιστεῖν ἐν τῇ τῶν κ. φ. ἐκλογῇ
καὶ ἀπεκλογῇ Diog. III 219, 12 pass.
= ζῆν ἐκλεγομένους τὰ κ. φ. 5, 43.
6, 5. Ant. III 252, 38 pass.　= ζῆν
ἐκλεγόμενον τὰ κ. φ. μέγιστα καὶ
κυριώτατα Arch. III 264, 24　natu-
ralem appetitionem, officium, ipsam
etiam virtutem esse earum rerum,
quae sec. n. sunt 32, 18　μὴ κ. φ.
τὴν ἡδονήν Cl. I 130, 18　ἡ φ. καὶ
τὸ κ. φ. ἀρχὴ τοῦ καθήκοντος III
134, 6　καθῆκον = ἐνέργημα ταῖς κ.
φ. κατασκευαῖς οἰκεῖον 134, 16　tam
insipiens quam sapiens sumpturus,

quae sec. nat. sunt 136, 5　τοῖς κ.
φ. οἱ ἄνθρωποι ὡς ἐπὶ πολὺ χρῶνται
Z. I 57, 23　τοῦ κ. φ. ἕνεκα καρτέον
καὶ κομητέον Z. 58, 9
ὁ κ. φ. βίος vid. s. v. βίος; τὸ κ.
φ. ζῆν s. v. ζῆν; τέκνα κ. φ. ἔχοντα
in def. εὐτεκνίας III 24, 37　γῆρας
κ. φ. ἔχον in def. εὐγηρίας 24, 38
πρῶτα κατὰ φύσιν ποιεῖσθαι τὸν
περὶ τῶν κ. φ. λόγον ἀπὸ τῶν πρώ-
των κ. φ. καὶ παρὰ φ. III 34, 21
τῶν κ. φ. τὰ μὲν πρῶτα κ. φ., τὰ
δὲ κατὰ μετοχήν 34, 27　adfectio τῶν
πρώτων κ. φ. fundamentum conser-
vandae hominum perpetuitatis 43, 38
qui ad honestatem prima naturae
commoda adiungerent, imp. a Chr.
7, 32　αὐτὰ τὰ πρῶτα κ. φ. ἀγαθὰ
οὐκ ἐστιν 46, 29　eorum, quae sunt
prima naturae, propter se nihil ex-
petendum 45, 29　prima naturae om-
nino pro nihilo visa sunt A. I 84, 10
πρῶτα κ. φ. καὶ τὸ τυγχάνειν αὐτῶν
οὐ τέλος, ἀλλ᾽ ὥσπερ ὕλη τις ὑπό-
κειται τὴν ἐκλεκτικὴν ἀξίαν ἔχουσα
III 46, 34 sqq.　officia proficiscuntur
ab initiis naturae 135, 18. 189, 28
officia eo referri, ut adipiscamur
principia naturae 135, 19　cum om-
nia officia a principiis naturae pro-
ficiscantur, ab iisdem proficisci ipsam
sapientiam 45, 1　primo nos sapien-
tiae commendari ab initiis naturae,
post autem ipsam sapientiam nobis
cariorem fieri, quam illa sint 45, 5
prima illa naturae, sive secunda sive
contraria, sub iudicium sapientis et
dilectum cadunt, estque illa subiecta
quasi materia sapientiae 189, 36　ini-
tium naturae accommodatum sequitur
sapientia II 35, 22　in principiis na-
turalibus voluptas non ponenda III
37, 5
παρὰ φύσιν παρὰ φ. enum. III
34, 17　οὔτε παρὰ φ. οὔτε κατὰ φ.
enum. 34, 18　indifferentium alia sec.
nat., alia naturae contraria Z. I 47, 32
πάντα τὰ π. φ. ἀπαξίαν ἔχει Z. I
48, 1. III 30, 6. Ant. 251, 33　ἀφορ-
μῆς κινητικὰ III 29, 12　ἄληπτα Z. I
48, 1. III 34, 34　τὰ μὲν καθ᾽ αὑτὰ

ἄληπτα, τὰ δὲ τῷ ποιητικὰ εἶναι τῶν καθ' αὑτὰ ἀλήπτων 35, 2 ipsa propter se reicienda 45, 13 tam insipiens quam sapiens reiecturus τὰ π. φ. 136, 5 τὰ π. φ. μὴ φευκτὰ καὶ βλαβερά 35, 29 τῶν π. φ. οἱ ἄνθρωποι μηδὲν ὅλως δεδοικότες λόγῳ καὶ μὴ φόβῳ τούτων ἀπέχονται Z. I 57, 23 ἡ ἐνέργεια τῆς ἀρετῆς περὶ τὴν ἔκκλισιν τῶν π. φ. III 190, 26 τὸ τέλος κεῖσθαι ἐν τῷ ἀπεκλέγεσθαι τὰ π. φ. Ant. III 252, 38 pass. τέλος = vivere reicientem, quae contra nat. sunt 5, 43: 6, 5

κίνησις ψυχῆς π. φ. in def. πάθους pass. τὸ π. φ. εἴληπται ἐν τῇ τοῦ πάθους ὑπογραφῇ ὡς συμβαίνοντος παρὰ τὸν ὀρθὸν καὶ κατὰ φ. λόγον III 94, 34 π. φ. εἶναι τῷ λογικῷ ζῴῳ μοιχεύειν Z. I 58, 13

quae contra naturam sunt, non fieri, sed fieri videri II 270, 4

φυτοειδής καὶ ἐφ' ἡμῶν τινα φ. γίνεται III 43, 15

φυτόν τοῦ ὅλου μέρη τὰ ζῷα καὶ τὰ φ. Cl. I 111, 24 καὶ διὰ τῶν φ. πεφοίτηκέ τι πνεῦμα, ὥστε ἡμᾶς αὐτοῖς συνενοῦσθαι III 90, 16 ἐν τοῖς φ. ἐστι πῦρ τεχνικόν Z. I 34, 25 κατὰ μῖξιν ἐκ τῶν στοιχείων γίνεται φ. Z. I 28, 33. II 180, 21 ἐκ τῶν δ' στοιχείων συνίσταται καὶ εἰς ταῦτα διαλύεται II 136, 9

ἡ φύσις τὰ σώματα τῶν φ. συνίστησι II 329, 34 φύσεως μετέχει τὰ φ. 205, 6. 11. 32 οὐ ψυχὴ ἡ τὰ φ. διοικοῦσα, ἀλλὰ φύσις 204, 12 οὐκ ἔμψυχα τὰ φ. 204, 4. 205, 4 αὐτομάτως πως κινεῖται, οὐ διὰ ψυχῆς 204, 6 ἐν ἑαυτοῖς ἔχει τὴν αἰτίαν τοῦ κινεῖσθαι 287, 38 κινεῖται εἰς αὔξησιν 205, 4 οὐ πέφυκεν ἔχειν αἴσθησιν 51, 32 ἀόρμητα, ἀφάνταστα, αἰσθήσεως ἀμέτοχα 150, 11 οὔτε ἀρετῆς οὔτε κακίας μετέχει III 90, 35 οὐδέν ἐστιν ἡμῖν δίκαιον πρὸς τὰ φ. 90, 17 τὰ καθήκοντα διατείνει καὶ εἰς τὰ φ. Z. I 55, 8. III 134, 14 in iis multa sunt absque arte artificiosa II 209, 3 vitis per mirabilem operique praesidentem naturam par

fuit fructui ferendo et adornando trunco 209, 8 ἐν ἡμῖν ἐοικότα φ. ὄνυχες καὶ τρίχες 149, 38

φύω τὸ ἄλλους παρ' ἄλλους εὖ πεφυκέναι πρὸς ἀρετὴν τελειότητα κατ' ἀρετὴν οὐδ' ἡντινοῦν τῶν ἄμεινον φύντων κατηγορεῖ III 52, 31 sqq.

φωνή περὶ φ. l. Arch. III 262, 22 ἡ περὶ τῆς φ. τέχνη tit. l. Diog. III 212, 25. 213, 25 περὶ τῶν πρὸς τὰς φ. σωρειτῶν λόγων l. Chr. II 6, 11

τὸ φωνᾶεν ὑπὸ τοῦ Ζ. εἰρημένον Z. I 41, 5 φ. = ἀὴρ πεπληγμένος Z. I 21, 30 sq. II 43, 33. 36 pass. 127, 27. Diog. III 212, 23 pass. = πνεῦμα διατεῖνον ἀπὸ τοῦ ἡγεμονικοῦ μέχρι φάρυγγος καὶ γλώττης καὶ τῶν οἰκείων ὀργάνων Z. I 41, 6. II 227, 35 = τὸ διῆκον τῆς ψυχῆς εἰς τὴν τραχεῖαν ἀρτηρίαν II 238, 35 = τὸ ἴδιον αἰσθητὸν ἀκοῆς Diog. III 212, 24

φ.: λέξις Diog. III 213, 18 φ.: διάλεκτος: αὐδή II 44, 15 σῶμα ἡ φ. II 43, 38. 44, 4 pass. 128, 3. Diog. III 212, 30. 213, 2. Ant. 246, 19. Arch. 262, 22 ποιεῖ II 44, 2. 128, 4 quomodo vox fiat 236, 17 ἐκ τῆς κεφαλῆς ἐκκρίνεται III 217, 22 οὐκ ἄλλη φωνῆς πηγή, ἄλλο δὲ τὸ κυριεῦον τῆς ψυχῆς μέρος II 244, 13 ὅθεν λόγος, ἐκεῖθεν καὶ φ. χωρεῖ Z. I 40, 30. Diog. III 215, 30 sqq. ἐκ τῆς καρδίας διὰ φάρυγγος καὶ ἡ φ. καὶ ὁ λόγος ἐκπέμπεται II 244, 19 vox e penetrali pectoris, i. e. corde, mittitur 236, 17 διὰ φάρυγγος χωρεῖ Z. I 40, 28. Diog. III 215, 30 sqq.

ἐν ἑαυτοῖς φ. διεξιέναι II 250, 33 ἐπὶ τῶν λόγων δεῖ ἐπιστρέφεσθαι τῶν οἰκείων ὑποκρίσεων κατὰ τὰς ἐπιβαλλούσας τάσεις τῆς φ. 96, 17

φωνήεντα τὰ φ. enum. Diog. III 213, 16

φωνητικόν μέρος τῆς ψυχῆς Z. I 39, 22. II 226, 16. 21. 24. 30 τὸ φ. = πνεῦμα διατεῖνον ἀπὸ τοῦ ἡγεμονικοῦ μέχρι φάρυγγος καὶ γλώττης II 227, 35 = τὸ „φωνᾶεν" ὑπὸ τοῦ Ζήνωνος εἰρημένον ib.

φῶς ἀὴρ διακρινόμενος τὸ φ. II 142, 35 τὸ φ. διακριτικὸν καὶ λεπτυντικὸν τοῦ ἀέρος 143, 8 τὸ φ. ποιότης καὶ σῶμα 142, 26 σῶμα 127, 39 ἐπέρεισις αὐτῷ γίνεται 142, 30 τῷ ἀέρι κιρνᾶσθαι 155, 38 καὶ δι' ὕδατος καὶ διὰ τῶν ἄλλων κεχώρηκε 142, 29 τὸ περίγειον φ. κατ' εὐθεῖαν, τὸ δὲ αἰθέριον περιφερῶς κινεῖται Ζ. Ι 28, 13. II 178, 26 εἴρηται ἡ φαντασία ἀπὸ τοῦ φ. II 21, 29 ὥσπερ τὸ φ. ἑαυτό τε δείκνυσι καὶ πάντα τὰ ἐν αὐτῷ, οὕτω καὶ ἡ φαντασία 24, 36 τὸ φ. οὐ μόνον τῶν ἄλλων, ἀλλὰ καὶ ἑαυτοῦ ἐκκαλυπτικόν 36, 9

Χ

χαίρω ἥδεσθαι : χ. III 107, 22. 34 χ. κατόρθωμα 136, 20 τῶν φαύλων οὐδεὶς χ. τὸ παράπαν 168, 12 τῶν ἀστείων οὐδεὶς ἐπ' ἀλλοτρίοις κακοῖς χ. Dion. I 95, 37. III 168, 12
χάλαζα def. II 203, 2. 8
χαλκευτική τέχνη πρακτικὴ III 49, 4
χαμαιτύπη cf. ἑταίρα τὸ ταῖς χ. ἀδιαφόρως προσιέναι μὴ πάντως παρὰ τὸ καθῆκον γίνεται III 187, 29
χάος = τὸ πρὸ τῆς διακοσμήσεως γενόμενον ὑγρόν, ἀπὸ τῆς χύσεως οὕτως ὠνομασμένον Ζ. Ι 29, 14 = τὸ ὕδωρ Ζ. 29, 18 ἀπὸ τοῦ χέεσθαι Ζ. Ι 29, 10. II 177, 14 sqq. χ. τὸ ὕδωρ παρὰ τὴν χύσιν II 143, 44 = ἡ εἰς τὰ στοιχεῖα διάκρισις 177, 16 = ὁ χωρητικὸς τῶν ὅλων τόπος 162, 27
χαρά = εὔλογος ἔπαρσις III 105, 17. 28. 106, 1. 9. 107, 8 = animi elatio suis bonis verisque fidentis 106, 14 εἶδος εὐπαθείας 105, 16 εὐπαθειῶν ἀρίστη 106, 24 χ. εἴδη enum. 105, 24. 35 χ. : ἡδονή, τέρψις, εὐφροσύνη. 106, 9 voluptas : gaudium 106, 34 sqq. 107, 8 χ. ἐναντία τῇ ἡδονῇ 105, 17. 106, 14 περὶ τὴν καρδίαν γίνεται II 248, 18 χ. ἔστιν αἰσθέσθαι III 21, 35 gaudium primum bonum est III 27, 25 χ. ἀγαθὸν οὐκ ἀεὶ παρὸν 24, 41 τελικὸν μόνον ἀγαθόν 25, 26 ἀγαθὸν ἐν κινήσει 26, 28 ἀγαθὸν οὐκ ἀναγκαῖον πρὸς εὐδαιμονίαν 27, 13 οὐ πᾶν ἀγαθὸν εἰς χ. πίπτει 50, 23 χ. οὐκ ἀρετή 23, 24 ἐπιγέννημα τῆς ἀρετῆς 19, 29 nisi sapienti non con-

tingit 106, 14 οὔτε πᾶσιν τοῖς φρονίμοις ὑπάρχει οὔτε ἀεί 25, 2 ὁ φαῦλος μηδὲν ἔχει χ. αἴτιον 168, 7 gaudio iunctum est non desinere nec in contrarium verti 106, 15

χαρακτήρ εἰδοποιοῦνται αἱ ἕξεις ἰδιότητί τινι καὶ χ. II 130, 8 ὁ γενικὸς χ. 130, 14 τὰ πρός τι μετά τινος χ. θεωρεῖται 132, 40 κατ' οἰκεῖον χ. διακείμενα ἀπονεύει πρὸς ἕτερον 132, 42
χαριεντότης παρὰ τὸν χαρίεντα ἀρετὴ τίθεται III 60, 8
χάρις cf. εὐεργέτημα περὶ πλούτου καὶ χ. καὶ τιμωρίας tit. l. Dion. I 93, 22 περὶ χ. l. Cl. 107, 12
beneficium utique bonum est; id autem quod fit aut datur, nec bonum nec malum III 137, 21 χ. εἰς τὰ μέσα διατείνει 168, 21. 31 χ. καὶ οἱ φαῦλοι τυγχάνουσι 168, 22 ἀνταπόδοσις χ. καὶ μετάδοσις 169, 39 eum qui libenter accepit, gratiam reddidisse 137, 30. 182, 31 unus sapiens scit debere beneficium 161, 26 scit dare 161, 32
pilae lusus cum benef. ratione comp. 182, 17
Χάριτες (deae) περὶ Χ. tit. l. Chr. III 205, 27 τὰς Χ. τὰς ἡμετέρας καταρχὰς καὶ τὰς ἀνταποδόσεις τῶν εὐεργεσιῶν II 316, 36 Aegle, Euphrosyne, Thalia 317, 16 Pasithea 317, 20 Iovis et Eurynomes filiae 317, 30. 318, 2. 9 Thalia apud Hesiodum Charis est, apud Homerum Musa 317, 35

χαροπότης οὔτε προηγμένον οὔτ' ἀποπροηγμένον περὶ σῶμα III 33, 10

χάρτης τὸ ἡγεμονικὸν μέρος τῆς ψυχῆς ὥσπερ χ. εὔεργος πρὸς ἀπογραφήν (tabula rasa) II 28, 14

χαρτός τὸ ἀγαθὸν χ., τὸ δὲ χ. σεμνόν III 9, 28. 11, 14

χαρώνεια III 163, 8

χειμών = ὥρα ἔτους ἡ μάλιστα κατεψυγμένη ἢ ὁ περὶ γῆν ἀὴρ κατεψυγμένος II 201, 36 = ὁ ὑπὲρ γῆς ἀὴρ κατεψυγμένος διὰ τὴν τοῦ ἡλίου πρόσω ἄφοδον 201, 27 χ. γίνεται τοῦ ἀέρος ἐπικρατοῦντος τῇ πυκνώσει καὶ εἰς τὸ ἀνωτέρω βιαζομένου 202, 13

χείρ χ. ἀρτία τῶν κατὰ φύσιν κατὰ μετοχήν ἐστι III 34, 31 ἐπὶ τῶν λόγων σχηματισμοὶ τοῦ προσώπου καὶ τῶν χ. II 96, 17 πότερον χρὴ συναριστῶντά τισιν ἐκτείνειν ἐπὶ τὰ πορρωτέρω μέρη τὴν χ. III 179, 10

χειρονομία = lex gestus, a Chr. in praeceptis de liberorum educatione non omissa III 184, 13

χέω cf. διαχέω, χύσις
εἰς τὸ πῦρ πάντα χ. διαλύεσθαι II 136, 13 τὸν χρυσὸν ἐπὶ πλεῖστον χ. 155, 10 σώματα μὴ δυνάμενα καθ' αὑτὰ ἐπὶ τοσοῦτον χ. 155, 21

χιών def. II 203, 3. 9

χολή II 242, 21

χόλος def. III 96, 16. 39 εἶδος ὀργῆς 96, 4 εἶναι τῆς θυμοειδοῦς δυνάμεως 112, 39

χορεύω οὐχ εὑρεθῆναι πρεπωδεστέραν ἐλευθέροις ἄνεσιν τοῦ χ. Diog. III 230, 27

χράομαι ᾧ ἔστιν εὖ καὶ κακῶς χ., τοῦτο οὐκ ἔστιν ἀγαθόν III 28, 14 ἀδιάφορον 29, 28 μήτε ἀγαθὸν μήτε κακόν 29, 41

χρεία ἀξία = χ. συμβαλλομένη πρὸς τὸν κατὰ φύσιν βίον III 30, 30 χ. τῇ φύσει παρέχεσθαι 30, 15 δι' ἕτερα προηγμένα, ὅτι περιποιεῖ χ. οὐκ ὀλίγας 32, 38 τῶν ἐκτὸς οὔτε προηγμένα οὔτε ἀποπροηγμένα ὅσα εὐτελῆ ὄντα μικρὰν ἔχει τὴν ἀφ' ἑαυτῶν χ. 33, 13 οὐκ ἔχει χ. ὁ φαῦλος οὐδενός 168, 29. 169, 2

χρεῖαι χ. tit. l. Z. I 62, 29. A. 75, 21. P. 97, 2 περὶ χ. tit. l. Cl. I 107, 38

χρεών τὸ χ. εἰρῆσθαι τὸ ἐπιβάλλον καὶ καθῆκον κατὰ τὴν εἱμαρμένην II 265, 14

χρή τῶν κατορθωμάτων τὰ μὲν ὧν χ., τὰ δ' οὗ III 136, 36 e. enum. τὰ παρακείμενα τοῖς ἀγαθοῖς, ἅπερ ἐστὶν ὧν χ., ὠφελήματα ὄντα 154, 7 τὰ παρακείμενα τοῖς κακοῖς, ἅπερ ἐστὶν ὧν οὐ χ., βλάμματα 154, 9

χρῆμα χ. ἕνεκα ὁ σοφὸς πρὸς Λεύκωνα πλεῖ καὶ πρὸς Ἰδάνθυρσον ἀποδημεῖ III 174, 6

χρηματίζομαι τὸ χ. τινες μὲν μέσον εἶναι εἶπον, τινὲς δὲ ἀστεῖον III 159, 45 χ. ὁ σοφὸς ἀπὸ τῆς βασιλείας 173, 25 καὶ ἀπὸ τῆς πολιτείας καὶ ἀπὸ τῶν φίλων 172, 20

χρηματισμός χ. τρεῖς προηγούμενοι enum. III 172, 16. 174, 18 καὶ βασιλεῦσι συνέσται ὁ σοφὸς ἕνεκα χ. 174, 22

χρηματιστικός ἡ χ. def. III 159, 42 χ. ὁ σπουδαῖος Z. I 53, 11. III 150, 18. 159, 39

χρήσιμος πᾶν ἀγαθὸν χ., ὅτι χρείαν ὠφελείας παρέχεται III 22, 8 τὸ ἀγαθὸν χ. Cl. I 127, 5 μηδὲν χ. προσφερόμενα οὔτε προηγμένα οὔτε ἀποπροηγμένα τῶν ἐκτός III 33, 12 cur ἡ ἀρετὴ χ. 50, 4 τοῖς φαύλοις οὐδέν εἶναι χ. 168, 28. 169, 2

χρῆσις ἡ ποιὰ τῶν ἀδιαφόρων χ. εὐδαιμονικὴ οὖσα ἢ κακοδαιμονικὴ III 29, 1

χρησμός περὶ χ. tit. l. Chr. III 205, 30

χρηστικός αἱ ἐνέργειαι αἱ χ. τῶν ἀρετῶν III 27, 13

χρηστότης def. III 64, 41. 67, 8. 71, 32 ὑποτάττεται τῇ δικαιοσύνῃ 64, 24 benignitas : bonitas 71, 34 μεταδοτικὴ καὶ ἐπιδοτικὴ αἱ αὐταὶ τῇ χ. 27, 9

χρόνος vid. s. v. Κρόνος; ἐνεστώς, παρῳχηκώς, μέλλων.
περὶ χ. tit. l. Cl. I 106, 33
χ. = τῆς τοῦ κόσμου κινήσεως διάστημα II 164, 33. 165, 1 pass. 189, 6.
Apollod. III 260, 18 = τὸ παρακο-

λουθοῦν διάστημα τῇ τοῦ κόσμου κινήσει II 164, 16 = κινήσεως διάστημα Z. I 26, 11. II 164, 15 = πάσης ἁπλῶς κινήσεως διάστημα Z. I 26, 15 = μέτρον τάχους καὶ βραδύτητος II 164, 16

ὁ χ. ἀσώματον II 117, 19. 166, 1.8 κατ᾿ ἐπίνοιαν ψιλὴν συνιστᾶσιν τὸν χ. 166, 7 καθ᾿ αὐτό τι νοούμενον πρᾶγμα 117, 23 ὄντα οὐ λέγουσι 117, 42 χ. οὐσία αὐτὴ ἡ κίνησις 165, 15 ὑπάρχειν ὁ πᾶς χ. λέγεται, οὐδενὸς αὐτοῦ τῶν ἱερῶν ὑπάρχοντος ἀπαρτιζόντως Apollod. III 260, 22 οὐδεὶς ὅλως ἐνίσταται χ. II 164, 22 ἀρμή τις καὶ συμβολή ἐστι τοῦ παρῳχημένου χ. καὶ τοῦ ἐπιφερομένου τὸ νῦν Arch. III 263, 32 κατὰ τὸν χ. γίνεσθαι τὰ γινόμενα καὶ τὰ ὄντα εἶναι Z. I 26, 13 κατὰ τὸν χ. κινεῖσθαι ἕκαστα καὶ εἶναι II 164, 17 χ. οὐκ ἦν πρὸ κόσμου 165, 5 infinitum incorporeumque tempus deus minime creavit 330, 19 ὁ χ. ἄπειρος 163, 8 ἄπειρος ἐφ᾿ ἑκάτερα 164, 20 οὕτως ἄπειρος, ὡς ὁ πᾶς ἀριθμὸς ἄπειρος Apollod. III 260, 19 εἰς ἄπειρον τέμνεται II 158, 17. 160, 20 παντὸς χ. μέρος εἶναι χ. Apollod. III 260, 14

ἀγαθὸν ὁ χ. οὐκ αὔξει προσγινόμενος III 14, 1

χρυσός ὁ χ. ὑπό τινων φαρμάκων ἐπὶ πλεῖστον χεῖται II 155, 10 admirationem auri argentique nobis parentes et populus fecerunt III 56, 3 (cf. πλοῦτος).

χρῶμα τὰ χ. πρῶτοι σχηματισμοὶ τῆς ὕλης Z. I 26, 1 ἐπίχρωσις τῆς ὕλης Z. 26, 3

χύσις cf. διαχέω, χάος, χέω ἀπὸ τῆς γῆς πρώτη χ. εἰς ὕδωρ, δευτέρα ἐξ ὕδατος εἰς ἀέρα, τρίτη εἰς πῦρ II 136, 23 τὸ πῦρ οὐκ ἐπιδέχεται τὴν εἰς ἄλλο χ. 136, 13 ὁ κόσμος ἐκ βραχυτέρου ὄγκου χ. ἔχων πολλὴν 188, 1 χ. καὶ πιλήσεις 134, 12

χώρα = τὸ μεῖζον οἷόν τε κατέχεσθαι ὑπὸ σώματος II 163, 3 τὸ ἐκ μέρους ἐπεχόμενον ὑπὸ σώματος Z. I 26, 24. II 163, 16. 22 κενόν : τόπος : χ. Z. I 26, 22. II 163, 15. 22. 26 ἐκπληρωθὲν ὑπὸ σώματος οὐδὲν μέρος τῆς χ., ὅπερ οὐκ ἔσται τόπος II 330, 17

χωρέω τὸ δι᾿ ὅλων κεχ. πνεῦμα II 307, 8 ὁ δι᾿ ὅλων κεχ. τόνος 115, 5 σῶμα χ. διὰ σώματος 151, 17 χ. δι᾿ ἀλλήλων τὰ κιρνάμενα σώματα 155, 1 διὰ παντὸς τοῦ σώματος ἡ ψυχὴ χ. 152, 4

Ψ

ψαύω ψ. κατὰ πέρας τὰ σώματα οὐχ ὅλα ὅλων, οὐδὲ κατὰ μέρος II 159, 23

ψεκτικόν πλεονάζον τῷ μωμίμῳ παρὰ τὸ ἀξίωμα II 62, 29

ψεκτός τὸ αἰσχρὸν ψ. II 296, 2. 297, 17 τὰ ψ. κολάσεως ἄξια 296, 4 ἃ ψέγομεν, κολάζομεν 297, 20 ψ. ἐνέργειαι III 24, 10

ψευδής περὶ τοῦ τίνα ἐστὶ τὰ ψ. tit. l. Chr. II 5, 24 κατὰ ψ. σχήματα συλλογισμοὶ 7, 17

ψ. φαντασίαι II 25, 15. III 42, 28 pass. (vid. s. v. φαντασία). ψ. συγκατάθεσις III 147, 22 discernere verum a falso vid. s. v. κριτήριον; ψ. in def. διαλεκτικῆς pass.

ψεύδομαι cf. διαψεύδομαι

τὸ ψεῦδος λέγειν τοῦ ψ. διαφέρει II 42, 37 τὸ ψ. ὑπάρχει ἐν τῷ διαψευστικῶς τὸ ψεῦδος λέγειν καὶ ἐπὶ ἀπάτῃ τῶν πλησίον III 148, 5 εἰ ὁ αὐτὸς ἅμα ἀληθεύσει καὶ ψ. II 106, 37 οὐ ψ. ὁ σοφός III 148, 4

ψευδόμενος (sc. λόγος) in tit. Chr. II 7, 34. 35. 36. 39. 8, 3. 6. e. 63, 22. 92, 17 sqq.

ψευδορκέω ψ.: ἐπιορκεῖν II 63, 29

ψεῦδος cf. ἀληθές, ψεύδομαι ψ. = τὸ μὴ ὑπάρχον καὶ ἀντικείμενόν τινι II 63, 17 ψ. ψεύδους μᾶλλον οὐκ ἔστιν III 141, 26 πᾶν τὸ ψ. ἐπ᾿ ἴσης ψ. συμβέβηκε 141, 36 ψεύδεσθαι : ψ. λέγειν II 42, 38 ἐκ τῶν ψ. ἐπιγίνεται ἡ διαστροφὴ ἐπὶ τὴν διάνοιαν, ἀφ᾿ ἧς πολλὰ πάθη III 99, 30

ὁ σπουδαῖος ψ. οὐχ ὑπολαμβάνει Z. I
53, 8. III 146, 29. 150, 15 τῷ ψ. ποτὲ
συγχρήσεται ὁ σοφός III 148, 7
ψιττακός ἐνάρθρους προφέρεται
φωνάς II 74, 5 etsi varie vocem pro-
ferant, articulatum nunquam voca-
bulum pronuntiare queunt 209, 41
ψόγος οἱ ψ. καὶ οἱ ἔπαινοι τοῖς ἐν-
εργοῦσι καὶ δρῶσιν ἀκολουθοῦσι III
58, 15 ψ. καρποῦνται οἱ διαμαρτά-
νοντες 58, 17 μενόντων ἁμαρτημάτων
καὶ ψ. μένουσι II 295, 23
ψοφοδέεια def. III 99, 7 timidus
165, 30
ψυχή
περὶ ψ. tit. l. Chr. II 235 sqq.
III 205, 36. Ant. III 251, 20. 25
ἡ ψ. ὠνόμασται παρὰ τὴν ψῦξιν
II 222, 22. 223, 12. 15 = φύσις προσ-
ειληφυῖα φαντασίαν καὶ ὁρμήν 149,
39 = ᾗ τὰ ζῷα διοικεῖται 205, 12.
302, 38 = ἡ τῆς αἰσθήσεώς τε καὶ ἐξ
ἑαυτῆς κινήσεως αἰτία 205, 34 = αἰ-
σθητικὴ φύσις 217, 15 = spiritus na-
turalis Z. I 38, 23. II 235, 27 = σῶμα
λεπτομερὲς ἐξ ἑαυτοῦ κινούμενον κατὰ
σπερματικοὺς λόγους II 218, 1 = πῦρ
ἢ πνεῦμα λεπτομερὲς διὰ παντὸς διῆ-
κον τοῦ ἐμψύχου σώματος 218, 26
= πνεῦμα Z. I 38, 8. 39, 30. II 220,
22 = πνεῦμα ἢ λεπτομερέστερόν τι
πνεύματος Cl. I 108, 28 = πνεῦμα
πῶς ἔχον II 146, 23 = πνεῦμα ἔν-
θερμον Z. I 38, 4. 9. Ant. III 251, 20
= πνεῦμα ἔνθερμον καὶ διάπυρον II
217, 8 = τὸ συμφυὲς ἡμῖν πνεῦμα
Z. I 38, 11. 15. II 217, 15 = πνεῦμα
σύμφυτον ἡμῖν συνεχὲς παντὶ τῷ
σώματι διῆκον II 238, 32 = τὸ
συμφυὲς πνεῦμα ἡμῖν ἔνθερμον III
75, 6 = πνεῦμα πῶς ἔχον ἢ πῦρ
νοερὸν II 223, 1 = πνεῦμα νοερὸν
θερμόν 217, 31 = στερεοῦ σώματος
ἀναθυμίασις Z. I 38, 27. 29. Cl. 117, 31.
33 = αἰσθητικὴ ἀναθυμίασις Z. 39, 4
= πνεῦμα συμφυὲς καὶ ἀναθυμίασις
αἰσθητικὴ II 217, 29
οὐσία τῆς ψ. ὑπάρχει τὸ πνεῦμα
Z. I 38, 33. Cl. 118, 2 = πνεῦμα συγ-
κείμενόν πως ἐκ πυρὸς καὶ ἀέρος II
218, 34. 219, 4 constat ex aëre et
igne B. III 267, 10 anima ignis Z. I

38, 1. 2. II 217, 19 πυρώδης II 308,
21 αἷμα ἡ ψ. Diog. III 216, 27 ἡ οὐσία
τῆς ψ. ἀναθυμίασις Diog. 216, 23
τὸ πνεῦμα ἐν τοῖς σώμασι τῶν βρε-
φῶν τῇ περιψύξει γίνεται ψ. II 134,
25 ἡ φύσις ἐν ψυχρῷ γενομένη καὶ
στομωθεῖσα ψ. γίνεται 222, 3 τὰ ὑπὸ
ψ. κρατούμενα πολὺ πρότερον ὑπὸ
φύσεως συνείχετο 303, 2 ἡ ψ. ἀραιό-
τερον πνεῦμα τῆς φύσεως καὶ λεπτο-
μερέστερον 222, 23. 223, 5 ξηρότερον
πνεῦμα τὸ τῆς ψ., ὑγρότερον δὲ τὸ
τῆς φύσεως 205, 13 ξηρότερον καὶ
θερμότερον τὸ τῆς ψ. πνεῦμα 218, 39
ψ. φύσεως τρισὶ διαλλάττει· αἰσθή-
σει, φαντασίᾳ, ὁρμῇ II 150, 10 ζῇ
ἡ ψ. καὶ αἰσθάνεται III 75, 8 ἡ ἐν
ἡμῖν ψ. ζῷον 75, 8. 17 sensum sui
ab initio sortita est II 229, 22 τῆς
ψ. ἡ αἴσθησις μέρος οὖσα σῶμά ἐστιν
220, 9 ἡ ψ. οὐκ ἔστιν αἰσθητή 220, 16
τρέπει ἑαυτὴν εἰς τὴν τῶν πραγμάτων
κατάληψιν 229, 32 ἡ φαντασία τύ-
πωσις ἐν ψ. vid. in def. φαντασίας
pass. ἡ ὁρμὴ = φορὰ ψ. ἐπί τι in
def. ὁρμῆς pass.
ἡ ψ. σώματα κινεῖ Z. I 38, 8 τὴν
κίνησιν τῇ ψ. τὴν κατὰ τόπον δίδωσι
Z. 39, 30 σωματοειδεῖς τὰς κινήσεις
τῇ ψ. ἀποδιδόασι II 221, 28 anima
in medio consistens ubique permeat
usque ad superficiem deque super-
ficie in medium vertitur 221, 33
σῶμα ἡ ψ Z. I 38, 14. 39, 16. Cl.
116, 35. 117, 6. 11. 14. II 152, 3. 217,
6. 16. 219, 28. 33. 36. pass. 223, 11. III
75, 5 τὰ περὶ ψ. λεγόμενα ἤρτηται
ἀπὸ τοῦ σῶμα διὰ σώματος χωρεῖν
II 156, 12 ἐκ ψ. καὶ σώματος συν-
έστηκεν ὁ ἄνθρωπος III 24, 2 οὐδὲν
ψ. ἄμοιρον τοῦ τὴν ψ. ἔχοντος σώ-
ματος II 155, 28 συμπάσχει ἡ ψ. τῷ
σώματι Cl. I 117, 2. 12 τὸ σῶμα τῇ
ψ. συμπάσχει Cl. 117, 4. 13 κέκρα-
ται ὅλη δι᾽ ὅλου τοῦ σώματος ἡ ψ.
Z. I 40, 1 συγκεκραμένη ἡ ψ. τῷ
σώματι II 226, 4 διὰ τοῦ σώματος
χωρεῖ 157, 7 αἱ ψ. δι᾽ ὅλων τῶν σω-
μάτων ἀντιπαρεκτείνουσι 153, 10 ἡ
ψ. ἰδίαν ὑπόστασιν ἔχουσα δι᾽ ὅλου
τοῦ σώματος διήκει 155, 25 δι᾽ ὧν ὡς
ἕξις κεχώρηκε, δι᾽ ὧν ὡς νοῦς 192, 4

συναύξεται τῷ σώματι καὶ συμμει-
οῦται πάλιν Ant. III 251, 23 τρέφε-
ται ἐξ αἵματος Z. I 38, 32. Cl. 118, 2
δεῖται οὐ τροφῆς μόνον, ἀλλὰ καὶ
ἀέρος II 205, 14 διασῴζεται ἐκ τῆς
ἀναθυμιάσεως τοῦ αἵματος καὶ τοῦ
κατὰ τὴν εἰσπνοὴν ἑλκομένου ἀέρος
218, 8
ἡ ψ. τοῦ ζῆν καὶ τοῦ θνῇσκειν
αἰτία II 118, 15 ἐφάπτεται καὶ χωρί-
ζεται τοῦ σώματος 219, 27. 40 ὡς
σῶμα ἔξεισιν ἐκ τοῦ σώματος Z. I
39, 32 χωρισμὸς ψ. in def. θανάτου
pass.
ὅμοιοι τοῖς γονεῦσι γινόμεθα οὐ
μόνον κατὰ τὸ σῶμα, ἀλλὰ καὶ κατὰ
τὴν ψ. Cl. I 116, 33. 117, 9. 15 ἀπο-
δείξει χρῆται τοῦ γεγονέναι τὴν ψ.
τῷ τὸν τρόπον ἐξομοιοῦσθαι τὰ τέκνα
τοῖς γονεῦσι II 222, 28 ἡ ψ. γενητὴ
καὶ φθαρτή 223, 18 mortalis Z. I 40,
12 πολυχρόνιον πνεῦμα, οὐ μὴν δὲ
ἄφθαρτον δι' ὅλου Z. 40, 7 μετὰ τὸν
θάνατον ἐπιμένει, φθαρτὴ δὲ ὑπάρχει
II 217, 16 ἡ ψ. ὥσπερ ἡ ἐμψυχία
ἀθάνατος μέν, ἐξισταμένη δὲ ἀπόλλυ-
ται B. III 267, 12 ἐπιμένει ἡ τῶν
σπουδαίων μέχρι τῆς εἰς πῦρ ἀνα-
λύσεως II 223, 20. 27. 34. 224, 29 ἡ
μὲν ἀσθενεστέρα ψ. ἐπ' ὀλίγον ἐπι-
διαμένει, ἡ δ' ἰσχυροτέρα μέχρι τῆς
ἐκπυρώσεως 223, 30 οὐ πάσας ἐπι-
διαμένειν τὰς ψ. μέχρι τῆς ἐκπυρώ-
σεως Cl. I 118, 4 τὰς ψ. μετὰ τὸν
χωρισμὸν τοῦ σώματος σφαιροειδεῖς
γενέσθαι II 224, 39 αἱ ψ. καθ' αὑτὰς
διαμένουσι 321, 11 δαίμοσιν αἱ αὐταὶ
γίνονται 321, 18 τὸν ὑπὸ σελήνην
τόπον οἰκοῦσι 224, 6. 32 τροφῇ χρῶν-
ται τῇ ἀπὸ γῆς ἀναθυμιάσει 224, 8
virorum fortium animas in modum
siderum vagari 225, 4   prudentes
animas circa terram prosternit, reli-
quas ad inferos deicit Z. I 40, 19 sq.
ἡ ἡμετέρα ψ. τοῦ κόσμου ἀπό-
σπασμα II 191, 39 ἡ ψ. δι' ὅλου τοῦ
κόσμου διήκει, ἧς μέρος μετέχοντες
ἡμεῖς ἐμψυχούμεθα Cl. I 111, 8 ani-
ma est a propria dei substantia II
217, 24 τῆς τῶν ὅλων ψ. μέρη αἱ
ἐν τοῖς ζῴοις 217, 17 mundus sapiens
habet mentem 30, 17 ὁ κόσμος ψ.

ἐστὶν ἑαυτοῦ καὶ ἡγεμονικόν 186, 12
ὁ θεὸς ἡ τοῦ κόσμου ψ. Cl. I 120, 22.
38. Diog. III 216, 33 θεὸς ψ. Z. I
42, 13 mens mundi providentia Z. 44,
20 spiritus motivus (sc. materiae) =
anima et quidem rationabilis, quae
vivificans sensilem mundum exorna-
verit Z. 25, 20 συνοικειώσεις τῇ ψ.
τοῦ παντός II 305, 30 ὁ κόσμος εἰς
σῶμα καὶ ψ. μετέβαλε 186, 14 ὁ κό-
σμος μεταβαλὼν εἰς ὑγρὸν καὶ τὴν ἐν-
απολειφθεῖσαν ψ. 186, 13 ἡ τοῦ κό-
σμου ψ. οὐ χωρίζεται μέν, αὔξεται δὲ
συνεχῶς 186, 1 ἡ τῶν ὅλων ψ.
ἄφθαρτος, ἧς μέρη αἱ ἐν τοῖς ζῴοις 217,
17 ἡ μὲν τοῦ ὅλου ψ. ἀΐδιος, αἱ δὲ
λοιπαὶ συμμίγνυνται ἐπὶ τελευτῇ εἰς
ἐκείνην 225, 22 εἶναι ψ. ἐν τῷ ὅλῳ,
τὰς δὲ λοιπὰς προσπεφυκέναι ταύτῃ
225, 19 τῇ ἐκπυρώσει τὴν τοῦ κό-
σμου ψ. διεφθάρθαι 131, 24
πολυμερῆ τὴν ψ. ἀξιοῦσιν εἶναι,
διορίζοντες τοῖς τόποις τὰ μέρη II
225, 33 τὴν ψ. ἐξ ὀκτὼ μερῶν συν-
εστάναι Z. I 39, 21. 24. II 226, 14. 20.
23. 29. 35. 228, 32. enum. 235, 28 divi-
ditur in tres partes Z. I 39, 27 in
partes novem Apolloph. I 90, 17 τῆς
ψ. κυριώτατον μέρος τὸ ἡγεμονικὸν II
227, 23. 228, 2 σπέρμα ψ. μέρος καὶ
μίγμα τῶν τῆς ψ. μερῶν Z. I 36, 3 sqq.
τὴν ψ. ὡς οὐσίαν προϋποκειμένην
ταῖς δυνάμεσι προτιθέασι II 225, 42
αἱ δυνάμεις ὡς ἐν τῷ ὑποκειμένῳ
ποιότητες, ἡ δὲ ψ. ὡς οὐσία προϋπο-
κειμένη ταῖς δυνάμεσι Z. I 39, 16 μία
ἡ τῆς ψ. δύναμις II 225, 29. III 61, 36
μία ἡ ψ. δύναμις, ᾗ λογιζόμεθα A.
I 85, 35 ἡ ψ. ὅλη δι' ὅλου δύο ἔχει
τὰς ἀντιπαρηκούσας ἀλλήλαις δυνά-
μεις, τὴν λογικὴν καὶ τὴν ἄλογον II
230, 23 ἀντιληπτικὴν δύναμιν τῆς ψ.
θέμενος, ταύτην διαιρεῖ εἰς δύο, αἰσθη-
τικὸν μέρος καὶ νοῦν A. I 86, 34 δι-
οικεῖσθαι ἡμᾶς ὑπὸ τριῶν δυνάμεων,
ἐπιθυμητικῆς καὶ θυμοειδοῦς καὶ λογι-
στικῆς Cl. I 130, 8 εἶναι τῆς ψ. δύ-
ναμιν καὶ ἐπιθυμητικὴν καὶ θυμοειδῆ
III 112, 16 μηδὲ εἶναι δύναμιν ἐπι-
θυμητικὴν καὶ θυμοειδῆ 112, 22. 115,
22 ταὐτόν ἐστι τῆς ψ. ᾧ πέφυκεν
ἐπιθυμεῖν καὶ μετανοεῖν, ὀργίζεσθαι

καὶ δεδιέναι 111, 30 οὐκ ἔστι τὸ παθητικὸν καὶ ἄλογον διαφορᾷ τινι καὶ φύσει ψ. τοῦ λογικοῦ διακεκριμένον, ἀλλὰ τὸ αὐτὸ τῆς ψ. μέρος, ὃ δὴ καλοῦσι διάνοιαν καὶ ἡγεμονικόν, διόλου τρεπόμενον καὶ μεταβάλλον κακία τε γίνεται καὶ ἀρετή, καὶ μηδὲν ἔχει ἄλογον ἐν ἑαυτῷ Z. I 50, 5. III 111, 18 τὸ ὅλον εἶναι τὸ τῶν ἀνθρώπων ἡγεμονικὸν λογικόν III 115, 24 τὸ λογικὸν εἶναι μόνον τῆς ψ. 63, 7 ἔστι καλὴ ἢ αἰσχρὰ ψ. κατὰ τὸ ἡγεμονικὸν μόριον ἔχον οὕτως ἢ οὕτως κατὰ τοὺς οἰκείους μερισμούς 122, 4. 25 ἔστι τῆς ψ. μέρη, δι' ὧν ὁ ἐν αὐτῇ λόγος συνέστηκε 122, 3 ἡ ἀρετὴ τῆς ψ. μία A. I 85, 36 μόνον τὸ καλὸν ἀγαθὸν, ὃ ψυχῆς ὡς ψ. ἐστιν ἴδιον III 10, 21 ἔξωθεν ἐπέρχεται ταῖς ψ. ἡμῶν τὸ σύμπαν τῆς κακίας 56, 26 ἡ τῆς ψ. ἀρετὴ εὐδαιμονία 14, 38 ἡ ψ. πεποιημένη πρὸς τὴν ὁμολογίαν παντὸς τοῦ βίου 11, 39 ἡ ἀρετὴ = διάθεσις ψ. σύμφωνος αὑτῇ περὶ ὅλον τὸν βίον 63, 34. 72, 12 τὸ ἡγεμονικὸν τῆς ψ. in def. ἀρετῆς pass. γινώσκουσα ἡ ψ. χωρὶς τοῦ πράττειν τἀγαθὰ καὶ κακά = σοφία καὶ ἐπιστήμη A. I 86, 3 μεταβάλλει ἡ ψ. εἰς σοφίαν III 52, 9 ἡ πρᾶξις ἡ σπουδαία = ψ. ἐνέργεια λογικῆς 72, 15 πάντοτε τῇ ψ. χρῆται οὔσῃ τελείᾳ ὁ σπουδαῖος Cl. I 129, 29 μία κοινὴ πολιτεία τῶν καθαρῶν ψ. πρὸς τοὺς θεούς A. I 87, 11 ψ. ζῶμεν III 14, 39 ἄνθρωπον ἐκάλει μόνην τὴν ψ. Cl. I 123, 8 ψ. κυριωτέρα τοῦ σώματος καὶ πρὸς τὸ κατὰ φύσιν ζῆν III 33, 14 εὐφυΐα ψ. πρὸς ἀρετὴν ὑπεράγει τῆς τοῦ σώματος εὐφυΐας 33, 17 τὰ περὶ τὴν ψ. κατὰ φύσιν ὄντα καὶ προηγμένα πλείονα, τὴν ἀξίαν ἔχει τῶν περὶ σῶμα καὶ τῶν ἐκτός 33, 15 ἡ ψ. μηδὲν ὑπὸ τοῦ σώματος ἢ ὠφελεῖται ἢ βλάπτεται 36, 6. 12 οὔτε εἰς ἀρετὴν τὴν ψ. ἡ ὑγεία μὴ βουλομένην βιάζεται, οὔτε εἰς κακίαν παρὰ γνώμην ἡ νόσος καθέλκει 36, 7 ψ. κατάστασις, καθ' ἣν ἔστι φαντασιῶν ψευδῶν δεκτική, οὔτε παρὰ φύσιν οὔτε κατὰ φύσιν 34, 18 τὰ περὶ ψ. ἀγαθά III 23, 38. 39. 24, 4, 13. 28 τὰ περὶ ψ. κακά 24, 8 τὰ

περὶ ψ. ἀγαθά in tria genera dividuntur 25, 8 τὰ οὔτε περὶ ψ. οὔτε ἐκτὸς ἀγαθά 23, 38. 42. 24, 6. 14. 16 τῶν προηγμένων τὰ μὲν περὶ ψ. 32, 41 e. s. item τῶν ἀποπροηγμένων 33, 5 item οὔτε προηγμένων οὔτε ἀποπροηγμένων 33, 8 κίνησις ψ. ἄλογος παρὰ φύσιν in def. πάθους pass. ψ. in def. ἡδονῆς, λύπης pass.

corporis et animae analogia ἐν τῇ κατὰ μέρος θεωρίᾳ καὶ θεραπείᾳ III 120, 17 sqq. καθάπερ ἐπὶ τοῦ σώματος ἰσχὺς καὶ ἀσθένεια, εὐτονία καὶ ἀτονία, καὶ ἐν ψ. λογικῇ συνίσταται καὶ ὀνομάζεται 120, 36 οἱ ἐπὶ τοῦ σώματος τόνοι : ὁ ἐν τῇ ψ. τόνος 123, 19 καὶ ἐπὶ τοῦ σώματος εὐτονία καὶ ἐν ψ. 120, 32 ὥσπερ ἐν δρόμῳ καὶ ἐπὶ ψ. ἐστι νευρῶδες 123, 24 ἂν ὁ τόνος ἱκανὸς ἐν τῇ ψ. γένηται πρὸς τὸ ἐπιτελεῖν τὰ ἐπιβάλλοντα, ἰσχὺς καλεῖται καὶ κράτος Cl. I 128, 34 ἡ τῆς ψ. ἰσχὺς τόνος ἐστὶν ἱκανὸς ἐν τῷ κρίνειν καὶ πράττειν ἢ μὴ Cl. I 129, 4. III 68, 30 εὐτονία ψ. πρὸς τὸ ἐπιτελεῖν τὰ ἑαυτῆς ἔργα III 66, 23 ὧν κατορθοῦσιν ἡ ὀρθὴ κρίσις ἐξηγεῖται μετὰ τῆς κατὰ τὴν ψ. εὐτονίας 123, 6 ἀφίστασθαι ἔστιν ὅτε τῶν ὀρθῶς ἐγνωσμένων ἡμῖν ἐνδόντος τοῦ τόνου τῆς ψ. 123, 11 καλὴ ἢ αἰσχρὰ ψ. ῥηθήσεται κατὰ συμμετρίαν καὶ ἀσυμμετρίαν μερῶν τινων 121, 35 τίνων ἐστὶ μορίων ἡ τῆς ψ. ὑγίεια συμμετρία καὶ νόσος ἀσυμμετρία 121, 31 sqq. τὸ νοσοῦν σῶμα : ἡ νοσοῦσα ψ. 120, 16 ἡ τῆς ψ. νόσος ὁμοιοτάτη τῇ τοῦ σώματος πυρετώδει καταστάσει 117, 1. 121, 15 ἡ τῶν φαύλων ψ. : τὰ ἐπιτήδεια σώματα εἰς πυρετοὺς ἐμπίπτειν 116, 32 αἰτιᾶται τῶν πραττομένων οὐκ ὀρθῶς ἀτονίαν καὶ ἀσθένειαν τῆς ψ. Chr. III 123, 2 καταπίπτων ἐν σφοδραῖς ὀδύναις ὁ κατὰ τὸ ψυχικὸν πνεῦμα τόνος II 235, 11 μὴ μόνον τὰς ψ. διατιθέναι πως τὸ μέλος, ἀλλὰ καὶ τὰ σώματα Diog. III 227, 7 δύναται ἡ μουσικὴ ἀκίνητον ψ. καὶ ἡσυχάζουσαν ἐγείρειν ἢ τοὐναντίον Diog. 223, 36 ἡ μουσικὴ

τὴν ψ. ἀνίησιν καὶ ἀφιλαροῖ Diog.
231, 33

ἀνθ᾽ ἁλῶν τοὺς ὗς ἔχειν τὴν ψ.
Cl. I 116, 26

ψυχικός τὰ ψ. III 31, 3. 6   ψ.
πνεῦμα II 218, 6. 235, 11

ψυχρός τῷ θερμῷ καὶ τῷ ψ. τὸ
δρᾶν ἀναφέρουσι II 134, 8   δραστικὰ
τὸ θερμὸν καὶ τὸ ψ. 134, 14   δεύ-
τερον τῇ δυνάμει τὸ ψ. 133, 42. 135, 10
πήγνυται πολλὰ τῷ ψ. καὶ συγκρίνε-
ται καὶ πυκνοῦται 134, 18
        τὸ πρώτως σκοτεινὸν πρώτως καὶ

ψ. II 141, 10   ὁ ἀὴρ πρώτως ψ.
140, 41 pass.
τὰ ψ. τῆς αὐτοφυοῦς αἰσθήσεως
δεῖται Diog. III 222, 36   τὸ ψ. ἀφῆς
συγχυτικόν II 141, 8
ἡ ἐν θερμοῖς καὶ ψ. γενομένη
συμμετρία ἢ ἀσυμμετρία = ὑγίεια ἢ
νόσος III 121, 26   in def. ὑγιείας
et νόσου pass.
ψυχρότης θερμότης καὶ ψ. δραστι-
καὶ ποιότητες II 133, 40   ἡ ψ. οὐκ
ἐλάττονα τῆς θερμότητος πάθη καὶ
μεταβολὰς ἐργάζεσθαι πέφυκε 134, 17
ψύχω III 28, 11

Ω

ᾠδός τοὺς παλαιοὺς σοφὸν τὸν
ᾠ. νομίζειν Diog. III 234, 25
ὠθισμός ὠ. δεδέηται τὸ ποιεῖν
καὶ πάσχειν II 119, 32
ὠκεανός ὑπὸ τὴν διακεκαυμένην
ζώνην ὑποκέχυται μεταξὺ τῶν τροπι-
κῶν Cl. I 112, 25. 113, 31   sol Oceani
alitur humoribus Cl. 112, 27. 113, 14
ὥρα ὁ ἥλιος ποιεῖ τὰς ὥ. Cl. I 112, 3
αἱ ἐτήσιοι ὥ. παθήματα ἀέρος II
202, 11
ὡρισμένον ἀξίωμα τὸ κατὰ δεῖξιν
ἐκφερόμενον II 66, 39   πότε ἀληθὲς
γίνεται 67, 11
ὡρισμένως ὠ. ἐκφέρειν II 102,
20. 23
ὠφέλεια ἀγαθόν ἐστιν ὠ. ἢ οὐχ
ἕτερον ὠ. III 18, 27   ὠ. ἡ ἀρετὴ
καὶ ἡ σπουδαία πρᾶξις 18, 28   ἡ
θαυμαστὴ ὠ., ἣν οἱ σοφοὶ κινουμένων
κατ᾽ ἀρετὴν ἀλλήλων ὠφελοῦνται
160, 30   φιλία τῆς κοινῆς ἕνεκ᾽ ὠφε-
λείας 24, 23   φίλος καὶ αἱ ἀπ᾽ αὐ-
τοῦ γινόμεναι ὠ. 25, 36
ὠφελέω ὠ. = κινεῖν ἢ ἴσχειν κατ᾽
ἀρετήν III 28, 17   τὸ ὠ. = ἴσχειν
κατ᾽ ἀρετὴν καὶ τὸ ὠφελεῖσθαι κινεῖ-
σθαι κατ᾽ ἀρετήν 23, 19   λέγεται
ἀγαθὸν τὸ ὑφ᾽ οὗ ἢ ἀφ᾽ οὗ ἔστιν
ὠφελεῖσθαι, τὸ καθ᾽ ὃ συμβαίνει ὠ.,
τὸ οἷόν τε ὠ. 18, 20. 43. 19, 2. 5
ἴδιον τοῦ ἀγαθοῦ τὸ ὠ., οὐ τὸ βλά-
πτειν 28, 12   quae prosunt, bona

sunt 23, 11   οὐδέτερα, ὅσα μήτε ὠ.
μήτε βλάπτει 28, 6 e. s.
natura prodesse volumus quam
plurimis III 84, 1   πάντα ὠφελοῦντα
ἴσην ὠφέλειαν ἀπολαμβάνει 23, 17
ὠ. ὁμοίως ὑπ᾽ ἀλλήλων Δία καὶ Δίωνα
58, 38   ὁ ὠ. τινα τῶν πλησίον καὶ
ἑαυτὸν ὠ. 160, 14. 20   τὸ ὠ. καὶ τὸ
ὠφελεῖσθαι σοφῶν ἐστι 168, 21   πάν-
τες οἱ σπουδαῖοι ὠ. ἀλλήλους 160, 22
pass.   μηδένα φαῦλον μήτε ὠφελεῖ-
σθαι μήτε ὠ. 23, 18   οὐκ ὠφελοῦνται
οἱ φαῦλοι 168, 15
ὠφέλημα def. Diog. III 218, 24
αἱρετέον ὠ. πᾶν 22, 20   πάντα ὑπο-
μενετέα καὶ ἐμμενετέα 22, 25   αἱρε-
τέα καὶ ὀρεκτέα καὶ ἀποδεκτέα, κατ-
ηγορήματα ὄντα, παρακείμενα δ᾽
ἀγαθοῖς 22, 36   ὠ.: ἀγαθὰ 22, 20 sqq.
κατορθώματα ὧν χρὴ εἶναι τὰ κατ-
ηγορούμενα ὠ. 136, 36   τὰ παρακεί-
μενα τοῖς ἀγαθοῖς, ἅπερ ἐστὶν ὧν
χρή, ὠ. ὄντα, μόνοις τοῖς σπουδαίοις
συμβαίνει 154, 7   emolumenta com-
munia hominibus 23, 7 paria 23, 9
ὠφέλιμος πᾶν ἀγαθὸν ὠ., ὅτι τοι-
οῦτόν ἐστιν ὥστε ὠφελεῖν III 22, 10
πάντα τἀγαθὰ ὠ. Cl. I 127, 8. III
21, 42   μόνα τὰ ἠθικὰ ὠ. A. I 79, 27
ἀδιάφορα μὴ αἱρετὰ μηδ᾽ ὠ. III
35, 28   γίνεται τὰ ὠ. μόνοις τοῖς
σπουδαίοις 168, 26
περὶ ὠ. ἀνθρώπων disp. Z. I 57, 2

INDEX VOCABULORUM

AD STOICORUM DOCTRINAM PERTINENTIUM, QUAE AB AUCTORIBUS ROMANIS E GRAECO IN LATINUM SERMONEM TRANSLATA SUNT.

Abdicativus (: dedicativus) = ἀποφατικός

accessio; non accessione neque crescendo = οὐκ αὐξητικῶς

accessus aestuum = πλήμμυρα

accommodare = συνοικειοῦν

accommodatus ad naturam = κατὰ φύσιν

actio s. v. πρᾶξις; actio recta = κατόρθωσις

administratio rei publicae = πολιτεία

aegritudo = λύπη

aegrotatio = ἀρρώστημα

aemulatio = ζῆλος

aequalitas = ἰσότης, ἴσον

aequitas = δικαιοσύνη

aerumna III 101, 13

aestimabile s. v. ἀξία, προηγμένον

aestimandus s. v. ἀξία, προηγμένον

aestimatio = ἀξία

affectio animi = ἕξις

affectus = πάθος

afflictatio III 101, 15

agrestis = ἄγροικος

alienare = ἀλλοτριοῦν

amare s. v. ἔρως, ἐρωτικός

ambiguus = ἀμφίβολος

ambulatio = περιπάτησις

amicitia = φιλία

amissio sensuum vid. s. v. sensus

amor = ἔρως; a. nostri s. v. οἰκείωσις

ampulla = λήκυθος

angor = ἄχθος

animal = ζῷον

animans = ζῷον

animus = λόγος

annus s. v. ἐνιαυτὸς, ἔτος

anteponere = προάγειν; antepositae (sc. causae) = προκαταβεβλημένα, προηγησάμενα (sc. αἴτια)

anxietas s. v. ἐπιλυπία

apis = μέλιττα

appetitio = ὁρμή; a. naturalis = ὁρμή

appetitus = ὁρμή

applicatio = παράθεσις

approbatio = συγκατάθεσις

ars = τέχνη

artificiosus = τεχνικός

assciscere = λαμβάνειν

assensio = συγκατάθεσις

assensus = συγκατάθεσις

assumere = λαμβάνειν

assumptio = λῆψις

avaritia = φιλαργυρία

Beatus = εὐδαίμων

beneficium s. v. εὐεργέτημα, χάρις

benignitas = χρηστότης

bestia = ζῷον, ἄλογον ζῷον

bonitas III 71, 34

bonum = ἀγαθόν; summum b. = τελικὸν ἀγαθόν, = τέλος

Caelum = οὐρανός

caritas III 8, 1

causa = τὸ ποιοῦν = λόγος = αἰτία; cf. s. v. αἴτιον

cautio = εὐλάβεια

ciconia = πελαργός

claritas s. v. κλέος

clementia s. v. ἐπιείκεια

cognitio = κατάληψις

collatione rationis = κατ' ἀναλογίαν

commendatio s. v. οἰκείωσις

commodum = εὐχρήστημα
commotio = κίνησις
communio = κοινωνία
communis = κοινός
communitas = κοινωνία
compati = συμπάσχειν
compositus = συναπτόμενος
comprehendere = καταλαμβάνειν
comprehendibile = καταληπτόν
comprehensio = κατάληψις
conciliare = οἰκειοῦν
conciliatio = οἰκείωσις
conclusio (argumenti) = ἀπόδειξις
conclusiunculae fallaces = σοφίσματα
concretio = κρᾶσις
confatalis = συνειμαρμένος
congregatio s. v. κοινωνία
congruenter = ὁμολογουμένως, (ἀκολούθως)
coniecturalis status = στάσις στοχαστική
coniunctio generis humani = κοινωνία; c. naturae = συμπάθεια; coniunctione = κατὰ σύνθεσιν
coniunctum = συμπεπλεγμένον
consensus naturae = συμπάθεια
consentaneus = ὁμολογούμενος
consentire = ὁμολογεῖν
consequens = ἐπιγεννηματικόν
conservare s. v. τηρεῖν
consitus = σύμφυτος
consolari = παραμυθεῖσθαι
constans III 48, 8. 66, 35
constantia = εὐπάθεια
constitutio = σύστασις; prima c. II 79, 3
contentus se ipso = αὐτάρκης
continentia III 68, 18
continuus = ἡνωμένος
contrahere = συστέλλειν
contrarius = ἐναντίος
conturbatio def. III 99, 20
conveniens = ὁμολογούμενος
convenienter = ὁμολογουμένως
convenientia = ὁμολογία
convertere = μεταπίπτειν
copulatum = συμπεπλεγμένον
corporalis = σωματικός
corporeae res III 15, 34
corpus = σῶμα
corruptio s. v. φθορά
crinitae = κομῆται

cupere = ἐπιθυμεῖν
cupiditas = ἐπιθυμία; c. gloriae = φιλοδοξία

Declinatio = ἔκκλισις
declivus III 66, 34
decurrere = διαθεῖν; cf. transire
dedicativus (: abdicativus) = καταφατικός
definiendum = τὸ ἀποδιδόμενον πρᾶγμα
delectatio = κήλησις
delectus = ἐκλογή
desiderium III 97, 27
desperatio s. v. ἀθυμία
detractio; per d. = κατὰ στέρησιν
detrimentum = βλάμμα
differenter; moduli non idem d. peragentes = λόγοι ἀδιαφόρως περαίνοντες
dilatare = διαβαίνειν
dilectus rerum = ἐκλογή
diligendum III 11, 9
diligere se s. v. οἰκειοῦσθαι
discordia def. III 97, 26
disiunctum = διεζευγμένον (sc. ἀξίωμα)
dispensatio = διοίκησις
dispositor rerum naturae vid. s. v. διακόσμησις, διακοσμέω
distantia = διεστῶτα (sc. σώματα); cf. διΐσταμαι
divinatio = μαντική
divinus = θεῖος
divitiae = πλοῦτος
dolere = λυπεῖσθαι
dolor = ἀλγηδών, (= πόνος); doloris vacuitas s. v. ἀλγηδών
dolor def. III 101, 13

Ebrietas = μέθη
educatio liberorum = παιδαγωγία
effatum = ἀξίωμα
effectio recta = κατόρθωσις
effectus; in e. III 137, 9 sine e. 137, 10
efferri = ἐπαίρεσθαι
efficiens = ποιητικός
egere = ἐνδεῖσθαι
egestas s. v. πενία
elatio = ἔπαρσις
electio = ἐκλογή
elementum = στοιχεῖον

eligere = ἐκλέγεσθαι
eloquentia s. v. ῥητορική
emolumentum = ὠφέλημα
enuntiatio = ἀξίωμα
enuntiare s. v. ἀξίωμα
error I 16, 28
essentia s. v. οὐσία
quod est = τὸ ὄν
quae eveniunt = τὰ συμβαίνοντα
excandescentia = θύμωσις
excedere e vita = ἑαυτὸν ἐξάγειν τοῦ
βίου
exceptio = ὑπεξαίρεσις
excessus (sc. e vita) = ἐξαγωγή
expetendum = αἱρετόν
expetere = αἱρεῖσθαι
expletum s. v. τελειωθέν
expositum; primum e. II 79, 3
extremum = ἔσχατον = τέλος

Facere; id quod facit = τὸ ποιοῦν;
recte factum = κατόρθωμα, prave
factum = ἁμάρτημα
falli s. v. σφάλλεσθαι, ψεύδεσθαι
fama bona = εὐδοξία; divulgatio fa-
mae = κατήχησις
fatum = εἱμαρμένη
felicitas = εὐδαιμονία
fides III 137, 31
finis = τέλος
finitivus status = ὁρικὴ στάσις
fixus; f. stellae = ἀπλανῆ; basi fixum
III 66, 35
formido = φόβος; f., subiecta sub
metum, def. III 99, 21
formidulosus = δεινός
fortificari = ἀνδρίζεσθαι
fortis = ἀνδρεῖος
fortitudo = ἀνδρεία
fortuita III 36, 16
fulgor = ἀστραπή
fulmen = κεραυνός
fundere = αὔξειν

Gaudere = ἥδεσθαι; g. alieno malo
vid. s. v. ἐπιχαιρεκακία
gaudium (: laetitia) = χαρά
geminantes (sc. moduli) = διφορού-
μενοι λόγοι
generalis = γενικός, = κατὰ γένος
generare = γεννᾶν

gestus = σχῆμα, σχηματισμός
gloria = δόξα, = εὐδοξία; gloriae cu-
piditas = φιλοδοξία
gratia = χάρις; g. reddere (referre)
s. v. ἀνταπόδοσις
gratuitus III 8, 2
gratus s. v. εὐχάριστος, εὐχαριστέω

Habitudo III 68, 16
habitus animi = διάθεσις; h. oris =
σχηματισμός
homo = ἄνθρωπος
honestas = ἀρετή
honestus = καλός; h. actio = ἡ κατ᾿
ἀρετὴν πρᾶξις
honores vid. s. v. δόξα

Ignescere = ἐκπυροῦσθαι
ignominia s. v. ἀδοξία
ignorantia = ἄγνοια
ignoratio = ἄγνοια
ignoscere = συγγιγνώσκειν
imbecillitas = ἀσθένεια
immutabilis III 66, 34
impendens = προσδοκώμενος
impetus = ὁρμή
impossibilis = ἀδύνατος
imprimere s. v. ἐναποσφραγίζω, ἐν-
απομάττω
improbus = φαῦλος
impropendens III 66, 33
inaequabilitas = ἀνωμαλία
inaestimabile = τὸ ἀπαξίαν ἔχον
inanimis (inanimus) = ἄψυχος
incessus s. v. περιπάτησις
inchoatum officium III 5, 29 s. v. καθ-
ῆκον; i. intelligentiae s. v. πρό-
ληψις
incommodum = δυσχρήστημα
incomptus = ἄπλαστος
inconstantia III 142, 28
incorporalis = ἀσώματος
indemonstrabilis = ἀναπόδεικτος
indifferens = ἀδιάφορον
indigentia = σπάνις
indissimilis = ἀπαράλλακτος
inexplicabilia = ἄπορα
infans s. v. τέκνον
inferi s. v. Ἅιδης
informis = ἀσχημάτιστος
inhospitalitas s. v. μισοινία, μισοξενία

inimicitia = κότος

initia naturae (= principia naturae) = τὰ πρῶτα κατὰ φύσιν

iniuria = τὸ ἄδικον; vid. s. v. ἀδικεῖν, cf. ἀδίκημα; i. accipere = ἀδικεῖσθαι

insania = μανία

inscientia = ἄγνοια

insipiens = φαῦλος, cf. ἄφρων

insipientia s. v. ἀφροσύνη

integritas sensuum = ἀρτιότης αἰσθητηρίων cf. εὐαισθησία

intelligentiae inchoatae s. v. πρόληψις

intemperantia III 92, 25

invenire = εὐρίσκειν

inventio = εὔρεσις

invictus = ἀήττητος

invidentia = φϑόνος

invincibilis = ἀνίκητος (ἀήττητος?)

ira = ὀργή

iracundia = ὀργιλότης

irritare = κινεῖν

Iactatio III 98, 13

iubere = προστάττειν cf. προστακτικός

iudicium = κρίσις; = οἴησις, δόξα

ius = τὸ δίκαιον

iustificari = δικαιοπραγεῖν

iustitia = δικαιοσύνη

Laetabile = χαρτόν

laetitia (: gaudium) = ἡδονή

lamentatio = γόος

laudabile = ἐπαινετόν

laus III 24, 34. 38, 24. 45; cf. κλέος

legere (cf. eligere) = ἐκλέγεσθαι

lex = νόμος

liberalitas III 12, 33

liberi = τέκνα; velle ex uxore l. cf. τεκνογονία; l. educatio = παιδαγωγία

libido = ἐπιϑυμία

locus = τόπος

loqui s. v. λέγειν

luctus = πένθος

Maeror = κλαῦσις

malitia = κακία

malivolentia = ἐπιχαιρεκακία

malum = κακόν

manere = μένειν

mansio = μονή

materia = ὕλη

mederi = θεραπεύειν

medius = μέσος, cf. μεταξύ

memoria = μνήμη

mens = λόγος

metus = φόβος

miser s. v. κακός, κακοδαίμων

miseria s. v. κακία, κακοδαιμονία

misericordia = ἔλεος cf. οἶκτος

modulus = λόγος

moestitia = λύπη

molestia s. v. ἀνία; vacare m. s. v. ἀταραχία

molimentum III 138, 40

bene moratus = σπουδαῖος

morbus = νόσος = νόσημα

mori = ἀποθνήσκειν cf. θάνατος

mors = θάνατος

motus = κίνησις

mulierositas = φιλογυνία

mundus = κόσμος

muta (sc. animalia) = ἄλογα ζῷα

Nasci s. v. γίγνεσθαι, γεννᾶσθαι, φύσις

natura = φύσις

necessarius = ἀναγκαῖος; necessarium cf. δέον

necessitas = ἀνάγκη

negotium III 9, 14

neutrum = οὐδέτερον

nobilis = εὐγενής

nobilitas = εὐγένεια

nocere = βλάπτειν

nomen s. v. σημαίνω, ὄνομα

nos; in nobis positus = ἐφ' ἡμῖν

notio = ἔννοια

notitia; notitiae rerum = ἐπιστήμη; cf. ἔννοια

numerus = ἀριθμός

nutrix = τιθήνη

Obscoenum s. v. κυνίζω

obtrectatio = ζηλοτυπία

odium = μῆνις; o. mulierum = μισογυνία

offensio = προςκοπή

officium = καθῆκον; o. medium = μέσον καθῆκον

opes s. v. πλοῦτος

opinari = δοξάζειν

opinatio = δόξα; = οἴησις

opinio = δόξα; cf. ὑπόληψις; opinione = θέσει
opportunitas = εὐκαιρία
oppositum = ἀντικείμενον
optabile III 11, 11; vid. s. v. ἀγαθόν
opus esse (: egere) = δεῖσθαι
orbatio; per o. = κατὰ στέρησιν
otiosus s. v. σχολαστικός

Par = ἴσος
parentes = γονεῖς
parvi s. v. τέκνα
passio = πάθος
patientia tormentorum III 27, 26. 152, 17; vid. s. v. καρτερία
patria = πατρίς
paupertas = πενία
pavor def. III 99, 19
pax = εἰρήνη
peccatum = ἁμάρτημα
pecunia s. v. πλοῦτος
perceptio = κατάληψις
perceptum = θεώρημα
percipere = καταλαμβάνειν cf. καταληπτικός
perfectio s. v. τελειωθέν
perfectus = τέλειος, τελειωθείς
perpetuitas III 43, 36
perseverantia III 66, 33
pertinens ad ultimum = τελικός
perturbatio animi = πάθος
perversio = διαστροφή
philosophari = φιλοσοφεῖν
pietas s. v. εὐσέβεια
pigritia = ὄκνος
pilae lusus = σφαιρίζειν
pilus = θρίξ
pina = πίννη
pinoteres = πιννοτήρης
placens = ἀρεστόν
poena s. v. κόλασις
poenitentia = μεταμέλεια
ponere; in nobis positum esse = ἐφ' ἡμῖν εἶναι
populus s. v. πλῆθος
posterum ac consequens = ἐπιγεννηματικόν
potestas; in nostra p. = ἐφ' ἡμῖν
praecipuus = προηγούμενος
praemium III 12, 36. 13, 2
praepositum = προηγμένον

praepositae (sc. causae) = προκαταβεβλημένα, προηγησάμενα (sc. αἴτια)
praesens = παρόν
praesensio s. v. πρόγνωσις
praeteritum = παρεληλυθός
prave factum = ἁμάρτημα
prima naturae = πρῶτα κατὰ φύσιν; (= prima naturae commoda)
principalis = προηγούμενος; p. animae pars = principale = τὸ ἡγεμονικόν
principium naturale = principia naturae = πρῶτα κατὰ φύσιν
probabilis = πιθανός; = εὔλογος
probandum = δοκιμαστόν
probus s. v. σπουδαῖος
procedere = προκόπτειν
proclivitas = εὐεμπτωσία
proclivus = εὐέμπτωτος
prodesse = ὠφελεῖν
productio = τὸ προάγειν
productum = προηγμένον
promotum = προηγμένον
propensio Z. I 47, 8
propensus III 84, 34
proprietas; singularum rerum singulae p. = ἰδίως ποιά
providentia = πρόνοια
prudens s. v. φρόνιμος
prudentia = φρόνησις; p. vel providentia = πρόνοια
pudor s. v. αἰδώς, (αἰσχύνη)

Quaerere = ζητεῖν
quaestio = ζήτησις
qualitas = ποιότης
quiescere = ἡσυχάζειν

Ratio = λόγος; recta r. = ὀρθὸς λόγος
rationalis = λογικός
recens = πρόσφατος
recessus (sc. aestuum) = ἄμπωτις
rectus = ὀρθός; r. effectio = κατόρθωσις; recte factum = rectum = κατόρθωμα
reicere = διωθεῖσθαι, ἀποπροάγειν; reiectum = ἀποπροηγμένον
relatio = τὸ ἀποπροάγειν
religio s. v. ὁσιότης
remotum = ἀποπροηγμένον
renovatio mundi = παλιγγενεσία; cf. ἀποκατάστασις

INDEX NOMINUM PROPRIORUM.

εἰς τὴν Πάρϑων μεταστάς 262, 5 'Α.
συντάξεις 262, 8 pass.

Archestratus
III 178, 9. 13

Archilochus
III Diog. 234, 31

Aristagoras
in tit. l. Chr. II 5, 2. 9. 7, 1

Aristarchus
πρὸς 'Α. tit. l. Cl. I 107, 2

Aristides
III 143, 10

Aristo
ἐπικαλούμενος Σειρήν I 75, 3 de A.
vi dicendi 76, 20 Zenonis auditor 83,
30 παραβαλὼν Πολέμωνι μετέϑετο 75, 8
ἠσπάζετο Κλεάνϑην καὶ τῶν ὁμιλητῶν
ἐκοινώνει 76, 7 Chrysippus A. scho-
lis vacare noluit II 4, 9
ἐν Κυνοσάργει διαλεγόμενος I 75,
4 οὐ συνέγραψε πλὴν ἐπιστολῶν ὀλί-
γων 76, 4 scripta eius: 'Α. τοῦ Περι-
πατητικοῦ 75, 26
'Α.: Ἀρκεσίλαος I 76, 32. 77, 25. 28. 33
'Α.: Περσαῖος 102, 27 εἰς ἀπορίαν
συνελαύνει τὸν 'Α. Χρ. III 9, 5 Χρ.
'Α. ἐγκαλῶν III 62, 6 honestum solum
bonum esse contra A. negat Chr. III
9, 12 'Α. φιληδονία I 90, 30 τὸν τῆς
ἡδονῆς καὶ ἀρετῆς μεσότοιχον διορύτ-
των I 77, 17
'Α. tit. l. Apolloph. I 90, 29

Aristobulus
II 4, 29. in tit. l. Chr. 8, 11

Aristocles
in tit. l. Chr. II 9, 2

Aristocreo
filius sororis Chrysippi, ab eo ar-
cessitus et eruditus II 2, 26 imaginem
Chr. elogio ornatam erigit 3, 20 ἐν
ταῖς Χρ. ταφαῖς 4, 27 inter discipulos
Chr. recensetur 4, 31 libri a Chr. ei
dedicati 7, 34. 36. 39. 8, 3. 4. 7. 9, 34. 39.
10, 3

Aristoteles
de studiis eius dialecticis Chr. II
38, 22 in l. περὶ ἀντικειμένων Stoicis

pleraque praeivit 49, 17 eum Chr.
sequitur περὶ στερητικῶν 52, 27 acer-
bissime A. Chrysippus imp. II 12, 5
τοῦ κώλου deff. A. usurpantur ab Arch.
III 262, 26 Sosig. περὶ τῆς κράσεως
πολλὰ τῶν εἰρημένων ὑπ' 'Α. καὶ αὐτὸς
λέγει 258, 8
'Α. περὶ δικαιοσύνης ἀντιγράφων
Chr. III 8, 23 St. cum A. consentiunt
virtutem existere in homine φύσει καὶ
ἔϑει καὶ λόγῳ 51, 19 A. negat τὴν
ἀρετὴν ἀναπόβλητον εἶναι 57, 6 ἀκο-
λουϑεῖ καὶ τὸ τοὺς σοφοὺς ἀναμαρτή-
τους εἶναι κατ' 'Α. II 41, 24 ἐλήρει
'Α. τὴν ϑαυμαστὴν ἀγνοῶν ὠφέλειαν,
ἣν οἱ σοφοὶ ὠφελοῦνται κινουμένων
κατ' ἀρετὴν ἀλλήλων III 160, 29

Athenades
in tit. l. Chr. II 5, 8. 22. 7, 22. 8, 12

Athenae
Athenis tenue caelum, crassum The-
bis II 274, 38

Athenodorus
Σολεύς, Ζήνωνος μαϑητής I 14, 6.
19. in tit. l. Chr. II 5, 10

Brasidas
ἴσην δειλίαν τὴν Β. τῇ Δόλωνος III
143, 11

Callippus
Κορίνϑιος, Ζήνωνος μαϑητής I 14, 5

Carneades
unus ex legatis propter Oropi va-
stationem III 211, 10 pass. dictum
Carn. legati 211, 16
Ant. digladiatur cum C. tot volu-
minibus III 244, 13 pass. C. contra
Ant. pugnat de logicis 247, 16 pass.
C. armatus a Chrysippo II 12, 16. 34,
13 contra Chr. de levanda aegritu-
dine III 132, 26 C. imp. Chr. in so-
rita ἡσυχάζοντα II 91, 18 qui post
Chr. et Diog. fuerunt, cum Carn. susti-
nere non possent, εὐδοξίαν propter se
praepositam esse dixerunt III 37, 37

Cato
Stoicus III 4, 11

Celsus

ab Origene cum Chr. comp. III
124, 32

Chrysippus

Chr., Apollonii filius, Solensis II 1,
2. 2, 31. 3, 2   Heliopolites 3, 4   Tar-
sensis 1, 3.   4, 12   patre fuit Tarsensi,
qui Solos transmigraverat 2, 32

corpore fuit exiguo II 2, 5   δόλιχον
ἤσκει 1, 4   genus vitae 3, 10   noluit
ad Ptolemaeum ire 2, 25   qualem in
morbo se gesserit 3, 12   LXXIII annos
natus moritur, Ol. CXLIII, teste Apol-
lodoro 2, 15   sec. alios LXXXI annos
vixit 2, 29   anno LXXX scripsit Λογι-
κῶν undequadragesimum volumen 10,
9   Chr. senex III 176, 22   de genere
mortis II 2, 18

imago ab Aristocreonte posita et
elogio ornata II 3, 20   statua eius in
Ceramico 2, 5   in gymnasio fori 3, 18
re familiari amissa philosophiae se
dedicat II 2, 3   Ἀρκεσιλάῳ καὶ Λακύ-
δη ἐν Ἀκαδημίᾳ συνεφιλοσόφησεν 2, 8
adulescens audivit Cleanthem 10, 26
diu audivit 10, 27   Cleanthis discipulus
1, 4 sq. qualem se gesserit erga Clean-
them 1, 10   Cleanthi a dialectico quo-
dam vexato patrocinatus 4, 6   a vivo
Cleanthe discessit 1, 5   audivit Zeno-
nem 1, 4   noluit Aristonis vacare
scholis 4, 9

πρῶτος ἐθάρρησε σχολὴν ὕπαιθρον
ἔχειν ἐν Λυκείῳ II 2, 26   in odeo
scholas habet 2, 13   semper fere cum
discipulis conversatur 3, 29   certas
servat scholarum horas 3, 7   mer-
cedes a discipulis acceptavit 3, 28
sororis filios, Aristocreontem et Philo-
cratem, erudivit 2, 25

laudatur ἡ πολυμαθία καὶ ἡ τοῦ
ἤθους ἐπιείκεια III 198, 25   fulcire
putatur porticum II 34, 17   εἰ μὴ γὰρ
ἦν Χρ., οὐκ ἂν ἦν Στοά 3, 38   sibi
optimus videtur aequalium philosopho-
rum 3, 32   quid est a Chr. praeter-
missum in Stoicis? 12, 30   acutissi-
mus erat 1, 9   magnus in dialecticis
1, 15   in logicis maxime elaboravit 18, 5

Platonem et Aristotelem acerbis-
sime impugnat II 12, 5   ὡς μαλακὸν
καὶ ἄδικον πολλάκις ἐλοιδόρησε τὸν
Ἐπίκουρον 284, 38   in plurimis a Ze-
none et Cleanthe dissentit 1, 7   πολ-
λαχοῦ φαίνεται καθαπτόμενος Κλεάν-
θους 10, 24   περὶ τῆς Κλεάνθους καὶ
Χρ. διαφορᾶς tit. l. Ant. III 257, 24
Arcesilaum superare studet in libris
κατὰ τῆς συνηθείας II 34, 3   iis, quae
contra Arcesilam scripsit, Carneadem
quoque cohibuit 12, 21   arma com-
modat Carneadi 12, 16   a Chr. arma-
tum esse Carneadem 34, 9   Demo-
criti de cono sententiam imp. 159, 34
ab Epicharmo τὸν περὶ αὐξήσεως
λόγον repetit 214, 21   Praxagoram
medicum imp. 246, 23

Chr. laboriosissimus II 1, 18   quin-
genos versus cotidie scribit 2, 2   libri
plures septingentis quinque 1, 17   libro-
rum logicorum catalogus 4, 37   ethi-
corum catalogus mutilus II 8, 28   con-
spectus fragmentorum ad singulos li-
bros relatorum III 194 sqq.   συλ-
λογιστικὴ πρώτη et δευτέρα II 76, 22
πρώτη περὶ συλλογισμῶν εἰσαγωγή 80,
26   αἱ τρεῖς Συλλογιστικαί 83, 12

libri scatent repetitionibus II 1, 18
ter et quater easdem res tractat 237, 15
libri scatent testimoniis 1, 20 sq. saepe
placita suis contraria argumentis fir-
mat 12, 12 sq.   saepe ad alios auc-
tores legentes relegat 10, 29   testi-
moniis utitur ineruditorum et poëta-
rum et etymologiae 237, 4   a Chr. in
l. περὶ ἀποφατικῶν afferuntur II 53
sqq.: Alcman fr. 25, Anacreo fr. 15,
Cypriorum fr. 13 K., Euripidis An-
drom. 205, Dictys fr. 344 N., Hel.
1261, Iph. Aul. 28, Phoenix fr. 814
N., Stheneb. fr. 662 N., Suppl. 270,
Inc. fab. fr. 896; Ibycus fr. 27 Bgk.,
Lyric. fr. adesp. 5. 106 Bgk., Pin-
darus fr. 198 Bgk., Sappho fr. 36.
69 Bgk., Thespis fr. 2 N., Timotheus
Cycl. fr. 4, Tragic. fr. adesp. 77.
78. 79. 83 N. etymologiae: Ἀΐδης
II 141, 24; ἐγώ 237, 34; κνέφας 141,
21; Μαίσων III 200, 30; μύρα 200, 23;
νέφος II 141, 22; omnia verborum mo-

mentis, non rerum ponderibus exami-
nat III 195, 24   nova vocabula pro-
cudit II 10, 39   vocabula a se in dia-
lecticam inducta peculiari libro ex-
plicavit 18, 20

*πλεονάσας τοῖς πράγμασι τὴν λέξιν
οὐ κατώρθωσε* II 1, 15   rei agendae
causa loquitur et verbis non ultra
quam ad intellectum satis est utitur
317, 25   *τὸ μὲν τῆς ἀσαφείας αὐτῷ
σύνηθες, τὸ δὲ τῆς βραχυλογίας ἀηθές*
249, 27   obscurus, ut interprete egeas
11, 39   *πολλαχοῦ γλίσχρος ἐστὶν εὑρη-
σιλογῶν ἀπιθάνως καὶ παραβιαζόμενος*
32, 12   *τὸ σολοικίζειν σύνηθες τῷ Χρ.,
τὸ δ' ἀδιανόητα λέγειν οὐδαμῶς* 245, 4
peccat contra Atticam dialectum 11, 3
peccat in compositione verborum 11,
27   ieiune et exiliter disputat 11, 15
a rhetoricis artificiis non alienus 11,
20 *sq.*   scribendi ratio: *ὥσπερ ἐν δίκῃ
μετὰ πάθους τινός* 34, 6
plerumque in libris moralibus a
Iove, Fato, Providentia exordium capit
II 11, 43   *περὶ μεγεθῶν καὶ πληθῶν
τῇ τῶν Ἀκαδημαϊκῶν συστάσει χρησά-
μενος* 2, 10   *κατὰ τῆς συνηθείας καὶ
ὑπὲρ αὐτῆς ἐπεχείρησε ib.*   de Chr.
queri solent Stoici, dum studiose omnia
conquisierit contra sensus, ipsum sibi
respondentem inferiorem fuisse 34, 10
*πάντα λίθον κινεῖ καὶ πᾶσαν ἐρευνᾷ
δύναμιν σώματος εἰς γένεσιν τῶν περὶ
ψυχὴν πράξεων* 221, 22
ἔτι μᾶλλον τὸ πρᾶγμα (sc. de in-
differentibus quaestionem) *δυσδιάθετον
πεποίηκεν* III 33, 28   *συγχωρεῖ τοῖς
βουλομένοις τὰ προηγμένα καλεῖν ἀγα-
θά* 33, 19   *οὔθ' αὐτὸν ἀποφαίνει σπου-
δαῖον οὔτε τινὰ τῶν αὐτοῦ γνωρίμων
ἢ καθηγεμόνων* 166, 23   *τοῖς φαύλοις
κατ' αὐτοὺς ἐγκαταριθμοῦνται Ζήνων
καὶ Χρ.* 165, 2
ad rem publicam non accessit ne-
que non misit III 174, 34   Chr. dic-
tum interrogati, *διὰ τί οὐ πολιτεύεται*
174, 26   nullum librum regi dedica-
vit II 2, 22
*ὁμολογεῖ ἀπείρως ἔχειν τῶν ἀνα-
τομῶν* II 246, 20   mirabilia narrat in
libris 10, 33   obscoenam imaginem

Iovis et Iunonis describit 314, 2 *sq.*
cinaedum e sternutatione agnoscit 4,
16 *sq.* in potationibus crura agitat 3, 39

Circe

III 189, 14

Cleanthes

Φανίου Ἄσσιος I 103, 3   *γέγονε
ἐπ' ἄρχοντος Ἀριστοφάνους* 106, 12
πρῶτον ἦν πύκτης 103, 4   *Ζήνωνι
παραβαλὼν ἐφιλοσόφησεν* 103, 6   *νύ-
κτωρ ἐν τοῖς κήποις ἤντλει* 103, 8. 104,
12   *τοῦ βίου ἀπηλλάγη ἐπ' ἄρχοντος
Ἰάσονος* 106, 11   *ἐννέα καὶ ἐνενή-
κοντα γεγονὼς ἔτη* 105, 29   *ταὐτὰ
Ζήνωνι ἔτη βιώσαντα τελευτῆσαι* 105,
26   *ἀποσχόμενος τροφῆς ἐξέλιπε τὸν
βίον* 105, 25. 32

Ζήνωνος μαθητής I 105, 28. 112, 9
ἀκούσας Ζήνωνος ἔτη ἐννεακαίδεκα
105, 27   Zenonem audivit una cum
Aristone 120, 20   Dionysii Heracleotae
condiscipulus 95, 14   *ἦν πονικός μέν,
ἀφύσικος δὲ καὶ βραδὺς ὑπερβαλλόν-
τως* 103, 27   *βραδύτερος δοκῶν εἶναι
τῶν συσχολαστῶν* 104, 4   *σκωπτό-
μενος ὑπὸ τῶν συμμαθητῶν καὶ ὄνος
ἀκούων* 103, 31

Ζήνωνος διάδοχος I 104, 1. 105, 29.
106, 25   *ἐπὶ τῶν αὐτῶν ἔμεινε δογμά-
των* 103, 6   a Ptolemaeo invitatus
Sphaerum mittit II 2, 23   ad rem
publicam non accessit neque non misit
III 174, 34   mercedes a discipulis ac-
ceptavit I 104, 17

K. *ἤκουσε καὶ Σφαῖρος ὁ Βοσπορια-
νός* I 139, 17   *Σφαῖρος συσχολάζων
Χρυσίππῳ παρὰ Κλ.* 140, 38   De Chry-
sippo Cl. discipulo *vid. s. v.* Chry-
sippus. K. *τὴν σχολὴν διακατέσχεν
ἐπ' ἔτη τριάκοντα καὶ δύο* 106, 13
κατέλιπε τὴν σχολὴν Χρυσίππῳ 106, 26
πρὸς K. tit. l. A. I 75, 25   *περὶ
τῆς K. καὶ Χρυσίππου διαφορᾶς* tit.
l. Ant. III 257, 24

Cleo

in tit. l. Chr. II 9, 38

Clitus

in tit. l. Chr. II 5, 22

18. 32 eius de luna sententia a Stoicis imp. 198, 35

Epicharmus

ab E. τὸν περὶ αὐξήσεως λόγον repetit Chrysippus II 214, 21

Epicrates

in tit. l. Chr. II 6, 29. 8, 16

Epicurus

atomi E. impugnantur II 138, 7 sq. τὴν λεγομένην ὑπ᾽ Ἐ. τῆς ἀτόμου κάτω φορὰν ἀναιροῦσιν οἱ Στωϊκοί 171, 36 Ε. : Chr. περὶ οἰκειώσεως III 54, 34 Ε. : Chr. περὶ παθῶν 116, 2. 9 Χρύσιππος ὡς μαλακὸν καὶ ἄδικον πολλάκις ἐλοιδόρησε τὸν Ἐ. II 284, 36 κατεῖδεν ἀκριβῶς τὴν Ἐ. φύσιν εἰπών μητρόπολιν εἶναι τῆς φιλοσοφίας αὐτοῦ τὴν Ἀρχεστράτου Γαστρολογίαν III 178, 9 τὸν Ἀρχέστρατον ἀρχηγὸν Ἐ. φησὶ γενέσθαι τῆς πάντα διαλυμημα- μένης ἡδονῆς 178, 14 Ἐ. ὁ ἀναίσθητος 181, 19

Ἐ. μνημονεύει Περσαίου καὶ Φιλω- νίδου ὡς συνόντων Ἀντιγόνῳ ἐν τῇ πρὸς Ἀριστόβουλον τὸν ἀδελφὸν ἐπι- στολῇ I 4, 31

Eretriaci

περὶ τῶν Ἐ. φιλοσόφων tit. l. Sph. I 140, 6

Euripides

τὰ παρ᾽ Εὐ. ἀναφερόμενα περὶ θεῶν Χρύσιππος ὡς καὶ Κλεάνθης πειρᾶται συνοικειοῦν ταῖς δόξαις αὐτῶν I 123, 14. II 316, 18

Laudantur E. versus hi:

Alc. 1079 III 128, 33; 1085 III 132, 9
Androm. 205 II 53, 35; 629 sq. III 123, 34
Archelaus fr. 256 N. II 326, 41
Belleroph. fr. 294 N. II 326, 39
Chrysippus fr. 837 N. III 94, 32
Dictys fr. 341 N. III 126, 6; fr. 344 N. II 56, 4
Electra 125 sq. III 119, 10
Helena 428 Cl. I 128, 17. 24; 1261 II 56, 15
Herc. 1245 III 167, 25. 188, 17
Hypsip. fr. 757 N. III 132, 28

Iphig. Aul. 28 II 53, 26
Medea 247 Ant. III 255, 20; 1078 sq. III 124, 17 eius Medeae versibus utitur Chr. II 255, 5. 11. 19 (256, 3)
Oeneus fr. 567 N. III 119, 5
Orestes 140 Cl. I 136, 19; 255 sq. II 22, 12
Phoenix fr. 814 N. II 56, 24
Phrixus fr. 818 N. III 132, 3; fr. 819 N. Ant. III 255, 25
Stheneb. fr. 662 N. II 54, 6; 668 N. III 126, 8
Suppl. 270 II 56, 32; 734 sq. II 292, 8; 861 sq. Z. I 58, 20 sq.
Syleus fr. 688 N. III 169, 28
Theseus fr. 392 N. III 131, 33
Inc. fab. fr. 884 N. III 36, 32. 177, 11; 896 N. II 54, 14; 950 N. II 31, 43; 981 N. III 77, 28

Gorgippides

in tit. l. Chr. II 5, 17. 18. 19. 21. 8, 23. 9, 7

Gorgippus

περὶ Γ. tit. l. Cl. I 107, 17

Hecaton

III 9, 30. 28, 9. 37, 14. 72, 34. 99, 34

Hedylus

in tit. l. Chr. II 7, 30. 8, 4

Hegesarchus

pugil a Chr. memoratus II 292, 35

Helena

III 123, 35

Heraclides

Sphaeri, Arcesilae, Aristobuli, de- inde Chrysippi discipulus II 4, 30 in tit. l. Chr. 8, 18 Ἡ. ὁ Ταρσεὺς Ἀντι- πάτρου τοῦ Ταρσέως γνώριμος III 258, 14 ἀναγεγραμμένα παρ᾽ Ἡ. περὶ πρέποντος μέλους καὶ ἀπρεποῦς καὶ ἀρρένων καὶ μαλακῶν ἠθῶν Diog. III 234, 6

Heraclitus

fr. 25 Byw. p. 11. II 141, 33 Ἡ. ἐξηγήσεις tit. l. Cl. I 106, 35 περὶ Ἡ. tit. l. Sph. I 139, 28 καὶ Ἡ., φασίν, καθήκειν ἂν τὴν ἀρετὴν ἀφεῖναι καὶ τὴν φρόνησιν, ὥστε παύσασθαι φθει- ριῶντα III 189, 11

P. Phaedo p. 60 c laudatur II 336, 4
τῆς Μελήτου μηδ᾽ ὁτιοῦν τὴν Π.
ἀγνωμοσύνην διαφέρειν III 143, 11

Polemo
I 3, 13. 8, 8. 11. 9, 9. II 38, 24

Pollis
in tit. l. Chr. II 8, 18. 9, 42

Posidonius
Ἀλεξανδρεύς, Ζήνωνος μαθητής I
14, 6

Posidonius Apamensis
τοῦ Ἀντιπάτρου ἤκροᾶτο III 244, 7
P. divisio ethicae partis philosophiae
III 3, 7 καθάπτεται τῶν περὶ τὸν Χρύσ-
ιππον, ὡς οὐκ ὀρθῶς ἐξηγουμένων τὸ
τέλος 5, 4. 112, 10 ἐναντιώτατα φρο-
νεῖ Χρυσίππῳ ἐν τῷ περὶ τῆς δια-
φορᾶς τῶν ἀρετῶν 62, 14. 120, 1 τέτ-
ταρας εἶναι ἀρετὰς οἱ περὶ Π. 63, 20
πάντα περὶ τῆς κακίας Χρυσίππου κατα-
μέμφεται καὶ ἐλέγχει 54, 41 ἐλέγχει
τὰ Χρ. περὶ τῶν παθῶν τῆς ψυχῆς
62, 14. 112, 10. 120, 1 imp. Chr. de-
finitionem τῆς λύπης 131, 2 P.: Chr.
116, 37. 118, 14

Praxagoras
medicus a Chrysippo imp. II 246, 23

Priamus
III 118, 26. 153, 39

Prodicus
περὶ θεῶν ὑπὸ Π. γεγραμμένα P.
I 99, 7

Ptolemaeus
adfertur a Diog. III 226, 25
Cleanthes a Pt. invitatus Sphaerum
mittit II 2, 23 Σφαῖρος εἰς Ἀλεξαν-
δρείαν ἀπῄει πρὸς Π. τὸν Φιλοπάτορα
I 139, 18. 140, 20. 38 sq. Chrysippus
noluit ad Pt. ire II 2, 25

Pythagoras
Πυθαγορικά tit. l. Z. I 14, 37

Pythagorei
Chr. laudat dictum P. : γνώσει
δ᾽ ἀνθρώπους αὐθαίρετα πήματ᾽
ἔχοντας II 294, 25

Pythonax
in tit. l, Chr. II 9, 26

Sappho
fr. 36 Bgk.   II 57, 37;   fr. 69
II 55, 23

Silenus
sapiens etsi S. superaverit corporis
deformitate, pulcherrimus est neces-
sario III 155, 10

Socrates
περὶ Λυκούργου καὶ Σ. tit. l. Sph.
I 140, 2 περὶ τὴν Διαλεκτικὴν ἐσπού-
δασε μάλιστα Σ. Chr. II 38, 24 dictum
S. laudatur ab Ant. III 257, 19

Sophocles
ἐν τοῖς Ἐπιγόνοις Diog. III 232, 36
fr. adesp. 2 p. 651 Nauck   Cl. I
136, 8

Sosigenes
in tit. l. Chr. II 6, 9
Ἀντιπάτρου ἑταῖρος II 152, 28. III
258, 10

Sphaerus
Βορυσθενίτης I 140, 23 εἰς Ἀλεξ-
ανδρείαν ἀπῄει πρὸς Πτολεμαῖον τὸν
Φιλοπάτορα 139, 18. 140, 20. 38 sq.
Cleanthes a Ptolemaeo invitatus Sph.
mittit II 2, 23 παρέβαλε εἰς τὴν
Λακεδαίμονα I 140, 24
ἐν τοῖς πρώτοις ἐγεγόνει τῶν
Ζήνωνος μαθητῶν I 140, 26 Κλε-
άνθους μετὰ Ζήνωνα ἤκουσε 139, 17
συσχολάζων Χρυσίππῳ παρὰ Κλεάνθει
140, 37 Chr. ei dedicat l. πρὸς τὸ
Ἀρκεσιλάου μεθόδιον II 8, 20
Sph. homo in primis bene definiens,
ut putant Stoici I 141, 33 Hyllus
Solensis eum audivit II 4, 26 item
Heraclides 4, 30

Stesagoras
in tit. l. Chr. II 6, 4. 35. 8, 9

Stesichorus
eius versibus utitur Chr. II 255,
19. 31 Σ. διὰ τοῦ μέλους τοὺς πολί-
τας ἀντιπαρατεταγμένους διαλλάξας
εἰς ἡσυχίαν κατέστησεν Diog. III
232, 31

Stilpo
Zeno eum audivit I 3, 12. 8, 12
eius sophismata II 34, 15 impugna-
tur a Chrysippo 90, 16

INDEX FONTIUM.

Numeri singulis scriptorum locis appositi numeros fragmentorum huius collectionis significant. Locos scriptorum laudatorum, quorum verba non afferuntur, uncis inclusimus.

Placita II 23,5	I 501 II 658	Placita V 16,2	II 754
25,5	II 671	17,1	II 755
26,1	II 666	23,1	II 764
27,1	II 667	24,4	II 767
28,3	II 670	26,3	II 708
29,6	II 676	30,5	II 769
29,8	II 678	VI 15,1	I 627
30,5	II 669		
31,5	III B. 8	**Alexander Aphrod.**	
32,4	III Diog.28	De anima libri mant.	
III 2,7	III B. 9	p. 17,15 Bruns	II 394
3,12	II 705	17,21	II 394
3,13	II 703	18,7	II 394
7,2	II 697	18,10. 27	II 793
8,1	II 696	26,13	II 786
9,3	II 647	68,11	II 59
10,1	II 648	71,10	II 70
15,2	II 707	72,5	II 58
IV 3,3	II 779	97,18	II 839
4,4	II 827	98,24	II 839
5,6	II 838	113,12	II 1038
5,11	I 523	113,31	II 794
7,3	II 810	115,6	II 785
8,1	II 850	115,32	II 797
8,7	II 852	116,13	II 797
8,8	II 851	117,1—30	II 792
8,12	II 72	118,6	II 823
9,4	II 78	118,12	II 711
9,13	II 81	118,25	II 873
9,17	I 204 III 568	124,9	II 432
10,1	II 853	130,14. 26	II 864
11	II 83	131,5	II 448
11,14	I 149	131,30	II 868
12,1	II 54	132,30	II 432
15,2	II 869	138,2	II 432
15,3	II 866	139,1	II 432
19,4	II 425	139,30	II 477
20,2	II 387	140,10. 20	II 477
21	II 836	150,25	III 183
21,4	I 150	159,19	III 767
23,1	II 854	159,33	III 66
V 1,1	II 1190	160,3	III 64
4,1	I 128	160,24	III 766
5,2	I 129	161,16	III 239
9,2	II 751	161,26	III 63
10,4	II 750	162,29	III 185
11,3	II 749	162,32	III 65
11,4	II 749	163,4	III 192
12,3	II 753	163,14	III 180
.13,3	II 752	163,32	III 194
15,2	II 756	164,7	III 193

Philodemus

Theodoretus

Theodorus Metochita

Theognetus comicus

Theophilus

Timon Phliasius

Valerius Maximus

Varro

Vergilius (cf. Servius, Philar-
gyrius)

Vita Arati

Xenophon

Zonaras

ADDENDA.

Addatur pag. 3 s. v. ἀγαθόν: τὸ ἀγαθὸν ἄλυπον Cl. I 127, 7
inseratur pag. 5: **ἀδίκημα** III 152, 41
addatur pag. 11 s. v. αἴτιον: θεραπεία οἰήσεως μάθησις τοῦ αἰτίου III 133, 18
add. pag. 12 s. v. ἄκρος: τοὺς φαύλους ἐπ' ἄκρον ἥκειν κακοδαιμονίας ἁπάσης III 166, 26
inser. pag. 18: **ἀνομοιότης** μηδὲν εἶναι ἡμῖν δίκαιον πρὸς τὰ ἄλλα ζῷα διὰ τὴν ἀ. III 89, 28
add. pag. 19 s. v. ἀνταπόδοσις: II 316, 37
add. pag. 19 s. v. ἀνύπαρκτος: III 91, 3
inser. pag. 22: **ἀπογεννάω** ὁ θεὸς ἀ. τὰ δ' στοιχεῖα II 180, 4 αἱ ἀρεταί ἀ. τὴν εὐδαιμονίαν III 25, 28 αἱ κακίαι ἀ. τὴν κακοδαιμονίαν 25, 34
inser. pag. 22: **ἀποδημέω** ἀποδημεῖν οὔτε κατόρθωμα οὔτε ἁμάρτημα III 136, 25
inser. pag. 23: **ἀποτελέω** αἱ ἀρεταί ἀ. τὴν εὐδαιμονίαν III 25, 40 αἱ κακίαι ἀ. τὴν κακοδαιμονίαν 26, 5
add. pag. 27 s. v. ἀρετή: ἐρωτικὴ ἀρετή vid. s. v. ἐρωτικός
inser. pag. 27: **ἀρθρῖτις** III 103, 4
add. pag. 28 s. v. ἀρτιότης: cf. ὁλοκληρία
add. pag. 29 s. v. ἀστεῖος: οὐδένα τῶν ἀ. οὔθ' ὁδοῦ διαμαρτάνειν οὔτ' οἰκίας οὔτε σκοποῦ III 147, 16
inser. pag. 30: **ἀσύστατος** III 91, 3
inser. pag. 31: **ἀφίσταμαι** III 123, 28
add. pag. 52 s. v. ἔξωθεν: μηδὲν κωλύειν πρὸς εὐδαιμονίαν τὰ ἔ. III 154, 3
inser. pag. 60: **εὐσταθής** III 69, 12
add. pag. 77 s. v. κακοδαιμονέω (κακοδαίμων): qui natura doctrinaque longe ad virtutem processissent, nisi eam plane consecuti essent, summe esse miseros III 142, 34

add. pag. 81 s. v. κατόρθωμα: πᾶσα πρᾶξις γνωστικοῦ κ. III 139, 3 τοῦ φρονίμου ἔργον εἶναι ἐν τοῖς κ. διομαλίζειν 139, 25
add. pag. 84 s. v. κλέος: vitam contemnendam esse pro laude pulcrumque esse inpendere gloriae quicquid te scias debere naturae III 38, 45
inser. pag. 95: **μέλιττα** III 90, 9
add. pag. 102 s. v. οἰκειόω (οἰκείωσις): parvi non appeterent aliquid, nisi sensum haberent sui eoque se diligerent III 44, 24 principium ductum esse a se diligendo 44, 25 quoniam se ipsi omnes natura diligant, tam insipientem quam sapientem sumpturum, quae secundum naturam sint 136, 4
add. pag. 103 s. v. ὅλον (sect. III): cf. κόσμος
add. pag. 113 s. v. περιπάτησις: incessus modestus et compositus tertium bonum est III 27, 28
inser. pag. 135: **στοχάζομαι** III 4, 27
inser. pag. 138: **συναρτάω** II 273, 8
add. pag. 140 s. v. σχηματισμός: gestus conveniens prudenti viro tertium bonum est III 27, 29
add. pag. 141 s. v. σῶμα (sect. paenultima): αἱ τέχναι σ. II 221, 1. 230, 2. III 21, 25
add. pag. 143 s. v. τελειόω: quicquid a sapiente proficiscitur, id continuo debet expletum esse omnibus suis partibus III 137, 7
add. pag. 144 s. v. τέχνη (sect. paenultima): III 21, 25
inser. pag. 170: **concordia** III 45, 22
inser. pag. 172: **intellegentia** = ἔννοια
inser. pag. 173: **remedium** s. v. θεραπεία

.

www.ingramcontent.com/pod-product-compliance
Lightning Source LLC
Chambersburg PA
CBHW060336100426
42812CB00003B/1009